D1666125

Kolbeck

Bankbetriebliche Planung

Band 11

Schriftenreihe für Kreditwirtschaft und Finanzierung

Herausgegeben von Dr. K. F. Hagenmüller

Professor der Betriebswirtschaftslehre, insbesondere Bankbetriebslehre,
an der Universität Frankfurt a. M.

Professor Dr. Rosemarie Kolbeck

Bankbetriebliche Planung

Planungsmöglichkeiten bei Kreditbanken, Sparkassen

und Kreditgenossenschaften

Betriebswirtschaftlicher Verlag Dr. Th. Gabler, Wiesbaden

ISBN 3 409 42 812 7

Vorwort

Die Probleme der Planung stehen in den letzten Jahren im Mittelpunkt betriebswirtschaftlicher Forschung. Der Grund dafür ist wohl vor allem darin zu sehen, daß sich der Planungsgedanke in der Praxis der Unternehmensführung immer mehr durchsetzt. Die Unternehmer, die ihre Betriebe durch den Strom des wirtschaftlichen Geschehens zu steuern haben, benötigen im Konkurrenzkampf zuverlässige Hilfsmittel, die ihnen ihre Dispositionen erleichtern und sie vor Fehlentscheidungen bewahren. Die Betriebswirtschaftslehre trägt dieser Entwicklung Rechnung, indem sie sich der Fragen der Unternehmensplanung mit großer Intensität annimmt. In der deutschen Betriebswirtschaftlichen Literatur ist die betriebliche Planung zwar schon seit Jahrzehnten eingehend behandelt worden, doch bedurfte es eines kräftigen Impulses, um die zahlreichen neuen Ideen entstehen zu lassen, an denen die heutige Planungsliteratur so reich ist. Der kaum noch übersehbaren ausländischen - insbesondere amerikanischen - Literatur auf dem Planungssektor muß diese befruchtende Wirkung in erster Linie zuerkannt werden.

Nun befaßt sich allerdings die betriebswirtschaftliche Literatur auf dem Gebiete der Planung vorwiegend mit den Planungsproblemen der Industrie- oder allenfalls der Handelsbetriebe. Eingehend werden neben Grundsatzfragen der Planung die betrieblichen Teilbereiche Beschaffung, Produktion, Absatz, Lagerung, Finanzierung usw. im Hinblick auf Planungsmöglichkeiten untersucht und die Grenzen der Planung abgesteckt. Man vermißt dagegen gleichartige Arbeiten für die große Gruppe der Bankbetriebe. Das mag einmal daran liegen, daß die bankbetriebliche Forschung im Vergleich zur Entwicklung der allgemeinen Betriebswirtschaftslehre noch weit zurückliegt, zum anderen aber auch daran, daß Bankbetriebe grundsätzlich für Planungsprozesse als weniger geeignet angesehen werden als Industrie- und Handelsbetriebe. Zweifellos ist aber die Planung für den Bestand und die Entwicklung einer Bank nicht weniger bedeutsam als für das Gedeihen eines anderen Betriebes. Die vorliegende Arbeit hat sich daher die Aufgabe gestellt, den Möglichkeiten und Grenzen der Planung im Bankbetrieb nachzugehen und aufzuzeigen, unter welchen Voraussetzungen, in welchen Bereichen und mit welchem Erfolg eine Planung im Bankbetrieb durchgeführt werden kann.

Das Manuskript wurde am 1. 12. 1966 abgeschlossen und die Arbeit im Jahre 1967 unter dem Titel "Die Planung im Bankbetrieb - Eine theoretische Untersuchung ihrer Möglichkeiten und Grenzen bei Universalbanken" von der Wirtschafts- und Sozialwissenschaftlichen Fakultät der Johann Wolfgang Goethe-Universität Frankfurt am Main als Habilitationsschrift angenommen. Auf die seitdem auf dem Gebiet der Kreditwirtschaft erfolgten Änderungen von Gesetzen und Verordnungen wurde jeweils hingewiesen.

Für die Anregung zu dieser Arbeit und ihre vielfältige Förderung danke ich Herrn Prof. Dr. Karl Friedrich Hagenmüller, meinem hochverehrten Lehrer, auf das herzlichste.

Rosemarie Kolbeck

Inhaltsverzeichnis

I. Die bankbetriebliche Planung in Praxis und Theorie

In der bankbetrieblichen Praxis wird eine systematische Gesamtplanung, wie sie in vielen Industriebetrieben heute bereits üblich ist,
noch kaum durchgeführt (1). Dies scheint nicht nur für deutsche, sondern auch für ausländische Verhältnisse zu gelten. In Amerika ist
z. B. "die langfristige Planung im Bereich der Banken und Geldinsti-
tute... viel weniger ausgebaut, als man es annehmen könne. Sicher
planten die Banken, aber es sei zweifelhaft, ob sie das für drei oder
vier Jahre im voraus täten. Eine Ausnahme bilde vielleicht das Fi-
nanzierungsgeschäft für Schiffs- und Flugzeugbau" (2). Während den
Kreditinstituten also eine langfristige Planung offenbar fremd ist,
wird von ihnen nach Hartmann eine "echte, detaillierte Planung ...
auf dem Gebiet der kurzfristigen Gelddisposition durchgeführt" (3).
Fest steht aber nur, daß der Gelddisposition bei allen Kreditinstituten "ein wesentlicher Anteil an der Leitung der Bankbetriebe zukommt
und ihr ein umfangreiches Aufgabengebiet übertragen ist" (4). Dagegen wird sowohl in der Praxis als auch in der Literatur bezweifelt,
daß es sich dabei tatsächlich um eine "Planung" im eigentlichen Sinne
des Wortes handelt (5). Weitere Hinweise auf eine Planungstätigkeit
der Banken sind in der Literatur nicht zu finden (6). Dies mag einmal in dem übereinstimmenden Bemühen aller Kreditinstitute liegen,
Fragen der Unternehmungsführung geheim zu halten, zum anderen

---

1) Vgl. Hartmann, Bernhard: Bankbetriebsanalyse, Freiburg 1962,
S. 279
2) Vgl. Svenson: Diskussionsbeitrag über Planungsprobleme des Fi-
nanzbereichs, in: Dynamische Betriebsplanung zur Anpassung an
wirtschaftliche Wechsellagen. Vorträge und Diskussionen der 6.
Plankosten-Tagung, Wiesbaden 1959 (AGPLAN, Schriftenreihe
der Arbeitsgemeinschaft Planungsrechnung e. V., hrsg. von J.
D. Auffermann, Ph. Kreuzer, K. Schwantag, Band 2), S. 122.
Von einer mindestens 20 Jahre umfassenden Planung der Bank of
America berichtet dagegen H. Grau auf Grund eigener Studien.
Vgl. Grau, H.: Organisation und Arbeitsweise amerikanischer
Banken, in: Betriebswirtschaftliche Blätter für die Praxis der
Sparkassen und Girozentralen, 14. Jg. 1965, S. 13 - 18
3) Vgl. Hartmann, Bernhard: Bankbetriebsanalyse, S. 279
4) Vgl. van Wyk, Wolfgang: Die Gelddisposition der Kreditbanken,
Frankfurt am Main 1960 (Veröffentlichungen des Instituts für Bank-
wirtschaft und Bankrecht an der Universität Köln, hrsg. von H.
Kühnen, Ph. Möhring, H. Rittershausen, Th. Süss und Joh. C.
D. Zahn, Band VIII) S. 11
5) Vgl. Fischer, Otfrid: Die Finanzdisposition der Geschäftsbanken,
unveröffentlichte Habilitationsschrift, Frankfurt am Main 1964,
S. 25 ff.
6) Im einzelnen vgl. hierzu unsere Ausführungen S. 273 ff.

daran, daß die Banken bisher tatsächlich noch nicht in nennenswertem
Umfang planen, vielleicht aber auch nur daran, daß sie Tätigkeiten,
die nach heutiger Auffassung zur Planung zu rechnen sind, mit anderen Begriffen belegen (1).

Nicht viel besser als um die Praxis steht es um die Theorie der bankbetrieblichen Planung. Im Vergleich zu den zahlreichen Abhandlungen, die sich mit der Planung der Industriebetriebe beschäftigen (2),
existieren nur wenige Untersuchungen über die Planung der Bankbetriebe. Abgesehen von Hartmann, der unter "Planung" die kurzfristige Gelddisposition der Kreditinstitute erörtert (3), sind es lediglich
zwei Autoren, die den Planungsproblemen der Banken bisher mit großer Eindringlichkeit nachgegangen sind (4). Sie entwickelten modell-
artig ein Planungssystem der Kreditinstitute, das zwar einen sehr
hohen Abstraktionsgrad besitzt, dafür aber "generelle Gültigkeit"
hat und "unabhängig" von den institutionellen Gegebenheiten eines
Landes" ist (5). Trotz dieser zweifellos sehr fruchtbaren Arbeiten
bleibt festzustellen, "daß die bankbetriebliche Planungsforschung
noch buchstäblich in den allerersten Anfängen steckt" (6).

---

1) Vgl. hierzu unsere Ausführungen S. 40 ff.
2) Eine Übersicht über die wichtigste Planungsliteratur findet sich bei
   Weber, Helmut: Die Planung in der Unternehmung, Berlin 1963
   (Nürnberger Abhandlungen zu den Wirtschafts- und Sozialwissenschaften, hrsg. von H. Eichler, H. Linhardt, Th. Scharmann und
   W. Weddigen, Heft 19), S. 11 - 24
3) Vgl. Hartmann, Bernhard: Bankbetriebsanalyse, S. 279 - 289
4) Mülhaupt, Ludwig: Umsatz-, Kosten- und Gewinnplanung einer
   Kreditbank, in: Zeitschrift für handelswissenschaftliche Forschung, Neue Folge, 8. Jg. 1956, S. 7 - 74
   Deppe, Hans-Dieter: Beiträge zur Theorie der Wirtschaftsplanung der Kreditbank, unveröffentlichte Dissertation, Kiel 1959
   Deppe, Hans-Dieter: Zur Rentabilitäts- und Liquiditätsplanung
   von Kreditinstituten, in: Weltwirtschaftliches Archiv, Bd. 86
   1961, S. 303 - 351
   Mülhaupt, Ludwig: Ansatzpunkte für eine Theorie der Kreditbank,
   in: Jahrbuch für Sozialwissenschaften, Bd. 12 1961, S. 132 - 143
   Mülhaupt, Ludwig und Deppe, Hans-Dieter: Gedanken zu Problemen der Liquiditätsplanung von Kreditinstituten in: Sparkasse,
   80. Jg. 1963, S. 83 - 88
5) Vgl. Deppe, Hans-Dieter: Zur Rentabilitäts- und Liquiditätsplanung von Kreditinstituten, S. 348
6) Vgl. Mülhaupt, Ludwig und Deppe, Hans-Dieter: Gedanken zu Problemen der Liquiditätsplanung von Kreditinstituten, S. 88. Im einzelnen vgl. hierzu unsere Ausführungen S. 294 ff.

II. Problemstellung und Gang der Untersuchung

Wie bei allen anderen Unternehmungen auch, so ist bei den Bankbetrieben die Planung als eines der wichtigsten Instrumente der Unternehmungsführung anzusehen. Das gilt einmal im Hinblick auf die wachsenden Aufgaben der Kreditinstitute in einer modernen Volkswirtschaft, die in den letzten Jahrzehnten zu einer gewaltigen Expansion des gesamten Kreditwesens Anlaß gegeben haben, zum anderen aber auch im Hinblick auf den sich verschärfenden Wettbewerb zwischen den einzelnen Kreditinstituten. Fehlentscheidungen müssen bei einer solchen Konstellation der Dinge immer schwerer wiegende Folgen zeitigen, was es nicht nur vom einzelwirtschaftlichen, sondern auch vom volkswirtschaftlichen Standpunkt aus zu vermeiden gilt. Die Planung kann hierbei sehr wichtige Dienste leisten. Indem sie die Unternehmensführung zwingt, ihre Entscheidungen nicht aus einer zufälligen Situation heraus, augenblicksgebunden und womöglich übereilt oder verspätet zu treffen, sondern ihr zukünftiges Handeln unter Berücksichtigung aller beschaffbaren Informationen für einen mehr oder weniger langen Zeitabschnitt im voraus zu durchdenken, vermag sie die Entwicklung eines Unternehmens in eindrucksvollem Maße zu fördern, wie genügend Beispiele vor allem aus der industriellen Unternehmungspraxis zeigen. Voraussetzung dafür ist allerdings, daß ein Unternehmen die Möglichkeiten und Grenzen der Planung kennt, die sich ihm auf Grund seiner Arteigenheiten bieten. Dies für die Bankbetriebe zu untersuchen, hat sich die vorliegende Arbeit als Aufgabe gestellt. Da die Planung - wie wir bereits ausgeführt haben - in der bankbetrieblichen Praxis bisher noch kaum Eingang gefunden und auch die Theorie sich der bankbetrieblichen Planung mit den erwähnten Ausnahmen noch nicht angenommen hat, soll bei der Lösung der gestellten Aufgabe ganz vom Grundsätzlichen ausgegangen werden. Es kommt uns infolgedessen weniger darauf an, einzelne Planungsarten oder Planungsbereiche bei den Bankbetrieben ausführlich darzustellen, als vielmehr darauf, die sich einem Bankbetrieb insgesamt bietenden Planungsmöglichkeiten und ihre Grenzen aufzuzeigen.

Wir beginnen unsere Untersuchungen mit einer Erörterung des Planungsbegriffs und des Planungsobjekts. Ersteres ist vor allem im Hinblick darauf erforderlich, daß der Planungsbegriff in der bankbetrieblichen Praxis lediglich auf das langfristige Vorausbedenken eines Handlungsablaufs bezogen zu werden pflegt und damit u. E. als zu eng erscheint; jedoch ist es gleichzeitig notwendig, den Umfang des Planungsprozesses eindeutig festzulegen. Im Hinblick auf das Planungsobjekt wird für die vorliegende Arbeit eine zweifache Abgrenzung vorgenommen. Einmal sollen sich unsere Untersuchungen lediglich auf die sogenannten Universalbanken beziehen, die sowohl zahlen- als auch volumenmäßig einen sehr hohen Anteil an den Kreditinstituten insgesamt haben, und zum anderen wollen wir bei unseren Erörterungen vom Modell einer Universalbank ausgehen, das zwar mit den typischen Merkmalen eines solchen Kreditinstitutes ausgestattet ist, jedoch von all den Individualitäten abstrahiert, die in der Realität zu erheblichen Unterschieden zwischen den einzelnen Instituten zu führen vermögen.

Nachdem auf diese Weise die Grundlegung der vorliegenden Arbeit erfolgt ist, bedürfen die Leitmaximen der Planung bei den Universalbanken einer ausführlichen Erörterung. Der Grund dafür liegt darin, daß die den Kreditinstituten üblicherweise unterstellte Gewinnmaximierung mangels der hierfür erforderlichen Voraussetzungen u. E. nicht als eine realistische Planungsmaxime der Universalbanken angesehen werden kann. Wir gehen bei diesen Untersuchungen von den seit längerer Zeit in der Wirtschaftstheorie gegen die Gewinnmaximierung als unternehmerische Zielsetzung erhobenen Kritik aus und prüfen im Anschluß daran die Situation der Universalbanken. Da uns nach reiflicher Überlegung schließlich die auf den neueren Untersuchungen über das menschliche Entscheidungsverhalten basierende Anspruchsanpassungstheorie als Planungsmaxime der Universalbanken am geeignetsten erscheint, müssen sodann die für das Anspruchsniveau der Universalbanken charakteristischen Zielvariablen gesucht und die Möglichkeiten ihrer Kombination dargestellt werden. Letztlich gilt es, die gewählte Zielsetzung unserem Modell der Universalbanken einzufügen.

Das nächste Ziel unserer Untersuchungen ist es, die Bestimmungsgründe für die Gestaltung der Planung bei den Universalbanken und damit zugleich die Besonderheiten der universalbankbetrieblichen Planung gegenüber der Planung anderer Unternehmungen herauszuarbeiten. Dabei gehen wir davon aus, daß diese Besonderheiten aus den Arteigenheiten der Universalbanken resultieren, die sich einmal mittelbar über die für die Planung erforderlichen Informationen und ihre Beschaffungsmöglichkeiten auf die Gesamtplanung der Universalbanken auswirken, zum anderen aber als unmittelbarer Ausdruck ihres Geschäftsprogramms die Möglichkeiten und Grenzen der Planung bestimmen. Das zu diesem Zweck entworfene Gesamtplanungsschema einer Universalbank erlaubt es, die Hauptplanungsbereiche der Universalbanken im Hinblick auf die dafür erforderlichen Informationen und ihre Beschaffungsmöglichkeiten zu untersuchen. Dies wiederum ist als Voraussetzung für die Erörterung der Gestaltungsmöglichkeiten der Planung bei den Universalbanken im Hinblick auf die Planungszeiträume, die Planungsarten, die Planungsbereiche und die daraus resultierenden Grundsätze der Planung zu betrachten, mit deren Hilfe im konkreten Fall das jeweilige Planungssystem einer Universalbank zu entwickeln ist. Auf diese Weise wird versucht, alle die Tatbestände zu erfassen und systematisierend zu bewältigen, die für die Möglichkeiten und Grenzen der Planung bei den Universalbanken von Bedeutung sind.

Auf der Grundlage der so gewonnenen Erkenntnisse werden schließlich die bereits vorhandenen Ansätze für die Planung bei den Universalbanken einer kritischen Erörterung unterzogen. Wir unterscheiden dabei einmal zwischen den Ansätzen der bankbetrieblichen Praxis und der bankbetrieblichen Theorie und zum anderen zwischen langfristiger und kurzfristiger Planung. Zweck dieser Untersuchung ist es nicht nur, den gegenwärtigen Stand der Planungsarbeit bei Universalbanken darzulegen, sondern zugleich auch die für ihre Weiterentwicklung wesentlichen Probleme aufzuzeigen. In Anbetracht der Bedeutung, die hierfür dem Entwurf eines umfassenden Planungssystems beizumessen ist, wird letztlich der Versuch unternommen, den bei der Gesamtplanung einer Universalbank zu beschreitenden Weg zumindest in großen Zügen zu umreissen. Wir haben zu diesem Zweck eine den Vorstellungen einer Universalbank entsprechenden "Modellbank" konstruiert und mit Hilfe eines Zahlenbeispiels einen aus Prognose, Eventualplanung Entscheidung und Sollplanung bestehenden Planungsprozeß demonstriert. Daß wir uns dabei im wesentlichen auf die langfristige Planung beschränkt haben, entspricht einmal der Bedeutung, die wir ihr für die Gesamtplanung der Universalbanken beimessen, resultiert zum anderen aber auch daraus, daß man in den Kreditinstituten bisher im allgemeinen dem Gedanken einer langfristigen Planung besonders reserviert gegenübersteht.

I. Grundlegung

Untersuchungen über die Planung im Bankbetrieb setzen Klarheit über den Begriff der Planung voraus, mit dem wir uns daher zunächst zu beschäftigen haben.

A. Der Planungsbegriff

Eine umfangreiche Literatur befaßt sich mit der Klärung des Wesens der Planung und die Zahl der Planungsbegriffe ist sehr groß (1). Nach dem grundlegenden Aufsatz von Hax (2), der insbesondere eine scharfe Abgrenzung zwischen den Begriffen Planung und Organisation sowie eine umfangmäßige Festlegung des Aufgabenbereichs der Planung brachte, schien dann allerdings eine "herrschende Meinung" im Bereich der Möglichkeiten zu liegen. In diesem Falle hätte bei grundsätzlicher Übereinstimmung mit Hax auf eine nochmalige Untersuchung des Planungsbegriffes verzichtet werden können. Da jedoch neuerdings der Planungsbegriff wiederum zur Diskussion steht (3) und wesentliche Diskrepanzen sowohl in bezug auf das Wesen der Planung als auch im Hinblick auf den Umfang des Planungsprozesses zu beobachten sind, erscheint eine eingehendere Erörterung unerläßlich. Dazu kommt, daß gerade in der hier interessierenden bankbetrieblichen Praxis und Literatur offenbar der Begriff der Disposition bisweilen an die Stelle des Planungsbegriffs tritt (4) und infolgedessen geprüft werden muß, ob bzw. inwieweit dies berechtigt ist. Eine Abgrenzung des Planungsbegriffs ist weiterhin in bezug auf den Begriff der Improvisation erforderlich, da auch hierüber verschiedene Auffassungen in der Literatur bestehen. Der Begriff der Planung muß also für die Verwendung in der vorliegenden Arbeit nicht nur seinem

---

1) Vgl. Wittmann, Waldemar: Unternehmung und unvollkommene Information, Köln und Opladen 1958, S. 159, Fußnote 334. Eine gute Übersicht über die verschiedenen Planungsbegriffe gibt Weber, Helmut: Die Planung in der Unternehmung, S. 27 - 31. Zur Entwicklung des Planungsbegriffs vgl. insbesondere Koch, Helmut: Betriebliche Planung. Grundlagen und Grundfragen der Unternehmungspolitik, Wiesbaden 1961 (Die Wirtschaftswissenschaften, hrsg. von E. Gutenberg), S. 9 - 13 und Orth, Ludwig: Die kurzfristige Finanzplanung industrieller Unternehmungen, S. 13 - 17
2) Vgl. Hax, Karl: Planung und Organisation als Instrumente der Unternehmungsführung, in: Zeitschrift für handelswissenschaftliche Forschung, Neue Folge, 11. Jg. 1959, S. 605 - 615
3) Vgl. Weber, Helmut: Die Planung in der Unternehmung, S. 33 - 37, insbesondere S. 35 f. und Müller-Merbach, H.: Operations Research als Optimalplanung, in: Zeitschrift für handelswissenschaftliche Forschung, Neue Folge, 15. Jg. 1963, S. 204 - 206
4) Vgl. S. 11

Wesen und Umfang nach exakt bestimmt, sondern auch gegen die Begriffe Organisation, Disposition und Improvisation abgegrenzt werden.

1. Das Wesen der Planung

Nach Orth (1) besteht im Hinblick auf das Wesen der unternehmungsinternen Planung (2) weitgehende Einigkeit darüber, daß die Planung

1. einen gedanklichen Prozeß darstellt und
2. auf zukünftiges Handeln gerichtet ist.

Demgegenüber stellt Gutenberg fest, "daß die Ansicht, wonach alle Planung prinzipiell zukunftsorientiert sei, doch wohl nicht zu halten ist" (3). Der Planung obliegen nach Gutenberg vielmehr zwei Aufga-

---

1) Vgl. Orth, Ludwig: Die kurzfristige Finanzplanung industrieller Unternehmungen, S. 14

2) Nur die unternehmungsinterne Planung ist im vorliegenden Zusammenhang von Interesse. Hax versteht darunter die individuelle Planung des einzelnen Unternehmers im Gegensatz zur überbetrieblichen Planung, die entweder Konzernplanung Branchenplanung, volkswirtschaftliche oder weltwirtschaftliche Planung sein kann. Hax, Karl: Planung und Organisation als Instrument der Unternehmungsführung, S. 605 f. Vgl. auch Grochla, Erwin: Betrieb und Wirtschaftsordnung, Berlin 1954 (Wirtschaftswissenschaftliche Abhandlungen. Volks- und betriebswirtschaftliche Schriftenreihe der Wirtschafts- und Sozialwissenschaftlichen Fakultät der Freien Universität Berlin, hrsg. von E. Kosiol und A. Paulsen, Heft 3), insbesondere S. 34 f. sowie Planung, betriebliche, in: Handwörterbuch der Sozialwissenschaften, 8. Band, Tübingen 1964, S. 314 - 325.

   Zwischen betrieblicher und unternehmerischer Planung wird in der vorliegenden Arbeit kein Unterschied gemacht, da die Unternehmung im Sinne Schumpeters und Gutenbergs als bestimmte historische Variante des Betriebes, nämlich als der Betriebstyp des liberalistisch-kapitalistischen Wirtschaftssystems, aufgefaßt wird. Der Betrieb stellt sich dann nicht lediglich als ein technisches Gebilde dar, sondern ebenso wie die Unternehmung als eine Einheit, die den technischen, den kommerziellen und den finanziellen Teilbereich in sich einbegreift. Vgl. Gutenberg, Erich: Grundlagen der Betriebswirtschaftslehre, 1. Bd. Die Produktion, 11. Aufl. Berlin-Heidelberg-New York 1965, S. 2 und S. 491 ff. sowie Koch, Helmut: Betriebliche Planung S. 12 f.

3) Vgl. Gutenberg, Erich: Die gegenwärtige Situation der Betriebswirtschaftslehre, in: Zeitschrift für handelswissenschaftliche Forschung, Neue Folge, 12. Jg. 1960, S. 124 f.

benbereiche, nämlich

1. die Festlegung der Unternehmungspolitik auf kurze und weite Sicht und
2. die Koordinierung der großen betrieblichen Teilbereiche.

Nur die erstere Aufgabe der Planung ist nach Gutenberg zukunfts-orientiert, während letztere den gegenwärtigen Betriebsprozeß formt und gliedert. Auch Lohmann weist auf die Koordinierungsaufgabe der Planung hin, ohne allerdings die Zukunftsbezogenheit der Planung in Zweifel zu ziehen (1). Geht man davon aus, daß die Planung grundsätzlich der Ausführung vorangeht, so läßt sich wohl nicht be-streiten, daß sie immer auf ein zukünftiges Handeln gerichtet ist. Ob es sich dabei um die nahe oder eine fernere Zukunft handelt, inter-essiert in diesem Falle nicht. Stellt man dagegen darauf ab, daß die Zukunft stets ungewiß ist und die Planung infolge fehlender Informa-tionen um so schwieriger wird, je weiter sie sich in die Zukunft er-strecken soll, so kann die koordinierende Aufgabe der Planung, die sich auf zuverlässige Informationen zu stützen vermag, sicherlich gegenwartsbezogen genannt werden (2). Wir wollen indessen der er-steren Auffassung den Vorzug geben und demnach für das Wesen der unternehmerischen Planung als kennzeichnend ansehen, daß sie eine gedankliche Vorbereitung darstellt und vor der Ausführung erfolgt. So gesehen läßt sich in der unternehmerischen Planung grundsätzlich die "gedankliche Vorwegnahme zukünftigen Geschehens" erblicken (3). Richtschnur dafür muß zwangsläufig die allgemeine unternehme-rische Zielsetzung (4) sein, die als oberste Leitmaxime letztlich das gesamte unternehmerische Handeln bestimmt. Wir können deshalb

---

1) Vgl. Lohmann, Martin: Einführung in die Betriebswirtschaftsleh-re, 4. Aufl. Tübingen 1964 S. 239
2) Vgl. hierzu auch die etymologischen Erklärungen des Wortes "pla-nen" bei: Grimm, Jacob und Grimm, Wilhelm: Deutsches Wör-terbuch, 7. Bd. Leipzig 1889, Sp. 1887. Vgl. ferner Weber, Hel-mut: Die Planung in der Unternehmung S. 33 f. und v. Kortz-fleisch, Gert: Zum Wesen der betriebswirtschaftlichen Planung, in: Betriebswirtschaftliche Planung in industriellen Unternehmun-gen, Berlin 1959 (Abhandlungen aus dem Industrieseminar der Universität zu Köln, hrsg. von Th. Beste, Heft 10), S. 12
3) Vgl. Hax, Karl: Planung und Organisation als Instrumente der Un-ternehmungsführung, S. 606 und 611 ff. Bezüglich der Abwei-chung von der grundsätzlichen Zukunftsbezogenheit der Planung durch Einbeziehung der Kontrolle in den Planungsbegriff vgl. S. 24 f., bezüglich der Beschränkung des Planungsbegriffs auf die längerfristige Vorausbestimmung eines Handlungsablaufs vgl. S. 40 und 43 ff.
4) Vgl. Hax, Karl: Planung und Organisation als Instrument der Un-ternehmungsführung, S. 606 f.

2*

unseren bisherigen Ausführungen zum Wesen der Planung ergänzend hinzufügen, daß es sich dabei um die gedankliche Vorwegnahme zukünftigen Geschehens handelt, die im Hinblick auf die allgemeine unternehmerische Zielsetzung zu erfolgen hat.

Eine inhaltliche Festlegung der obersten Leitmaxime der Unternehmung ist für die Bestimmung des Wesens der Planung nicht erforderlich. Jede wie auch immer geartete Zielsetzung kann vielmehr Richtschnur der Planung sein. Das bedeutet selbstverständlich nicht, daß der Inhalt der Zielvorstellung für die Planung der Unternehmung ohne Bedeutung ist. Im Gegenteil soll gerade damit zum Ausdruck gebracht werden, daß die Art der Zielsetzung bei Planungsüberlegungen eine ganz entscheidende Rolle spielt, da letztlich der gesamte Planungsprozeß davon abhängt, welcher Zielvorstellung die Unternehmung folgt.

Ist die oberste Leitmaxime der Unternehmung gewissermaßen als ihre abstrakte Zielsetzung anzusehen, so kann man die Erstellung und den Absatz bestimmter Marktleistungen als ihre konkrete Zielsetzung bezeichnen, die mit der ganzen Fülle der dafür erforderlichen Handlungen den Inhalt jenes zukünftigen Geschehens bildet, auf das sich die Planung richtet. Sowohl auf die abstrakte als auch auf die konkrete unternehmerische Zielsetzung wird daher - bezogen auf die Bankbetriebe - im weiteren Verlauf unserer Untersuchungen ausführlich einzugehen sein (1).

2. Der Umfang des Planungsprozesses

a) Die Stufen der Planung

Umfangmäßig wird der Planungsprozeß von den verschiedenen Autoren sehr unterschiedlich weit gefaßt (2). Man kann im wesentlichen fünf Ansichten unterscheiden:

1. Die Planung ist lediglich eine Vorschaurechnung, mit deren Hilfe eine zahlenmäßige Festlegung der zu erwarteten Gegebenheiten erfolgt.
2. Die Planung umfaßt die gesamte Vorbereitung unternehmerischer Entscheidungen, nicht aber die Entscheidung selbst.
3. Die Planung beinhaltet auch die Entscheidung als den logischen Abschluß der Vorausüberlegungen.
4. Die Planung erstreckt sich über die Entscheidung hinaus auf die Anordnung.

---

1) Vgl. insbesondere S. 65 ff. bzw. S. 46 ff. und 52 ff.
2) Vgl. Orth, Ludwig: Die kurzfristige Finanzplanung industrieller Unternehmungen, S. 14 - 16 und die in den Fußnoten 33 - 41 S. 14 - 17 angegebene Literatur

5. Die Planung schließt neben Entscheidung und Anordnung noch die Kontrolle in sich ein

Bei Beschränkung des Planungsprozesses auf eine Vorschaurechnung, um die zu erwartenden Gegebenheiten zahlenmäßig im voraus festzulegen, wird der Planungsbegriff sehr eng gefaßt. Koch spricht von Prognosen oder Voranschlägen und unterteilt diese nochmals in Effektiv- und Eventualprognosen, je nach dem, ob es gilt, den zukünftigen tatsächlichen Ablauf der Unternehmung vorauszubestimmen, oder verschiedene hypothetische Unternehmungsabläufe aufzuzeigen (1). Dieser enge Planungsbegriff findet sich hauptsächlich in der älteren Planungsliteratur, vor allem im Zusammenhang mit Budgetierungsproblemen, und wird heute im allgemeinen nicht mehr vertreten (2). Vielmehr sieht man neuderings in der Prognose die erste Stufe (3) des Planungsprozesses, in der man sich - ausgehend von der allgemeinen unternehmerischen Zielsetzung (4) - Vorstellungen über die zukünftige Entwicklung aller für die Unternehmung relevanten Größen macht und sich die dazu erforderlichen Informationen beschafft.

Wird unter Planung die gesamte Vorbereitung unternehmerischer Entscheidungen verstanden, so erstreckt sich der Planungsprozeß neben der Prognostizierung der unternehmungsrelevanten Größen auf die Erarbeitung von Eventualplänen für verschiedene unternehmerische Aufgabenstellungen und die unterschiedlichen Möglichkeiten, um diese "konkreten Zielsetzungen" (5) des Unternehmens, die ihrerseits wieder die Grundlage für die Realisierung der "allgemeinen unternehmerischen Zielsetzung" bilden, zu verwirklichen. Man spricht insofern von Eventualplanung. Koch definiert diesen Planungsbegriff, ohne ihn zu vertreten, als "Ausarbeitung von Wahlmöglichkeiten und Lösungsvorschlägen, zwischen denen eine Entscheidung zu treffen ist" (6). Wittmann hingegen legt sich auf den damit aufgezeigten Um-

---

1) Vgl. Koch, Helmut: Betriebliche Planung, S. 9 - 11.
2) Vgl. Orth, Ludwig: Die kurzfristige Finanzplanung industrieller Unternehmungen, S. 15
3) Vgl. bereits Beste, Theodor: Planung in der Unternehmung, in: Kongress-Archiv 1938 des V. Internationalen Prüfungs- und Treuhand-Kongresses, Band B, Thema 2, Nationalbericht Deutschland, S. 69
4) Vgl. Hax, Karl: Planung und Organisation als Instrumente der Unternehmungsführung, S. 606 f. sowie unsere Ausführungen S. 20
5) Vgl. Hax, Karl: Planung und Organisation als Instrumente der Unternehmungsführung, S. 606 f. sowie unsere Ausführungen S. 20
6) Vgl. Koch, Helmut: Betriebliche Planung, S. 9

fang des Planungsprozesses fest (1). Auch Weber und Müller-Merbach, die in der jüngsten Vergangenheit die Diskussion um den Planungsbegriff wieder aufgenommen haben, entscheiden sich für den aus
Prognose und Eventualplanung (2) bestehenden Umfang des Planungsprozesses; Weber, indem er an die etymologische Bedeutung des
Wortes planen anknüpft (3). Müller-Merbach, indem er auf die betriebliche Praxis hinweist (34). Im Grunde gibt die Analyse des Wortes "planen" aber keinen Anhaltspunkt dafür, daß sich die Planung
lediglich auf die Vorbereitung von Entscheidungen bezieht, die Entscheidung selbst dagegen keine Planungstätigkeit mehr darstellt (5).
Auch der Hinweis auf die betriebliche Praxis, wo in der Regel die
Entscheidung nicht von denselben Personen vollzogen wird, die die
Unterlagen dafür liefern, bildet keinen zwingenden Grund für den Ausschluß der Entscheidung aus dem Planungsprozeß (6). Maßgebend
kann vielmehr nur die jeweilige Auffassung vom Wesen der Planung
sein. Da wir dieses als gedankliche Vorbereitung zukünftigen Geschehens im Hinblick auf die allgemeine unternehmerische Zielsetzung bezeichnet haben (7), besteht kein Grund, die Entscheidung
aus dem Planungsprozeß auszuklammern, denn auch ihr haften die

---

1) Vgl. Wittmann, Waldemar: Unternehmung und unvollkommene Information, S. 81. So wohl auch Simon, Herbert A.: Das Verwaltungshandeln, Stuttgart 1955 (Verwaltung und Wirtschaft, Schriftenreihe der westfälischen Verwaltungs- und Wirtschaftsakademien, Heft 12), S. 147 sowie Sauermann, Heinz und Selten, Reinhard: Anspruchsanpassungstheorie der Unternehmung, in: Zeitschrift für die gesamte Staatswissenschaft, 118. Jg. 1962, S. 581
   und 587 ff.
2) Weber kennzeichnet diese Stufen allerdings als:
   1. Erkenntnis und Analyse des Problems,
   2. Suche nach Lösungsmöglichkeiten oder Alternativen,
   3. Beurteilung der Lösungsmöglichkeiten,
      a) Prüfung der Alternativen im einzelnen,
      b) Vergleich der Alternativen.
   Weber, Helmut: Die Planung in der Unternehmung, S. 72
3) Vgl. Weber, Helmut: Die Planung in der Unternehmung, S. 33 - 37
4) Vgl. Müller-Merbach, H.: Operations Research als Optimalplanung, S. 205
5) So auch Müller-Merbach, H.: Operations Research als Optimalplanung, S. 205 sowie Kern, Werner: Operations Research als
   Optimierungskunde, in: Zeitschrift für handelswissenschaftliche
   Forschung, Neue Folge, 15. Jg. 1963, S. 348 f.
6) Wohl könnte ein Ausschluß aus dem genannten Grunde zweckmäßig
   sein, denn: "Wirtschaftliche Begriffe sind Zweckbegriffe. Sie lassen sich daher je nach den wirtschaftlichen Bedürfnissen umformen." Hax, Karl: Die Betriebsunterbrechungsversicherung, Köln
   und Opladen 1949, S. 19
7) Vgl. S. 19

charakteristischen Merkmale des Planens an. Sie ist gedanklicher Art, auf zukünftiges Handeln gerichtet und muß im Einklang mit der allgemeinen unternehmerischen Zielsetzung erfolgen.

Bei Einbeziehung der Entscheidung in den Planungsbegriff umfaßt die Planung die Stufen Prognose, Eventualplanung und Entscheidung. In dieser Fassung wird der Planungsbegriff heute sinngemäß von zahlreichen Autoren vertreten (1). Die "etwas willkürlich anmutende Trennung der Vorausüberlegungen von ihrem logischen Abschluß der Entscheidung" (2), wird dadurch zwar vermieden, betrachten wir aber nochmals unsere Auffassung vom Wesen der Planung, so kann auch diese Form des Planungsbegriffes noch nicht befriedigen, weil die gedankliche Vorbereitung des zukünftigen Geschehens mit der Entscheidung noch nicht beendet ist. Indem sich die Unternehmungsleitung (ausgehend von der allgemeinen unternehmerischen Zielsetzung) für eine unter mehreren Wahlmöglichkeiten entscheidet, legt sie zwar gedanklich ihre zukünftige Verhaltensweise fest, d. h. sie bestimmt das konkrete Unternehmungsziel und / oder den zu seiner Erreichung einzuschlagenden Weg. Läßt sie es jedoch dabei bewenden und gibt sie keine Anweisung zur Durchführung der Entscheidung, so bleibt diese ohne praktische Bedeutung. Im Planungsprozeß muß daher der Entscheidung die Anordnung, der Befehl zur Durchführung der Entscheidung folgen.

Die Ausdehnung des Planungsprozesses auf die Anordnung wird nur von wenigen Autoren ausdrücklich gefordert (3). Sie erscheint uns - wie oben dargelegt - aber notwendig, weil erst damit alle gedanlichen Voraussetzungen dafür gegeben sind, daß das Geplante betriebliche Wirklichkeit werden kann. Daß die Anordnung einen Akt der Willensäußerung darstellt, sofern Entscheidung und Ausführung bei verschiedenen Personen liegen - wie es in der Regel der Fall ist -, beeinträchtigt den Charakter der Anordnung als eines gedanklichen Vorgangs u. E. nicht (4). Der Gegensatz zur gedanklichen liegt in der materiellen Vorbereitung des zukünftigen Geschehens (5), nicht aber

---

1) Vgl. die Literaturhinweise bei Orth, Ludwig: Die kurzfristige Finanzplanung industrieller Unternehmungen, Fußnote 37 auf S. 16
2) Orth, Ludwig: Die kurzfristige Finanzplanung industrieller Unternehmungen, S. 15
3) Vgl. Beste, Theodor: Planung in der Unternehmung, S. 69; Henzel, Fritz: Betriebsplanung, Wiesbaden o. J. (1950) S. 6; v. Kortzfleisch, Gert: Zum Wesen der betriebswirtschaftlichen Planung, S. 10 f. ; Hax, Karl: Planung und Organisation als Instrumente der Unternehmungsführung, S. 607 und 613
4) Anders Orth, Ludwig: Die kurzfristige Finanzplanung industrieller Unternehmungen, S. 16
5) Vgl. Hax, Karl: Planung und Organisation als Instrumente der Unternehmungsführung, S. 611 f. Vgl. auch unsere Ausführungen S. 33 ff.

in der Äußerung eines gefaßten Entschlusses. In diesem Zusammenhang erscheint bedeutsam, daß Hax nicht von Anordnung, sondern
von Sollplanung spricht (1), die sich im Gegensatz zur Eventualplanung (als der Zusammenstellung der Wahlmöglichkeiten) auf die genauere Ausarbeitung des Planes bezieht, für den die Entscheidung
gefallen ist, und damit zugleich die im einzelnen zu erledigenden Aufgaben festlegt (2). Nun könnte man zwar die Frage aufwerfen, ob die
nach der Entscheidung für eine bestimmte Wahlmöglichkeit vorzunehmende genauere Planaufstellung nicht doch bereits den Beginn der
Plandurchführung bedeutet, so daß der Trennungsstrich zwischen Planung und Plandurchführung, also vor der Sollplanung, zu ziehen wäre.
Dies würde aber u. E. dem Wesen der Sollplanung widersprechen, die
nichts anderes bezweckt als die genauere gedankliche Festlegung der
einmal getroffenen Entscheidung (3). Es handelt sich also offenbar
bei der Sollplanung durchaus um einen Vorgang mit den Wesensmerk-
malen der Planung, nämlich der gedanklichen Vorbereitung zukünftigen Geschehens im Hinblick auf die allgemeine unternehmerische
Zielsetzung, wenn auch um einen solchen besonderer Art, der sich
sowohl von der Prognose als auch von der Eventualplanung und der
Entscheidung abhebt (4).

Die letzte der fünf verschiedenen Auffassungen über den Umfang des
Planungsprozesses, die auch noch die Kontrolle in den Planungsbegriff einschließt (5), muß bei einer Erklärung des Wesens der Planung als gedankliche Vorbereitung zukünftigen Geschehens zwangsläufig aus der Diskussion ausscheiden, denn jede Kontrolle ist ver-
gangenheits- und nicht zukunftsbezogen. Die Aufnahme der Kontrolle
in den Planungsbegriff würde demnach eine andere Auffassung vom
Wesen der Planung erfordern. Daran ändert auch die Tatsache nichts,

---

1) Vgl. Hax, Karl: Planung und Organisation als Instrumente der Unternehmungsführung, S. 613
2) Vgl. hierzu auch die Ausführungen S. 34
3) Vgl. hierzu die Ausführungen von Kloidt, Heinrich, Dubberke,
   Achim und Göldner, Jürgen: Zur Problematik des Entscheidungsprozesses, in: Organisation des Entscheidungsprozesses (Veröffentlichungen des Instituts für Industrieforschung der Freien
   Universität Berlin, hrsg. von E. Kosiol), Berlin 1959, S. 13 ff.
4) "Bisher war es ein Abwägen von Möglichkeiten auf Grund irgendwelcher Zukunftserwartungen. Nunmehr wird der Plan zum gesetzten oder vorgegebenen Soll, zum Befehl, der der Ausführung
   harrt...". Hax, Karl: Planung und Organisation als Instrumente
   der Unternehmungsführung, S. 607
5) Vgl. Ludwig, Heinz: Budgetkontrolle in industriellen Unternehmungen, Berlin-Leipzig-Wien 1930, S. 6; Beste, Theodor: Planung
   in der Unternehmung, S. 69; v. Kortzfleisch, Gert: Zum Wesen
   der betriebswirtschaftlichen Planung, S. 11

daß z. B. Koch in der Effektivprognose eine Möglichkeit zur Kontrolle des betrieblichen Geschehens erblickt, indem er mit ihrer Hilfe eine "Kontrolle der Zukunftsvorstellungen, welche die Unternehmungsleitung ihren früheren Entscheidungen zugrundegelegt hat" (1), also gewissermaßen eine Kontrolle der ursprünglichen bereits ganz oder teilweise, vielleicht aber auch noch gar nicht realisierten Pläne durch neue Vorstellungen über die zukünftige Entwicklung, vorzunehmen trachtet. Sofern die Effektivprognose dazu geeignet erscheint, handelt es sich dabei zweifellos um ein Mittel der Kontrolle, ohne daß daraus jedoch die Notwendigkeit abzuleiten wäre, in der Kontrolle einen Bestandteil der Planung zu sehen. Das gilt grundsätzlich für Kontrollmaßnahmen aller Art, durch die irgendwelche Pläne bzw. Planunterlagen korrigiert oder revidiert werden (2).

Zusammenfassend ist festzustellen, daß wir auf Grund der Erklärung des Wesens der Planung als gedankliche Vorbereitung zukünftigen Geschehens im Hinblick auf die allgemeine unternehmerische Zielsetzung den Umfang des Planungsprozesses auf die Stufen Prognose, Eventualplanung Entscheidung und Sollplanung festlegen. Wir folgen damit der von Hax vorgeschlagenen Begriffsbildung (3), zu deren Änderung wir trotz der neuerdings entstandenen Diskussion keine Notwendigkeit sehen, und definieren die Planung als gedankliche Vorbereitung zukünftigen Geschehens im Hinblick auf die allgemeine unternehmerische Zielsetzung durch einen aus Prognose, Eventualplanung, Entscheidung und Sollplanung bestehenden Auswahlprozeß.

---

1) Vgl. Koch, Helmut: Betriebliche Planung, S. 10 Fußnote 1
2) Vgl. im Hinblick auf Korrekturen im Planungsprozeß z. B. Gutenberg, Erich: Die Produktion, S. 147; Hax, Karl: Planung und Organisation als Instrumente der Unternehmungsführung, S. 612 f.; Orth, Ludwig: Die kurzfristige Finanzplanung industrieller Unternehmungen, S. 14 Fußnote 31 und S. 20 f.; Sauermann, Heinz und Selten, Reinhard: Anspruchsanpassungstheorie der Unternehmung, S. 588 f.
3) In seinen Vorlesungen schaltet Hax neuerdings zwischen die Stufen Eventualplanung und Entscheidung die Stufe Wirtschaftlichkeitsrechnung ein, so daß sein System nunmehr aus 5 Stufen besteht. Vgl. Müller-Merbach, H.: Operations Research als Optimalplanung, S. 204, Fußnote 47. Wir wollen die Wirtschaftlichkeitsrechnung, deren Ziel die Bestimmung der zu realisierenden Alternative ist, jedoch aus Gründen, die mit der hier gewählten Zielsetzung der Planung im Zusammenhang stehen, erst der Stufe der Entscheidung zurechnen. Vgl. hierzu insbesondere unsere Ausführungen S. 89 ff., 339 f. und 430 f.

b) Planungsprozeß und Entscheidungsprozeß

Nach unseren Ausführungen beginnt der Planungsprozeß mit der Prognose und führt über die Eventualplanung zur Entscheidung, die den entsprechenden Stellen zur Realisierung aufgegeben wird. Den Höhepunkt
des Planungsprozesses und zugleich die Ursache für seine Durchführung überhaupt bildet also offenbar die Entscheidung (1). Damit erhebt sich die Frage, ob der Planungsprozeß mit dem identisch ist,
was in der deutschen Literatur als Entscheidungsprozeß, in der amerikanischen Literatur als decision-making process bezeichnet wird.
Einer Bejahung dieser Frage scheint Orth zuzuneigen, denn bei ihm
heißt es, daß die Planung bei Einbeziehung der Entscheidung in den
Begriff der Planung den gesamten Entscheidungsprozeß umfaßt (2).
Allerdings liest man in einer Fußnote dazu: "Daß gerade der Entscheidungsprozeß den wichtigsten Bestandteil der Unternehmungs-
planung darstellt, wurde besonders in der amerikanischen Literatur
erkannt und kommt dort bei der häufigen Behandlung von Entschei-
dungsproblemen immer wieder zum Ausdruck" (3), eine Formulierung, die auf eine engere Fassung des Entscheidungsprozesses im
Vergleich zum Planungsprozeß hindeutet. Auch bei Loitlsberger sind
im Grunde beide Auffassungen zu finden, wenn er schreibt: "Der be-

---

1) Vgl. hierzu insbesondere Arbeitskreis Hax der Schmalenbach Gesellschaft: Wesen und Arten unternehmerischer Entscheidungen,
   in: Zeitschrift für betriebswirtschaftliche Forschung, 16. Jg.
   1964, S. 685 - 715 sowie die dort angegebene Literatur.
2) Vgl. Orth, Ludwig: Die kurzfristige Finanzplanung industrieller
   Unternehmungen, S. 15. Zu dieser Auffassung gelangt man auch,
   wenn man die Schritte des Entscheidungsprozesses (steps in the
   decision-Making process) betrachtet, wie sie z. B. von Tannenbaum angegeben werden:
   "1. Awareness of behavior alternatives
   "2. Definition of behavior alternatives
   "3. Evaluation of behavior alternatives"
   Vgl. Tannenbaum, Robert: Managerial Decision-Making, in: The
   Journal of Business of the University of Chicago, Vol. XXIII 1950,
   S. 24 - 26 im Anschluß an Simon, Herbert A.: Administrative
   Behavior, 1. Aufl., New York 1945, Das Verwaltungshandeln, S.
   47. Simon bezieht die Entscheidung allerdings nicht in den Planungsprozeß ein. Vgl. unsere Ausführungen S. 22 Fußnote 1
3) Vgl. Orth, Ludwig: Die kurzfristige Finanzplanung industrieller
   Unternehmungen, S. 15 Fußnote 36. So faßt wohl auch Hax das
   Verhältnis von Planungsprozeß und Entscheidungsprozeß auf. Vgl.
   Hax, Karl: Planung und Organisation als Instrumente der Unternehmungsführung, S. 607 und 613

triebliche Entscheidungsprozeß besteht aus vier Teilprozessen" (1)
und diese Teilprozesse von ihm unter Verweisung auf Hax (2) als In-
formationsprozeß, Alternativplanungsprozeß, Entscheidungsprozeß
im engeren Sinne und Vorgabeprozeß bezeichnet werden (3). Es zeigt
sich also, daß es durchaus möglich ist, dem Planungsprozeß eine weitere Fassung als dem Entscheidungsprozeß zu geben. Das gilt jedoch
nur im Hinblick auf die einzelne Entscheidung. Betrachtet man die
unternehmerischen Entscheidungen insgesamt, so besteht kein Zweifel, daß sie nicht alle das Ergebnis von Planungsprozessen sind, sondern daß viele Entscheidungen anders zustandekommen.

Anzuführen sind in diesem Zusammenhang zunächst die sogenannten
"anlagedeterminierten" Handlungen (Reflexe, Instinkt- oder Trieb-
handlungen), "umweltdeterminierten" Handlungen (sozial angepaßtes
Verhalten, das auch Überformung oder reaktive Nachahmung genannt
wird), "gewohnheitsmäßigen" und völlig "willkürlichen" Handlungen
(4). Allerdings stoßen wir hier auf die Grundsatzfrage, ob es sich
bei derartigen Verhaltensweisen überhaupt um Entscheidungen handelt. Definiert man nämlich die Entscheidung als ein "bewußtes Auswählen einer möglichen Verhaltensweise unter mehreren zur Auswahl
zugelassenen Verhaltensweisen" (5), so liegen definitionsgemäß keine
Entscheidungen vor, wenn die Möglichkeit des bewußten Auswählens
einer Alternative entfällt, wie es bei den anlage- und umweltdeterminierten Handlungen der Fall ist, oder aus irgendwelchen Gründen
nicht wahrgenommen wird, wie bei den Willkürhandlungen. Aus dieser Sicht werden daher die Willkürhandlungen aus dem Begriff der
Entscheidung ebenso ausgeschlossen wie die anlage- und umweltdeterminierten Handlungen. Schwieriger gestalten sich die Dinge bei

1) Vgl. Loitlsberger, Erich: Zum Informationsbegriff und zur Frage
der Auswahlkriterien von Informationsprozessen, in: Empirische Betriebswirtschaftslehre, Festschrift zum 60. Geburtstag
von Leopold L. Illetschko, hrsg. von E. Loitlsberger, Wiesba -
den 1963, S. 116
2) Vgl. Hax, Karl: Planung und Organisation als Instrumente der Unternehmensführung, S. 605 ff.
3) Vgl. Loitlsberger, Erich: Zum Informationsbegriff und zur Frage
der Auswahlkriterien von Informationsprozessen, S. 116
4) Vgl. Bott, Dietrich: Allgemeine und historische Betrachtungen
zum Entscheidungsbegriff, in: Statistische Hefte, 3. Jg. 1962,
S. 4 ff.
5) Menges, G.: Kriterien optimaler Entscheidungen unter Ungewißheit, in: Statistische Hefte, 4. Jg. 1963 S. 151; ähnlich auch: Barnard, Chester I.: The Functions of the Executive, Cambridge 1938,
S. 185; Tannenbaum, Robert: Managerial Decision-Making, S. 23;
Bott, Dietrich: Allgemeine und historische Betrachtungen zum Entscheidungsbegriff, S. 1

den gewohnheitsmäßigen Handlungen, soweit sie nicht "unbewußt entstehen" oder "umweltdeterminiert sind" (1). Zwar findet im Augenblick einer solchen gewohnheitsmäßigen Entscheidung kein bewußtes
Auswählen einer Alternative mehr statt, jedoch muß ihr "um sie in
der täglichen Arbeit überhaupt treffen zu können, eine echte Entscheidung bzw. ein Entschluß, in gewissen Fällen zukünftig in bestimmter Art und Weise routinemäßig zu entscheiden, vorausgegangen sein"
(2). Man pflegt infolgedessen derartige gewohnheitsmäßig erfolgende Entscheidungen zum Unterschied von den "echten" Entscheidungen
als "Routine"-Entscheidungen zu bezeichnen. Auf diese Weise gelingt
die Unterordnung der gewohnheitsmäßigen Handlungen unter den Entscheidungsbegriff auch denjenigen Autoren, die als Charakteristikum
der Entscheidung das "bewußte Auswählen" ansehen. Das gleiche gilt
für "programmierte Entscheidungen", die von Maschinen mit Hilfe
eines in sie hineingegebenen Programms und für "Ausführungsent-
scheidungen", die von Menschen auf Grund genereller Regelungen
getroffen werden, so daß überhaupt kein oder nur noch ein sehr geringer "Freiheitsgrad" besteht (3). Wir wollen nun allerdings in der
vorliegenden Arbeit nicht von der oben genannten Entscheidungsde-
finition ausgehen, sondern in einem ganz umfassenden Sinn immer
dann von einer Entscheidung sprechen, wenn eine Wahl zwischen mehreren Alternativen getroffen werden muß, ganz gleich auf welche
Weise sie zustandekommt (4). Damit folgen wir der Begriffsbildung
Simons, der ausdrücklich keinen Unterschied zwischen bewußter und
unbewußter Auswahl macht (5). Der Grund für dieses Vorgehen liegt
darin, daß das Handeln der Unternehmungen auf den vielfältigsten
- durchaus nicht immer bewußt erfolgenden - Entscheidungen beruht.

---

1) Vgl. Bott, Dietrich: Allgemeine und historische Betrachtungen zum
   Entscheidungsbegriff, S. 5
2) Kloidt, Heinrich, Dubberke, Hans-Achim, Göldner, Jürgen: Zur
   Problematik des Entscheidungsprozesses, S. 16. Vgl. hierzu
   auch Arbeitskreis Hax der Schmalenbach-Gesellschaft: Wesen
   und Arten unternehmerischer Entscheidungen, S. 687 f.
3) Vgl. Arbeitskreis Hax der Schmalenbach-Gesellschaft: Wesen
   und Arten unternehmerischer Entscheidungen, S. 686 f.
4) Infolgedessen beschränken wir den Begriff der Entscheidung auch
   nicht auf Situationen, die einen ernsthaften Konflikt in sich bergen (vgl. Menges, Günter: Kriterien optimaler Entscheidungen
   unter Ungewißheit, S. 151) und/oder so wesentlich erscheinen,
   "daß ein Durchdenken der Situation im Hinblick auf mögliche Folgen gerechtfertigt ist" (vgl. Bott, Dietrich: Allgemeine und historische Betrachtungen zum Entscheidungsbegriff, S. 3). Vgl.
   hierzu auch unsere Ausführungen S. 73 Fußnote 3
5) Vgl. Simon, Herbert A.: Das Verwaltungshandeln, S. 2 f.; so wohl
   auch: Kloidt, Heinrich, Dubberke, Hans-Achim, Göldner, Jürgen:
   Zur Problematik des Entscheidungsprozesses, S. 11

Man würde sich wesentlicher Perspektiven begeben, wollte man von vornherein Handlungen, die nicht durch bewußtes Auswählen zustandekommen, aus dem Entscheidungsbegriff ausschließen. Fest steht dagegen, daß derartige Entscheidungen nicht das Ergebnis eines Planungsprozesses sein können. Ihr Charakteristikum liegt vielmehr gerade darin, daß ihnen der systematische Denkprozeß, der die Planung kennzeichnet, nicht vorausgeht. Durch einen Planungsprozeß können also ex definitione nur solche Entscheidungen zustandekommen, deren Charakteristikum das bewußte Auswählen ist.

Betrachten wir nunmehr die sogenannten improvisatorischen Entscheidungen, die man in der betriebswirtschaftlichen Planungsliteratur den geplanten Entscheidungen gegenüberzustellen pflegt (1), obgleich man sich über ihr Wesen durchaus nicht einig ist. So kommt nach Orth die Improvisation (2) zwar auch auf Grund von Zielen und Erwartungen zu Entscheidungen, vollzieht sich aber "unsystematisch, d. h. ohne eine konsequente Ordnung der Überlegungen" (3). Diese Formulierung könnte den Eindruck erwecken, als ob improvisatorische Entscheidungen grundsätzlich als etwas Negatives zu betrachten sind, weil sie ohne konsequente Ordnung der Überlegungen doch offenbar nicht sinnvoll sein können. Demgegenüber hebt Böhrs nachdrücklich hervor, daß jeder, der mit Erfolg improvisieren will, "schnell mit aller Schärfe des Verstandes für den Augenblick Wichtiges von Unwichtigem unterscheiden können" muß, denn obgleich das

---

1) Vgl. Orth, Ludwig: Die kurzfristige Finanzplanung industrieller Unternehmungen, S. 17; Koch, Helmut: Planung, in: Handwörterbuch der Betriebswirtschaft, 3. Aufl. Band 3, Stuttgart 1959, Spalte 4341 f. sowie: Betriebliche Planung, S. 12; Weber, Helmut: Die Planung in der Unternehmung, S. 35. Eine Ausnahme macht Koch in seinem Artikel Finanzplanung, in dem er Improvisationen, soweit sie auf Vorausüberlegungen beruhen, in den Planungsbegriff einbezieht, und den geplanten die emotionalen Entscheidungen gegenüberstellt. Vgl. Koch, Helmut: Finanzplanung, in: Handwörterbuch der Betriebswirtschaft, 3. Aufl. Band 2, Stuttgart 1958, Spalte 1910. Auch Wittmann ordnet die Improvisation der Planung unter, wenn er das Improvisieren als "ein sehr kurzfristiges Planen" bezeichnet. Vgl. Wittmann, Waldemar: Unternehmung und unvollkommene Information, S. 207. Vgl. ferner unsere Ausführungen S. 31 f.

2) Vgl. Orth, Ludwig: Die kurzfristige Finanzplanung industrieller Unternehmungen, S. 17

3) Es handelt sich in diesem Zusammenhang nur um die Improvisation im gedanklichen Bereich. Dieser Hinweis ist erforderlich, weil - wie noch zu zeigen sein wird - auch im materiellen Bereich improvisiert werden kann. Vgl. hierzu die Ausführungen über das Verhältnis von Improvisation und Organisation, S. 36 ff.

Improvisieren oft nur "ein System von Aushilfen" darstellt, soll es
doch "kein unzulängliches Stümpern sein" (1). Böhrs fordert aus diesem Grunde geradezu eine "Methodik des Improvisierens" (2). Charakteristisch für die Improvisation ist somit nach Böhrs nicht das
Fehlen einer Systematik, sondern die Schnelligkeit, mit der gehan-
delt werden muß. Die Folge des Zeitdrucks beim Improvisieren ist
einmal, daß nicht alle in Frage kommenden Eventualitäten geprüft
werden können, um die bestmöglichen Mittel und Wege zu finden, und
zum anderen, daß unter Umständen die Aspekte in bezug auf die bestmöglichen Mittel und Wege mehr oder weniger stark verschoben werden (3). Wieder etwas anders sieht Koch das Wesen der Improvisation, wenn er auf die "Anpassung an eine bereits eingetretene Situation" und demnach wohl vor allem auf die fehlende Vorbereitungs-
möglichkeit abstellt. Einmal ergänzen sich dann Planung und Improvisation in der Weise, daß durch "die Planung die Unternehmung mehr
in groben Zügen festgelegt wird, während die letzten Details, die sich
meist gar nicht im voraus fixieren lassen, improvisiert geregelt werden", und zum anderen tritt die Improvisation "an die Stelle der Planung, wenn sich die ursprünglich getroffene Planung als undurchführbar und unzweckmäßig erweist" (4). Während Böhrs also vornehmlich
die Schnelligkeit hervorhebt, betont Koch besonders die fehlende Vor-
bereitungsmöglichkeit (5). Verwenden wir daher beide Kriterien für
die Begriffsbildung, dann können wir die improvisatorische Entscheidung als unvorbereitete und schnelle Entscheidung bezeichnen, die
entweder in einem (mehr oder weniger) verkürzten Denkprozeß oder
auch in anderer Weise, z. B. instinkt- oder gefühlsmäßig (6) gefällt
wird. Damit sind die improvisatorischen Entscheidungen wesensmäs-
sig deutlich von den geplanten Entscheidungen abgegrenzt worden.
Realiter dürfte es aber trotzdem nicht immer leicht sein, eine scharfe Trennungslinie zu ziehen. Zu vielfältig sind die Situationen, in
denen in einer Unternehmung Entscheidungen getroffen werden müssen und oft mag es nur ein sehr kleiner Schritt von der improvisatorischen zur geplanten Entscheidung sein. Weber schlägt daher einer

---

1) Vgl. Böhrs, Hermann: Planen, Organisieren und Improvisieren.
   Eine Studie zur Abgrenzung der Begriffe, in: Betriebswirtschaftliche Forschung und Praxis, 2. Jg. 1950, S. 333
2) Vgl. Böhrs, Hermann: Planen, Organisieren und Improvisieren,
   S. 334
3) Vgl. hierzu auch die Ausführungen über das Verhältnis von Im -
   provisation und Organisation, S. 36 ff.
4) Vgl. Koch, Helmut: Planung, Sp. 4341 f. und Betriebliche Planung, S. 12
5) Zur Etymologie des Wortes Improvisation vgl. insbesondere: Der
   große Duden, Bd. 1. Duden, Rechtschreibung der deutschen Spra-
   che und der Fremdwörter, 14. Aufl. Mannheim 1961, S. 336
6) Vgl. hierzu unsere Ausführungen S. 21 ff.

persönlichen Anregung Schäfers folgend vor, "mehrere Grade der bewußten Planung" zu unterscheiden (1). Jedoch scheint uns dadurch nur der wesensmäßige Unterschied zwischen Planung und Improvisation (2) verwischt und für die Klärung der Frage nichts gewonnen zu werden (3). Wir wollen deshalb trotz möglicher praktischer Schwierigkeiten an der theoretischen Unterscheidung zwischen geplanten und improvisatorischen Entscheidungen festhalten.

Letztlich müssen wir uns noch mit dem Begriff der emotionalen Entscheidung auseinandersetzen, die Koch in seinem Artikel "Finanzplanung" den geplanten Entscheidungen gegenüberstellt (4), um damit zum Ausdruck zu bringen, daß Planungsprozesse keine gefühlsmäßigen, sondern nur verstandesmäßige Entscheidungen erlauben. In seinen späteren Veröffentlichungen erwähnt Koch die emotionalen Entscheidungen allerdings nicht mehr (5). Nun kann aber wohl keinem Zweifel unterliegen, daß Entscheidungen in einer Unternehmung - und zwar sicherlich durchaus nicht selten - gefühlsmäßig getroffen werden. Man braucht nur an Gutenbergs Ausführungen über die "irrationale Wurzel" der Betriebs- und Geschäftsleitung zu denken, jenes personale Element, das sich "als Träger nicht quantifizierbarer, individueller Eigenschaften" rational nicht weiter auflösen läßt (6), um die mögliche Bedeutung emotionaler Entscheidungen für eine Unternehmung zu erkennen. So gelingt es vielleicht einem Unternehmer, mit Intuition und Fingerspitzengefühl einen Betrieb durch eine schwierige Situation hindurchzusteuern oder ihm einen neuen kräftigen Auftrieb zu geben, während ein anderer ihn trotz hervorragender Planung nicht zu halten vermag, weil die der Planung zugrundegelegten Erwartungen nicht eintrafen. Verallgemeinern läßt sich eine solche Feststellung jedoch sicherlich nicht. Mag daher den emotionalen Entscheidungen bei großen unternehmerischen Persönlichkeiten oder in besonderen Situationen auch erhebliche Bedeutung zukommen, so ist im allgemeinen zweifellos den verstandesmäßigen vor den emotionalen Entscheidungen der Vorrang einzuräumen. Weiterhin wird man sagen dürfen, daß die Entscheidungen in einer Unternehmung vornehmlich jenes systematischen Denkprozesses bedürfen, den wir als

---

1) Vgl. Weber, Helmut: Die Planung in der Unternehmung, S. 35
2) Im Sinne unserer Ausführungen S. 29 Fußnote 3
3) Abgesehen davon ist der Terminus "bewußte Planung" insofern nicht glücklich, als er entweder die Möglichkeit "unbewußter Planung" zuläßt oder einen Pleonasmus darstellt.
4) Vgl. Koch, Helmut: Finanzplanung, Sp. 1910. Vgl. auch unsere Ausführungen S. 29 Fußnote 1
5) Vgl. Koch, Helmut: Planung, Spalte 4341 sowie:Betriebliche Planung, S. 12. Vgl. auch unsere Ausführungen S. 29 Fußnote 1
6) Vgl. Gutenberg, Erich: Die Produktion, S. 6 f. und 130 ff.

Planung bezeichnet haben (1), es sei denn, daß nicht genügend Zeit
für einen solchen Prozeß verbleibt, die hierfür erforderlichen Informationen nicht beschafft werden können und / oder die Situation den
damit verbundenen Aufwand nicht rechtfertigt. In diesen Fällen gilt
es zumindest "mit aller Schärfe des Verstandes" zu improvisieren,
also auch hierbei die emotionalen oder gar unbewußten zugunsten
verstandesmäßiger Entscheidungen zurückzudrängen. Keineswegs
soll mit diesen Aussagen die irrationale Wurzel der Betriebs- und
Geschäftsleitung unterschätzt, sie darf aber auch nicht überschätzt
werden. Im Einzelfall mögen mehr oder weniger viele Entscheidungen auf jene irrationale Wurzel zurückgehen, im allgemeinen aber
kann sich ohne "klares und systematisches Durchdenken und vorausbedenken" (2) das betriebliche Geschehen auf die Dauer nicht vollziehen.

Wir wollen für alle verstandesmäßig getroffenen unternehmerischen
Entscheidungen (im Unterschied zu den emotionalen und unbewußten
Entscheidungen), wenn sie bestimmte Kriterien erfüllen, den Terminus "rationale Entscheidungen" wählen. Obwohl es nicht möglich ist,
diesen Begriff "aussagekräftig und allgemeingültig" zu definieren (3),
wird in der vorliegenden Arbeit - ausgehend von dem Begriff der
subjektiven Rationalität - eine rationale Entscheidung als eine im
Einklang mit der unternehmerischen Zielsetzung stehende Entscheidung aufgefaßt, die unter Berücksichtigung aller verfügbaren Infor-

---

1) Vgl. Koch, Helmut: Betriebliche Planung, S. 12
2) Vgl. Gutenberg, Erich: Die Produktion, S. 131
3) Vgl. Bott, Dietrich: Allgemeine und historische Betrachtungen zum
   Entscheidungsbegriff, S. 7 - 11. Bott unterscheidet zwischen objektiver und subjektiver, gesellschaftlicher und individueller Rationalität und zeigt, daß alle vier Aspekte Mängel aufweisen. In
   bezug auf die subjektive Rationalität liegen - abgesehen davon, daß
   das Individuum durch seine persönlichen Fähigkeiten und die Ungewißheit der Zukunft begrenzt ist - die Mängel insbesondere darin, daß in einem formalen Sinn jede Entscheidung, die im Hinblick auf das angestrebte Ziel erfolgt, als subjektiv rational bezeichnet werden kann, also auch dann, wenn sie nicht verstandesmäßig, sondern emotional oder unbewußt getroffen wurde. Dies
   steht aber im Gegensatz zu dem Begriff des Rationalen, den der
   Sprachgebrauch kennt. Vgl. hierzu auch Simon, Herbert A.: Das
   Verwaltungshandeln, S. 3

mationen verstandesmäßig gefällt wird (1). Das kann sowohl eine geplante als auch eine improvisatorische Entscheidung sein. Gegenstand unserer Arbeit sind voraussetzungsgemäß diejenigen rationalen Entscheidungen, die durch einen Planungsprozeß zustandekommen, doch muß zwangsläufig von der Gesamtheit der Entscheidungen in einer Unternehmung ausgegangen werden, um die planbaren Entscheidungen herausarbeiten zu können. Daß es sich dabei lediglich um bankbetriebliche Entscheidungen handelt wird, ergibt sich ebenfalls aus der Aufgabenstellung der vorliegenden Arbeit. Die bisher ganz allgemein gehaltenen Ausführungen stehen dazu nicht im Widerspruch; denn die Herausarbeitung der Grundbegriffe muß unabhängig von den Besonderheiten der Bankbetriebe erfolgen, wenn die hierfür anzustrebende Allgemeingültigkeit erreicht werden soll.

3. Abgrenzung des Planungsbegriffes gegenüber den Begriffen Organisation und Disposition

a) Planung und Organisation

Man könnte meinen, daß es relativ leicht sein müßte, die Begriffe Planung und Organisation auseinanderzuhalten, da Planen und Organisieren offenbar doch ganz verschiedenartige Tätigkeiten beinhalten. In der Literatur bestehen aber über die Abgrenzung zwischen Planung und Organisation durchaus unterschiedliche Ansichten. So betrachtet man einerseits "die Planung lediglich als Teilbereich der organisatorischen Tätigkeit" und andererseits "die Organisation nur als technisches Instrument der Plandurchführung" (2). Der Gegensatz dieser Meinungen läßt sich auflösen, wenn man mit Hax davon ausgeht, daß Planung und Organisation im Grunde "zwei Seiten desselben Vorgangs" sind (3). Es zeigt sich dann sowohl der wesensmäßige Unterschied als auch die enge Verbindung zwischen Planen und Organisieren. Beide Tätigkeiten sind auf das gleiche Objekt gerichtet, das zukünftige betriebliche Geschehen. Während aber mit Hilfe der Planung die gedankliche Vorbereitung dieses zukünftigen Geschehens erfolgt,

---

1) Vgl. hierzu die Ausführungen über "die Merkmale rationaler Entscheidungen" bei Bott, Dietrich: Allgemeine und historische Betrachtungen zum Entscheidungsbegriff, S. 11 f., "die Grenzen der Rationalität vom Standpunkt des Individuums aus" bei Simon, Herbert A.: Das Verwaltungshandeln, S. 153 f. sowie "eine neue Auffassung vom rationalen Verhalten" bei Sauermann, Heinz und Selten, Reinhard: Anspruchsanpassungstheorie der Unternehmung, S. 577 f.
2) Vgl. Hax, Karl: Planung und Organisation als Instrumente der Unternehmungsführung, S. 611 und 605
3) Vgl. Hax, Karl: Planung und Organisation als Instrumente der Unternehmungsführung, S. 611

hat es die Organisation mit seiner materiellen Vorbereitung zu tun
(1). Verknüpft werden beide Tätigkeiten durch die Entscheidung für
einen der zur Auswahl stehenden Pläne, mit der über die Sollplanung
zugleich die im einzelnen zu erledigenden Aufgaben festgelegt werden
(2), welche wiederum nach allgemeiner Ansicht den Ausgangspunkt
jeglicher organisatorischen Tätigkeit bilden (3).

Deutlich geht aus diesen Ausführungen der wesensmäßige Unterschied
zwischen Planung und Organisation hervor und es zeigt sich weiterhin, daß die materielle der gedanklichen Vorbereitung, also die Organisation der Planung bedarf. Umgekehrt ist aber auch sicher, daß
die Planung organisatorische Einrichtungen benötigt, um zu höchster
Leistungsfähigkeit zu gelangen (4). So bildet gerade in jüngster Zeit
die Organisation des Entscheidungsprozesses ein bevorzugtes For-
schungsobjekt nicht nur auf wirtschaftswissenschaftlichem Gebiet (5),
sondern auch auf dem Sektor der öffentlichen Verwaltung (6).

-----

1) Vgl. Hax, Karl: Planung und Organisation als Instrumente der
   Unternehmensführung, S. 611 f. In ähnlicher Weise sieht auch
   Gutenberg das Verhältnis von Planung und Organisation, wenn
   er sagt: "Jede Ordnung des betrieblichen Geschehens beruht auf
   bewußt gestaltenden Maßnahmen von Menschen, die planen und
   organisieren. Während Planung den Entwurf einer Ordnung bedeutet, nach der sich der gesamtbetriebliche Prozeß vollziehen
   soll, stellt Organisation den Vollzug, die Realisierung dieser
   Ordnung dar". Vgl. Gutenberg, Erich: Die Produktion, S. 233.
   Zum konkreten Inhalt des Organisationsbegriffs vgl S. 38 ff.
2) Vgl. Hax, Karl: Planung und Organisation als Instrumente der
   Unternehmensführung, S. 613
3) Vgl. z. B. Gutenberg, Erich: Unternehmensführung, Organisation und Entscheidungen, Wiesbaden 1962 (Die Wirtschaftswissenschaften, hrsg. von E. Gutenberg), S. 101 ff.; Hax, Karl: Planung
   und Organisation als Instrumente der Unternehmensführung, S. 610;
   Kosiol, Erich: Organisation der Unternehmung, Wiesbaden 1962
   (Die Wirtschaftswissenschaften, hrsg. von E. Gutenberg), S. 42
   ff.; Nordsieck, Fritz: Betriebsorganisation, Stuttgart 1961 (Samm-
   lung Poeschel, Studienbücher, hrsg. von H. Seischab, Reihe I:
   Grundlagen, Band 8 a) S. 8 ff.
4) Vgl. Gutenberg, Erich: Die Produktion, S. 147 und Hax, Karl:
   Planung und Organisation als Instrumente der Unternehmensführung, S. 610 f.
5) Vgl. Kosiol, Erich (Hrsg.): Organisation des Entscheidungsprozesses (Veröffentlichungen des Instituts für Industrieforschung
   der Freien Universität Berlin), Berlin 1959
6) Vgl. Simon, Herbert A.: Administrative Behavior, A Study of De-
   cison-Making Processes in Administrative Organizations, 2. Aufl.
   New York 1957 (1. Aufl. 1945), Deutsche Übersetzung: Das Verwaltungshandeln, Stuttgart 1955.

Die besonders in Großbetrieben zu findenden Planungsabteilungen, in denen mit der Beschaffung von Informationen und der Ausarbeitung von Eventual- oder Sollplänen beauftragte Arbeitskräfte zusammengefaßt werden, sind zweifellos organisatorische Einrichtungen und als solche ebenso zu beurteilen wie alle anderen organisatorischen Einrichtungen mit dauerhaftem Charakter, also z. B. die Instanzen, die Kollegien, das Kompetenz- und das Kommunikationssystem einer Unternehmung. Auch die Organisationsabteilung selbst, sofern eine solche vorhanden ist, gehört dazu. Jedoch wird in dieser Abteilung durchaus nicht ausschließlich organisiert im Sinne einer materiellen Vorbereitung des zukünftigen Geschehens auf Grund bereits vorliegender Pläne. Vielmehr sind im Zusammenhang damit regelmäßig weitere Vorbereitungen gedanklicher Art, also Planungen, erforderlich. Umgekehrt werden die Planungsabteilungen ohne Vorbereitungen materieller Art, also ohne Organisation, in der Regel nicht auskommen können. Entscheidungen über die grundsätzlichen Fragen der Organisation eines Unternehmens allerdings erfolgen ebensowenig in den Organisationsabteilungen wie diejenigen über die Prinzipien seiner Geschäftspolitik in den Planungsabteilungen, sondern für derartige und andere "echte Führungsentscheidungen" ist allein die Unternehmensleitung als oberste Instanz zuständig (1). Übertragbar sind nur solche Entscheidungen, die keine Grundsatzfragen betreffen. Diese wiederum können nicht nur, sie müssen sogar soweit wie möglich delegiert werden, damit die Führungsspitze entlastet wird (2). Entscheidungsbefugnisse sind daher - entsprechend den jeweiligen organisatorischen Regelungen - unter Umständen auf allen Ebenen der betrieblichen Hierarchie zu finden. Das bedeutet nichts anderes, als daß überall dort auch Planungsprozesse erforderlich sind, wobei die Unterlagenbeschaffung und die Ausarbeitung der Eventual- und Sollpläne durchaus wieder anderen Personen obliegen kann als die eigentliche Entscheidung. Weiterhin wird sich vielfach an die gedankliche unverzüglich die materielle Vorbereitung des zukünftigen Geschehens in Gestalt organisatorischer Regelungen auf der mittleren und unteren Führungsebene anschließen. Es ist deshalb unmöglich, Planung und Organisation in eindeutiger Weise mit bestimmten Arbeitskräften oder Abteilungen eines Unternehmens in Verbindung zu bringen. So ist wohl auch Gutenberg zu verstehen, wenn er Planung und Organisation von der Betriebs- und Geschäftsleitung abspaltet und als derivative Produktivfaktoren bezeichnet, deren Wirksamkeit im Unternehmen nicht

---

1) Vgl. Gutenberg, Erich: Die Produktion, S. 132 ff. und: Unternehmensführung, S. 59 ff. sowie Arbeitskreis Hax der Schmalenbach-Gesellschaft: Wesen und Arten unternehmerischer Entscheidungen, S. 710 f.
2) Vgl. Gutenberg, Erich: Die Produktion, S. 133 und: Unternehmensführung, S. 76

auf die Führungsspitze beschränkt ist (1), und ähnlich sieht Hax die
Dinge, wenn er betont, daß sich die verschiedenen Stufen der Unter -
nehmenstätigkeit durchaus nicht immer auf verschiedenen Ebenen
der betrieblichen Hierarchie vollziehen (2). Weder gibt es Personen,
denen ausschließlich planende, noch solche, denen ausschließlich organisatorische Tätigkeiten übertragen sind, wie sich auch Planung
und Organisation keineswegs auf die etwa vorhandenen Planungs- und
Organisationsabteilungen beschränken. Vielmehr sind nahezu alle Arbeitskräfte eines Unternehmens neben ausführender Arbeit mit planender und organisatorischer Tätigkeit befaßt. Die Unterschiede liegen nur im Umfang der planenden und organisatorischen im Vergleich
zu den ausführenden Arbeitsverrichtungen und der Bedeutung, die
den im einzelnen zu erledigenden Aufgaben im Hinblick auf das Unternehmungsganze zukommt. Im allgemeinen überwiegt in den unteren
Bereichen der betrieblichen Hierarchie die ausführende Arbeit und
je mehr man sich der obersten Führungsspitze nähert, um so größeres Gewicht bekommen die planenden und organisatorischen Tätigkeiten. Gleichzeitig wächst in der Regel aber auch deren Bedeutung
für das Betriebsganze, bis schließlich in den von der Betriebs- und
Geschäftsleitung zu treffenden Führungsentscheidungen der Kulmi-
nationspunkt erreicht ist.

Damit sind die Schwierigkeiten, die bei der Erörterung von Planungs-
und Organisationsproblemen eines Unternehmens - trotz eindeutiger
wesensmäßiger Abgrenzungsmöglichkeit - auftauchen, aufgezeigt.
Sie liegen einmal darin, daß Planung und Organisation "in einem komplementären Verhältnis zueinander" (3) stehen, sich gegenseitig be-
dingen und voraussetzen, und zum anderen darin, daß sie nicht mit
bestimmten Arbeitskräften oder Abteilungen eines Unternehmens
identifiziert werden können. Für unsere Arbeit ergibt sich daraus:
1. daß wir uns bei der Untersuchung der Planung im Bankbetrieb nicht
   auf die bankbetriebliche Führungsspitze, bestimmte bankbetriebliche Abteilungen oder Arbeitskräfte beschränken können, sondern
   von den jeweils zu treffenden Entscheidungen ausgehen müssen,
   gleich auf welcher Ebene der bankbetrieblichen Hierarchie sie gefällt werden, und
2. daß wir im Zusammenhang mit den Problemen der Planung vielfach auf organisatorische Fragen stoßen werden, insbesondere
   aber die Planung der Organisation der Bankbetriebe in die Betrachtung einzubeziehen haben.
Letzteres hat nun allerdings zur Folge, daß wir uns noch etwas ein-

---

1) Vgl. Gutenberg, Erich: Die Produktion, S. 7 f., 130 f., 147 und
   234 ff.
2) Vgl. Hax, Karl: Planung und Organisation als Instrumente der Unternehmensführung, S. 613 f.
3) Vgl. Gutenberg, Erich: Die Produktion, S. 147

gehender mit dem Organisationsbegriff, und zwar einmal im Hinblick
auf seinen konkreten Inhalt (1), und zum anderen in seinem Verhältnis zur Improvisation beschäftigen müssen. Wir haben bei der Klärung der Frage nach dem Zustandekommen unternehmerischer Entscheidungen zwischen Improvisation und Planung unterschieden und
die improvisatorische Entscheidung als unvorbereitete und schnelle
Entscheidung bezeichnet, die entweder in einem mehr oder weniger
verkürzten Denkprozeß oder auch in anderer Weise, z. B. instinkt-
und gefühlsmäßig gefällt wird (2). Diese Gegenüberstellung von Planung und Improvisation erfolgte in Übereinstimmung mit der Planungsliteratur. In der Organisationsliteratur hingegen wird die Improvisation in Gegensatz zur Organisation gebracht. So sieht z. B.
Kosiol in der Organisation die endgültige, auf längere Sicht berech-
nete, stabile Strukturierung, in der Improvisation die vorübergehende, auf kürzere Sicht gedachte, labile Strukturierung der Unternehmung (3). Beide Arten der Strukturierung ergänzen einander, so daß
Regelungen, die einen festen Dauerzustand schaffen (Organisation)
stets neben Regelungen bestehen, die nur provisorischen Charakter
haben (Improvisation). Nach Böhrs ist das Improvisieren überhaupt
"nichts anderes als ein überaus 'schnelles Organisieren' " (4), weil
der Zeitmangel einen entscheidenden Einfluß auf die Art und Weise
des Vorgehens ausübt. Mit dieser Begriffsbestimmung wird aber
nur die Improvisation im materiellen Bereich getroffen, während
die Improvisation im gedanklichen Bereich, nämlich die improvisatorische Entscheidung, unberücksichtigt bleibt (5). Indessen weist
Böhrs selbst auf die beiden Möglichkeiten des Improvisierens hin,
wenn er sagt: "Wer es gewohnt ist, nur in weitspannenden Plänen
zu denken und zu deren Durchführung feingliedrige Organisationen
aufzubauen, die bei Unveränderlichkeit aller Voraussetzungen wie
Uhrwerke ablaufen, dem fällt es schwer, sich auf improvisatorisches
Handeln umzustellen" (6). Nun könnte man zwar meinen, daß die Im-

---

1) Vgl. S. 38 ff.
2) Vgl. S. 29 ff.
3) Vgl. Kosiol, Erich: Organisation der Unternehmung, S. 28 f. Lohmann bezeichnet "die kombinierende Phantasie, die über die Rou-
   tineerkenntnis hinausgeht, und die nicht immer als unrational,
   höchstens arational zu bezeichnende Improvisation, das 'muddling
   through' " als "Gegenpol der Organisation". Vgl. Lohmann, Martin: Einführung in die Betriebswirtschaftslehre, S. 250
4) Vgl. Böhrs, Hermann: Planen, Organisieren, Improvisieren, S.
   331
5) Vgl. S. 29 Fußnote 3
6) Böhrs, Hermann: Planen, Organisieren, Improvisieren, S. 331 f.
   In Anlehnung an Böhrs könnte man die Improvisation im gedanklichen Bereich als ein überaus schnelles Planen bezeichnen, zumindest insoweit, als sie verstandesmäßig erfolgt, und käme damit
   der Ansicht Wittmanns sehr nahe. Vgl. hierzu unsere Ausführungen S. 29 Fußnote 1

provision im materiellen Bereich so untrennbar mit der Improvisation im gedanklichen Bereich verbunden wäre, daß eine Unterscheidung unnötig oder unzweckmäßig erschiene. Grundsätzlich sind aber
beide Arten der Improvisation als unabhängig voneinander anzusehen.
Zwei Beispiele sollen das verdeutlichen. Wir wollen zunächst annehmen, daß sich eine Planung als undurchführbar erweist, weil die
zugrundeliegenden Erwartungen nicht eingetroffen sind. Da keine
Zeit für einen neuen Planungsprozeß verbleibt, ist eine improvisatorische Entscheidung zu fällen. Kann diese Entscheidung im Rahmen
einer bestehenden Organisation verwirklicht werden, was häufig der
Wirklichkeit entsprechen dürfte, so ist keine Improvisation im materiellen Bereich erforderlich. Umgekehrt ist leicht denkbar, daß eine
sorgfältige Planung vorgenommen wurde, sich aber schließlich herausstellt, daß die zu ihrer Verwirklichung notwendigen organisatorischen Einrichtungen nicht rechtzeitig geschaffen werden können.
Es bleibt dann nichts anderes übrig, als im materiellen Bereich zu
improvisieren. Diese Beispiele sind durchaus nicht als Ausnahmen
anzusehen, mag in noch so vielen Fällen eine improvisatorische Entscheidung zumindest teilweise auch eine Improvisation im materiellen Bereich im Gefolge haben, oder die Notwendigkeit, im materiellen Bereich mehr oder weniger stark improvisieren zu müssen, gewissermaßen rückwirkend eine improvisatorische Entscheidung fordern. Daß diese Zusammenhänge in der Literatur bisher nicht beachtet wurden, liegt wohl einfach daran, daß die Forschungen im Pla-
nungs- und im Organisationssektor lange Zeit weitgehend unabhängig voneinander betrieben wurden und beide Richtungen die Bedeutung
der Improvisation jeweils nur für ihr Gebiet darstellten. Dessen ungeachtet läßt sich der Trennungsstrich zwischen Organisation und
Improvisation in der Praxis ebensowenig scharf ziehen wie derjenige
zwischen Planung und Improvisation (1). So wird man möglicherweise
nicht erst bei völlig fehlender materieller Vorbereitung von Improvisation sprechen, sondern bereits dann, wenn keine endgültigen,
sondern nur vorläufige Regelungen getroffen werden. Davon geht wohl
auch Kosiol aus, wenn er die Improvisation als provisorische Regelung und die Organisation als dauerhafte Regelung bezeichnet (2), obgleich er damit mehr auf die Dauer des Bestehens einer solchen Regelung als auf die Dauer ihres Entstehens abstellt. Wir wollen uns
dieser Meinung jedoch nicht anschließen und daher in der vorliegenden Arbeit die Untersuchungen über die Planung der Organisation auf
Regelungen jeder Art abstellen.

Auch bezüglich des konkreten Inhalts des Organisationsbegriffs bestehen in der Literatur erhebliche Gegensätze, auf die wir im Rahmen

---

1) Vgl. S. 30
2) Vgl. Kosiol, Erich: Organisation der Unternehmung S. 28 f. Vgl.
   auch unsere Ausführungen S. 37

dieser der Planung gewidmeten Arbeit allerdings nur in aller Kürze eingehen können (1). Während man früher - vor allem in der deutschen Organisationslehre, die im allgemeinen den Produktionsprozeß in industriellen Unternehmungen vor Augen hatte - vornehmlich die technisch-sachliche Seite des Zusammenwirkens der produktiven Faktoren eines Betriebes behandelte (2), stellt gegenwärtig insbesondere die amerikanische Organisationstheorie, die von dem Entscheidungsprozeß in öffentlichen Institutionen und militärischen Einheiten ihren Ausgang nahm, ausschließlich auf die menschlichen Beziehungen zwischen den Arbeitskräften eines Unternehmens ab (3). Beide Auslegungen des Organisationsbegriffs sind aber im Grunde genommen als zu eng anzusehen, denn die Unternehmung wird "weder durch einen rein technisch-sachlichen Produktionsprozeß gekennzeichnet, noch durch die formalisierten psychologischen Beziehungen der in ihm arbeitenden Menschen. Sie stellt vielmehr eine Einheit aus Sachwelt und Arbeitswelt dar" (4). Konkreter Inhalt des Organisationsbegriffs müssen daher neben den technisch-sachlichen Beziehungen zwischen den produktiven Faktoren die Beziehungen zwischen den Menschen des Unternehmens sein. Hax bringt dies dadurch zum Ausdruck, daß er die Organisation als "Gestaltung des persönlichen und sachlichen Apparates und der Arbeitsabläufe im Hinblick auf die gestellte Aufgabe" (5) definiert. Gutenberg hält zwar ganz allgemein die Regelungen, "nach denen der betriebliche Prozeß verlaufen soll", für den konkreten Inhalt der Betriebsorganisation (6), legt aber offensichtlich den menschlichen Beziehungen das größere Gewicht bei, wie sich insbesondere aus der Anlage und dem Inhalt seines Buches "Un-

---

1) Bezüglich der Entwicklung des Organisationsbegriffs vgl. insbesondere Gutenberg, Erich: Die Produktion, S. 232 ff.; Hax, Karl: Planung und Organisation als Instrumente der Unternehmungsführung, S. 610; Nordsieck, Fritz: Betriebsorganisation, S. 7 f.; Kosiol, Erich: Organisation der Unternehmung, S. 15 ff.

2) Vgl. z.B. Rößle, Karl: Allgemeine Betriebswirtschaftslehre, 5. Aufl. Stuttgart 1956 S. 131, der unter Organisation "eine von einem bestimmten Daseinszweck erfüllte planmäßig gegliederte Einheit" versteht.

3) Vgl. z.B. Barnard, Chester I.: The Functions of the Executive, Tenth Printing, Cambridge Mass. 1953 (1. Aufl. 1938) und Simon, Herbert A.: Administrative Behavior, 2. Aufl. New York 1957 (1. Aufl. 1945)

4) Vgl. Albach, Horst: Zur Theorie der Unternehmensorganisation, in: Zeitschrift für handelswissenschaftliche Forschung, Neue Folge, 11. Jg. 1959, S. 257 im Anschluß an Lohmann, Martin: Einführung in die Betriebswirtschaftslehre, S. 270 ff.

5) Vgl. Hax, Karl: Planung und Organisation als Instrumente der Unternehmungsführung, S. 610

6) Vgl. Gutenberg, Erich: Die Produktion, S. 235

ternehmensführung" erkennen läßt (1). Kosiol hingegen, der die Organisation als "integrative Strukturierung von Ganzheiten" kennzeichnet (2), stellt die technisch-sachlichen Beziehungen stärker in den
Vordergrund. Wir halten beide Seiten des Organisationsphänomens
für gleich bedeutungsvoll und beziehen daher den konkreten Inhalt der
Organisation (im Sinne materieller Vorbereitung des zukünftigen Geschehens) im Anschluß an Hax auf alle Regelungen, die die Bereitstellung und den Einsatz der erforderlichen produktiven Faktoren
sowie die notwendig werdenden Arbeitsakte und Arbeitsabläufe betreffen (3).

b) Planung und Disposition

Die Begriffe Planung und Disposition werden in der wirtschaftswissenschaftlichen Literatur und der betrieblichen Praxis in so verschiedenartiger Verbindung gebraucht, daß die Skala von völliger
Identifizierung der beiden Begriffe bis zu ihrer kontradiktorischen
Gegenüberstellung reicht. So liest man z. B. bei van Wyk, daß die
"vielseitig möglichen - in den Funktionen der Banken begründeten -
Belastungen... nur durch vorzeitige, sich den Gegebenheiten anpas-
sende Überlegungen und richtige, planmäßige Entschlüsse, d. h.
durch eine die gesamten Kräfte und Anforderungen überschauende
Disposition" zu überwinden sind, die im folgenden Satz als "planende Tätigkeit" bezeichnet wird (4). Die bankbetriebliche Praxis hingegen ist geneigt, in der Planung die Vorausbestimmung des Handlungsablaufs über einen längeren Zeitraum, in der Disposition die
laufend erforderliche, kurzfristige Handlungsnotwendigkeit zu sehen
(5). Während Koch die Planung, durch welche die Unternehmung im
voraus geregelt wird und die daher die Gesamtheit der betriebswirtschaftlichen Dispositionen umfaßt, dispositive Planung nennt (6),
spricht Rittershausen von der zwingenden Aufgabe, "für jeden Tag
neu und für die Zukunft planend zu disponieren" (7). Schließlich weist
Gutenberg der Betriebs- und Geschäftsleitung als dem dispositiven

---

1) Vgl. Gutenberg, Erich: Unternehmensführung, vor allem S. 101
2) Vgl. Kosiol, Erich: Organisation der Unternehmung, S. 21
3) Vgl. Hax, Karl: Planung und Organisation als Instrumente der Unternehmensführung, S. 610
4) Vgl. van Wyk, Wolfgang: Die Gelddisposition der Kreditbanken,
   S. 14
5) Nach einem Gespräch mit Prof. Dr. Karl Friedrich Hagenmüller,
   Mitglied des Vorstandes der Dresdner Bank AG und langjähriger
   Ordinarius für Betriebswirtschaftslehre, insbesondere Bankbetriebslehre, an der Universität Frankfurt am Main
6) Vgl. Koch, Helmut: Betriebliche Planung, S. 11 f., Absatzplanung, in: Handwörterbuch der Sozialwissenschaften, 1. Bd., Stutt-
   gart-Tübingen-Göttingen 1956, S. 15, Finanzplanung, Sp. 1910
7) Vgl. Rittershausen, Heinrich: Vorwort des Herausgebers zu van
   Wyk, Wolfgang: Die Gelddisposition der Kreditbanken, S. 9

Faktor alle "mit der Leitung und Lenkung der betrieblichen Vorgänge" im Zusammenhang stehenden Arbeitsleistungen zu und kennzeichnet damit "jenes Zentrum betrieblicher Aktivität", welches "planend und gestaltend das gesamtbetriebliche Geschehen steuert" (1).

Die verschiedenartigen Verbindungen zwischen den Begriffen Planung und Disposition resultieren zwangsläufig aus der unterschiedlichen Fassung der jeweiligen Begriffsinhalte. Da der Planungsbegriff allerdings bereits diskutiert und festgelegt wurde (2), brauchen wir uns im folgenden nur noch mit dem Begriff der Disposition zu befassen. Das Wort Disposition läßt sich sprachlich im Sinne von Verfügung, Anordnung, Gliederung, Planung oder Anlage verwenden (3). Diesem weit umfassenden Wortsinn entspricht am ehesten der dispositive Faktor Gutenbergs, der eine Spannungsbreite "von der rationalen Überlegung über die betriebliche Entscheidung bis zu ihrem gestaltenden Vollzug" besitzt (4). Die Planung erscheint danach als Teilbereich der dispositiven Arbeitsleistungen, und zwar als jener Bereich, dem es obliegt, auf Grund klaren und systematischen Vorausbedenkens rationale Entscheidungen zu treffen (5). Wesentlich enger wird der Begriff der Disposition von denjenigen Autoren gefaßt, die ihn synonym zum Begriff der Entscheidung verwenden. So heißt es z. B. bei Sauermann: "Wirtschaftliche Entscheidungen oder

---

1) Vgl. Gutenberg, Erich: Die Produktion, S. 3 und 6
2) Vgl. S. 17 ff.
3) Vgl. van Wyk, Wolfgang: Die Gelddisposition der Kreditbanken, S. 13 und Fischer, Otfrid: Die Finanzdisposition der Geschäftsbanken, S. 25. Zur Etymologie des Wortes Disposition vgl. z. B. Hoffmeister, Johannes (Hrsg.): Wörterbuch der philosophischen Begriffe, 2. Aufl., Hamburg 1955, S. 171
4) Vgl. Fischer, Otfrid: Die Finanzdisposition der Geschäftsbanken, S. 25
5) Vgl. Gutenberg, Erich: Die Produktion, S. 131. So ist wohl auch van Wyk, der sich ausdrücklich auf Gutenberg bezieht, zu verstehen, obgleich seine Formulierung auf eine Identifizierung der Begriffe Planung und Disposition hindeutet. Vgl. van Wyk, Wolfgang: Die Gelddisposition der Kreditbanken, S. 13 ff. vgl. auch unsere Ausführungen, S. 40 f.
Fischer hingegen, der ebenfalls von Gutenbergs Begriff des dispositiven Faktors ausgeht, möchte den Planungsbegriff - ebenso wie die bankbetriebliche Praxis - "der Vorherbestimmung eines Handlungsablaufs über einen nennenswerten Zeitraum" vorbehalten wissen. Vgl. Fischer, Otfrid: Die Finanzdisposition der Geschäftsbanken, S. 31 ff. sowie unsere Ausführungen S. 40 f.

Dispositionen werden von einzelnen oder Gruppen getroffen" (1). Vergegenwärtigen wir uns, daß wir die Entscheidung als dritte Stufe des Planungsprozesses bezeichnet haben (2), so erscheint in dieser engeren Fassung die (rationale) Disposition als Planungsergebnis und zugleich als Teil der Gesamtheit aller Entscheidungen in einer Unternehmung. Sowohl Rittershausens Forderung, planend zu disponieren, als auch Kochs Begriff der dispositiven Planung (3) sind wohl so zu

---

1) Vgl. Sauermann, Heinz: Einführung in die Volkswirtschaftslehre, Band I, Wiesbaden 1960 (Die Wirtschaftswissenschaften, hrsg. von E. Gutenberg), S. 43. In gleicher Weise wird der Dispositionsbegriff z. B. von Koch, Hax, Orth und Rittershausen verwendet. Vgl. Koch, Helmut: Betriebliche Planung, S. 9; Hax, Karl: Stand und Aufgaben der Betriebswirtschaftslehre in der Gegenwart, in: Zeitschrift für handelswissenschaftliche Forschung, Neue Folge, 8. Jg. 1956, S. 142; Orth, Ludwig: Die kurzfristige Finanzplanung industrieller Unternehmungen, S. 16; Rittershausen, Heinrich: Vorwort des Herausgebers zu van Wyk, Wolfgang: Die Gelddisposition der Kreditbanken, S. 9. Nicht ganz klar wird die Verwendung des Dispositionsbegriffs bei Schneider, da dieser die Dispositionen der einzelnen handelnden Wirtschaftseinheiten zwar als das Ergebnis ihrer Wirtschaftspläne ansieht, aber wohl nicht lediglich die (gedankliche) Entscheidung, sondern gleichzeitig die (realisierte) Handlung damit meint. Vgl. Schneider, Erich: Einführung in die Wirtschaftstheorie, Teil II: Wirtschaftspläne und wirtschaftliches Gleichgewicht in der Verkehrswirtschaft, 10. Auflage, Tübingen 1965, S. 1 f.
2) Vgl. S. 21 ff. und S. 33
3) Koch stellt die dispositive der Sollziffern-Planung gegenüber. Vgl. Koch, Helmut: Absatzplanung, S. 15 f. und: Finanzplanung, Sp. 1910. Die kritischen Bemerkungen Kosiols zu diesen Begriffen, die darauf hinauslaufen, daß beide Planungsformen der Disposition dienen (vgl. Kosiol, Erich: Typologische Gegenüberstellung von standardisierender (technisch orientierter) und prognostizierender (ökonomisch ausgerichteter) Plankostenrechnung, in: Plankostenrechnung als Instrument moderner Unternehmungsführung, Berlin 1956 (Veröffentlichungen des betriebswirtschaftlichen Instituts für Industrieforschung (Industrie-Institut) der Freien Universität Berlin, hrsg. von E. Kosiol, S. 57 f.), hängen von der Interpretation des Dispositionsbegriffs ab. Sie werden gegenstandslos, wenn die Begriffe Disposition und Entscheidung - wie bei Koch - einander gleichgesetzt werden, da die Disposition dann nur das Ergebnis der dispositiven Planung bildet, während die Sollziffern-Planung als ihre Folge aufgefaßt werden kann. Vgl. unsere Ausführungen S. 23 f.
Vgl. hierzu auch Orth, Ludwig: Die kurzfristige Finanzplanung industrieller Unternehmungen, S. 16 Fußnote 38 sowie Hax, Karl: Stand und Aufgaben der Betriebswirtschaftslehre in der Gegenwart, S. 143

verstehen. Obgleich nun zweifellos das Entscheiden die wichtigste
Tätigkeit des dispositiven Faktors bildet, halten wir diese Fassung
des Dispositionsbegriffs für zu eng, ebenso aber auch jene, nach der
die Disposition mit der Planung identisch ist (1), bzw. das kurzfristige Gegenstück zur Planung bildet (2). Wir wollen daher in der vorliegenden Arbeit den Begriff der Disposition im Sinne von Gutenbergs
dispositivem Faktor verwenden, der alle Aufgabenbereiche der Unternehmungsführung, also sowohl Planung, als auch Organisation und
Kontrolle umfaßt, und infolgedessen in der Planung jenen Teil der
gesamten dispositiven Tätigkeit einer jeden Betriebs- und Geschäftsleitung sehen, der auf wohlüberlegte, rationale Entscheidungen hin-
zielt (3).

Übertragen wir unsere Begriffsabgrenzung auf die bankbetriebliche
Tätigkeit, so ist festzustellen, daß z. B. auf dem Gebiet der Gelddisposition der Planung die Aufgabe zukommt, die hier erforderlichen

---

1) Die Disposition würde in diesem Falle dem gesamten Planungsprozeß gleichgesetzt werden.
2) Für diese Auffassung wäre außer der Beschränkung des Dispositionsbegriffs auf einen kurzen Zeitraum die Beschränkung des Planungsbegriffs auf einen längeren Zeitraum erforderlich. Das würde jedoch dem Wesen der Planung ebensowenig entsprechen (vgl.
S. 8 ff.),wie die Beschränkung des Dispositionsbegriffs auf einen
kurzen Zeitraum dem Wesen der Disposition gerecht würde.
3) Bei dieser Interpretation des Dispositionsbegriffs erscheint die
Organisation ebenso wie die Planung als Teil der Disposition. In
diesem Zusammenhang sei daher darauf hingewiesen, daß Kosiol
den Begriff der Disposition als Gegensatz zum Begriff der Strukturierung verwendet, indem er als Disposition (im engeren Sinne)
alle jene Tätigkeiten bezeichnet, "die als Einzelmaßnahmen im
konkreten Sonderfall auftreten und keine strukturierende Wirkung
haben" wie die Organisation und die Improvisation, Vgl. Kosiol,
Erich: Organisation der Unternehmung, S. 28 f. Vgl. hierzu auch
unsere Ausführungen S. 36 ff.
Lohmann, Hennig und Nordsieck stellen den Begriff der Disposition
dem Organisationsbegriff gegenüber. Vgl. Lohmann, Martin: Einführung in die Betriebswirtschaftslehre, S. 249; Nordsieck, Fritz:
Betriebsorganisation, S. 7; Hennig, Karl Wilhelm: Betriebswirtschaftliche Organisationslehre, 3. Aufl., Berlin-Göttingen-Heidel-
berg 1957, S. 8 f. Trotz seiner abweichenden Auffassung vom
Verhältnis zwischen Organisation und Disposition betrachtet Lohmann ebenso wie wir die Planung als einen Teil der Disposition.
Vgl. Lohmann, Martin: Einführung in die Betriebswirtschaftslehre, S. 238

rationalen Entscheidungen mit Hilfe der vorhandenen oder beschaffbaren Informationen und nach Durchdenken der zur Auswahl stehenden alternativen Möglichkeiten im Hinblick auf die jeweilige bankbetriebliche Zielsetzung zu fällen, während die Organisation die materiellen Vorbereitungen für die Realisierung der ausgewählten Alternativen zu treffen und die Kontrolle für die Überprüfung des gesamten Vorgangs Sorge zu tragen hat. Der Begriff der Gelddisposition umfaßt also sowohl das Planen als auch das Organisieren und
Kontrollieren. Die Kreditinstitute sind sich bei der großen Bedeutung, die der Gelddisposition im Rahmen der bankbetrieblichen Betätigung beizumessen ist (1), der Notwendigkeit, zu wohlüberlegten
Entscheidungen in diesem Bereich kommen und für ihre organisatorische Bewältigung sorgen zu müssen, selbstverständlich von jeher bewußt und versuchen, ihr so gut wie möglich gerecht zu werden (2). Während jedoch die organisatorischen Erfordernisse der
Gelddisposition von allen Banken als solche anerkannt und gewürdigt
werden, bezeichnen sie ihre Tätigkeit im gedanklichen Bereich der
Gelddisposition nicht als "Planung", da sie - wie ausgeführt worden
ist - den Planungsbegriff einer längerfristigen Vorausbestimmung
des Handlungsablaufs vorbehalten (3) und der Geldausgleich zweifellos eine überwiegend kurzfristige Angelegenheit ist. Damit erhält aber der Dispositionsbegriff bei den Banken gewissermaßen ganz
von selbst die erwähnte Interpretation als kurzfristige Handlungsnotwendigkeit (3), und es ist die überraschende Feststellung zu machen, daß ein dem Sachverhalt an sich völlig gerecht werdender Begriff wie derjenige der Gelddisposition durch zu enge und einseitige
Auslegung ein unklares Bild der tatsächlichen Erfordernisse und Vorgänge in planender und organisatorischer Hinsicht bei der Gelddisposition entstehen läßt. So erklärt sich der Unterschied in den Meinungen von Hartmann und Fischer bezüglich der Frage, ob die Kreditinstitute auf dem Gebiet der Gelddisposition planen oder nicht (4)
letztlich als eine Definitionsfrage (5). Freilich ist mit dieser Erkenntnis noch nicht allzuviel gewonnen. Die wenigen ausführlichen Unter-

---

1) Vgl. S. 11
2) Vgl. hierzu unsere Ausführungen S. 281 ff.
3) Vgl. S. 40
4) Vgl. S. 11
5) Die an und für sich wünschenswerte Übereinstimmung der in der
   vorliegenden bankbetrieblichen Arbeit verwendeten Begriffe mit
   der gegenwärtigen Begriffsbildung der bankbetrieblichen Praxis
   konnte aus diesem Grunde nicht verwirklicht werden. Zwar ist
   jede Definition bis zu einem gewissen Grade willkürlich, aber gerade deswegen muß sie stets unter dem Gesichtspunkt der "Zweckmäßigkeit und Fruchtbarkeit für die wissenschaftliche Forschung"
   (vgl. Kosiol, Erich: Organisation der Unternehmung, S. 15) erfolgen.

suchungen über die Gelddisposition der Kreditbanken (1) zeigen vielmehr deutlich, daß - trotz der beachtlichen Fortschritte, die insbesondere bei der Herausarbeitung der grundsätzlichen Probleme und
ihrer Lösungsmöglichkeiten heute bereits zu verzeichnen sind - noch
viel zu tun bleibt, zumal sich die Methoden zur Bewältigung der bankbetrieblichen Probleme sowohl in praktischer als auch in theoretischer Hinsicht in dauernder Wandlung befinden (2). Darüberhinaus
ist die als Beispiel angeführte Gelddisposition aber keineswegs das
einzige Gebiet, auf dem bei den Kreditinstituten eine Planung erforderlich ist, sondern es gilt, die gesamte bankbetriebliche Betätigung
als ein einheitliches Ganzes zu begreifen und die sich ergebenden
Probleme - so weitgehend wie möglich - mit Hilfe von Planungsprozessen zu lösen, wobei nicht nur an die kurzfristige, sondern vor
allem auch an die langfristige Planung zu denken ist. Mit anderen
Worten, in allen bankbetrieblichen Bereichen besteht die Notwendigkeit, "für jeden Tag neu und für die Zukunft planend zu disponieren" (3). Es ist die Aufgabe der vorliegenden Arbeit, festzustellen,
was von den Kreditinstituten in dieser Hinsicht getan werden könnte (4).

---

1) Außer den in fast allen bankbetrieblichen Lehrbüchern befindli-
chen mehr oder weniger langen Abhandlungen über die Gelddisposition der Kreditinstitute vgl. insbesondere:
Müller, Walter: Die Gelddisposition der Banken, in: Bankwissen-
schaft, 3. Jg. 1926, S. 475 - 488
Lehmann, Fritz: Die Disposition der Banken, in: Zeitschrift für
Handelswissenschaft und Handelspraxis, 22. Jg. 1929, S. 267 -
273
Neumann, Bruno: Die Gelddispositionsstelle, in: Die Bank, hrsg.
von K. Theissinger und J. Löffelholz, 3. Bd., Betriebsorganisation und Rechnungswesen, Wiesbaden 1952, S. 203 - 208
van Wyk, Wolfgang: Die Gelddisposition der Kreditbanken, Frankfurt am Main, 1960
Hartmann, Bernhard: Kurzfristige Gelddisposition, in: Bankbetriebsanalyse, Freiburg im Breisgau 1962, S. 279 - 289
Fischer, Otfrid: Die Finanzdisposition der Geschäftsbanken, unveröffentlichte Habilitationsschrift, Frankfurt am Main 1964
Wittgen, Robert: Die Geldpolitik der Geschäftsbanken, Frankfurt
am Main 1965
2) Vgl. hierzu die bereits erwähnten Arbeiten von Mülhaupt und Deppe, S. 12 Fußnote 4
3) Vgl. Rittershausen, Heinrich: Vorwort des Herausgebers zu van
Wyk: Die Gelddisposition der Kreditbanken, S. 9. Das Wort disponieren wird hier von uns allerdings im Sinne von Gutenbergs
dispositivem Faktor aufgefaßt, vgl. unsere Ausführungen, S. 40
ff.
4) Vgl. hierzu auch die Ausführungen S. 13 ff.

B. Das Planungsobjekt

Das Planungsobjekt der vorliegenden Arbeit ist der Bankbetrieb, jedoch nicht mit all seinen in der Wirklichkeit zu findenden Besonderheiten, sondern als ein im folgenden zu entwickelndes Modell.

1. Begriff und Wesen einer Bank

Bis heute ist es nicht gelungen, eine befriedigende Definition des Begriffes Bank zu finden, obgleich zahlreiche Versuche hierzu unternommen worden sind (1). Die Gründe dafür liegen vor allem darin, daß infolge einer langen historischen Entwicklung einerseits so verschiedenartige Unternehmen, wie z. B. eine Großbank mit universeller bankbetrieblicher Betätigung und zahlreichen Geschäftsstellen in allen Teilen der Bundesrepublik, ein kleines Privatbankhaus, das im wesentlichen Effektengeschäfte durchführt, und eine öffentlich-rechtliche oder private Hypothekenbank, die nur das langfristige Geschäft zu betreiben berechtigt ist, unter der Bezeichnung Bank zusammengefaßt werden, andererseits aber auch Nichtbanken (z. B. Versicherungen) Geschäfte, die für Banken typisch sind, wie z. B. Darlehensgewährungen gewerbsmäßig vornehmen. Weder die Größe, noch die Rechtsform oder eine scharf umrissene Art der Geschäftstätigkeit können daher zur Kennzeichnung des Wesens einer Bank Verwendung finden. Trotz der definitorischen Schwierigkeiten verbindet sich aber heute "im geschäftlichen Verkehr und in der Umgangssprache" mit der Bezeichnung Bank eine bestimmte Vorstellung (2), die auf charakteristische Eigenschaften der Banken zurückzuführen ist. Das Kreditwesengesetz verwendet infolgedessen diese Vorstellung für seine Begriffsbestimmung und definiert die Kreditinstitute als "Unternehmen, die Bankgeschäfte betreiben, wenn der Umfang dieser Geschäfte einen in kaufmännischer Weise eingerich-

---

1) Vgl. z. B.: Stucken, Rudolf: Geld und Kredit, 2. Aufl., Tübingen 1957, S. 7: "Banken sind Wirtschaftseinheiten, die regelmäßig als Hauptgeschäft, nicht nur als Nebengeschäft, Kredit nehmen und Kredit geben", und Kalveram, Wilhelm/Günther, Hans: Bankbetriebslehre, 3. Aufl., Wiesbaden 1961, S. 17: "Bankbetriebe sind Unternehmungen, die gewerbsmäßig das Kreditgeschäft und die Geschäfte des Geld- und Kapitalverkehrs betreiben."
2) Vgl. Amtliche Begründung zu § 39 Kreditwesengesetz vom 10. Juli 1961, Bundestagsdrucksache 1114, 3. Wahlperiode, sowie Schork, Ludwig: Gesetz über das Kreditwesen mit Begründung und Anmerkungen, Stuttgart 1961, S. 107

teten Geschäftsbetrieb erfordert" (1). Für die Bankgeschäfte gibt es die folgende Aufzählung (1):

1. Die Annahme fremder Gelder als Einlagen ohne Rücksicht darauf, ob Zinsen vergütet werden (Einlagengeschäft);
2. die Gewährung von Gelddarlehen und Akzeptkrediten (Kreditgeschäft);
3. der Ankauf von Wechseln und Schecks (Diskontgeschäft);
4. die Anschaffung und die Veräußerung von Wertpapieren für andere (Effektengeschäft);
5. die Verwahrung und die Verwaltung von Wertpapieren für andere (Depotgeschäft);
6. die in § 1 des Gesetzes über Kapitalanlagegesellschaften vom 16. April 1957 (Bundesgesetzbl. I S. 378) bezeichneten Geschäfte (Investmentgeschäft);
7. die Eingehung der Verpflichtung, Darlehnsforderungen vor Fälligkeit zu erwerben;
8. die Übernahme von Bürgschaften, Garantien und sonstigen Gewährleistungen für andere (Garantiegeschäft);
9. die Durchführung des bargeldlosen Zahlungsverkehrs und des Abrechnungsverkehrs (Girogeschäft).

Wir wollen uns dieser Interpretation des Begriffes Bank durch das Kreditwesengesetz anschließen, weil sie im Einklang mit dem geschäftlichen Verkehr und der Umgangssprache steht und die für unsere Untersuchung in Frage kommenden Unternehmen davon erfaßt werden. Zwar wird das Wesen einer Bank von dieser Legaldefinition nicht eindeutig geklärt (2), da sie jedoch für unsere Zwecke ausreicht, wollen wir uns damit begnügen. In diesem Zusammenhang ist letztlich noch darauf hinzuweisen, daß wir die Begriffe Bank, Bankbetrieb, Bankunternehmen und Kreditinstitut synonym verwenden (3).

2. Die charakteristischen Banktypen

Das Bankensystem der Bundesrepublik Deutschland ist - wie das vie-

---

1) Vgl. Gesetz über das Kreditwesen vom 10. Juli 1961 (BGBl. I S. 881) § 1 (1). Die Aufzählung enthält allerdings nur solche Bankgeschäfte, die der Aufsicht unterliegen, und läßt außerdem die Möglichkeit offen, weitere Geschäfte als Bankgeschäfte zu erklären, falls dies im Zuge der wirtschaftlichen Entwicklung erforderlich werden sollte.

2) Insbesondere stellt "ein in kaufmännischer Weise eingerichteter Geschäftsbetrieb" kein Wesensmerkmal einer Bank, sondern lediglich ein Kriterium für die Aufsichtserfordernisse bei Banken dar.

3) So auch Hagenmüller, Karl Friedrich: Der Bankbetrieb, Band I, S. 17 Fußnote 1

ler anderer europäischer Länder (z. B. England, Frankreich, Däne-
mark, Schweden u. a.) - ein einstufiges Mischgeld-Bankensystem (1).
Es besteht aus einer Zentralbank (der Deutschen Bundesbank mit je
einer Hauptverwaltung in jedem Bundesland, den Landeszentralbanken) und einer großen Gruppe von Geschäftsbanken. Während die Zentralbank das alleinige Recht zur Ausgabe von Banknoten besitzt und
als Hüter in der Währung fungiert (2), stehen die Geschäftsbanken allen kontrahierungswilligen Kunden zur Durchführung banküblicher
Geschäfte zur Verfügung. Der Begriff Geschäftsbank bildet hierbei
also den Gegensatz zum Begriff Zentralbank (3).

Innerhalb der Geschäftsbanken wollen wir in der vorliegenden Arbeit
zwei Haupttypen von Kreditinstituten unterscheiden, und zwar:

1. Geschäftsbanken mit der Tendenz zu universeller bankbetrieblicher
   Betätigung und
2. Geschäftsbanken mit der Tendenz zu spezieller bankbetrieblicher
   Betätigung.

Zur Gruppe der Geschäftsbanken mit universeller bankbetrieblicher
Betätigung rechnen wir diejenigen Kreditinstitute, die grundsätzlich
bestrebt sind, alle banküblichen Geschäfte auszuführen, für die kein

---

1) Vgl. Schneider, Erich: Einführung in die Wirtschaftstheorie, III.
   Teil, 9. Aufl. Tübingen 1965, S. 24 ff. und 67 ff.
2) Vgl. Gesetz über die Deutsche Bundesbank vom 26. 7. 1957 (BGBl.
   I S. 745) mit der Änderung des Gesetzes vom 30. Juni 1959 (BGBl.
   I S. 313). Die Deutsche Bundesbank verkörpert den Typ einer Zentralbank allerdings nicht rein, da sie sich z. B. auch im Zahlungs-
   verkehrs- und Inkassogeschäft mit Nichtbanken betätigt und als
   Hausbank der öffentlichen Verwaltungen fungiert. Vgl. Fischer,
   Otfrid: Die Finanzdisposition der Geschäftsbanken, S. 13
3) Das entspricht dem Gebrauch, der bis zum Jahre 1953 in den Veröffentlichungen der Bank Deutscher Länder (die in dem vom 1. 3.
   1948 bis 1. 8. 1957 bestehenden zweistufigen Mischgeld-Bankensys-
   system der Deutschen Bundesrepublik die Funktionen der Zentralbank ausübte) von diesem Begriff gemacht wurde, während
   in den späteren Veröffentlichungen der Bank Deutscher Länder
   und der Deutschen Bundesbank nicht mehr von Geschäftsbanken,
   sondern von "Kreditinstituten außerhalb des Zentralbanksystems"
   und schließlich nur noch von "Kreditinstituten" gesprochen wird.
   Auch die bankbetriebliche Praxis und Literatur faßt den Begriffs-
   inhalt vielfach anders. Vgl. hierzu insbesondere Fischer, Otfrid:
   Die Finanzdisposition der Geschäftsbanken, S. 4 - 14 sowie Kalveram, Wilhelm/Günther, Hans: Bankbetriebslehre, S. 17

gesetzliches Verbot vorliegt (1). Das Charakteristikum der diesem
Banktyp zuzurechnenden Institute liegt infolgedessen darin, daß sie
die Tendenz haben, möglichst viele Arten von Bankgeschäften nebeneinander zu betreiben und so den Kunden Gelegenheit zu geben, die
überwiegende Zahl ihrer Bankgeschäfte beim gleichen Institut tätigen zu können. In der Literatur werden Banken dieser Art auch als
"Universalbanken" (2) oder "Banken mit Warenhauscharakter" (3) bezeichnet. Allerdings versucht man bisher damit meist nur die universell tätigen Kreditbanken, zu denen insbesondere die Großbanken,
die Staats-, Regional- und Lokalbanken einschließlich der beiden ge-
mischten Hypothekenbanken, die meisten Privatbankiers und die
Haus- und Branchebanken zählen, zu charakterisieren (4). Hingegen
wollen wir diesem Banktyp auch die Sparkassen und Kreditgenossenschaften zurechnen. Der Grund dafür liegt darin, daß es sowohl den
Sparkassen als auch den Kreditgenossenschaften im Laufe der Zeit
gelungen ist, ihre Geschäftätigkeit auf fast alle banküblichen Geschäfte auszudehnen (5). Gewisse Ausnahmen, die auf die besonderen, selbstgewählten Aufgabenstellungen der beiden Institutsgruppen
zurückzuführen sind und in speziellen gesetzlichen bzw. satzungs-

----

1) Ein solches besteht gegenwärtig - neben den durch die allgemeinen
Rechtsnormen des Bürgerlichen Gesetzbuches und des Handelsge-
setzbuches sowie die für alle Kreditinstitute geltenden Rechtsnormen des Kreditwesengesetzes verbotenen Geschäften - für die No-
ten- und Pfandbriefausgabe sowie die Vornahme von Börsenter-
mingeschäften.

2) Vgl. z. B. Walb, Ernst: Übersetzung und Konkurrenz im deutschen
Kreditapparat, in: Untersuchung des Bankwesens 1933, I. Teil,
1. Band, Berlin 1933, S. 116; Hagenmüller, Karl Friedrich: Der
Bankbetrieb, Band I, S. 67; Kalveram, Wilhelm/Günther, Hans:
Bankbetriebslehre, S. 303. Ausdrücklich abgelehnt wird die Bezeichnung von Weber, Adolf: Depositenbanken und Spekulationsbanken, 4. Aufl., München und Leipzig 1938, S. 3

3) Vgl. Prion, Wilhelm: Die Lehre vom Bankbetrieb, in: Handwörterbuch der Staatswissenschaften, 4. Aufl., Jena 1924, S. 126; Kalveram, Wilhelm/Günther, Hans: Bankbetriebslehre, S. 27

4) Vgl. z. B. Fischer, Otfrid: Bankbilanzanalyse, Meisenheim/Glan
1956, S. 47 f.; Böhme, Rosemarie: Die Verhaltensweise der Kreditbanken, Diss. Frankfurt am Main 1955, S. 20 ff. sowie die oben
in Fußnoten 1 und 2 genannten Autoren. Vgl. auch S. 50, Fußnoten
2 und 3

5) So auch Hagenmüller, Karl Friedrich: Der Bankbetrieb, Band I,
S. 80 ff., insbesondere S. 81 bezüglich der Kreditgenossenschaften und S. 122 ff., insbesondere S. 131 bezüglich der Sparkassen;
Kalveram, Wilhelm/Günther, Hans: Bankbetriebslehre, S. 318
bezüglich der Sparkassen und S. 331 bezüglich der Kreditgenossenschaften. In diesem Sinne auch Fischer, Otfrid: Bankbilanzanalyse, S. 48

mäßigen Bestimmungen sowie geschäftspolitischen Prinzipien ihren Niederschlag gefunden haben (1), stehen u. E. dieser Eingliederung nicht entgegen. Durch die Unterordnung der Kreditbanken, Sparkassen und Kreditgenossenschaften unter den Typ der Kreditinstitute mit der Tendenz zu universeller bankbetrieblicher Betätigung sollen die zwischen diesen drei Institutsgruppen zweifellos bestehenden Unterschiede ja keineswegs verwischt werden, sondern lediglich die starken Annäherungen ihrer betrieblichen Betätigung die ihnen gebührende Beachtung finden.

Alle übrigen bisher nicht erfaßten Kreditinstitute wollen wir der Gruppe der Geschäftsbanken mit der Tendenz zu spezieller bankbetrieblicher Betätigung zurechnen. Für sie ist charakteristisch, daß sie grundsätzlich nur ganz bestimmte Arten von Bankgeschäften betreiben. Entsprechend der großen Zahl von Gestaltungsmöglichkeiten, die den Kreditinstituten in der Deutschen Bundesrepublik gesetzlich offensteht, ist diese Gruppe sehr inhomogen (2). Sie umfaßt insbesondere die Spezialbanken, die Realkreditinstitute, die Teilzahlungskreditinstitute und die Kreditinstitute mit Sonderaufgaben (3). Durch

---

1) So z. B. das Verbot der Vornahme von spekulativen Geschäften bei den Sparkassen, das Verbot der Gewährung von Krediten an Nichtmitglieder bei den Kreditgenossenschaften sowie die Nichtteilnahme beider Institutsgruppen am Emissionsgeschäft. Vgl. hierzu auch unsere Ausführungen S. 62 f.

2) Die gewählte Einteilung orientiert sich an der in den Statistiken der Deutschen Bundesbank bis April 1969 verwendeten Gruppierung der Kreditinstitute. Bezüglich der Ende 1968 erfolgten Umgestaltung der Bankenstatistik vgl. : Die Umgestaltung der Bankenstatistik Ende 1968, in: Monatsberichte der Deutschen Bundesbank, April 1969, S. 5 ff. Vgl. hierzu auch unsere Ausführungen S. 357 Fußnote 1

3) In der Statistik der Deutschen Bundesbank erscheinen die Spezialbanken, denen wir auch die Privatbankiers mit begrenzter bankbetrieblicher Betätigung zuordnen, bis April 1969 unter den "Spezial-, Haus- und Branchebanken" innerhalb der Gruppe der Kreditbanken. Vgl. Monatsberichte der Deutschen Bundesbank, Zwischenbilanzen der Kreditinstitute, bis einschließlich März 1969. Bei der Umgestaltung der Bankenstatistik (vgl. oben Fußnote 2) ist die Gruppe der "Spezial-,Haus- und Branchebanken" aufgelöst und zum weit überwiegenden Teil mit der Untergruppe "Regionalbanken und sonstige Kreditinstitute" innerhalb der Kreditbanken, die bisher als "Staats-, Regional- und Lokalbanken" bezeichnet worden ist, zum kleinen Teil mit der Untergruppe "Privatbankiers" innerhalb der Kreditbanken zusammengefaßt worden.
Kreditinstitute mit Sonderaufgaben sind insbesondere die Institute zur Vergabe öffentlicher Mittel, wie z.B. die Kreditanstalt für Wiederaufbau, die Lastenausgleichsbank und die Industriekreditbank AG, aber bis April 1969 auch die zentralen Spitzeninstitute

die Beschränkung auf ganz bestimmte Bankgeschäfte unterscheiden sich alle diese Banken von den Geschäftsbanken mit der Tendenz zu universeller bankbetrieblicher Betätigung in charakteristischer Weise.

Da es sich hierbei um eine an der Geschäftstätigkeit der Banken orientierte Gruppierung handelt, würde die Hervorhebung anderer Merkmale selbstverständlich zu anderen Einteilungen führen. Für unsere Arbeit ist die Orientierung an der Geschäftstätigkeit jedoch insofern zweckmäßig, als damit das Merkmal erfaßt wird, das man bei den Industriebetrieben als Produktionsprogramm, bei den Handelsbetrieben als Warensortiment bezeichnet, nämlich die Marktleistung der Unternehmung (1) oder mit anderen Worten, die konkrete unternehmerische Zielsetzung (2). Daß diese für die bankbetriebliche Planung ebenso grundlegende Bedeutung besitzt wie für die Planung der Industrie- und Handelsbetriebe, wird im Verlauf unserer weiteren Ausführungen deutlich werden.

Die vorliegende Arbeit bezieht sich ausschließlich auf Geschäftsbanken mit der Tendenz zu universeller bankbetrieblicher Betätigung. Zwar dürften viele Aussagen auch für Geschäftsbanken mit der Tendenz zu spezieller bankbetrieblicher Betätigung Gültigkeit haben, doch soll dies hier nicht geprüft werden.

3. Das Grundmodell einer Universalbank

Wir haben zur Gruppe der Geschäftsbanken mit universeller bankbetrieblicher Betätigung die Kreditbanken, die Sparkassen und die Kreditgenossenschaften zusammengefaßt. Zwischen diesen drei Institutsgruppen bestehen - wie bereits erwähnt worden ist - Unterschiede, die auf ihre besonderen, selbstgewählten Aufgabenstellungen zurückzuführen sind (3). Aber auch innerhalb der drei Gruppen weichen die einzelnen Institute, vor allem infolge von Unterschieden in der Rechtsform, der Größe, dem Standort und dem Geschäftsstellensystem voneinander ab. Unmöglich können wir alle diese Ver-

---

des Sparkassen- und Genossenschaftswesens. Bei der Umgestaltung der Bankenstatistik (vgl. oben Fußnote 2) sind die Deutsche Girozentrale und die Deutsche Genossenschaftskasse den Gruppen der Girozentralen bzw. Zentralkassen zugeordnet worden.

1) Wegen der Besonderheiten der bankbetrieblichen Marktleistungen vgl. vor allem S. 52 ff.
2) Vgl. Hax, Karl: Planung und Organisation als Instrumente der Unternehmensführung, S. 606 f. Vgl. hierzu auch unsere Ausführungen S. 20
3) Vgl. S. 49 f.

4*

schiedenheiten in unserer Untersuchung berücksichtigen (1). Wir wollen daher von dem Modell einer Bank ausgehen, das mit den typischen Merkmalen der universell tätigen Kreditinstitute ausgestattet ist. Dabei soll es sich allerdings nicht um das irrealistische
"Idealbild" einer Universalbank, sondern um ein sich an den Verhältnissen in der Realität orientierendes Modell handeln. Das entspricht unserem Bemühen, die tatsächlichen Verhältnisse bei unserer Untersuchung so weit wie möglich zu berücksichtigen (2). An dieser Stelle kommt es uns zunächst nur darauf an, ein verbal formuliertes Erklärungsmodell zu schaffen, das dazu dienen kann, die
verwirrende Fülle der betrieblichen Tatbestände in einen leichter
überschaubaren Zusammenhang zu bringen (3). Im weiteren Verlauf
unserer Untersuchungen werden aber auch Symbolisierungen und
Quantifizierungen erfolgen und sowohl Verifikations- als auch Entscheidungsmodelle (4) Verwendung finden (5).

Da bei den universell tätigen Kreditbanken, als Institutsgruppe betrachtet, die typischen Merkmale einer Universalbank besser zum
Ausdruck kommen als bei der Gruppe der Sparkassen und derjenigen der Kreditgenossenschaften, soll ihnen das Grundmodell unserer
Untersuchung nachgebildet werden. Im einzelnen möge sich unsere
Modellbank durch die im folgenden dargestellten Merkmale auszeich-
nen.

a) Die Geschäftstätigkeit

Unsere Modellbank betreibe alle gesetzlich erlaubten banküblichen
Geschäfte (6), jedoch lege sie das Schwergewicht ihrer Tätigkeit auf
das kurzfristige Geschäft und verzichte weitgehend auf die Gewährung von langfristigen Krediten. Wir wollen diese Besonderheit in
unser Grundmodell aufnehmen, weil die universell tätige deutsche
Kreditbank, die damit erfaßt werden soll, auch heute noch an der
historisch bedingten Einschränkung festhält, obgleich sich durch die
starke Zunahme der Spareinlagen die ihr langfristig zur Verfügung
stehenden Mittel inzwischen so erhöht haben, daß die traditionelle

---

1) Vgl. hierzu insbesondere Angermann, Adolf: Entscheidungsmodelle, Frankfurt am Main 1963, S. 13 ff.
2) Vgl. hierzu auch unsere Ausführungen S. 66 f.
3) Angermann verlangt zwar für eine Modellbetrachtung, daß die Daten, die in das Modell eingehen, einer Quantifizierung zugänglich
   sowie hinreichend genau bestimmbar sind und für die formale
   Darstellung eines Erklärungsmodells die Verwendung von Symbolen (vgl. Angermann, Adolf: Entscheidungsmodelle, S. 13 ff.),
   jedoch erscheint uns diese Auslegung des Modellbegriffs als zu
   eng.
4) Vgl. Angermann, Adolf: Entscheidungsmodelle, S. 16 f.
5) Vgl. insbesondere unsere Ausführungen S. 294 ff. und 339 ff.
6) Vgl. S. 48 f.

Begründung für den Verzicht auf das langfristige Kreditgeschäft, das Fehlen langfristiger Mittel, nicht mehr gerechtfertigt erscheint (1). Die Geschäftstätigkeit unserer Modellbank umfaßt demnach (2):

I. Aktivgeschäfte

   A) Kreditgeschäfte (3)

     1. Geldleihgeschäfte

       Kontokorrentkredite

       Diskontkredite

       Lombardkredite

       Kleinkredite

       Konsortialkredite

       Langfristige Ausleihungen

       Durchlaufende Kredite

     2. Kreditleihgeschäfte

       Akzeptkredite

       Avalkredite

   B) Geld- und Kapitalanlagegeschäfte (3)

     1. Nostroguthaben

     2. Geldmarkttitel

     3. Effekten

     4. Beteiligungen

II. Dienstleistungsgeschäfte

   A) Zahlungsverkehrs- und Inkassogeschäfte

     1. Barverkehr

     2. Überweisungsverkehr

     3. Inkassogeschäfte

     4. Reisezahlungsmittelgeschäfte

   B) Effektengeschäfte

     1. Kommissionsgeschäfte

     2. Emissionsgeschäfte

   C) Wertaufbewahrungs- und Wertverwaltungsgeschäfte

     1. Depotgeschäfte

     2. Schließfachgeschäfte

     3. Vermögensverwaltungen

---

1) Vgl. Hagenmüller, Karl Friedrich: Der Trend zum langfristigen Bankkredit, in: Zeitschrift für das gesamte Kreditwesen, 15. Jg. 1962, S. 75 - 80, insbesondere S. 76; sowie: Längerfristiger Bankkredit und Liquiditätsrichtsatz, in: Zeitschrift für das gesamte Kreditwesen, 15. Jg. 1962, S. 344 - 346 und 397 - 399, insbesondere S. 344 und 398

2) Vgl. hierzu insbesondere Hagenmüller, Karl Friedrich: Der Bankbetrieb, Band I, S. 198 - 263, Band II, S. 15 - 364 und Kalveram, Wilhelm/Günther, Hans: Bankbetriebslehre, S. 35 - 112

3) Vgl. hierzu S. 54 Fußnote 1

III. Passivgeschäfte

    A) Fremdkapitalbeschaffung (1)

        1. Einlagengeschäfte

            Sichteinlagen

            Befristete Einlagen

            Spareinlagen

        2. Kreditaufnahmegeschäfte

            Aufgenommene Gelder

            Aufgenommene langfristige Darlehen

            Durchlaufende Kredite

    B) Eigenkapitalbeschaffung

        1. Gewinnberechtigtes Kapital

        2. Rücklagen

Mit der Geschäftstätigkeit ist zugleich die konkrete unternehmerische Zielsetzung unserer Modellbank bestimmt. Interpretiert man diese als ihre Marktleistung, so ist allerdings bei den Universalbanken (ebenso wie bei anderen Kreditinstituten) eine Besonderheit im Vergleich zu den Industrie- und Handelsbetrieben zu beachten. Grundsätzlich werden in der Betriebswirtschaftslehre unter der Marktleistung eines Unternehmens nur seine an den Markt gegen Entgelt abgegebenen Leistungen verstanden. Dazu gehören bei den Universalbanken - von gewissen Ausnahmen unentgeltlicher Leistung noch abgesehen - lediglich die Aktiv- und Dienstleistungsgeschäfte. Die Passivgeschäfte sind dann - wie bei allen anderen Unternehmungen auch - nur als der Beschaffung von Eigen- und Fremdkapital dienend zu betrachten (2). Nun stellt aber vor allem das Einlagenge-

---

1) Das neue Gliederungsschema für die Jahresbilanzen der Kreditinstitute, das nach der Verordnung des Bundesministers der Justiz für die Gliederung des Jahresabschlusses von Kreditinstituten vom 20. 12. 1967 (bei den Sparkassen nach dem Beschluß vom 3./4. 10. 1968 des Arbeitskreises der Länder für Sparkassenfragen) erstmals für die zum 31. 12. 1968 aufzustellenden Bilanzen anzuwenden ist, hat die Unterteilung des Fremdkapitals der Kreditinstitute in Einlagen und aufgenommene Gelder bzw. langfristige Darlehen zugunsten einer Unterteilung in Verbindlichkeiten gegenüber Kreditinstituten und Verbindlichkeiten aus dem Bankgeschäft gegenüber anderen Gläubigern aufgegeben. Desgleichen wird auf der Aktivseite nicht mehr zwischen Guthaben bei Kreditinstituten (Nostroguthaben) sowie Forderungen und langfristigen Ausleihungen an Kreditinstitute bzw. Nichtbanken, sondern nur noch zwischen Forderungen an Kreditinstitute und Forderungen an Kunden unterschieden. Vgl. hierzu: Die Umgestaltung der Bankenstatistik Ende 1968, S. 8 ff.; Hammer/Montag: Bilanzen der Kreditinstitute mit amtlichen Richtlinien 1968 sowie einer Einleitung und Erläuterungen, Ffm. 1968. Vgl. auch unsere Ausführungen S. 50 Fußnote 2 und S. 357 Fußnote 1

2) Vgl. hierzu insbesondere Fischer, Otfrid: Bankbilanzanalyse, S. 16 und Deppe, Hans Dieter: Der Bankbetrieb als Gegenstand von Wachstumsanalysen, in: Zeitschrift für Betriebswirtschaft, 34. Jg. 1964, S. 374

schäft zweifellos eine universalbankbetriebliche Besonderheit der
Fremdfinanzierung dar. Es kann nach Krümmel ohne weiteres auch
"als Angebot bequemer Möglichkeiten, Geld verzinslich anzulegen (als
Bankabsatzleistungen) und nicht nur als Akt der Beschaffungspolitik
angesehen werden"(1). Der Begriff der Marktleistung läßt sich demnach bei den Universalbanken durchaus unterschiedlich weit fassen.
Um Mißverständnissen vorzubeugen, wollen wir daher im folgenden
den Terminus Marktleistung grundsätzlich zugunsten des Begriffs
der Geschäftstätigkeit, in den wir dann auch die Eigenfinanzierung
mit einbeziehen, vermeiden.

Bei der Durchführung der einzelnen Geschäfte richtet sich die Bank
innerhalb des vorhandenen Bedarfs (mit der für das langfristige Kreditgeschäft gemachten Ausnahme) nach ihrer allgemeinen Zielsetzung
und den sich daraus ergebenden geschäftspolitischen Konsequenzen
(2).

b) Der Kundenkreis

Der Kundenkreis unserer Modellbank bestehe aus den verschiedensten Wirtschaftseinheiten. Beschränkungen hinsichtlich der Zusammensetzung des Kundenkreises erlege sich die Bank grundsätzlich
nicht auf, sondern kontrahiere mit jedermann, der im Hinblick auf
das abzuschließende Geschäft als Kunde für geeignet gehalten wird
(3). Mit anderen Worten, die Bank orientiert sich bei der Auswahl
ihrer Kunden ebenfalls ausschließlich an ihrer allgemeinen Zielsetzung und den sich daraus ergebenden geschäftspolitischen Konsequenzen (2).

Im allgemeinen unterteilt man die Wirtschaftseinheiten in der Wirtschaftstheorie in Haushalte und Unternehmungen, pflegt aber aus
letzteren die Kreditinstitute als Unternehmungen besonderer Art her-
auszuheben (4). Da sich die Angehörigen dieser drei großen Gruppen

---

1) Vgl. Krümmel, Hans-Jacob: Bankzinsen, Köln-Berlin-Bonn-München 1964 (Schriftenreihe Annales Universitatis Saraviensis,
   Rechts- und Wirtschaftswissenschaftliche Abteilung, Heft 11), S.
   13 und S. 50 Fußnote 49 sowie Aust, Eberhard: Der Wettbewerb in
   der Bankwirtschaft, Frankfurt am Main 1963 (Institut für das Kreditwesen, Prof. Dr. Veit, Neue Schriftenfolge), S. 14 ff. , der auch
   das Kreditaufnahmegeschäft der Banken zu ihren Marktleistungen
   rechnet.
2) Vgl. S. 89 ff.
3) Damit werden die Haus- und Branchebanken, die ihren Kundenkreis
   auf Grund ihrer spezifischen Aufgabenstellung ganz bewußt auf bestimmte Geschäftspartner beschränken, von unserem Modell nicht
   erfaßt.
4) Vgl. Sauermann, Heinz: Einführung in die Volkswirtschaftslehre,
   Band I, S. 43 f.

als Bankkunden allerdings recht heterogen verhalten, ist es erforderlich, weitere Untergliederungen vorzunehmen. So wollen wir die
Gruppe der Haushalte zunächst in private und öffentliche Haushalte
einteilen. Unter den öffentlichen Haushalten sind die Haushalte der
Gebietskörperschaften (Bund, Länder, Kreise, Gemeinden usw.),
die öffentlich-rechtlichen Anstaltshaushalte (Krankenhäuser usw.)
und sonstige öffentliche Haushalte (Sozialversicherungen usw.) zu
verstehen. Die privaten Haushalte untergliedern wir nochmals in die
Unternehmerhaushalte, deren verfügbares Einkommen ein Residual-
oder Gewinneinkommen und / oder Besitzeinkommen ist, und die
Nichtunternehmerhaushalte, die kontraktbestimmtes Arbeitseinkom-
men (Lohn bzw. Gehalt) oder Rente beziehen. Die Unternehmungen
(ohne Kreditinstitute) unterteilen wir nach der Art ihrer Marktleistungen in Industrie-, Handels-, Verkehrs- und Nachrichtenüber-
mittlungs-, Versicherungs-, land- und forstwirtschaftliche und sonstige Betriebe. Da jedoch erfahrungsgemäß die Größe eines Betriebes einen stärkeren Einfluß auf seine Bankbeziehungen ausübt als
die Art seiner Marktleistungen, die mehr vom Aspekt der gesamtwirtschaftlichen Entwicklung aus interessieren, ist es außerdem
zweckmäßig, jeweils zwischen Groß-, Mittel- und Kleinbetrieben zu
unterscheiden (1). Für die Kreditinstitute wählen wir die bereits vorgenommene Einteilung in Zentralbank und Geschäftsbanken mit ihren
beiden Gruppen der universell und speziell tätigen Institute (2). Sowohl bei den Nichtbanken als auch bei den Kreditinstituten bestehen
öffentlich-rechtliche neben privaten Unternehmungen, von denen sie
sich jedoch meist nur durch ihre allgemeine Zielsetzung unterscheiden (3). Wir erhalten demnach für die Wirtschaftseinheiten als Geschäftspartner bzw. Kunden unserer Modellbank folgende Einteilung
(4):

I. Haushalte

   A) Private Haushalte

      1. Unternehmerhaushalte
         Landwirte

---

1) Vgl. Böhme, Rosemarie: Die Verhaltensweise der Kreditbanken,
   S. 159
2) Vgl. S. 47 ff.
3) Vgl. Schneider, Erich: Einführung in die Wirtschaftstheorie, I.
   Teil, 12. Aufl., Tübingen 1965, S. 23 f.
4) Zu dem bisher nur wenig erforschten Problem des Kundenkreises
   der Kreditinstitute vgl. vor allem Motschmann, G.: Das Depositengeschäft der Berliner Großbanken, München und Leipzig 1915,
   sowie Böhme, Rosemarie: Die Verhaltensweise der Kreditbanken,
   S. 45 ff.

Gewerbetreibende
Frei Berufstätige
Hausbesitzer
Kapitalbesitzer
Sonstige

2. Nichtunternehmerhaushalte
Beamte
Angestellte
Arbeiter
Rentner und Pensionäre

B) Öffentliche Haushalte

1. Gebietskörperschaften (Bund, Länder, Kreise, Gemeinden)
2. Anstaltshaushalte (Krankenhäuser usw.)
3. Sonstige öffentlich-rechtliche Haushalte (Sozialversicherungen usw.)

II. Unternehmungen (ohne Kreditinstitute)

A) Großbetriebe

B) Mittelbetriebe

C) Kleinbetriebe

nach ihren Marktleistungen zu unterteilen in:

1. Landwirtschaftliche Betriebe
2. Industriebetriebe
3. Handelsbetriebe
4. Verkehrs- und Nachrichtenübermittlungsbetriebe
5. Versicherungsbetriebe
6. Handwerksbetriebe
7. Sonstige Betriebe (einschließlich Wohnungsvermietung und freie Berufstätigkeit)

III. Kreditinstitute (1)

A) Zentralbank

B) Geschäftsbanken

1. Geschäftsbanken mit der Tendenz zu universeller bankbetrieblicher Betätigung
Kreditbanken
Sparkassen
Kreditgenossenschaften

---

1) Vgl. hierzu unsere Ausführungen S. 47 ff.

2. Geschäftsbanken mit der Tendenz zu spezieller
   bankbetrieblicher Betätigung
   Spezialbanken
   Realkreditinstitute
   Teilzahlungskreditinstitute
   Kreditinstitute mit Sonderaufgaben

Mit allen ihr zur Verfügung stehenden absatzpolitischen Instrumenten
(1) bemüht sich unsere Modellbank um die Gewinnung von Kunden. Inwieweit sie dabei erfolgreich ist, hängt allerdings nicht nur von dem
Bedarf der im Einzugsbereich der Bank ansässigen Wirtschaftseinheiten an Bankverbindungen, sondern auch von dem Vorhandensein von
Konkurrenten in diesem Bereich ab. Als solche wollen wir alle Unternehmen bezeichnen, die eines, mehrere oder alle der von unserer Modellbank getätigten Geschäfte ebenfalls ausführen. Es handelt sich hierbei in erster Linie um die universell und speziell tätigen Geschäftsbanken, doch kommen auch andere Unternehmungen (z. B. Versicherungen
und Finanzierungsgesellschaften) in Frage. Die Kreditinstitute treten
demnach nicht nur als Kunden, sondern auch als Konkurrenten unserer
Modellbank in Erscheinung.

c) Das Faktorsystem

Letztlich ist das Faktorsystem unserer Modellbank zu fixieren. Dazu
bedarf es zunächst einiger grundsätzlicher Erörterungen. Die Erstellung und Verwertung des universellen bankbetrieblichen Leistungssortiments erfolgt - wie die Leistungserstellung und Leistungsverwertung
aller anderen Betriebe auch - durch die Kombination produktiver Faktoren. Im Anschluß an Gutenberg pflegt man dabei heute zwischen den
drei Elementarfaktoren Arbeit, Betriebsmittel, Werkstoff, und dem
dispositiven Faktor Betriebs- und Geschäftsleitung (einschließlich Planung und Organisation) zu unterscheiden (2). Da jedoch das Gutenberg-
sche Faktorsystem in erster Linie für Produktionsunternehmen geschaffen worden ist, bedarf es für Bankbetriebe infolge der Arteigenheiten
ihrer betrieblichen Betätigung, die - wenn man vom Warengeschäft der
ländlichen Kreditgenossenschaften absieht - ausschließlich in finanziellen Transaktionen besteht, wobei zwischen Leistungserstellung und Leistungsverwertung praktisch nicht unterschieden werden kann, einer gewissen Veränderung. Im Bankbetrieb kommt dem finanziellen Bereich

---

1) Vgl. hierzu insbesondere Gutenberg, Erich: Die Produktion, S. 141
   ff. sowie: Der Absatz, 8. Aufl., Berlin-Heidelberg-New York 1965,
   S. 48 ff. und 123 ff.; Krümmel, Hans-Jacob: Bankzinsen, S. 119 ff.;
   Aust, Eberhard: Der Wettbewerb in der Bankwirtschaft, Frankfurt
   am Main 1963, S. 126 ff.
2) Vgl. Gutenberg, Erich: Die Produktion, S. 2 ff.

die gleiche Bedeutung zu wie im Industriebetrieb dem technischen Kombinationsprozeß im Bereich der Leistungserstellung und Leistungsverwertung. Während für diesen Prozeß im Industriebetrieb die finanzielle Sphäre lediglich einen Hilfsbereich darstellt, ist umgekehrt im Bankbetrieb die technisch-organisatorische Sphäre als Hilfsbereich zur Bearbeitung und Abwicklung der finanziellen Transaktionen anzusehen. Die Finanzierungsmittel spielen dabei eine so wesentliche Rolle, daß es sich empfiehlt, sie mit Hilfe des Begriffs der Zahlungsmittelnutzung in das bankbetriebliche Faktorsystem einzubeziehen. Diesen auf Lipfert zurückgehenden Gedanken (1), der in etwas anderer Form bereits bei Bernicken und Kolbeck zu finden ist (2), hat Deppe in seinem auf dem Gutenbergschen Schema aufbauenden bankbetrieblichen Faktorsystem verwertet (3), das auch für unser Modell der Universalbank Verwendung finden soll und darüber hinaus für alle Kreditinstitute Gültigkeit beanspruchen kann. Von besonderer Bedeutung ist dabei, daß die Zahlungsmittelnutzung nicht einfach an die Stelle des Faktors Werkstoff bei den Industriebetrieben zu treten vermag, da sie nicht zum Bestandteil der von den Kreditinstituten erstellten Leistungen wird, wie es bei den mit Hilfe von Werkstoffen erzeugten Produkten der Industriebetriebe der Fall ist. Zweckmäßigerweise wird deshalb die Zahlungsmittel-

Das bankbetriebliche Faktorsystem

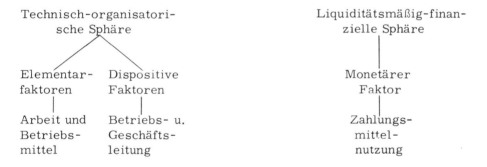

Abbildung 1

1) Vgl. Lipfert, Helmut: Nationaler und internationaler Zahlungsverkehr, Wiesbaden 1960 (Die Wirtschaftswissenschaften, hrsg. von E. Gutenberg), S. 27 f.
2) Vgl. Bernicken, H.: Bankbetriebslehre, Stuttgart 1926, S. 9; Kolbeck, Heinrich: Die theoretischen Grundlagen des Betriebsvergleichs bei Sparkassen, in: Untersuchungen über das Spar-, Giro- und Kreditwesen, hrsg. von F. Voigt, Band 7: Der Betriebsvergleich bei Sparkassen, Berlin 1959, S. 109
3) Vgl. Deppe, Hans-Dieter: Der Bankbetrieb als Gegenstand von Wachstumsanalysen, S. 377. Vgl. hierzu auch Hagenmüller, Karl Friedrich: Der Bankbetrieb, Band III, S. 305

nutzung als monetärer Faktor neben die elementaren Faktoren Arbeit
und Betriebsmittel, bestehend aus Geschäftsräumen, maschinellen
Hilfsmitteln und Material, sowie den dispositiven Faktor Betriebs- und
Geschäftsleitung (einschließlich Planung und Organisation) (1) gesetzt:
Mit Hilfe dieses bankbetrieblichen Faktorsystems und der bereits vorgenommenen Systematisierung der universalbankbetrieblichen Geschäftstätigkeit (2) läßt sich das betriebliche Geschehen in einer Universalbank wie folgt schematisieren (3):

Geschäftstätigkeit und Faktorsystem der Universalbank

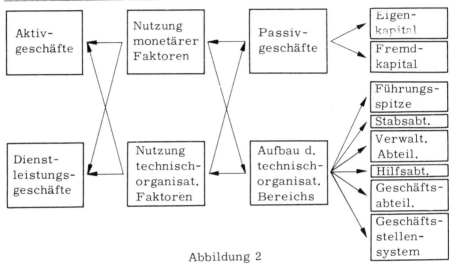

Abbildung 2

Es handelt sich hierbei um eine verkürzte und entsprechend der hier
verwendeten Terminologie abgeänderte Darstellung eines von Deppe
entworfenen Schemas zur Darstellung des Leistungsprogramms einer
Universalbank (4). Deutlich geht daraus das Zusammenwirken der technisch-organisatorischen und der monetären Faktoren bei der Betätigung der Universalbank im Aktiv- und Dienstleistungsgeschäft hervor.
Zugleich werden aber auch die zwischen dem technisch-organisatorischen und dem liquiditätsmäßig-finanziellen Bereich bestehenden Beziehungen in Gestalt der Nutzung technisch-organisatorischer Faktoren zur Beschaffung monetärer Faktoren (mit Hilfe der Passivgeschäfte) und der Verwendung monetärer Faktoren zum Aufbau des technisch-
organisatorischen Bereichs, für den eine Untergliederung in Führungs-

---

1) S. 43
2) S. 53 f.
3) S. 142 ff.
4) Vgl. Deppe, Hans-Dieter: Der Bankbetrieb als Gegenstand von
   Wachstumsanalysen, S. 377

spitze-, Stabs-, Verwaltungs-, Hilfs- und Geschäftsabteilungen sowie Geschäftsstellensystem für zweckmäßig erachtet wird (1), sichtbar.

Mit der Fixierung von Geschäftstätigkeit, Kundenkreis und Faktorsystem haben wir mit Ausnahme der allgemeinen Zielsetzung, die als Leitmaxime der Planung einer eingehenderen Untersuchung bedarf (2), alle für das Grundmodell einer Universalbank wesentlichen Tatbestände erfaßt. Da dieses Grundmodell einer universell tätigen Kreditbank nachgebildet worden ist (3), und nur das allen diesen Instituten Gemeinsame enthält, vermag es zwangsläufig gewissen Arteigenheiten der beiden anderen Institutsgruppen ebensowenig Rechnung zu tragen, wie es individuelle Unterschiede zwischen den einzelnen Instituten der Gruppe zu berücksichtigen erlaubt. Es soll daher im folgenden noch kurz auf entsprechende Abwandlungen des Grundmodells eingegangen werden.

4. Abwandlungen des Grundmodells

Die Gruppenunterschiede zwischen den universell tätigen Kreditbanken, den Sparkassen und Kreditgenossenschaften resultieren aus ihren jeweiligen spezifischen Aufgabenstellungen (4). So gilt die universell tätige Kreditbank gemeinhin als der Prototyp einer erwerbswirtschaftlich ausgerichteten Unternehmung innerhalb eines liberalistisch-kapitalistischen Wirtschaftssystems. Ihre selbstgewählte Aufgabenstellung kann daher in dem erfolgreichen Abschluß von Bankgeschäften aller Art mit allen kontrahierungswilligen Kunden zum Zwecke der Gewinnerzielung gesehen werden (5). Die spezifische Aufgabenstellung der Sparkassen, wie sie in den Sparkassengesetzen und -satzungen ihren Niederschlag gefunden hat, liegt hingegen darin, den Sparsinn in der Bevölkerung zu wecken und zu fördern, Gelegenheit zur sicheren und verzinslichen Anlage von Ersparnissen und anderen Geldern zu geben und den örtlichen Kreditbedarf zu befriedigen (6). Die Aufgabenstellung der Kreditgenossenschaften wiederum geht aus dem Genossenschaftsgesetz hervor und wird dort als Förderung des Erwerbs oder der Wirtschaft ihrer Mitglieder mittels gemeinschaftlichen Geschäftsbetriebs umrissen (7). Aus diesen selbstgewählten Aufgabenstellungen ergeben sich we-

---

1) Vgl. hierzu insbesondere unsere Ausführungen S. 241 ff.
2) Vgl. S. 20, 79 ff. und 89 ff.
3) Vgl. S. 52
4) Vgl. S. 49 f.
5) Vgl. z. B. Hagenmüller, Karl Friedrich: Der Bankbetrieb, Band III, Wiesbaden 1964, S. 301 sowie unsere Ausführungen S. 116 ff.
6) Vgl. z. B. Hessisches Sparkassengesetz, § 2. Vgl. hierzu auch Hagenmüller, Karl Friedrich: Der Bankbetrieb, Band I, S. 120 ff. sowie unsere Ausführungen S. 123 ff.
7) Vgl. Genossenschaftsgesetz, § 1. Vgl. hierzu auch Hagenmüller, Karl Friedrich: Der Bankbetrieb, Band I, S. 73 ff. sowie unsere Ausführungen S. 135 ff.

sentliche Konsequenzen für die einzelnen Institutsgruppen, die ihr Präferenzsystem, ihre geschäftspolitischen Prinzipien und damit ihr gesamtes Verhalten beeinflussen, so daß als Folge davon die hier interessierenden Gruppenunterschiede auftreten.

So betreiben die Sparkassen und Kreditgenossenschaften heute zwar -
wie die universell tätigen Kreditbanken - grundsätzlich alle banküblichen Geschäfte mit allen kontrahierungswilligen Kunden (1), jedoch
führt ihre arteigene Verhaltensweise de facto zu Unterschieden in der
Zusammensetzung des Kundenkreises und zu Schwerpunkten der Geschäftstätigkeit, die als gruppentypisch anzusehen sind. Während das
Hauptgewicht der Geschäftstätigkeit bei den Sparkassen auf dem Spar-
einlagengeschäft liegt, so daß sie häufig auch als vom Passivgeschäft
her orientierte Kreditinstitute bezeichnet werden, lassen sich die Kreditgenossenschaften vor allem das Kreditgeschäft angelegen sein und
gehören damit wie die Kreditbanken zu den vom Aktivgeschäft her orientierten Kreditinstituten. In Verbindung mit dem Kundenkreis der Sparkassen und Kreditgenossenschaften, der sich auch heute noch vorwiegend aus den mittleren und unteren Bevölkerungskreisen rekrutiert,
folgt daraus für die getätigten Bankgeschäfte dieser beiden Institutsgruppen eine Zusammensetzung nach Art und Größe, wie sie den Bedürfnissen der genannten Wirtschaftskreise entspricht. Dazu kommt
weiterhin bei den Sparkassen das nach ihren Sicherheitsvorschriften
erforderliche Anlegen strengerer risikopolitischer Maßstäbe im Hinblick auf die abzuschließenden Bankgeschäfte (2) sowie ihre traditionellerweise umfangreiche Betätigung im Hypothekarkreditgeschäft und bei
den Kreditgenossenschaften die Beschränkung auf Mitglieder bei Kreditgewährungen, die allerdings überwiegend steuerliche Gründe hat und
wegen der Möglichkeit, potentielle Kreditkunden zu Mitgliedern zu gewinnen, nicht allzu bedeutungsvoll ist (3). So erweist sich zur Berück-

---

1) Vgl. unsere Ausführungen S. 49 und S. 55
2) Vgl. z. B. Hessische Mustersatzung §§ 3 - 27. Ausdrücklich unter-
   sagt sind allerdings nach § 14 lediglich Kredite zu Spekulations-
   zwecken, während von allen anderen Vorschriften mit Genehmigung
   der Aufsichtsbehörden Ausnahmen möglich sind.
3) Vgl. Genossenschaftsgesetz, § 8 II und Körperschaftsteuergesetz
   § 19 in Verbindung mit dem Gesetz zur Verwirklichung der mehrjährigen Finanzplanung des Bundes, I. Teil, 2. Steueränderungsgesetz 1967 vom 21. 12. 1967 (BGBl. Teil I S. 1254 ff./1967) Art. 3,
   Ziffer 3, Buchstabe b). Vgl. hierzu insbesondere Alsheimer, Herbert: Die Einkommens- und Körperschaftsbesteuerung der Kreditinstitute und Sonderfragen ihrer Steuerbilanz, S. 34 f. Erwähnt sei
   in diesem Zusammenhang ferner, daß viele ländliche und einige ge-
   werbliche Kreditgenossenschaften zusätzlich zu den banküblichen Geschäften den An- und Verkauf von Waren vornehmen, so daß hieraus
   auch individuelle Unterschiede zwischen den einzelnen Kreditgenossenschaften resultieren, auf die erst im folgenden eingegangen wird.
   Vgl. hierzu insbesondere Hagenmüller, Karl Friedrich: Der Bankbetrieb, Band I, S. 84 und Tabelle S. 91

sichtigung der Arteigenheiten von Sparkassen und Kreditgenossenschaften - abgesehen von der später noch zu erörternden Zielsetzung (1) - eine Abwandlung unseres Grundmodells nur bezüglich der Zusammensetzung der getätigten Bankgeschäfte und des effektiven Kundenkreises als notwendig.

Innerhalb der Institutsgruppen sind es - wie bereits angedeutet worden ist - vor allem die Kriterien der Rechtsform, der Größe, des Standortes und des Geschäftsstellensystems (2), die als individuelle Unterschiede bei den einzelnen Instituten aller drei Gruppen in Erscheinung treten und ihre Verhaltensweise beeinflussen (3). Das gleiche gilt aber auch für die Arteigenheiten der jeweiligen leitenden Persönlichkeiten, insbesondere ihre Fähigkeiten und ihre psychischen Eigenschaften, wie z. B. Optimismus und Pessimismus, Risikobereitschaft und Vorsicht. Von allen diesen Individualitäten wollen wir bei unseren Untersuchungen über die Planung der Universalbanken grundsätzlich abstrahieren, um über der Fülle der Einzelheiten nicht den Blick für das Wesentliche zu verlieren. Dies erscheint um so notwendiger, als die individuellen Unterschiede - so groß sie im Einzelfall auch sein mögen - einerseits das Gruppenverhalten der Institute nicht grundlegend zu verändern pflegen (4) und andererseits auch unmittelbar, also abgesehen von ihren Auswirkungen auf das Verhalten der Institute, für Planungsüberlegungen im allgemeinen nicht so bedeutsam sind, als daß nicht versucht werden könnte, zu allgemein gültigen Aussagen zu gelangen (5). Letzteres gilt auch für die Unterschiede zwischen den Institutsgruppen, die wir infolgedessen ebenfalls grundsätzlich vernachlässigen wollen.

Wir werden daher bei unserer Untersuchung über die Planung der Universalbanken grundsätzlich von dem der universell tätigen Kreditbank nachgebildeten Grundmodell einer Universalbank ausgehen. Im Hinblick auf die Kriterien Rechtsform, Größe, Standort und Geschäftsstellensystem unterstellen wir unserem Grundmodell dabei zweckmäßigerweise eine Kreditbank mittlerer Größe in der Rechtsform einer Aktiengesellschaft, die in einer Stadt ihren Hauptsitz und Geschäftsstellen innerhalb dieser Stadt sowie in einem darüber hinausgehenden begrenzten Bereich besitzt.

---

1) Vgl. S. 123 ff.
2) Vgl. S. 51 f.
3) Vgl. hierzu auch S. 62 Fußnote 3
4) Vgl. hierzu auch unsere Ausführungen S. 89 ff., S. 116 ff., 123 ff. und 140
5) Ausnahmen hiervon sind vor allem für die Größe und das Geschäftsstellensystem zu machen, doch muß die Erörterung dieser Besonderheiten späteren Untersuchungen vorbehalten bleiben.

Damit ist als Planungsobjekt das Grundmodell einer Universalbank entwickelt worden und wir können uns im folgenden den Tatbeständen zuwenden, die als allgemeine Zielsetzung die Leitmaximen der Planung einer Universalbank bilden (1).

---

1) Vgl. S. 13 ff. und 19 f.

II. Die Zielsetzung der Planung bei Universalbanken

Wie bereits bei der Erörterung des Wesens der Planung dargelegt worden ist, bildet die allgemeine Zielsetzung der Unternehmung, die ihr gesamtes unternehmerisches Handeln bestimmt, auch die Leitmaxime ihrer Planung, so daß dem Inhalt dieser allgemeinen Zielsetzung für Planungsüberlegungen entscheidende Bedeutung zukommt (1). Das gilt ganz allgemein und daher auch für die Planung der Universalbanken. Wir müssen uns deshalb im folgenden mit der allgemeinen Zielsetzung der Universalbanken, über die bisher noch nichts ausgesagt worden ist, sehr eingehend befassen, um über die Leitmaximen ihrer Planung die erforderlichen Aussagen machen zu können.

In der Literatur wird den privaten Kreditinstituten - wie allen privaten Unternehmungen in marktwirtschaftlichen Wirtschaftssystemen - als allgemeine Zielsetzung bisher grundsätzlich die Absicht der Gewinnmaximierung 2) als letzte Steigerung des erwerbswirtschaftlichen

---

1) Vgl. S. 20
2) In der Betriebswirtschaftslehre wird statt Gewinnmaximierung bisweilen Rentabilitätsmaximierung als Zielsetzung angenommen. Wir wollen auf die damit verbundenen Probleme aber nicht näher eingehen, weil sich unsere weiteren Ausführungen im wesentlichen gegen die Maximierungshypothese richten und aus dieser Sicht für beide Prinzipien gelten. Bezüglich der grundsätzlichen Fragen vgl. insbesondere: Fischer, Otfrid: Bankbilanzanalyse, S. 50 ff. ; Vormbaum, Herbert: Die Zielsetzung der beschäftigungsbezogenen Absatzpolitik erwerbswirtschaftlich orientierter Betriebe, in: Zeitschrift für handelswissenschaftliche Forschung, Neue Folge, 11. Jg. 1959, S. 624 - 636; Pack, Ludwig: Rationalprinzip und Gewinnmaximierungsprinzip, in: Zeitschrift für Betriebswirtschaft, 31. Jg. 1961, S. 207 - 220 und 281 - 290; ders. : Maximierung der Rentabilität als preispolitisches Ziel, in: Zur Theorie der Unternehmung, Wiesbaden 1962 (Festschrift zum 65. Geburtstag von Erich Gutenberg, hrsg. von H. Koch), S. 73 - 135; Böhm, Hans Jürgen: Die Maximierung der Kapitalrentabilität, in: Zeitschrift für Betriebswirtschaft, 32. Jg. 1962, S. 489 - 512; ders. : Schlußwort zum Thema "Rentabilitätsmaximierung" in: Zeitschrift für Betriebswirtschaft, 32. Jg. 1962, S. 674 - 675; Böhm, Hans Hermann: Was soll maximiert werden: Gewinn, Rentabilitätskoeffizient oder kalkulatorischer Betriebserfolg? in: Zeitschrift für Betriebswirtschaft, 32. Jg. 1962, S. 669 - 674; Engels, Wolfram: Betriebswirtschaftliche Bewertungslehre im Licht der Entscheidungstheorie, Köln und Opladen 1962, S. 61 f. ; Hax, Herbert: Rentabilitätsmaximierung als unternehmerische Zielsetzung, in: Zeitschrift für handelswissenschaftliche Forschung, Neue Folge, 15. Jg. 1963, S. 337 - 344.

Prinzips (1) unterstellt (2), während für die kommunalen und genossen-
schaftlichen Kreditinstitute in der Regel ein mehr oder weniger be-
grenztes Gewinnstreben angenommen wird (3), das indessen bei Berücksichtigung der besonderen Verhältnisse dieser Institute als "unterschiedliche Nebenbedingungen" ebenfalls als Gewinnmaximierung ge-
deutet werden kann (4). Im Gegensatz hierzu wollen wir in Übereinstimmung mit neueren Forschungen über menschliches Entscheidungsverhalten (5) bei unseren Planungsüberlegungen eine gewisse Variabilität des Gewinnstrebens der Universalbanken annehmen, gleich ob
es sich dabei um private, kommunale oder genossenschaftliche Institute handelt. Um dies zu begründen, gehen wir vom gewinnmaximalen
Prinzip als unternehmerischer Zielsetzung aus, untersuchen zunächst
die allgemeinen Ansatzpunkte seiner Kritik und erörtern sodann die Situation der Universalbanken im Lichte der gewonnenen Erkenntnisse.

A. Das gewinnmaximale Prinzip

1. Die allgemeinen Ansatzpunkte der Kritik

Schon seit längerer Zeit wird insbesondere in der angelsächsischen Literatur Kritik daran geübt, dem Unternehmer als Zielsetzung grundsätzlich Gewinnmaximierung zu unterstellen (6), weil es sich hierbei

---

1) Vgl. Gutenberg, Erich: Die Produktion, S. 347. Neuerdings wird
   von Gümbel die Ansicht vertreten, daß dem gewinnmaximalen Prinzip nicht nur in marktwirtschaftlichen, sondern auch in anderen
   Wirtschaftssystemen eine Bedeutung bei der Bestimmung des betrieblichen Gleichgewichts zukommt und daß daher die Gewinnmaximierung nicht als systembezogener Tatbestand anzusehen ist. Vgl.
   Gümbel, Rudolf: Nebenbedingungen und Varianten der Gewinnmaximierung, in: Zeitschrift für handelswissenschaftliche Forschung,
   Neue Folge, 15. Jg. 1963, S. 12 - 21. Wir wollen dieser Frage indessen nicht weiter nachgehen, da sich unsere Untersuchung auf ein
   marktwirtschaftliches Wirtschaftssystem beschränkt.
2) Vgl. z.B. Fischer, Otfrid: Bankbilanzanalyse, S. 41 ff.; Böhme,
   Rosemarie: Die Verhaltensweise der Kreditbanken, S. 22 ff. und
   79 ff.; Hagenmüller, Karl Friedrich: Der Bankbetrieb, Band III, S.
   294 ff. und 301; Mülhaupt, Ludwig: Umsatz-, Kosten- und Gewinnplanung einer Kreditbank, S. 10; Deppe, Hans-Dieter: Zur Renta-
   bilitäts- und Liquiditätsplanung von Kreditinstituten, S. 304
3) Vgl. Hagenmüller, Karl Friedrich: Der Bankbetrieb, Band III, S.
   296 und 301 ff.
4) Vgl. Gümbel, Rudolf: Nebenbedingungen und Varianten der Gewinnmaximierung, insbesondere S. 18 und 21 sowie Arbeitskreis Hax der
   Schmalenbach Gesellschaft: Wesen und Arten unternehmerischer Entscheidungen, S. 690 ff.
5) Vgl. Sauermann, Heinz und Selten, Reinhard: Anspruchsanpassungstheorie der Unternehmung, S. 577
6) Vgl. die zusammenfassende Darstellung bei Papandreou, A. G.:
   Some Basic Problems in the Theory of the Firm, in: A Survey of
   Contemporary Economics (Ed.: B. F. Haley), Vol. II. Homewood
   Ill. 1952, S. 183 - 222

um eine sehr spezielle Annahme handelt, die die tatsächliche unternehmerische Verhaltensweise vielfach nicht zu erklären vermag (1).
Nun kann die betriebswirtschaftliche Theorie - wie jede andere Theorie
auch - zwar grundsätzlich ihre Annahmen ganz nach Belieben wählen,
bleibt sie sich jedoch ihrer Verpflichtung gegenüber der einzelwirtschaftlichen Realität bewußt, so muß sie die betriebliche Wirklichkeit
bei ihren Analysen hinreichend berücksichtigen (2). Das gilt in besonderem Maße für die Zielsetzung der Unternehmung, die letztlich die
unternehmerische Verhaltensweise bestimmt, und um so mehr, wenn
es sich um Planungsüberlegungen handelt, die das zukünftige Geschehen gedanklich vorbereiten sollen. Wir halten eine als realistisch an-
zusehende Zielvorstellung für Planungsüberlegungen jedoch nicht allein
deshalb für erforderlich, damit sie selbst an Wirklichkeitsnähe gewinnen, sondern vor allem auch deshalb, damit sie nicht von vornherein
an der Unerfüllbarkeit der Zielsetzung zum Scheitern verurteilt sind.

Im wesentlichen sind es drei Gründe, die zur Kritik an der Gewinnmaximierung als grundsätzlicher unternehmerischer Zielsetzung Veran-
lassung geben (3):

---

1) Vgl. Heinen, Edmund: Die Zielfunktion der Unternehmung, in: Zur
   Theorie der Unternehmung, Wiesbaden 1962 (Festschrift zum 65.
   Geburtstag von E. Gutenberg, hrsg. von H. Koch), S. 11 ff. sowie
   die hier angegebene Literatur. Neuerdings auch Busse von Colbe,
   Walther: Entwicklungstendenzen in der Theorie der Unternehmung,
   in: Zeitschrift für Betriebswirtschaft, 34. Jg. 1964, S. 615 ff.
2) Vgl. Margolis, Julius: The Analysis of the Firm: Rationalism, Con-
   ventionalism, and Behaviorism, in: The Journal of Business, Vo.
   XXXI 1958, S. 187: "A model of the firm should be constructed so
   that its structure is consistent with the rules and procedures used
   in business decisions. " Vgl. auch Heinen, Edmund: Die Zielfunktion
   der Unternehmung, S. 12; Hax, Herbert: Rentabilitätsmaximierung
   als unternehmerische Zielsetzung, S. 337 sowie die grundlegenden
   Ausführungen von Moxter, Adolf: Methodologische Grundfragen der
   Betriebswirtschaftslehre, Diss. Frankfurt am Main 1957, S. 49 - 54,
   insbesondere S. 53. Vgl. hierzu auch unsere Ausführungen S. 51 f.
3) Vgl. Heinen, Edmund: Die Zielfunktion der Unternehmung, S. 18
   sowie: Das Zielsystem der Unternehmung, Wiesbaden 1966, S. 28 ff.
   und die hier jeweils angegebene Literatur.

1. die Mannigfaltigkeit der möglichen unternehmerischen Zielsetzungen,
2. der Einfluß der Ungewißheit und
3. der Einfluß der Unternehmungsorganisation auf
   die unternehmerische Zielsetzung.

a) Die Mannigfaltigkeit der möglichen unternehmerischen Zielsetzungen

Abgesehen davon, daß bereits die Interpretation des Gewinnbegriffs
Schwierigkeiten bietet (1), ist das Streben nach Gewinn zweifellos als
ein außerordentlich starkes Motiv für unternehmerisches Handeln anzusehen, insbesondere wenn man bedenkt, daß sich viele andere Ziele,
wie z. B. "Selbständigkeit beim Einkommenserwerb, höhere soziale
Stellung, Unterstützung von Verwandten, Pflege der Firmentradition,
Wohlergehen der Belegschaft, Wohlergehen des Staatsganzen" usw.,
überhaupt nur verwirklichen lassen, wenn die Unternehmung einen Gewinn erwirtschaftet (2). Selbst wenn man jedoch zunächst noch davon
ausgeht, daß die Unternehmer vollkommene Information besitzen und
die Unternehmungen unter einheitlicher Leitung stehen, bildet das Gewinnstreben in der Realität nicht die alleinige unternehmerische Zielsetzung. Nur auf dem vollkommenen Markt und in Konkurrenzsituationen
haben die Unternehmungen keine andere Wahl als die der absoluten Gewinnmaximierung, weil sie sonst vom Markt verdrängt werden. Auf un-
vollkommenen Märkten hingegen besitzen sie einen Spielraum, innerhalb dessen sie ihr Gewinnstreben begrenzen, modifizieren und / oder
andere Ziele anstreben können (3). Daß sie dies in der Wirklichkeit
tatsächlich tun, haben empirische Untersuchungen ergeben. Erklären
läßt sich ein derartiges Verhalten zum Teil damit, "daß die Unternehmer in einem 'Kontrollnetz' der Wirtschaftsverbände, der Gewerk-
schaften, der Konsumenten, der Regierung und der öffentlichen Meinung stehen" (4), das sie als einen Druck auf ihr Gewinnstreben empfin-
den. Man kann nun zwar ihre daraus resultierende Zielsetzung ohne weiteres als "langfristige" Gewinnmaximierung bezeichnen (5), aber dabei
büßt das gewinnmaximale Prinzip nicht nur viel von seinem ursprünglichen Erklärungswert ein, weil ihm häufig weitere Ziele, wie Sicherheit, Unabhängigkeit usw. untergeordnet werden, sondern es wird auch
in seiner operativen Brauchbarkeit beeinträchtigt, weil sich bei verschieden langen Planungsperioden unterschiedliche Gewinnmaxima

---

1) Vgl. Heinen, Edmund: Die Zielfunktion der Unternehmung, S. 15
2) Vgl. Koch, Helmut: Betriebliche Planung, S. 17 f.
3) Vgl. Heinen, Edmund: Die Zielfunktion der Unternehmung, S. 19 ff.
   und die hier angegebene Literatur.
4) Vgl. Heinen, Edmund: Die Zielfunktion der Unternehmung, S. 20
5) Vgl. hierzu auch Arbeitskreis Hax der Schmalenbach Gesellschaft:
   Wesen und Arten unternehmerischer Entscheidungen, S. 690 ff.

ergeben (1). Eine andere Erklärung für die Begrenzung des Gewinnstrebens ist die, daß bei steigenden Gewinnen die unternehmerische Aktivität nachzulassen tendiert, weil die damit gegebene Möglichkeit der Erhöhung des Lebensstandards den Unternehmer veranlaßt, weniger zu arbeiten. Sie beruht also auf der Annahme eines mit steigenden Gewinnen tendenziell sinkenden Grenzeinkommensnutzens. Daraus folgt, daß die Gewinnmaximierung nur dann als eine realistische unternehmerische Zielsetzung anzusehen ist, wenn der Unternehmer ausschließlich den Gewinn als Maßstab seines Erfolges betrachtet, so daß ihm allein das Gewinnmaximum die höchstmögliche Befriedigung bieten kann (2). Der Grenzeinkommensnutzen ist in diesem Falle konstant. Nun mag es in der Wirklichkeit durchaus Unternehmer mit einer solchen Einstellung zum Gewinn geben, das Durchschnittsverhalten der Unternehmer scheint damit allerdings nicht (oder zumindest nicht mehr) gekennzeichnet zu werden (3). Indessen muß auch die Annahme eines über den gesamten Einkommensbereich hinweg fallenden Grenzeinkommensnutzens heute als überholt gelten, so daß nur innerhalb bestimmter Einkommensbereiche mit einer sinkenden Bedeutung der finanziellen Anreize bei steigendem Wohlstand gerechnet werden kann (4).

Eine in der Wirklichkeit häufig beobachtete Zielgröße der Unternehmungen stellt der Umsatz bzw. der relative Umsatz, d. h. der Marktanteil, dar (5). Für das Umsatzstreben als Zielsetzung sprechen insbesondere

---

1) Vgl. Heinen, Edmund: Die Zielfunktion der Unternehmung, S. 21 und die hier angegebene Literatur.
2) Vgl. Scitovsky, Tibor de: A Note on Profit Maximization and Its Implications, in: The Review of Economic Studies, Vol. XI 1943/44, S. 57 - 60, wieder abgedruckt in: Readings in Price Theory, London 1960 (hrsg. von der American Economic Association), S. 352 - 358, ders. : Welfare and Competition. The Economics of a Fully Employed Economy, London 1952 S. 110 - 113 und 142 - 147; siehe auch Schumpeter, Joseph: Theorie der wirtschaftlichen Entwicklung, 5. Aufl. Berlin 1952, S. 135 f. ; ferner Orth, Ludwig: Die kurzfristige Finanzplanung industrieller Unternehmungen, S. 27; Heinen, Edmund: Die Zielfunktion der Unternehmung, S. 47 ff. und Moxter, Adolf: Präferenzstruktur und Aktivitätsfunktion des Unternehmers, in: Zeitschrift für betriebswirtschaftliche Forschung, 16. Jg. 1964, S. 28 f.
3) Vgl. Heinen, Edmund: Die Zielfunktion der Unternehmung, S. 48 f. ; anders Scitovsky, Tibor de: A Note on Profit Maximization and Its Implications, S. 60 bzw. 357 f. sowie Orth, Ludwig: Die kurzfristige Finanzplanung industrieller Unternehmungen, S. 27
4) Vgl. Moxter, Adolf: Präferenzstruktur und Aktivitätsfunktion des Unternehmers, S. 21 f. und 28 f. sowie die hier angegebene Literatur. Vgl. hierzu auch unsere Ausführungen S. 70 f.
5) Vgl. hierzu Heinen, Edmund: Die Zielfunktion der Unternehmung, S. 21 - 24 und die hier angegebene Literatur, ferner: Arbeitskreis Hax der Schmalenbach Gesellschaft: Wesen und Arten unternehmerischer Entscheidungen, S. 694 f.

die Tatsachen, daß sich der Umsatz in der Regel leichter feststellen läßt als der Gewinn oder gar das Gewinnmaximum, daß die Umsatzentwicklung in der Praxis als Ausdruck für den Markterfolg angesehen wird und daß sich häufig mit dem Umsatz auch der Gewinn erhöht. Dazu kommt, daß für einen leitenden Angestellten eine ihm unmittelbar zurechenbare Umsatzsteigerung eher eine Stärkung seiner Stellung in der Unternehmung mit sich zu bringen vermag als eine nicht unmittelbar auf ihn zurückzuführende Gewinnsteigerung.

Neben den monetären Zielsetzungen Gewinnstreben und Umsatzstreben wird das Unternehmerverhalten von Zielvorstellungen beeinflußt, die sich nicht quantifizieren lassen und die daher als nicht monetäre Zielsetzungen bezeichnet werden (1). Dazu gehört insbesondere das Streben nach sozialem Ansehen, Prestige und Macht, das zwar meist mit dem Gewinnstreben übereinstimmen wird, aber auch mit ihm in Konflikt geraten kann. Das gleiche gilt für das häufig zu beobachtende Streben nach Unabhängigkeit gegenüber Kontrollen jeglicher Art, seien es solche durch Geldgeber oder solche durch irgendwelche staatlichen Stellen. Auch ethische und soziale Prinzipien sowie sonstige Zielvorstellungen, wie z. B. "schöpferische Betätigung, der Wille zur Bestätigung der eigenen Persönlichkeit, das Gestaltenwollen, die Freude am Vollbringen und das Verpflichtetsein gegenüber einer Idee, einem Werk oder einer Gemeinschaft", können als unternehmerische Zielvorstellungen auftreten und als solche dem Gewinnstreben zuwiderlaufen. Teilweise mögen derartige Zielsetzungen auf den individuellen Neigungen der Unternehmer beruhen, teilweise handelt es sich dabei aber auch um Ziele, die gesellschaftlich institutionalisiert sind.

Somit ergibt sich, daß selbst unter der Voraussetzung vollkommener Information und einheitlicher Leitung die unternehmerische Motivationsstruktur Begrenzungen und Modifizierungen des Gewinnstrebens ebenso wie die Wahl einer anderen Zielsetzung oder die Kombination mehrerer Zielvorstellungen realistisch erscheinen läßt. Faßt man alle den Unternehmer bewegenden Antriebskräfte zu einer Nutzenfunktion zusammen, so kann man das Prinzip der Gewinnmaximierung durch das Prinzip der Nutzenmaximierung ersetzen (2). Indessen tauchen dabei Zweifel auf, ob gegen die Maximierungshypothese in dieser Form

---

1) Vgl. hierzu Heinen, Edmund: Die Zielfunktion der Unternehmung, S. 24 - 27 und die hier angegebene Literatur, ferner: Arbeitskreis Hax der Schmalenbach Gesellschaft: Wesen und Arten unternehmerischer Entscheidungen, S. 695
2) Vgl. Heinen, Edmund: Die Zielfunktion der Unternehmung, S. 47 ff. Vgl. hierzu auch unsere Ausführungen S. 74 f.

nicht ebenfalls Einwendungen erhoben werden müssen. Sie resultieren einmal aus der Tatsache, daß der Unternehmer keine unbegrenzten Gedächtnis- und Rechenmöglichkeiten besitzt, die es ihm erlauben, komplizierte Nutzenfunktionen aufzustellen und zu maximieren (1). Zum anderen erscheint in diesem Zusammenhang eine Untersuchung von Bedeutung, die sich ganz allgemein mit der Frage beschäftigt, "in welchem Maße der Unternehmer gegebene (hier relevante) Fähigkeiten einsetzt, ob er also im subjektiven Sinne seine Zielgröße 'maximiert' oder nicht" (2). Danach wird der Unternehmer seine durch gewisse Restriktionen (deren Gewicht durch den Wohlstand, die allgemeine Intelligenz, die physische Konstitution und die moralische Härte des Unternehmers bestimmt wird) markierte dispositive Leistungsfähigkeit nur dann voll einsetzen, wenn mit diesem Einsatz eine fühlbare Verbesserung seiner persönlichen Entfaltungsmöglichkeiten (die sich in dem - aus der allgemeinen gesellschaftlichen Präferenzfunktion abgeleiteten - grundsätzlich treppenförmigen Verlauf der unternehmerischen Präferenzfunktion niederschlagen) verbunden ist. Andernfalls bleibt dispositive Leistungsfähigkeit ungenutzt, und das Ziel, die maximale Entfaltung der Persönlichkeit des Unternehmers, wird nicht erreicht (3). Nun ist zwar die von Moxter verwendete Präferenzfunktion, in der die Bewertung positiver und negativer Ergebnisse eines bestimmten Aktivitätsumfangs durch den Unternehmer zum Ausdruck kommt, so daß sie auch als Nettopräferenzfunktion bezeichnet werden kann, nicht mit den oben erwähnten Nutzenfunktionen zu vergleichen, die lediglich den Bruttonutzen enthalten, doch wird aus seiner Untersuchung ebenfalls deutlich, daß es für die maximale Ausnutzung der unternehmerischen Aktivität Grenzen gibt, die in der Person des Unternehmers liegen (4).

b) Die Bedeutung der Ungewißheit für die unternehmerische Zielsetzung

Während bisher im wesentlichen in Frage gestellt wurde, ob die Unter-

---

1) Darauf wird erst im Zusammenhang mit der Untersuchung des Einflusses der Ungewißheit auf die unternehmerische Zielsetzung näher eingegangen.
2) Vgl. Moxter, Adolf: Präferenzstruktur und Aktivitätsfunktion des Unternehmers, S. 27 f.
3) Vgl. Moxter, Adolf: Präferenzstruktur und Aktivitätsfunktion des Unternehmers, S. 6 - 36
4) Moxter verwendet die treppenähnliche Präferenzfunktion in Verbindung mit den Restriktionen der persönlichen Leistungsfähigkeit des Unternehmers nicht nur zur Bestimmung des unternehmerischen Einsatzes bei sicheren, sondern auch bei unsicheren Erwartungen (vgl. hierzu den Hinweis auf S. 76 Fußnote 1). Dagegen schaltet er ausdrücklich die Besonderheiten von Gruppenzielsetzungen aus seinen Untersuchungen aus. Vgl. Moxter, Adolf: Präferenzstruktur und Aktivitätsfunktion des Unternehmers, S. 23 ff. bzw. S. 10 f.

nehmer den Gewinn oder ein anderes Ziel maximieren wollen, ist nunmehr zu untersuchen, ob sie das überhaupt können (1). Die unbestreitbare Tatsache, daß angesichts der in der Wirklichkeit immer vorhandenen Ungewißheit das Gewinnstreben der Unternehmungen (2) grundsätzlich mit ihrem Sicherheitsstreben konkurriert, führte zu der Erkenntnis, daß das für Entscheidungen unter Sicherheit (3) entwickelte Gewinnmaximierungsprinzip einer Abwandlung bedarf (4). So sind "in dem Bemühen, immer mehr Züge der Realität in das Modell aufzunehmen" (5), zahlreiche Hypothesen über die Zielsetzungen der Unternehmungen entwickelt worden (6). Im Anschluß an Knight unterscheidet man dabei im allgemeinen zwischen Zielsetzungen für Entscheidungen unter Risiko (als mit Hilfe der Wahrscheinlichkeitsrechnung meßbarer Ungewißheit) und Zielsetzungen für Entscheidungen unter Unsicherheit

1) Vgl. Heinen, Edmund: Die Zielfunktion der Unternehmung S. 30 und die hier angegebene Literatur.

2) Die Prämisse, daß die Unternehmungen unter einheitlicher Leitung stehen (vgl. S. 68) wird für die folgenden Ausführungen noch beibehalten.

3) Wird der ernsthafte Konflikt als charakteristisches Merkmal einer Entscheidungssituation angesehen, der bei Gewißheit über den "wahren Zustand der Realität" meist fehlt, so kann man bestreiten, daß es sich beim Vorhandensein vollkommener Information um "echte Entscheidungen" handelt. Vgl. z. B. Menges, Günter: Kriterien optimaler Entscheidungen unter Ungewißheit, S. 151 f. Wir können uns dieser Ansicht jedoch nicht anschließen, da wir den Begriff der Entscheidung nicht auf Situationen begrenzt haben, die einen ernsthaften Konflikt in sich bergen. Vgl. hierzu unsere Ausführungen S. 28 Fußnote 4

4) Vgl. Sauermann, Heinz: Einführung in die Volkswirtschaftslehre, Band I, S. 47

5) Vgl. Sauermann, Heinz und Selten, Reinhard: Anspruchsanpassungstheorie der Unternehmung, S. 578

6) Vgl. hierzu die systematischen Darstellungen bei: Arrow, Kenneth J.: Alternative Approaches to the Theory of Choice in Risk-Taking Situations, in: Econometrica, Vol. 19, 1951, S. 404 - 437; Bross, Irwing D. J.: Design for Decision, New York 1953; Luce, R. Duncan and Raiffa, Howard: Games and Decisions, New York-London 1957 (Kap. 13); Wittmann, Waldemar: Unternehmung und unvollkommene Information, S. 38 - 77 und 148 - 158; Albach, Horst: Wirtschaftlichkeitsrechnung bei unsicheren Erwartungen, S. 75 - 81, 92 - 113, 123 - 144 und 168 - 182; Sauermann, Heinz: Einführung in die Volkswirtschaftslehre, Band I, S. 44 - 51; Koch, Helmut: Betriebliche Planung, S. 117 - 141; Gutenberg, Erich: Unternehmensführung, S. 76 - 97 und 170 - 172; Heinen, Edmund: Die Zielfunktion der Unternehmung, S. 28 - 51 sowie die Literaturhinweise bei diesen Autoren.

(als nicht meßbarer Ungewißheit) (1). Bei Entscheidungen unter Risiko
wird als Zielsetzung der Unternehmungen meist die höchste mathematische Erwartung des Gewinns (d. h. das Maximum der mit ihren Wahr-
scheinlichkeitskoeffizienten multiplizierten Gewinne) angenommen. Es
wird den Unternehmungen aber auch vorgeschlagen, sogenannte Ge-
wißheits- oder Sicherheitsäquivalente in Rechnung zu stellen. Bei Entscheidungen unter Unsicherheit sind nochmals zwei verschiedene Situationen auseinanderzuhalten. Ist die Unsicherheit so geartet, daß die
Unternehmer zwar keine objektiven Wahrscheinlichkeiten errechnen,
sich aber subjektive Wahrscheinlichkeitsvorstellungen, die man auch
als "A-Priori-Wahrscheinlichkeitsverteilung" oder "Grad an Glaubwürdigkeit" bezeichnet (2), bilden können, wird vornehmlich die höchste
mathematische Erwartung aus den Gewinnen und ihren Glaubwürdig-
keitsziffern als Zielsetzung der Unternehmungen angesehen. Können
hingegen weder objektive Wahrscheinlichkeiten noch subjektive Glaub-
würdigkeitsziffern ermittelt werden, dann läßt sich eine allgemeingültige Entscheidungsregel nicht mehr finden und es erscheinen unterschiedliche Verhaltensweisen als möglich. Die für derartige Situationen
entwickelten Prinzipien werden gewöhnlich als Entscheidungskriterien
bezeichnet. Sie geben die Eigenschaften an, durch welche die optimale
Alternative gekennzeichnet sein soll (3). Das Konzept der Gewinnmaximierung wird damit keineswegs aufgegeben; vielmehr stellen die Entscheidungskriterien - zumindest teilweise - nichts weiter als Empfehlun-
gen dar, um angesichts der Ungewißheit langfristig den höchsten Gewinn
zu erreichen (4). Nun kann allerdings bezweifelt werden, ob der Gewinn
unter Unsicherheit überhaupt noch "Entscheidungen formende Kraft" be-

---

1) Vgl. Knight, F(ranc) H.: Risk, Uncertainty, and Profit, Boston 1921,
   8th ed., London 1957, S. 19 f. und 232 f.
2) Vgl. Albach, Horst: Wirtschaftlichkeitsrechnung bei unsicheren Erwartungen, S. 126 f.
3) Vgl. Menges, Günter: Das Entscheidungsproblem in der Statistik, in:
   Allgemeines Statistisches Archiv, 42. Band 1958, S. 101 - 107, insbesondere S. 104.
   Erwähnt seien z. B. das Laplace- oder Bernoulli-Kriterium, das auf
   dem Prinzip vom unzureichenden Grunde basiert; das Minimax-Kri-
   terium von John v. Neumann und Oskar Morgenstern, das mit dem
   Maximin-Kriterium von Abraham Wald identisch ist; die Regel des
   kleinsten Risikos von Jürg Niehans, die dem Kriterium der Mini-
   mierung der maximalen Enttäuschung von Leonard J. Savage entspricht; das Pessimismus-Optimismus Kriterium von Leonid Hur-
   wicz, die Theorie der potentiellen Überraschung von G. L. S. Shackle,
   die von Wilhelm Krelle modifiziert und weitergeführt wurde; sowie
   Helmut Kochs Bedingung der Gewinnsicherheit.
4) Vgl. Wittmann, Waldemar: Unternehmung und unvollkommene Information, S. 150.

sitzt (1). Infolgedessen läßt sich in der Literatur eine zunehmende Tendenz dafür feststellen, das bisher immer nur den Bedürfnissen der jeweiligen Situation entsprechend abgewandelte Gewinnmaximierungsprinzip von seiner beherrschenden Stellung in der Wirtschaftstheorie zu verdrängen (2). Man suchte die Lösung des Problems zunächst im Übergang von der Gewinn- zu einer Nutzenfunktion der Unternehmung, die eine "Kombination von Gewinnerwartung und Risiko oder Unsicherheit" beinhaltet (3). Da aber mit der Verallgemeinerung des Gewinnmaximierungsprinzips durch das Nutzenmaximierungsprinzip nicht viel gewonnen wird, solange die Entscheidungsfunktion statt des Gewinns nur den Nutzen (in seiner einfachsten Definition) als einzige Zielvariable enthält, ersetzte man schon bald die monovariablen durch multivariable Nutzenfunktionen, auch Präferenzfunktionen genannt (4), in die alle für die Entscheidungen des Unternehmers maßgeblichen Zielvariablen eingehen können. Das Prinzip der Gewinnmaximierung wird damit zum Prinzip der Maximierung einer Präferenzfunktion (5). Auch diese Funktion enthält keine Ziele, die dem Gewinnstreben des Unternehmers zuwiderlaufen. Sie gibt vielmehr nur zusätzliche Anhaltspunkte (6), durch die es dem Unternehmer angesichts der Ungewißheit ermöglicht werden soll, Entscheidung zu fällen, die tatsächlich langfristig den erwarteten Gewinn zu steigern imstande sind (7). Das bedeutet aber nichts anderes,

---

1) Vgl. Albach, Horst: Wirtschaftlichkeitsrechnung bei unsicheren Erwartungen, S. 129
2) Vgl. hierzu z. B. die bei Albach, Horst: Wirtschaftlichkeitsrechnung bei unsicheren Erwartungen, S. 129 ff. und Orth, Ludwig: Die kurzfristige Finanzplanung industrieller Unternehmungen, S. 26 Fußnote 79 angegebenen Autoren. Orth selbst vertritt allerdings die Auffassung (S. 26), daß die von der Ungewißheit ausgehenden Überlegungen "allenfalls eine genauere Formulierung der unternehmerischen Zielsetzung zweckmäßig erscheinen lassen, daß sie dagegen den materiellen Gehalt der langfristigen Gewinnmaximierung nicht berühren".
3) Vgl. Albach, Horst: Wirtschaftlichkeitsrechnung bei unsicheren Erwartungen, S. 130
4) Dabei handelt es sich um Bruttopräferenzfunktionen, nicht wie bei Moxter um Nettopräferenzfunktionen. Vgl. unsere Ausführungen S. 71
5) Vgl. Albach, Horst: Wirtschaftlichkeitsrechnung bei unsicheren Erwartungen, S. 133
6) Albach nennt als solche Anhaltspunkte für die Gewinnerwartung das Maß an Glaubwürdigkeit und die möglichen Abweichungen davon, für das Sicherheitsstreben die Bilanzstruktur, die fertigungstechnische Elastizität und den Marktanteil. Vgl. Albach, Horst: Wirtschaftlichkeitsrechnung bei unsicheren Erwartungen, S. 133 ff.
7) Daher muß zusätzlich beachtet werden, daß die Unternehmer auch außerhalb von Risiko- und Unsicherheitssituationen mehrere Zielvariable - und zwar nicht nur solche monetärer Art, wie etwa Ge-

als daß der Modellunternehmer zur Realisierung seiner Zielvorstellung in der Lage sein muß, komplizierte Funktionen zu überschauen und Maximierungsaufgaben zu lösen, die kaum mit elektronischen Rechenmaschinen zu bewältigen sind. Der ursprüngliche Zweck aller theoretischen Bemühungen um die Deutung des unternehmerischen Entscheidungsverhaltens hat sich somit im Verlauf der Entwicklung geradezu in sein Gegenteil verkehrt. Die Verhaltenshypothesen sind "in gewisser Hinsicht immer unrealistischer" geworden (1). Angesichts dieser Situation erscheint es sinnvoll, den Grund hierfür, nämlich die allen bisher angenommenen Zielsetzungen zugrunde liegende Vorstellung einer absoluten Rationalität, bei der unbegrenzte Gedächtnisfähigkeiten und Rechenmöglichkeiten der Unternehmer implizit vorausgesetzt werden, aufzugeben (2). Geht man statt dessen von eingeschränkter oder relativer Rationalität aus, bei der die begrenzten Gedächtnis- und Rechenfähigkeiten der Unternehmer Berücksichtigung finden (3), so erscheint das Streben nach optimalen Lösungen selbst unter der günstigsten aber irrealistischen Voraussetzung vollkommener Information als sinnlos, weil nicht mehr angenommen werden kann, daß die Unternehmer in der Lage sind, "für alle möglichen Kombinationen ihrer Zielvariablen eine konsistente Nutzenskala" aufzustellen "und deren Optimum zu bestimmen" (4). Eingeschränkte Rationalität bedeutet daher, daß sich die Unternehmer bei begrenzten Gedächtnis- und Rechenfähigkeiten rational verhalten, wenn sie sich in Ermangelung "bester" mit "guten"

---

winn, Rentabilität, Umsatz usw., sondern auch nicht monetäre Motive, wie Prestige und Macht, ethische und soziale Prinzipien, Unabhängigkeit usw. - nebeneinander als Leitmaximen ihres Handelns verwenden, für die in einer multivariablen Nutzenfunktion ein gemeinsamer Ausdruck gesucht werden kann. Vgl. hierzu auch Heinen, Edmund: Die Zielfunktion der Unternehmung, S. 42 und 16 - 28 sowie unsere Ausführungen S. 66 ff.
1) Vgl. Sauermann, Heinz und Selten, Reinhard: Anspruchsanpassungstheorie der Unternehmung, S. 578
2) Vgl. Sauermann, Heinz und Selten, Reinhard: Anspruchsanpassungstheorie der Unternehmung, S. 578 sowie Sauermann, Heinz: Einführung in die Volkswirtschaftslehre, Band II, Wiesbaden 1963, S. 127 ff. und sinngemäß S. 41 ff. Vgl. auch unsere Ausführungen S. 32 f.
3) Zwar haben sich die Rechenmöglichkeiten der Unternehmer durch den Einsatz elektronischer Rechenmaschinen besonders in den modernen Großunternehmen bereits stark verbessert, und diese Entwicklung ist keineswegs abgeschlossen, doch dürfte die allgemeine Annahme unbegrenzter Gedächtnis- und Rechenfähigkeiten trotzdem irrealistisch bleiben. Vgl. hierzu Simon, Herbert A.: Theories of Decision-Making in Economics and Behavioral Science, S. 259 f.
4) Vgl. Sauermann, Heinz: Einführung in die Volkswirtschaftslehre, Band II, S. 127 f. Vgl. hierzu auch unsere Ausführungen S. 70 f.

oder "befriedigenden" Lösungen begnügen (1).

c) Der Einfluß der internen Unternehmungsorganisation auf die unternehmerische Zielsetzung

Wie zahlreiche Untersuchungen in den letzten Jahren ergeben haben, übt die Art der Willensbildung in den Unternehmungen einen entscheidenden Einfluß auf ihre Zielsetzung aus (2). Bisher wurde angenommen, daß die Ziele des Unternehmers mit denen der Unternehmung übereinstimmen, da sie sich aus der Präferenzstruktur des Alleinentscheidenden in Verbindung mit gewissen, in seiner Person liegenden Begrenzungen ergeben (3). Voraussetzungen dafür liegen jedoch nur bei Einmannunternehmungen vor und auch nur dann, wenn der Inhaber als Alleinunternehmer alle Entscheidungen selbst trifft, während die anderen Beteiligten, wie etwa Arbeitnehmer, Lieferanten und Kunden, sich völlig passiv verhalten (4). In der Wirklichkeit liegen die Verhältnisse indessen meist ganz anders. Nicht eine einzige Person entscheidet in der Regel über die Geschicke einer Unternehmung, sondern eine Mehrzahl von Personen, und dabei braucht es sich durchaus nicht um die Eigentümer zu handeln. Es kann vielmehr geradezu als charakteristisch für den Wachstumsprozeß der Unternehmungen angesehen werden, daß die Zahl der Entscheidungsträger dabei zunimmt und früher oder später auch eine Trennung zwischen Eigentum und Geschäftsführung erfolgt. So wird der moderne Großbetrieb in Form der Aktiengesellschaft, der Kommanditgesellschaft auf Aktien oder der Gesellschaft mit beschränkter Haftung heute meist von mehreren Vorstandsmitgliedern oder Geschäftsführern geleitet, Angestellten, die als Manager Unternehmerfunktionen ausüben (5). Das gleiche kann aber durchaus auch bei Einzelfirmen, offenen Handelsgesellschaften, Kommanditgesellschaf-

---

1) Vgl. Sauermann, Heinz und Selten, Reinhard: Anspruchsanpassungstheorie der Unternehmung, S. 579. Bezüglich der weiteren Frage, in welchem Ausmaß die Unternehmer bei unsicheren Erwartungen ihre dispositive Leistungsfähigkeit einzusetzen bereit sind, kann auf unsere Ausführungen S. 70 f. verwiesen werden.
Vgl. hierzu Moxter, Adolf: Präferenzstruktur und Aktivitätsfunktion des Unternehmers, S. 23 ff.
2) Vgl. hierzu Heinen, Edmund: Die Zielfunktion der Unternehmung, S. 51 ff. und Albach, Horst: Zur Theorie der Unternehmensorganisation, S. 238 ff., insbesondere S. 240 ff. sowie die bei diesen Autoren angegebene Literatur.
3) Vgl. hierzu unsere Ausführungen S. 68 ff. und S. 71 ff.
4) Vgl. Simon, Herbert A.: A Comparison of Organisation Theories, in: Review of Economic Studies, Vol. XX 1952/53, S. 44 sowie Albach, Horst: Zur Theorie der Unternehmensorganisation, S. 240 und Heinen, Edmund: Die Zielfunktion der Unternehmung, S. 52
5) Moxter bezeichnet infolgedessen als Unternehmer jene Personen,

ten oder stillen Gesellschaften der Fall sein, insbesondere dann, wenn sie eine gewisse Größe erreicht haben. Die Geschäftsführer treten damit als zweites Zentrum der betrieblichen Willensbildung neben oder sogar vor die Eigentümer, und ein drittes Zentrum wird häufig in Gestalt der Arbeitnehmer sichtbar (1). Dazu kommt, daß in der Regel zahlreiche Entscheidungen von der obersten Führungsspitze auf untergeordnete Abteilungen übertragen werden, weil der Arbeitsanfall anders gar nicht bewältigt werden kann. So entsteht möglicherweise eine ganze Hierarchie von mit Entscheidungsbefugnissen ausgestatteten Personen, die sogar in den unteren Bereichen meist noch über einen gewissen Entscheidungsspielraum verfügen (2). Werden aber die Gesamtentscheidungen in dieser Weise in Teilentscheidungen aufgeteilt, so können die unternehmerischen Entscheidungen nicht mehr als Einheit angesehen werden, sondern sind als komplexes Phänomen zu betrachten, das sich aus vielen Komponenten zusammensetzt und der Koordinierung bedarf (3). Obgleich nun zweifellos alle an der Unternehmungsorganisation Beteiligten, seien es die unmittelbaren Entscheidungsträger, die Arbeitnehmer oder die Eigentümer, von dem gemeinsamen Wollen getragen werden, sich die Unternehmung als Arbeitsplatz und / oder Einkommensquelle zu erhalten, mit anderen Worten, das Überleben der Unternehmung anstreben (4), können doch zwischen der Rationalität einer Entscheidung vom Standpunkt der Unternehmung als Ganzes und vom Standpunkt des Individuums aus erhebliche Unterschiede bestehen (5). Die Gründe dafür liegen in den individuellen Begrenzungs-

---

"die in Betrieben Entscheidungen von einer gewissen, einer näheren Abgrenzung hier nicht bedürftigen Mindestreichweite zu treffen haben". Vgl. Moxter, Adolf: Präferenzstruktur und Aktivitätsfunktion des Unternehmers, S. 6 Fußnote 1

1) Vgl. Gutenberg, Erich: Unternehmensführung, S. 11 ff. sowie Albach, Horst: Wirtschaftlichkeitsrechnung bei unsicheren Erwartungen, S. 134 ff. Albach spricht von einzentriger Willensbildung, wenn die Entscheidungsfunktion von einem Entscheidungssubjekt ursprünglich, also nicht als Ergebnis von mehreren sie beeinflussenden Entscheidungsfunktionen erstellt wird, und von mehrzentriger Willensbildung, wenn die Entscheidungsfunktion das Ergebnis von Einzel- oder Gruppeninteressen ist. Er verwendet also die Begriffe ein- und mehrzentrig etwas anders als Gutenberg.

2) Vgl. hierzu unsere Ausführungen S. 35 f.

3) Vgl. Simon, Herbert A.: Das Verwaltungshandeln, S. 44 sowie Albach, Horst: Zur Theorie der Unternehmensorganisation, S. 240 und Heinen, Edmund: Die Zielfunktion der Unternehmung, S. 52

4) Vgl. Heinen, Edmund: Die Zielfunktion der Unternehmung, S. 66, Fußnote 1

5) Vgl. Simon, Herbert A.: Das Verwaltungshandeln, S. 54 sowie Albach, Horst: Zur Theorie der Unternehmensorganisation, S. 247

faktoren rationalen Verhaltens in Organisationen, vor allem in (1)

1. den unbewußten Fertigkeiten, Gewohnheiten und Reflexen der mit den Entscheidungen betrauten Personen,

2. dem Maß des Wissens und der Information, das diesen Personen zur Verfügung steht, und

3. ihren persönlichen Werten und Auffassungen von der Aufgabe, die von den Zielen der Organisation abweichen können.

Dazu kommt, daß die Grenzen der Rationalität vom Standpunkt des Individuums aus nicht unveränderlich sind, sondern weitgehend von der organisatorischen Umgebung abhängen und mit ihr variieren (2). Wegen dieser im Innenbereich der Unternehmung wirksam werdenden individuellen Begrenzungsfaktoren rationalen Verhaltens ist anzunehmen, daß die einzelnen Organisationsteilnehmer im allgemeinen keine maximalen oder optimalen Lösungen anstreben, sondern solche, die unter den jeweils bekannten Umständen für befriedigend gehalten werden (3).

Selbst wenn man jedoch davon ausgeht, daß die einzelnen Organisationsteilnehmer nach maximalen oder optimalen Lösungen suchen, folgt daraus nicht notwendigerweise, daß dies auch für die Unternehmung als Ganzes gilt (4). Muß nämlich bei der Festlegung der Unternehmungszielsetzung eine Auseinandersetzung mit stark divergierenden Gruppeninteressen erfolgen - man denke nur an die verschiedenartigen Zielgrößen der Geschäftsführer, der Aktionäre und der Arbeitnehmer, aber auch an die möglichen Zielkonflikte zwischen den Leitern einzelner Unternehmungsbereiche, z. B. dem technischen und dem kaufmännischen Sektor (5) - so erscheint die Annahme berechtigt, daß sich die Zielsetzung einer Unternehmung aus einem Zielbildungsprozeß ergibt, bei dem versucht wird, die konkurrierenden und komplementären Individual- oder Gruppenziele zu einem Ausgleich zu bringen. Dabei kann es sich dann allerdings nur um eine Kompromißlösung handeln, die alle Beteiligten befriedigt, nicht dagegen um eine Maximallösung (6). Nun können zwar die Erkenntnisse der modernen Organisationstheorie heute keineswegs als gesichert angesehen werden, obgleich man versucht hat, sie mit Hilfe von psychologischen Beobachtungen, Experi-

---

1) Vgl. Simon, Herbert A.: Das Verwaltungshandeln, S. 28 f. und 153 f.
2) Vgl. ebenda, S. 29 und 153
3) Vgl. Heinen, Edmund: Die Zielfunktion der Unternehmung, S. 65 und 67 sowie die hier angegebene Literatur. Vgl. hierzu auch unsere Ausführungen S. 70 ff. und 75 f.
4) Vgl. ebenda, S. 67.
5) Vgl. ebenda, S. 62 ff.
6) Vgl. ebenda, S. 65 ff. sowie die hier angegebene Literatur.

menten, Befragungen usw. zu überprüfen (1). Jedoch läßt sich wohl bereits ein weiterer Ansatzpunkt für die Kritik an der Gewinnmaximierung als grundsätzlicher unternehmerischer Zielsetzung daraus herleiten.

2. Die Situation der Universalbanken

Betrachten wir die verschiedenen Ansatzpunkte der Kritik an der Gewinnmaximierung als unternehmerischer Zielsetzung insgesamt, so läßt sich feststellen, daß sie auf verschiedenen Wegen zu dem Ergebnis führen, daß das gewinnmaximale Prinzip nicht als eine realistische unternehmerische Zielsetzung angesehen werden kann, weil es auf Prämissen beruht, die in der Wirklichkeit praktisch nicht gegeben sind. Empirische Untersuchungen haben dieses Ergebnis bestätigt. Es gilt auch für die Universalbanken. Die Prämissen des gewinnmaximalen Prinzips können bei ihnen ebensowenig als erfüllt angesehen werden wie bei anderen Unternehmungen. Insbesondere trifft dies für die Prämisse der vollkommenen Information zu (2). Weder über die gegenwärtige noch über die zukünftige Konstellation ihrer erfolgsbestimmenden Faktoren vermögen die Universalbanken eine so genaue Kenntnis zu gewinnen, wie sie für die Realisierung des Gewinnmaximums erforderlich wäre (3). Dazu kommt, daß die Universalbanken als "Kassenhalter der Gesamtwirtschaft" in sehr starkem Maße von der Entwicklung der Gesamtwirtschaft und den Dispositionen ihrer Kunden und Konkurrenten abhängig sind, so daß für die Sicherheit der Institute besondere Probleme entstehen (4). Nun läßt sich zwar - wie gezeigt wurde - die Ungewißheit bis zu einem gewissen Grade in das Prinzip der Gewinnmaximierung einbauen (5) und man hat daher schon vor längerer Zeit versucht, die Zielsetzung der Kreditinstitute in "langfristige Gewinnmaximierung unter Beachtung der hierfür erforderlichen Sicherheit" umzudeuten (6), doch verlangt ein solches Vorgehen - wie

---

1) Vgl. Simon, Herbert A.: New Developments in the Theory of the Firm, in: American Economic Review, Vol. LII 1962, Papers and Proceedings, S. 7 ff., ferner Albach, Horst: Zur Theorie der Unternehmensorganisation, S. 254 f. Fußnote 103
2) Vgl. hierzu unsere Ausführungen S. 94 ff. Auch bei der Erörterung der Informationsmöglichkeiten und der Teilbereiche der bankbetrieblichen Planung wird darauf noch ausführlich einzugehen sein.
3) Vgl. Fischer, Otfrid: Die Finanzdisposition der Geschäftsbanken, insbesondere S. 490 f., 505 ff., 522 ff. und 699 sowie unsere Ausführungen S. 94 f., 174 ff. und 253 ff.
4) Vgl. Fischer, Otfrid: Die Finanzdisposition der Geschäftsbanken, S. 629
5) Vgl. S. 71 ff.
6) Vgl. Fischer, Otfrid: Bankbilanzanalyse, S. 45 f.; Böhme, Rosemarie: Die Verhaltensweise der Kreditbanken, S. 86 ff.; Hagenmüller,

ebenfalls gezeigt wurde - die Voraussetzung absoluter Rationalität, die grundsätzlich nicht als gegeben angenommen werden kann (1). Insoweit stimmen unsere theoretischen Überlegungen mit dem überein, was immer wieder von Bankpraktikern gegen die Verwendung des Prinzips der Gewinnmaximierung als Zielsetzung der Kreditinstitute eingewendet wird, daß sich nämlich in der Regel ihr Gewinnmaximum gar nicht ermitteln läßt, weil die hierfür erforderlichen Angaben weder beschafft noch ausgewertet werden können. Dazu kommt nun außerdem der Einfluß der internen Unternehmungsorganisation (2). Sehr viele Universalbanken besitzen auf Grund ihrer Rechtsform eine Führungsspitze, die aus mehreren Personen besteht, und häufig treten neben oder sogar vor die Eigentümer die Geschäftsführer als Zentrum der betrieblichen Willensbildung. Auch erfordert die Größe der Universalbanken in der Regel den Aufbau einer betrieblichen Hierarchie, so daß Entscheidungen nicht nur von der obersten Führungsspitze, sondern auch im betrieblichen Mittel- und Unterbau zu fällen sind und der Koordinierung bedürfen. Daher erscheint die Vermutung berechtigt, daß die interne Unternehmungsorganisation bei den meisten - wenn nicht bei allen - Universalbanken für die Festlegung ihrer obersten Zielsetzung Bedeutung besitzt und daß bei der Fülle möglicher Konfliktsituationen sowie innerbetrieblicher Informationsmängel das gewinnmaximale Prinzip als eine unrealistische Zielsetzung angesehen werden muß. Aus all diesen Gründen wollen wir unsere Untersuchung nicht auf der Annahme basieren, daß die Universalbanken grundsätzlich nach Gewinnmaximierung (gleich in welcher Formulierung) streben (3). Selbstverständlich bedeutet das aber nicht, daß wir das Gewinnerzielungsmotiv an sich für das Handeln der Universalbanken als bedeutungslos ansehen. Eine solche Annahme wäre ebenso wirklichkeitsfremd wie die ausschließliche Unterstellung des gewinnmaximalen Prinzips. Gerade für die Banken, bei denen der Umgang mit Geld den Hauptinhalt ihrer betrieblichen Betätigung bildet, stellt das Gewinnerzielungsmotiv zweifellos eine sehr wichtige Antriebskraft ihres Handelns dar. Unsere Kritik richtet sich also lediglich gegen die grundsätzliche Unterstellung der Gewinnmaximierungsabsicht, die aus den angeführten Gründen nicht als realistisch gelten kann.

Karl Friedrich: Der Bankbetrieb, Band III, S. 294 ff. Vgl. neuerdings auch Krümmel, Hans Jacob: Bankzinsen, S. 183 ff. Orth wählt eine ähnliche Formulierung für die Zielsetzung industrieller Unternehmungen. Vgl. Orth, Ludwig: Die kurzfristige Finanzplanung industrieller Unternehmungen, S. 29. Vgl. auch Arbeitskreis Hax der Schmalenbach Gesellschaft: Wesen und Arten unternehmerischer Entscheidungen, S. 690 ff.
1) Vgl. S. 75 f.
2) Vgl. S. 76 ff.
3) Anderer Ansicht ist Krümmel, Hans-Jacob: Bankzinsen, S. 183 ff.

Die Universalbanken orientieren sich - wie noch zu zeigen sein wird - in der Regel weitgehend, aber nicht ausschließlich am Gewinn (1). Auch ist ihr Gewinnstreben durchaus nicht immer als gleichmäßig stark zu bezeichnen. So kann z. B. in bestimmten Situationen das Sicherheitsstreben eine erhöhte Bedeutung bekommen, während in anderen Fällen vielleicht der Marktanteil als besonders gewichtig erscheint usw. Dazu kommt, daß die einzelnen Institutsgruppen innerhalb der Universalbanken bis zu einem gewissen Grade unterschiedliche Vorstellungen über ihre Zielsetzung haben. Versuchen wir dies alles bei unseren Untersuchungen zu berücksichtigen, so benötigen wir für die Universalbanken eine Zielsetzung, in welche die verschiedenen möglichen Verhaltensmotive einzugehen vermögen, die an veränderte Umweltbedingungen angepaßt werden kann, und die außerdem geringere Ansprüche an die Informationsmöglichkeiten sowie die Gedächtnisfähigkeiten und Rechenmöglichkeiten der Entscheidungsträger stellt als die Maximierungshypothese. Mit anderen Worten, die zu unterstellende Zielsetzung muß multivariabel, anpassungsfähig und trotzdem praktikabel sein. Diesen Erfordernissen entspricht weitgehend die in jüngster Zeit auf Grund neuerer Forschungen über menschliches Entscheidungsverhalten entwickelte Anspruchsanpassungstheorie (2), die wir infolgedessen in ihren Grundzügen für unsere weiteren Untersuchungen verwenden wollen.

B. Das Prinzip der Anspruchsanpassung

Um die Zielsetzung der Universalbanken nach dem Prinzip der Anspruchsanpassung entwickeln zu können, müssen wir uns zunächst mit der Theorie der Anspruchsanpassung ganz allgemein befassen.

1. Die Theorie der Anspruchsanpassung und ihre Verwendbarkeit für Planungsüberlegungen

Die Anspruchsanpassungstheorie basiert auf der Erkenntnis, daß das Streben nach "maximalen oder optimalen" Lösungen seinen Sinn verliert, wenn die hierfür erforderlichen Voraussetzungen - insbesondere vollkommene Information und absolute Rationalität - nicht vorhanden sind (3). Die Unternehmung handelt daher unter diesen Umständen rational, wenn sie sich an Stelle von maximalen oder optimalen mit "guten oder befriedigenden" Lösungen begnügt. Solche Lösungen liegen vor, wenn die Mindestanforderungen der Unternehmung damit erreicht

---

1) Vgl. hierzu die Ausführungen S. 89 ff.
2) Vgl. Sauermann, Heinz und Selten, Reinhard: Anspruchsanpassungstheorie der Unternehmung, S. 577 und 597, sowie Sauermann, Heinz: Einführung in die Volkswirtschaftslehre, Band II, Wiesbaden 1964, S. 41 - 42 für die Haushalte, S. 127 - 129 für die Unternehmungen
3) Vgl. hierzu unsere Ausführungen S. 75 f. , 77 f. und 79 ff.

werden können. Die Gesamtheit dieser Mindestanforderungen oder Ansprüche bezeichnet man als Anspruchsniveau (1). Der Begriff des Anspruchsniveaus steht somit im Mittelpunkt der Theorie der Anspruchsanpassung (2) und die Realisierung des Anspruchsniveaus stellt das Kriterium dar, an dem sich die Qualität einer Entscheidung als gut oder schlecht beurteilen läßt (3). Ist anzunehmen, daß das Anspruchsniveau erreichbar ist, so gilt es als realistisch und bei eingeschränkter Rationalität kann grundsätzlich davon ausgegangen werden, daß sich die Unternehmung stets um ein realistisches Anspruchsniveau bemüht (4). Die einzelnen Ansprüche innerhalb des Anspruchsniveaus bilden sich auf Grund der Erfahrungen, die die Unternehmung in der Vergangenheit mit ähnlichen Problemen gemacht hat, und der Erwartungen, die sie für die Zukunft hegt. Das Anspruchsniveau ist demnach "vom Erreichten und vom Erreichbaren" abhängig (5). Es wird nach oben angepaßt, wenn es sich als leicht realisierbar erweist und es wird gesenkt, wenn es trotz erheblicher Bemühungen nicht verwirklicht werden kann (6). Mit anderen Worten, das Anspruchsniveau ist variierbar. Wie sich das neue aus dem alten Anspruchsniveau entwickelt, hängt von dem Präferenzsystem der Unternehmung ab, in dem nicht nur die ein-

---

1) In der experimentellen Psychologie, aus der der Begriff des Anspruchsniveaus stammt, versteht man darunter "diejenige Leistungshöhe, die eine Versuchsperson sich bei der Erfüllung einer bestimmten Aufgabe als Ziel setzt". Vgl. hierzu die grundlegenden Ausführungen bei Lewin, K., Dembo, R., Festinger, L. and Sears, P. S.: Level of Aspiration, in: Hunt, J. McV. (ed.): Personality and the Behavior Disorders, New York 1944, S. 333 - 378. Insbesondere durch Simon und seine Mitarbeiter fand der Begriff des Anspruchsniveaus Eingang in die Wirtschaftstheorie. Vgl. z. B. Simon, Herbert A.: Models of Man, New York 1957, ders.: Theory of Decision Making in Economics and Behavioral Science, in: The American Economic Review, Vol. XLIV 1959, S. 253 - 283; ders.: New Developments in the Theory of the Firm, S. 1 - 15; Margolis, Julius: The Analysis of the Firm, S. 187 - 199; March, James G. and Simon, Herbert A.: Organizations, New York 1958.
2) Vgl. Sauermann, Heinz und Selten, Reinhard: Anspruchsanpassungstheorie der Unternehmung, S. 577
3) Vgl. Sauermann, Heinz: Einführung in die Volkswirtschaftslehre, Band II, S. 42 und 128
4) Vgl. Sauermann, Heinz und Selten, Reinhard: Anspruchsanpassungstheorie der Unternehmung, S. 579
5) Vgl. Heinen, Edmund: Die Zielfunktion der Unternehmung, S. 70
6) Vgl. March, James G. and Simon, Herbert A.: Organizations, New York 1958, S. 47; Sauermann, Heinz und Selten, Reinhard: Anspruchsanpassungstheorie der Unternehmung, S. 579; Heinen, Edmund: Die Zielfunktion der Unternehmung, S. 70. Vgl. hierzu auch unsere Ausführungen S. 86 ff., 130 ff. und 421 ff.

zelnen Zielvariablen (1), auf die sich ihre Ansprüche richten, festgelegt sind, sondern zugleich zum Ausdruck kommt, mit welcher "Dringlichkeit" die einzelnen Ansprüche bei einer Anpassung nach oben der Erfüllung harren und auf welche Ansprüche bei einer Anpassung nach unten "verzichtet" werden kann (2). Die Aufgabe der Unternehmung ist es unter diesen Annahmen, Lösungen zu suchen, die ihr jeweiliges Anspruchsniveau erfüllen und damit im Sinne der Anspruchsanpassungstheorie gute oder befriedigende Lösungen darstellen (3).

Die Anspruchsanpassungstheorie ist aber nicht nur multivariabel und anpassungsfähig, sondern durchaus auch praktikabel. Insbesondere stellt sie an die Gedächtnisfähigkeiten und Rechenmöglichkeiten der Unternehmer geringere Anforderungen als die Maximierungshypothese, denn es wird nicht vorausgesetzt, daß die Unternehmer imstande sind, komplizierte Nutzenfunktionen zu überschauen und zu maximieren. Die Nutzenfunktionen, mit denen gearbeitet wird, sind vielmehr wesentlich einfacher. Sie manifestieren sich im jeweiligen Anspruchsniveau der Unternehmung und können nur zwei Werte annehmen: gut, wenn das Anspruchsniveau erreicht oder überschritten wird, und schlecht, wenn es nicht erreicht wird (4). Es entfallen weiterhin die vollständige Kenntnis der Produktions- und Nachfragefunktionen sowie die Berücksichtigung aller überhaupt möglichen Alternativen und deren Auswirkungen als notwendige Voraussetzungen für absolut rationale Entscheidungen zugunsten dessen, was im jeweiligen Entscheidungszeitpunkt bekannt ist oder bis dahin an Informationen noch beschafft werden kann, wobei aber stets die hierfür erforderlichen Kosten in Rechnung zu stellen sind (5). Eine Vereinfachung liegt schließlich auch darin, daß die Veränderungen der einzelnen Ansprüche an die Zielvariablen innerhalb des Anspruchsniveaus nicht mehr grundsätzlich als

1) Z. B. Gewinn, Umsatz, Kapazität, Vermögen, Rentabilität, Liquidität, Gewinnspanne, Marktanteil, Verhältnis von Eigen- und Fremdkapital, aber auch nicht quantifizierbare Größen wie Sicherheit, technische Ansprüche, goodwill, Prestige. Vgl. Sauermann, Heinz und Selten, Reinhard: Anspruchsanpassungstheorie der Unternehmung, S. 589 f.

2) Vgl. Sauermann, Heinz und Selten, Reinhard: Anspruchsanpassungstheorie der Unternehmung, S. 583 sowie unsere Ausführungen S. 130 ff. und 421 ff.

3) Vgl. Sauermann, Heinz und Selten, Reinhard: Anspruchsanpassungstheorie der Unternehmung, S. 579

4) Vgl. Sauermann, Heinz: Einführung in die Volkswirtschaftslehre, II. Band, S. 43 und 128 sowie Sauermann, Heinz und Selten, Reinhard: Anspruchsanpassungstheorie der Unternehmung S. 597

5) Vgl. Sauermann, Heinz und Selten, Reinhard: Anspruchsanpassungstheorie der Unternehmung, S. 597 und Sauermann, Heinz: Einführung in die Volkswirtschaftslehre, II. Band, S. 42 und 127

kontinuierlich angenommen werden. Bedenkt man nämlich, daß sich
in der Wirklichkeit zahlreiche Größen nur diskontinuierlich verändern
(z. B. Löhne und Zinsen in bestimmten Prozentsätzen oder Bruchtei-
len von Prozentsätzen), daß sich Ansprüche auch auf nicht quantifizierbare Größen richten können und daß Niveauveränderungen unter
Umständen überhaupt erst interessant werden, wenn sie ein gewisses
Ausmaß erreichen (1), so spricht vieles dafür, daß die Veränderung
der Ansprüche im allgemeinen diskontinuierlich erfolgt (2). Die Anspruchsanpassungstheorie kann dem ohne weiteres Rechnung tragen,
indem sie für die einzelnen Ansprüche diskrete Werte zuläßt. Sie vermag somit alle an sie gestellten Anforderungen zu erfüllen (3).

Die Theorie der Anspruchsanpassung ist ganz allgemein für menschliches Entscheidungsverhalten bei eingeschränkter Rationalität geschaffen worden. Im Grunde genommen handelt es sich dabei um eine
konsequente Fortentwicklung der Theorien, die durch Berücksichtigung multivariabler Handlungsmotive einerseits und unvollkommener
Informationen andererseits die Erklärung des menschlichen Entscheidungsverhaltens der Realität anzunähern versuchen, aber infolge der
Voraussetzung absoluter Rationalität auf der Maximierungshypothese (sei es innerhalb des Prinzips der Maximierung einer Gewinn-,
Nutzen- oder Präferenzfunktion) beharren. Allerdings ist auch die Anspruchsanpassungstheorie nicht unwidersprochen geblieben. Insbesondere wird dagegen eingewendet, daß die Annahme begrenzter Gedächtnisfähigkeiten und Rechenmöglichkeiten lediglich das Streben der Unternehmungen nach einem objektiven Maximum unmöglich mache. Sie
sei dagegen "nicht geeignet zu widerlegen, daß die Unternehmer im
subjektiven Sinne ihren Gewinn (oder welche Zielgröße auch immer)
'maximieren', daß sie in dem Rahmen, der ihnen durch ihre persönlichen Fähigkeiten gesteckt ist, ein 'Maximum' herauszuholen versuchen" (4). In der Tat findet sich bei Sauermann - wenngleich innerhalb der Theorie des Haushalts - die Bemerkung, daß es im Rahmen
der Theorie der Anspruchsanpassung zwar keinen "absolut optimalen,
dafür aber einen relativ besten (relativ optimalen) Verbrauchsplan"
gibt. "Diese Theorie will erklären, wie der Haushalt den für ihn günstigsten Verbrauchsplan in einem laufenden Anpassungsprozeß entwik-

---

1) Vgl. hierzu auch unsere Ausführungen S. 70 f.
2) Vgl. Sauermann, Heinz und Selten, Reinhard: Anspruchsanpassungstheorie der Unternehmung S. 591
3) Vgl. unsere Ausführungen S. 81
4) Vgl. Moxter, Adolf: Präferenzstruktur und Aktivitätsfunktion des Unternehmers, S. 27. Dabei ist allerdings darauf hinzuweisen, daß
   Moxters Untersuchungen lediglich für den Einzelunternehmer gelten,
   der Einfluß der internen Unternehmungsorganisation auf die unternehmerische Zielsetzung also ausgeschaltet wird. Vgl. hierzu unsere Ausführungen S. 70 f.

kelt" (1). Auch der Annahme, daß die "Anpassung nach oben ... solange fortgesetzt (wird), bis kein höheres Anspruchsniveau mehr erreicht
werden kann oder die Entscheidungszeit vorbei ist" (2), liegt die Vorstellung zugrunde, daß die Unternehmung danach strebt, ihre Ansprüche
immer so hoch wie möglich zu stellen. Indessen bedeutet dies nicht, daß
die Zielsetzung der Unternehmung nunmehr als Maximierung einer wie
immer gearteten subjektiven Zielgröße zu interpretieren ist. Ein Beispiel möge dies verdeutlichen. Beträgt etwa auf Grund der Erfahrungen der Vergangenheit der gegenwärtige Anspruch einer Unternehmung
an ihre Rentabilität 7 % und an ihren Marktanteil 20 %, so wird sie den
Anspruch an die Rentabilität vielleicht auf 8 % oder 9 % und den an den
Marktanteil auf 25 % oder 30 % erhöhen, wenn eine solche Erhöhung z. B.
infolge zusätzlicher Informationen erreichbar erscheint. Mit einer Maximierung ihrer Ansprüche hat dies jedoch nichts zu tun. Die von der
Unternehmung angestrebte Zufriedenheit kann vielmehr in jeder beliebigen, sofern erreichbar erscheinenden Anspruchshöhe für die einzelnen Zielvariablen liegen. Nun könnte man zwar "darauf verweisen, daß
eine nach 'befriedigendem Gewinn' strebende Unternehmung noch eine
maximierende Unternehmung darstellt, weil sie ihre Befriedigung maximiert; dieses Ziel ist jedoch sicherlich vom Gewinnmaximierungsstre-
ben der traditionellen Unternehmung verschieden (3), und wir können
ergänzen, auch von der Maximierung einer subjektiven Zielgröße, wie
z. B. einer Nutzen- oder Präferenzfunktion (4). Der Unterschied liegt
einmal darin, daß die Unternehmung im allgemeinen weder das objektive noch das subjektive Maximum ihrer Zielgröße kennt und daher nicht
in der Lage ist, die zu seiner Realisierung erforderlichen Entscheidungen zu treffen. Zum anderen befinden sich die Verhältnisse in der
Wirklichkeit in so rascher Veränderung, daß es zweifelhaft erscheint,
ob ein Gleichgewicht in Form eines Maximums überhaupt jemals erreicht werden kann (5). U. E. vermag die Anspruchsanpassungstheorie

---

1) Vgl. Sauermann, Heinz: Einführung in die Volkswirtschaftslehre,
   S. 43
2) Vgl. Sauermann, Heinz und Selten, Reinhard: Anspruchsanpassungstheorie der Unternehmung, S. 580
3) Vgl. Cleland, S.: A Short Essay on a Managerial Theory of the Firm,
   in: Linear Programming and the Theory of the Firm (Eds.: K. E.
   Boulding and W. A. Spivey) New York 1960, S. 209
4) Vgl. Simon, Herbert A.: Theories of Decision-Making in Economics
   and Behavioral Science, S. 262: "By sophistry and adept use of the
   concept of psychic income, the notion of seeking a satisfactory re-
   turn can be translated into utility maximizing, but not in any operational way".
5) Vgl. Simon, Herbert A.: Theories of Decision-Making in Economics
   and Behavioral Science, S. 255 f. und 263: "The economic environ-
   ment of the firm is complex, and it changes rapidly; there is no a pri-
   ori reason to assume the attainment of long-run equilibrium".

daher durchaus zu erklären, warum die Vorstellung, daß die Unternehmungen weder ein objektives noch ein subjektives Maximum ihrer Zielgröße anstreben, realistisch erscheint (1). In Frage zu stellen ist deshalb nur, ob auch die Annahme, daß die Unternehmungen die Anpassung nach oben so lange fortsetzen, bis kein höheres Anspruchsniveau mehr erreicht werden kann, bzw. die Entscheidungszeit vorbei ist (2), als realistisch gelten kann, oder ob nicht ebensogut Situationen denkbar sind, in denen die Unternehmungen trotz der grundsätzlichen Möglichkeit zur Erhöhung ihres Anspruchsniveaus darauf verzichten. Zweifellos wäre es recht interessant und bedeutsam, diese Frage zu untersuchen. Jedoch wollen wir uns damit nicht näher befassen. Der Grund dafür liegt darin, daß wir es zwar für notwendig halten, bei unseren Planungsüberlegungen von einer als realistisch anzusehenden Zielsetzung der Universalbanken auszugehen (3), daß wir unseren Untersuchungen aber nicht das tatsächliche Verhalten der Universalbanken zugrunde legen können, das mit all den Unzulänglichkeiten behaftet ist, die wir mit Hilfe der Planung gerade zu überwinden versuchen. Daher wollen wir unterstellen, daß die Universalbanken grundsätzlich bestrebt sind, ihr jeweiliges Anspruchsniveau so hoch wie erreichbar erscheinend festzusetzen und in einem laufenden Anpassungsprozeß eine "relativ optimale" Situation zu realisieren (4). Wir können diese

---

1) Das schließt nicht aus, daß in der Realität eine Unternehmung ihr Anspruchsniveau dadurch zu erfüllen bemüht ist, daß sie ihre (einzige) Zielvariable oder eine ihrer verschiedenen Zielvariablen (unter der Nebenbedingung, daß alle anderen Zielgrößen ein bestimmtes Mindestniveau erreichen) maximiert. Dieser Fall läßt sich sogar ohne weiteres innerhalb der Theorie der Anspruchsanpassung bewältigen (vgl. Sauermann, Heinz und Selten, Reinhard: Anspruchsanpassungstheorie der Unternehmung, S. 597). Er stellt gewissermaßen den Grenzfall dar, der um so eher denkbar ist, je einfacher die Entscheidungssituation ist, in der sich die Unternehmung befindet, und je weniger rasch sich ihre Umweltverhältnisse verändern (vgl. Simon, Herbert A.: Theories of Decision Making in Economics and Behavioral Science, S. 279).

2) Vgl. S. 84 f.

3) Vgl. S. 66 f.

4) Ein solches Verhalten ist im Sinne der eingeschränkten Rationalität als vernünftig anzusehen (vgl. Sauermann, Heinz und Selten, Reinhard: Anspruchsanpassungstheorie der Unternehmung, S. 579). Überdies glaubt man aber auf Grund psychologischer Beobachtungen und Experimente festgestellt zu haben, daß es auch als realistisch gelten kann. "The increase in aspiration levels in response to successful attainment of goals has been verified under experimental conditions". Vgl. Margolis, Julius: The Analysis of the Firm, S. 190 Fußnote 9 und die hier angegebene Literatur. "Psychological studies of the formation and change of aspiration levels support propositions of

Unterstellung im Rahmen unserer Arbeit ohne weiteres auch normativ interpretieren, da es zweckmäßig erscheint, bei Planungsüberlegungen nicht nur von einer erreichbaren, sondern auch von einer als erstrebenswert anzusehenden Zielvorstellung auszugehen. Daß die Anspruchsanpassungstheorie für normative Zwecke Verwendung finden kann, wird von ihren Vertretern ausdrücklich bejaht (1), während ihre Kritiker sich ablehnend äußern (2). Indessen richten sich deren Bedenken im wesentlichen gegen die Postulierung "zufriedenstellender" Ansprüche (3), eine Norm, die in dieser Formulierung in der Tat wenig erstrebenswert erscheint. Wenn wir statt dessen auf das Streben nach einem erreichbar erscheinenden Anspruchsniveau abstellen, sofern dieses höher liegt als das lediglich befriedigende Anspruchsniveau, so schließt das einerseits die stetige Suche nach Möglichkeiten zur Erhöhung des Anspruchsniveaus ein, auf die von den Kritikern so großer Wert gelegt wird (4), berücksichtigt andererseits aber die Tatsache, daß niemals mit vollkommener Information und absoluter Rationalität, den

---

the following kinds:

a) When performance falls short of the level of aspiration, search behavior (particularly search for new alternatives of action) is induced.

b) At the same time, the level of aspiration begins to adjust itself downward until goals reach levels that are practically attainable".

Vgl. Simon, Herbert A.: Theories of Dicision-Making in Economics and Behavioral Science, S. 263 und die hier angegebene Literatur. Inwieweit in bezug auf die Wirklichkeitsnähe des im Sinne der Anspruchsanpassungstheorie vernünftiges Verhaltens die Untersuchungen Moxters über den Einsatz der unternehmerischen Aktivität von Bedeutung sind, läßt sich nicht ohne weiteres sagen, da er sie ausdrücklich auf den Einzelunternehmer beschränkt. Vgl. Moxter, Adolf: Präferenzstruktur und Aktivitätsfunktion des Unternehmers, S. 10 f. sowie unsere Ausführungen S. 70 f.

1) Vgl. z. B. Simon, Herbert A.: A Behavioral Model of Rational Choice, in: The Quarterly Journal of Economics, Vol. LXIX 1955, S. 101; ders.: Theories of Decision-Making in Economics and Behavioral Science, S. 279; Sauermann, Heinz und Selten, Reinhard: Anspruchsanpassungstheorie der Unternehmung, S. 582 f.

2) Vgl. z. B. Cohan, Avery B.: The Theory of the Firm: A View on Methodology, in: The Journal of Business, Vol. XXXVI 1963, S. 316 und 331 ff. und Lintner, John: Diskussionsbeitrag zum Vortrag von Herbert A. Simon: New Developments in the Theory of the Firm, in: American Economic Review, Vol. XII 1961, S. 23 - 27

3) Vgl. Cohan, Avery B.: The Theory of the Firm, S. 316: "... (it is palbably absurd, for example to argue that firms should pursue 'satisfactory' profits)...".

4) Vgl. Lintner, John: Diskussionsbeitrag, S. 25: "... we can, I think, say that people will maximize subject to their constraints, costs, opportunitis, and underlying preferences, when shown how".

Voraussetzungen für die Maximierungshypothese, gerechnet werden kann. Wir glauben daher, daß die Verbindung von Erreichbarem und Erstrebenswertem eine geeignete normative Zielvorstellung für unsere Planungsüberlegungen bei den Universalbanken darstellt.

Die Formulierung der unternehmerischen Zielsetzung als Streben nach einem erreichbar erscheinenden Anspruchsniveau kann nun allerdings zur Folge haben, daß sich die zu treffende Entscheidung nicht eindeutig bestimmen läßt. Während die Erreichung eines Maximalzieles grundsätzlich nur mit Hilfe einer einzigen - nämlich der optimalen - Alternative möglich ist, kann unter Umständen eine ganze Reihe von Alternativen in der Lage sein, das angestrebte Anspruchsniveau zu realisieren (1). Mit ihrer Auswahl ist das eigentliche Entscheidungsproblem daher noch nicht gelöst. Gutenberg bezeichnet deshalb ein solches Entscheidungsmodell als unvollständig (2). Es bedarf weiterer Überlegungen, um die zu verwirklichende Alternative festzulegen. Betrachtet das Entscheidungssubjekt die Alternativen, mit denen das angestrebte Anspruchsniveau erreicht werden kann, als völlig gleichwertig, so kann vernünftigerweise jede davon ausgewählt werden. Im allgemeinen werden jedoch die einzelnen Alternativen Unterschiede aufweisen, die sie in den Augen des Entscheidungssubjekts nicht als gleichwertig erscheinen lassen. Relativ einfach liegen die Dinge, wenn die verschiedenen Alternativen das Anspruchsniveau nicht nur erreichen, sondern in mehr oder weniger starkem Maße übersteigen. Man wird in diesem Falle diejenige Alternative wählen, mit der das beste Ergebnis erzielt werden kann (3). Lassen sich die Unterschiede dagegen nicht in irgendeiner Weise quantifizieren, so kann man allgemein nicht mehr sagen, welche Alternative vernünftigerweise zu wählen ist. Die Entscheidung hängt dann davon ab, wie das Entscheidungssubjekt die qualitativen Unterschiede der einzelnen Alternativen bewertet (4). Eine derartige Unbestimmtheit des Verhaltens muß in Kauf genommen werden, wenn man die unternehmerische Zielsetzung als Streben nach einem erreichbar erscheinenden Anspruchsniveau formuliert. Indessen ist dieses Pro-

---

1) Vgl. Margolis, Julius: The Analysis of the Firm, S. 191; Simon, Herbert A.: Theories of Decision-Making in Economics and Behavioral Science, S. 264; Gutenberg, Erich: Unternehmensführung, S. 96 f.; Sauermann, Heinz und Selten, Reinhard: Anspruchsanpassungstheorie der Unternehmung, S. 587
2) Vgl. Gutenberg, Erich: Unternehmensführung, S. 83
3) Vgl. ebenda, S. 97 und Simon, Herbert A.: Theories of Decision-Making in Economics and Behavioral Science, S. 264
4) Vgl. Margolis, Julius: The Analysis of the Firm, S. 191; Gutenberg, Erich: Unternehmensführung, S. 97; Sauermann, Heinz und Selten, Reinhard: Anspruchsanpassungstheorie der Unternehmung, S. 587

blem aber bei konkreten Planungsüberlegungen unter Umständen einfacher zu lösen, als es die Theorie anzunehmen vermag. Wir werden
darauf noch zurückzukommen haben (2).

Zusammenfassend läßt sich feststellen, daß trotz verschiedener Einwendungen die Theorie der Anspruchsanpassung als Grundlage für unsere Planungsüberlegungen bei den Universalbanken geeignet erscheint.
Sie kann - wie ausgeführt wurde - als verhältnismäßig wirklichkeits-
nah gelten, ist elastisch genug, um Veränderungen der Umweltbedingungen Rechnung zu tragen und stellt keine unerfüllbaren Ansprüche
an die Informationsmöglichkeiten sowie die Gedächtnis- und Rechenfähigkeiten der Entscheidungssubjekte. Allerdings muß beachtet werden, daß auch die als Streben nach einem erreichbar erscheinenden
Anspruchsniveau formulierte Zielsetzung der Universalbanken - ebenso wie das Maximierungsstreben - letztlich nicht mehr ist als eine
Arbeitshypothese. Keine wie immer geartete Annahme über die Zielsetzung einer Unternehmung kann theoretisch als richtig oder falsch
bezeichnet werden, da die Wahl der Zielsetzung in der Praxis autonom
erfolgt (1), mag sie sich im konkreten Falle auch in mehr oder weniger starkem Maße an institutionellen Gegebenheiten orientieren. Dazu
kommt, daß sich über die Zielsetzungen der Unternehmungen auch em-
pirisch keine völlig eindeutigen Aufschlüsse gewinnen lassen, weil die
unternehmerische Motivationsstruktur in ihren letzten Tiefen nicht er-
gründet zu werden vermag (3). Es bleibt daher nichts anderes übrig,
als in dem Zusammenwirken von theoretischer Analyse und empirischer Untersuchung zur Formulierung einer unternehmerischen Zielsetzung zu gelangen, die für den jeweils angestrebten Zweck brauchbar erscheint. Diesem Erfordernis wurde mit unseren Ausführungen
Rechnung zu tragen versucht.

2. Das Anspruchsniveau der Universalbanken

Nachdem wir die Zielsetzung der Universalbanken als Streben nach
einem erreichbar erscheinenden Anspruchsniveau formuliert haben,
gilt es nunmehr, dieses Anspruchsniveau eingehend zu erörtern. Dazu
bedarf es zunächst einer Diskussion der einzelnen Zielvariablen innerhalb des Anspruchsniveaus der Universalbanken, um sodann über die
jeweiligen Kombinationen der Zielvariablen die erforderlichen Überlegungen anstellen zu können. Wir vermögen uns für diese Ausführungen neben eigenen Beobachtungen nur auf empirische Untersuchungen
(4), Geschäftsberichte, Hauptversammlungsberichte usw., zu stüt-

---

1) Vgl. Heinen, Edmund: Die Zielfunktion der Unternehmung, S. 12
2) Vgl. S. 264
3) Vgl. Heinen, Edmund: Die Zielfunktion der Unternehmung, S. 15
4) Wertvolle Anregungen verdanken wir insbesondere der Arbeit von
   Fischer, Otfrid: Die Finanzdisposition der Geschäftsbanken.

zen, die teils explizit, teils implizit zu den hier interessierenden Fragen Stellung nehmen, da in theoretischen Arbeiten - wie bereits ausgeführt wurde - grundsätzlich die Gewinnmaximierung als Zielsetzung der Kreditinstitute angesehen wird (1).

a) Die Zielvariablen der Universalbanken

Gehen wir von den allgemeinen Forschungsergebnissen aus, so läßt sich zunächst feststellen, daß als Zielvariable sinnvollerweise nur solche Größen gewählt werden können, die für das Gedeihen der Unternehmungen von grundsätzlicher Bedeutung sind und auf die sich langfristig zufriedenstellende Ansprüche zu richten vermögen (2). Weiterhin wird man sagen können, daß die Unternehmungen im allgemeinen nicht nur eine, sondern mehrere Zielvariable haben werden, die sie jeweils in ganz bestimmter Weise kombinieren (3), wobei gleichartige Unternehmungen wegen der sehr verbreiteten Tendenz, sich aneinander zu orientieren, weitgehend übereinstimmen dürften (4). Fraglich ist nur, wann man von gleichartigen Unternehmungen sprechen kann. Zweifellos spielt der Wirtschaftszweig dabei eine erhebliche Rolle, so daß wohl für Industrie-, Handels- und Bankbetriebe - um nur einige Beispiele zu nennen - unterschiedliche Kombinationen von Zielvariablen als realistisch angesehen werden können. Darüberhinaus dürften sich aber weitere Unterschiede insbesondere bei Berücksichtigung der Branchen- oder Gruppenzugehörigkeit der Unternehmungen, möglicherweise auch ihrer Größe, Rechtsform und sonstiger Individualitäten ergeben. Wir wollen diesen Fragen im folgenden jedoch nicht allgemein, sondern ausschließlich für die Universalbanken weiter nachgehen. Dabei lassen wir (mit Ausnahme einiger Hinweise) nicht nur die individuellen, sondern auch die Gruppenunterschiede vorerst außer Betracht (5).

aa) Der Gewinn

Bereits an anderer Stelle ist ausgeführt worden, daß die Ablehnung der Maximierungshypothese nicht mit der Ablehnung des Gewinnstrebens als Antriebskraft des Handelns der Universalbanken gleichgesetzt werden kann, daß vielmehr der Gewinnerzielungsabsicht gerade bei den Banken, für die der Umgang mit Geld den Hauptinhalt ihrer unternehmerischen Betätigung bildet, eine sehr große Bedeutung als Handlungs-

1) Vgl. S. 65 f.
2) Vgl. Sauermann, Heinz und Selten, Reinhard: Anspruchsanpassungstheorie der Unternehmung, S. 590
3) Vgl. ebenda, S. 580 und 589 ff.
4) Vgl. ebenda, S. 590
5) Vgl. hierzu die Ausführungen S. 116 ff.

motiv beigemessen werden muß (1). In diesem Zusammenhang ist nunmehr besonders darauf hinzuweisen, daß jede Universalbank Gewinne schon allein deswegen benötigt, weil eine Reihe von Anforderungen an ihre Überschußerzielung gestellt werden, ohne deren Befriedigung die Existenz einer Universalbank nicht gesichert erscheint, wenngleich bezüglich der Höhe dieser Anforderungen auch Unterschiede zwischen den Institutsgruppen und den einzelnen Instituten innerhalb dieser Gruppen infolge der ihnen eigenen Individualitäten bestehen (2).

(1) Die Anforderungen an den Gewinn

Zu den Anforderungen an die Überschußerzielung gehört einmal die Rücklagenbildung zur Stärkung der Finanzkraft der Institute und zum anderen (mit ganz wenigen Ausnahmen) die Ausschüttung von Gewinnteilen an die Eigentümer (3). Daneben erhebt der Fiskus in Gestalt von Steuern (Einkommen- bzw. Körperschaftsteuer, Gewerbesteuer und Vermögensteuer) Anspruch auf einen Teil des Gewinnes und bei den derzeitigen Steuersätzen kann der hierfür zu entrichtende Betrag sowohl die Höhe der Rücklagenbildung als auch die Höhe der Gewinnausschüttung erheblich beeinflussen. Bedenkt man weiterhin, daß jede Universalbank in starkem Maße auf das Vertrauen ihrer Kunden (nicht nur im Aktiv- und Dienstleistungsgeschäft, sondern vor allem auch im Passivgeschäft) angewiesen ist und daß in unserer hoch entwickelten Geld- und Kreditwirtschaft die gesamte Öffentlichkeit an der Entwicklung der Banken als den Hauptträgern des Geld- und Kreditverkehrs sehr interessiert ist, so wird deutlich, daß den beiden sichtbaren Formen der Gewinnverwendung, nämlich der Gewinnausschüttung und der Bildung offener Rücklagen als relativ einfachen Orientierungsmitteln über die wirtschaftliche Lage einer Bank eine große Bedeutung zukommt. Man betrachtet sie gleichsam als Maßstab für den Erfolg des wirtschaftlichen Handelns und der Sicherheit der Bank, vor allem auch im Hinblick auf ihre Stellung innerhalb vergleichbarer Institute. Einen Anhaltspunkt dafür liefert z. B. die sofortige Reaktion der Börse in Form von Kursänderungen auf Dividendenankündigungen der Hauptversammlungen von Aktienbanken, die stets nicht nur mit den Vorjahressätzen, sondern auch mit den Sätzen anderer Institute verglichen werden. So erklärt sich einmal das Bemühen der einzelnen Banken, ihre Gewinnausschüttungen durch eine stetige Dividendenpolitik dem Trend der wirtschaftlichen Entwicklung anzupassen (4), und zum anderen das Bestreben gleichartiger Institute, ihre Dividendensätze möglichst auf gleicher

---

1) Vgl. S. 81
2) Vgl. hierzu die Ausführungen S. 116 ff.
3) Vgl. Fischer, Otfrid: Die Finanzdisposition der Geschäftsbanken, S. 698 und 700
4) Vgl. hierzu insbesondere Hagenmüller, Karl Friedrich: Die Betriebserhaltung, Habilitationsschrift München 1949, S. 102 ff.

oder annähernd gleicher Höhe zu halten. Als Beispiel hierfür können die drei Großbanken (Deutsche Bank AG, Dresdner Bank AG und Commerzbank AG) angezogen werden.

Abgesehen von den sichtbaren Formen der Gewinnverwendung legen die Universalbanken in der Regel auch großen Wert auf die Stärkung ihrer Finanzkraft mit Hilfe stiller Reserven, die durch Unterbewertung von Positionen der Aktivseite und Überbewertung von Währungsverbindlichkeiten und Rückstellungen auf der Passivseite der Bilanz (1) geschaffen werden. Vom betriebswirtschaftlichen Standpunkt aus handelt es sich hierbei ebenfalls um eine Form der Gewinnverwendung. Zwar tritt diese nach außen hin grundsätzlich nicht in Erscheinung - darin liegt ja gerade der Sinn der Bildung stiller Rücklagen -, doch versäumen es die Geschäftsleitungen im allgemeinen nicht, im Geschäftsbericht oder in der Hauptversammlung darauf aufmerksam zu machen, daß derartige Vorgänge stattgefunden haben. Mitunter werden sogar Andeutungen über die Art und das Ausmaß der stillen Rücklagen gemacht. Auch bei diesen Angaben orientieren sich die einzelnen Institute häufig aneinander und wählen ihre Formulierungen im Hinblick auf die daraus zu ziehenden Schlüsse mehr oder weniger aussagekräftig. Bei den Aktienbanken schlagen sich die stillen Rücklagen normalerweise in Kurserhöhungen nieder und finden damit im Grunde ebenfalls einen finanziellen Ausdruck. Selbstverständlich wird jedoch auch der Wert eines jeden anderen Instituts durch stille Rücklagen erhöht, wenngleich eine Quantifizierung hierbei erhebliche Schwierigkeiten bereitet. Von diesem Blickpunkt aus betrachtet kann man daher die Bildung stiller Rücklagen ebenfalls zu den Anforderungen rechnen, die an die Überschüsse der Universalbanken gestellt werden.

Schließlich ist noch die Gewinnbeteiligung der Arbeitskräfte in Betracht zu ziehen. Sowohl für die leitenden als auch für die Tarifangestellten vieler Kreditinstitute werden heute Gewinnbeteiligungen in Form von Tantiemen bzw. Abschlußgratifikationen gezahlt. Sie richten sich in ihrer Höhe einerseits nach dem erzielten oder ausgeschütteten Gewinn und andererseits nach dem Jahres- oder Monatsgehalt der Angestellten. Da sich die einzelnen Banken bezüglich der den Tarifangestellten zu gewährenden Gewinnbeteiligungen heute weitgehend aneinander anpassen müssen, um bei dem gegenwärtigen Mangel an Arbeitskräften keine Abwanderungen auszulösen, und die Gewinnbeteiligungen der leitenden Angestellten meist vertraglich vereinbart sind, muß zwangsläufig ein entsprechender Betrag dafür bereitgestellt werden (2). Han-

---

1) Im einzelnen vgl. hierzu insbesondere: Birck, Heinrich: Die Bankbilanz, 2. Aufl. Wiesbaden 1961, S. 15 ff. sowie Fischer, Otfrid: Die Finanzdisposition der Geschäftsbanken, S. 253 ff.
2) Vgl. hierzu die ausführliche Darstellung bei Fischer, Otfrid: Die Finanzdisposition der Geschäftsbanken, S. 296 ff.

dels- und steuerrechtlich betrachtet stellen die Gewinnausschüttungen
an die Belegschaft selbstverständlich Betriebsaufwendungen dar. Da
diese Aufwendungen jedoch gewinnabhängig sind, erscheint es gerechtfertigt, auch in ihnen einen Anspruch zu sehen, der sich an die Überschußerzielung der Universalbanken richtet (1). Fischer bezeichnet infolgedessen die insgesamt für die Gewinnausschüttungen an die Eigentümer, die Gewinnbeteiligungen der Belegschaft, die gewinnabhängigen
oder aus dem Gewinn zu zahlenden Steuern sowie die Bildung offener
und stiller Rücklagen zur Verfügung stehende Summe als den "disponiblen Überschuß" im Unterschied zum "disponiblen Gewinn"(2), als
der Differenz zwischen allen Erträgen und Aufwendungen. Wir wollen
jedoch diesen Unterschied nicht machen, da wir aus rein psychologischen Gründen als Zielvariable den Gewinn für instruktiver halten als
den Überschuß, und müssen daher den Gewinnbegriff entsprechend erweitern.

Allgemein läßt sich somit über den Gewinn als Zielvariable der Universalbanken sagen, daß jedes Institut zunächst einmal bemüht sein muß,
möglichst alle, zumindest aber die dringlichsten Ansprüche zu befriedigen, die sich an seine Überschußerzielung richten (3). Über die Mindestanforderungen an die Gewinnerzielung hinaus wollen wir aber in
Übereinstimmung mit der von uns unterstellten Zielsetzung annehmen,
daß die Universalbanken weitere Gewinne zu erwirtschaften streben,
falls sie erreichbar erscheinen (4). Ob dies der Fall ist, hängt allerdings nicht nur von der jeweiligen Datenkonstellation und ihrer erwarteten Entwicklung, sondern auch von gewissen geschäftspolitischen
Prinzipien, Richtlinien und Vorschriften ab, auf die wir im folgenden
noch näher einzugehen haben.

(2) Gewinn und Sicherheit (einschließlich Liquidität)

Die Universalbanken erzielen - wie alle Betriebswirtschaften - Gewinne, wenn ihre Erträge die Aufwendungen übersteigen (5). Um ihre Gewinne zu vergrößern, müssen sie infolgedessen danach streben, bei
gleichen Aufwendungen ihre Erträge zu erhöhen oder bei gleichen Er-

---

1) Das gleiche gilt auch für gewinnabhängige Steuern, die bei der Berechnung des einkommen- bzw. körperschaftsteuerpflichtigen Gewinns abzugsfähig sind und daher handels- und steuerrechtlich betrachtet ebenfalls Betriebsaufwendungen darstellen, wie z. B. die Gewerbeertragsteuer.
2) Vgl. Fischer, Otfrid: Die Finanzdisposition der Geschäftsbanken, S.
   118 ff.
3) So auch Fischer Otfrid: Die Finanzdisposition der Geschäftsbanken,
   S. 700 f.
4) Vgl. S. 86 ff.
5) Vgl. hierzu jedoch die Erweiterung des Gewinnbegriffs auf S. 92 f.

trägen ihre Aufwendungen zu senken. Die Erträge der Universalbanken entstehen aus ihren Aktiv- und Dienstleistungsgeschäften, während ihnen Aufwendungen nicht nur für die technische Abwicklung dieser Geschäfte, sondern auch für die der Passivgeschäfte erwachsen und darüber hinaus erhebliche Finanzierungsaufwendungen bei ihnen anfallen. Obgleich nun zweifellos das Charakteristikum der Universalbanken darin zu sehen ist, daß sie grundsätzlich alle banküblichen Geschäfte mit jedermann betreiben, ist festzustellen, daß sowohl die Institutsgruppen als auch die einzelnen Institute innerhalb der Gruppen infolge ihrer Individualitäten, insbesondere ihrer Größe, ihres Standortes, ihres Geschäftsstellensystems und ihrer Rechtsform unterschiedliche Gewinnmöglichkeiten besitzen, die auf eine unterschiedliche Zusammensetzung ihres jeweiligen Kundenkreises und die Art und Zahl der infolgedessen nachgefragten Bankgeschäfte zurückzuführen ist. Bedeutsam für das Gewinnstreben der Universalbanken erscheint weiterhin, daß es nur wenige allgemeine Vorschriften für die Art der bankbetrieblichen Betätigung der Universalbanken (1), dagegen eine Reihe von Spezialvorschriften für die Sparkassen und Kreditgenossenschaften gibt (2). Dazu kommt, daß die Universalbanken grundsätzlich weder ihre Kosten noch ihre Erlöse für das einzelne Geschäft so genau ermitteln können, daß rein erfolgsbestimmte Entscheidungen möglich würden. Die Gründe dafür liegen einmal in der Vielzahl ihrer verschiedenartigen Leistungen, die häufig auch noch miteinander verbunden sind und zum anderen darin, daß sich die einzelnen Geschäfte teilweise weit in die Zukunft erstrecken, auch wenn sie formal kurzfristig sind, und damit nicht nur von den aus der Unkenntnis der gegenwärtigen, sondern vor allem auch von den aus der Ungewißheit der zukünftigen Verhältnisse resultierenden Gefahren bedroht werden (3). So können die Universalbanken z. B. die Kosten ihrer einzelnen Bankleistungen selbst unter statischen Bedingungen nicht eindeutig bestimmen, weil hierbei Zurechnungsprobleme auftreten, die

---

1) Vgl. S. 48 f. Die 1936 mit dem sogenannten Soll- und Habenzinsabkommen für einen großen Teil der bankbetrieblichen Leistungen eingeführte Preisbindung, die mit der Verordnung über die Bedingungen, zu denen Kreditinstitute Kredite gewähren und Einlagen entgegennehmen dürfen (Zinsverordnung) vom 5. 2. 1965 (BGBl. Teil I S. 33/1965) bereits eine Lockerung erfahren hatte, ist durch die Verordnung über die Aufhebung der Zinsverordnung und von Bestimmungen über die Kosten für Teilzahlungsfinanzierungskredite und Kleinkredite vom 21. 3. 1967 (BGBl. Teil I, S. 352/1967) ganz fallengelassen worden, so daß seit 1. 4. 1967 keine Preisbindungen für die Kreditinstitute mehr bestehen.
2) Vgl. S. 116 ff.
3) Vgl. Fischer, Otfrid: Die Finanzdisposition der Geschäftsbanken, S. 490 f., 505 ff., 522 ff., 699. Vgl. auch unsere Ausführungen S. 79 f.

nicht nur praktisch, sondern auch theoretisch unlösbar sind (1). Die Universalbanken sind in dieser Hinsicht mit den industriellen Mehrproduktunternehmungen zu vergleichen, die vor derselben Frage stehen (2). Weitere Schwierigkeiten tauchen auf, wenn man bedenkt, daß z. B. die Kosten- und Erlösrelationen von Kreditgeschäften u. a. von der tatsächlichen Dauer der Kreditverbindung, der effektiven Höhe der Kreditinanspruchnahme, den Veränderungen der Zinssätze, der Entwicklung der wirtschaftlichen Verhältnisse des Kreditnehmers usw. beeinflußt werden (3). Berücksichtigt man außerdem die starke Abhängigkeit der Universalbanken von der Entwicklung der Gesamtwirtschaft und den Dispositionen ihrer Kunden und Konkurrenten (4), so wird deutlich, welche besondere Bedeutung der Aspekt der Sicherheit für die Entscheidungen der Universalbanken besitzt. Sicherheit aber kostet Geld, oder mit anderen Worten, Chancen und Risiken stehen grundsätzlich in einem komplementären Verhältnis zueinander: je größer die Chancen eines Vorhabens sind, um so größer sind ceteris paribus auch seine Risiken (5), wenn sie auch nicht notwendig im gleichen Verhältnis

---

1) Vgl. hierzu insbesondere Krümmel, Hans Jacob: Bankzinsen, S. 196 ff. Zwar hat die lange Zeit stark vernachlässigte Bankkalkulation in den letzten Jahren beachtliche Fortschritte erzielt, doch bleiben weitere Erfolge abzuwarten. Aus der umfangreichen Literatur hierzu vgl. insbesondere Kaminsky, Stefan: Die Kosten- und Erfolgsrechnung der Kreditinstitute, Meisenheim/Glan 1955, Hagenmüller, Karl Friedrich: Der Bankbetrieb, Band III: S. 173 ff.; Hartmann, Bernhard: Bankbetriebsanalyse, S. 212 ff.; Süchting, Joachim: Kalkulation und Preisbildung der Kreditinstitute, Frankfurt am Main 1963 (Veröffentlichungen des Instituts für Bankwirtschaft und Bankrecht an der Universität Köln, hrsg. von W. Erman, H. Kühnen, Ph. Möhring, H. Rittershausen und Joh. C. D. Zahn, Wirtschaftswissenschaftliche Reihe Band XIV); Giese, Robert Werner: Aufbau und Kritik einer Sparkassenkalkulation, dargestellt am Beispiel der Kreissparkasse Saarbrücken, Diss. Frankfurt am Main 1961; Güde, Udo: Die Bank- und Sparkassenkalkulation, Meisenheim am Glan 1967. Vgl. hierzu auch unsere Ausführungen S. 79 f., 174 ff., 254 f. und 312 f.

2) Vgl. z. B. Riebel, Paul: Das Rechnen mit Einzelkosten und Deckungsbeiträgen, in: Zeitschrift für handelswissenschaftliche Forschung, Neue Folge, 11. Jg. 1959, S. 213 - 238

3) Vgl. Fischer, Otfrid: Die Finanzdisposition der Geschäftsbanken, S. 699

4) Vgl. hierzu auch unsere Ausführungen S. 79 f. sowie insbesondere S. 157 ff.

5) Vgl. Böhme, Rosemarie: Die Verhaltensweise der Kreditbanken, S. 90 ff. Unter Risiko wird dabei - wie es in der Bankpraxis üblich ist - eine Gefahrenmöglichkeit verstanden, deren Eintritt für das Institut einen Schaden in Gestalt einer Erlösminderung, einer Aufwandserhöhung, eines Kapitalverlustes oder einer Liquiditätseinbuße mit sich bringt, während neuerdings in der Wirtschaftstheorie im Anschluß an Knight der Begriff Risiko lediglich für die berechenbare Ungewißheit verwendet und für die nicht berechenbare Ungewißheit der Begriff Unsicherheit gesetzt wird. Vgl. hierzu unsere Ausführungen S. 72 f.

wachsen. Die Gesamtheit aller dem Interesse der Sicherheit einer Bank dienenden Maßnahmen kann unter dem Oberbegriff des bankbetrieblichen Sicherheitsstrebens zusammengefaßt werden (1). Da nun allerdings alle diejenigen Gefahren, die die Liquidität bedrohen, einerseits für die Kreditinstitute besonders bedeutsam und andererseits relativ gleichartig sind, pflegt man in der Bankbetriebslehre die Liquiditätspolitik vielfach aus der Sicherheitspolitik auszugliedern (2). Es handelt sich dabei jedoch um eine Frage der Zweckmäßigkeit, nicht um eine Grundsatzfrage. Zum Schutz gegen die vielfältigen Gefahren der Ungewißheit haben sich - im wesentlichen aus der bankbetrieblichen Praxis heraus - zahlreiche Sicherungsmöglichkeiten entwickelt, wie z. B. die bewährten Prinzipien der Risikopolitik in Gestalt der Risikoverteilung, der Risikokompensation und der Risikoabwälzung, die Verfahren der Kreditwürdigkeitsprüfung und der Kreditüberwachung, die Forderung mobiler und immobiler Sicherheiten, der Abschluß von Versicherungen aller Art, die Haltung von Liquiditätsreserven, die sorgfältige Abstimmung der Kapital- und Vermögensstruktur usw. Wir brauchen darauf im einzelnen nicht einzugehen (3), da es uns nur auf das Grundsätzliche ankommt. Das aber scheint uns darin zu liegen, daß die Kreditinstitute im allgemeinen nur solche Geschäfte zu tätigen pflegen, deren erfolgreiche Abwicklung im Zeitpunkt des Abschlusses mit großer Wahrscheinlichkeit zu erwarten ist, wenngleich über den Grad der Wahrscheinlichkeit sowohl bei den einzelnen Geschäftsarten als auch im Einzelfall unterschiedliche Ansichten bestehen können, für die dann im Preis ein adäquater Ausdruck gesucht wird. So gilt z. B. ein Wechseldiskontkredit ganz allgemein wegen der Wechselstrenge als sicherer als ein Kontokorrentkredit und ist daher billiger (4), während etwa der persönliche Kleinkredit wiederum für risikoreicher als jener gehalten wird und infolgedessen einen höheren Preis besitzt (5). Auch im Einzelfall pflegen sich die Universalbanken die einzugehenden Risiken bis zu einem gewissen Grade im Preis vergü-

---

1) Vgl. Böhme, Rosemarie: Die Verhaltensweise der Kreditbanken, S. 90; Hagenmüller, Karl Friedrich: Der Bankbetrieb, Band III, S. 346
2) Vgl. ebenda, S. 93
3) Es kann hierzu auf die umfangreiche bankbetriebliche Literatur verwiesen werden. Vgl. insbesondere die Gesamtdarstellungen bei Hagenmüller, Karl Friedrich: Der Bankbetrieb, Band III, S. 346 ff.; Hartmann, Bernhard: Bankbetriebsanalyse, S. 12 ff.; Fischer, Otfrid: Die Finanzdisposition der Geschäftsbanken, insbesondere S. 629 ff.
4) Vgl. Hagenmüller, Karl Friedrich: Der Bankbetrieb, Band III, S. 315 und 398
5) Vgl. Fischer, Otfrid: Die Finanzdisposition der Geschäftsbanken, S. 505 ff. und 630

ten zu lassen, wobei die erwünschte Überzeugung von der Sicherheit eines Geschäftes (als der absoluten Grenze eines jeden Geschäftsabschlusses) im Zeitverlauf durchaus variieren kann (1). Das Wesentliche an der bankbetrieblichen Sicherheitspolitik ist daher u. E. in dem Versuch zu erblicken, eine vorbeugende Sicherheitspolitik bereits beim einzelnen Geschäftsabschluß zu betreiben. Das Problem liegt allerdings hier - wie überall - im Erkennen und Einschätzen der drohenden Gefahren. Die Fähigkeiten der verantwortlichen Persönlichkeiten und ihre jeweilige Stellung im Institut als Alleininhaber, Mitinhaber oder Geschäftsführer in einer direktorialen oder kollegialen Vorstandsverfassung (2) in Verbindung mit psychisch bedingten Eigenschaften wie Optimismus oder Pessimismus, Risikofreudigkeit oder Sicherheitsbedürfnis, Traditionsbewußtsein oder Fortschrittsgläubigkeit spielen hierbei ebenso eine Rolle wie die Möglichkeiten, sich die erforderlichen Informationen zu beschaffen. So kann bei den einzelnen Universalbanken durchaus nicht von einer einheitlichen Sicherheitspolitik die Rede sein (3). Vielmehr erscheinen aus den genannten Gründen und verstärkt durch die individuellen Unterschiede des Standorts, des Geschäftsstellensystems, der Größe und der Rechtsform sowie durch Gruppenunterschiede, Abweichungen von einer denkbaren Norm unvermeidlich, wenn sich diese auch vor allem deswegen in gewissen Grenzen halten werden, weil einerseits die scharfe Konkurrenz zwischen den Banken und die Möglichkeit der Abwanderung von Kunden für eine gewisse Einheitlichkeit im Vorgehen sorgt und sich andererseits Fehler in der Sicherheitspolitik in Form mißlungener Geschäfte bemerkbar zu machen pflegen. In diesem Zusammenhang ist bemerkenswert, daß nur wenige für alle Kreditinstitute geltende Vorschriften für die Sicherung gegen

---

1) Wir neigen damit nicht der Ansicht zu, daß die Universalbanken nur die Gewährung "sicherer Kredite" planen, wie sie z.B. von Mülhaupt, Ludwig: Umsatz-, Kosten- und Gewinnplanung einer Kreditbank, S. 17 f. vertreten wird, meinen allerdings auch nicht, daß sie die Risikoprämie im Preis als ausreichend für besonders risikobehaftete Geschäfte ansehen. Vielmehr halten wir die Annahme für realistisch, daß die Universalbanken zwar nicht grundsätzlich, wohl aber innerhalb bestimmter Grenzen bereit sind, den Preis als Ausgleich für das einzugehende Risiko zu verwenden. In diesem Sinne auch Fischer, Otfrid: Die Finanzdisposition der Geschäftsbanken, S. 505 ff. und S. 630. Vgl. hierzu weiterhin Krümmel, Hans-Jacob: Bankzinsen, S. 172 ff. und Aust, Eberhard: Der Wettbewerb in der Bankwirtschaft, S. 92 ff.

2) So wird in der Theorie auf Grund empirischer Verhaltensforschungen heute angenommen, daß Geschäftsführer in stärkerem Maße als Eigentümer auf Sicherheit bedacht sind. Vgl. z. B. Albach, Horst: Wirtschaftlichkeitsrechnung bei unsicheren Erwartungen, S. 140 f.

3) Vgl. Fischer, Otfrid: Die Finanzdisposition der Geschäftsbanken, S. 491 f. Vgl. hierzu auch unsere Ausführungen S. 116 ff.

Risiken beim Einzelgeschäft bestehen, während Sparkassen und Kreditgenossenschaften erheblich erweiterte Spezialvorschriften besitzen (1).
Zu nennen sind als allgemein verbindlich lediglich die Bestimmungen
des Kreditwesengesetzes, die gewisse Begrenzungen, Anzeigepflichten
bzw. Beschlußfassungserfordernisse für Großkredite, Millionenkredi-
te und Organkredite vorsehen und bei Kreditgewährungen über
DM 20. 000, -- die Offenlegung der wirtschaftlichen Verhältnisse seitens
der Kreditnehmer fordern (2). Ein ergänzender Beschluß der Bankaufsichtsbehörden bestimmt darüberhinaus, daß vom Kreditnehmer bei
der Gewährung von Großkrediten zeitnahe Bilanzen und bei der Gewährung von Millionenkrediten von einem unabhängigen, sachverstän -
digen Prüfer testierte Bilanzen vorgelegt werden sollen (3). Schließlich müssen noch die zur Sicherung der Depotgeschäfte im Depotgesetz erlassenen Vorschriften erwähnt werden (4). Insgesamt betrachtet wird damit dem einzelnen Institut in einem weiten Umfang zuge-
standen, daß es die Sorge für die Sicherheit seiner Geschäfte in eigener Initiative übernimmt (5). Nun bietet allerdings das Vorbeugen gegen
erkannte Gefahren keinen Schutz gegen die nicht vorherzusehenden, weil
sich erst in Zukunft ergebenden Gefahren. So bleibt trotz aller Vorbeu-
gungsmaßnahmen stets ein mehr oder weniger großes Restrisiko bestehen, das sich nicht beim einzelnen Geschäft absichern läßt, sondern nur
in Form globaler Sicherungsmaßnahmen vermindert werden kann. Das
Ziel derartiger Sicherungsmaßnahmen ist es, "ein Gleichgewicht zwischen den relevanten Finanzgrößen herzustellen", damit eine Bank
"trotz Liquiditätsrisiken und Verlustgefahr auf die Dauer mit Erfolg"
zu wirtschaften vermag (6). Der Gesetzgeber hat hierzu für alle Universalbanken Vorschriften erlassen, die gewisse Grundnormen für die
Sicherheit der einzelnen Institute beinhalten. Es handelt sich dabei in
erster Linie um die Vorschriften für die Eigenkapitalausstattung und die
Liquidität der Kreditinstitute, wie sie im neuen Kreditwesengesetz (7)
in Verbindung mit den Grundsätzen des Bundesaufsichtsamtes (8) nie-
dergelegt sind, sowie um die Bestimmungen des neuen Kreditwesengesetzes über die dauernden Anlagen eines Kreditinstituts in Grund-

---

1) Vgl. hierzu die Ausführungen S. 116 ff.
2) Vgl. Kreditwesengesetz, §§ 13 - 18
3) Vgl. Beschluß der Bankaufsichtsbehörden vom 27./28. März 1958
   "betreffend Einforderung von Bilanzen der Kreditnehmer", abgedruckt bei Consbruch, J. -Möller, A. : Gesetz über das Kreditwesen,
   4. Aufl., München und Berlin 1962, S. 121
4) Vgl. Gesetz über die Verwahrung und Anschaffung von Wertpapieren
   (Depotgesetz) vom 4. Februar 1937 (RGBl. I S. 171)
5) Vgl. hierzu auch Fischer, Otfrid: Die Finanzdisposition der Geschäftsbanken, S. 511
6) Vgl. Fischer, Otfrid: Die Finanzdisposition der Geschäftsbanken,
   S. 629 ff.
7) Vgl. Kreditwesengesetz, §§ 10 und 11
8) Vgl. Grundsätze über das Eigenkapital und die Liquidität der Kreditinstitute gemäß §§ 10 und 11 des Gesetzes über das Kreditwesen: Be-

stücken, Gebäuden, Schiffen und Beteiligungen (1). Weitere zwingende Normen für die Liquidität der Kreditinstitute enthalten die Mindestreservevorschriften, nach denen die Banken einen bestimmten Prozentsatz der Verbindlichkeiten gegenüber Nichtbanken, nicht reservepflichtigen Kreditinstituten und Banken im Ausland aus Einlagen und aufgenommenen Geldern in Form von Giroguthaben bei der Deutschen Bundesbank zu unterhalten haben (2). In letzterem Falle geht es ausschließlich um die Sicherung der kurzfristigen Zahlungsbereitschaft der Banken, während die ersteren Vorschriften ihr langfristiges finanzielles Gleichgewicht gewährleisten sollen. Alle diese Bestimmungen haben den Charakter von Mindestanforderungen, die überschritten werden können. Ob und inwieweit das der Fall ist, hängt davon ab, in welchem Maße die äußeren Normen mit den Grundsätzen übereinstimmen, die jede einzelne Universalbank im Interesse ihrer Sicherheit für erforderlich hält. Nur wenn die internen Grundsätze eines Instituts umfassendere Sicherheitsvorkehrungen geboten erscheinen lassen, wird man über die Mindestanforderungen des Gesetzgebers bzw. der Bundesbank hinausgehen. Auch bei der Entscheidung über diese Frage ergeben sich auf Grund von Gruppenunterschieden sowie Individualitäten der einzelnen Universalbanken zweifellos Abweichungen von einer denkbaren Norm, die allerdings gewisse Grenzen ebenfalls kaum überschreiten werden. Zusammenfassend läßt sich somit feststellen, daß die Höhe des von einer Universalbank zu erzielenden Gewinns in starkem Maße von den Sicherheitsvorstellungen der einzelnen Institute bestimmt wird und entsprechend auch die Höhe des für sie erreichbar erscheinenden Gewinnes variiert.

(3) Gewinn und Wirtschaftlichkeit

Letztlich müssen im Zusammenhang mit dem Gewinnstreben der Uni-

---

kanntmachung des Bundesaufsichtsamtes für das Kreditwesen Nr. 1/62 v. 8. März 1962 (Bundesanzeiger Nr. 53/1962) in der Fassung der Bekanntmachung Nr. 1/64 v. 25. Aug. 1964 (Bundesanzeiger Nr. 161/1964). Im Zusammenhang mit dem Erlaß neuer Bilanzierungsvorschriften und der Änderung der Monatlichen Bilanzstatistik erfolgte eine Neufassung durch Bekanntmachung Nr. 1/1969 v. 20. Jan. 1969 (Bundesanzeiger Nr. 17/1969). Vgl. Monatsberichte der Deutschen Bundesbank, März 1969, S. 37 ff. Vgl. hierzu auch unsere Ausführungen S. 50 Fußnoten 2 und 3 und S. 54, Fußnote 1

1) Vgl. Kreditwesengesetz, § 12

2) Vgl. Anweisung der Deutschen Bundesbank über Mindestreserven (AMR) v. 3. Sept. 1962 (Bundesanzeiger Nr. 174/1962) in der Fassung vom 6. Dez. 1966 (Bundesanzeiger Nr. 231/1966). Im Zusammenhang mit dem Erlaß neuer Bilanzierungsvorschriften und der Änderung der Monatlichen Bilanzstatistik erfolgte am 11. Nov. 1968 eine Neufassung. Vgl. Geschäftsbericht der Deutschen Bundesbank für das Jahr 1968, S. 115 - 120. Vgl. auch unsere Ausführungen S. 50 Fußnoten 2 und 3, S. 54, Fußnote 1 und S. 98 Fußnote 8

7*

versalbanken noch einige Überlegungen angestellt werden, die auf Besonderheiten ihres Betriebsprozesses zurückzuführen sind. Diese Besonderheiten wiederum resultieren aus den Arteigenheiten der bankbetrieblichen Leistungserstellung (Abstraktheit, Auftragsabhängigkeit und Umsatzschnelligkeit) einerseits und der starken Abhängigkeit der Universalbanken vom Vertrauen ihrer Kunden andererseits (1) und beziehen sich auf das Handeln nach dem Wirtschaftlichkeitsprinzip. Wir fassen dieses Prinzip im Anschluß an Gutenberg im einzelwirtschaftlich-technischen Sinne als Prinzip des kleinsten Mittels auf. Es beinhaltet dann die Forderung, mit geringstmöglichem Mitteleinsatz ein bestimmtes Ergebnis bzw. mit bestimmtem Mitteleinsatz das höchstmögliche Ergebnis zu erzielen und stellt so gesehen einen systemindifferenten, d. h. vom jeweiligen Wirtschaftssystem unabhängigen Tatbestand dar (2). Wie Gutenberg gezeigt hat, ist das systemindifferente Prinzip der Wirtschaftlichkeit dem systembezogenen Gewinnmaximierungsprinzip (3) insofern untergeordnet, als erwerbswirtschaftlich orientierte Unternehmungen ihre Leistungserstellung nicht auf die mit den geringsten Stückkosten zu erzeugende, sondern auf die den maximalen Gewinn ergebende Produktmenge ausrichten, wobei sie die Minimalkostenkombination nur deswegen zu verwirklichen suchen, weil der erzielbare Gewinn um so höher ist, je niedriger die Kosten gehalten werden können (4). Nun haben wir zwar eingehende Ausführungen darüber gemacht, warum anzunehmen ist, daß die Universalbanken nicht das Gewinnmaximum, sondern den erreichbar erscheinenden Gewinn anstreben, jedoch wurde bisher über die Art des Mitteleinsatzes im technisch-organisatorischen Bereich im Gegensatz zum liquiditätsmäßig-finanziellen Bereich (5) noch nichts ausgesagt. Grundsätzlich kann man in dieser Hinsicht davon ausgehen, daß die Universalbanken - nicht anders als andere Betriebswirtschaften - auf einen möglichst sparsamen Einsatz der Produktivfaktoren bedacht sind, wenngleich sich auch dabei wegen des Fehlens der Voraussetzungen im allgemeinen keine optimalen Lösungen erzielen lassen werden (6). Abgesehen davon sind aber bei den Universalbanken auch ganz bewußte Abweichungen vom Wirtschaftlichkeitsprinzip zu beobachten. Sie ergeben sich zwangsläufig immer dann, wenn infolge der genannten Besonderheiten der Universalbanken bei Entscheidungen im technisch-organisatorischen Bereich das Wirtschaftlichkeitsprinzip von anderen Überlegungen verdrängt wird (7). Besonders deut-

---

1) Vgl. Hagenmüller, Karl Friedrich: Der Bankbetrieb, Band III, S. 332 f. sowie unsere Ausführungen S. 159 ff.
2) Vgl. Gutenberg, Erich: Die Produktion, S. 10 und 455 ff.
3) Vgl. hierzu allerdings unsere Ausführungen S. 66, Fußnote 1
4) Vgl. Gutenberg, Erich: Die Produktion, S. 456 f.
5) Vgl. unsere Ausführungen S. 58 ff. und S. 142 ff.
6) Vgl. S. 81
7) Vgl. hierzu vor allem Fischer, Otfrid: Bankbilanzanalyse, S. 98 ff.; Böhme, Rosemarie: Die Verhaltensweise der Kreditbanken, S. 116 ff.; Hagenmüller, Karl Friedrich: Der Bankbetrieb, Band III, S. 332 ff.

lich läßt sich dies am Beispiel des Repräsentationsaufwandes zeigen. In wesentlich stärkerem Maße als etwa die Industriebetriebe müssen sich die Universalbanken für ihre betriebliche Betätigung einen Rahmen zu schaffen suchen, der geeignet ist, das Vertrauen, das die Kunden zu ihrer Bank haben sollen, zu wecken bzw. zu erhalten. Daher darf bei der Ausstattung der Bankgebäude, und vor allem auch der Räume, die dem Kundenverkehr dienen, nicht allein auf Zweckmäßigkeit abgestellt werden, sondern es ist aus psychologischen Gründen auf die Repräsentationswirkung zu achten. Ähnliches gilt für die Abwicklung des Kundenverkehrs. Käme es dabei allein auf die Schnelligkeit und Sicherheit der Erledigung der einzelnen Geschäfte an, die bei den Universalbanken auf Grund der Arteigenheiten ihrer spezifischen Leistungen doch eine sehr große Rolle spielen, so könnten Maschinen oder allenfalls weniger qualifizierte Arbeitskräfte zum Schalterdienst eingesetzt werden. Das aber kann von den Kreditinstituten solange nicht in Erwägung gezogen werden, als sie im Kundengespräch eine wesentliche Möglichkeit sehen, das Vertrauen ihrer Kundschaft zu rechtfertigen, indem sie sie bestens beraten und bedienen. Sie wählen daher gerade für den Schalterdienst gut geschulte Arbeitskräfte aus und stellen sie auch in solcher Anzahl zur Verfügung, daß trotz des im Bankgeschäft üblichen stoßweisen Arbeitsanfalls ein glatter Arbeitsablauf gewährleistet wird, bei dem der Kunde nicht zu kurz kommt. Diese Beispiele mögen genügen, um das zu zeigen, worauf es uns ankommt, nämlich daß die Höhe des erreichbar erscheinenden Gewinns bei allen Universalbanken nicht nur von ihren geschäftspolitischen Gepflogenheiten im finanziell-liquiditätsmäßigen, sondern auch im technisch-organisatorischen Bereich abhängig ist, wobei individuelle und Gruppenunterschiede ebenfalls zu mehr oder weniger großen, wenngleich nicht zu grundsätzlichen Abweichungen von einer denkbaren Norm führen werden (1).

bb) Der Eigenkapitalanteil

Als zweite Zielvariable der Universalbanken wollen wir den Anteil ihres Eigenkapitals am Gesamtkapital ansehen. Wir gehen dabei von der Überlegung aus, daß das Eigenkapital Träger wesentlicher qualitativer Eigenschaften ist, die sein Vorhandensein für die Existenz der Universalbanken als zwingend erscheinen lassen. Es sind das im wesentlichen die Haftungseigenschaft (2) und die Liquditätseigenschaft (3). Erstere

---

1) Vgl. hierzu die Ausführungen S. 97 und 116 ff.
2) Vgl. Hagenmüller, Karl Friedrich: Der Bankbetrieb, Band I, S. 187; Fischer, Otfrid: Die Finanzdisposition der Geschäftsbanken, S. 264 ff.
3) Vgl. Fischer, Otfrid: Die Finanzdisposition der Geschäftsbanken, S. 278 ff.

ergibt sich daraus, daß das Eigenkapital die Verluste eines Unternehmens aufzufangen hat, bevor das Gläubigerkapital angegriffen wird,
und somit gewissermaßen eine Pufferfunktion (1) zwischen Verlusten
und Gläubigerkapital ausübt; letzteres resultiert aus der Überlassungsdauer des Eigenkapitals, das - von gewissen Ausnahmen abgesehen (2) -
grundsätzlich langfristig zur Verfügung steht und damit die Liquidität
im positiven Sinn zu beeinflussen vermag. Der Gesetzgeber trägt diesen
Tatsachen dadurch Rechnung, daß er - neben den für bestimmte Rechts-
formen geltenden Vorschriften (3) - für alle Banken im Kreditwesengesetz bestimmt, daß die Bankaufsichtsbehörden einem Kreditinstitut
die Erlaubnis zum Geschäftsbetrieb versagen können, "wenn die hierfür
erforderlichen Mittel, insbesondere ein ausreichendes haftendes Eigenkapital, nicht zur Verfügung stehen" (4). Im Interesse der Gläubiger
wird dabei das haftende Eigenkapital als ausreichend betrachtet, wenn
es "angemessen" ist, und zugleich angeordnet, daß die Angemessenheit
des Eigenkapitals nach Grundsätzen zu beurteilen ist, die das Bundesaufsichtsamt im Einvernehmen mit der Deutschen Bundesbank aufstellt
(5). Diesem Zweck dienen unmittelbar die Grundsätze I und I a, mittelbar aber auch die Grundsätze II und III (6). Während Grundsatz I eine
Relation des risikotragenden Aktivgeschäfts zum haftenden Eigenkapi-

---

1) Vgl. Fischer, Otto Christian: Die fehlerhafte Kreditpolitik, in: Untersuchung des Bankwesens 1933 (Bankenquete) Berlin 1933, I. Teil,
   Band 1, S. 504
2) Vgl. S. 105 Fußnote 1
3) Durch das Aktiengesetz (§ 7) und das Gesetz betreffend die Gesellschaften mit beschränkter Haftung (§ 5) werden Mindestbeträge für
   das Grundkapital der Aktienbanken in Höhe von DM 100. 000, -- und für
   das Stammkapital der GmbH-Banken in Höhe von DM 20. 000, -- gefordert, die allerdings bei den Kreditinstituten in der Regel bereits bei
   der Gründung weit überschritten werden. Die Bildung gesetzlicher
   Rücklagen ist für die Aktienbanken im Aktiengesetz (§ 150) in Höhe
   von 10 % oder des in der Satzung bestimmten höheren Teils des Grundkapitals vorgeschrieben.
4) Vgl. Kreditwesengesetz, § 33 (1)
5) Vgl. Kreditwesengesetz, § 10 (1) sowie unsere Ausführungen S. 98 f.
6) Vgl. hierzu insbesondere: Die Grundsätze über das Eigenkapital und
   die Liquidität der Kreditinstitute gemäß §§ 10 und 11 des Gesetzes
   über das Kreditwesen, in: Monatsberichte der Deutschen Bundesbank,
   März 1962, S. 3-17 sowie unsere Ausführungen S. 400 ff. und die Anlagen 32 und 33. Bezüglich der Neufassung der Grundsätze im Januar
   1969 vgl.: Die Neufassung der "Grundsätze über das Eigenkapital und
   die Liquidität der Kreditinstitute" gemäß §§ 10 und 11 des Gesetzes
   über das Kreditwesen, in: Monatsberichte der Deutschen Bundesbank,
   März 1969, S. 37 - 43 sowie unsere Ausführungen S. 98, Fußnote 8.
   Auf Grundsatz I a ist bei dieser Neufassung verzichtet worden, weil
   er nur für wenige Kreditinstitute von Bedeutung war.

tal vorschreibt, legt Grundsatz I a eine Relation für bestimmte Refinanzierungsmittel zum haftenden Eigenkapital fest. Weiterhin wird das Eigenkapital in den Liquiditätsgrundsätzen direkt (im Grundsatz II) bzw. indirekt (im Grundsatz III durch die Übertragung des Finanzierungsüberschusses bzw. des Finanzierungsfehlbetrages aus Grundsatz II auf Grundsatz III) als langfristiges Finanzierungsmittel aufgeführt und vermag somit zur Einhaltung beider Grundsätze beizutragen. Auf diese "Finanzierungsfunktion des Eigenkapitals" (1) wird auch abgestellt, wenn der Gesetzgeber weiterhin im Kreditwesengesetz bestimmt, daß die "dauernden Anlagen eines Kreditinstituts in Grundstücken, Gebäuden, Schiffen und Beteiligungen", nach den Buchwerten berechnet, "zusammen das haftende Eigenkapital nicht übersteigen" dürfen (2). Auf Grund seiner Haftungs- und Liquiditätseigenschaft wird somit das Eigenkapital der Kreditinstitute vom Gesetzgeber zur Bezugsbasis einer ganzen Reihe von Strukturnormen gemacht, die als "Bremssignal" (3) bei der Erweiterung der finanziellen Kapazität wirken und die "Funktion der Begrenzung des Geschäftsvolumens" (4) ausüben sollen. Allerdings erfüllen die einzelnen Teile des Eigenkapitals diese Funktion nicht in gleichem Maße. So werden vom Kreditwesengesetz zum haftenden Eigenkapital eines Kreditinstituts lediglich die sichtbaren Teile in Gestalt des gewinnberechtigten Kapitals (5) abzüglich eventueller Korrekturposten sowie der offenen (gesetzlichen und sonstigen) Rücklagen gerechnet, während die stillen Reserven außer Betracht bleiben, weil sie nach außen hin nicht in Erscheinung treten und daher letztlich unkontrollier-

---

1) Vgl. Hagenmüller, Karl Friedrich: Der Bankbetrieb, Band I, S. 188 f.
2) Vgl. Gesetz über das Kreditwesen, § 12 sowie unsere Ausführungen S. 98 f. Vgl. hierzu auch Krümmel, Hans Jacob: Liquiditätssicherung im Bankwesen, S. 260 und 306 f.
3) Vgl. Fischer, Otto Christian: Die fehlerhafte Kreditpolitik, S. 504
4) Vgl. Hagenmüller, Karl Friedrich: Der Bankbetrieb, Band I, S. 187 f.
5) Geschäftskapital bei Einzelfirmen und Personengesellschaften, Grund- oder Stammkapital bei Kapitalgesellschaften. Im allgemeinen werden die gewinnberechtigten Eigenkapitalteile eigenfinanziert, die stillen und offenen Rücklagen dagegen selbstfinanziert. Findet jedoch eine Erhöhung des gewinnberechtigten Eigenkapitals auf Grund einer sogenannten Kapitalerhöhung aus Gesellschaftsmitteln (§§ 207-220 Aktiengesetz) durch die Ausgabe von Berichtigungsaktien statt, so erfolgt lediglich eine Umfinanzierung, während bei Erhöhung der offenen Rücklagen durch Einstellung des bei der Emission von Aktien erzielten Agios (§150 Abs. 2, Ziffer 2 Aktiengesetz) eine typische Eigenfinanzierung vorliegt. Wir verstehen dabei unter Eigenfinanzierung, daß die Eigentümer der Unternehmungen Kapital extern aufbringen, während wir die interne Thesaurierung von Gewinnen in offener oder stiller Form als Selbstfinanzierung bezeichnen. Vgl. hierzu z. B. Fischer, Otfrid: Die Finanzdisposition der Geschäftsbanken, S. 125.

bar sind (1). Zur Erfüllung der den Universalbanken vom Gesetzgeber
auferlegten Verpflichtungen müßte demnach die Wahl zwischen den verschiedenen Eigenkapitalformen zugunsten des gewinnberechtigten Kapitals und der offenen Rücklagen ausfallen. Das gleiche trifft auch zu,
wenn man von der für die Gläubiger der Universalbanken bedeutsamen
"Werbe- und Repräsentationsfunktion" des Eigenkapitals ausgeht, die
aus seiner Haftungseigenschaft ableitbar ist (2), sich jedoch ebenfalls
nur auf die sichtbaren Teile des Eigenkapitals beziehen kann. Berücksichtigt man hingegen, daß eine ausgeglichene und den langfristigen
Wachstumstrend der Wirtschaft widerspiegelnde Entwicklung der Universalbanken für ihr Prestige und ihren good will von so außerordentlicher Bedeutung ist, daß sie praktisch keine Verluste ausweisen können, wenn sie beispielsweise im Gefolge konjunktureller Schwankungen
solche erleiden, daß vielmehr bereits eine Reduzierung der Dividendensätze ihr Ansehen zu schädigen vermag, wenn sie sich damit von vergleichbaren Instituten allzuweit entfernen (3), so wird die Bedeutung
der stillen Reserven innerhalb des Bankeigenkapitals sichtbar. Sie dienen dem intertemporären Gewinn- und Verlustausgleich, indem sie ent-
standene Verluste auffangen und stetige Dividendenzahlungen ermöglichen, so daß eine Beunruhigung der Öffentlichkeit, insbesondere der
Eigentümer und der Gläubiger, vermieden wird. Das bedeutet aber
nichts anderes, als daß die Universalbanken, um allen Interessen gerecht zu werden, ein erkennbares Eigenkapital anstreben müssen, das
sowohl den gesetzlichen Erfordernissen als auch den Vorstellungen der
Öffentlichkeit von einer angemessenen Ausstattung mit Eigenkapital entspricht und sich darüberhinaus um die Bildung stiller Reserven zu bemühen haben, die erwartungsgemäß zum Ausgleich von Verlusten - vor
allem solchen konjunktureller Art - ausreichen. Allein vom Haftungs-
gesichtspunkt aus betrachtet werden die Universalbanken folglich den
Anspruch an ihr Eigenkapital, und zwar nicht nur den an das sichtbare,
sondern auch den an das unsichtbare Eigenkapital, zumindest so hoch
stellen müssen, daß er alle Anforderungen, die an ihn gerichtet werden, erfüllt. Darüber hinaus sollten sie sich aber in Übereinstimmung
mit der von uns unterstellten Zielsetzung und besonders bei Berücksichtigung der Bremswirkung des Eigenkapitals für die Ausdehnung des Geschäftsvolumens (4) bemühen, die erreichbar erscheinende Anspruchshöhe für ihr Eigenkapital anzustreben (5). Das gleiche gilt uneingeschränkt für den Liquiditätsgesichtspunkt, da mit geringen Ausnahmen
sowohl das sichtbare als auch das unsichtbare Eigenkapital den Univer-

---

1) Vgl. Kreditwesengesetz, § 10 (2)
2) Vgl. Hagenmüller, Karl Friedrich: Der Bankbetrieb, Band I, S. 189
   f. ; Fischer, Otfrid: Die Finanzdisposition der Geschäftsbanken, S. 268
3) Vgl. hierzu unsere Ausführungen S. 91 f.
4) Vgl. hierzu auch unsere Ausführungen S. 103, 107 und 116 ff.
5) Vgl. S. 86 ff.

salbanken als langfristiges Finanzierungsmittel zur Verfügung steht (1). Betrachten wir nun allerdings eine dritte wesentliche Eigenschaft des Eigenkapitals, nämlich seine Erfolgseigenschaft (2), so wird das bisherige Ergebnis unserer Ausführungen nicht unwesentlich verschoben. Eigenkapital und Fremdkapital zusammen bilden die finanzielle Grundlage aller Aktiv- und Dienstleistungsgeschäfte der Universalbanken, mit deren Hilfe sie ihre Erträge erzielen. Während sie für das Fremdkapital Zinsen und evtl. Provisionen und Gebühren zu entrichten haben und außerdem bei der Abwicklung der Passivgeschäfte teilweise mit erheblichen Betriebskosten (Personal- und Sachkosten) rechnen müssen, verursacht die Beschaffung von Eigenkapital keine oder nur geringfügige Aufwendungen (3). Außerdem kann das Eigenkapital infolge seiner langfristigen Verfügbarkeit ohne Liquiditätsgefährdung stets die ertragsgünstigste Verwendung finden. Man könnte daher meinen, daß dem Eigenkapital in seiner Gesamtheit besonders gute Erfolgseigenschaften zugesprochen werden müßten. Jedoch gilt dies nur für einen Teil des Eigenkapitals, und zwar die offenen und stillen Rücklagen. Der Grund dafür liegt darin, daß für das gewinnberechtigte Eigenkapital nicht nur von den Eigentümern, sondern von der gesamten interessierten Öffentlichkeit Gewinnausschüttungen erwartet werden, die sich in ihrer Höhe einmal an den Vorjahressätzen und zum anderen an den Sätzen vergleichbarer Institute orientieren (4). Berücksichtigt man ferner die auf die ausgeschütteten Gewinne zu entrichtenden Steuern in Form der Einkommen- bzw. Körperschaftsteuer und der Gewerbeertragsteuer (5), so liegt die finanzielle Belastung des gewinnberechtigten Eigenkapitals weit

1) Diese Ausnahmen ergeben sich aus der grundsätzlichen Entnehmbarkeit des Eigenkapitals bei Einzelfirmen, Kündbarkeit bei Personengesellschaften und Herabsetzbarkeit bei Kapitalgesellschaften, der Auflösbarkeit von zweckbestimmten, freien und stillen Rücklagen und der Verwendbarkeit von gesetzlichen Rücklagen zum Ausgleich von Verlusten, nehmen aber im allgemeinen kein größeres Ausmaß an. Vgl. Fischer, Otfrid: Die Finanzdisposition der Geschäftsbanken, S. 278 f.

2) Vgl. Fischer, Otfrid: Die Finanzdisposition der Geschäftsbanken, S. 285 ff.

3) Zu nennen sind z. B. Notariats- und Gerichtskosten für den Abschluß von Verträgen und für Eintragungen ins Handelsregister, sowie Kosten für den Druck und die Emission von Aktien.

4) Vgl. S. 91 f. und 104

5) Von den unterschiedlichen Steuersätzen für die verschiedenen Institutsgruppen sowie von dem gespaltenen Körperschaftsteuersatz für ausgeschüttete und einbehaltene Gewinne bei den Kapitalgesellschaften kann dabei abgesehen werden. Vgl. hierzu insbesondere Alsheimer, Herbert: Die Einkommens- und Körperschaftsbesteuerung der Kreditinstitute und Sonderfragen ihrer Steuerbilanz, Wiesbaden 1957 sowie ders.: Zusammenstellung der für Kreditinstitute geltenden Steuergesetze, in: Der Bankkaufmann 1961, S. 165 f.

über der des fremdfinanzierten Kapitals. Das bedeutet aber nichts anderes, als daß die gewinnberechtigten Eigenkapitalteile Belastungen mit sich bringen, die vom finanziellen Gesichtspunkt aus betrachtet den für Fremdkapital zu entrichtenden Aufwendungen nicht unähnlich sind, wenngleich es sich erfolgsrechnerisch in letzterem Falle selbstverständlich um ein negatives Element der Gewinnerzielung, in ersterem Falle dagegen um ein Element der Gewinnverwendung handelt (1). Auch die offenen Reserven müssen die Kreditinstitute sofort in vollem Umfang versteuern und das gleiche gilt für stille Reserven, die über das von den Steuergesetzen zugelassene Maß hinausgehen, obwohl sich hier unter Umständen gewisse zeitliche Verschiebungen ergeben können. Die Universalbanken haben dafür insgesamt nicht unerhebliche Teile des Gewinnes zu reservieren, allerdings ist die finanzielle Belastung dieser selbstfinanzierten Kapitalteile nur einmalig. Folgt man den von Fischer auf der Basis der vorstehenden Erkenntnisse in Verbindung mit den Ertragsmöglichkeiten der Universalbanken im Aktiv- und Dienstleistungsgeschäft angestellten Untersuchungen (2), so ergibt sich, daß weder eine Finanzierung ausschließlich mit gewinnberechtigtem Kapital, noch eine solche mit gewinnberechtigtem Kapital und Rücklagen ausreichen würde, um die - bereits erörterten - Anforderungen zu befriedigen, die an die Überschußerzielung der Universalbanken gestellt werden (3). Es bedarf dazu vielmehr einer Ergänzung des Eigenkapitals der Universalbanken durch ein Vielfaches an Fremdkapital, das gegenwärtig etwa mit dem 20-fachen Betrag anzusetzen ist. Dies entspricht in der Tat ungefähr der derzeitigen durchschnittlichen Höhe des Eigenkapitals der Universalbanken (4). Von der Erfolgseigenschaft des Eigenkapitals aus betrachtet, läßt sich somit sagen, daß die Universalbanken ihren Anspruch an die Zielvariable Eigenkapital in bezug auf die stillen und offenen Reserven zwar auf die erreichbar erscheinende Höhe richten sollten, weil die einmalig (sofort oder mit zeitlicher Verzögerung) zu zahlenden Steuern bei langfristiger Betrachtung vernachlässigt werden können, für das gewinnberechtigte Eigenkapital aber eine Relation zum Fremdkapital anstreben müssen, die einerseits (in Verbindung mit den offenen Rücklagen) die gesetzlichen Anforderungen an die sichtbaren Teile des Eigenkapitals befriedigt und andererseits den Ansprüchen der Öffentlichkeit, insbesondere der Eigentümer und Gläubiger, an das sichtbare Bankeigenkapital genügt (5). In bezug auf die Relation zwischen gewinnberech-

---

1) Vgl. Fischer, Otfrid: Die Finanzdisposition der Geschäftsbanken, S. 285
2) Vgl. Fischer, Otfrid: Die Finanzdisposition der Geschäftsbanken, S. 289 ff.
3) Vgl. S. 91 ff.
4) Vgl. hierzu Anlage 13
5) Vgl. hierzu insbesondere Stützel, Wolfgang: Bankpolitik - heute und morgen, Frankfurt 1964, Textziffern 84-102, S. 41 ff. und Krümmel, Hans-Jacob: Bankzinsen, S. 206 ff. und S. 227 sowie: Liquiditätssi-

tigtem Kapital und Rücklagen ist dabei außerdem noch zu beachten, daß hohe offene und (vermutete) stille Rücklagen bei den Eigentümern den Wunsch nach einer Erhöhung des gewinnberechtigten Eigenkapitalanteils (z. B. durch die Ausgabe von Berichtigungsaktien) entstehen lassen können, dessen Realisierung wiederum die Anforderungen an die notwendigerweise zu erzielenden Überschüsse erhöht. Weiterhin ist von Bedeutung, daß die Bremswirkung des Eigenkapitals für die Ausdehnung des Geschäftsvolumens bei einer Veränderung dieser Größe Veränderungen des unbedingt erforderlichen Eigenkapitalanteils auslösen kann, um seine Angemessenheit im Sinne des Gesetzes und der Öffentlichkeit zu wahren (1).

Einer Beschränkung des gewinnberechtigten Eigenkapitals kann schließlich noch eine andere, und zwar spezifische Eigenschaft dieser Kapitalform entgegenwirken, nämlich die Stimmrechtseigenschaft (2). Man versteht darunter das Recht der Eigentümer, an der Geschäftsführung der Unternehmung mitzuwirken. Bedeutung erlangt diese Eigenschaft für unsere Fragestellung allerdings nur dort, wo die Möglichkeit besteht, daß dieses Recht streitig gemacht wird. Das ist der Fall, wenn das Stimmrecht mit dem Kapitalanteil gekoppelt ist und sich die Kapitalanteile zwischen den Eigentümern zu verschieben vermögen. Die Eigentümer werden in einer derartigen Situation sehr daran interessiert sein, die Kapitalanteile konstant zu halten oder lediglich in gleichem Ausmaß zu verändern, auf jeden Fall aber eine sogenannte "Überfremdung" durch das Eindringen von Eigentümern mit anderen als den bisherigen Zielvorstellungen und geschäftspolitischen Prinzipien zu verhindern.

In bezug auf die Eigentumsverhältnisse bestehen bei den Universalbanken zwar erhebliche Unterschiede sowohl zwischen den Institutsgruppen als auch innerhalb der Gruppen, besonders bei den Kreditbanken, doch kann gerade im Hinblick auf den Eigenkapitalanteil als Zielvariable davon ausgegangen werden, daß sich Abweichungen der einzelnen Institute von einer denkbaren Norm in verhältnismäßig engen Grenzen halten müssen, wenn die Existenz der Institute auf die Dauer gesichert werden soll (3).

---

cherung im Bankwesen, S. 291 ff., die als Untergrenze der Eigenkapitalausstattung eines Kreditinstitutes das gesamte Abtretungsdisagio der Aktiva ansehen und daher als Solvenzschranke bezeichnen, sowie unsere Ausführungen S. 116 ff., 404 ff., 416 ff. und die Anlagen 11 und 35

1) Vgl. hierzu unsere Ausführungen S. 103, 104, 116 ff., 404 ff., 416 ff. und die Anlagen 11, 13 und 35

2) Vgl. Fischer, Otfrid: Die Finanzdisposition der Geschäftsbanken, S. 281 ff.

3) Vgl. hierzu die Ausführungen S. 97 und 116 ff.

cc) Der Marktanteil

Als dritte und letzte Zielvariable der Universalbanken ist u. E. der Marktanteil zu betrachten. Der Grund dafür liegt darin, daß im Marktanteil die Kundenbeziehungen der Universalbanken ihren Ausdruck finden, die für das Gedeihen jedes Instituts von entscheidender Bedeutung sind.

Ganz allgemein gesehen stellt der Marktanteil eines Unternehmens den Teil der von ihm abgesetzten Leistungen an einer Gesamtheit gleichartiger Leistungen dar. Bei dieser Gesamtheit kann es sich entweder um die in einem bestimmten Marktgebiet insgesamt abgesetzten Leistungen der gleichen Art oder um die Gesamtheit gleichartiger Leistungen der in diesem Marktgebiet tätigen Unternehmungen handeln. Im ersteren Fall sind die gleichartigen Leistungen solcher Unternehmungen einbegriffen, die nicht im betrachteten Marktgebiet ansässig sind, im zweiten Fall wird berücksichtigt, daß die in einem bestimmten Marktgebiet tätigen Unternehmen auch andere Marktgebiete beliefern. In beiden Fällen können die betrachteten Marktgebiete örtliche, regionale, Landes- oder Weltmärkte sein. Im folgenden wird in Übereinstimmung mit der Statistik der Deutschen Bundesbank (1) grundsätzlich von den im Bundesgebiet ansässigen Kreditinstituten und ihren insgesamt getätigten Geschäften, also von der zweiten Interpretationsmöglichkeit des Marktanteils ausgegangen.

Bei den Industrie- und Handelsbetrieben legt man der Berechnung des Marktanteils im allgemeinen den Umsatz im engeren Sinne, den Umsatzerlös, zugrunde (2). Als solchen bezeichnet man den Wert der an den Markt abgegebenen Leistungen, der sich aus der abgesetzten Menge multipliziert mit dem Stückpreis relativ leicht ermitteln läßt (3), selbst

---

1) Vgl. insbesondere die Monatsberichte der Deutschen Bundesbank, Statistischer Teil. Bezüglich der Umgestaltung der Bankenstatistik Ende 1968 vgl. S. 50 Fußnoten 2 und 3 und S. 357 Fußnote 1.

2) Bei Einproduktunternehmungen und Unternehmungen, deren Produkte durch Umrechnung, z. B. mit Hilfe von Äquivalenzziffern, gleichnamig gemacht werden können, sind auch mengenmäßige Maßstäbe möglich.

3) Vgl. Gutenberg, Erich: Einführung in die Betriebswirtschaftslehre, S. 106; Wöhe, Günter: Einführung in die Allgemeine Betriebswirtschaftslehre, 6. Aufl., Berlin und Frankfurt am Main 1964, S. 221. Als Umsatz im weiteren Sinne oder Umsatzprozeß wird die Summe aller betrieblichen Wertbewegungen, denen Güterbewegungen zugrunde liegen, bezeichnet. Der Begriff umfaßt damit die betrieblichen Teilbereiche Beschaffung, Leistungserstellung und Leistungsverwertung. Vgl. z. B. Lehmann, M. R.: Allgemeine Betriebswirtschaftslehre, 3. Aufl., Wiesbaden 1956, S. 95; Schäfer, Erich: Die Unternehmung, 4. Aufl., Köln und Opladen 1961, S. 176 f.; Lohmann, Martin: Einführung in die Betriebswirtschaftslehre, S. 83; Gutenberg, Erich: Einführung in die Betriebswirtschaftslehre, S. 106 f.; Wöhe, Günter: Einführung in die Allgemeine Betriebswirtschaftslehre, S. 221.

wenn die Erzeugnisse oder Waren sehr differenziert und zahlreich sind
(1). Ist der Branchenumsatz z. B. durch Marktanalysen oder Umsatzstatistiken der Verbände usw. bekannt, so kann das einzelne Unternehmen seinen Marktanteil ermitteln und im Zeitvergleich erkennen, ob
er gehalten, größer oder kleiner geworden ist. Trotz mancherlei Schwierigkeiten, die der Ermittlung des Umsatzes und Marktanteils im Einzelfall entgegenstehen mögen, stellen diese Größen für eine Industrie-
und Handelsunternehmung wertvolle Dispositionsgrundlagen dar, gleich
ob sie von ihr als Zielvariable verwendet werden oder nicht (2).

Im Gegensatz zur Gepflogenheit bei den Industrie- und Handelsunternehmungen wird der Bankumsatz - wie er z. B. in den Geschäftsberichten
veröffentlicht wird - meist als Summe einer Seite der Hauptbuchkonten
ermittelt (3). Er enthält damit z. B. Stornoposten, Zurückbuchungen,
Buchungen, denen kein Wertverkehr zugrundeliegt, wie die Übertragun-
gen von einem Konto auf ein anderes, und Buchungen von Veränderungen
auf den Kapitalkonten, die keine Umsätze sind (4). Das gleiche gilt für
Anfangsbestände und Buchungen über den Verkehr mit solchen Zweigan-
stalten, die nur den Charakter von Teilbetrieben haben (5). Abgesehen
von diesen formellen Mängeln, die durchaus eliminierbar wären, enthält der buchhalterische Bankumsatz aber nicht wie der Umsatzerlös
des Industrie- oder Handelsbetriebes die Summe der bewerteten Marktleistungen, sondern sämtliche Kontenbewegungen für alle von der Bank
getätigten Geschäfte. Die Ausreichung eines Kredites in Höhe von DM
10.000, -- ergibt demnach ebenso einen Umsatz wie seine Rückzahlung
oder die Zahlung der 5 %-igen Zinsen durch den Kreditnehmer in Höhe
von DM 500, --, diejenige Größe also, die im Vergleich mit dem In-
dustrie- und Handelsbetrieb allein die bewertete Marktleistung der Bank
in dem angeführten Beispiel bildet. Eine Überweisung in Höhe von
DM 1.000, -- stellt einen Umsatz dar und ebenfalls die dafür berechne-

---

1) Vgl. Fischer, Otfrid: Bankbilanzanalyse, S. 373
2) Vgl. unsere Ausführungen S. 69 f.
3) Vgl. Fischer, Otfrid: Bankbilanzanalyse, S. 372 ff. ; Kolbeck, Heinrich: Der Betriebsvergleich bei Sparkassen, Diss. Frankfurt am
   Main 1955, S. 126 ff. und insbesondere Jordan, Claus: Abgrenzung
   und Anwendung des Umsatzbegriffes im Bankbetrieb, Diss. Frankfurt am Main 1958, S. 57 ff.
4) Vgl. Nicklisch, Heinrich: Die Betriebswirtschaft, 7. Aufl. Stuttgart
   1932, S. 523
5) Vgl. Ziegler, J. und Meithner, K. : Der Umsatzbegriff im Kredit-
   bankbetrieb, Berlin 1931 (Betriebswirtschaft. Eine Schriftenreihe,
   3. Heft), S. 29

te Stückgebühr bzw. Umsatzprovision, wiederum die eigentliche bewertete Marktleistung. Wird bei der Hereinnahme eines Diskontwechsels das laufende Konto des Kunden zur Verbuchung herangezogen, so entstehen fast doppelt so hohe Umsatzzahlen, wie wenn dies nicht der Fall ist (1). Aus all diesen Beispielen geht hervor, daß der buchhalterisch ermittelte Bankumsatz keine Aussagekraft besitzt. In der Literatur wird daher vorgeschlagen, den Umsatz der Bankbetriebe ebenso wie den der Industrie- und Handelsbetriebe auf die Summe aller bewerteten Marktleistungen zu beschränken (2). Der so definierte Umsatz wäre identisch mit dem Umsatzerlös bzw. dem Ertrag der Bank (3). Allerdings kommen in diesem Betrag keineswegs in der gleichen Weise wie bei den Industrie- und Handelsbetrieben die Kundenbeziehungen und Geschäfte der Banken zum Ausdruck. Die Gründe dafür liegen einmal darin, daß das gesamte Passivgeschäft der Kreditinstitute keine Erträge bringt, gleichwohl aber Kundenbeziehungen zum Inhalt hat, die für die Existenz einer Bank entscheidend sind, zum anderen darin, daß ein großer Teil der Marktleistungen der Universalbanken, wie z. B. das Zahlungsverkehrs- und Inkassogeschäft sowie das Wertaufbewahrungs- und Wertverwaltungsgeschäft - wenn überhaupt, dann - nur zu sehr geringen Erträgen führt, und letztlich darin, daß die Erträge der Banken teils wert- und teils stückmäßig berechnet werden. Aus all dem ergibt sich, daß aus der Gesamtsumme der Umsatzerlöse nur mit Vorbehalten auf die zugrunde liegenden Geschäfte und Kundenbeziehungen einer Universalbank geschlossen werden kann. Um zu sinnvolleren Aussagen zu kommen, müßte der Gesamtumsatzerlös der Universalbanken zumindest in Teilumsatzerlöse für die verschiedenen Geschäftsarten, wenigstens aber für die größeren Geschäftsartengruppen aufgespalten werden, die es erlauben, aus einem Ansteigen oder Absinken der Umsatzziffern Schlüsse auf die Entwicklung der entsprechenden Geschäfte zu ziehen (4). Nun dringen allerdings über die Umsatzerlöse der Kreditinstitute nur relativ unvollständige Angaben an die Öffentlichkeit, da ein Teil der Kreditinstitute (die Privatbankiers und die GmbH-Banken) zur Veröffentlichung der Gewinn- und Verlustrechnungen überhaupt nicht verpflichtet ist und die von den anderen Institutsgruppen zu veröffentlichenden Gewinn- und Verlustrechnungen über die Zusammensetzung der Umsatzerlöse keine

---

1) Vgl. Fischer, Otfrid: Bankbilanzanalyse, S. 376
2) Vgl. ebenda, S. 375
3) Mülhaupt definiert den Umsatz einer Kreditbank als "Erlös aus dem Verkauf von Liquidität (Kreditmenge x Preis). Da es eine Produktion von Kredit auf Lager nicht gibt, ist der Umsatz der Kreditbank identisch mit dem Wert ihrer Produktion". Vgl. Mülhaupt, Ludwig: Umsatz-, Kosten- und Gewinnplanung einer Kreditbank, S. 10. Die gesamten Dienstleistungsgeschäfte der Kreditinstitute sind damit aus dem Umsatzbegriff ausgeschlossen.
4) Vgl. Fischer, Otfrid: Bankbilanzanalyse, S. 375

erschöpfenden Aussagen zu enthalten brauchen (1). Auch gibt es keinerlei allgemein zugängliche statistische Übersichten über die Umsatzerlöse der Universalbanken sowie die zur Errechnung von Marktanteilen erforderlichen Umsatzerlöse aller Kreditinstitute (2). Die vorhandenen Angaben reichen daher weder zur Ermittlung des gesamten Marktanteils eines Instituts am Umsatzerlös aller Kreditinstitute noch zur Errechnung von Marktanteilen an den einzelnen Erlösgruppen aus, ganz abgesehen davon, daß das Passivgeschäft in der Größe Umsatzerlös zwangsläufig völlig unberücksichtigt bleibt. In dieser Unvollständigkeit und Undurchsichtigkeit der Angaben über den Umsatzerlös ist daher wohl auch der Hauptgrund dafür zu suchen, daß es in der bankbetrieblichen Praxis nicht üblich ist, den Umsatzerlös als Maßstab für den Markterfolg einer Universalbank zu gebrauchen.

Man verwendet hierfür vielmehr als globale Hilfsgrößen in der Regel entweder die Bilanzsumme oder das "Geschäftsvolumen", das neben der Bilanzsumme die Positionen "den Kreditnehmern abgerechnete eigene Ziehungen im Umlauf", "Indossamentsverbindlichkeiten aus rediskontierten Wechseln" und "aus dem Wechselbestand vor Verfall zum Einzug

---

1) Vgl. Hagenmüller, Karl Friedrich: Der Bankbetrieb, Band III, S. 131 ff.; Kalveram, Wilhelm/Günther, Hans: Bankbetriebslehre, S. 251 f.; Birck, Heinrich: Die Bankbilanz, S. 458 ff.; Fischer, Otfrid: Bankbilanzanalyse, S. 180 ff. Die in der Literatur gegen die von den Kreditinstituten zu veröffentlichenden Gewinn- und Verlustrechnungen erhobenen Einwände richten sich vornehmlich auf die darin zugelassenen Saldierungen der Erträge und Aufwendungen, die besonders bei den Aktienbanken bisher lediglich zum Ausweis stark verkürzter Nettoumsatzerlöse führten und keinerlei Informationsmöglichkeiten über die Bruttoumsatzerlöse boten. Im Zusammenhang mit der Änderung der Bilanzierungsvorschriften für die Kreditinstitute (vgl. hierzu unsere Ausführungen S. 54 Fußnote 1) sind nunmehr auch für die Gewinn- und Verlustrechnungen der Kreditinstitute ausführliche und nach einheitlichen Gesichtspunkten aufgestellte Gliederungsschemata erlassen worden. Da diese Schemata auf dem Bruttoprinzip beruhen, das nur im Zusammenhang mit der Bildung und Auflösung stiller Reserven durchbrochen wird, ist für die Zukunft eine wesentlich größere Aussagekraft der veröffentlichten Gewinn- und Verlustrechnungen der Kreditinstitute zu erwarten. Vgl. hierzu z. B. Hammer, Klaus: "Neues Kleid" für die Bankbilanzen, in: Zeitschrift für das gesamte Kreditwesen 1969, S. 9 - 12. Schlüsse auf die von den Kreditinstituten im einzelnen getätigten Geschäfte können dagegen wegen des Fehlens entsprechender Aufteilungen der Erträge und Aufwendungen auch dann nicht gezogen werden, ebenso wie Einblicke in die Gewinn- und Verlustrechnungen der Privatbankiers und der GmbH-Banken wegen des Fehlens der Veröffentlichungspflicht nach wie vor nicht möglich sein werden. Vgl. hierzu auch unsere Ausführungen S. 389 f.
2) Vgl. hierzu auch unsere Ausführungen S. 389 f.

versandte Wechsel" umfaßt (1). Dabei geht man von der Überlegung aus, daß die einbezogenen Positionen an der Zinsertragserzielung mitwirken, so daß sie z. B. auch in der unkompensierten Zinsertragsbilanz der Kreditinstitute einen Niederschlag finden. Bilanzsumme ebenso wie Geschäftsvolumen vermitteln einen nahezu vollständigen Überblick über die aus den wichtigsten Geschäften der Universalbanken, den Aktiv- und Passivgeschäften, insgesamt resultierenden Bestände. Dazu kommt, daß aus den Universalbankbilanzen Einzelaufschlüsse über die Bestände all der Geschäfte gewonnen werden können, für die nach den Formblättern für die Aufstellung der Jahresbilanz der Kreditinstitute allgemein ein gesonderter Ausweis erfolgt. Da weiterhin alle Kreditinstitute mit Ausnahme der Privatbankiers ihre Bilanzen veröffentlichen müssen und die Deutsche Bundesbank in ihren Monatsberichten statistische Übersichten über die Entwicklung der Bilanzen nahezu aller Kreditinstitute bringt (2), können die Marktanteile jeder Universalbank sowohl für die Bilanzsumme und das Geschäftsvolumen als auch für die aktiven und passiven Bilanzbestände ohne größere Schwierigkeiten für jeden Monat ermittelt werden. Nun besitzen allerdings diese bestandsmäßigen Marktanteile als Maßstab für den Markterfolg einer Universalbank ebenfalls erhebliche Mängel. Die Gründe dafür liegen - neben den gegen die Bilanzen von Universalbanken allgemein zu erhebenden Einwänden (3) - einmal darin, daß die bestandsmäßigen Marktanteile keine unmittelbaren Schlüsse über den Umfang der von den einzelnen Instituten getätigten Aktiv- und Passivgeschäfte erlauben, weil sich in den zugrunde liegenden Zahlen immer nur der Saldo einer großen Zahl von Soll- und Habenposten der jeweiligen Geschäftsarten niederschlägt, zum anderen aber kommen in den bestandsmäßigen Marktanteilen die Dienstleistungsgeschäfte der Universalbanken, also die zweite große Gruppe ihrer Geschäftstätigkeit, nicht zum Ausdruck. Zweifellos haben die dazu gehörigen Geschäfte isoliert betrachtet im allgemeinen nicht die gleiche Bedeutung wie die Aktivgeschäfte der Universalbanken, jedoch darf gerade bei diesen Instituten keine solche isolierte Betrachtung der Dienstleistungsgeschäfte erfolgen.

1) Vgl. z. B. Monatsberichte der Deutschen Bundesbank, März 1969, S. 32*/33*, Fußnote 10. Seit der Umgestaltung der Bankenstatistik Ende 1968 (vgl. S. 50, Fußnote 2) wird das Geschäftsvolumen allerdings ohne die Sparprämien ermittelt. Vgl. Monatsberichte der Deutschen Bundesbank, April 1969, S. 10 f.

2) Lediglich kleinste ländliche Kreditgenossenschaften, Privatbankiers, die fast ausschließlich das Effektenkommissionsgeschäft betreiben und einzelne Institute mit besonderer Geschäftsstruktur werden von der monatlichen Bilanzstatistik der Deutschen Bundesbank nicht erfaßt. Vgl. Birck, Heinrich: Die Bankbilanz, S. 11 sowie unsere Ausführungen S. 346, Fußnote 4. Seit der Umgestaltung der Bankenstatistik Ende 1968 (vgl. S. 50, Fußnote 2) wird die "Bankenstatistik nach Bankengruppen" in der Reihe 1 der statistischen Beihefte zu den Monatsberichten der Deutschen Bundesbank veröffentlicht.

3) Vgl. hierzu vor allem Fischer, Otfrid: Bankbilanzanalyse, S. 160 ff.

Abgesehen davon, daß z. B. die Effektenkommissions- und Effektenemissionsgeschäfte im einzelnen als besonders ertragreich gelten können,
sind die weniger lukrativen Zahlungsverkehrs- und Inkassogeschäfte
ebenso wie die Wertpapieraufbewahrungs- und Wertpapierverwaltungsgeschäfte so eng mit anderen Bankgeschäften verbunden, daß sie gleichsam als Zubringer dafür angesehen werden können und damit aus dem
Leistungssortiment einer Universalbank nicht wegzudenken sind. Infolge dieses sogenannten Leistungsverbundes (1) ist nun zwar ein gewisser Zusammenhang zwischen bestimmten Dienstleistungsgeschäften
und bestimmten Bilanzpositionen anzunehmen (so können z. B. aus der
Höhe der Sichteinlagen vorsichtige Schlüsse auf die Zahlungsverkehrsleistungen gezogen werden und aus dem Effektenbestand läßt sich möglicherweise auf die Leistungen im Effektenkommissions- und -emissionsgeschäft-zumindest innerhalb bestimmter Institutsgruppen-schlie
ßen usw.) doch sind derartigen Vermutungen Grenzen gesetzt (2). Ohne Zweifel können die bestandsmäßigen Marktanteile wegen der aufgezeigten Mängel nur als sehr grobe Maßstäbe für den Markterfolg einer
Universalbank angesehen werden. Das gilt sowohl für den global aus der
Bilanzsumme bzw. dem Geschäftsvolumen errechneten gesamten Marktanteil eines Instituts als auch für die Marktanteile seiner einzelnen Aktiv- und Passivbestände. Um genauere Aufschlüsse zu erhalten, müßte
auf die einzelnen Geschäftsarten, zumindest aber auf Geschäftsartengruppen zurückgegangen werden. Dies läßt sich beim einzelnen Institut ohne weiteres bewerkstelligen. Vergleichszahlen dafür können jedoch
- mit wenigen Ausnahmen - nicht gefunden werden (3). Auch läßt sich
für die Gesamtheit der getätigten Geschäfte (wegen der zwischen ihnen
bestehenden erheblichen Unterschiede) keine sinnvolle Globalzahl bilden.
Berücksichtigt man hingegen, daß in den Bilanzbeständen der Universalbanken letztlich ihre finanzielle Kapazität (4) zum Ausdruck kommt,
die wiederum eine gewisse technisch-organisatorische Kapazität (4)
voraussetzt, wenngleich zwischen beiden keine strenge Abhängigkeit besteht (5), so läßt sich durchaus die Meinung vertreten, daß die bilanzmäßigen Marktanteile eine zur Beurteilung des Markterfolges einer Universalbank ausreichende Vorstellung von ihrer relativen Größe und ihrem Geschäftsumfang vermitteln. Bedenkt man weiterhin, daß die zur
Berechnung der bestandsmäßigen Marktanteile erforderlichen Zahlenan-

1) Vgl. hierzu insbesondere Krümmel, Hans-Jacob: Bankzinsen, S. 32
   ff. und 199 ff. sowie unsere Ausführungen S. 160 ff. und 178 ff.
2) Vgl. hierzu unsere Ausführungen S. 373 f.
3) Vgl. hierzu unsere Auführungen S. 372 ff.
4) Vgl. hierzu Böhme, Rosemarie: Die Verhaltensweise der Kreditbanken, S. 141 und 143, Hagenmüller, Karl Friedrich: Der Bankbetrieb,
   Band III, S. 320 ff.; Deppe, Hans-Dieter: Der Bankbetrieb als Gegenstand von Wachstumsanalysen, S. 360 f. sowie unsere Ausführungen S.
   142 ff. und 300 ff.
5) Vgl. hierzu insbesondere unsere Ausführungen S. 159 f., 167 ff. und
   387 ff.

gaben in den Statistiken der Deutschen Bundesbank jeder Universalbank monatlich und sogar relativ kurzfristig zur Verfügung stehen (1), so wird vollends verständlich, daß in der bankbetrieblichen Praxis anstelle der fehlenden Angaben über den Umfang der einzelnen Geschäftsarten zur Beurteilung der Größe und des Geschäftsumfanges einer Universalbank üblicherweise auf die vorhandenen Bestandsangaben zurückgegriffen wird (2). Zusammenfassend ist somit festzustellen, daß - anders als bei den Industrie- und Handelsbetrieben - zur Berechnung des Marktanteils der Universalbanken keine Größen zur Verfügung stehen, die geeignet wären, einen zuverlässigen Eindruck von der Größe und dem Umfang der Geschäftstätigkeit einer Bank im Verhältnis zu anderen Instituten als Maßstab für den Markterfolg zu vermitteln, daß jedoch die bestandsmäßigen Marktanteile recht brauchbare Hilfsgrößen hierfür darstellen, von denen wir auch im folgenden vorwiegend ausgehen werden (3).

Die Bedeutung des Marktanteils als Zielvariable der Universalbanken ergibt sich einmal daraus, daß die vorhandene technische und finanzielle Kapazität (4) nach Ausnutzung verlangt und daher der in den einzelnen Geschäftsarten erreichte Geschäftsumfang zumindest kurzfristig in etwa erhalten bleiben muß, wenn nicht Störungen im strukturellen Aufbau und organisatorischen Gefüge einer Universalbank eintreten sollen. Zum anderen aber folgt sie daraus, daß die Universalbanken in scharfem Wettbewerb miteinander und zum Teil auch mit Spezialinstituten stehen und in Bankkreisen - wie bereits angedeutet wurde - der Markterfolg eines Instituts üblicherweise nicht an dem für Außenstehende doch nicht genau erkennbaren Umsatzerlös, sondern global an der Bilanzsumme bzw. dem Geschäftsvolumen (5) oder im einzelnen am Umfang derjenigen Geschäfte gemessen wird, die für die betreffenden Institute besonders charakteristisch sind, also z. B. dem kurzfristigen Kredit-, Sichteinlagen- und Depositengeschäft bei den Kreditbanken. Man kann daher wohl annehmen, daß alle Universalbanken die Entwicklung ihrer jeweiligen Konkurrenten wie auch die der Institutsgruppe und darüberhinaus die des gesamten Bankwesens schärfstens beobachten und zumindest mit der Entwicklung vergleichbarer Institute Schritt zu halten versuchen. Nun läßt sich dieses Verhalten zwar ohne weiteres damit erklären, daß eine Zunahme der Geschäftstätigkeit unter sonst gleichen Umständen im allgemeinen mit einer Vergrößerung des Gewinnes verbunden ist und daß

---

1) Vgl. hierzu auch unsere Ausführungen S. 163 f.
2) Vgl. hierzu z. B. Monatsberichte der Deutschen Bundesbank: Zahl der monatlich berichtenden Kreditinstitute sowie deren Gliederung nach Größenklassen (März 1969, S. 42*), wo zur Größenklassengliederung das Geschäftsvolumen verwendet wird.
3) Vgl. hierzu insbesondere unsere Ausführungen S. 339 ff. sowie die Anlagen 14 und 18
4) Vgl. S. 113
5) Vgl. S. 111 ff.

die Ausdehnung des Geschäftsumfanges bei den Universalbanken, die nur in beschränktem Maße ihre Erträge (durch Erhöhung der Preise für ihre Leistungen im Aktiv- und Dienstleistungsgeschäft oder durch Umstrukturierung ihrer Geschäftstätigkeit) steigern bzw. ihre Aufwendungen (im finanziellen Bereich durch entsprechende Manipulationen, im technisch-organisatorischen Bereich durch Rationalisierungen) senken können, die bedeutsamste Möglichkeit zur Steigerung ihres Gewinnes darstellt (1). Es läßt sich jedoch auch noch eine andere Erklärung dafür finden. Sie liegt darin, daß die Führungsspitze einer Universalbank in der Entwicklung des Geschäftsumfanges, in der sich die für die Existenz der Bank so entscheidenden Kundenbeziehungen niederschlagen, eine Bestätigung für ihre eigenen Fähigkeiten und die Richtigkeit ihrer Geschäftspolitik findet, die sich über den betrieblichen Mittelbau bis herunter zu den unmittelbaren Sachbearbeitern fortzupflanzen vermag, weil sie den Anteil des einzelnen an der gesamten betrieblichen Betätigung deutlicher werden läßt als z. B. die Globalgröße Gewinn, und möglicherweise kommt darin auch die Tatsache zum Ausdruck, daß alle Universalbanken (mit Ausnahme der Privatbankiers) von Geschäftsführern geleitet werden, die zwar unter Umständen eine erhebliche Gewinnbeteiligung erhalten, denen aber der Gewinn des Instituts doch nicht in seiner Gesamtheit zusteht (2).

So läßt sich das Schritthalten mit der Entwicklung des Geschäftsumfanges vergleichbarer Institute gewissermaßen als die Mindestanforderung ansehen, die die Universalbanken langfristig an ihre Zielvariable Marktanteil richten. Über diese Mindestanforderung hinaus wollen wir aber in Übereinstimmung mit der von uns unterstellten Zielsetzung annehmen, daß die Universalbanken grundsätzlich den erreichbar erscheinenden Marktanteil anstreben (3), sich also bemühen, ihren Geschäftsumfang auf Kosten ihrer Konkurrenten zu erhöhen und auf diese Weise die Vergleichsinstitute zu überflügeln. Dazu ist wegen des bankbetrieblichen Leistungsverbundes erforderlich, daß alle Kundengeschäfte der Universalbanken in das Streben nach dem erreichbar erscheinenden Marktanteil einbezogen und nicht etwa die weniger ertragreichen zugunsten der lukrativeren vernachlässigt werden, weil dies allenfalls kurzfristig den Gewinn einer Universalbank zu steigern imstande ist, langfristig aber durch den Verlust von Kundenbeziehungen zwangsläufig erhebliche Schädigungen zur Folge haben muß. Auch bei dem Streben der Universalbanken nach dem erreichbar erscheinenden Marktanteil sind allerdings Abweichungen der einzelnen Institute von einer denkbaren Norm zu erwarten, die auf Grund der selbstgewählten Aufgabenstellungen der drei

---

1) Vgl. Hagenmüller, Karl Friedrich: Der Bankbetrieb, Band III, S. 310 ff., insbesondere S. 311 f., 316, 323 f., 324, 329, 331 f., 340, 343 und 344 f.

2) Vgl. hierzu auch unsere Ausführungen S. 69 f., 76 ff. und 92 f.

3) Vgl. S. 86 ff.

8*

Institutsgruppen hier sogar relativ groß sein können (1).

b) Die Kombination der Zielvariablen bei den Universalbanken

Nachdem Gewinn, Eigenkapitalanteil und Marktanteil als Zielvariablen
innerhalb des Anspruchsniveaus der Universalbanken im einzelnen diskutiert worden sind, gilt es nunmehr, ihre Kombinationsmöglichkeiten
zu erörtern (2). Auch bei dieser Untersuchung gehen wir - in Übereinstimmung mit unseren Ausführungen über das Planungsobjekt der vorliegenden Arbeit - wieder von den Kreditbanken als dem Vorbild für unser Grundmodell einer Universalbank aus, während für die Sparkassen
und Kreditgenossenschaften nur die Abweichungen hiervon aufgezeigt
und individuelle Abweichungen lediglich angedeutet werden (3).

aa) Die Kreditbanken

Die Kreditbanken gelten gemeinhin als Prototyp der liberalistisch-kapitalistischen Unternehmung, so daß man ihnen bisher allgemein die Absicht der Gewinnmaximierung unterstellte, wenn man auch erkannte,
daß angesichts der immer vorhandenen Ungewißheit das Gewinnstreben
mit dem Sicherheitsstreben kollidiert und daher die Realisierung eines
langfristigen Gewinnmaximums nur bei Berücksichtigung der hierfür erforderlichen Sicherheitsmaßnahmen erwartet werden kann (4). Nun ist
zwar als die stärkste Triebkraft und der eigentliche Zweck ihres unternehmerischen Handelns zweifellos bei den Kreditbanken das Gewinnstreben anzusehen, während andere denkbare und sicher durchaus nicht
seltene Motive, wie z. B. das Streben nach Macht oder Prestige im allgemeinen dem Gewinnerzielungsmotiv untergeordnet werden dürften (5).
Auch pflegen sich die Kreditbanken in bezug auf die zu erstellenden Leistungen und die in Frage kommenden Kunden grundsätzlich keine Beschränkungen aufzuerlegen, sondern mit jedermann alle banküblichen
Geschäfte zu tätigen, sofern sie - vom Gesamtzusammenhang aus betrachtet - lohnend erscheinen(6), und schließlich stehen ihrem Gewinnstreben auch keine besonderen gesetzlichen oder satzungsmäßigen Vorschriften entgegen, wie es bei den Sparkassen und Kreditgenossenschaf-

---

1) Vgl. hierzu die folgenden Ausführungen
2) Vgl. S. 89
3) Vgl. S. 51 ff. und 61 ff.
4) Vgl. S. 61 und 79 f.
5) Vgl. Fischer, Otfrid: Bankbilanzanalyse, S. 41 ff.; Böhme, R.:
   Die Verhaltensweise der Kreditbanken, S. 96 f. sowie Hagenmüller,
   Karl Friedrich: Der Bankbetrieb, Band III, S. 296 f.
6) Vgl. S. 52 ff. und 55 ff. Eine Ausnahme hiervon bildet lediglich die
   traditionelle Zurückhaltung der Kreditbanken im langfristigen Geschäft, die wir infolgedessen in unser Grundmodell aufgenommen haben.

ten der Fall ist (1). Trotzdem muß aber die allgemeine Unterstellung
der Gewinnmaximierung als Zielsetzung der Kreditbanken abgelehnt
werden. Die Gründe dafür liegen im Fehlen der Voraussetzungen für die
Realisierung des gewinnmaximalen Prinzips, insbesondere dem Mangel
an vollkommener Information und absoluter Rationalität (2). Wir nehmen
infolgedessen an, daß die Kreditbanken - trotz ihrer "liberalistisch-kapitalistischen" Ausrichtung - nicht den maximalen, sondern den erreichbar erscheinenden Gewinn anstreben, daß sie sich also mit einem Gewinn zufriedengeben, der ihnen bei Berücksichtigung ihrer begrenzten
Informationen sowohl über die gegenwärtigen Verhältnisse als auch über
die zukünftige Entwicklung der Dinge und der Komplexität der erforderlichen Entscheidungen im Bereich der Möglichkeiten zu liegen scheint.
Freilich wird damit über die Höhe des erreichbar erscheinenden Gewinnes der Kreditbanken noch nichts ausgesagt, denn diese hängt - wie
wir ausgeführt haben - nicht nur von der jeweiligen Datenkonstellation
und ihrer erwarteten Entwicklung, sondern auch von den Individualitäten
der einzelnen Institute ab (3). Nun ist zwar festzustellen, daß gerade
innerhalb der Kreditbanken, die sich nicht nur - wie die Sparkassen und
Kreditgenossenschaften - hauptsächlich im Hinblick auf ihre Größe, ihren Standort und ihr Geschäftsstellensystem, sondern vor allem auch
in bezug auf ihre Rechtsform unterscheiden, beträchtliche Arteigenheiten zwischen den Instituten zu verzeichnen sind, und somit auch der für
die einzelnen Kreditbanken erreichbar erscheinende Gewinn unterschiedlich hoch sein wird. Jedoch möchten wir annehmen, daß das allen Kreditbanken Gemeinsame doch zwei allgemeine Aussagen ermöglicht, und
zwar:

1. daß bei den Kreditbanken, für die die Gewinnerzielung den eigentlichen Zweck ihrer betrieblichen Betätigung bildet, die Zielvariable Gewinn grundsätzlich als den Zielvariablen Marktanteil und Eigenkapitalanteil übergeordnet anzusehen ist, und
2. daß bei den Kreditbanken auf Grund der Vorrangigkeit der Zielvariable
   Gewinn in Verbindung mit der Tatsache, daß ihr Gewinnstreben durch
   keine speziellen, sondern lediglich die für alle Institute geltenden Bestimmungen eingeschränkt wird (4), der erreichbar erscheinende Gewinn höher sein dürfte als bei den anderen beiden Institutsgruppen (5).

Dabei ist bereits berücksichtigt, daß den Kreditinstituten weder ein Gewährträger (wie den öffentlich-rechtlichen Sparkassen) noch - zumindest
bisher - eine andere Einrichtung für evtl. Verlustdeckungen (wie der

1) Vgl. S. 123 ff.
2) Vgl. S. 79 ff. Anderer Ansicht ist Krümmel, Hans-Jacob: Bankzinsen, S. 183 ff.
3) Vgl. S. 93 ff.
4) Vgl. S. 48 f. und 116 f.
5) Als Bezugsbasis für den Gewinn wird bei Vergleichen meist die Bilanzsumme oder das Geschäftsvolumen verwendet. Jedoch muß vorher
   das Problem gelöst werden, den von den einzelnen Instituten erzielten
   Gesamtgewinn zu ermitteln. Vgl. Fischer, Otfrid: Die Finanzdisposition der Geschäftsbanken, S. 701 ff.

Garantiefonds der Kreditgenossenschaften und die Haftsummenverpflich-
tung ihrer Mitglieder) zur Verfügung steht (1), und daß aus diesem Grunde von der interessierten Öffentlichkeit relativ hohe Ansprüche an ihre
globalen Sicherheitsvorkehrungen gestellt werden (2). Bemühen sich infolgedessen die Institute, die diesbezüglichen Mindestanforderungen des
Gesetzgebers zu überschreiten, so kann dies sogar zur Schaffung neuer,
sich an der Höhe der Überschreitung ausrichtender Beurteilungsge-
sichtspunkte führen (3). In eine ähnliche Richtung weisen die bei den Kreditbanken besonders hohen Repräsentationsverpflichtungen.

Ist nun aber einerseits der erreichbar erscheinende Gewinn der Kreditbanken höher zu veranschlagen als derjenige der anderen Institutsgruppen, so muß andererseits auch darauf hingewiesen werden, daß bei
den Kreditbanken die Mindestansprüche, die sich an ihre Zielvariable
Gewinn richten, diejenigen bei den anderen Institutsgruppen wesentlich
übersteigen. Das gilt insbesondere für die Gewinnausschüttungen, die
von den Eigentümern der Kreditbanken erwartet werden, und die dafür zu entrichtenden Steuern, aber auch für die als Indiz für die Finanzkraft und Sicherheit der Institute gewertete Bildung offener und
stiller Rücklagen, die sich häufig an dem ausgeschütteten Gewinnbetrag
orientiert (4). Schließlich sind bei den Kreditbanken die an die leitenden

---

1) Vgl. Fischer, Otfrid: Die Finanzdisposition der Geschäftsbanken, S.
   269 ff. Die privaten Kreditinstitute Bayerns haben 1958 einen Garantiefonds gegründet und auf der Mitgliederversammlung des Bundesver-
   bandes für das private Bankgewerbe (seit 1968 Bundesverband Deutscher Banken) vom 4. 9. 1963 wurde beschlossen, einen Gemeinschafts-
   fonds zu schaffen, dem beizutreten sich inzwischen fast alle Mit-
   gliedsbanken entschlossen haben. Vgl. Bundesverband des privaten
   Bankgewerbes (e. V.) Jahresbericht 1963/64, S. 41
2) Vgl. ebenda, S. 688 f. sowie unsere Ausführungen S. 98 f.
3) Vgl. ebenda, S. 687
4) Vgl. ebenda, S. 289 ff. , 299 ff. und 316 ff. Man kann davon ausgehen,
   daß die von den Kreditaktienbanken auszuschüttenden Gewinne etwa
   doppelt so hoch sind wie bei den Kreditgenossenschaften, während die
   Sparkassen nur bei Erreichung eines bestimmten Eigenkapitalanteils
   an den gesamten Einlagen Gewinnteile abführen müssen. Die Bildung
   offener und stiller Reserven im Verhältnis zum ausgeschütteten Gewinn wird bei den Kreditbanken und Kreditgenossenschaften bisweilen
   mit 1 : 1 : 1 angenommen. Der Steuersatz für ausgeschüttete Gewinne
   liegt für Kapitalgenossenschaften bei 15 %, der für einbehaltene Gewinne bei 51 %. Einzelunternehmer und Gesellschafter von Personengesellschaften unterliegen für beide Gewinnteile der Steuerprogres-
   sion. Kreditgenossenschaften zahlten bis Ende 1967 einheitlich 19 %
   und Sparkassen für den Gewinn aus dem kurzfristigen Geschäft 49 %
   Körperschaftsteuer. Durch das Zweite Steueränderungsgesetz 1967
   (vom 21. 12. 1967, BGBl. I S. 1254) wurden die Steuersätze (erstmals
   für das Jahr 1968) für Kreditgenossenschaften, die Kredite ausschließlich an Mitglieder gewähren, auf 32 % und für Sparkassen auf 35 % des
   Einkommens erhöht.

Persönlichkeiten zu zahlenden Tantiemen ebenfalls wesentlich höher anzusetzen als bei den Kreditgenossenschaften, während die Sparkassen eine systematische Gewinnbeteiligung bisher überhaupt nicht kennen (1). Allerdings haben auch bezüglich der Anforderungen an den disponiblen Überschuß die Individualitäten der einzelnen Institute gewisse Differenzierungen zur Folge (2).

Betrachten wir als nächstes die Zielvariable Eigenkapitalanteil, so können wir feststellen, daß unsere allgemeinen Ausführungen hierzu (3) für die Kreditbanken uneingeschränkte Gültigkeit besitzen. Die Bedeutung des Eigenkapitals für die Kreditbanken resultiert - wie bei allen Universalbanken - aus seiner Haftungs- und Liquiditätseigenschaft. Zieht man indessen auch die Erfolgseigenschaft des Eigenkapitals in die Betrachtung mit ein, so zeigt sich, daß ein Teil des gesamten Bankeigenkapitals, und zwar das gewinnberechtigte Eigenkapital, gerade für die Kreditbanken, deren Eigentümer an die erzielten Gewinne erheblich größere Ansprüche stellen als die der Kreditgenossenschaften und Sparkassen und die für ihre Gewinnausschüttungen auch noch wesentlich höhere Steuern zu entrichten haben, als Finanzierungsmittel ganz besonders unvorteilhaft ist. Berücksichtigt man außerdem die Stimmrechtseigenschaft des gewinnberechtigten Eigenkapitals, so ist weiterhin zu beachten, daß sich bei Kapitalerhöhungen die Anteile der bisherigen Eigentümer verschieben können und die Gefahr der Überfremdung besteht. Die Kreditbanken werden daher ihren Anspruch an das gewinnberechtigte Kapital lediglich auf die Mindestanforderungen richten, die Gesetzgeber und Öffentlichkeit an diese Größe stellen. Bezüglich der offenen und stillen Reserven hingegen, denen die Nachteile des gewinnberechtigten Eigenkapitals (mit Ausnahme des bei der Bildung zu entrichtenden Steuerbetrages) nicht anhaften, kann man davon ausgehen, daß die Kreditban-

---

1) Vgl. Fischer, Otfrid: Die Finanzdisposition der Geschäftsbanken, S. 296 ff. und 719 ff.
2) Z. B. beeinflußt die Rechtsform die Art und Höhe der Gewinnausschüttung, die Art und Höhe der Besteuerung, die Art und Höhe der Rücklagenbildung, das Ausmaß der Publizitätspflicht sowie über die Konstruktion der Führungsspitze die Tantiemen der leitenden Persönlichkeiten, während das Geschäftsstellensystem für die Zahl der Mitarbeiter und damit die Höhe der Gewinnbeteiligung der Arbeitskräfte bedeutsam ist.
3) Vgl. S. 101 ff.

ken grundsätzlich die erreichbar erscheinende Höhe anstreben (1). Bei
den offenen Rücklagen liegt der Grund dafür darin, daß Gesetzgeber und
Öffentlichkeit in ihre Angemessenheitsvorstellungen bezüglich des Bankeigenkapitals alle sichtbaren Eigenkapitalanteile (also sowohl das gewinnberechtigte Eigenkapital als auch die offenen Reserven) einbeziehen
und daß der Gesetzgeber zur Sicherung der finanziellen Stabilität der
Institute Normvorschriften erlassen hat, bei denen das haftende Eigenkapital als Bezugsbasis verwendet wird. Die Kreditbanken müssen sich
bemühen, diese Normvorschriften zu erfüllen, werden aber u. U. sogar
darauf bedacht sein, sie überzuerfüllen, um nicht nur ihre Sicherheit
und Finanzkraft für die Augen der Öffentlichkeit sichtbar zu stärken,
sondern auch im Hinblick auf evtl. Vergrößerungen des Geschäftsumfanges einen Spielraum zu besitzen. In bezug auf die stillen Reserven hingegen liegt der Grund für das Streben nach der erreichbar erscheinenden
Höhe vor allem in ihrer Eignung zum intertemporären Gewinn- und Verlustausgleich. Gerade die Kreditbanken, die in stärkerem Maße als die
Sparkassen und Kreditgenossenschaften auf Gewinnerzielung bedacht sind
und daher auch relativ risikoreiche Geschäfte, wie etwa das Emissionsgeschäft, das Eigenhandelsgeschäft mit Aktien, das Außenhandelsge-
schäft und das Großkreditgeschäft in besonderem Maße pflegen, können
im Verlauf konjunktureller Schwankungen Verluste erleiden (2), die zwar
insgesamt gesehen vielleicht nur den erzielten Gewinn mindern, jedoch
- um eine Beunruhigung der Öffentlichkeit zu vermeiden - weder als
Verlust noch als Gewinnminderung nach außen in Erscheinung treten
sollen. So müssen die Kreditbanken notwendigerweise stille Reserven
in einer Höhe bilden, die erwartungsgemäß zum Ausgleich von Verlusten
ausreicht, ihnen außerdem aber einen gewissen Dispositionsspielraum
schafft. Da indessen sowohl die Bildung der offenen als auch die der
stillen Reserven zu Lasten des disponiblen Überschusses erfolgt und
mit den anderen Anforderungen daran abgestimmt werden muß, liegt
hier nicht nur die äußerste Grenze für die Bildung von Rücklagen, sondern es zeigt sich auch deutlich die sehr enge Verbindung zwischen der
Zielvariable Gewinn und der Zielvariable Eigenkapitalanteil. Nun gelten
diese Ausführungen allerdings zunächst nur für solche Kreditbanken,
die ein nominell gebundenes gewinnberechtigtes Eigenkapital besitzen
und zur Publizierung ihrer Jahresabschlüsse voll bzw. beschränkt verpflichtet sind, also die Aktien- und GmbH-Banken, bedenkt man jedoch,
daß die Privatbankiers bezüglich der Höhe ihres haftenden Eigenkapitals den gleichen Rechtsnormen unterworfen sind wie die anderen Kreditbanken und daß sie mit ihrem gesamten Vermögen für die Verbindlichkeiten ihrer Institute einzustehen haben, so ist anzunehmen, daß die Sorge um deren finanzielle Stabilität sie in ihren Ansprüchen an die Zielvariable Eigenkapitalanteil nicht oder zumindest nicht stark von der all-

---

1) Vgl. S. 106 f.
2) Vgl. Fischer, Otfrid: Die Finanzdisposition der Geschäftsbanken, S.
   688

gemeinen Linie abweichen läßt (1).

Erörtern wir schließlich den Marktanteil als dritte Zielvariable, so möchte es auf den ersten Blick scheinen, als könne ihm bei den Kreditbanken eine selbständige Bedeutung nicht zuerkannt werden (2), weil das Streben nach dem erreichbar erscheinenden Marktanteil hier doch offensichtlich den Zweck hat, über die Erhöhung des Geschäftsumfanges zu einer Erhöhung des Gewinnes zu kommen (3). Daß sie dabei versuchen, mit den Konkurrenten in der Entwicklung des Geschäftsumfanges Schritt zu halten, und sie womöglich zu überflügeln, ist unter diesem Aspekt letztlich ebenfalls als der Gewinnsteigerung dienend zu betrachten. Trotz dieser unbestreitbaren Tatsachen möchten wir jedoch annehmen, daß dem Streben nach dem erreichbar erscheinenden Marktanteil auch bei den Kreditbanken eine vom Gewinnstreben unabhängige Bedeutung zukommt. Der Grund dafür liegt darin, daß zwischen der Gewinnerzielung und dem Geschäftsumfang einer Universalbank kein funktionaler Zusammenhang besteht. So kann man nicht sagen, daß nach dem derzeitigen Stand von Gewinn und Geschäftsumfang bei Steigerung des Geschäftsumfanges um x % mit einer Gewinnerhöhung um y % zu rechnen ist. Vielmehr kann der gleiche Gewinn auch mit einem größeren oder kleineren Geschäftsumfang erzielt werden (4). Denkt man sich z. B. die hohe Betriebsaufwendungen verursachenden und keine hohen Erträge erbringenden kleinen Geschäfte hinweg, so erscheint ohne weiteres bei Verminderung des Geschäftsumfanges ein relativ größerer Gewinn erreichbar. Ein solches Verhalten aber liegt keineswegs im Sinne einer modernen Kreditbank und ihrer Bemühungen um die Bereitstellung eines universellen Geschäftsprogramms für alle kontrahierungswilligen Kunden. Wir möchten daher annehmen, daß die Kreditbanken, wenn sie nach einer Vergrößerung ihres Geschäftsumfanges streben, zwar mittelbar den Gewinn, unmittelbar aber ihre Kunden vor Augen haben, die sie bestmöglich zu bedienen wünschen. Dazu kommt, daß die Aktiv- und Dienstleistungsgeschäfte der Kreditbanken - wie bei allen Universalbanken - in engstem Zusammenhang mit ihren Passivgeschäften stehen und der Kunde in der Regel nicht nur die Dienste der Bank in Anspruch nimmt, sondern gleichzeitig auch als Kapitalgeber fungiert. So knüpfen die Kreditbanken ihre Kundenbeziehungen, ohne vielfach im voraus auch nur annähernd beurteilen zu können, wie sich die Geschäftsverbindungen entwickeln werden, grundsätzlich in der Überzeugung, daß sie damit ihr tragendes Fundament schaffen. Es erscheint daher durchaus verständlich, daß eine Kreditbank, die in der Gewinnerzielung mit vergleichbaren Instituten Schritt halten konnte, hinsichtlich der Entwicklung ihres

---

1) Vgl. hierzu auch unsere Ausführungen S. 107
2) Vgl. hierzu unsere Ausführungen S. 108 ff.
3) Vgl. S. 114 f.
4) Vgl. Kolbeck, Heinrich: Der Betriebsvergleich bei Sparkassen, S. 124 ff.

Marktanteils aber zurückblieb, mit ihrem Ergebnis nicht zufrieden ist
(1). Das gilt sowohl für den Fall, daß die Entwicklung des Bankwesens
so stürmisch verläuft wie in den Jahren seit der Währungsreform von
1948, als auch für den Fall einer stagnierenden oder gar zurückgehenden Entwicklung, bei der es vornehmlich darauf ankommt, sich zu behaupten. Die Geschäftsleitung der Bank wird sich in beiden Fällen fragen müssen, ob die künftige Geschäftspolitik nicht einer Änderung im
Hinblick auf eine Vergrößerung des Geschäftsumfanges bedarf, damit
trotz einer an sich günstigen Gewinnsituation nicht die Gefahr heraufbeschworen wird, durch ein zurückbleibendes Geschäftsvolumen an good
will und Prestige zu verlieren, was wiederum im Zeitverlauf mit Sicherheit zu einer Gewinnminderung führen würde. Die Maßnahmen, die
die Bank zur Vergrößerung ihres Geschäftsumfanges zu ergreifen gedenkt (2), und das Ausmaß, in dem die Bank tätig werden will, muß sie
selbstverständlich sowohl mit ihrem grundsätzlichen Streben nach Gewinnerzielung als auch mit den gesetzlichen Vorschriften und den Angemessenheitsvorstellungen der Öffentlichkeit bezüglich ihres Eigenkapitalanteils in Übereinstimmung bringen. Bei den einzelnen Instituten können daher durchaus verschiedenartige Reaktionen zu verzeichnen sein,
die auf ihre jeweiligen Individualitäten zurückgehen, jedoch möchten wir
keine grundsätzlich unterschiedlichen Verhaltensweisen annehmen.

Fassen wir zusammen, so läßt sich feststellen, daß die Zielvariable Gewinn bei den Kreditbanken normalerweise in der Dringlichkeitsskala an
erster Stelle steht. Der zweite Platz muß dem Streben nach dem erreichbar erscheinenden Marktanteil zuerkannt werden. Es ist dem Gewinnstreben solange untergeordnet, wie der Geschäftsumfang nicht in
bedenklicher Weise hinter demjenigen vergleichbarer Institute zurückbleibt. Andernfalls kann die Zielvariable Marktanteil zeitweise der Zielvariable Gewinn übergeordnet werden, ohne daß freilich dabei wegen
der hohen Anforderungen, die sich an den disponiblen Gewinn der Kreditbanken richten, das Gewinnstreben aus dem Auge verloren werden darf.
Den dritten Platz in der Dringlichkeitsskala schließlich nimmt das Streben nach dem erreichbar erscheinenden Eigenkapitalanteil ein, da sowohl das Gewinnstreben als auch das Streben nach Vergrößerung des Geschäftsumfanges dort eine Grenze finden, wo die Angemessenheitsvorstellungen des Gesetzgebers und der Öffentlichkeit in bezug auf den Eigenkapitalanteil nicht mehr erfüllt sind. Es bleibt dann nichts anderes
übrig, als die Geschäftspolitik der Kreditbanken zeitweilig an diesen
Angemessenheitsvorstellungen zu orientieren. Abweichungen zwischen
den einzelnen Instituten auf Grund ihrer Individualitäten sind - vor allem bezüglich der Höhe der Ansprüche an die Zielvariablen - zweifellos
anzunehmen, jedoch grundsätzliche Veränderungen des Gruppenverhaltens kaum zu erwarten.

---

1) Vgl. hierzu auch unsere Ausführungen S. 400 ff.
2) Vgl. hierzu insbesondere unsere Ausführungen S. 160 f. und 408 ff.

bb) Sparkassen und Kreditgenossenschaften

Sowohl die Sparkassen als auch die Kreditgenossenschaften weichen in ihrer spezifischen Aufgabenstellung von den Kreditbanken erheblich ab (1). Die Folge davon sind charakteristische Unterschiede in ihrer Verhaltensweise, die sich aus verschiedenartigen Kombinationen ihrer Zielvariablen ergeben. Dabei handelt es sich einmal um die Höhe der Ansprüche an die einzelnen Zielvariablen und zum anderen um ihre Dringlichkeitsskala.

Nach den auf Grund der Sparkassengesetze erlassenen Mustersatzungen sind die Geschäfte der Sparkassen zwar nach wirtschaftlichen Grundsätzen ohne Gewinnstreben zu führen (2), jedoch lassen zwingende Vorschriften für die Verwendung der Überschüsse der Sparkassen erkennen, daß dabei nicht nur an die zufällige, sondern an die regelmäßige Erzielung von Gewinnen gedacht wird (3). Die augenscheinliche Diskrepanz dieser Bestimmungen erklärt sich aus dem Versuch, die für die ersten Sparkassengründungen maßgebliche Idee der gemeinnützigen Förderung des Sparsinns zur Hebung der allgemeinen Wohlfahrt mit den Erfordernissen zu verbinden, die an die heutigen Sparkassen gestellt werden müssen, wenn sie den ihnen im Laufe ihrer Entwicklung erwachsenen Aufgaben gerecht werden sollen (4). Sind demnach Gemeinnützigkeit und Gewinnstreben auch nicht als unvereinbare Gegensätze anzusehen (5), so kann doch bei den Sparkassen schon auf Grund ihrer ideologischen Einstellung - ganz abgesehen also von den beiden anderen kritischen Ansatzpunkten (6) - von einem Streben nach Gewinnmaximierung nicht die Rede sein (7). Vielmehr ist anzunehmen, daß die Sparkassen, da sie auf Gewinne zur Erfüllung ihrer Aufgaben nicht verzichten können, ebenfalls den erreichbar erscheinenden Gewinn anstreben (8). Allerdings dürfte:

---

1) Vgl. hierzu unsere Ausführungen S. 61 ff.
2) Vgl. z.B. Hessische Mustersatzung, § 2 (4)
3) Vgl. z.B. Hessisches Sparkassengesetz in der Fassung vom 2.1. 1969, § 15
4) Vgl. zur Entwicklung der Sparkassen insbesondere Henze-Schmidt: Grundzüge der Geschichte des Sparkassenwesens, Hamburg 1959 (Grundriß für die Sparkassenarbeit, Teil I) sowie die hier angegebene Literatur.
5) Vgl. Schlierbach, Helmut: Kommentar zum Hessischen Sparkassengesetz, 2. Aufl., Stuttgart 1969, S. 77 f.
6) Vgl. S. 68 ff. und 79 ff.
7) Vgl. hierzu auch Hagenmüller, Karl Friedrich: Der Bankbetrieb, Band I, S. 120 ff., Band III, S. 301 f. Anderer Ansicht ist Krümmel, Hans-Jacob: Bankzinsen, S. 189 ff.
8) Vgl. S. 93 und 117

1. das Streben nach dem erreichbar erscheinenden Gewinn bei den Sparkassen in der Dringlichkeitsskala der Zielvariablen nicht an erster
   Stelle stehen, und

2. der erreichbar erscheinende Gewinn bei den Sparkassen c. p. niedriger sein als bei den Kreditbanken und auch bei den Kreditgenossenschaften (1).

weil sich die Sparkassenkundschaft auch heute noch hauptsächlich aus
dem Mittelstand und den "kleinen Leuten" zusammensetzt, die der Geschäftsstruktur der Sparkassen das für sie typische Gepräge des Klein-
geschäfts mit verhältnismäßig geringer Ertragskraft gibt, und strenge
Sicherheitsvorschriften die Gewinnerzielungsmöglichkeiten der Sparkassen beschränken (2). Allerdings sind nicht nur die Gewinnerzielungsmöglichkeiten der Sparkassen geringer zu veranschlagen als diejenigen der
Kreditbanken und Kreditgenossenschaften, sondern auch die an ihre
Überschußerzielung gerichteten Anforderungen. Das gilt einmal für die
an die Gewährträger der öffentlich-rechtlichen bzw. die Eigentümer der
freien Sparkassen abzuführenden Überschüsse (3), zum anderen für die
von den Sparkassen zu entrichtenden Steuern (4) und letztlich für die Gewinnbeteiligung der Arbeitskräfte, die bei den öffentlich-rechtlichen
Sparkassen gänzlich und bei den freien Sparkassen teilweise entfällt (5).
Dagegen ist es den Sparkassen, die kein gewinnberechtigtes Eigenkapital
besitzen, nur mit Hilfe offener Rücklagen möglich, die Angemessenheitsvorstellungen des Gesetzgebers und der Öffentlichkeit über das haftende Eigenkapital zu erfüllen, so daß eine Ausdehnung ihres Geschäftsvolumens c. p. von den Zuführungen zur Sicherheitsrücklage abhängt, an
die sie infolgedessen relativ hohe Ansprüche richten müssen (6). Schließlich ist hinsichtlich der Legung stiller Reserven zwar davon auszugehen,
daß die öffentlich-rechtlichen Sparkassen einen Gewährträger besitzen,
der für evtl. Verluste aufzukommen hat und daß ihre Sicherheitspolitik
durch strenge Vorschriften geprägt wird, so daß sich stille Reserven
für sie eigentlich weitgehend erübrigen müßten, um jedoch den Gewährträger - schon aus Prestigegründen - im Bedarfsfall möglichst nicht in

---

1) Vgl. S. 117 f. und 127 f.
2) Vgl. z. B. Hessische Mustersatzung, §§ 3 - 27
3) Vgl. z. B. Hessisches Sparkassengesetz in der Fassung vom 2. 1.
   1969, § 15. Für die freien Sparkassen gelten ähnliche satzungsmäßige Bestimmungen. Vgl. hierzu auch unsere Ausführungen S. 118 f.
   und 127 f.
4) Vgl. Fischer, Otfrid: Die Finanzdisposition der Geschäftsbanken,
   S. 319 und Alsheimer, Herbert: Die Einkommens- und Körperschaftsbesteuerung der Kreditinstitute und Sonderfragen ihrer Steuerbilanz,
   S. 28 ff. Vgl. hierzu auch unsere Ausführungen S. 118 und 127
5) Vgl. Fischer, Otfrid: Die Finanzdisposition der Geschäftsbanken, S.
   317 sowie unsere Ausführungen S. 118 und 127 f.
6) Vgl. ebenda, S. 319 sowie unsere Ausführungen S. 118, 119 f., 125 f.,
   126 f. und 129

Anspruch nehmen zu müssen, bemühen auch sie sich um einen intertemporären Gewinn- und Verlustausgleich mit Hilfe stiller Reserven, wenngleich diese vor allem diejenigen der Kreditbanken bei weitem nicht erreichen (1).

In der Zielvariable Marktanteil läßt sich bei den Sparkassen ihre ursprüngliche Grundkonzeption der Pflege und Förderung des Spargedankens mit den heute an sie gestellten Aufgaben, den kontrahierungswilligen Kunden alle die Bankleistungen anzubieten, die in einer modernen Volkswirtschaft ihren Bedürfnissen entsprechen, auf das beste vereinigen. Wir sehen daher nicht im Gewinn, sondern im Marktanteil die normalerweise vorrangige Zielvariable der Sparkassen und nehmen an, daß sie ihren Anspruch an den Marktanteil auf die jeweils erreichbar erscheinende Höhe für alle gesetzlich und satzungsmäßig erlaubten Geschäfte richten (2). Durch den Verzicht auf Gewinne können die Sparkassen, wie in der "Wettbewerbsdiskussion" besonders betont wird, ihren Marktanteil stärker als die Kreditbanken und Kreditgenossenschaften ausdehnen (3), jedoch sind einem solchen Vorgehen doch relativ enge Grenzen gesetzt, weil auch bei den Sparkassen erhebliche Ansprüche an ihre Gewinnerzielung gestellt werden müssen. So stößt das Streben nach dem erreichbar erscheinenden Marktanteil bei den Sparkassen dort an seine Grenze, wo die erzielten Gewinne nicht mehr ausreichen, um die an sie gestellten Anforderungen zu erfüllen (4).

Der Eigenkapitalanteil als Zielvariable der Sparkassen erhält seinen besonderen Aspekt dadurch, daß diesen Instituten von ihren Eigentümern kein Eigenkapital zur Verfügung gestellt wird, das zur Erfüllung der Angemessenheitsvorstellungen des Gesetzgebers und der Öffentlichkeit für das haftende Eigenkapital beitragen könnte, und die Sparkassen infolgedessen hierfür allein auf die Bildung von Rücklagen aus dem erzielten Gewinn angewiesen sind (5). Da weiterhin die Ausdehnung des Geschäftsvolumens nur bei Einhaltung der gesetzlichen Normen für das haftende Eigenkapital möglich ist, wollen wir in Übereinstimmung mit der Vorrangigkeit der Zielvariable Marktanteil bei den Sparkassen annehmen, daß sie ihre Ansprüche an die Sicherheitsrücklage nicht nur

---

1) Vgl. Fischer, Otfrid: Die Finanzdisposition der Geschäftsbanken, S. 317 und 763 sowie unsere Ausführungen S. 118, 120, 126 f., 128 und 129
2) Vgl. hierzu unsere Ausführungen S. 115, 121 ff. und 128 f.
3) Vgl. Bundesverband des privaten Bankgewerbes e. V., Jahresbericht 1963/64, S. 34. Vgl. hierzu insbesondere auch Stützel, Wolfgang: Bankpolitik - heute und morgen, Textziffern 150 - 163, S. 73 ff. sowie Krümmel, Hans-Jacob: Bankzinsen, S. 190 ff.
4) Vgl. hierzu auch die folgenden Ausführungen über das Eigenkapital als Zielvariable der Sparkassen
5) Vgl. Fischer, Otfrid: Die Finanzdisposition der Geschäftsbanken, S. 247 ff. sowie unsere Ausführungen S. 101 ff., 119 ff. und 129

auf die Mindesthöhe, sondern grundsätzlich auf die erreichbar erscheinende Höhe richten, und das Gleiche dürfte im Interesse einer kontinuierlichen Entwicklung der Sparkassen auch für die Höhe der stillen Rücklagen gelten (1).

Fassen wir zusammen, so läßt sich feststellen, daß die Zielvariable Marktanteil in der Dringlichkeitsordnung der Sparkassen normalerweise an erster Stelle steht, jedoch dort eine Grenze findet, wo die zur Erfüllung der Ansprüche an die Zielvariable Gewinn notwendigen Überschüsse nicht mehr gewährleistet sind. Da die Überschußbildung hinwiederum die einzige Möglichkeit der Sparkassen bildet, die sich an die Zielvariable Eigenkapital richtenden Ansprüche zu realisieren und diese eine Grenze für die Ausdehnung des Geschäftsvolumens setzen, scheint es uns erforderlich, die Zielvariable Gewinn - trotz der grundsätzlich gemeinnützigen Einstellung der Sparkassen - in der Rangfolge an die zweite und somit die Zielvariable Eigenkapital an die dritte Stelle zu setzen. Zwar mag es im Einzelfall auf Grund von Individualitäten gewisse Unterschiede - vor allem in der Höhe der Ansprüche an die Zielvariablen - geben, jedoch sind grundsätzliche Abweichungen vom Gruppenverhalten wohl kaum anzunehmen.

Die Genossenschaften sind als "freiwillige und unabhängige Selbsthilfeorganisationen entstanden und gewachsen" (2). Daraus ergibt sich die weit verbreitete Ansicht, "daß der Genossenschaft grundsätzlich die Absicht der Gewinnerzielung fehlt", daß sie vielmehr als ein "Selbstkostendeckungsbetrieb" zu betrachten ist (3). Da jedoch die hier zu behandelnden gewerblichen und ländlichen Kreditgenossenschaften, die Volksbanken und Raiffeisenkassen, als Kreditinstitute nur existenzfähig sind, wenn sie die zur Durchführung ihrer Aktiv- und Passivgeschäfte erforderlichen Mittel in Form von Eigen- und vor allem Fremdkapital aufbringen können, benötigen sie - wie alle Universalbanken - das Vertrauen einer großen Zahl von Kapitalgebern, das sie nur gewinnen können, wenn sie die Öffentlichkeit von ihrer Ertragskraft einerseits und ihrer Sicherheit andererseits zu überzeugen vermögen. Die Kreditgenossenschaften tragen dieser Tatsache dadurch Rechnung, daß sie Gewinnausschüttungen in einer Höhe vornehmen, die für kapitalkräftige alte und neue Mitglieder einen Anreiz zur Kapitalanlage in Geschäftsanteilen gibt, zumal sie nur auf diese Weise ihre genossenschaftliche Aufgabe gegenüber ihren Mitgliedern erfüllen können (4), und Rücklagen zur Stärkung ihrer Sicherheit in einem Umfang bilden, der den An-

---

1) Vgl. hierzu unsere Ausführungen S. 120 und 129
2) Vgl. Henzler, Reinhold: Genossenschaftswesen, 2. Aufl., Wiesbaden 1953, S. 23 sowie unsere Ausführungen S. 61 ff.
3) Vgl. Henzler, Reinhold: Genossenschaftswesen, S. 29 und 47
4) Vgl. hierzu insbesondere Krümmel, Hans-Jacob: Bankzinsen, S. 184 ff.

gemessenheitsvorstellungen der Öffentlichkeit entspricht, damit auch die Fremdkapitalbeschaffung gelingt. Trotz dieses zweifellos starken Zwanges zur Gewinnerzielung kann aber bei den Kreditgenossenschaften sowohl auf Grund ihrer ursprünglichen Aufgabenstellung als auch wegen des Fehlens der Voraussetzungen (1) u. E. von einem Streben nach Gewinnmaximierung ebensowenig gesprochen werden wie bei den Sparkassen (2). Wir möchten vielmehr annehmen, daß die Kreditgenossenschaften - wie die Kreditbanken und Sparkassen, wenngleich teilweise aus anderen Gründen - ihren Anspruch an die Zielvariable Gewinn auf die jeweils erreichbar erscheinende Höhe richten. Weiterhin wird man sagen können, daß

1. das Streben nach dem erreichbar erscheinenden Gewinn bei den Kreditgenossenschaften in der Dringlichkeitsskala der Zielvariablen - ebenso wie bei den Kreditbanken - an erster Stelle steht, daß aber
2. der erreichbar erscheinende Gewinn der Kreditgenossenschaften - ebenso wie bei den Sparkassen - c. p. niedriger ist als bei den Kreditbanken,

weil der Kundenkreis der Kreditgenossenschaften - auf Grund ihrer selbstgewählten Aufgabenstellung - auch ihrer Geschäftsstruktur das typische Gepräge des Kleingeschäftes mit verhältnismäßig geringer Ertragskraft gibt (3). Ebenso wie bei den Sparkassen sind aber bei den Kreditgenossenschaften nicht nur die Gewinnerzielungsmöglichkeiten, sondern auch die Anforderungen an den Gewinn niedriger als bei den Kreditbanken. So erwarten die Eigentümer zwar berechtigterweise Gewinnausschüttungen, jedoch sind dafür von den Kreditgenossenschaften wesentlich kleinere Beträge bereitzustellen als von den Kreditbanken, wenngleich größere als - zumindest bis jetzt - von den Sparkassen (4). Desgleichen sind die Steuern der Kreditgenossenschaften geringer als diejenigen der Kreditbanken (5). Schließlich pflegen die Kreditgenossenschaften auch als Gewinnbeteiligung für ihre leitenden Angestellten weniger hohe Beträge aufzuwenden als die Kreditbanken, während sie ihren Arbeitskräften im Mittel- und Unterbau infolge der angespannten

---

1) Vgl. S. 68 ff. und 79 ff.
2) Vgl. S. 134. Vgl. hierzu auch Hagenmüller, Karl Friedrich: Der Bankbetrieb, Band I, S. 73 ff. und Band III, S. 302 f. Anderer Ansicht ist Krümmel, Hans Jacob: Bankzinsen, S. 184 ff.
3) Vgl. S. 117 f. und 124
4) Vgl. S. 118 und 124
5) Vgl. unsere Ausführungen S. 118 und 124. Ein Vergleich mit den Sparkassen war bis Ende 1967 wegen der unterschiedlichen Besteuerungsgrundlagen sehr schwierig. Auf Grund der durch das 2. Steueränderungsgesetz 1967 erfolgten Änderungen liegen die Steuersätze der Kreditgenossenschaften, die Kredite ausschließlich an Mitglieder gewähren, mit 32 % um 3 % unter denjenigen der Sparkassen von 35 %.

Arbeitsmarktlage durchaus konkurrenzfähige Beträge zahlen müssen
(1). Im Hinblick auf die Dotierung der offenen Rücklagen ist zu beachten, daß die Kreditgenossenschaften auf die Bildung von Eigenkapital
durch ihre Mitglieder keinen unmittelbaren Einfluß nehmen können und
daher zur Erfüllung der allgemeinen Angemessenheitsvorstellungen des
Gesetzgebers und der Öffentlichkeit bezüglich des haftenden Eigenkapitals (2) weitgehend auf ihren durch das Genossenschaftsgesetz vorgeschriebenen Reservefonds (3) angewiesen sind. Damit hängt auch die
Ausdehnung ihres Geschäftsvolumens letztlich von den Zuführungen hierzu ab, an die sie infolgedessen - selbst im Vergleich zu den Kreditbanken - relativ hohe Ansprüche zu richten pflegen (4). Letzteres gilt auch
für die Legung stiller Reserven, obgleich die Kreditgenossenschaften in
der Haftpflicht ihrer Mitglieder (5) ein beachtliches Garantiekapital besitzen, darüberhinaus einem Garantiefonds angehören und ähnlich wie
die Sparkassen in wesentlich geringerem Maße als die Kreditbanken risikoreiche Geschäfte betreiben, erscheint es vornehmlich im Interesse
ihrer zahlreichen kleinen und mittleren Kunden erforderlich, mit Hilfe
stiller Reserven bei evtl. Verlusten oder Gewinnminderungen eine Beunruhigung der Öffentlichkeit zu vermeiden und stetige Dividendenzahlungen zu gewährleisten, wenn die dafür bereitzustellenden Beträge auch
diejenigen der Kreditbanken zweifellos nicht erreichen (6).

Die Bedeutung des Marktanteils als Zielvariable der Kreditgenossenschaften liegt vor allem in dem bei den Kreditgenossenschaften besonders engen Zusammenhang zwischen ihren Aktiv- und Dienstleistungsgeschäften und der Beschaffung der dafür erforderlichen eigenen und
fremden Mittel. So hoffen die Kreditgenossenschaften über das Angebot
eines breiten Geschäftsprogramms nicht nur das so dringend benötigte
Fremdkapital heranzuziehen, sondern auch neue Mitglieder zu werben.
Daher kann angenommen werden, daß auch die Kreditgenossenschaften
ihren Anspruch an die Zielvariable Marktanteil auf die jeweils erreichbar erscheinende Höhe richten und alle gesetzlich erlaubten Geschäftsarten in dieses Streben einbeziehen (7). Allerdings ist zu beachten, daß

---

1) Vgl. S. 118
2) Der Haftpflicht der Genossenschaftsmitglieder wird dabei durch einen
   Haftsummenzuschlag zu den Geschäftsguthaben und den ausgewiesenen
   Rücklagen Rechnung getragen. Vgl. Fischer, Otfrid: Die Finanzdisposition der Geschäftsbanken, S. 259 f.
3) Vgl. Genossenschaftsgesetz, § 7 (4)
4) Vgl. Fischer, Otfrid: Die Finanzdisposition der Geschäftsbanken, S.
   259 f., 299 und 303 sowie unsere Ausführungen S. 118, 119 f., 124 f.,
   125 f. und 129
5) Vgl. Genossenschaftsgesetz, §§ 26 - 28, 119 und 131
6) Vgl. Fischer, Otfrid: Die Finanzdisposition der Geschäftsbanken, S.
   259 ff., 691 und 761 sowie unsere Ausführungen S. 118, 119 f., 124 f.,
   125 f. und 129
7) Vgl. S. 115, 121 ff. und 125 f.

die Ausdehnung des Geschäftsumfanges - so wichtig die Zielvariable Marktanteil für die Kreditgenossenschaften zweifellos ist - sofern sie auf Kosten der Gewinnerzielung erfolgt, ebenso wie bei den Kreditbanken und Sparkassen stets dort eine Grenze findet, wo die Erfüllung der an die Gewinnerzielung gerichteten Ansprüche nicht mehr gewährleistet werden kann (1).

Der Eigenkapitalanteil als Zielvariable der Kreditgenossenschaften erhält seinen arteigenen Aspekt dadurch, daß den die Geschäftsguthaben zur Verfügung stellenden Mitgliedern zugleich das besondere Interesse der Genossenschaften als Kunden gilt. Dies vor allem erklärt ihre intensiven Bemühungen um Geschäftsguthaben, die ohne weiteres als Streben nach dem erreichbar erscheinenden Anteil an gewinnberechtigtem - also relativ hohe Ansprüche an den Gewinn stellenden - Kapital bezeichnet werden können, und sich insofern von denen der Kreditbanken unterscheiden (2), wobei allerdings auch zu berücksichtigen ist, daß die zum Erwerb der Mitgliedschaft erforderliche Übernahme eines Geschäftsanteils (3) immer nur einen sehr kleinen Eigenkapitalzuwachs mit sich bringt. Bedenken wir weiterhin, daß auch die Kreditgenossenschaften großen Wert auf die Ausdehnung ihres Geschäftsvolumens legen, und daß die Angemessenheitsvorstellungen des Gesetzgebers und der Öffentlichkeit hierfür eine absolute Grenze bilden, so können wir annehmen, daß sie für ihre offenen Reserven, die ihnen als neutrales Kapital überdies uneingeschränkt zur Verfügung stehen (4), ebenfalls die jeweils erreichbare Höhe anstreben, und das Gleiche gilt für die stillen Reserven, wenn man die ihnen eigenen Ausgleichsfunktionen in Betracht zieht (5).

Zusammenfassend läßt sich feststellen, daß Gewinnerzielung und Marktanteil in der Dringlichkeitsskala der Zielvariablen bei den Kreditgenossenschaften auf Grund ihrer selbstgewählten Aufgabenstellung der Mitgliederförderung und deren Realisierungsmöglichkeiten an erster und zweiter Stelle stehen. Die Zielvariable Marktanteil kann zwar vorrangig werden, wenn die Entwicklung des Geschäftsumfanges einer Genossenschaft beträchtlich hinter derjenigen vergleichbarer Institute zurückbleibt, doch darf die Gewinnerzielung dabei nicht über Gebühr vernachlässigt werden. Eine Grenze finden beide Zielvariablen infolge der vom Gesetzgeber und der Öffentlichkeit gesetzten Normen auch in der Zielvariable Eigenkapitalanteil. Im Einzelfall mag es - vor allem für die

---

1) Vgl. hierzu auch die folgenden Ausführungen über das Eigenkapital als Zielvariable der Kreditgenossenschaften.
2) Vgl. S. 105 ff. und 119
3) Seine Höhe beträgt meist DM 200,-- bis 300,--.
4) Vgl. hierzu insbesondere Hagenmüller, Karl Friedrich: Der Bankbetrieb, Band I, S. 79
5) Vgl. S. 119 f. und 125 f.

Ansprüche an die einzelnen Zielvariablen - auf Grund ihrer Individualitäten zwischen den Kreditgenossenschaften gewisse Unterschiede geben, doch handelt es sich hierbei wohl kaum um grundsätzliche Abweichungen vom Gruppenverhalten.

3. Das Präferenzsystem im Modell der Universalbank

Nachdem wir das Anspruchsniveau der Universalbanken ausführlich untersucht haben, gilt es nunmehr, aus der Vielzahl der Einzelheiten diejenigen Tatbestände herauszukristallisieren, die unserem Modell der
Universalbank als wirklichkeitsnahe und für die Planung geeignete Leitmaximen eingefügt werden können. Dabei gehen wir davon aus, daß die
individuellen Unterschiede der zu einer Gruppe gehörenden Universalbanken im allgemeinen nicht zu einem von der gedanklichen Norm all
zu stark abweichenden Verhalten führen, so daß sie im folgenden vernachlässigt werden können, daß jedoch Kreditbanken, Sparkassen und
Kreditgenossenschaften ein ausgeprägtes Gruppenverhalten erkennen
lassen.

a) Ein Anspruchsanpassungsschema

Als Ergebnis unserer Untersuchungen über die Kombination der Zielvariablen bei den drei Institutsgruppen ist vor allem festzuhalten, daß
die für die Universalbanken insgesamt herausgearbeiteten Zielvariablen
Gewinn, Marktanteil und Eigenkapitalanteil bei den einzelnen Institutsgruppen nicht nur mit unterschiedlicher Intensität verfolgt werden, sondern auch in der Dringlichkeitsskala an verschiedener Stelle stehen.
Während bei den Kreditbanken die Reihenfolge Gewinn, Marktanteil, Eigenkapitalanteil gewissermaßen als Normalfall anzusehen ist, tritt bei
den Sparkassen der Gewinn im allgemeinen hinter den Marktanteil zurück (1). Dieser Unterschied im Präferenzsystem erklärt sich aus den
verschiedenartigen selbstgewählten Aufgabenstellungen der beiden Institutsgruppen, die in der Tat so stark ausgeprägt erscheinen, daß ihnen heute allein die typenbildenden Kräfte zuerkannt werden müssen,
die früher auch von der Art der betriebenen Bankgeschäfte und dem
Kundenkreis mit ausgingen (2). Eine Sonderstellung nehmen in gewisser
Hinsicht die Kreditgenossenschaften ein, da ihre spezielle Aufgabenstellung in Verbindung mit ihren Möglichkeiten zu deren Realisierung die
gleiche Reihenfolge der Zielvariablen wie bei den Kreditbanken, nämlich
Gewinn, Marktanteil, Eigenkapitalanteil, zur Folge hat (3).

Besondere Umstände können nun allerdings die Dringlichkeitsskala der
Zielvariablen bei allen drei Institutsgruppen verändern, so daß zeitwei-

---

1) Vgl. S. 122 und 126
2) Vgl. hierzu auch unsere Ausführungen S. 47 ff.
3) Vgl. S. 129

lig etwa bei den Kreditbanken und Kreditgenossenschaften der Marktanteil oder bei den Sparkassen der Gewinn als vorrangig betrachtet wird, bzw. bei allen drei Institutsgruppen die Zielvariable Eigenkapitalanteil ein größeres Gewicht erhält (1). Eine allgemeine Antwort auf die Frage, wann derartige Verschiebungen eintreten, ist zwar nicht leicht zu finden, da die individuellen Unterschiede der einzelnen Institute innerhalb einer Gruppe hierbei eine gewisse Rolle spielen, soll jedoch im folgenden gesucht werden.

Wir haben unterstellt, daß die Universalbanken das jeweils erreichbar erscheinende Anspruchsniveau anstreben, sofern dieses höher ist, als das lediglich befriedigende Anspruchsniveau. Der Grund dafür liegt darin, daß wir es für notwendig erachten, unseren Planungsüberlegungen nicht nur ein erreichbares, sondern zugleich auch ein erstrebenswertes Ziel zu setzen (2). Dieser Unterschied erlaubt es uns nun, in der nicht mehr befriedigenden Höhe einer Zielvariable die besonderen Umstände zu erblicken, die für eine Änderung der Dringlichkeitsskala als erforderlich angesehen wurden. Hat z. B. der mit Hilfe bestimmter absatzpolitischer Maßnahmen erreichte Gewinn einer Kreditbank einen nicht mehr befriedigenden Marktanteil zur Folge, so bedeutet dies nichts anderes, als daß der Zielvariable Marktanteil in Zukunft die größere Aufmerksamkeit gewidmet werden muß, auch wenn das zulasten der Gewinnerzielung geht, und zwar solange, bis diese Zielvariable mindestens wieder die befriedigende Höhe erreicht hat. Der Terminus befriedigend wird dabei nicht allein auf die Bedürfnisse des einzelnen Instituts, sondern außerdem auf das von vergleichbaren Instituten Erreichte bezogen. Befriedigend ist daher immer nur ein solches Ergebnis, das einerseits die eigenen Mindestanforderungen an die einzelnen Zielvariablen erfüllt, andererseits aber unter Berücksichtigung individueller Besonderheiten ein Schritthalten mit vergleichbaren Instituten erlaubt. Ebenso wie das erreichbar erscheinende ist somit das befriedigende Anspruchsniveau zeitveränderlich. Zwar handelt es sich hier nicht um einen ökonomischen, sondern um einen psychologischen Faktor menschlichen Verhaltens, doch ist diesem u. E. gerade bei den Universalbanken mit ihrem gleichartigen Geschäftsprogramm und ihrer starken Abhängigkeit vom Vertrauen der Kunden eine ungewöhnlich große Bedeutung beizumessen. Zu diesem Schluß kommt auch Fischer auf Grund seiner empirischen Untersuchungen über die Finanzdisposition der Geschäftsbanken (3) und Gespräche mit leitenden Persönlichkeiten von Universalbanken (4) vermitteln den gleichen Eindruck.

---

1) Vgl. S. 122, 126 und 129
2) Vgl. S. 86 ff.
3) Vgl. Fischer, Otfrid: Die Finanzdisposition der Geschäftsbanken, passim
4) Geführt von Herrn Prof. Dr. Karl Friedrich Hagenmüller, Mitglied des Vorstandes der Dresdner Bank AG

Wir wollen daher nunmehr versuchen, mit Hilfe der vom Präferenzsystem der Universalbanken gewonnenen Kenntnisse ein Anspruchsanpassungsschema für unsere Modellbank zu entwerfen. Dabei folgen wir grundsätzlich den von Sauermann und Selten entwickelten Gedankengängen (1), ohne uns allerdings zur Verdeutlichung unserer Ausführungen eines numerischen Beispiels zu bedienen, da es uns darauf ankommt, ein in der Wirklichkeit bei bestimmten Unternehmungen anzutreffendes Verhalten in allgemeinster Form zu beschreiben. Aus dem gleichen Grund kann das von Sauermann-Selten entworfene Schema auch nur in stark vereinfachter Form verwendet werden und erfordert außerdem einige Veränderungen im Hinblick auf die Gegebenheiten bei den Universalbanken. Auszugehen ist zwangsläufig von den für die Universalbanken herausgearbeiteten Zielvariablen Gewinn, Marktanteil und Eigenkapitalanteil. Für die Dringlichkeitsordnung der Zielvariablen gilt - wie wir ausgeführt haben - normalerweise bei Kreditbanken und Kreditgenossenschaften die Reihenfolge Gewinn, Marktanteil, Eigenkapitalanteil, bei Sparkassen die Reihenfolge Marktanteil, Gewinn, Eigenkapitalanteil (2). Diese Reihenfolge gibt an, daß bei einer Anpassung nach oben jeweils die vordringlichere Zielvariable vor der nächstvordringlichen und bei einer Anpassung nach unten genau umgekehrt die am wenigsten dringliche Zielvariable vor der nur weniger dringlichen rangiert. Sauermann-Selten bezeichnen diese Zielvariable infolgedessen als die Verzichtgröße (3).

Für jede Zielvariable, also nicht nur für die vordringlichste, wird grundsätzlich die erreichbar erscheinende Höhe angestrebt, sofern sie befriedigend ist (4). Bildet z. B. der Gewinn die vordringlichste Zielvariable, so wird man seine erreichbar erscheinende Höhe mit den einer Universalbank zur Gewinnsteigerung zur Verfügung stehenden Mitteln zu realisieren versuchen. Marktanteil und Eigenkapitalanteil sind dann im Hinblick auf die erreichbar erscheinende Höhe davon abhängig, wie sich die der Gewinnerzielung dienenden Maßnahmen auf sie auswirken, ob sie also von ihnen positiv, gar nicht oder negativ beeinflußt werden. Man wird nun zunächst diejenigen Maßnahmen als nicht in Frage kommend ausschalten, die zwar für den Gewinn die größtmögliche Höhe erreichbar erscheinen lassen, jedoch für den Marktanteil und den Eigenkapitalanteil unbefriedigende Höhen zur Folge haben würden. Von den verbleibenden Maßnahmen wird man sodann diejenigen bevorzugen, die für die nächstdringliche Zielvariable die größere Höhe erreichbar er-

---

1) Vgl. Sauermann, Heinz und Selten, Reinhard: Anspruchsanpassungs-theorie der Unternehmung, S. 582 ff.

2) Vgl. S. 130

3) Vgl. Sauermann, Heinz und Selten, Reinhard: Anspruchsanpassungs-theorie der Unternehmung, S. 583. Vgl. hierzu auch unsere Ausführungen S. 82 f.

4) Vgl. S. 131

scheinen lassen und von diesen wiederum diejenigen, die vermutlich auch für die dritte Zielvariable über der Befriedigungshöhe liegende Werte ergeben. Dabei ist zu beachten, daß sich im Verlauf des Anpassungsprozesses die befriedigende Höhe des Anspruchsniveaus ebenfalls als änderungsbedürftig erweisen kann, da sie von der Entwicklung der vergleichbaren Institute mit bestimmt wird. Die folgende schematische Darstellung, in der eine größere erreichbar erscheinende Höhe jeweils durch eine höhere Indexziffer und die befriedigende Höhe durch die Indexziffer 0 zum Ausdruck gebracht wird, möge dies erläutern (1):

Alternative Mög-lichkeiten der Ge-winnerhöhung	Zielvariablen		
	Gewinn g	Marktanteil m	Eigenkap. Ant. e
1	g_4	m_{-1}	e_{-1}
2	g_3	m_0	e_{-1}
3	g_3	m_0	e_0
4	g_3	m_1	e_0
5	g_3	m_1	e_1
6	g_3	m_2	e_1
7	g_2	m_2	e_2

Abbildung 3

Gewählt würde in diesem Falle die Alternative 6.

Erscheint eine Erhöhung der dringlichsten Zielvariable im Augenblick nicht erreichbar, so wird man versuchen, die nächstdringliche Zielvariable zu erhöhen, doch darf sich die bereits realisierte Höhe der dringlichsten Zielvariable dadurch nicht vermindern. Das gleiche gilt für die dritte Zielvariable, sofern sich die Ansprüche an die ersten beiden Zielvariablen im gegenwärtigen Zeitpunkt nicht erhöhen lassen.

Die für den Normfall angegebene Reihenfolge der Zielvariablen wird stets solange beibehalten, wie die realisierten Größen aller Zielvariablen mindestens befriedigende Höhen erreichen. Sinkt dagegen eine der Zielvariablen unter diese Höhe ab, so muß die Dringlichkeitsskala der Ziel-

---

1) Die Darstellung gilt für Kreditbanken und Kreditgenossenschaften und müßte für Sparkassen durch Vertauschung der Zielvariablen Gewinn und Marktanteil umgeändert werden.

variablen den veränderten Umständen entsprechend variiert werden und
für die dann dringlichste Zielvariable gilt nunmehr im Hinblick auf die
beiden anderen Zielvariablen das oben Ausgeführte. Sind zwei Zielvariablen unbefriedigend, so rangieren beide, und zwar in der für den
Normalfall geltenden Reihenfolge vor der noch befriedigenden Zielvariable. Eine Verschiebung der Reihenfolge der beiden unbefriedigen-
den Zielvariablen würde jedoch dann eintreten müssen, wenn eine davon
auf einen ungewöhnlich niedrigen Stand abgesunken ist. Die sich auf diese Weise ergebenden Möglichkeiten sind in dem folgenden Schema zusammengestellt worden, wobei das Zeichen $\ll$ zum Ausdruck bringen
soll, daß eine Zielvariable unbefriedigender ist als eine andere (1):

	Dringlichkeitsordnung der Zielvariablen		
Möglich-keiten	Dringlichkeits-stufe 1	Dringlichkeits-stufe 2	Dringlichkeits-stufe 3
1.	Gewinn $\geq$ befr.	Marktant. $\geq$ befr.	Eigenkap. $\geq$ befr.
2.	Gewinn $<$ befr.	Marktant. $\geq$ befr.	Eigenkap. $\geq$ befr.
3.	Marktant. $<$ befr.	Gewinn $\geq$ befr.	Eigenkap. $\geq$ befr.
4.	Eigenkap. $<$ befr.	Gewinn $\geq$ befr.	Marktant. $\geq$ befr.
5.	Gewinn $<$ befr.	Marktant. $<$ befr.	Eigenkap. $\geq$ befr.
6.	Marktant. $\ll$ befr.	Gewinn $<$ befr.	Eigenkap. $\geq$ befr.
7.	Gewinn $<$ befr.	Eigenkap. $<$ befr.	Marktant. $\geq$ befr.
8.	Eigenkap. $\ll$ befr.	Gewinn $<$ befr.	Marktant. $\geq$ befr.
9.	Marktant. $<$ befr.	Eigenkap. $<$ befr.	Gewinn $\geq$ befr.
10.	Eigenkap. $\ll$ befr.	Marktant. $<$ befr.	Gewinn $\geq$ befr.

Abbildung 4

Kann "trotz mehrmaligen Probierens" keine Entscheidungsmöglichkeit
gefunden werden, die das anfängliche Anspruchsniveau erfüllt, so muß
es früher oder später nach unten angepaßt werden (2). Diese Anpassung
erfolgt in der Weise, daß der Anspruch an die Verzichtgröße, also die
in der Dringlichkeitsordnung jeweils an letzter Stelle stehende Zielvariable, solange gesenkt wird, bis eine erreichbar erscheinende An-

1) Das Schema wurde für Kreditbanken und Kreditgenossenschaften entworfen, läßt sich aber bei Vertauschung der Zielvariablen Gewinn und
   Marktanteil auch für Sparkassen verwenden.
2) Vgl. Sauermann, Heinz und Selten, Reinhard: Anspruchsanpassungstheorie der Unternehmung, S. 580 sowie unsere Ausführungen S. 82.

spruchshöhe für alle Zielvariablen gefunden worden ist. Da sich hierbei
die Dringlichkeitsordnung der Zielvariablen ändern kann, ist es möglich,
daß im Verlauf dieses Prozesses jede Zielvariable zur Verzichtgröße
wird und infolgedessen gesenkt werden muß. Hat die ungünstige Entwicklung auch die vergleichbaren Institute erfaßt, so kann sich außerdem -
ebenso wie bei der Anpassung nach oben - bezüglich der befriedigenden
Höhe einer, zweier oder aller drei Zielvariablen eine Neuorientierung
als erforderlich erweisen und durch Senkung auf ein niedrigeres Niveau
vorzunehmen sein.

Damit haben wir das Präferenzsystem der Universalbanken in allgemeinster Form zur Darstellung gebracht. Wir meinen, daß das für Universalbanken charakteristische Verhalten darin zum Ausdruck kommt. Den
gruppentypischen Verhaltensweisen kann dabei - wie gezeigt wurde -
ohne weiteres Rechnung getragen werden. Im Bedarfsfall würden sich
durch Veränderung der Ansprüche an die einzelnen Zielvariablen sowie der Kombination der Zielvariablen aber auch Individualitäten einzelner Institute erfassen lassen. Von besonderer Bedeutung erscheint
uns weiterhin, daß mit Hilfe unserer Darstellung Änderungen in der
Zielsetzung der Universalbanken auf Grund veränderter Umweltbedingungen erklärt werden können und sich damit für sie die Möglichkeit
eröffnet, derartige Änderungen bei ihrer Planung zu berücksichtigen.
Dabei ist unerheblich, ob es sich um tatsächliche Veränderungen der
Umweltbedingungen handelt, oder ob sich lediglich die Informationen
der Institute über ihre Umweltbedingungen geändert haben.

Fügen wir das Streben nach der erreichbar erscheinenden Höhe eines
aus den Zielvariablen Gewinn, Marktanteil und Eigenkapitalanteil gebildeten Anspruchsniveaus unserem - der universell tätigen Kreditbank
nachgebildeten - Grundmodell einer Universalbank ein (1), so glauben
wir, damit eine realistische und zugleich brauchbare allgemeine Zielsetzung für ihre Planung gewonnen zu haben, die nicht nur multivariabel
und anpassungsfähig, sondern auch praktikabel ist (2). Zur Abwandlung
des Grundmodells auf die anderen beiden Institutsgruppen bedarf es -
nach den obigen Erörterungen - lediglich für die Sparkassen einer Änderung in der Dringlichkeitsordnung der Zielvariablen (3). Bei unseren
folgenden Ausführungen soll jedoch - wie bereits dargelegt und begründet wurde - nicht nur von den Individualitäten der einzelnen Institute,
sondern auch von den Besonderheiten der Sparkassen und Kreditgenossenschaften grundsätzlich abgesehen werden (4).

---

1) Vgl. S. 51 ff. , 116 ff. und 130 ff.
2) Vgl. S. 81 f.
3) Vgl. S. 61 ff. , 123 ff. und 130 ff.
4) Vgl. S. 63

b) Die Zielvariablen als Planungsziele

Unsere Untersuchungen über das Anspruchsniveau der Universalbanken
haben zur Erarbeitung eines Präferenzsystems geführt, das nicht nur
Angaben über die angestrebten Zielvariablen, sondern auch über die
Dringlichkeitsordnung dieser Zielvariablen sowie deren Anpassung an
Änderungen des Umweltbildes enthält. Zur Bestimmung des Begriffs der
jeweils befriedigenden Höhe der Zielvariablen sind dabei die Mindestanforderungen, die sich an sie richten, sowie das von vergleichbaren Instituten Erreichte herangezogen worden, während für die erreichbar
erscheinende Höhe der Zielvariablen, ausgehend von den realisierten
Größen der Vergangenheit die sich den einzelnen Instituten in Zukunft
bietenden Möglichkeiten maßgebend sein sollten. Sowohl die befriedigenden als auch die erreichbar erscheinenden Niveaus der Zielvariablen
müssen infolgedessen in jeder Planungsperiode neu festgelegt werden.
Es handelt sich dabei um Zielentscheidungen (1), die als "echte Führungsentscheidungen" von der obersten Führungsspitze einer Unternehmung zu fällen sind (2). Bei den Universalbanken besteht diese Führungsspitze in der Regel aus mehreren entscheidungsberechtigten Personen (3), heute oft Manager genannt, die kraft Gesetzes Geschäfts-
führungsbefugnisse besitzen (4). Ihnen steht die Gruppe der Anteilseigner gegenüber, deren Vorstellungen von den anzustrebenden Zielen von
den Geschäftsführern beachtet werden müssen. Neben den Anteilseig-
nern geht bei allen Universalbanken auch von den Arbeitnehmern ein gewisser Einfluß auf die Zielentscheidungen aus, wenngleich meist nur
über die Höhe der Gehälter oder der erwarteten Gewinnbeteiligungen
bzw. sonstiger Gratifikationen. Schließlich ist gerade bei den Universalbanken die gesamte interessierte Öffentlichkeit für die Zielentscheidungen insofern von Bedeutung als sie - zumindest teilweise - recht
konkrete Vorstellungen von der anzustrebenden Höhe der einzelnen Zielvariablen hat (5). Dazu kommen Divergenzen der einzelnen Entscheidungssubjekte, die auf unterschiedliche Motivationsstrukturen, vor allem ein verschieden großes Risikobewußtsein, und sonstige Begren-

---

1) Vgl. Heinen, Edmund: Die Zielfunktion der Unternehmung, S. 11
2) Vgl. hierzu auch unsere Ausführungen S. 34 ff.
3) Eine Ausnahme bilden lediglich die Privatbankiers in der Rechtsform
   der Einzelfirma. Nur diese brauchen daher auch bei ihren Zielentscheidungen auf keine anderen Anteilseigner Rücksicht zu nehmen,
   während bei Privatbankiers in der Rechtsform einer Personengesell-
   schaft mehrere Anteilseigner entscheidungsberechtigt sind (Gesellschafter einer offenen Handelsgesellschaft, Komplementäre einer
   Kommanditgesellschaft) oder zumindest gehört werden müssen (Kom-
   manditisten einer Kommanditgesellschaft, stille Gesellschafter). Vgl.
   hierzu auch unsere Ausführungen S. 76 ff. und 80
4) Vgl. Gutenberg, Erich: Unternehmensführung, S. 23
5) Vgl. hierzu unsere Ausführungen S. 89 ff.

zungsfaktoren der Rationalität, wie z. B. mangelhafte Informationen und verschiedenartige Fähigkeiten zurückgehen (1). So sind für die im Rahmen des jeweiligen Präferenzsystems zu fällenden Zielentscheidungen in der Regel mehr oder weniger komplizierte Verhandlungen erforderlich, deren Ablauf und Ausgang von vielen verschiedenen Faktoren abhängig ist (2). Sie stellen damit letztlich Kompromisse dar, in denen sowohl die konkurrierenden als auch die komplementären Zielsetzungen der einzelnen Organisationsteilnehmer zum Ausgleich gebracht werden (3). Im einzelnen soll darauf nicht näher eingegangen werden, da für unsere folgenden Untersuchungen unterstellt werden kann, daß jeweils eine Einigung über die befriedigende und die anzustrebende Höhe der Zielvariablen zustandekommt (4). Dagegen bedürfen unsere Gedankengänge in anderer Hinsicht noch einer Weiterführung.

Bei den Zielvariablen Gewinn, Marktanteil und Eigenkapitalanteil handelt es sich um "Ziele auf hoher Bezugsebene", sogenannte Endziele (5). Auf die Erreichung dieser Endziele wird die Planung der Universalbanken abgestellt, sie bilden demnach die Leitmaximen ihrer Planung. Alle Entscheidungen, die in einem Institut gefällt werden müssen, sind folglich im Hinblick auf die Erreichung der Endziele zu treffen. Dabei können sich nun allerdings Schwierigkeiten ergeben, von denen die Erreichung der Endziele gefährdet zu werden vermag. Sie beruhen darauf, daß die Erreichung der Endziele bei der großen Zahl der tagtäglich von den verschiedensten Entscheidungssubjekten auf den einzelnen Stufen der betrieblichen Hierarchie zu fällenden Detailentscheidungen in der Regel nicht überprüfbar ist. Da infolgedessen die Masse der Einzelentscheidungen nicht unmittelbar daran orientiert werden kann, bezeichnet man derartige Ziele auch als nicht operationale Ziele (6). Die meisten Endziele sind solche "nicht operationalen Ziele" und die Zielvariablen der Universalbanken - Gewinn, Marktanteil und Eigenkapitalanteil - machen hiervon keine Ausnahmen. Sie bilden daher zwar die "Operationalitätskriterien", die den einzelnen Entscheidungssub-

---

1) Vgl. S. 77 f.
2) Vgl. hierzu insbesondere Cyert, R. M. and March, James G.: A Behavioral Theory of Organizational Objectives, in: Modern Organization Theory, New York 1959 (ed. by Mason Haire), S. 79; Luce, R. Duncan and Raiffa, H.: Games and Decisions, New York 1957, S. 180 und 328; Nash, J. F. jr.: The Bargaining Problem, in: Economica 1950, S. 155-162; Schelling, T. C.: An Essay on Bargaining, in: American Economic Review 1956, S. 281 - 306 sowie die Ausführungen bei Heinen, Edmund: Die Zielfunktion der Unternehmung, S. 65 ff. Vgl. hierzu auch unsere Ausführungen S. 76 ff.
3) Vgl. S. 78 f.
4) Vgl. hierzu auch unsere Ausführungen S. 339 f. und 430 f.
5) Vgl. Heinen, Edmund: Die Zielfunktion der Unternehmung, S. 63
6) Vgl. ebenda, S. 63

jekten von der Organisation als oberste Leitmaximen ihres Handelns vorgegeben werden (1). Da sie jedoch nicht überprüfbar sind, bedarf es sogenannter Unterziele (subgoals), deren Erreichung kontrollierbar ist und an denen sich daher die Entscheidungssubjekte unmittelbar orientieren können. Sie werden deshalb auch als "operationale Ziele" bezeichnet (2). Derartige Ziele könnten bei den Universalbanken z. B. bestimmte Kostenvorgaben, bestimmte Umsätze bei den einzelnen Geschäftsarten usw. sein. Die Bildung der operationalen Unterziele muß zwangsläufig im Hinblick auf die angestrebten nicht operationalen Endziele erfolgen, und nur wenn es gelingt, die Unterziele so zu setzen, daß ihre Erreichung zugleich der Erreichung der Unternehmungsziele dient, ist gewährleistet, daß die obersten Leitmaximen der Unternehmung in den Einzelentscheidungen der zahlreichen Entscheidungssubjekte angestrebt werden. Die Bestimmung derartiger Unterziele ist in vielen Fällen nicht allzu schwierig, nicht selten jedoch auch mit erheblichen Problemen verbunden. Zum einen muß die Vergrößerung der Leistungsfähigkeit eines Unternehmensteils, z. B. einer Abteilung, nicht unbedingt auch im Hinblick auf die angestrebten Endziele einen günstigen Effekt haben. So wäre es z. B. wenig sinnvoll, unrentable Bankgeschäfte nur deshalb stark zu forcieren, damit die betreffende Abteilung bezüglich der Zahl der getätigten Geschäftsvorfälle eine Spitzenstellung einnimmt. Zum anderen ergeben sich Probleme daraus, daß einzelne Unternehmensteile, z. B. Funktionsbereiche, ihren günstigsten Einfluß auf die Endziele der Unternehmung bei unterschiedlichen Verhaltensweisen erreichen, jedoch im Hinblick auf die Arbeitsfähigkeit der Unternehmung auf eine gemeinsame Verhaltensweise festgelegt werden müssen. Das typische Beispiel hierfür in industriellen Betrieben sind die Divergenzen zwischen den technischen und den kaufmännischen Abteilungen bezüglich der Größe des Leistungssortiments (3). In Universalbanken gibt es darüber zwar insofern keine Diskussionen, als das universelle Geschäftsprogramm zu ihren charakteristischen Merkmalen gehört, jedoch können auch bei ihnen zwischen der technischen und kaufmännischen Führung z. B. bezüglich der Automatisierung der Geschäftstätigkeit auf der einen Seite und der Rücksichtnahme auf die Belange der Kunden auf der anderen Seite, Differenzen entstehen. Die Auffindung geeigneter Unterziele erfordert infolgedessen die eingehende Erforschung der gesamten Unternehmung im Hinblick darauf, wie ihre einzelnen Teile am besten zur Erreichung der Endziele beizutragen vermögen und die sorgfältige Unterrichtung aller Entscheidungssubjekte über die von ihnen anzustrebenden Unterziele sowie deren Einfluß auf den Unternehmungserfolg, damit nicht nur bewußte, sondern auch unbewußte Zielkonflikte zwischen den einzelnen Entscheidungssubjekten und den Endzielen der Unternehmung möglichst

---

1) Vgl. March, James G. and Simon, Herbert A.: Organizations, New York - London 1959, S. 42
2) Vgl. Heinen, Edmund: Die Zielfunktion der Unternehmung, S. 63
3) Vgl. hierzu z. B. Gutenberg, Erich: Die Produktion, S. 432 ff.

vermieden werden. Es handelt sich hierbei um einen für die Planung der Universalbanken - wie für die Planung überhaupt - außerordentlich wichtigen Tatbestand, auf den infolgedessen später noch ausführlicher einzugehen sein wird (1).

Mit der Einfügung einer allgemeinen Zielsetzung in das Grundmodell der Universalbank wollen wir unsere Ausführungen über die Leitmaximen der Planung bei Universalbanken abschließen und uns nunmehr den Bestimmungsgründen der universalbankbetrieblichen Planung zuwenden.

---

1) Vgl. hierzu unsere Ausführungen S. 262 ff.

III. Die Bestimmungsgründe
für die Gestaltung der Planung bei Universalbanken

In den folgenden Ausführungen sollen die Bestimmungsgründe für die Gestaltung der Planung bei den Universalbanken und damit zugleich die Besonderheiten der bankbetrieblichen Planung gegenüber der Planung anderer Unternehmungen herausgearbeitet werden. Wir gehen dabei davon aus, daß diese Besonderheiten aus den Arteigenheiten der Universalbanken resultieren, die sich einmal mittelbar über die für die Planung erforderlichen Informationen und ihre Beschaffungsmöglichkeiten auf die Gesamtplanung der Universalbanken auswirken, zum anderen aber als unmittelbarer Ausdruck ihres Geschäftsprogramms die Möglichkeiten und Grenzen der Planung bei Universalbanken bestimmen.

A. Die Gesamtplanung einer Universalbank
als Ausdruck ihrer Arteigenheiten

1. Ein Gesamtplanungsschema

Als Grundlage unserer Überlegungen über die Gesamtplanung der Universalbanken verwenden wir das von Hax für die Gesamtplanung industrieller Unternehmungen entworfene Schema (1):

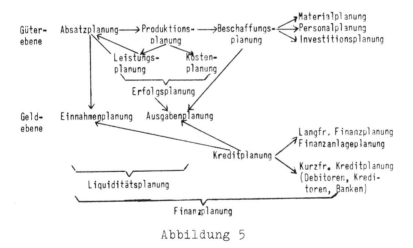

Abbildung 5

---

1) Vgl. Hax, Karl: Planung und Organisation als Instrumente der Unternehmungsführung, S. 609

Die Aufgliederung des Gesamtplanes einer Produktionsunternehmung in einzelne Teilpläne erfolgt hierbei unter rein sachlichen Gesichtspunkten durch Zerlegung der Gesamtaufgabe der Unternehmung in Teilaufgaben. Deutlich läßt sich zwischen der Güterebene, in der sich die Leistungserstellung (Produktion) und Leistungsverwertung (Absatz) einschließlich der hierfür erforderlichen Beschaffungsvorgänge durch Kombination der produktiven Faktoren Arbeit, Betriebsmittel und Werkstoff vollzieht, und der Geldebene, die für das finanzielle Gleichgewicht der Unternehmung maßgeblich ist, unterscheiden. Hält man sich dagegen die Geschäftstätigkeit und das Faktorsystem der Universalbanken vor Augen (1), dann ergeben sich so wesentliche Unterschiede, daß für die Universalbanken ein anderes Gesamtplanungsschema entworfen werden muß:

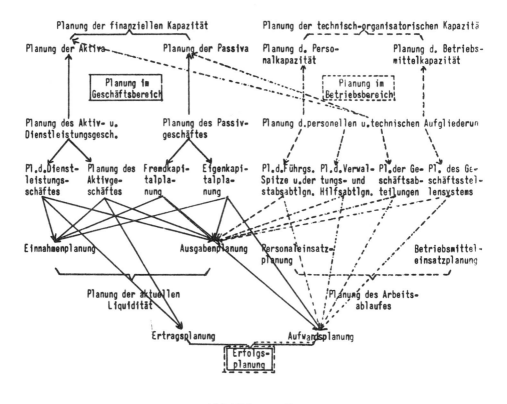

Abbildung 6

---

1) Vgl. S. 52 ff. und 58 ff.

2. Die Hauptbereiche der Planung

Charakteristisch für die Universalbanken ist die überragende Bedeutung ihrer liquiditätsmäßig-finanziellen Sphäre gegenüber der technisch-organisatorischen Sphäre infolge der Arteigenheiten ihrer betrieblichen Betätigung, die ausschließlich in finanziellen Transaktionen besteht. Im Faktorsystem der Universalbanken wurde diesem Tatbestand durch die Einführung der Zahlungsmittelnutzung als eines selbständigen produktiven Faktors Rechnung getragen (1). Zwar läßt sich demnach auch bei den Universalbanken zwischen einer Güterebene und einer Geldebene unterscheiden, wenn man erstere in der technisch-organisatorischen Sphäre, dem Betriebsbereich, letztere in der liquiditätsmäßig-finanziellen Sphäre, dem Geschäftsbereich, erblickt (2), jedoch ist es unmöglich, aus der Güterebene heraus die Erfolgsplanung des Universalbankbetriebes zu entwickeln, wie das bei den Industriebetrieben der Fall sein kann (3), weil bei den Universalbanken die Zahlungsmittelnutzung als monetärer Faktor ein stark erfolgsbestimmendes Element ist. So ist es auch nicht möglich, zwischen Leistungserstellung (Produktion) und Leistungsverwertung (Absatz) in der Güterebene zu unterscheiden (4) und entsprechend zwischen Produktions- und Absatzplanung zu trennen. Weiterhin wäre es unzweckmäßig, die aus Einnahmen- und Ausgabenplanung sich ergebende Liquiditätsplanung ergänzt durch die Planung der Kredite bzw. Finanzierungsmittel bei den Universalbanken als Finanzplanung zu bezeichnen, da sie hier doch den gesamten Leistungsvollzug enthält und nicht wie beim Industriebetrieb lediglich die finanzielle Hilfssphäre des technischen Kombinationsprozesses in Gestalt der Leistungserstellung und Leistungsverwertung darstellt. Statt dessen wollen wir neben die Planung der Einnahmen- und Ausgabenströme, die sich gewissermaßen als Planung der aktuellen Liquidität (5) ansehen läßt, die für Universalbanken außerordentlich bedeutsame Planung der Vermögens- und Kapitalbestände, also der Bilanzstruktur, setzen, die man als Planung

---

1) Vgl. S. 59 f.
2) Vgl. hierzu insbesondere Kaminsky, Stefan: Die Kosten- und Erfolgsrechnung der Kreditinstitute, S. 28 ff.; Fischer, Otfrid: Bankbilanzanalyse, S. 14 ff.; Böhme, Rosemarie: Die Verhaltensweise der Kreditbanken, S. 43 ff.; Hagenmüller, Karl Friedrich: Der Bankbetrieb, Band III, S. 324 Fußnote 54; Deppe, Hans-Dieter: Der Bankbetrieb als Gegenstand von Wachstumsanalysen, S. 360 ff. sowie unsere Ausführungen S. 58 ff.
3) Vgl. Hax, Karl: Planung und Organisation als Instrumente der Unternehmungsführung, S. 609 sowie Abbildung 5, S. 141
4) Vgl. S. 55
5) Der Begriff der aktuellen Liquidität steht hier lediglich im Gegensatz zum Begriff der strukturellen Liquidität und kennzeichnet die kurzfristige im Vergleich zur langfristigen Liquiditätsplanung. Er ist infolgedessen nicht identisch mit Stützels Begriff der aktuellen Liquidi-

der strukturellen Liquidität oder auch als Planung der finanziellen Kapazität (1) bezeichnen kann. Die Gesamtplanung einer Universalbank ist somit zunächst einmal in die beiden großen Bereiche der finanziell-liquiditätsmäßigen Sphäre (Geschäftsbereich) und der technisch-organisatorischen Sphäre (Betriebsbereich) zu untergliedern. Im Geschäftsbereich unterliegen der Planung sowohl die Aktiv- und Dienstleistungsgeschäfte als auch die Passivgeschäfte (Fremd- und Eigenkapitalbeschaffung) und ferner die aus den Einnahmen- und Ausgabenströmen bzw. den Aktiv- und Passivbeständen resultierende aktuelle bzw. strukturelle Liquidität. Im Betriebsbereich erstreckt sich die Planung auf die personelle und technische Aufgliederung des Gesamtbetriebes in einzelne Abteilungen sowie die Beschaffung und den Einsatz der Betriebsmittel (Geschäftsräume, maschinelle Hilfsmittel, Material) und des Personals dieser Abteilungen, für deren einwandfreies Zusammenwirken die Planung des Arbeitsablaufs und für deren Umfang die Planung der technisch-organisatorischen Kapazität als bestimmend anzusehen ist. Die Planung des aus Aufwendungen und Erträgen des Geschäfts- und Betriebsbereichs zu ermittelnden Erfolgs hingegen, in dem sich sowohl die Nutzung der monetären Faktoren als auch die der technisch-organisatorischen Faktoren niederschlägt, wollen wir als einen dritten großen Planungsbereich bezeichnen (2). Bei dem Entwurf des vorstehenden Gesamtplanungsschemas eines Universalbankbetriebes mit drei Hauptplanungsbereichen handelt es sich zunächst um ein stark vereinfachtes und sehr globales Beziehungssystem, das im Verlauf unserer weiteren Ausführungen noch erheblicher Verfeinerungen bedarf (3). Vorerst jedoch reicht dieses Schema aus, um die für die Gesamtplanung einer Universalbank erforderlichen Informationen und ihre Beschaffungsmöglichkeiten zu erforschen.

---

tät, mit der er das Vorhandensein bestimmter liquider Reserven zu einem bestimmten Zeitpunkt bezeichnet. Vgl. Stützel, Wolfgang: Liquidität, in: Handwörterbuch der Sozialwissenschaften, Band 6, Tübingen 1959, S. 626. Vgl. hierzu auch Veit, Otto: Volkswirtschaftliche Theorie der Liquidität, Frankfurt am Main 1948, S. 69

1) Vgl. hierzu insbesondere Hagenmüller, Karl Friedrich: Der Bankbetrieb, Band III, S. 320 sowie unsere Ausführungen S. 230 ff., 296 ff. und 341 ff.

2) Zwar ergeben sich auch Ausgabenströme sowie aktive und passive Bilanzbestände aus dem Betriebsbereich (vgl. Abbildung 6, S. 142), jedoch kommt diesen innerhalb der Liquiditätsplanung (anders als innerhalb der Erfolgsplanung) eine vergleichsweise geringe Bedeutung zu, so daß es gerechtfertigt erscheint, sie der Planung im Geschäftsbereich unterzuordnen.

3) Vgl. hierzu insbesondere S. 227 ff.

B. Die für die Gesamtplanung einer Universalbank erforderlichen Informationen und ihre Beschaffungsmöglichkeiten

Im Anschluß an Wittmann bezeichnen wir als Information das menschlichem Handeln zugrunde liegende Wissen (1). Ohne ein mehr oder weniger großes Maß derartigen Wissens ist grundsätzlich keine Planung möglich. So heißt es bei Albach: "Die beste Strategie bei völliger Unkenntnis ist offenbar, nichts zu tun und zu warten, bis mehr Informationen vorliegen"(2). Das Vorhandensein von Informationen über die zu planenden Tatbestände ist daher Voraussetzung jeglichen Planungsvorgangs überhaupt. Grundlage der Planung einer Universalbank - wie der eines beliebigen anderen Betriebes auch - muß deshalb die Beschaffung von Informationen über die zu planenden Tatbestände sein. Zweifellos steht jedoch sowohl die Art als auch die Beschaffungsmöglichkeit der für die Planung erforderlichen Informationen in engstem Zusammenhang mit der Stellung eines Unternehmens im Wirtschaftsprozeß. Die für die Planung verschiedenartiger Unternehmungen erforderlichen Informationen sind daher ebenso unterschiedlich, wie die Ergebnisse der Informationsbeschaffung. Stellt "die vollkommene Unwissenheit (Ignoranz)" den einen Extrempunkt der Informationsbeschaffung dar, so bildet "die vollkommene Information" den anderen Extrempunkt (3). Dazwischen aber liegen unzählige "Informationsgrade", die sich als "Verhältnis der tatsächlichen Information zur notwendigen Information" bezeichnen lassen und den jeweiligen "Informationsstand" der Unternehmung wiedergeben (4). Diesen Informationsstand so zu gestalten, daß brauchbare Planungen möglich werden, ist das Ziel des Informationsprozesses als erster Stufe des Planungsprozesses (5). Darauf wird später noch ausführlich einzugehen sein (6). An dieser Stelle ist es zunächst einmal unser Anliegen, die aus den Arteigenheiten der Universalbanken resultie-

---

1) Vgl. Wittmann, Waldemar: Unternehmung und unvollkommene Information, S. 14. Loitlsberger spricht in diesem Sinne von "Entscheidungsinformation" als dem gesamten für eine Entscheidung benötigten Wissen im Gegensatz zur "Einzelinformation" als der Nachricht über ein einzelnes Datum. Vgl. Loitlsberger, Erich: Zum Informationsbegriff und zur Frage der Auswahlkriterien von Informationsprozessen, S. 117 ff. Vgl. auch Albach, Horst: Entscheidungsprozeß und Informationsfluß in der Unternehmungsorganisation, S. 355 ff. sowie unsere Ausführungen S. 153 ff.
2) Vgl. Albach, Horst: Wirtschaftlichkeitsrechnung bei unsicheren Erwartungen, S. 189
3) Vgl. Wittmann, Waldemar: Unternehmung und unvollkommene Information, S. 22 ff.
4) Vgl. Wittmann, Waldemar: Unternehmung und unvollkommene Information, S. 25
5) Vgl. S. 20 f.
6) Vgl. insbesondere S. 184 ff. und 341 ff.

10 Kolbeck

renden Besonderheiten bezüglich der Art und der Beschaffungsmöglichkeit der für ihre Planung erforderlichen Informationen herauszuarbeiten, wobei allerdings auf einige grundsätzliche Erörterungen nicht verzichtet werden kann.

1. Grundsätzliches

a) Die Bedeutung der Zeit für die Beschaffung und die Güte von Informationen

Gehen wir von der Definition der Planung als der "gedanklichen Vorbereitung zukünftigen Geschehens" aus (1), so bedeutet dies für die Informationen als Voraussetzung jeglichen Planungsvorgangs, daß sie ebenfalls zukunftsgerichtet sein müssen. Das besagt nicht, daß man bei der Beschaffung der für die Planung erforderlichen Informationen auf die Erforschung der Vergangenheit verzichten könnte, sondern lediglich, daß es bei einer Prognose (2) stets der Berücksichtigung alles dessen bedarf, was sich nur immer als Anhaltspunkt für die Schätzung der zukünftigen Entwicklung ansehen läßt. So wird man bei jeder Informationsbeschaffung zwar zunächst die Entwicklungsrichtung der Vergangenheit

---

1) Vgl. S. 19
2) In der wirtschaftswissenschaftlichen Literatur wird neuerdings häufig zwischen Prognosen und Projektionen unterschieden. So bezeichnet z. B. Giersch als Prognosen nur "unwesentlich eingeschränkte Vorhersagen mit einer an Gewißheit grenzenden Wahrscheinlichkeit (maximale Wahrscheinlichkeit)". Dagegen spricht er von Projektionen bei "inhaltsvollen Vorhersagen, die eine eingeschränkte Wahrscheinlichkeit haben". Vgl. Giersch, Herbert: Allgemeine Wirtschaftspolitik - Grundlagen, Wiesbaden 1960 (Die Wirtschaftswissenschaften, hrsg. von E. Gutenberg), S. 39. Zweifellos können Voraussagen der ersteren Art im Unternehmensbereich nie gemacht werden. Albach verwendet daher hier ausschließlich den Begriff Projektion. Vgl. Albach, Horst: Die Prognosen im Rahmen unternehmerischer Entscheidungen, in: Diagnose und Prognose als wirtschaftswissenschaftliche Methodenprobleme (Schriften des Vereins für Socialpolitik. Gesellschaft für Wirtschafts- und Sozialwissenschaften, Neue Folge, Band 25, hrsg. von H. Giersch und K. Borchardt), S. 201. Da indessen die von Giersch vorgenommene Abgrenzung beider Begriffe durchaus keine Allgemeingültigkeit besitzt, z. B. wird in der amerikanischen Literatur der Begriff der Prognose für die kurzfristige, der Begriff der Projektion für die langfristige Voraussage benutzt, während in der niederländischen Terminologie die Prognose eine Vorhersage unter der Voraussetzung einer unveränderten Haltung der Regierung und die Projektion eine Vorhersage bei veränderter Haltung der Regierung bedeutet (vgl. Methodologie und Praxis der Konjunkturforschung (Diagnose und Prognose), Spezialdiskussion, in:

festzustellen, von da aus aber unter Einbeziehung erkennbarer Tendenzen irgendwelcher Art auf die zukünftige Entwicklung zu schließen versuchen. Die Wissenschaft hat dafür eine Anzahl von Verfahren entwickelt, auf die später noch näher einzugehen sein wird (1). Trotz aller dabei aufgewendeten Sorgfalt werden die erzielten Ergebnisse jedoch
niemals Gewißheitscharakter besitzen, sondern immer nur mehr oder
weniger wahrscheinlich sein (2), und zwar im allgemeinen noch nicht
einmal objektiv, sondern lediglich subjektiv wahrscheinlich (3). Der
Grad dieser Wahrscheinlichkeit steht in engem Zusammenhang mit der
Länge des Zeitraumes, für die eine Prognose zu machen ist. So gilt
grundsätzlich, daß mit zunehmender Länge des Prognosezeitraumes
der Grad der Wahrscheinlichkeit für das Eintreffen der prognostizierten Größen abnimmt. Im Gegensatz hierzu sollte man meinen, daß über
die Gegenwart und die Vergangenheit immer sichere Kenntnisse zu erlangen sein müßten. Das ist jedoch ebenfalls nur bis zu einem gewissen
Grade möglich. Um dies zu erkennen, braucht man lediglich den "Ausschnitt aus der Vergangenheit, der jeweils als sicher gewußt werden
kann", ins Verhältnis zu all dem zu setzen, was sich im Laufe der Zeit
auf die Entwicklung einer Unternehmung insgesamt ausgewirkt hat und
in all seinen Abhängigkeiten und Zusammenhängen gar nicht zu durch-
dringen ist (4). So beruhen auch die Vorstellungen über die Vergangenheit und Gegenwart stets zu einem großen Teil auf Vermutungen und Meinungen, denen nicht Wahrheits-, sondern Wahrscheinlichkeitscharakter
zukommt, und nur ein geringer Teil geht auf gesichertes Wissen zurück,
was Schlüsse von der vergangenen auf die zukünftige Entwicklung zwangsläufig erschwert.

Nun ist allerdings für die Güte einer Information nicht nur die Wahrscheinlichkeit, mit der sie den Eintritt eines Ereignisses erwarten läßt
(5), d. h. also ihre Treffsicherheit, sondern auch ihre Genauigkeit maß-

Diagnose und Prognose als wirtschaftswissenschaftliche Methodenprobleme, S. 502 f.), wollen wir diese Unterscheidung bei unseren
folgenden Untersuchungen nicht machen. Wir unterscheiden infolgedessen auch nicht zwischen prognostizieren und projizieren. Vgl. hierzu auch Menges, Günter: Statistik und Wirtschaftsprognose, in: Umrisse einer Wirtschaftsstatistik (Festgabe für Paul Flaskämper), Hamburg 1966, S. 53 f.

1) Vgl. Wittmann, Waldemar: Unternehmung und unvollkommene Information, S. 92 ff. sowie unsere Ausführungen S. 341 ff.

2) Vgl. hierzu und zum folgenden Wittmann, Waldemar: Unternehmung
und unvollkommene Information, S. 73

3) Vgl. S. 71

4) Vgl. Wittmann, Waldemar: Unternehmung und unvollkommene Information, S. 15. Vgl. hierzu auch Arbeitskreis Hax der Schmalenbach-
Gesellschaft: Wesen und Arten unternehmerischer Entscheidungen, S.
688 Fußnote 9

geblich (1). Damit wird die "Streuung" der durch die Information "ge-
lieferten Werte um den tatsächlichen Wert" bezeichnet (2). Zwischen
Sicherheit und Genauigkeit einer Information bestehen beim Vorhandensein objektiver Wahrscheinlichkeiten strenge mathematische Beziehungen. Dies ist beim Vorliegen lediglich subjektiver Wahrscheinlichkeiten
zwar nicht der Fall, doch gilt tendenziell auch hierfür, daß genauere
Informationen im allgemeinen einen geringeren Wahrscheinlichkeitsgrad besitzen und damit weniger sicher sind (3). Indessen darf daraus
nicht gefolgert werden, daß zunehmende Entfernung vom Planungszeitpunkt, die zu geringerer Wahrscheinlichkeit der Informationen führt,
eine größere Genauigkeit derselben zur Folge hat. Die angedeuteten Beziehungen zwischen Sicherheit und Genauigkeit gelten vielmehr jeweils
nur für Informationen mit gleicher Entfernung zum Planungszeitpunkt.
Für zunehmende Entfernung vom Planungszeitpunkt hingegen läßt sich
feststellen, daß die Informationen sowohl unsicherer als auch ungenauer
werden.

Somit spielt die Zeit auch für den Informationsgrad, d. h. also das Verhältnis von tatsächlicher zu notwendiger Information eine wesentliche
Rolle. Allgemein läßt sich sagen, daß der Informationsgrad für zukünftige Ereignisse um so größer ist, je geringer der Prognosezeitraum gewählt wird. Soll z. B. im Zeitpunkt t_0 für ein zukünftiges Ereignis im
Zeitpunkt t_n der Informationsgrad bestimmt werden, dann gilt grundsätzlich, daß er um so größer sein wird, je geringer der Abstand zwischen t_0 und t_n ist (4). Umgekehrt ist der Informationsgrad über ein ver-
gangenes Ereignis um so kleiner, je länger es zurückliegt, d. h. also,
je größer der Abstand zwischen t_0 und $-t_{\to\infty}$ ist. Allerdings ist dabei zu be-

---

5) Vgl. Kellerer, Hans: Theorie und Technik des Stichprobenverfahrens,
   2. Aufl., München 1953, S. 62 f.
1) Vgl. Loitlsberger, Erich: Zum Informationsbegriff und zur Frage der
   Auswahlkriterien von Informationsprozessen, S. 133. Z. B. ist eine
   Information, die mit 100 %-iger Wahrscheinlichkeit den Gewinn des
   kommenden Jahres mit 100. 000, -- DM angibt, sicher und genau; eine
   Information, die mit 100 %-iger Wahrscheinlichkeit den Gewinn als
   zwischen 90. 000, -- DM und 110. 000, -- DM liegend ermittelt, ist zwar
   sicher, aber ungenau; eine Information, die besagt, daß der Gewinn
   des nächsten Jahres mit 80 % Wahrscheinlichkeit 100. 000, -- DM betragen wird, ist zwar genau, aber unsicher.
2) Vgl. Kellerer, Hans: Theorie und Technik des Stichprobenverfahrens,
   S. 27 ff.
3) Vgl. Loitlsberger, Erich: Zum Informationsbegriff und zur Frage
   der Auswahlkriterien von Informationsprozessen, S. 133 f. So auch
   Giersch, Herbert: Allgemeine Wirtschaftspolitik - Grundlagen, S.
   39 f.
4) Vgl. hierzu und zum folgenden Wittmann, Waldemar: Unternehmung
   und unvollkommene Information, S. 136 f.

rücksichtigen, daß die Beschaffung von Informationen selbst Zeit erfordert. Der im Zeitpunkt t_o erreichbare höchste Informationsgrad bezieht sich daher nicht auf t_o sondern auf einen Zeitpunkt, der vor t_o liegt. Wie groß der dazwischen liegende Zeitraum ist, läßt sich nicht allgemein sagen, sondern hängt von der Art der zu beschaffenden Informationen und der Schnelligkeit, mit der die mit der Informationsbeschaffung betrauten Personen arbeiten, ab. Der günstigste Informationszeitpunkt für t_o liegt demnach grundsätzlich nicht bei t_o, sondern bei $t_o + x$. Ist er verstrichen, dann nimmt mit zunehmender Entfernung der erreichbare Informationsgrad wieder ab. So kommt Åkerman zu der Überzeugung, daß die Erfahrungen für die unternehmerische Planung um so weniger Bedeutung besitzen, je weiter sie zurückliegen, und daß umgekehrt die Erwartungen, die der Unternehmer im Zeitpunkt der Planaufstellung hat, an Bedeutung abnehmen, je weiter sie sich in die Zukunft erstrecken (1). Er bezeichnet dies als die "Zeitsymmetrie der Erfahrungen und Erwartungen". Sie gilt allerdings jeweils nur für Informationen derselben Art, die auf den gleichen Gegenstand abgestellt sind.

In unseren Untersuchungen über die für die Planung der Universalbanken erforderlichen Informationen werden diese Zusammenhänge insofern eine wesentliche Rolle spielen, als damit Tendenzen zum Ausdruck gebracht werden, die vor allem mit der Art der zu beschaffenden Informationen in starkem Maße variieren (2).

b) Die Informationsarten

Versucht man, die für die Planung einer beliebigen Unternehmung erforderlichen Informationen zu klassifizieren, so kann man einerseits zwischen Umwelt- und Instrumentalinformationen und zum anderen zwischen Einzel- und Entscheidungsinformationen unterscheiden. Mit beiden Gruppierungen wird besonderen Merkmalen der Informationen Rechnung zu tragen versucht, die sowohl für ihre Beschaffung, als auch für ihre Güte und damit ihre Eignung als Planungsunterlagen von Bedeutung sind, so daß wir in unseren weiteren Ausführungen auch diese grundsätzlichen Überlegungen zu berücksichtigen haben werden.

---

1) Vgl. Åkerman, Johann: Die Zeitsymmetrie der Erfahrungen und der Erwartungen, in: Archiv für mathematische Wirtschafts- und Sozialforschung, Bd. 8 (1942), S. 20 - 24; ferner Wittmann, Waldemar: Unternehmung und unvollkommene Information, S. 137 und Agthe, Klaus: Das Problem der unsicheren Erwartungen bei unternehmerischen Planungen und Entscheidungen, in: Unternehmensplanung, hrsg. von Klaus Agthe und Erich Schnaufer, Baden-Baden 1963, S. 103 ff.
2) Vgl. hierzu vor allem unsere Ausführungen S. 184 ff.

aa) Umwelt- und Aktivitätsinformationen

Jedes Unternehmen, wie klein oder groß es sein und welcher Branche es angehören mag, ist Teil der Gesamtwirtschaft und damit in seiner Entwicklung in mehr oder weniger starkem Maße von der Richtung und dem Tempo der allgemeinen wirtschaftlichen Entwicklung abhängig. Innerhalb dieses gesamtwirtschaftlichen Trends lassen sich jedoch für die einzelnen Wirtschaftszweige oder Branchen spezielle Entwicklungs - trends feststellen, die auf Sonderkonjunkturen, Bedarfsverschiebungen, technischen Fortschritt usw. zurückzuführen sind, und daher für die Entwicklung aller der jeweiligen Branche zugehörigen Unternehmen besondere Bedeutung besitzen (1). Gutenberg bezeichnet die auf die gesamt- und branchenwirtschaftlichen Einflußgrößen der Entwicklung eines Unternehmens gerichteten Erwartungen als "Trenderwartungen" (2). Von ihnen muß bei jeder Gesamtplanung ausgegangen werden, wenn sie nicht im luftleeren Raum stehen soll. Das erfordert nicht nur möglichst genaue allgemeine Informationen über den Trend der gesamtwirtschaftlichen Entwicklung sowie den Trend der branchenwirtschaftlichen Entwicklung, sondern auch darüber, in welchem Maße das einzelne Unternehmen von der Entwicklung der Gesamtwirtschaft abhängt und wie sich seine Entwicklung innerhalb der Branche gestaltet. Diese Informationen pflegt man im Anschluß an Gutenberg als "Trendinformationen" zu bezeichnen (3). Sie erstrecken sich im Hinblick auf die Gesamtwirtschaft insbesondere auf die sogenannten volkswirtschaftlichen Globalgrößen, wie z.B. Sozialprodukt, Volkseinkommen, Investition, Spar- und Konsumquote, Geldvolumen usw., und sollen zu Aussagen über die voraussichtliche Entwicklung dieser Größen, insbesondere ihr stetiges oder unter Schwankungen erfolgendes Wachstum, führen. Im Gegensatz dazu beziehen sich die Brancheninformationen lediglich auf die Entwicklung eines bestimmten Produktions- oder Geschäftszweiges, insbesondere seine Absatzentwicklung, aber auch seine produktivitäts-, rentabilitäts- und liquiditätsmäßige Entwicklung sowie die Entwicklung seiner Vermögens- und Kapitalstruktur. Im Hinblick auf die Entwicklung der Branche im Rahmen der gesamtwirtschaftlichen Entwicklung sind vor allem Informationen über die Beziehungen und Zusammenhänge zwischen der Entwicklung der Gesamtwirtschaft und der branchenwirtschaftlichen Entwicklung erforderlich, und das gleiche gilt für die Entwicklung des eigenen Unternehmens im Rahmen der gesamtwirtschaftlichen und der branchenwirtschaftlichen Entwicklung. In diesem Zusammenhang spielen vor allem auch Informationen über die Entwicklung des Marktanteils

---

1) Vgl. Gutenberg, Erich: Der Absatz, S. 46 ff. und 76 ff. sowie Agthe, Klaus: Das Problem der unsicheren Erwartungen bei unternehmerischen Planungen und Entscheidungen, S. 85 und Albach, Horst: Wirtschaftlichkeitsrechnung bei unsicheren Erwartungen, S. 5 f.
2) Vgl. Gutenberg, Erich: Der Absatz, S. 46 und 56 f. und Albach, Horst: Wirtschaftlichkeitsrechnung bei unsicheren Erwartungen, S. 5 ff.
3) Vgl. Gutenberg, Erich: Der Absatz, S. 76 ff.

eines Unternehmens und seine etwaigen Veränderungen durch das Verhalten der Kunden oder der Konkurrenten eine große Rolle. Man kann sie, soweit es sich dabei um autonomes, gewissermaßen aus eigener Initiative erfolgendes Verhalten der Kunden und Konkurrenten handelt, (unter Verwendung des Begriffes der "Aktionserwartungen") als "Aktionsinformationen", sofern dagegen das Verhalten der Kunden und Konkurrenten eine Reaktion auf eine eigene Aktion darstellt, (unter Verwendung des Begriffes der "Reaktionserwartungen") als "Reaktionsinformationen" bezeichnen (1). Da die Entwicklung des Marktanteils durch die Möglichkeit von Verhaltensänderungen der Kunden und Konkurrenten ständig bedroht ist, sind Informationen über die Größe, Richtung und Struktur des Bedarfs und der Nachfrage nach den Leistungen des Wirtschaftszweiges oder des einzelnen Unternehmens, über den Lebensstandard und die Kaufgewohnheiten der Kunden usw. sowie die Beeinflussungsmöglichkeiten der Kunden durch eigene geschäftspolitische Aktionen von ebensolcher Bedeutung wie Informationen über Zahl, Art, Größe und Ansehen der Konkurrenzunternehmen, ihr Warenangebot, ihre geschäftspolitische Aktivität und ihre Reaktionen auf eigene geschäftspolitische Aktionen. Trendinformationen, Aktionsinformationen und Reaktionsinformationen bilden zusammen die Informationen, die für die Gesamtplanung eines Unternehmens über seine Umweltbedingungen benötigt werden. Man kann sie daher auch als Umweltinformationen oder außerbetriebliche Informationen bezeichnen (2).

Während die allgemeine gesamtwirtschaftliche und die branchenwirtschaftliche Entwicklung außerhalb des Einflußbereichs eines Unternehmens liegen, vermag es auf seine eigene wirtschaftliche Entwicklung einzuwirken. Die Möglichkeiten hierzu besitzt es vor allem in seinem aus Absatzmethode, Preispolitik, Produktgestaltung und Werbung be-

---

1) Vgl. Gutenberg, Erich: Der Absatz, S. 50 f. und 56 f. und Albach, Horst: Wirtschaftlichkeitsrechnung bei unsicheren Erwartungen, S. 5 ff. Gutenberg verwendet in diesem Zusammenhang den Begriff der Instrumentalinformationen, da es letztlich die Wirkung des Einsatzes der unternehmungspolitischen Instrumente, der sogenannten Instrumentalvariablen, zu erkunden gilt. Vgl. Gutenberg, Erich: Der Absatz, S. 47 ff. und 86 ff.

2) In der Entscheidungstheorie wird für die Erwartungen des Unternehmens über seine Umweltbedingungen der Begriff "Erwartungsvariable" gebraucht. Vgl. Albach, Horst: Entscheidungsprozeß und Informationsfluß in der Unternehmensorganisation, in: Organisation, TFB-Handbuchreihe. Erster Band, hrsg. von Erich Schnaufer und Klaus Agthe, Berlin und Baden-Baden 1961, S. 358. Albach hat für die Erwartungen über die Umweltbedingungen eines Unternehmens den Begriff der Konstellationserwartungen geprägt. Vgl. Albach, Horst: Wirtschaftlichkeitsrechnung bei unsicheren Erwartungen, S. 5 ff. Man könnte infolgedessen die Umweltinformationen auch als Informationen über die Erwartungsvariablen bzw. als Konstellationsinformationen bezeichnen.

stehenden absatzpolitischen Instrumentarium" (1), außerdem aber in zahlreichen anderen (vor allem beschaffungs-, produktions- und finanzierungspolitischen) Aktionsmöglichkeiten der verschiedensten Art. Im Anschluß an Gutenberg bezeichnen wir alle diese Aktionsparameter als "Instrumentalvariable" (2). Die Informationen über die Art, den Umfang und die Voraussetzungen des Einsatzes dieser unternehmungspolitischen Instrumente, bei denen es sich nunmehr um innerbetriebliche Informationen handelt, wollen wir - im Unterschied zu den außerbetrieblichen Aktions- und Reaktionsinformationen über die Wirkung ihres Einsatzes (3) - mit dem Begriff "Aktivitätsinformationen" belegen. Um jedoch die in diesem Zusammenhang insgesamt erforderlichen und recht verschiedenartigen Informationen besser erfassen zu können, soll innerhalb der Aktivitätsinformationen nochmals zwischen "Instrumentarinformationen", "Konstitutionsinformationen" und "Erfolgsinformationen" unterschieden werden (4). Der Begriff der Instrumentarinformationen wird dabei für Informationen über Art und Umfang der jeweils zur Verfügung stehenden Aktionsparameter gesetzt. Da der Einsatz dieser Aktionsparameter jedoch sowohl von der gesamten technischen und finanziellen Leistungsfähigkeit eines Unternehmens, als auch von seiner Erfolgslage abhängt, bedarf es darüber ebenfalls sehr eingehender Informationen. Mit dem Begriff der Konstitutionsinformationen sollen daher alle Informationen über die technische und finanzielle Leistungsfähigkeit eines Unternehmens erfaßt werden. Dabei kann es sich um wertmäßige Informationen (z. B. Bilanzinformationen, Zahlungsstrominformationen usw.) oder um mengenmäßige Informationen (z. B. Kapazitätsinformationen, Arbeitsablaufinformationen usw.) handeln. Der Begriff der Erfolgsinformationen steht entsprechend für alle Informationen über die aufwands- und ertrags- bzw. kosten- und erlösmäßige Entwicklung eines Unternehmens. Aktivitäts-, Konstitutions- und Erfolgsinformationen bilden zusammen die Informationen, die für die Gesamtplanung eines Unter-

---

1) Vgl. Gutenberg, Erich: Der Absatz, S. 47 ff. Ferner Banse, Karl: Vertriebs-(Absatz-) Politik, in: Handwörterbuch der Betriebswirtschaft, 3. Aufl., 4. Band, Sp. 5983 - 5994

2) Vgl. Gutenberg, Erich: Der Absatz, S. 50 und Albach, Horst: Entscheidungsprozeß und Informationsfluß in der Unternehmensorganisation, S. 358

3) Vgl. hierzu S. 151, Fußnote 1

4) Albach verwendet für die Vorstellungen des Unternehmens über das verfügbare betriebspolitische Instrumentarium den Begriff der "Positionserwartungen", so daß man auch von "Positionsinformationen" sprechen könnte. Mit seiner Unterteilung der Positionserwartungen in Instrumentar-und Bilanzerwartungen erscheinen uns die relevanten Tatbestände allerdings nicht hinreichend erfaßt. Vgl. Albach, Horst: Wirtschaftlichkeitsrechnung bei unsicheren Erwartungen, S. 5 ff.

nehmens über seine inneren Verhältnisse und seine Stellung innerhalb der Umwelt benötigt werden. Man kann sie infolgedessen auch als innerbetriebliche Informationen bezeichnen.

Für die Einteilung der für die Gesamtplanung einer Unternehmung erforderlichen Informationen ergibt sich damit das folgende Schema:

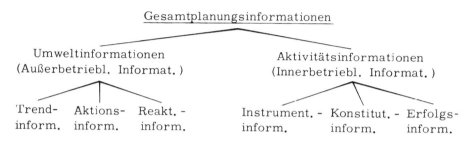

Abbildung 7

bb) Einzel- und Entscheidungsinformationen

Wurden bisher die für die Gesamtplanung einer Unternehmung erforderlichen Informationen unter sachlichen Aspekten erörtert, so ist nunmehr noch eine Untergliederung nach methodischen Gesichtspunkten erforderlich. Sie geht davon aus, daß für einen Planungsprozeß, der zu einer Entscheidung führen soll, grundsätzlich mehr als eine Information benötigt wird. Loitlsberger bezeichnet daher das für eine Entscheidung notwendige Wissen als "Entscheidungsinformation" und seine zahlreichen über jeweils ein Datum informierenden Komponenten als "Einzelinformationen" (1). Da eine geplante Entscheidung als - mit Hilfe eines Planungsprozesses erfolgte - Auswahl einer Alternative aus meh-

---

1) Vgl. Loitlsberger, Erich: Zum Informationsbegriff und zur Frage der Auswahlkriterien von Informationsprozessen, S. 117 f. sowie unsere Ausführungen S. 145 Fußnote 1. Bei den Einzelinformationen handelt es sich allerdings nach Loitlsberger bereits um Informationen "höherer Ordnung", da für die - grundsätzlich nach wirtschaftlichen Gesichtspunkten vorzunehmende - Auswahl des zu ihrer Beschaffung erforderlichen Informationsprozesses selbst wieder Informationen "niederer Ordnung" erforderlich sind. Die für eine Entscheidung insgesamt benötigten Informationen höherer und niederer Ordnung bezeichnet Loitlsberger daher als "Gesamtinformation" und die Summe aller Gesamtinformationen für die gleichzeitig in der Unternehmung zu treffenden Entscheidungen als "Totalinformation". Vgl. Loitlsberger, Erich: Zum Informationsbegriff und zur Frage der Auswahlkriterien von Informationsprozessen, S. 124 f.

reren zur Verfügung stehenden Möglichkeiten im Hinblick auf ein bestimmtes Ziel definiert ist (1), sind zunächst einmal Einzelinformationen über die Zahl der verschiedenen möglichen Handlungsalternativen und die Zahl der für die Auswahl einer Handlungsalternative maßgeblichen "Kalkülgrößen" (2), die durch das bei der Auswahl zur Anwendung kommende Verfahren bestimmt werden, erforderlich. Stellt man diese beiden Informationsarten zu einer Informationstabelle zusammen, bei der die Zeilen durch die Handlungsalternativen, die Spalten durch die Kalkülgrößen gebildet werden, so kann man mit Loitlsberger auch von "Zeilenzahlinformationen" und "Spaltenzahlinformationen" sprechen (3):

Handlungs-alternativen	Kalkülgrößen 1 2 3 4 5 6	Ergebnisse
1 2 Suche 3 4	Datengewinnung, Datenverarbeitung und Umformung	

Abbildung 8

Zur Ausfüllung der Informationstabelle, die das gesamte für eine Entscheidung erforderliche Wissen enthalten soll, bedarf es sodann so vieler Einzelinformationen über die Werte, die die einzelnen Kalkülgrößen für die verschiedenen Handlungsalternativen annehmen, wie die Informationstabelle Felder besitzt. Sie werden von Loitlsberger als "Primärinformationen" im Gegensatz zu den sich bei der Ausrechnung der Tabelle ergebenden "Sekundärinformationen" bezeichnet (4). In der Informationstheorie ist für die Beschaffung der "Primärinformationen" der Ausdruck "Datengewinnung" gebräuchlich, während das Aufsuchen der Handlungsmöglichkeiten und der Einflußfaktoren, denen sie unterliegen, "Suche" genannt wird (5). Suche und Datengewinnung stellen somit zwei verschiedene Richtungen der Informationsbeschaffung dar, die jedoch in enger

---

1) Vgl. S. 32 f.
2) Vgl. Loitlsberger, Erich: Zum Informationsbegriff und zur Frage der Auswahlkriterien von Informationsprozessen, S. 118 im Anschluß an Illetschko, Leopold L.: Die Wirtschaftsrechnung als Leistungsrechnung, Wien 1959, S. 32 ff.
3) Vgl. Loitlsberger, Erich: Zum Informationsbegriff und zur Frage der Auswahlkriterien von Informationsprozessen, S. 118 f.
4) Vgl. Loitlsberger, Erich: Zum Informationsbegriff und zur Frage der Auswahlkriterien von Informationsprozessen, S. 118 f.
5) Vgl. Loitlsberger, Erich: Zum Informationsbegriff und zur Frage der

Beziehung zueinander stehen. So kann man z. B. nach anderen Handlungsmöglichkeiten suchen, wenn es nicht gelingt, brauchbare Daten für die bisher in Erwägung gezogenen Handlungsmöglichkeiten zu gewinnen (1), und man kann die Suche nach neuen Handlungsmöglichkeiten zugunsten einer Intensivierung der Datengewinnung für die bisher in Erwägung gezogenen Handlungsmöglichkeiten einschränken.

Theoretisch wird nun eine gegebene Entscheidungssituation durch "eine Aufzeichnung aller Einsatzmöglichkeiten des betrieblichen Instrumentariums in einem bestimmten Zeitpunkt und aller Erwartungsvariablen, die auf den Einsatz des betrieblichen Instrumentariums einen Einfluß haben können", vollständig erklärt (2). In der Wirklichkeit ist es jedoch weder möglich, alle überhaupt denkbaren Handlungsalternativen (Instrumentalvariablen) noch alle vorhandenen Einflußfaktoren (Erwartungsvariablen) innerhalb eines Entscheidungsprozesses zu berücksichtigen, sondern immer nur einen bestimmten Ausschnitt derselben (3), für dessen Auswahl das Kriterium der Wirtschaftlichkeit der Informationsbeschaffung eine besondere Rolle spielt (4). Die Möglichkeiten der Informationsbeschaffung (Suche und Datengewinnung) begrenzen in diesem Falle die betrieblichen Planungs- und Entscheidungsmöglichkeiten (5), und zwar unter Umständen so stark, daß überhaupt keine rationalen Entscheidungen getroffen werden können, falls es nicht nachträglich auf dem Wege der "Datenverarbeitung" gelingt, "aus der Vielzahl von unvollstän-

---

Auswahlkriterien von Informationsprozessen, S. 119 sowie Albach, Horst: Entscheidungsprozeß und Informationsfluß in der Unternehmensorganisation S. 362

1) Vgl. Albach, Horst: Entscheidungsprozeß und Informationsfluß in der Unternehmensorganisation S. 362 f.

2) Vgl. Albach, Horst: Entscheidungsprozeß und Informationsfluß in der Unternehmensorganisation S. 359

3) Albach bezeichnet ihn als "relevante Information". Vgl. Albach, Horst: Entscheidungsprozeß und Informationsfluß in der Unternehmensorganisation, S. 363. Da die relevante Information aus der möglichen Information ausgewählt wird, läßt sie sich als Verhältnis der tatsächlichen zur möglichen Information bezeichnen, ist also mit dem von Wittmann verwendeten Begriff des Informationsstandes (Verhältnis der tatsächlichen zur notwendigen Information) nicht identisch. Vgl. hierzu unsere Ausführungen S. 145

4) Vgl. Albach, Horst: Entscheidungsprozeß und Informationsfluß in der Unternehmensorganisation S. 363 ff. und Loitlsberger, Erich: Zum Informationsbegriff und zur Frage der Auswahlkriterien von Informationsprozessen, S. 123 ff.

5) Vgl. Albach, Horst: Entscheidungsprozeß und Informationsfluß in der Unternehmensorganisation S. 361. Vgl. hierzu auch unsere Ausführungen über die Bedeutung der Ungewißheit für die unternehmerische Zielsetzung, S. 71 ff.

digen und ungenauen Informationen wenige Werte herauszuarbeiten, die eine eindeutige Rangfolge der Entscheidungsalternativen ermöglichen und folglich eindeutige Entscheidungen gewährleisten" (1). Daß es sich dabei nicht um optimale, sondern lediglich um befriedigende Entscheidungen handeln kann, hat Albach in einer eingehenden Untersuchung nachgewiesen (2).

Da nun aber zur Durchführung eines vollständigen Planungs- und Entscheidungsprozesses Informationen in der Regel nicht nur mit Hilfe von Suche und Datengewinnung beschafft, sondern auch vielfach umgeformt werden müssen (3), können dabei weitere Begrenzungen der betrieblichen Planungs- und Entscheidungsmöglichkeiten auftreten, und das gleiche gilt für die Weiterleitung der Informationen innerhalb der Unternehmung an die mit der Entscheidung betrauten Personen bzw. bei ihrer Verwendung durch diese Personen (4).

Abschließend ist demnach festzustellen, daß die Eignung von Informationen für die Gesamtplanung einer Unternehmung nicht nur durch Begrenzungen bei der Beschaffung von Einzelinformationen, sondern auch durch Begrenzungen bei der Zusammenfassung der zahlreichen Einzelinformationen zu Entscheidungsinformationen in starkem Maße beeinträchtigt werden kann.

2. Die Arteigenheiten einer Universalbank unter dem Aspekt der Beschaffung und der Güte von Planungsinformationen

Nach den vorangegangenen grundsätzlichen Erörterungen über die Beschaffung und die Güte von Planungsinformationen gilt es nunmehr, die Besonderheiten der für die Planung einer Universalbank erforderlichen Informationen und ihrer Beschaffungsmöglichkeiten zu untersuchen. Dabei gehen wir von den im vorhergehenden Abschnitt herausgearbeiteten drei Hauptbereichen der Planung einer Universalbank aus (5).

---

1) Vgl. Albach, Horst: Entscheidungsprozeß und Informationsfluß in der Unternehmensorganisation, S. 369
2) Vgl. Albach, Horst: Entscheidungsprozeß und Informationsfluß in der Unternehmensorganisation, S. 361 ff.
3) Vgl. S. 154, Abbildung 8
4) Vgl. Albach, Horst: Entscheidungsprozeß und Informationsfluß in der Unternehmensorganisation, S. 361 und 374 ff. Vgl. hierzu auch unsere Ausführungen über die innerbetrieblichen Begrenzungsfaktoren der Rationalität, S. 76 ff. und über die nicht operationalen und operationalen Planungsziele, S. 136 ff.
5) Vgl. S. 143 ff.

a) Informationen für die Planung im Geschäftsbereich

Wir haben ausgeführt, daß die Beschaffung und die Güte von Planungsinformationen in starkem Maße von der Stellung einer Unternehmung
im Wirtschaftsprozeß abhängt (1). Darunter ist die Gesamtheit ihrer
wie auch immer gearteten Beziehungen zu den anderen Wirtschaftseinheiten zu verstehen, die sich im wesentlichen aus der von ihr innerhalb
der Gesamtwirtschaft übernommenen Aufgabe ergeben. Die Banken, und
zwar vor allem die Universalbanken, nehmen in dieser Hinsicht eine
Sonderstellung innerhalb der Unternehmungen ein, stehen sie doch als
Träger des Geld- und Kreditverkehrs der Wirtschaft in so vielfältigen
Beziehungen zu den anderen Wirtschaftseinheiten, wie das bei kaum
einer anderen Unternehmungsart sonst der Fall ist (2). Die Entwicklung
der Universalbanken ist infolgedessen aufs engste mit der Entwicklung
der gesamten Volkswirtschaft verknüpft und kann geradezu als ihr Spie-
gelbild betrachtet werden. Wir sehen in dieser Tatsache den entscheidenden Ansatzpunkt für unsere Untersuchungen über die Arteigenheiten
der Universalbanken unter dem Aspekt der Beschaffung und der Güte von
Informationen für die Planung im Geschäftsbereich.

Gehen wir von den Industriebetrieben aus, so bilden Informationen über
die Absatzmöglichkeiten der zu erstellenden Leistungen im allgemeinen
den Ausgangspunkt ihrer Planung (3). Zu diesem Zweck werden eingehende Marktanalysen und Marktbeobachtungen über die zu erwartende
Nachfrage nach den einzelnen Produkten und ihre mutmaßliche Veränderung durch geschäftspolitische Aktionen des eigenen Betriebes und
der Konkurrenten angestellt. Die dabei auftauchenden Schwierigkeiten
liegen insbesondere in der Unbeständigkeit des Käuferverhaltens und
sind um so größer, je mehr es sich um Produkte handelt, die den Wandlungen der Mode, des Geschmacks, des technischen Fortschritts usw.
unterliegen. Die Gewinnung von Informationen für die Planung des Pro-
duktionsprogramms nach Art und Menge bringt daher für viele Industriebetriebe nahezu unüberwindliche Probleme mit sich, deren Lösung
jedoch von zahlreichen Unternehmungen mit geradezu bewunderungs-
würdiger Tatkraft und Findigkeit unter Berücksichtigung der neuesten
wissenschaftlichen Erkenntnisse der Marktforschung in Angriff genom-

---

1) Vgl. S. 145
2) Vgl. Deppe, Hans-Dieter: Der Bankbetrieb als Gegenstand von Wachstumsanalysen, S. 353. Vgl. hierzu auch Schneider, Erich: Einführung
   in die Wirtschaftstheorie, I. Teil, S. 24 f.
3) Wenngleich - wie Gutenberg gezeigt hat - die Planung kurzfristig immer auf den sogenannten Engpaßbereich einreguliert werden muß (Ausgleichsgesetz der Planung), so ist doch langfristig in normalen wirtschaftlichen Zeiten der Absatzbereich als Ausgangspunkt der Planung zu betrachten. Vgl. Gutenberg, Erich: Die Produktion, S. 162
   ff.; Der Absatz, S. 112 ff. Vgl. hierzu auch unsere Ausführungen
   S. 168, 227 ff. und 264 ff.

men wird (1), um brauchbare Grundlagen für die Absatz-, Produktions-
und Beschaffungsplanung in der Güterebene sowie die Finanzplanung in
der Geldebene zu erhalten. Betrachtet man in dieser Hinsicht die Universalbanken, so ist zunächst festzustellen, daß die Gewinnung von Informationen über die Nachfrage nach den von ihnen angebotenen Geschäften auch für sie den Ausgangspunkt jeglicher Planung, vor allem aber
der Planung im Geschäftsbereich, bildet, auf der sowohl die Planung
im Betriebsbereich, als auch die Erfolgsplanung dann aufbauen (2). Indessen scheint die ihnen damit gestellte Aufgabe in mancher Hinsicht
einfacher durchführbar zu sein, als es oben für die Industriebetriebe
angedeutet wurde. Das Geschäftsprogramm der Universalbanken steht
- wie wir bereits ausgeführt haben (3) - der Art nach im großen und ganzen fest und bedarf infolgedessen nur der Planung in wert- und mengenmäßiger Hinsicht (4). Es unterliegt überdies nicht dem Wandel der Mode oder des Geschmacks, und der technische Fortschritt macht sich lediglich über längere Zeiträume - wenn auch in den letzten Jahren mit
zunehmender Geschwindigkeit - und nur bei der technischen Abwicklung
der Bankgeschäfte, d. h. also, ohne ihr Wesen zu berühren, bemerkbar
(5). Zwar sind gewisse Wandlungen der Nachfrage nach Bankgeschäften
zu beobachten, so z. B. der wachsende Anteil des bargeldlosen Zahlungsverkehrs am gesamten Zahlungsverkehr, der wachsende Anteil des
Wertpapiersparens an der gesamten Ersparnisbildung usw. , und auch
im Kundenkreis der Universalbanken sind gewisse Wandlungen festzustellen, so z. B. der wachsende Anteil der Sparfähigen an der gesamten
Bevölkerung, doch vollziehen sich diese Wandlungen ebenfalls verhältnismäßig langfristig und kontinuierlich (6).

---

1) Einen ausgezeichneten Einblick in die vielgestaltigen Fragen der Absatzplanung von Industrie- und Handelsbetrieben vermittelt das Buch:
Absatzplanung in der Praxis, Wiesbaden 1962, hrsg. von Erich Gutenberg
2) Vgl. S. 167 ff. , 174 ff. und 230
3) Vgl. S. 52 ff.
4) Das schließt nicht aus, daß sich die Universalbanken von sich aus um
die Schaffung neuer Bankgeschäfte bemühen, wie z. B. die Einführung
des Tankschecks, der Scheckkarte, der sich inzwischen alle Universalbanken bedienen, neuer Anlageformen, wie der Sparbriefe, oder
neuer Kreditformen, wie der Dispositionskredite, daß sie bereits eingeführte Bankgeschäfte durch neuartige Kombinationen interessanter
gestalten, wie z. B. die Vermögensbildung durch Systemsparen, Ziel-
sparen, Combisparen usw. , oder daß sie sich entschließen, bisher
nicht gepflegte Bankgeschäfte, wie z. B. den Teilzahlungskredit, das
Leasing- oder Factoringsystem, in ihr Geschäftsprogramm aufzunehmen. In der Regel werden derartige Veränderungen jedoch nur sehr
zögernd vorgenommen. Vgl. hierzu auch Grau, H. : Organisation und
Arbeitsweise amerikanischer Banken, S. 17 f.
5) Vgl. hierzu auch Aust, Eberhard: Der Wettbewerb in der Bankwirtschaft, S. 23 und 97; Krümmel, Hans-Jacob: Bankzinsen, S. 39 sowie
unsere Ausführungen S. 164 f. und 173 f.
6) Vgl. hierzu auch unsere Ausführungen S. 166, 172 und 363 ff.

Sieht man die Dinge so, dann könnte dies zu der Auffassung verleiten, daß die Gewinnung zuverlässiger Informationen über die Nachfrage nach den Geschäften der Universalbanken im Vergleich zu den Industriebetrieben recht unproblematisch sein müßte. Dies ist jedoch durchaus nicht der Fall. Die Probleme liegen hier nur auf anderen Gebieten. Sie resultieren im wesentlichen aus der Art und der Vielzahl der innerhalb der Gesamtwirtschaft von den Universalbanken übernommenen Aufgaben.

Versucht man, die Aktiv- und Dienstleistungsgeschäfte der Universalbanken zu charakterisieren, so erscheint als wesentlichstes Merkmal die Tatsache, daß es sich dabei ausschließlich um finanzielle Transaktionen handelt, die häufig allein durch zahlenmäßige Umschreibungen von Konto zu Konto vollzogen werden können (1). Als das Hauptgeschäft aller Universalbanken ist zweifellos das in vielerlei Formen betriebene Kreditgeschäft anzusehen, das - mit Ausnahme des Kreditleihgeschäftes - immer zu Bewegungen finanzieller Mittel führt. Aber auch die meisten Dienstleistungsgeschäfte und die Effektenverkehrsgeschäfte spielen sich als rein finanzielle Wertbewegungen und Wertverrechnungen ab. Selbst da, wo die Dienstleistungen der Universalbanken Käufe und Verkäufe darstellen, wie z. B. im Sorten- und Devisenhandel, im Selbsteintritt beim Effektengeschäft oder im Handel mit Goldmünzen und Barrengold, so daß sie den Dienstleistungen der Handelsbetriebe vergleichbar erscheinen, bestehen die Handelsobjekte in geldwerten Mitteln. Als Folgen der überwiegend finanziell orientierten und damit im wesentlichen abstrakten Bankgeschäfte sind einerseits ihre Lagerunfähigkeit und andererseits ihre Auftragsabhängigkeit zu verzeichnen. So können Bankgeschäfte grundsätzlich nicht auf Vorrat gearbeitet werden und sind daher ausschließlich auf Bestellung zu erbringen. Auch bringt es die Abstraktheit der bankbetrieblichen Betätigung mit sich, daß zwischen ihrer wert- und ihrer stückmäßigen Komponente keine zwangsläufige Bindung besteht (2), so daß sich beide Komponenten durchaus nicht gleichartig zu entwickeln brauchen und oft sogar eine Tendenz zur Gegenläufigkeit besteht. Das aber ist wiederum insofern von Bedeutung, als die Wertleistung für die Planung des Geschäftsbereichs, insbesondere der aktuellen und strukturellen Liquidität der Universalbank die entscheidende Rolle

---

1) In der Literatur sind zahlreiche Versuche unternommen worden, die bankbetriebliche Betätigung zu charakterisieren. Vgl. insbesondere Hagenmüller, Karl Friedrich: Der Bankbetrieb, Band III, S. 332 f.; ferner auch Krümmel, Hans-Jacob: Bankzinsen, S. 20 ff. und die hier angegebene Literatur. Vgl. hierzu auch unsere Ausführungen S. 143
2) Vgl. z. B. Kaminsky, Stefan: Die Kosten- und Erfolgsrechnung der Kreditinstitute, Meisenheim/Glan 1955, S. 21 ff. Vgl. hierzu auch unsere Ausführungen S. 205 f.

spielt, während die Stückleistung für die Planung im Betriebsbereich und damit der technischen Kapazität und des Arbeitsablaufs ausschlaggebend ist. Wir werden darauf im folgenden Abschnitt noch zurückzukommen haben (1). In diesem Zusammenhang ist weiterhin zu erwähnen, daß sich zwar die verschiedenen Aktiv- und Dienstleistungsgeschäfte zu Geschäftsarten und Geschäftsartengruppen, wie z. B. die Geschäftsarten Kontokorrent-, Lombard-, Diskontkreditgeschäft usw. zur Geschäftsartengruppe Kreditgeschäft zusammenfassen lassen, daß jedoch im Grunde genommen "die einzelne Leistung jeder Leistungsart eine Individualität darstellt" (2). In der industriellen Fertigung würde man beim Vorliegen derartiger Erscheinungen von Einzelfertigung sprechen. Jedoch wird bei den Universalbanken der zugrundeliegende Tatbestand mit diesem Begriff nicht annähernd getroffen. Um dies zu erkennen, braucht man sich lediglich zu vergegenwärtigen, daß von vielen Geschäftsarten selbst bei kleineren Universalbanken in relativ kurzen Zeiträumen eine so große Zahl von Geschäften erbracht wird, daß man geradezu von Massengeschäftsvorfällen zu sprechen berechtigt ist, wie z. B. im Zahlungsverkehrsgeschäft, und daß alle Kundenaufträge - soweit es sich nicht um Kreditgewährungen handelt, die einer längeren Bearbeitungszeit bedürfen - grundsätzlich am Eingangstage zu erledigen sind. Hinzu kommt noch die Tatsache, daß die verschiedenen Aktiv- und Dienstleistungsgeschäfte der Universalbanken teilweise in einem zwangsläufigen Leistungsverbund stehen und teilweise für geschäftspolitische Zwecke in einen beliebigen, wahlweisen Leistungsverbund gebracht werden können. Krümmel spricht daher im Gegensatz zu den bankbetrieblichen "Einzelleistungen" von "Leistungskonglomeraten" und "kundenindividuellen Leistungsbündeln", die aus jeweils mehreren Einzelleistungen bestehen und erst als solche zu Aktionsparametern der Absatzpolitik von Universalbanken werden (3). Auch bei Fischer kommt dieser Gedankengang, allerdings auf das Kreditgeschäft beschränkt, zum Ausdruck, wenn er stets auf das "Einzelengagement" eines Kunden, das sich aus dessen verschiedenen Einzelkrediten zusammensetzt, abstellt (4). Von besonderer Bedeutung ist dabei die in der Regel scharfe Konkurrenz zwischen den Universalbanken verschiedener Institutsgruppen und bei den Kreditbanken außerdem noch zwischen den Angehörigen der gleichen

---

1) Vgl. S. 167 ff.
2) Vgl. Deppe, Hans-Dieter: Der Bankbetrieb als Gegenstand von Wachstumsanalysen, S. 375
3) Vgl. Krümmel, Hans-Jacob: Bankzinsen, S. 32 ff. und 119 ff. Krümmel verwendet den Begriff Leistungsbündel, wenn der Leistungsverbund nach beliebiger Wahl des Kunden aus dem angebotenen Leistungssortiment erfolgt, und den Begriff Leistungskonglomerat, wenn der Leistungsverbund sich zwangsläufig ergibt, wie z. B. beim Kontokorrentkredit und den damit notwendig werdenden Zahlungsverkehrsleistungen. Vgl. hierzu unsere Ausführungen S. 178 ff.
4) Vgl. Fischer, Otfrid: Die Finanzdisposition der Geschäftsbanken, S. 502 ff.

Gruppe. Gerade das kundenindividuelle Bündelangebot, das im Grunde genommen nichts anderes als eine Leistungsdifferenzierung darstellt, bietet den Universalbanken hierfür hervorragende Möglichkeiten (1) , die sie - bereits vor der Aufhebung der Zinsbindung und des Wettbewerbsabkommens - neben den Mitteln der Werbung und der Geschäftsstellenpolitik in starkem Maße zur Gewinnung und Pflege von Kundenverbindungen einzusetzen wußten. Dabei ist wiederum zu beachten, daß sich viele Bankkunden außerordentlich konservativ verhalten und eine bestehende Bankverbindung nicht ohne weiteres wieder lösen (2) . Das gilt vor allem für die zahlreichen "kleineren" Bankkunden und für die "größeren" insofern, als sie im allgemeinen zunächst versuchen, die anderweitig gebotenen günstigeren Bedingungen bei ihrer Hausbank durchzusetzen. Infolgedessen erweisen sich einerseits die von einer Bank einmal geschaffenen Kundenpräferenzen als relativ stabil, so daß die Universalbanken in ihrem Kundenstamm ein recht solides Fundament besitzen, andererseits aber ist dadurch für die Banken eine Abwerbung von Kunden bei anderen Kreditinstituten mit Hilfe des absatzpolitischen Instrumentariums relativ schwierig, so daß die Universalbanken im wesentlichen auf die Weckung latenter Nachfrage angewiesen sind.

Auf die Güte und Beschaffungsmöglichkeit von Informationen über die Nachfrage nach Bankleistungen wirken sich alle diese Arteigenheiten der bankbetrieblichen Betätigung nachteilig aus, wenn man die Dinge vom einzelnen Bankkunden aus betrachtet. So erscheint es geradezu unmöglich, Anhaltspunkte über die Nachfrage nach Aktiv- und Dienstleistungsgeschäften beim einzelnen Bankkunden gewinnen zu wollen, da dieser allenfalls die Höhe seines Kreditbedarfs für die nähere oder fernere Zukunft kennt, jedoch wenig darüber auszusagen vermag, für welche Dienstleistungen, z. B. Zahlungsverkehrsgeschäfte, er seine Bank in einem bestimmten Zeitraum in Anspruch nehmen wird, nachdem er auf die Zahlungsweise seiner eigenen Kunden kaum einen Einfluß auszuüben vermag. Gilt dies bereits für schon vorhandene Kunden einer Universalbank, so in verstärktem Maße für potentielle Bankkunden. Weiterhin gibt z. B. noch nicht einmal die erfolgte Einräumung eines Kontokorrentkredites oder eines Wechselobligos in bestimmter Höhe der Bank Anhaltspunkte dafür, in welcher Höhe der Kunde den gewährten Kredit während seiner gesamten Laufzeit beanspruchen wird, da dies von der Entwicklung seiner eigenen Liquiditätslage abhängig ist. Auch haben die Universalbanken bei der Anbahnung von Kundenbeziehungen für bestimmte Geschäftsarten in der Regel nur sehr ungenaue Vorstellungen darüber, welche Nachfrage nach Aktiv- und Dienstleistungsgeschäften damit auf sie zukommt, da hierüber erst das vom Kunden im Laufe der Zeit ins-

---

1) Vgl. Krümmel, Hans-Jacob: Bankzinsen, S. 38 und 119 ff.
2) Vgl. hierzu auch Krümmel, Hans-Jacob: Bankzinsen, S. 198, 212 und
   245 ff.

gesamt abgenommene Leistungsbündel entscheidet (1). Wir müssen somit zu der Feststellung kommen, daß die Universalbanken über die zukünftige Nachfrage nach Aktiv- und Dienstleistungsgeschäften von ihren einzelnen Kunden nicht die gewünschten und benötigten Aufschlüsse erhalten können. Nun bildet aber die Nachfrage nach Aktiv- und Dienstleistungsgeschäften nur einen Teil der für die Planung der Universalbanken im Geschäftsbereich erforderlichen Informationen. Der Grund dafür liegt in der Arteigenheit ihrer Kapitalbeschaffung, die zum überwiegenden Teil durch die Annahme von Spareinlagen, befristeten Einlagen und Sichteinlagen im Passivgeschäft erfolgt, und sich damit von der Kapitalbeschaffung aller anderen Unternehmungen in charakteristischer Weise unterscheidet (2). Als Besonderheit ergibt sich dabei noch die Tatsache, daß sich der überwiegende Kreis der Einleger mit dem Kreis derjenigen, die als Nachfrager nach Aktiv- und Dienstleistungsgeschäften auftreten, deckt. Die Dispositionen der Universalbanken hängen damit nicht nur im Hinblick auf die Nachfrage nach Aktiv- und Dienstleistungsgeschäften, sondern auch im Hinblick auf die zu ihrer Durchführung erforderliche Kapitalbeschaffung weitgehend von den Dispositionen ihrer Kunden ab. Darüber aber, in welchem Maße der einzelne Kunde in Zukunft in der Lage und bereit sein wird, den Universalbanken Einlagen zur Verfügung zu stellen, wobei sowohl an die Neuzuführung als auch an die Rückforderung von Einlagen zu denken ist, vermag er ebenfalls nur in geringem Maße im vorhinein Auskunft zu geben. Betrachtet man die Dinge aus dieser Sicht, so möchte es scheinen, als könnte es den Universalbanken überhaupt nicht gelingen, sich die für ihre Planung im Geschäftsbereich erforderlichen Informationen zu beschaffen. Indessen erhalten die hier aufgezeigten Arteigenheiten der bankbetrieblichen Betätigung für die Untersuchung der Güte und der Beschaffungsmöglichkeit von Planungsunterlagen eine ganz andere Bedeutung, wenn man nicht von dem für den einzelnen Bankkunden durchgeführten Geschäft, sondern von der Gesamtheit der Beziehungen der Universalbanken zu den anderen Wirtschaftseinheiten innerhalb der Volkswirtschaft ausgeht. Es zeigt sich dann nämlich, daß infolge der Art und der Vielgestaltigkeit dieser Beziehungen von der Entwicklung der Gesamtwirtschaft - zumindest bis zu einem gewissen Grade - auf die Entwicklung der Geschäftstätigkeit der Universalbanken geschlossen werden kann, wobei die Kenntnis der Zusammensetzung des Kundenkreises der einzelnen Institute bei den verschiedenen Geschäftsarten zwangsläufig von größter Bedeutung ist (3). Am besten läßt sich dies an Hand zweier Übersichten verdeutlichen, aus denen die Zusammenhänge zwischen den für die Entwicklung der Gesamtwirtschaft relevanten Größen

---

1) Vgl. hierzu auch unsere Ausführungen S. 160 f. und 178 ff.
2) Krümmel rechnet infolgedessen die Passivgeschäfte der Universalbanken zu den absatzfähigen Bankleistungen. Vgl. Krümmel, Hans-Jacob: Bankzinsen, S. 13 und 50 ff. sowie unsere Ausführungen S. 54 f.
3) Vgl. hierzu auch unsere Ausführungen S. 232 ff.

und der Geschäftstätigkeit der Universalbanken hervorgehen, und die mit Hilfe von Veröffentlichungen des statistischen Bundesamtes und der Deutschen Bundesbank erarbeitet wurden (1). Während in der Anlage 4 die Entstehung und Verwendung des Sozialprodukts sowie die Verteilung des Volkseinkommens dargestellt ist, enthält die Anlage 5 die Nettogeldvermögensbildung der privaten und öffentlichen Haushalte sowie die Veränderung der Nettoverschuldung der Unternehmungen (einschließlich Kreditinstitute) und zeigt, welche Verbindungen zwischen den einzelnen Positionen der Finanzierungsrechnungen für die drei großen Gruppen von Wirtschaftseinheiten und der Geschäftstätigkeit der Kreditinstitute bestehen (2). Geht man nun davon aus, daß sich die Gesamtheit der Verpflichtungen von Privaten, Unternehmungen (ohne Kreditinstitute) und dem Staat gegenüber dem Bankensystem auf der Aktivseite der Bankbilanzen und die Gesamtheit der Forderungen von Privaten, Unternehmungen und dem Staat gegenüber dem Bankensystem auf der Passivseite der Bankbilanzen niederschlägt, so müssen - bei aller gegenüber der Aussagekraft veröffentlichter Bankbilanzen gebotenen Vorsicht (3) und nach Ausschaltung der Bank-an-Bank Forderungen und Verbindlichkeiten - Veränderungen dieser Größen in den Bilanzen der Kreditinstitute zum Ausdruck kommen. Berücksichtigt man außerdem, daß ein außerordentlich großer Teil aller Zahlungsvorgänge zwischen den am Wirtschaftsverkehr beteiligten Wirtschaftseinheiten in Form barer oder bargeldloser Zahlungen über das Bankensystem geleitet wird, so wird deutlich, daß dieses als ein sehr empfindlicher Registrator der gesamtwirtschaftlichen Vorgänge zu betrachten ist. Von besonderer Bedeutung für unser Problem der Beschaffung und der Güte von Unterlagen für die Planung der Universalbanken erscheint in diesem Zusammenhang aber erst die Tatsache, daß für alle in den beiden Übersichten aufgeführten Größen vom Statistischen Bundesamt und/oder der Deutschen Bundesbank Berechnungen durchgeführt werden, die nicht nur als relativ genau zu bezeichnen sind, sondern auch jeweils in verhältnismäßig kurzer Zeit zur Verfügung stehen (4). Das gilt insbesondere für die Erhebungen der

1) Vgl. die Anlagen 4 und 5
2) Vgl. z. B.: Das Sozialprodukt im Jahre 1967, in: Wirtschaft und Statistik 1968, S. 9 ff.; Volkswirtschaftliche Gesamtrechnungen 1967, in:
Wirtschaft und Statistik 1968, S. 69 ff. Die Vermögensbildung und ihre Finanzierung im Jahre 1967, in: Monatsberichte der Deutschen
Bundesbank, April 1968, S. 11 ff.; Sozialprodukt, Investitionen und
ihre Finanzierung im ersten Halbjahr 1967, in: Monatsberichte der
Deutschen Bundesbank, September 1967, S. 3 ff.; Sozialprodukt und
Volkseinkommen im zweiten Halbjahr 1967, in: Monatsberichte der
Deutschen Bundesbank, Februar 1968, S. 3 ff. sowie den Statistischen
Teil der Monatsberichte der Deutschen Bundesbank und deren Statistische Beihefte.
3) Vgl. insbesondere Fischer, Otfrid: Bankbilanzanalyse, S. 160 ff.
Vgl. hierzu auch unsere Ausführungen S. 111 ff.
4) Vgl. hierzu die Anlagen 6 - 10 und 12 - 19 sowie unsere Ausführungen
S. 341 ff.
11*

Deutschen Bundesbank über das gesamte Kreditwesen, die sie wegen der
großen gesamtwirtschaftlichen Bedeutung dieses Wirtschaftszweiges
monatlich oder vierteljährlich anstellt und in ihren Monatsberichten veröffentlicht. Auch das Statistische Bundesamt führt die Berechnung zahlreicher Größen monatlich oder vierteljährlich, die volkswirtschaftlichen
Gesamtrechnungen allerdings nur jährlich durch. Den Universalbanken
steht somit eine Fülle von Orientierungsmöglichkeiten über gesamtwirtschaftliche und branchenwirtschaftliche Daten zur Verfügung, die für
ihre eigene Entwicklung nicht nur mittelbar, sondern weitgehend auch
unmittelbar als relevant zu bezeichnen sind (1). Insbesondere können
sie aus diesen sekundärstatistischen Unterlagen ohne weiteres für eine
große Anzahl der von ihnen betriebenen Geschäfte, vor allem die wichtigsten Aktiv- und Passivgeschäfte, ihre (wertmäßigen) Marktanteile,
sowie in Verbindung mit den veröffentlichten Geschäftsberichten vieler
anderer Kreditinstitute die (wertmäßigen) Marktanteile ihrer Konkurrenten berechnen und darüber hinaus feststellen, wie ihre eigene Entwicklung und die Entwicklung ihrer Konkurrenten im Vergleich zur Entwicklung der Institutsgruppe, der Gesamtwirtschaft oder einzelner Wirtschaftszweige verlaufen ist (2). Das ist wesentlich mehr, als viele andere Betriebe zu ermitteln vermögen. Dabei ist die wertvolle Arbeit,
die die Verbände der Kreditinstitute sowie mehrere Marktforschungs-
institute in dieser Hinsicht leisten, noch gar nicht berücksichtigt. Bedenkt man weiterhin, daß die Universalbanken infolge der Abstraktheit
und Umsatzschnelligkeit ihrer Leistungen und der Verpflichtung zur sogenannten Tagfertigkeit ihrer Buchhaltung zur Erstellung von Tagesbilanzen in der Lage sind, die ihnen eine jederzeitige relativ gute Orientierung über ihre gegenwärtige wirtschaftliche Lage und eine Analyse
derselben über praktisch beliebige vergangene Zeiträume ermöglichen,
so wird deutlich, daß für die Universalbanken sowohl außer- als auch
innerbetriebliche Informationen über die Entwicklung der für ihre Geschäftstätigkeit relevanten Größen in der Vergangenheit, vor allem die
wertmäßige Nachfrage nach Aktiv- und Dienstleistungsgeschäften und
die Möglichkeit der Fremdkapitalbeschaffung, mit relativ großer Genauigkeit und Sicherheit und in verhältnismäßig kurzer Zeit erhältlich
erscheinen. Das gilt um so mehr, als selbst kleine Institute ein leistungsfähiges Rechnungswesen besitzen und in immer stärkerem Maße
Lochkartenmaschinen und elektronische Datenverarbeitungsanlagen mit
ihren vielfältigen Verwendungsmöglichkeiten Eingang in die Kreditinstitute finden. Insofern sind große und mittlere Institute, die bessere Voraussetzungen für den Einsatz derartiger maschineller Einrichtungen bieten, den kleineren gegenüber zwar im Vorteil, doch lassen sich gerade
gegenwärtig Bestrebungen erkennen, die Vorteile der Elektronik auch

---

1) Vgl. hierzu vor allem Esenwein-Rothe, Ingeborg: Wirtschaftsstatistik, Wiesbaden 1962
2) Vgl. hierzu auch die Ausführungen S. 108 ff. und 341 ff. sowie die
   Anlagen 14 und 18

diesen Betrieben zugänglich zu machen. Nun handelt es sich freilich bei den bisher erwähnten Unterlagen stets nur um Vergangenheitswerte, aus denen - wie bereits ausgeführt wurde - nicht ohne weiteres auf die zukünftige Entwicklung geschlossen werden kann (1). Zieht man an dieser Stelle jedoch wiederum die Arteigenheiten der bankbetrieblichen Betätigung in Betracht, vor allem die relative Konstanz des Geschäftsprogramms der Universalbanken, den zwangsläufigen Leistungsverbund einer ganzen Reihe von Bankgeschäften, das konservative Verhalten zahlreicher Kunden der Universalbanken sowie die Tatsache, daß es sich vielfach um - dem Gesetz der großen Zahlen unterliegende - Massengeschäftsvorfälle mit relativ stetiger Entwicklung handelt (2), so läßt sich feststellen, daß auch die Voraussetzungen für eine Prognostizierung der Geschäftätigkeit der Universalbanken nicht allzu ungünstig zu beurteilen sind. Das gilt weniger für kurzfristige Prognosen, bei denen sich - wie noch zu zeigen sein wird - sehr starke Nachfrageschwankungen außerordentlich störend bemerkbar machen können (3), als vielmehr für langfristige Voraussagen (4). Wir knüpfen dabei einmal an die - wie ausgeführt wurde - mit relativ großer Genauigkeit und Sicherheit ermittelbaren Entwicklungslinien der Vergangenheit und zum anderen an die oben dargelegten engen Beziehungen zwischen der Geschäftätigkeit der Universalbanken und der gesamtwirtschaftlichen Entwicklung an. Allerdings müssen wir uns gleichzeitig damit abfinden, daß völlig unvorhersehbare Ereignisse, wie sie etwa politische Verwicklungen, Kriege usw. mit sich bringen, mangels jeglicher Informationen grundsätzlich nicht in der Planung berücksichtigt werden können, und zwar weder bei den Universalbanken noch bei irgendwelchen anderen Unternehmungen, wenn man auch für derartige Fälle durch eine elastische Gestaltung der Planung immer zumindest bis zu einem gewissen Grade vorsorgen wird (5). In dem Maße jedoch, in dem es möglich erscheint, gewisse Aussagen über die voraussichtliche gesamt- und branchenwirtschaftliche Entwicklung zu machen, müßte es auch gelingen, von den Entwicklungslinien der Geschäftätigkeit der Universalbanken in der Vergangenheit auf deren zukünftige Entwicklung zu schließen. Man wird sich also zunächst um eine Prognose der zukünftigen gesamtwirtschaftlichen Entwicklung für eine mehr oder weniger lange Zeitspanne bemühen, wie sie z. B. von verschiedenen Marktforschungsinstituten, aber auch von den statistischen Abteilungen der Europäischen Wirtschaftsgemeinschaft unter Berücksichtigung der voraussichtlichen Wachstumserscheinungen sowie konjunktureller Schwankungen bereits erarbei-

---

1) Vgl. S. 146 ff.
2) Vgl. hierzu z. B. Krümmel, Hans-Jacob: Bankzinsen, S. 196 f.
3) Vgl. hierzu die Ausführungen S. 172 f. und 202 ff.
4) Vgl. hierzu z. B. Aust, Eberhard: Der Wettbewerb in der Bankwirtschaft, S. 81 f.
5) Vgl. hierzu die Ausführungen S. 212 ff.

tet worden sind (1). Sodann wird man versuchen, die zwischen den gesamtwirtschaftlichen Größen und der Geschäftstätigkeit der Universalbanken bestehenden Zusammenhänge unter Berücksichtigung der Entwicklungslinien der Vergangenheit in die Zukunft zu transponieren. Dabei sind die speziell für das Kreditwesen erkennbaren Entwicklungstendenzen (2) ebenso wie besondere, den Kundenkreis des betreffenden Instituts tangierende Entwicklungstendenzen für einzelne Wirtschaftszweige, Bevölkerungsgruppen usw. mit in Rechnung zu stellen. Letztlich wird man die eigene geschäftspolitische Aktivität in ihrer Wirkung auf die Nachfrage nach Aktiv- und Dienstleistungsgeschäften und die Beschaffungsmöglichkeit von Fremdkapital zu erforschen versuchen, wozu man sich neben den Erfahrungen der Vergangenheit u. U. primärstatistischer Erhebungen bedienen kann, und auch über die geschäftspolitische Aktivität der Konkurrenz Nachforschungen anstellen, wenngleich diese - wie überall - nur wenig Aussicht auf Erfolg besitzen (3). Inwieweit die auf diese Weise gewonnenen Informationen über die für die zukünftige Entwicklung der Geschäftstätigkeit der Universalbanken relevanten Größen der späteren tatsächlichen Entwicklung entsprechen, mit anderen Worten also über die Sicherheit und Genauigkeit der Prognosewerte (4),

---

1) Vgl. z. B. die Hinweise in der Alkor Prognose 1964 - 1968, erarbeitet von R. Frank im Auftrage der Alkor GmbH, München-Solln, als Manuskript gedruckt, S. 10, auf folgende Arbeiten: Statistisches Amt der Europäischen Gemeinschaften: Methoden zur Vorausschätzung der Wirtschaftsentwicklung auf lange Sicht, Statistische Informationen 1960, Nr. 6, Brüssel, und: Faktoren der Entwicklung der Erwerbsbevölkerung in den EWG-Ländern im Laufe der nächsten zehn Jahre, Statistische Informationen 1960, Nr. 3, Brüssel; EWG-Arbeitsgruppe für Struktur und langfristige Entwicklungsfragen: Bericht über die Aussichten der wirtschaftlichen Entwicklung der EWG von 1960 - 1970, sogenannter Uri-Bericht, Brüssel, 20. 6. 1962; Bulletin der EGKS: Untersuchung der langfristigen energiewirtschaftlichen Aussichten der Europäischen Gemeinschaft, Luxemburg, Dezember 1962; Rheinisch-Westfälisches Institut für Wirtschaftsforschung, Essen: Die voraussichtliche Entwicklung des Bauvolumens in der Bundesrepublik Deutschland bis zum Jahre 1970, in: Mitteilungen, Heft 6/1963; Ifo-Institut, München: Vorausschätzung der Bauproduktion bis 1973, Sept. 1963 (nicht publiziert), sowie die Quellenhinweise in der Alkor-Prognose 1964 - 1968, S. 51 und der Alkor-Prognose 1965 - 1969, S. 57 f. Vgl. hierzu auch unsere Ausführungen S. 341 ff. , die auf den Projektionen des Bundeswirtschaftsministeriums bis 1970 aufbauen, sowie: Kuhlo, Karl Christian: Die Wachstumsprognose, insbesondere auch die Prognose der Produktivitätsentwicklung, in: Diagnose und Prognose als wirtschaftswissenschaftliche Methodenprobleme, S. 257 ff.
2) Vgl. hierzu auch unsere Ausführungen S. 158
3) Im einzelnen wird auf die Prognosemöglichkeiten der Geschäftstätigkeit der Universalbanken im IV. Hauptteil eingegangen. Vgl. S. 341 ff.
4) Vgl. S. 146 ff.

läßt sich nun allerdings von vornherein und allgemein nichts aussagen. Es kommt dabei nämlich nicht nur auf die Güte und Vollständigkeit der Faktensammlung sowie die zur Anwendung kommenden Rechenverfahren, sondern vor allem auch darauf an, in welchem Maße nicht vorhersehbare Einflußfaktoren die prognostizierten Entwicklungslinien verstärken, abschwächen oder gar in ihr Gegenteil verkehren. Das gilt jedoch ganz allgemein und nicht nur für Prognosen über die zukünftige Entwicklung der Geschäftstätigkeit der Universalbanken. Sind also die Industrie- und Handelsbetriebe - wie ausgeführt wurde - schon seit längerer Zeit um derartige Prognosen für ihre Nachfrageentwicklung bemüht und konnten sie dabei auch bereits beachtliche Erfolge erzielen (1), so ist nicht einzusehen, warum die Universalbanken, die - wie wir ebenfalls ausgeführt haben - in mancher Hinsicht günstigere Bedingungen für eine Prognose vorfinden als die Industrie- und Handelsbetriebe (2) nicht ebensogut dazu in der Lage sein sollten. In diesem Zusammenhang bedarf vor allem auch die Tatsache der Erwähnung, daß Entwicklungsstörungen oder Krisen bestimmter Geschäftszweige, z.B. der Textilindustrie oder der Grundstoffindustrie, im allgemeinen keine allzu nachhaltigen Auswirkungen auf die Entwicklung einer Universalbank haben - und zwar um so weniger, je größer eine solche Bank und je differenzierter ihr Kundenkreis ist -, daß es vielmehr bei der ganzen Struktur der Geschäftstätigkeit der Universalbanken schon allgemeiner Depressions- oder Krisenerscheinungen bedarf, um ihre Entwicklung einschneidend zu hemmen (3). Freilich wirken andererseits auch Faktoren auf die Prognosemöglichkeiten der Universalbanken ein, die für Industrie- und Handelsbetriebe nicht in gleichem Maße relevant sind. Es handelt sich hierbei vor allem um den im Interesse der Wirtschafts- und Währungsstabilität erfolgenden Einsatz des zentralbankpolitischen Instrumentariums in Form der Diskont-, Mindestreserve-, Offenmarkt- und Kontingentierungspolitik der Deutschen Bundesbank, der kaum über längere Zeiträume prognostiziert werden kann, sich jedoch auf die Geschäftstätigkeit der Universalbanken - vor allem kurzfristig - entscheidend auszuwirken vermag (4).

b) Informationen für die Planung im Betriebsbereich

Auch auf die Güte und Beschaffung der für die Planung im Betriebsbereich der Universalbanken erforderlichen Informationen haben die Arteigenheiten der bankbetrieblichen Leistungserstellung einen erheblichen Einfluß.

---

1) Vgl. S. 157 f.
2) Vgl. S. 158 ff. und 162 ff.
3) Vgl. hierzu auch Aust, Eberhard: Der Wettbewerb in der Bankwirtschaft, S. 80 f.
4) Vgl. hierzu auch die Ausführungen S. 184 ff., 208 ff. und 228 ff.

Zum Vergleich wollen wir wiederum die Industriebetriebe heranziehen. Bei ihnen bilden die mit Hilfe der Marktforschung gewonnenen Informationen über die voraussichtliche Nachfrage nach den zu erstellenden Leistungen die Grundlage der Absatz-, Produktions-, Beschaffungs- und - sofern die Nachfrage gewissen Schwankungen unterliegt und die Produkte lagerfähig sind - auch der Lagerplanung in der Güterebene sowie der Finanzplanung in der Geldebene. Ist es mit Hilfe der "Programmplanung" gelungen, das Fertigungsprogramm nach Art und Menge für die einzelnen Produktionsperioden festzulegen, wobei entsprechend dem "Ausgleichsgesetz der Planung" allerdings keine einseitige Ausrichtung auf den Absatzbereich erfolgen darf, sondern eine Abstimmung mit allen anderen betrieblichen Bereichen, insbesondere auch dem finanziellen Bereich, vorgenommen werden muß (1), obliegt der "Vollzugsplanung" die Aufgabe, in den verschiedenen betrieblichen Bereichen die Durchführung des im Produktionsprogramm Festgelegten gedanklich vorzubereiten (2). Zu diesem Zweck müssen zunächst für die zu produzierenden Güter die zweckmäßigsten Produktionsverfahren ausgewählt werden. Sodann ist dafür Sorge zu tragen, daß die erforderlichen produktiven Faktoren nach Quantität und Qualität jeweils zur rechten Zeit und am verlangten Ort bereitstehen und sich schließlich die Arbeitsabläufe in der für den gewünschten Effekt günstigsten Weise gestalten. Die hierfür notwendigen Informationen sind - vor allem wegen der Interdependenz aller betrieblichen Teilbereiche - vielfach von außerordentlicher Komplexität. Hier liegen infolgedessen die Hauptprobleme der Informationsbeschaffung für die Vollzugsplanung von Industriebetrieben, deren Bewältigung häufig nur mit großen Schwierigkeiten, wenn überhaupt, möglich ist. Das gilt weniger für die Beschaffung der rein technischen als vielmehr für die der kosten- und finanzwirtschaftlichen Informationen, und zwar in um so stärkerem Maße, je differenzierter das Produktionsprogramm ist, je verbundener die Fertigung der einzelnen Produkte erfolgt und je rascher der technische Fortschritt Veränderungen erzwingt. Indessen hat sich die industriebetriebliche Praxis in Zusammenarbeit mit der wissenschaftlichen Forschung auf dem Gebiet der Kosten-, Produktions- und Investitionstheorie sowie der Datengewinnung und Datenverarbeitung auch der mit der Beschaffung von Informationen für die Vollzugsplanung verbundenen Probleme mit großer Intensität angenommen und beachtliche Fortschritte erzielen können.

Betrachten wir nunmehr in dieser Hinsicht die Universalbanken, so ist festzustellen, daß wir hier ganz andere Verhältnisse als bei den Industriebetrieben vorfinden. Der Grund dafür liegt wiederum in einer Arteigenheit der bankbetrieblichen Betätigung, und zwar dem sogenannten "Dualismus der Bankleistung" (3), denn damit taucht ein Problem auf,

1) Vgl. Gutenberg, Erich: Die Produktion, S. 162 ff. Vgl. hierzu auch unsere Ausführungen S. 157 und 227 ff.
2) Vgl. Gutenberg, Erich: Die Produktion, S. 170 ff. und 197 ff.
3) Vgl. Kaminsky, Stefan: Die Kosten- und Erfolgsrechnung der Kreditinstitute, S. 22 ff.

das für die Industriebetriebe in dieser Form überhaupt nicht existiert. Wir haben bereits angedeutet, daß die bankbetriebliche Betätigung aus einer wert- und einer stückmäßigen Komponente besteht, und daß für die Planung im Geschäftsbereich die Wertleistung, für die Planung im Betriebsbereich dagegen die Stückleistung maßgeblich ist (1). Dazu kommt, daß die große Gruppe der Passivgeschäfte, deren wertmäßige Komponente für die Planung im Geschäftsbereich berücksichtigt werden mußte (2), nun auch für die Planung im Betriebsbereich eine bedeutsame Rolle spielt, handelt es sich doch dabei wenigstens zum Teil um Massengeschäftsvorfälle, deren Abwicklung einen erheblichen Einsatz des Betriebsbereichs erfordert. Da sich nun, wie ebenfalls schon ausgeführt wurde, die wert- und stückmäßigen Komponenten der einzelnen Bankgeschäfte durchaus nicht gleichartig zu entwickeln brauchen, sondern ihre Entwicklung häufig sogar gegensätzlich verläuft (1), kann die wertmäßige Nachfrage nach den Geschäften der Universalbanken ebensowenig als Grundlage der Planung im Betriebsbereich angesehen werden, wie die stückmäßige Nachfrage für die Planung im Geschäftsbereich dienlich sein kann. Vielmehr bedarf es hierzu entweder neben der Ermittlung der wertmäßigen derjenigen der stückmäßigen Nachfrage oder der Herstellung von Beziehungen zwischen der wert- und der stückmäßigen Nachfrage, die gewisse Schlußfolgerungen von der Entwicklung der einen auf die Entwicklung der anderen zu ziehen erlaubt (3). Letzteres wird allerdings dadurch erschwert, daß jedes Bankgeschäft im Grunde genommen eine Individualität darstellt (4). So werden für die Erstellung der gleichen Wertleistung, z.B. der Gewährung eines Kontokorrentkredites in Höhe von DM 10.000,-- sowohl qualitativ als auch quantitativ unterschiedliche Arbeitsleistungen, Maschinennutzungen usw. erforderlich, je nachdem, ob es sich um eine bereits bestehende oder eine neue Bankverbindung handelt, ob sich die Kreditwürdigkeit des Kunden leicht oder schwer ermitteln läßt, ob der Kredit blanko oder gegen Sicherheit gegeben wird, usw. Der Einzug eines Wechsels in Höhe von DM 1.000,-- verursacht unterschiedliche Arbeitsleistungen, Maschinennutzungen usw., wenn es sich einerseits um einen Platzwechsel, andererseits um einen auswärts domizilierten Wechsel handelt. Weitere Beispiele dieser Art lassen sich für alle Geschäftsarten der Universalbanken finden (5). Umgekehrt können durchaus auch etwa die gleichen Leistungen des Betriebsbereichs für völlig unterschiedliche Wertleistungen beansprucht werden, also z.B. für einen Wechseldiskontkredit in Höhe von DM 20.000,--, DM 50.000,-- oder DM 100.000,--, weil es sich in allen

---

1) Vgl. S. 159 f.
2) Vgl. S. 162
3) Vgl. hierzu unsere Ausführungen S. 374 ff. insbesondere S. 388 f.
4) Vgl. S. 160
5) Vgl. hierzu auch Deppe, Hans-Dieter: Der Bankbetrieb als Gegenstand von Wachstumsanalysen, S. 375

drei Fällen um erstklassige Papiere langjähriger Kunden handelt, die ohne eingehende Prüfung angekauft und ins Portefeuille genommen werden. Weiterhin gibt es zahlreiche Bankgeschäfte, deren Abwicklung mit einem Minimum an Leistungen des Betriebsbereichs möglich ist, wie z. B. der gesamte Geldhandel, so daß damit eine beträchtliche Veränderung der finanziellen Kapazität einer Universalbank ohne jede Auswirkung auf die technische Kapazität vorgenommen werden kann (1). Infolgedessen läßt sich zwar zweifellos ganz allgemein feststellen, daß die Nachfrage nach Bankgeschäften sowohl für die Planung im Geschäftsbereich als auch für die Planung im Betriebsbereich maßgeblich ist, jedoch sind die für beide Planungsbereiche erforderlichen Informationen über die Entwicklung dieser Nachfrage von unterschiedlicher Art. Ließen sich nun aber für die Entwicklung der wertmäßigen Nachfrage nach Bankgeschäften verhältnismäßig gute Anhaltspunkte in den engen Beziehungen zwischen der gesamtwirtschaftlichen Entwicklung und der Entwicklung der Kreditinstitute finden, für die außerdem ausgezeichnetes sekundärstatistisches Material nachgewiesen werden konnte (2), so bestehen aus den oben genannten Gründen wenig Aussichten für eine Prognostizierung der stückmäßigen Nachfrage nach Bankgeschäften aus den gleichen Veröffentlichungen. Auch die Zählung der einzelnen Geschäftsvorfälle und Buchungsposten, die von den meisten Universalbanken seit langem durchgeführt wird, hilft hier nur bedingt weiter, weil es sich um Geschäftsvorfälle bzw. Buchungsposten mit ungleichem Arbeits- bzw. Maschinenaufwand handelt. Allenfalls kommen die so ermittelten Zahlen für die Herstellung verhältnismäßig einfacher und sehr globaler Beziehungen in Frage. Eine derartige Beziehung wäre z. B. diejenige zwischen der Entwicklung der Bilanzsumme und der Entwicklung der Buchungsposten bzw. Geschäftsvorfälle auf Grund des vielfältigen Leistungsverbundes sowie der Tatsache, daß zahlreiche Geschäfte der Universalbanken als Massengeschäftsvorfälle dem Gesetz der großen Zahlen unterliegen und hier mit einer relativ stetigen Entwicklung gerechnet werden kann (3). Allerdings bedarf es in diesem Falle gleichzeitig einer eingehenden Erforschung der Bilanzstruktur einerseits und der Struktur der Geschäftsvorfälle bzw. Buchungsposten andererseits, um nicht zu Fehlschlüssen veranlaßt zu werden, denn nur wenn sich keine wesentlichen Änderungen in der Geschäftszusammensetzung ergeben, kann den genannten Beziehungen eine gewisse Aussagekraft zukommen. Wirklich brauchbare Informationen für die Planung im Betriebsbereich der Universalbanken können deshalb nur dann erzielt werden, wenn es gelingt, die Merkmale zu ermitteln, von denen es abhängt, welche Nutzungen technisch-orga-

---

1) Vgl. Hagenmüller, Karl Friedrich: Der Bankbetrieb, Teil III, S. 322
2) Vgl. S. 162 ff.
3) Vgl. hierzu S. 160, 165 und 388 f. sowie Krümmel, Hans-Jacob: Bankzinsen, S. 196 ff.

nisatorischer Faktoren zur Ausführung bestimmter Bankgeschäfte erforderlich sind, und die einzelnen Bankgeschäfte nach diesen Merkmalen zu gruppieren, so daß in bezug auf die Inanspruchnahme des Betriebsbereichs weitgehend homogene Gruppen entstehen (1). Zwar erscheint diese Forderung auf den ersten Blick vielleicht völlig undurchführbar, doch müßte es der bankbetrieblichen Theorie in Verbindung mit den ausgezeichneten Möglichkeiten des Rechnungswesens der Universalbanken gelingen, auch auf diesem Gebiet Fortschritte zu erzielen, die zur Beschaffung brauchbarer Informationen führen (2).

Ein weiteres Problem der Beschaffung von Informationen für die Planung im Betriebsbereich der Universalbanken ergibt sich aus der Lagerunfähigkeit und Auftragsabhängigkeit ihrer Geschäfte in Verbindung mit der Notwendigkeit, alle eingehenden Aufträge, soweit sie nicht Kreditanträge betreffen, am gleichen Tage zu erledigen (3), so daß es auch nicht zu Auftragsbeständen kommen kann, welche die Planung auftragsabhängiger Industriebetriebe zu erleichtern imstande sind (4). Es handelt sich dabei um ein Planungsproblem des Stoßgeschäfts und der Spitzenbelastungen, das allerdings auch bei anderen Betrieben, insbesondere Handels- und Dienstleistungsbetrieben, zu beobachten ist. Bei den Universalbanken tritt es vor allem in den Kundenabteilungen, namentlich aber an den Schaltern in Erscheinung, da hier der Arbeitsanfall praktisch stündlich variiert, während sich in den Abteilungen ohne Kundenbedienung (man könnte sie administrative Abteilungen nennen (5), z. B. im unbaren Zahlungsverkehr, lediglich arbeitstägliche Veränderungen ergeben (6). Kommen z. B. zu gewissen Tageszeiten nur ganz wenige Kunden und häufen sich zu anderen Tageszeiten die Aufträge sehr stark, so können sich Schwankungen im Arbeitsanfall während eines Tages von mehreren Hundert Prozent ergeben, eine Tatsache, die für die Planung im Betriebsbereich von außerordentlicher Bedeutung ist, gilt es doch ebensosehr, eine Unterbeschäftigung der produktiven Faktoren wie längere Wartezeiten der Kunden zu vermeiden. Während ersteres zu "Leerkosten" im Sinne von unausgenutzten fixen Kosten (7) führt, würde letzteres eine Verärgerung der Kunden zur Folge haben können. Beides wiegt geschäftspolitisch sehr schwer und muß daher sorgfältig gegenein-

---

1) Vgl. hierzu auch Deppe, Hans-Dieter: Der Bankbetrieb als Gegenstand von Wachstumsanalysen, S. 376
2) Vgl. hierzu auch die Ausführungen S. 232, 241 ff. und 374 ff.
3) Vgl. S. 159
4) Vgl. Gutenberg, Erich: Die Produktion, S. 164
5) Vgl. Fischer, Otfrid: Bankbilanzanalyse, S. 34. Vgl. hierzu auch unsere Ausführungen S. 241 ff.
6) Vgl. hierzu auch Krümmel, Hans-Jacob: Bankzinsen, S. 198 sowie Hagenmüller, Karl Friedrich: Der Bankbetrieb, Band III, S. 335 ff.
7) Vgl. Gutenberg, Erich: Die Produktion, S. 336 ff.; Krümmel, Hans-Jacob: Bankzinsen, S. 200 ff.

ander abgewogen werden. Die starke "Produktionsverbundenheit" der
einzelnen Bankgeschäfte, die sich darin äußert, "daß die gleichen bankbetrieblichen Kapazitäten zur Erstellung heterogener Sortimentsleistun-
gen verwendet werden können" (1), erleichtert zwar - vor allem auch in
Verbindung mit der "Stofflosigkeit" der Bankgeschäfte - die Lösung des
Problems der Beschäftigungsschwankungen durch gewisse Austausch-
möglichkeiten von Arbeitskräften und maschinellen Hilfsmitteln, jedoch ist eine sehr genaue Kenntnis der Daten erforderlich, um diesen
Ausgleichsfaktor zu voller Wirksamkeit gelangen zu lassen (2). Infolgedessen bedarf es für die Durchführung der Planung in diesem Teil des
Betriebsbereichs sowohl eingehender Informationen über die Spitzenbelastungen insgesamt sowie in den einzelnen Abteilungen, als auch über
die Verteilung des Arbeitsanfalls in den verschiedenen Abteilungen auf
die einzelnen Tageszeiten. Ein besonderes Problem ergibt sich dabei
noch aus der Tatsache, daß der Arbeitsanfall nicht nur zu den einzelnen
Tageszeiten schwankt, sondern außerdem an den einzelnen Tagen einer
Woche, eines Monats und eines Jahres zu jeweils den gleichen Tageszeiten unterschiedlich ist, je nachdem, ob es sich um Lohn- oder Steu-
erzahlungstermine, Reise- und Urlaubszeiten, Tage vor Feiertagen usw.
handelt. Die Beschaffung von Informationen darüber kann sich nur auf
Vergangenheitswerte des eigenen Betriebes stützen, die infolgedessen
sorgfältig zu registrieren und auszuwerten sind. Zweifellos ist dies eine
umfangreiche und komplizierte, jedoch keineswegs eine unlösbare Aufgabe, die mit den Hilfsmitteln des Rechnungswesens der Universalbanken sogar zu recht guten Ergebnissen führen muß. Sollen hieraus Prognosewerte abgeleitet werden, so müssen neben der allgemeinen gesamtwirtschaftlichen Entwicklung vor allem die sich in der Nachfrage nach Bankgeschäften abzeichnenden Entwicklungstendenzen, soweit sie für die Schwankungen des Arbeitsanfalls bedeutsam erscheinen, wie z. B. die Zunahme der Lohn- und Gehaltskonten, der Kleinkredite, der bargeldlosen Zahlungen, der Spareinlagen usw. berücksichtigt
werden. Dabei wird allerdings ein zweiter Ausgleichsfaktor für die Lösung des Problems der Beschäftigungsschwankungen sichtbar, und zwar
insofern, als sich "zufällige" Belastungsspitzen (also nicht die zwangsläufigen Ultimo- und Saisonspitzen) bei der Breite der Geschäftspro-
gramme der Universalbanken mit zunehmender Zahl der Geschäftsvorfälle zu nivellieren tendieren (3). In dieser Hinsicht ist daher wiederum
die Größe einer Universalbank bzw. die Größe ihrer einzelnen Geschäftsstellen von erheblicher Bedeutung. Zieht man außerdem in Betracht,
daß sich - wie bereits ausgeführt wurde - die Massengeschäftsvorfälle
verhältnismäßig stetig zu entwickeln scheinen (4), so ist die Möglichkeit
der Ermittlung brauchbarer Prognosewerte für die Planung im Betriebs-

---

1) Vgl. Krümmel, Hans-Jacob: Bankzinsen, S. 199 sowie Hagenmüller,
   Karl Friedrich: Der Bankbetrieb, Bd. III, S. 335
2) Vgl. hierzu auch die Ausführungen S. 205 f. und 213 f.
3) Vgl. Krümmel, Hans-Jacob: Bankzinsen, S. 200
4) Vgl. S. 160, 165 und 170

bereich der Universalbanken selbst unter dem Aspekt der Bewältigung von Beschäftigungsschwankungen durchaus noch positiv zu beurteilen (1).

In engem Zusammenhang mit der Dimensionierung der technischen Kapazität einer Universalbank und der Gestaltung des Arbeitsablaufs für die einzelnen Bankgeschäfte steht langfristig die Frage, inwieweit es in Zukunft möglich sein wird, Arbeitskräfte durch maschinelle Hilfsmittel zu ersetzen, und zwar nicht nur - wie bisher - im Bereich der administrativen Abteilungen, sondern auch im Bereich der Kundenabteilungen. Es handelt sich dabei um ein Problem von außerordentlicher Tragweite, da es die traditionellen geschäftspolitischen Gepflogenheiten der Universalbanken berührt, die in der individuellen Kundenbehandlung und Kundenberatung durch qualifizierte Arbeitskräfte ein akquisitorisches Potential ersten Ranges sehen und zumindest bis zu einem gewissen Grade davon abgehen müßten. Die Entwicklung in den USA scheint in diese Richtung zu deuten (2). Aber auch unsere Universalbanken werden sich wohl in absehbarer Zeit vor die Notwendigkeit gestellt sehen, sich mit derartigen Fragen auseinanderzusetzen. Die Gründe hierfür liegen einmal in der Entwicklung der Preise für den Faktor Arbeitskraft, und zum anderen in dem zu erwartenden weiteren starken Anstieg der Massengeschäftsvorfälle. Es bedarf somit für die Planung im Betriebsbereich der Universalbanken eingehender Informationen über den technischen Fortschritt auf dem Gebiete der maschinellen Hilfsmittel für Bankbetriebe und der organisatorischen Gestaltung des Arbeitsablaufs für die einzelnen Bankgeschäfte. Beides steht jedoch in engem Zusammenhang miteinander, da die Art des Arbeitsablaufs weitgehend von der Art der zum Einsatz gelangenden maschinellen Hilfsmittel abhängt. Das gilt vor allem für die elektronischen Datenverarbeitungsanlagen, die zum Zwecke einer rationellen Eingabe der Daten in die Maschinen unter Umständen eine völlige Umorganisation des Arbeitsablaufs bei den einzelnen Bankgeschäften erforderlich machen. Dazu kommt, daß bei den großen Kapazitäten dieser Maschinen und ihren hohen Kosten der Ausnutzungsgrad zwangsläufig eine ganz besondere Rolle spielt, so daß ihr Einsatz grundsätzlich nicht nur mit dem Blick auf die Bewältigung bestimmter Arten von Bankgeschäften, sondern unter dem Aspekt der bestmöglichen Abwicklung des Gesamtgeschäftes erfolgen muß. Zu denken ist in diesem Zusammenhang vor allem an die in manchen Universalbanken bereits eingeführten Rechenzentren, in denen die gesamte Buchungsarbeit mit Hilfe von Elektronenrechnern zentral erledigt werden kann. Zwangsläufig wird unter diesen Umständen die bisher schon sehr starke Produktionsverbundenheit der einzelnen Bankgeschäfte noch vergrößert, während sich gleichzeitig die Austauschmöglichkeit der produktiven Faktoren gegeneinander vermin-

---

1) Vgl. hierzu auch unsere Ausführungen S. 374 ff.
2) Vgl. Grau, H.: Organisation und Arbeitsweise amerikanischer Banken, S. 13 -18

dert, so daß einerseits an die Güte der Planungsinformationen besonders hohe Anforderungen gerichtet werden müssen und andererseits die Beschaffung dieser Informationen erschwert wird. Indessen dürften aber die durch den technischen Fortschritt verursachten Probleme der Informationsbeschaffung bei den Universalbanken im allgemeinen weniger gravierend sein, als z. B. bei den Industriebetrieben, bei denen nicht nur die Fertigungsverfahren, sondern auch die zu erstellenden Leistungen in erheblichem Umfang davon betroffen werden (1).

c) Informationen für die Erfolgsplanung

Wir haben die Erfolgsplanung als einen dritten Hauptplanungsbereich der Universalbanken herausgearbeitet (2), da es infolge der Arteigenheiten ihrer betrieblichen Betätigung weder allein aus der Planung des Geschäftsbereichs noch allein aus der Planung des Betriebsbereichs heraus möglich ist, zu einer Gesamtschau der erfolgsbestimmenden Faktoren von Universalbanken zu gelangen. Es handelt sich somit bei der Erfolgsplanung zwar in gewisser Hinsicht nur um eine von der Planung des Geschäftsbereichs und der Planung des Betriebsbereichs der Universalbanken abgeleitete Planung, jedoch kommt ihr insofern eine durchaus selbständige Bedeutung zu, als erst die Entwicklung des Erfolgs letzte Aufschlüsse für die Planung in den anderen beiden Bereichen zu liefern vermag und somit stets Rückschlüsse von der Erfolgsplanung sowohl auf die Planung im Geschäftsbereich als auch auf die Planung im Betriebsbereich gezogen werden müssen (3).

Gehen wir bei der Untersuchung der für die Erfolgsplanung der Universalbanken erforderlichen Informationen nochmals von den Industriebetrieben aus, so können wir daran anknüpfen, daß - wie wir ausgeführt hatten - bei ihnen die Erfolgsplanung unmittelbar aus der Produktionsplanung, also aus der Güterebene, heraus entwickelt werden kann (4). Informationen über die erzielbaren Preise für die zu erstellenden Produkte einerseits und die zu zahlenden Preise für die produktiven Faktoren andererseits bilden hierfür die Grundlage. Gelingt es, diese Informationen zu beschaffen, so bietet die Ermittlung der Gesamtkosten und Gesamterlöse einer bestimmten Produktmengenkombination keine unüberwindbaren Schwierigkeiten. Diese beginnen vielmehr erst dann, wenn eine Feststellung der Kosten- und Erlösabhängigkeiten bei variierenden Produktions- bzw. Absatzmengen erforderlich ist, und sind um so größer, je differenzierter das Fertigungsprogramm ist und je verbundener die Produktion erfolgt. Das gilt insbesondere für die Berech-

---

1) Vgl. S. 184 ff., 208 ff., 241 ff. und 374 ff.
2) Vgl. S. 144
3) Vgl. hierzu S. 225 ff., 253 ff. und 387 ff.
4) Vgl. Riebel, Paul: Das Rechnen mit Einzelkosten und Deckungsbeiträgen, S. 238

nung der für die Erfolgsplanung so bedeutsamen Grenzkosten, in kaum
geringerem Maße aber auch für die Ermittlung der Kosten pro Lei-
stungseinheit, mit der sich die Praxis oft in Ermangelung anderer Möglichkeiten behilft. Soweit nämlich dabei nicht eine unmittelbare Zurechnung der Kosten auf die Kostenträger gelingt und Schlüsselungen von
"fixen Kosten" und "echten Gemeinkosten" erforderlich werden, ist das
Verursachungsprinzip nicht mehr gewahrt, so daß die errechneten Kosten lediglich als eine "Mischung aus viel Dichtung und wenig Wahrheit"
zu betrachten sind, der wenig Aussagekraft zukommt (1). Die Beschaffung von Informationen für die Erfolgsplanung stößt daher bei vielen Industriebetrieben auf ein unüberwindbares Hindernis in Gestalt des nicht
nur praktisch, sondern auch theoretisch unlösbaren Zurechnungsproblems (2). Gleichwohl versuchen die Industriebetriebe mit Hilfe eines
leistungsfähigen Rechnungswesens einerseits durch Verfeinerung der
Kostenzurechnung und andererseits durch Nutzbarmachung neuer Methoden der Kostenrechnung, wie z. B. des mit variablen Kosten rech-
nenden "Direct Costing" oder der mit Einzelkosten arbeitenden "Dek-
kungsbeitragsrechnung" ihre Möglichkeiten der Informationsbeschaffung zu verbessern. Ganz abgesehen wurde dabei bisher von den Schwierigkeiten, die eine Prognose der voraussichtlichen Preisentwicklung sowohl für die erzeugten Produkte als auch für die eingesetzten produktiven
Faktoren mit sich bringt. Zwar mag es in dieser Hinsicht sowohl auf
den Beschaffungs- als auch auf den Absatzmärkten erkennbare Entwicklungstendenzen geben, die gewisse Aussagen, zumindest für bestimmte Märkte, wie z. B. den Arbeitsmarkt und die Märkte lebensnot-
wendiger Verbrauchsgüter, ermöglichen, doch sorgt der technische
Fortschritt in Verbindung mit Angebots- und Nachfrageveränderungen
verschiedenster Ursachen wohl immer für mehr oder weniger große
Überraschungen, deren planungsmäßige Bewältigung nur mit Hilfe von
Planungsreserven und durch elastische Plangestaltung möglich erscheint. Hier liegt infolgedessen ein weiteres großes Problemgebiet der
Beschaffung von Informationen für die industrielle Erfolgsplanung.

Betrachten wir nunmehr die für die Erfolgsplanung der Universalbanken
erforderlichen Informationen, so handelt es sich dabei zwar ebenfalls
einerseits um Informationen über die erzielbaren Erlöse für die von
ihnen zu tätigenden Geschäfte und andererseits um Informationen über
die Kosten der hierfür benötigten produktiven Faktoren, jedoch ergeben
sich für die Beschaffung und die Güte dieser Informationen in mancherlei Hinsicht besondere Aspekte. Sie resultieren - wenn wir zunächst
wieder davon ausgehen, daß es möglich ist, die Preisentwicklung sowohl
auf den Absatz- als auch auf den Beschaffungsmärkten der Universalbanken zu prognostizieren - auf der Kostenseite einmal aus der Produk-

---

1) Vgl. Riebel, Paul: Das Rechnen mit Einzelkosten und Deckungsbeiträgen, S. 238
2) Vgl. S. 94

tionsverbundenheit der universalbankbetrieblichen Geschäftätigkeit und zum anderen aus der Bedeutung des Kostenfaktors Zahlungsmittelnutzung, auf der Erlösseite aus dem breiten Geschäftsprogramm der Universalbanken mit seinem starken "Leistungsverbund". Die Schwierigkeiten, die sich für die industriellen Betriebe aus dem Vorhandensein eines differenzierten Fertigungsprogramms in Verbindung mit der Produktionsverbundenheit der einzelnen Leistungen für die Beschaffung und die Güte von Informationen über die Kostenentwicklung ergeben, erhöhen sich bei den Universalbanken in beträchtlichem Maße dadurch, daß praktisch ihre gesamten Personal- und Sachkosten als "fixe Kosten einer bestimmten Kapazitätsstufe" anzusehen sind (1), da mit wachsendem oder sinkendem Arbeitsanfall innerhalb einer Kapazitätsstufe keine nennenswerte Änderung dieser Kosten erfolgt. Eine Ausnahme hiervon machen nur die Kosten für die Herstellung oder den Kauf von Formularen, ein Teil der Reparatur- und Wartungskosten an den Buchungsmaschinen und die Energiekosten für den Betrieb dieser Maschinen. Abgesehen davon, daß diese Kosten bei der Höhe der gesamten Personal- und Sachkosten überhaupt nicht ins Gewicht fallen, verändern sie sich zwar mit der Menge der innerhalb der bestehenden Kapazitätsstufe zu tätigenden Geschäfte, ohne jedoch dem einzelnen Geschäft zurechenbar zu sein. Als Folge der aufgezeigten Kostenstruktur der Universalbanken ergibt sich, daß es ihnen - ebenso wie den Industriebetrieben - nicht möglich ist, die vollen Kosten des Einsatzes der technisch-organisatorischen Faktoren für ihre einzelnen Geschäfte zu ermitteln, daß darüberhinaus aber auch die auf der Zurechnung von Einzelkosten oder variablen Kosten beruhenden Teilkostenrechnungen bei den Universalbanken kaum zur Anwendung gelangen können, weil der Prozentsatz der hierfür zur Verfügung stehenden Kosten zu klein ist (2). Alle Bemühungen um die Ermittlung von Stückkosten oder Teilstückkosten für den Einsatz der technisch-organisatorischen Faktoren bei den einzelnen Geschäften der Universalbanken werden daher durch ihren großen Fixkostenblock sehr stark behindert. Zwar hat die Bankkostenrechnung gerade in den letzten Jahren erhebliche Anstrengungen gemacht, um zu brauchbaren Ergebnissen zu gelangen (3), jedoch führen die vorgeschlagenen Rechnungsmethoden entweder nur bis zur Ermittlung der technisch-organisatorischen Kosten für einzelne große Geschäftsartengruppen und allenfalls Geschäftsarten, oder aber sie täuschen eine nicht vorhandene Genauigkeit vor bzw. ermitteln als verursachungsgerechte Teilkosten nur einen sehr geringen Bruchteil der Gesamtkosten. Dazu kommt nun weiterhin, daß nicht nur bei der großen Gruppe der Aktivgeschäfte, son-

---

1) Vgl. Krümmel, Hans-Jacob: Bankzinsen, S. 200 f.
2) Vgl. Güde, Udo: Die Bank- und Sparkassenkalkulation, insbesondere S. 394 ff.
3) Vgl. hierzu insbesondere Hagenmüller, Karl Friedrich: Der Bankbetrieb, Band III, S. 173 ff., vor allem S. 247 ff. und die hier angegebene Literatur; ferner Giese, Robert W.: Die Bankkalkulation in der Praxis, Wiesbaden 1962 und Güde, Udo: Die Bank- und Sparkassenkalkulation.

dern durchaus auch bei den Dienstleistungsgeschäften (1) erst die Kosten der Zahlungsmittelnutzung zusammen mit den Kosten der technisch-organisatorischen Faktoren die vollen Kosten eines Aktiv- oder Dienstleistungsgeschäftes ergeben. Abgesehen davon, daß es - ebenso wie bei den einzelnen Aktiv- und Dienstleistungsgeschäften auch bei den einzelnen Passivgeschäften, die sich teilweise als außerordentlich arbeitsaufwendig erweisen (2) - infolge des hohen Anteils fixer Kosten nicht möglich ist, die Kosten der technisch-organisatorischen Faktoren pro Geschäftsvorfall zu ermitteln, tritt damit die Zurechenbarkeit der eigentlichen "Geldbeschaffungskosten" in Form der Zinskosten auf die Aktiv- und Dienstleistungsgeschäfte der Universalbanken in Erscheinung. Diese Zinskosten sind - wie Krümmel darlegt - zwar insofern als variabel zu betrachten, als sie mit ihrer Bezugsbasis wachsen und sinken, sie können jedoch weder einzelnen Gruppen von Aktivbeständen, wie z. B. dem Bestand an Sachvermögen, dem Bestand an Krediten und dem Bestand an Zahlungsmitteln, noch einzelnen Kreditgeschäften oder einzelnen anderen Bankgeschäften zugeordnet werden (3). Sofern ein solcher Versuch unternommen wird, wie z. B. in der Teilzinsspannenrechnung mit Hilfe der gegenseitigen Zuordnung von Teilen der Aktiv- und Passivbestände der Bilanz in einer sogenannten Schichtenbilanz, handelt es sich lediglich um ein technisches Hilfsmittel, über dessen bestreitbaren Aussagewert man sich im klaren sein muß, wenn aus den Ergebnissen irgendwelche Folgerungen gezogen werden sollen (4). Auch der von Mülhaupt eingeschlagene Weg, die Zurechnung von Geldschaffungskosten über einen "Grenzkredit" als Zurechnungsobjekt zu bewältigen (5), führt nicht zu einer Lösung des Zurechnungsproblems, obwohl die marginalanalytische Betrachtungsweise dazu verleitet, "über dem Spitzenausgleich durch Geldmarktkredit und Refinanzierung bei der Notenbank zu übersehen, daß die Auszahlungsspitze in jedem bankgeschäftlichen "Moment" keinem einzelnen Vorgang speziell zugerechnet werden kann," sondern vielmehr einen Saldo aus einer kaum überschaubaren Zahl von Ein- und Auszahlungsvorgängen der verschiedensten Art darstellt (6). So lassen sich zwar - wie später noch eingehend zu erörtern sein wird - zusätzliche Geldbeschaffungskosten für zusätzlich zu gewährende Kredite ermitteln, jedoch wird dabei nicht dem Verursachungsprinzip Rech-

---

1) Vgl. Deppe, Hans-Dieter: Der Bankbetrieb als Gegenstand von Wachstumsanalysen, S. 376
2) Vgl. hierzu unsere Ausführungen S. 376 ff.
3) Vgl. Krümmel, Hans-Jacob, Bankzinsen, S. 224 f.
4) Vgl. hierzu insbesondere Hagenmüller, Karl Friedrich: Der Bankbetrieb, Band III, S. 253 ff. und die hier angegebene Literatur, sowie Krümmel, Hans-Jacob: Bankzinsen, S. 222 f.
5) Vgl. Mülhaupt, Ludwig: Umsatz-, Kosten- und Gewinnplanung einer Kreditbank, S. 7 ff.
6) Vgl. Krümmel, Hans-Jacob: Bankzinsen, S. 217 ff., insbesondere S. 222

nung getragen, sondern eine Spezialzurechnung vorgenommen (1). Wir
kommen somit zu der Feststellung, daß auch eine verursachungsrechte
Zurechnung von Kosten der Zahlungsmittelnutzung auf die einzelnen Ak-
tiv- und Dienstleistungsgeschäfte, auf Geschäftsarten oder Geschäftsartengruppen nicht möglich ist, da sie wiederum an dem sowohl theoretisch als auch praktisch unlösbaren Zurechnungsproblem scheitert. Die
Beschaffung von Informationen über die Kostenentwicklung bei den Universalbanken muß sich somit entweder im wesentlichen auf die Entwicklung der verschiedenen Kostenarten beschränken oder aber unter Berücksichtigung der dargelegten Bedenken mit Hilfe aller dem Rechnungswesen der Universalbanken innewohnenden Möglichkeiten und sinnvoller
Annahmen versuchen, die Bankgeschäfte in die Kostenanalysen irgendwie
einzubeziehen, wobei sich dann allerdings sehr oft keine verursachungs-
gemäßen Zurechnungen ergeben (2).

Kommen wir nunmehr zur Erlösseite und den sich aus dem breiten Geschäftsprogramm der Universalbanken mit seinem starken "Leistungsverbund" ergebenden Arteigenheiten für die Beschaffung und die Güte
von Informationen über die Erlösentwicklung (3). Zwar stellen die Universalbanken alle Geschäfte ihres Geschäftsprogramms grundsätzlich
als Einzelgeschäfte zur Verfügung, jedoch ergibt sich aus der Art der
im einzelnen angebotenen Geschäfte häufig ein Zusammenhang zwischen
verschiedenen Einzelgeschäften dergestalt, daß eine Nachfrage nach der
einen Geschäftsart in der Regel auch eine Nachfrage nach einer anderen
Geschäftsart nach sich zieht. Ein solcher "zwangsläufiger, starrer Leistungsverbund" (4) liegt z. B. zwischen der Gewährung eines Kontokor-
rentkredits, der Einrichtung eines Girokontos und der Ausführung von
Zahlungsverkehrsgeschäften, zwischen der Durchführung von Effektenkommissionsgeschäften, der Einrichtung eines Depotkontos und der Verwahrung von Wertpapieren im Depotgeschäft usw. vor. Krümmel spricht
hier von "Leistungskonglomeraten" (5). Sie spielen für die Beschaffung
von Informationen über die Erlösentwicklung insofern eine Rolle, als sie
vorsichtige Schlußfolgerungen von der Entwicklung der Erlöse einer Leistungsart auf die einer anderen zu ziehen erlauben und damit die Beschaffung von Informationen bis zu einem gewissen Grade zu erleichtern
vermögen (6). Neben dem zwangsläufigen gibt es jedoch noch einen
"wahlweisen, flexiblen Leistungsverbund" (5). Er resultiert daraus, daß
die Kunden von Universalbanken aus dem angebotenen breiten Geschäfts-

1) Vgl. hierzu unsere Ausführungen S. 308 ff. und 315 ff.
2) Vgl. hierzu auch unsere Ausführungen S. 252 ff. und 387 ff.
3) Vgl. S. 175 f.
4) Vgl. Krümmel, Hans-Jacob: Bankzinsen, S. 121. Vgl. hierzu auch
   unsere Ausführungen S. 160
5) Vgl. Krümmel, Hans-Jacob: Bankzinsen, S. 121. Vgl. hierzu auch
   unsere Ausführungen S. 160
6) Vgl. hierzu auch die Ausführungen S. 165

programm in der Regel mehrere Geschäftsarten auswählen und in Form von "individuellen Leistungsbündeln" abnehmen. Wird dabei jedes Einzelgeschäft des gesamten Sortiments mit dem dafür von der Universalbank festgesetzten "Listenpreis" in Rechnung gestellt, so verwendet Krümmel den Begriff "Sortimentsangebot zu festen sortimentsstrategischen Teilpreisen". Berechnet die Universalbank dagegen für die von den Kunden ausgewählten Geschäfte Preise, die individuell auf sie abgestellt sind, so handelt es sich in Krümmels Terminologie um "kundenindividuelle bündeltaktische Teilpreise", die für die jeweiligen Kunden eine mehr oder weniger große Verbilligung der insgesamt mit der Bank getätigten Geschäfte bedeuten. Die Universalbanken besitzen daher in dieser Möglichkeit des "kundenindividuellen Bündelangebots" (1) ein absatzpolitisches Instrument ersten Ranges, das in verschiedener Stärke anwendbar ist. Ob die eine oder die andere Angebotsform gewählt wird, und in welcher Stärke das absatzpolitische Instrument des Bündelangebots zum Einsatz kommt, richtet sich nach der "Verhandlungsmacht" des Kunden einerseits und der Bank andererseits (2). Je größer die Verhandlungsmacht des Kunden ist, um so geringere Möglichkeiten hat eine Bank, die höheren sortimentsstrategischen Teilpreise für ihre Geschäfte durchzusetzen und um so größer wird für sie die Notwendigkeit, Zugeständnisse in Form des Ansatzes der niedrigeren kundenindividuellen Bündelpreise machen zu müssen. In dem Maße aber, in dem dieser Zwang zu preispolitischem Verhandeln besteht, verringern sich die Möglichkeiten der Universalbanken, über die erzielbaren Preise für ihre einzelnen Geschäfte Aussagen machen zu können. Die Beschaffung von Informationen über die Erlösentwicklung wird insofern ganz erheblich von der jeweiligen Zusammensetzung des Kundenkreises einer Universalbank beeinflußt (3). Je mehr es sich dabei um kleine Kunden ohne oder mit geringer Verhandlungsmacht handelt, wie sie z.B. der überwiegende Teil der Kunden von Sparkassen- und Kreditgenossenschaften darstellt, um so günstiger liegen die Voraussetzungen für die Beschaffung von Informationen über die Erlösentwicklung, weil hier im wesentlichen die festen sortimentsstrategischen Teilpreise zur Anwendung gelangen können. Je größer jedoch die Zahl der Kunden mit Verhandlungsmacht im Verhältnis zur Zahl der Kunden ohne Verhandlungsmacht wird, wie z.B. bei manchen Privatbankiers mit einer relativ großen Zahl einflußreicher Kunden bei einer insgesamt verhältnismäßig geringen Kundenzahl, um so

---

1) Vgl. Krümmel, Hans-Jacob: Bankzinsen, S. 123 ff. Krümmel entwickelt hierzu drei verschiedene Verhaltensmuster der Universalbanken nach dem Prinzip der "kleinen Mittel", d.h. vieler kleiner, statt weniger großer Zugeständnisse.
2) Vgl. Krümmel, Hans-Jacob: Bankzinsen, S. 229 ff.
3) Bezüglich der Zusammensetzung des Kundenkreises von Universalbanken nach der Stärke der Verhandlungsmacht ihrer Kunden vgl. Krümmel, Hans-Jacob: Bankzinsen, S. 241 ff. Vgl. hierzu auch unsere Ausführungen S. 55 ff.

schwieriger ist es für die Institute, wegen der Notwendigkeit der Verwendung von Bündelpreisen zu Informationen über die Entwicklung der Erlöse für ihre einzelnen Geschäftsarten zu kommen. In diesem Zusammenhang ist außerdem zu bemerken, daß infolge der für die Universalbanken typischen Art der Fremdkapitalbeschaffung in die kundenindividuellen Bündelpreise nicht nur die Preise für die Aktiv- und Dienstleistungsgeschäfte, sondern gleichzeitig auch die Preise für die von den Kunden zur Verfügung gestellten Einlagen eingehen (1). In dem Maße, in dem die Universalbanken hierbei an die Kunden entsprechend der jeweiligen Stärke ihrer Verhandlungsmacht mehr oder weniger große Zugeständnisse zu machen genötigt sind, gelten daher die für die Beschaffung von Informationen über die Erlösentwicklung gemachten Aussagen auch für die Kostenentwicklung und sind dort entsprechend zu berücksichtigen (2).

Betrachten wir nunmehr die bisher außer acht gelassenen Möglichkeiten einer Prognostizierung der Preisentwicklung auf den Absatz- und Beschaffungsmärkten der Universalbanken, so ergeben sich neue Probleme für die Beschaffung und die Güte der für ihre Erfolgsplanung erforderlichen Informationen aus der mit jeder Schätzung zukünftiger Ereignisse verbundenen Ungewißheit. Grundsätzlich gilt indessen für Universalbanken in dieser Hinsicht das gleiche wie für alle anderen Unternehmungen, die sich mit derartigen Fragen zu beschäftigen haben. Trotzdem sind aber auch hierbei wieder infolge der Arteigenheiten der Universalbanken einige Dinge etwas anders gelagert. So läßt sich einerseits feststellen, daß die relative Konstanz des Geschäftsprogramms der Universalbanken, das von Mode- und Geschmackswandlungen ebenso wie vom technischen Fortschritt weitgehend unabhängig ist (3), für eine verhältnismäßig gute Prognostizierbarkeit der Preisentwicklung spricht. Andererseits aber handelt es sich bei den Geschäften der Universalbanken - wie ausgeführt wurde - ausschließlich um finanzielle Transaktionen, die in ihrer Vielfältigkeit zu außerordentlich engen Beziehungen zwischen den Universalbanken und der Gesamtwirtschaft führen und infolgedessen auf Schwankungen in deren Entwicklung, die Veränderungen der Geld- und Kapitalmarktsituation zur Folge haben, preislich sehr empfindlich reagieren (4). So kann man zwar nach eingehender Analyse der Verhältnisse in der Vergangenheit folgern, daß sich auch in Zukunft die Preise für die Dienstleistungsgeschäfte der Universalbanken, für die im wesentlichen der Einsatz technisch-organisatorischer Faktoren erforderlich ist, und die in Form von Provisionen und Gebühren erhoben werden, nicht erheblich verändern werden. Das gleiche gilt auch für die Provisionen und Gebühren, die von den Universalbanken bei der Durchführung von Aktivgeschäften als Entgelte für die Inanspruchnahme tech-

---

1) Vgl. Krümmel, Hans-Jacob: Bankzinsen, S. 136
2) Vgl. S. 175 ff. sowie S. 254 ff. und 389 ff.
3) Vgl. S. 158
4) Vgl. S. 157 ff.

nisch-organisatorischer Faktoren gefordert zu werden pflegen (1). Hingegen läßt sich über die Entwicklung der Zinssätze als der Preise für Zahlungsmittelnutzungen vor allem auf mittlere und längere Sicht - wenn überhaupt, dann - nur sehr wenig aussagen, da hier zu viele Einflußfaktoren wirksam werden. Neben der Entwicklung der Binnenwirtschaft sind es vor allem die außenwirtschaftlichen Einflüsse und als Folge davon die von der Zentralbank im Interesse der Sicherheit der Währung zu ergreifenden währungspolitischen Maßnahmen, die eine Prognostizierung der Zinssätze erschweren oder gänzlich unmöglich machen, und sich damit auf die Beschaffung und die Güte von Informationen für die Erfolgsplanung der Universalbanken sehr ungünstig auswirken. Indessen kommen die genannten Schwierigkeiten aber dadurch nicht voll zum Tragen, daß die Entwicklung der Zinssätze die Universalbanken stets sowohl auf der Absatz- als auch auf der Beschaffungsseite trifft und daß zwischen der Entwicklung der Soll- und Habenzinssätze eine gewisse Gleichläufigkeit zu herrschen pflegt. Dazu kommt, daß sich auch die Relationen zwischen den Soll- und Habenzinssätzen für verschiedene Arten und Fristen von Zahlungsmittelnutzungen nicht wesentlich zu verändern tendieren. So läßt sich über lange Zeiträume der Vergangenheit hinweg feststellen, daß sich die Soll- und Habenzinssätze für der Art und Fristigkeit nach vergleichbare Zahlungsmittelnutzungen zwar nicht parallel, aber doch weitgehend gleichläufig entwickelt haben, so daß sich die zwischen den Soll- und Habenzinssätzen bestehenden Zinsdifferenzen im großen und ganzen nur wenig verändert haben (2). In der relativen Konstanz dieser Zinsdifferenzen besitzen die Universalbanken daher, auch wenn ihnen die absoluten Höhen der einzelnen Soll- und Habenzinssätze unbekannt bleiben, verhältnismäßig gute Ausgangspunkte für ihre Erfolgsplanung, vor allem auch im Zusammenhang mit den bereits erörterten Prognostizierungsmöglichkeiten ihrer verschiedenen Aktiv- und Passivgeschäfte (3). Betrachten wir nunmehr noch die Möglichkeiten einer Abschätzung der Preisentwicklung für die technisch-organisatorischen Faktoren, so läßt sich auch hierzu feststellen, daß die Verhältnisse in dieser Hinsicht bei den Universalbanken nicht ungünstig liegen. Der Grund dafür ist darin zu erblicken, daß es sich im wesentlichen um produktive Faktoren handelt, deren Preise relativ stetigen Entwicklungstendenzen folgen, vorausgesetzt, daß nicht außerwirtschaftliche Faktoren in Form von Kriegen oder politischen Verwicklungen die Dinge grundlegend verändern. Das gilt insbesondere für die Preise auf dem Arbeitsmarkt und dem Baumarkt, die die Entwicklung der Personalaufwendungen und eines großen Teiles der Sachaufwendungen der Universalbanken bestimmen. Stärker durch den technischen Fortschritt beeinflußt und damit in ihrer Entwicklung weniger gut zu beurteilen, sind lediglich die Preise auf den Märkten der maschinellen Hilfsmittel, ob-

---

1) Vgl. hierzu S. 254 ff. und 393 ff.
2) Vgl. hierzu S. 254 ff. , 391 ff. und Anlage 30
3) Vgl. S. 162 ff.

gleich auch hier die langfristige Entwicklungstendenz durch die elektronischen Datenverarbeitungsanlagen bereits vorgezeichnet ist, und bei
der relativen Konstanz des Geschäftsprogramms der Universalbanken
nicht mit grundlegenden Verfahrensänderungen bei der Geschäftsabwicklung gerechnet zu werden braucht (1). Was schließlich die Geldbeschaffungskosten, soweit sie nicht Zinskosten sind, also die Provisionen und Gebühren für aufgenommene Gelder und langfristige Darlehen anbelangt, so gilt hierfür das bezüglich der entsprechenden Erlöse Ausgeführte (2). Trotz der zunächst so ungünstig erscheinenden
Verhältnisse für die Prognostizierung der Preisentwicklung auf den Ab-
satz- und Beschaffungsmärkten der Universalbanken läßt sich somit abschließend sagen, daß auch hier zum Teil bessere Möglichkeiten vorhanden sind als bei anderen Betrieben, und daß es diese nur zu nutzen
gilt.

3. Ergebnis und Folgerungen

Als Ergebnis unserer Untersuchungen über die für die Gesamtplanung
einer Universalbank erforderlichen Informationen und ihre Beschaffungsmöglichkeiten ist festzustellen, daß sich die Arteigenheiten der
Universalbanken hierauf teilweise recht negativ, teilweise aber durchaus auch positiv auswirken. So konnten in mancher Hinsicht bei ihnen
sogar günstigere Voraussetzungen für die Informationsbeschaffung gefunden werden als bei den Industriebetrieben, wenngleich in anderer
Hinsicht die Verhältnisse ungünstiger beurteilt werden mußten. Besondere Schwierigkeiten bieten der Informationsbeschaffung der Universalbanken vor allem die grundsätzliche Unabhängigkeit von Wert- und Stückleistung, die für den Schluß von der Entwicklung der Geschäftssphäre
auf die der Betriebssphäre so bedeutsam ist, die Auftragsabhängigkeit
bei Lagerunfähigkeit der Bankgeschäfte, die ungewöhnlich starke Beschäftigungsschwankungen mit sich bringt, die Produktionsverbundenheit der Bankgeschäfte im Zusammenhang mit ihrem hohen Fixkostenanteil, die die Ermittlung von Grenz- und Durchschnittskosten für einzelne Bankgeschäfte, Geschäftsarten und Geschäftsartengruppen sehr
erschwert, und das breite Geschäftsprogramm in Verbindung mit dem
starken "Leistungsverbund", das die Feststellung der Erlöse für einzelne Bankgeschäfte, Geschäftsarten und Geschäftsartengruppen behindert (3). Gute Informationsbeschaffungsmöglichkeiten bestehen dagegen vor allem in bezug auf die voraussichtliche Entwicklung der wichtigsten Bankgeschäfte insgesamt sowie der Marktanteile der einzelnen
Institute und Institutsgruppen, und zwar besonders längerfristig. Als
Gründe dafür wurden die engen und vielseitigen Beziehungen der Universalbanken zu den anderen Wirtschaftseinheiten, das kurzfristig dar-

---

1) Vgl. S. 254 ff. und 395 ff.
2) Vgl. S. 180 f. sowie S. 254 ff. und 393 ff.
3) Vgl. S. 175 ff.

über zur Verfügung stehende sekundärstatistische Material der Deutschen Bundesbank und des Statistischen Bundesamtes in Verbindung mit der relativen Konstanz des Geschäftsprogramms der Universalbanken, dem zwangsläufigen "Leistungsverbund" einer ganzen Reihe von Bankgeschäften und der Tendenz zur stetigen Entwicklung der Massengeschäftsvorfälle genannt, die sich auf die Sicherheit und Genauigkeit von Schlüssen aus der vergangenen auf die zukünftige Entwicklung positiv auswirken (1). Günstige Voraussetzungen bestehen weiterhin für die Prognostizierung der Preise für die einzelnen Geschäfte der Universalbanken infolge der relativen Konstanz ihres Geschäftsprogramms sowie der Tatsache, daß die Entwicklung der wichtigsten Bankpreise, nämlich der Zinsen, die Universalbanken aktivisch und passivisch berührt, so daß weniger die absoluten Werte als vielmehr die Differenzen, die sich nicht allzustark zu verändern tendieren, Bedeutung für die universalbankbetriebliche Planung besitzen (2).

Trotz der zweifellos erheblichen Besonderheiten der für die Gesamtplanung einer Universalbank erforderlichen Informationen und ihrer Beschaffungsmöglichkeiten kann u. E. keine Rede davon sein, daß eine Planung bei Universalbanken deswegen nicht durchführbar erscheint, weil bei ihnen die dafür erforderlichen Informationen nicht in hinreichender Güte bereitgestellt werden können, wie insbesondere von Bankpraktikern, bisweilen aber auch in der bankbetrieblichen Literatur, ausgeführt wird (3). Vielmehr kommt es darauf an, die Planungskonzeption der Universalbanken so zu gestalten, daß auf dem jeweiligen Informationsstand, d. h. also dem Verhältnis der tatsächlichen zur notwendigen Information (4), brauchbare Planungen möglich werden. Das beginnt bereits bei der Bestimmung der Zielsetzung, die als Leitmaxime der Planung bei Universalbanken dienen soll und von der Planung nichts Unmögliches verlangen darf (5), und setzt sich über die Festlegung der Planungszeiträume, der Planungsarten und der Planungsbereiche der Universalbanken bis zu den einzelnen Grundsätzen ihrer Planung fort. Insofern ist die Gesamtplanung der Universalbanken also tatsächlich nicht nur unmittelbarer Ausdruck ihres Geschäftsprogramms, sondern hängt über die für die Planung jeweils zur Verfügung stehenden Informationen auch mittelbar von ihren Arteigenheiten ab und ist diesen anzupassen (6). Daß darüberhinaus der jeweils vorhandene Informationsstand in Zusam-

---

1) Vgl. S. 162 ff.
2) Vgl. S. 180 ff.
3) Vgl. z. B. Fischer, Otfrid: Die Finanzdisposition der Geschäftsbanken, S. 31 ff., insbesondere S. 33 f. Vgl. hierzu allerdings auch unsere Ausführungen über den Planungsbegriff S. 17 ff., insbesondere S. 40 ff.
4) Vgl. S. 145
5) Vgl. S. 65 ff.
6) Vgl. S. 141

menarbeit von bankbetrieblicher Forschung und Praxis laufend zu verbessern ist, bedarf kaum einer besonderen Erwähnung. Unter Berücksichtigung des leistungsfähigen Rechnungswesens der meisten Universalbanken, das nicht nur für die Beschaffung von Einzelinformationen, sondern auch für ihre Zusammenfassung zu Entscheidungsinformationen (1) geradezu prädestiniert ist, dürften in dieser Hinsicht in Zukunft sogar ganz erhebliche Fortschritte zu erzielen sein, sofern nur einmal die theoretischen Grundlagen geschaffen worden sind. Die Industriebetriebe, die vielfach den gleichen oder sogar noch schwierigeren Situationen bezüglich der Informationsbeschaffung gegenüberstehen wie die Universalbanken haben diesen Weg bereits beschritten und dabei, wie die umfangreiche Literatur zur industriebetrieblichen Planung zeigt, hervorragende Erfolge erzielen können (2). Jedoch besteht auch für die Universalbanken durchaus kein Grund zur Resignation, zumal wenn von Anfang an der Versuch gemacht wird, die jeweils erforderlichen Informationen durch eine entsprechende Gestaltung der Planungskonzeption mit den vorhandenen bzw. beschaffbaren Informationen in Einklang zu bringen. Die folgenden Ausführungen sind daher einer Untersuchung der Planungskonzeption der Universalbanken in ihrer Abhängigkeit einerseits von den Arteigenheiten der universalbankbetrieblichen Betätigung und andererseits von den jeweils verfügbaren Informationen gewidmet.

C. Die Planungskonzeption einer Universalbank und ihre Abhängigkeiten

Nachdem die Zielsetzung der Universalbanken als Leitmaxime ihrer Planung bereits ausführlich diskutiert worden ist (3), können wir uns im folgenden auf die Erörterung der Planungskonzeption der Universalbanken und ihrer Abhängigkeiten unter den Aspekten der Planungszeiträume, der Planungsarten, der Planungsbereiche und der Grundsätze der Planung beschränken (4). Wenn wir uns dabei an die angegebene Reihenfolge halten, so geschieht das mit Rücksicht auf die gegenseitige Beeinflussung der einzelnen Planungsaspekte, der so am besten Rechnung getragen werden kann.

1. Die Planungszeiträume

Als Planungszeitraum bezeichnen wir die gesamte Zeitspanne, über die sich eine bestimmte Planung erstrecken soll. Wird diese Zeitspanne aus Gründen der Zweckmäßigkeit in einzelne Zeitabschnitte untergliedert, so sprechen wir von Teilplanungsperioden. Jeder Planungszeitraum kann demnach aus einer oder mehreren Teilplanungsperioden bestehen. Be-

---

1) Vgl. S. 153 ff.
2) Verwiesen sei hierzu vor allem auf das umfangreiche Literaturverzeichnis in: Unternehmensplanung, Baden-Baden 1963 (hrsg. von Klaus Agthe und Erich Schnaufer), S. 493 ff.
3) Vgl. S. 65 ff.
4) Vgl. S. 183

vor wir nun allerdings auf die für die Planung einer Universalbank im konkreten Fall zu wählenden Planungszeiträume und ihre evtl. Untergliederung in Teilplanungsperioden näher eingehen können, bedarf es zunächst der grundsätzlichen Erörterung einer Unterscheidung, die dafür von wesentlicher Bedeutung ist, nämlich der Unterscheidung zwischen kurz- und langfristiger Planung.

a) Die Unterscheidung zwischen kurz- und langfristiger Planung

Verwendet man als Unterscheidungsmerkmal zwischen kurz- und langfristiger Planung im Anschluß an Marshall nicht die Kalenderzeit, sondern eine sogenannte "operational time", bei der auf die Variabilität der in die Planung eingehenden produktiven Faktoren abgestellt wird (1), dann liegt solange eine kurzfristige Planung vor, wie noch irgendein produktiver Faktor als unveränderliches Datum in der Planung zu berücksichtigen ist. Das besagt mit anderen Worten, daß bei langfristiger Planung alle produktiven Faktoren ex definitione variabel sind (2). Das verwendete Trennungskriterium ermöglicht somit zwar eine eindeutige, für praktische Zwecke aber schwer zu handhabende Abgrenzung zwischen kurz- und langfristiger Planung, für die es statt der abstrakten Differenzierung konkreter Zeitraumbegriffe bedürfte. Versucht man jedoch, die Kalenderzeit als Trennungskriterium zu verwenden, so verursacht dies ebenfalls nicht unerhebliche Schwierigkeiten, weil es sinnlos wäre, irgendeinen beliebigen Zeitraum als Grenze für die Begriffe lang- und kurzfristige Planung festzulegen und infolgedessen auch dafür stets ein plausibler - das Wesen beider Planungen berührender - Grund gefunden werden muß. In der Tat differieren in Literatur und Praxis je nach der verwendeten Begründung die Ansichten über die kalenderzeitmäßige Abgrenzung zwischen kurz- und langfristiger Planung sowohl allgemein als auch speziell für verschiedene Arten von Unternehmungen (3). In zunehmendem Maße geht aber die Meinung in der Betriebswirtschaftslehre dahin, alle Planungen bis zur Länge eines Jahres als kurzfristig und alle Planungen für mehr als ein Jahr als langfristig zu bezeichnen, weil der Zeitraum von einem Jahr im allgemeinen als ausreichend erachtet wird, um alle produktiven Faktoren einer Unternehmung gewissen Veränderungen zu unterziehen (4) und darin zweifellos

---

1) Vgl. Marshall, Alfred: Principles of Economics, 8. ed., London 1925, S. 374 ff.

2) Vgl. Adamowsky, Siegmar: Langfristige und kurzfristige Planung, in: Unternehmensplanung, Baden-Baden 1963 (hrsg. von Klaus Agthe und Erich Schnaufer), S. 25 sowie Gutenberg, Erich: Die Produktion, S. 409

3) Vgl. z.B. Mellerowicz, Konrad: Planung und Plankostenrechnung, Band I, Betriebliche Planung, Freiburg im Breisgau 1961, S. 26 ff. und 47 ff. sowie Wittmann, Waldemar: Unternehmung und unvollkommene Information, S. 173 ff.

4) Vgl. Adamowsky, Siegmar: Langfristige und kurzfristige Planung, S. 25 f.

ein charakteristischer Unterschied zwischen lang- und kurzfristiger
Planung zu erblicken ist. Betrachtet man indessen die Dinge speziell aus
der Sicht der Universalbanken, so möchte es einerseits scheinen, als
sei der Zeitraum kurzfristiger Planung mit einer Länge bis zu einem
Jahr bei ihnen als zu hoch bemessen, während andererseits der Zeitraum langfristiger Planung mit einem Jahr als zu früh beginnend angesehen werden könnte. Der Grund dafür liegt darin, daß bei den Universalbanken die Bindung des für sie so bedeutsamen produktiven Faktors
Kapital im allgemeinen nur bis zu drei (und höchstens sechs) Monaten
als kurzfristig, von drei (bzw. sechs) Monaten bis zu vier Jahren dagegen als mittelfristig und erst über vier Jahre als langfristig betrachtet wird. Jedoch widerspräche eine solche Abstellung auf die Fristigkeit der Kreditgewährung bzw. Kapitalüberlassung gerade dem oben als
bedeutsam erkannten Trennungskriterium der Variabilität der produktiven Faktoren, da kurzfristig gebundenes Kapital zwangsläufig schneller veränderlich ist als langfristig gebundenes, während umgekehrt das
Merkmal kurzfristiger Planung in der Veränderlichkeit der produktiven
Faktoren gesehen wurde. Wir wollen daher im folgenden davon ausgehen,
daß der Zeitraum von einem Jahr auch für Universalbanken einerseits
als erforderlich, andererseits aber im allgemeinen als ausreichend erscheint, um alle ihre produktiven Faktoren - zumindest bis zu einem
gewissen Grade - notwendig werdenden Veränderungen zu unterziehen.
Dabei wird davon ausgegangen, daß bei mittel- und langfristigen Kapitalbindungen von den Universalbanken nach Möglichkeit Kündigungs-
fristen vereinbart werden, die bei Bedarf Veränderungen erlauben (1).
Selbst wenn dies aber nicht der Fall sein kann, wie z.B. bei den Spareinlagen mit längeren Laufzeiten, läßt sich die vorgenommene Abgrenzung halten, wenn wir in Betracht ziehen, daß der Anteil der langfristig
gebundenen Kapitalbeträge bei keiner Universalbank so hoch ist, daß erforderlich werdende Veränderungen in der Höhe oder Zusammensetzung
des investierten Kapitals nicht innerhalb eines Jahres vollzogen werden
könnten. Allerdings bedarf es hierzu einer Änderung der Betrachtungsweise insofern, als nun nicht mehr auf das einzelne Geschäft abgestellt
werden kann. Da dies jedoch gerade bei den Universalbanken mit ihrem
erheblichen Kapitalumschlag auch nicht als erforderlich erscheint, dürfte darin kein Verstoß gegen das angenommene Trennungskriterium zu
erblicken sein. Die Schwierigkeiten bezüglich der Variabilität der produktiven Faktoren liegen demnach bei den Universalbanken durchaus
nicht bei dem für sie so besonders wichtigen Finanzierungsmittel Kapital. Vielmehr tauchen sie vor allem bei den maschinellen Hilfsmitteln, den Geschäftsräumen und gegenwärtig vor allem den Arbeitskräften auf, erscheinen jedoch auch hier nicht als unüberwindlich. So bleibt
lediglich noch darauf hinzuweisen, daß wir in dem als Grenze zwischen
langfristiger und kurzfristiger Planung vorgeschlagenen Zeitraum von
einem Jahr, der trotz einer durchaus einleuchtenden Begründung zwei-

---

1) Vgl. hierzu auch die Ausführungen S. 198 f.

fellos einer gewissen Willkür nicht entbehrt, kein Dogma, sondern lediglich ein Hilfsmittel praktischer Planungsarbeit erblicken, dessen Nützlichkeit auf Grund weiterer Überlegungen noch stärker hervortreten wird (1). Aus diesem Grund verzichten wir auch darauf, zwischen kurz- und langfristiger Planung eine mittelfristige Planung einzuschieben, was in der Literatur bisweilen befürwortet wird (2), u.E. jedoch keine Erleichterung der praktischen Planungsarbeit, sondern nur weitere Abgrenzungsschwierigkeiten mit sich bringen würde.

Nun ist freilich mit der Grenzziehung zwischen kurz- und langfristiger Planung über den Planungszeitraum und seine Abhängigkeiten als Problem der Planungskonzeption einer Universalbank noch gar nichts ausgesagt worden. Theoretisch wäre es möglich, jeden Planungszeitraum innerhalb der denkbar kürzesten Frist, die bei einer Universalbank mit einem Tag angesetzt werden kann (3), bis zur denkbar längsten Frist, als die ihr Lebensende anzusehen ist, zu verwenden. Für die praktische Planungsarbeit kommen jedoch immer nur einige wenige Planungszeiträume in Frage, bei deren Auswahl die Arteigenheiten der Universalbanken eine ebenso bedeutsame Rolle spielen wie der bereits erörterte Zusammenhang zwischen der Länge des Planungszeitraumes und der Güte der verfügbaren Informationen (4).

b) Der Zeitraum langfristiger Planung

Betrachten wir zunächst den äußersten Planungszeitraum, so läßt sich ohne weiteres feststellen, daß die Planung einer Universalbank bis zu ihrem Lebensende schon allein deswegen nicht möglich ist, weil mit dem Ausscheiden eines solchen Instituts aus dem Wirtschaftsprozeß zu einem bestimmten Zeitpunkt grundsätzlich nicht gerechnet, sondern stets eine unbegrenzte Lebensdauer dafür angenommen wird. Abgesehen davon wäre es aber auch unmöglich, die für eine so langfristige Planung erforderlichen Informationen, die ja unendlich weit in die Zukunft reichen müßten, zu beschaffen. Da die Güte der verfügbaren Informationen - wie ausgeführt wurde - in umgekehrtem Verhältnis zur Länge des Planungszeitraumes steht, gibt es nämlich einen Zeitraum, über den hinaus keine Planung mehr möglich ist (5). Wittmann bezeichnet diesen Zeitraum im Anschluß an Tinbergen als den ökonomischen Horizont (6). Nun han-

---

1) Vgl. S. 199 ff.
2) Vgl. z.B. Adamowsky, Siegmar: Langfristige und kurzfristige Planung, S. 26 und Mellerowicz, Konrad: Betriebliche Planung, S. 47
3) Vgl. hierzu auch die Ausführungen S. 207 f., 281 ff. und 310 ff.
4) Vgl. S. 141 ff. und 146 ff.
5) Vgl. S. 146 ff.
6) Vgl. Tinbergen, Jan: The Notions of Horizon and Expectancy in Dynamik Economics, in: Econometrica, Bd. 1 (1933), S. 247 - 264 und Wittmann, Waldemar: Unternehmung und unvollkommene Information, S. 137 ff.

delt es sich allerdings dabei keineswegs um einen bestimmten, uniformen und unveränderlichen Zeitraum, vielmehr steht seine Länge in starker Abhängigkeit von der Art und dem Gegenstand der jeweils erforderlichen Information sowie dem jeweiligen Zeitpunkt der Informationsbeschaffung. Er kann infolgedessen für verschiedene Informationen und zu verschiedenen Zeitpunkten sehr unterschiedlich lang sein. Wittmann verwendet zur Veranschaulichung des ökonomischen Horizonts einer Unternehmung in einem bestimmten Zeitpunkt eine bildhafte Darstellung, die wir in vereinfachter Form übernehmen wollen (1):

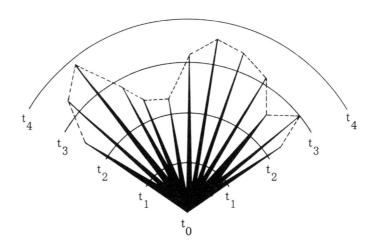

Abbildung 9

Darin werden im Zeitpunkt t_0 alle Informationen über die für eine Planung relevanten Größen als Radien einer entsprechenden Anzahl von Kreisen dargestellt, deren Stärke die Güte der verschiedenen Informationen verdeutlicht, und deren Ende den Zeitpunkt bezeichnet, nach dem eine Information für die Planung nicht mehr brauchbar ist oder für den überhaupt keine Information mehr vorliegt. Die Verbindung der einzelnen Endpunkte ergibt dann den ökonomischen Horizont des Unternehmens im Zeitpunkt t_0, der - wie deutlich sichtbar ist - für die einzelnen Informationen verschieden weit in die Zukunft reicht. Es erhebt sich infolgedessen die Frage, wie sich die unterschiedliche Länge der Prognosemöglichkeiten auf die Bestimmung des Planungszeitraumes einer Unternehmung auswirkt. Gehen wir davon aus, daß immer nur so langfristig geplant werden kann, "wie sich noch einigermaßen vernünftige Angaben über mögliche zukünftige Auswirkungen und Entwicklungen machen las-

---

1) Vgl. Wittmann, Waldemar: Unternehmung und unvollkommene Information, S. 140 f.

sen" (1), so müßte eigentlich die jeweils kürzeste Prognosemöglichkeit für eine bestimmte Information die äußerste Länge des Planungszeitraumes einer Unternehmung festlegen. Wäre dem jedoch tatsächlich so, dann könnten im allgemeinen nur außerordentlich kurzfristige Planungen durchgeführt werden, da sich wohl stets eine ganze Reihe von Informationen nur für relativ kurze Zeiträume beschaffen läßt. Wenn trotzdem langfristig geplant werden kann, so liegt das im wesentlichen daran, daß man zugleich mit der Verlängerung des Planungszeitraumes die Art der Planung verändert, indem man mit immer gröber werdenden Umrissen arbeitet und immer weniger ins Detail geht, wie im folgenden Abschnitt noch eingehend darzustellen sein wird (2). Man pflegt also der Tatsache, daß der Informationsgrad mit zunehmender Länge des Planungszeitraumes abnimmt, in der Weise zu begegnen, daß man langfristige Planungen grundsätzlich anders gestaltet als kurzfristige Planungen. Für erstere werden daher auch weitgehend Informationen anderer Art und unter Umständen sogar über andere Gegenstände benötigt als für erstere. So sind im allgemeinen für langfristige Planungen Informationen entbehrlich, die für kurzfristige Planungen unbedingt erforderlich wären, wie z. B. Informationen über alle innerhalb des Planungszeitraumes erfolgenden Nachfrageschwankungen, und auch in bezug auf die Güte der Informationen versucht man für erstere mit geringeren Anforderungen auszukommen als für letztere, indem man z. B. nicht mehr Punktschätzungen, sondern nur noch Intervallschätzungen verwendet (3), statt einer 5 %-igen also etwa mit einer 4 - 6 %-igen, 3 - 7 %-igen usw. Nachfragesteigerung rechnet, oder die Anforderungen an die Treffsicherheit der Informationen vermindert, also eine höhere Irrtumswahrscheinlichkeit in Kauf nimmt (4). Auf diese Weise kann der Planungszeitraum mehr oder weniger weit über die kürzeste Prognosemöglichkeit für eine bestimmte Information hinausgeschoben werden. Wurde somit der äußerste Zeitraum langfristiger Planung in der streng auf die Art dieser Planung abgestellten Prognosemöglichkeit der zukünftigen Entwicklung erkannt, so bedarf doch auch der für eine langfristige Planung jeweils mindestens erforderliche Zeitraum, als des-

---

1) Vgl. Agthe, Klaus: Langfristige Unternehmensplanung, in: Unternehmensplanung, Baden-Baden 1963 (hrsg. von Klaus Agthe und Erich Schnaufer), S. 65
2) Vgl. S. 208 ff.
3) Vgl. Kuhlo, Karl Christian: Die Wachstumsprognose, insbesondere die Prognose der Produktivitätsentwicklung, S. 255. Giersch spricht von Punkt- bzw. Intervallprojektionen. Vgl. Giersch, Herbert: Allgemeine Wirtschaftspolitik - Grundlagen, S. 39 f. Zum Begriff der Projektion vgl. unsere Anmerkung S. 146 Fußnote 2
4) Vgl. hierzu unsere Ausführungen S. 147 f. und 191 ff. sowie Kuhlo, Karl Christian: Die Wachstumsprognose, insbesondere die Prognose der Produktivitätsentwicklung, S. 256 f., obgleich der Begriff des ökonomischen Horizonts von ihm anders definiert wird als von uns.

sen unterste Grenze definitionsgemäß der Übergang zur kurzfristigen
Planung anzusetzen ist, einer näheren Bestimmung. Wir wählen hierfür im Anschluß an Agthe die Wirkungsdauer der zu treffenden Entscheidungen. Danach muß der Planungszeitraum immer mindestens so lang
bemessen werden, daß "die möglichen Auswirkungen heute zu fällender
Entscheidungen überblickt werden können" (1). Je länger diese Entscheidungen in die Zukunft reichen, um so länger muß infolgedessen der Planungszeitraum sein. Im konkreten Fall sind zwangsläufig beide Kriterien erforderlich, um den jeweils zweckmäßigsten Zeitraum langfristiger Planung zu bestimmen. Sie müssen daher stets miteinander in
Verbindung gebracht und aufeinander abgestimmt werden. Versuchen
wir dies für die Universalbanken, so ist zunächst allgemein festzustellen, daß sich ihre Arteigenheiten sowohl im Hinblick auf die Gestaltung
des ökonomischen Horizonts als auch im Hinblick auf die Wirkungsdauer der zu treffenden Entscheidungen als bedeutungsvoll erweisen.

Bereits bei der Erörterung der für die Planung einer Universalbank erforderlichen Informationen (2) und ihrer Beschaffungsmöglichkeiten konnte der Eindruck gewonnen werden, daß sich die Arteigenheiten der Universalbanken dabei in mancher Hinsicht recht positiv bemerkbar machen,
wie z. B. bei der Beschaffung von Informationen über die für die gesamte bankbetriebliche Planung so bedeutsame Entwicklung der Nachfrage
nach Bankgeschäften. Als Gründe dafür wurden vor allem die relative
Konstanz des Geschäftsprogramms der Universalbanken, der starke
zwangsläufige "Leistungsverbund" und die Tatsache, daß es sich vielfach um Massengeschäftsvorfälle handelt, genannt (3). Wirken diese
Faktoren gewissermaßen stabilisierend auf die Nachfrageentwicklung
nach Bankleistungen, so ermöglichen es die engen Beziehungen zwischen den Universalbanken und den anderen Wirtschaftseinheiten in Verbindung mit der recht guten Berichterstattung über die Entwicklung der
volkswirtschaftlichen Globalgrößen, der bedeutsamsten Wirtschaftszweige und der wichtigsten Bankgeschäfte (4), Prognosen über die gesamtwirtschaftliche und branchenwirtschaftliche Entwicklung als Ausgangspunkt für die Prognostizierung der Nachfrage nach Bankgeschäften zu verwenden (5). Nun befinden sich allerdings Theorie und Praxis
der wirtschaftlichen Prognose, und zwar sowohl der Konjunktur - als
auch der Wachstumsprognose, selbst noch stark im Stadium der Entwicklung (6). Insbesondere bestehen erhebliche Meinungsverschieden-

1) Vgl. Agthe, Klaus: Langfristige Unternehmensplanung, S. 65 f.
2) Vgl. S. 156 ff.
3) Vgl. S. 158 f., 160, 164 f. und 182 f.
4) Vgl. S. 162 ff. und 182 f.
5) Vgl. S. 165 ff.
6) Vgl. hierzu insbesondere die Verhandlungen auf der Arbeitstagung des
   Vereins für Socialpolitik, Gesellschaft für Wirtschafts- und Sozialwissenschaften in Garmisch-Partenkirchen 1961: Diagnose und Pro-

heiten über die zweckmäßigerweise anzuwendenden Prognoseverfahren
und zu wählenden Prognosezeiträume, ganz abgesehen von den grundsätzlichen Bedenken gegen Prognosen jeder Art. Trotzdem gibt es aber
- wie bereits ausgeführt wurde - schon eine ganze Reihe von gesamtwirtschaftlichen und branchenwirtschaftlichen Prognosen, die als Ausgangspunkt für die Prognostizierung der Nachfrage nach Bankleistungen
Verwendung finden könnten (1). Zwar beschränken sich diese Prognosen
auf einen Zeitraum von 10 bis höchstens 15 Jahren, der demnach vorerst als äußerster Planungszeitraum für Universalbanken in Frage
kommt, jedoch bei möglicherweise im Laufe der Zeit auf Grund neuer
Erkenntnisse und verbesserter Methoden verfügbaren längeren Prognosen - man denkt an einen Zeitraum von 15 - 20 Jahren (2) - entsprechend
ausgedehnt werden könnte. Wir gehen dabei davon aus, daß gesamt- und
branchenwirtschaftliche Prognosen infolge des zu ihrer Erarbeitung erforderlichen großen Apparates, der nicht nur - vielen Universalbanken
durchaus zur Verfügung stehende - leistungsfähige elektronische Rechenanlagen, sondern vor allem auch hochspezialisierte und hochqualifizier-
te Arbeitskräfte umfassen muß, grundsätzlich nur von eigens dafür eingerichteten Institutionen, wie z. B. den statistischen Abteilungen der
Europäischen Wirtschaftsgemeinschaft, den statistischen Ämtern des
Bundes oder der Länder, den Marktforschungsinstituten und evtl. Uni-
versitätsinstituten, erstellt werden können und folglich von den interessierten Universalbanken übernommen werden müssen (3). Vorauszu-
setzen ist daher, daß die Genauigkeit und Sicherheit der zu verwenden-
den Prognosen den aus der jeweiligen Entscheidungssituation der Universalbanken abzuleitenden Anforderungen daran entspricht (4). Inwieweit dies tatsächlich der Fall ist, läßt sich nicht allgemein, sondern lediglich für den konkreten Fall, also für die jeweils in Frage stehenden
Prognosen sowie die jeweils zu treffenden Entscheidungen sagen. Im

---

gnose als wirtschaftswissenschaftliche Methodenprobleme (Schriften
   des Vereins für Socialpolitik, Gesellschaft für Wirtschafts- und Sozialwissenschaften, Neue Folge, Band 25), Berlin 1962, sowie die
   hier angegebene Literatur.
1) Vgl. S. 166 Fußnote 1 sowie Kuhlo, Karl Christian: Die Wachstumsprognose, insbesondere auch die Prognose der Produktivitätsentwicklung, S. 257 ff. sowie unsere Ausführungen S. 341 ff.
2) Vgl. Kuhlo, Karl Christian: Die Wachstumsprognose, insbesondere
   auch die Prognose der Produktivitätsentwicklung, S. 218
3) Denkbar wäre zwar, daß die Universalbanken derartige Prognosen
   speziell für sich in Auftrag geben, jedoch wären die hierfür aufzu-
   wendenden Kosten wohl sehr erheblich und daher allenfalls für sehr
   große Universalbanken oder bestimmte Gruppen derselben, wie z. B.
   die Sparkassenorganisation, die Organisation der Kreditgenossenschaften oder Zusammenschlüsse privater Universalbanken tragbar.
4) Im Anschluß an Albach, Horst: Die Prognose im Rahmen unternehmerischer Entscheidungen, S. 202

allgemeinen kann aber wohl davon ausgegangen werden, daß vor allem an die für wirtschaftspolitische Zwecke vorgenommenen gesamt- und branchenwirtschaftlichen Prognosen von volkswirtschaftlicher Seite so strenge Anforderungen gestellt zu werden pflegen, daß sie von betriebswirtschaftlicher Seite kaum überboten werden dürften (1). Dabei ist bereits berücksichtigt, daß für die Güte einer Prognose auch der jeweilige Prognosezeitpunkt eine beträchtliche Rolle spielt, weil dieser Faktor schon bei der Wahl des Prognoseverfahrens sowie des Prognosezeitraums in Rechnung gestellt werden muß. So wäre es z. B. im Jahre 1945 oder 1948 selbst mit Hilfe des denkbar besten Prognoseverfahrens nicht möglich gewesen, die zukünftige Entwicklung der Wirtschaft in der Bundesrepublik Deutschland auch nur für einen sehr kurzen Zeitraum mit ausreichender Treffsicherheit und Genauigkeit zu prognostizieren, nachdem über die relevanten Einflußfaktoren damals keinerlei Kenntnisse vorlagen. Hingegen bestehen im gegenwärtigen Zeitpunkt angesichts eines relativ langen Vergleichzeitraumes mit verhältnismäßig stetiger Entwicklung, einer leistungsfähigen ökonomischen Theorie und guten statistischen Materials durchaus günstige Voraussetzungen für die Erstellung brauchbarer gesamt- und branchenwirtschaftlicher Prognosen für längere Zeiträume. Nun bildet freilich die gesamtwirtschaftliche bzw. branchenwirtschaftliche Prognose lediglich den Ausgangspunkt für die Prognostizierung der für eine bestimmte Universalbank zu erwartenden Entwicklung der Nachfrage nach ihren Leistungen, für die - wie bereits ausgeführt wurde - außer den speziell für das Kreditwesen erkennbaren Entwicklungslinien besondere den Kundenkreis des betreffenden Instituts tangierende Entwicklungstendenzen ebenso wie die absatzpolitische Aktivität der Bank und ihrer Konkurrenten in die Betrachtung einbezogen werden müssen (2). Nur wenn es gelingt, diese Besonderheiten für den gleichen Zeitraum mit der für erforderlich gehaltenen Sicherheit und Genauigkeit zu übersehen, sind darin keine weiteren Beschränkungen des ökonomischen Horizonts der Universalbanken zu erblicken. Bedenken wir außerdem, daß die prognostizierte Nachfrageentwicklung wiederum lediglich die Grundlage für die Planung einer Universalbank, und zwar nicht nur der Planung im Geschäftsbereich, sondern trotz mancherlei Schwierigkeiten auch der Planung im Betriebs-

---

1) So ist wohl auch Albach zu verstehen, wenn er sagt, daß die Unternehmen an die Genauigkeit ihrer Projektionen (zum Begriff der Projektion vgl. S. 146 Fußnote 2.) andere Maßstäbe anlegen. Vgl. Albach, Horst: Die Prognose im Rahmen unternehmerischer Entscheidungen, S. 202.

2) Größere Unternehmen pflegen daher nach Albach sehr deutlich "zwischen der eigentlichen Projektion, der sogenannten Absatzvorausschätzung, und der Absatzplanung, in der auch die Ziele der betrieblichen Absatzpolitik ihren Niederschlag finden, zu unterscheiden". Vgl. Albach, Horst: Die Prognose im Rahmen unternehmerischer Entscheidungen, S. 205. Vgl. hierzu unsere Ausführungen S. 166 und 341 ff.

bereich und der Erfolgsplanung ist (1), so können insbesondere aus der Entwicklung des technischen Fortschritts in bezug auf die Durchführung der Bankgeschäfte und der Preisentwicklung sowohl für die einzelnen Bankgeschäfte als auch für die produktiven Faktoren neue Begrenzungen des ökonomischen Horizonts einer Universalbank resultieren. In der Tat muß im Hinblick auf all diese Informationen wahrscheinlich bereits ein Planungszeitraum von mehr als 10 Jahren auch bei großzügigster Auslegung der Anforderungen an die Sicherheit und Genauigkeit der Prognosen als zu problematisch erscheinen, als daß er ernstlich in Erwägung gezogen werden könnte. Das gilt insbesondere für die im Einzelfall bedeutsamen lokalen Entwicklungstendenzen und in um so stärkeren Maße, je kleiner eine Universalbank, je spezialisierter ihr Kundenkreis und je stärker sie örtlich gebunden ist, da Ausgleichstendenzen in diesem Falle nicht oder kaum wirksam zu werden vermögen. Wir halten es daher vom Standpunkt der Informationsbeschaffung aus für sinnvoll, den Zeitraum von 10 Jahren im allgemeinen als äußerste Grenze der Planung einer Universalbank anzusehen, die nur beim Zusammentreffen besonders günstiger Voraussetzungen für die Informationsbeschaffung überschritten werden kann.

Betrachten wir nunmehr die Wirkungsdauer der zu treffenden Entscheidungen als Bestimmungsfaktor des mindestens für eine langfristige Planung bei Universalbanken erforderlichen Zeitraumes (2). Dabei ist davon auszugehen, daß langfristige Planungen - wie ausgeführt wurde - grundsätzlich die Veränderung des gesamten Unternehmens entsprechend den erkennbaren langfristigen Entwicklungstendenzen ermöglichen sollen (3), damit es den daraus resultierenden Anforderungen auf die Dauer gewachsen ist und nicht überraschend zu Handlungen gezwungen wird, die dann nur provisorischen Charakter haben könnten. Drei Fälle sind in diesem Zusammenhang grundsätzlich denkbar: das wachsende, das stagnierende und das schrumpfende Unternehmen (4). Zeigen die langfristigen gesamt- und branchenwirtschaftlichen Prognosen allerdings - was infolge von Bevölkerungswachstum und Produktivitätssteigerung in der Regel der Fall ist - das Bild einer wachsenden Wirtschaft und können daher die Universalbanken auf Grund ihrer Sonderstellung im Wirtschaftsprozeß (5) langfristig mit steigender Nachfrage nach Bankgeschäften rechnen, so kann das Ziel ihrer langfristigen Planung nur die Vergrößerung ihrer finanziellen und technischen Kapazität sein (6). Die-

---

1) Vgl. S. 167 ff. und 174 ff.
2) Vgl. S. 189 f.
3) Vgl. S. 184 ff.
4) Deppe bezeichnet das Gegenteil des Wachstums als Diminution. Vgl. Deppe, Hans-Dieter: Der Bankbetrieb als Gegenstand von Wachstumsanalysen, S. 364
5) Vgl. S. 156 ff.
6) Vgl. hierzu unsere Ausführungen S. 143 f. und 230 ff.

se Folgerung resultiert unmittelbar aus der eingehend erörterten Zielsetzung der Universalbanken, die als Kombination der Zielvariablen Gewinn, Marktanteil und Eigenkapitalanteil gekennzeichnet worden ist, und in ihrer jeweiligen Ausprägung stark von dem Bemühen jeder einzelnen Bank, stets mindestens mit der Entwicklung ihrer Konkurrenten oder der anderen Mitglieder der Gruppe Schritt zu halten, abhängt (1). Wir wollen daher unsere folgenden Untersuchungen auf das Wachstum als Ziel der langfristigen Planung einer Universalbank beschränken. Nun erfolgt allerdings das Wachstum der Wirtschaft in der Regel nicht stetig und gleichförmig, sondern vollzieht sich in mehr oder weniger starken Wellenbewegungen, die man als Konjunkturen zu bezeichnen pflegt, wenn es sich dabei in einer Wirtschaft, die zur Bekämpfung von Wachstumsstörungen alle bekannten wirtschafts- und währungspolitischen Mittel einzusetzen entschlossen ist, auch meist nicht mehr um Konjunktur - zyklen im klassischen Sinne mit Expansion, Krise, Depression und Erholung handelt (2). So ist z. B. in der Bundesrepublik Deutschland - wie in fast allen europäischen Ländern - seit der Währungsreform ein dau - erndes, nur in unterschiedlicher Stärke vor sich gehendes Wachstum zu verzeichnen, während ausgesprochene Abwärtsbewegungen fehlen (3). Indessen zeigt die Entwicklung der Vereinigten Staaten von Amerika, daß Konjunkturschwankungen noch immer ein schweres Problem für eine Marktwirtschaft darstellen können und es muß damit gerechnet werden, daß sie sich auch bei uns wieder bemerkbar machen, "sobald einmal der Wohnungs- und Straßenbau, die Motorisierung und die Maschinenausrüstung der Haushalte im wesentlichen abgeschlossen sein werden" (4). Abgesehen davon jedoch, ob das Wachstum von Abwärtsbewegungen unterbrochen wird oder nur in ungleichmäßiger Stärke vor sich geht, gilt es bei allen langfristigen Planungen, diese Schwankungen nach Möglichkeit außer acht zu lassen und von Anfang an den Punkt anzustreben, der bei stetigem und gleichförmigem Wachstum erreichbar erscheint. Der Grund dafür liegt darin, daß andernfalls die einmal getroffenen Entscheidungen entweder auf die Dauer zu einem zu großen bzw. zu kleinen Wachstum führen würden, oder aber laufend grundlegend geändert werden müßten, was dem Sinn der langfristigen Planung gerade widerspricht (5). Das bedeutet keineswegs, daß konjunkturelle Schwankungen in der Planung der Universalbanken überhaupt keine Rolle spielen, wie noch zu zeigen sein wird (6), sondern lediglich, daß sie bei der Bestim-

---

1) Vgl. S. 116 ff.
2) Vgl. Krelle, Wilhelm: Möglichkeiten und Grenzen der Konjunkturdiagnose, in: Diagnose und Prognose als wirtschaftswissenschaftliche Methodenprobleme, S. 30
3) Vgl. hierzu die Anlagen 6 und 7
4) Vgl. Krelle, Wilhelm: Möglichkeiten und Grenzen der Konjunkturdiagnose, S. 37 f.
5) So auch Adamowsky, Siegmar: Langfristige und kurzfristige Planung, S. 37 f.

mung der langfristigen Entwicklungsrichtung unberücksichtigt zu bleiben haben (1):

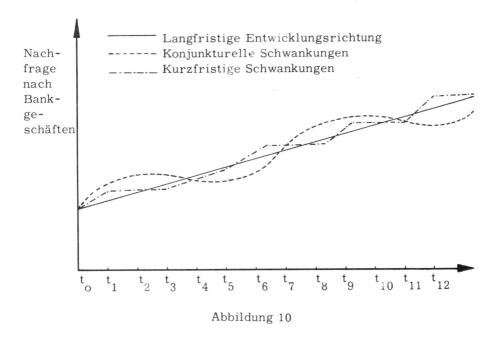

Abbildung 10

Betrachten wir in diesem Zusammenhang die Entwicklung der Universalbanken in der Bundesrepublik seit der Währungsreform, so zeigt sich eine gewaltige, in den einzelnen Jahren jedoch durchaus unterschiedliche Expansion, die ihren Ausdruck in einer Vergrößerung sowohl der finanziellen als auch der technischen Kapazität der einzelnen Institute findet (2). Ein besonders eindrucksvolles Bild des finanziellen Wachstums der Universalbanken erhält man, wenn man sich vergegenwärtigt, daß sich die Bilanzsummen der Sparkassen und Kreditgenossenschaften von Ende 1951 bis Ende 1963 in zunächst drei, dann vier und schließlich fünf Jahren jeweils ungefähr verdoppelt haben, und nur die Gruppe der Kreditbanken seit 1954 ein etwas langsameres Wachstum aufweist, so daß sich ihre Bilanzsummen erst 1960, also nach sechs Jahren wieder verdoppelten (3). Nun muß eine solche Expansion zweifellos als ungewöhnlich auf

---

6) Vgl. S. 201

1) In unserer stark vereinfachten und schematisierten Darstellung hat die langfristige Entwicklungsrichtung die Form eines linearen Trends. In der Wirklichkeit dürften sich meist kompliziertere Trendverläufe ergeben.

2) Vgl. hierzu die Anlagen 8 - 10 und 12 - 19

3) Vgl. Anlage 9

die Nachkriegsentwicklung der bundesdeutschen Wirtschaft zurückgeführt werden und wird sich daher in diesem Ausmaß vermutlich nicht
wiederholen, ganz abgesehen davon, daß sich hierin stets auch eine evtl.
Geldentwertung niederschlägt. Dazu kommt, daß die Ausweitung der finanziellen Kapazität einer Universalbank im allgemeinen keiner entsprechenden Ausweitung der technischen Kapazität bedarf, weil - wie eingehend dargelegt wurde - zwischen Wert- und Stückleistung kein zwangsläufiger Zusammenhang besteht (1). Immerhin hat aber vor allem über
die - erst seit 1958 unbeschränkt mögliche - Erweiterung des Zweigstellennetzes (2) und die Schaffung von Datenverarbeitungsanlagen auch eine erhebliche Ausdehnung der technischen Kapazität der Universalbanken
stattgefunden (3). Wenngleich sich nun auch die bereits geringer gewor-
dene Expansion der vergangenen Jahre in Zukunft weiter abschwächen
dürfte, so ist doch - außergewöhnliche Rückschläge infolge unvorhersehbarer politischer oder kriegerischer Ereignisse ausgeschlossen -
zumindest für die nächsten Jahre noch mit einem relativ starken Wachstum der Universalbanken zu rechnen (4). Diese Expansion rechtzeitig
und in dem erforderlichen Ausmaß einzuleiten, damit im Zeitpunkt des
Bedarfs die benötigten finanziellen und technischen Kapazitäten bei insgesamt relativ stetiger Entwicklung zur Verfügung stehen, ist das gegenwärtige Anliegen der langfristigen Planung bei den Universalbanken.
Das Hauptproblem stellt dabei die Ausdehnung der technischen Kapazität dar, die für das Wachstum der Universalbanken in zweifacher Weise von Bedeutung ist, bildet sie doch nicht nur die Voraussetzung für
die reibungslose Abwicklung eines autonom, d. h. ohne eigenes Zutun
der Universalbanken steigenden Bedarfs an Bankgeschäften, sondern
auch das bedeutsamste Instrument ihrer geschäftspolitischen Aktivität
in Gestalt der Erweiterung des Geschäftsstellennetzes zum Zwecke der
Steigerung des Geschäftsumfanges und dient damit über den Zufluß von
Einlagen zugleich der Vergrößerung der finanziellen Kapazität (5).
Letzteres erscheint vor allem deshalb von Bedeutung, weil in der Möglichkeit der Beschaffung von Einlagen, die ca. 70 - 85 % des Gesamtkapitals der Universalbanken ausmachen und sowohl ihrer Höhe als auch
ihrer Zusammensetzung nach nur schwer zu beeinflussen sind, ein Eng-

---

1) Vgl. S. 159 f. und 168 ff.
2) Durch die Urteile des Bundesverwaltungsgerichts vom 10. 7. 1958 ent-
   fiel die vorher für die Neueröffnung von Zweigstellen erforderliche
   Bedürfnisprüfung. Vgl. hierzu Hagenmüller, Karl Friedrich: Der
   Bankbetrieb, Band I, S. 26 ff.
3) Vgl. hierzu Anlage 34 sowie Deppe, Hans-Dieter: Der Bankbetrieb
   als Gegenstand von Wachstumsanalysen, S. 353 f.
4) Vgl. hierzu unsere Ausführungen S. 341 ff.
5) Vgl. hierzu auch Deppe, Hans-Dieter: Der Bankbetrieb als Gegenstand von Wachstumsanalysen, S. 372 f. sowie unsere Ausführungen
   S. 406 ff.

paß für die finanzielle Expansion der Universalbanken liegen kann (1).
Nun handelt es sich - vor allem bei der Ausdehnung der technischen Kapazität der Universalbanken - zumindest teilweise um Entscheidungen
von sehr langer Tragweite. So erstrecken sich z. B. die Auswirkungen
der Errichtung von Bankgebäuden über Jahrzehnte und auch die Einstellung von Arbeitskräften, z. B. als Lehrlinge kann über einen ähnlich langen Zeitraum Auswirkungen zeitgen. Bei den auf finanziellem
Gebiet von den Universalbanken zu fällenden Entscheidungen erweisen
sich vor allem die Bankobligationen mit einer Laufzeit bis zu 15 und
mehr Jahren als von langer Tragweite, die allerdings durch Entscheidungen über die Zuführung von Eigenkapitalteilen mit einer im allgemeinen unbegrenzten Überlassungsdauer noch weit übertroffen werden
können. Bezöge man daher die Wirkungsdauer der zu treffenden Entscheidungen als Kriterium für den Mindestzeitraum langfristiger Planung auf die vermutliche Nutzungsdauer der Anlagen, den Zeitraum,
für den Arbeitskräfte möglicherweise in einer Universalbank verbleiben, oder die äußersten Laufzeiten eingegangener Kapitalbindungen,
so würden bei einem angenommenen ökonomischen Horizont der Universalbanken von etwa 10 Jahren (2) weder Entscheidungen über den Bau
von Bankgebäuden oder die Einstellung von Banklehrlingen noch die Ausreichung von Hypothekarkrediten oder die Zuführung von Eigenkapitalteilen als möglich erscheinen (3). Im Gegensatz dazu ist die Wirkungsdauer des größten Teils der auf finanziellem Gebiet von den Universalbanken zu treffenden Entscheidungen mit Laufzeiten zwischen 30 Tagen
und einem Jahr so kurz, daß es auch aus dieser Sicht ganz unmöglich
wäre, eine langfristige Planung auf die effektiven Kapitalbindungen zu
beziehen, wie es in der Literatur üblich ist (4). Eine solche Auslegung
kann infolgedessen für die Wirkungsdauer der zu treffenden Entscheidungen als Kriterium für den Mindestzeitraum langfristiger Planung bei
Universalbanken nicht in Frage kommen. Abzustellen ist dabei u. E.
vielmehr auf einen Zeitraum, der es ermöglicht, alle für ein der erwarteten Nachfrage nach Bankgeschäften entsprechendes Wachstum der
Universalbanken erforderlichen Entscheidungen - also sowohl diejenigen mit sehr kurzer, als auch diejenigen mit sehr langer Wirkungsdauer - so aufeinander abzustimmen, daß bei größtmöglicher Kontinuität
der Entwicklung die Anpassungsfähigkeit der Universalbanken an notwendig werdende Änderungen erhalten bleibt (5). So gesehen wird aller-

---

1) Vgl. hierzu insbesondere Krümmel, Hans-Jacob: Bankzinsen, S. 210
   ff. sowie unsere Ausführungen S. 161, 357 ff., 400 ff. und die Anlagen 11 - 15.
2) Vgl. S. 193
3) Vgl. zum Problem der über den ökonomischen Horizont hinaus wirksamen Entscheidungen auch Gutenberg, Erich: Unternehmensführung,
   S. 61 f.
4) Vgl. z. B. Agthe, Klaus: Langfristige Unternehmensplanung, S. 65
5) Vgl. hierzu auch die Ausführungen S. 201

dings der Mindestzeitraum langfristiger Planung zugleich zum zweckmäßigsten Zeitraum langfristiger Planung. In der Praxis der Universalbanken erscheint dafür aus vielerlei Gründen gegenwärtig ein Zeitraum von wenigstens fünf Jahren als erforderlich (1). Wenn es sich dabei auch - wie ausdrücklich zu betonen ist - nur um eine situationsgebundene Zeitangabe handelt, die den jeweiligen Veränderungen der wirtschaftlichen Verhältnisse angepaßt werden muß, so erlaubt sie doch eine allgemeine Untersuchung der hierfür wesentlichsten Bestimmungsgründe. Im Hinblick auf die technische Kapazität der Universalbanken
liegt der Hauptgrund im technischen Fortschritt, der gegenwärtig innerhalb eines Zeitraumes von etwa fünf Jahren vor allem maschinelle Anlagen, aber auch Geschäftseinrichtungen veralten zu lassen vermag und
unter Umständen Modernisierungen erzwingt, die sich über die Notwendigkeit einer Umgestaltung des Arbeitsablaufs auf alle anderen produktiven Faktoren, wie z. B. den Einsatz der Arbeitskräfte oder die Gestaltung der Bankgebäude, auswirken können. Ein zweiter Grund liegt
darin, daß die Ausbildung eines Banklehrlings bis zu seiner vollen Einsatzfähigkeit einen Zeitraum von etwa fünf Jahren erfordert, und daß
dieser Zeitraum für die spätere Beschäftigung der Arbeitskräfte ebenfalls eine Bedeutung besitzt, da z. B. Anstellungsverträge gegenwärtig
höchstens für solange abgeschlossen zu werden pflegen. Schließlich erscheint ein Zeitraum von mindestens fünf Jahren gegenwärtig auch als
notwendig, um neue technische Kapazitäten bei Universalbanken zu ihrer
vollen Einsatzfähigkeit zu bringen. Daß beim Bau von Bankgebäuden häufig bereits eine erst für wesentlich spätere Zeiträume erwartete Expansion berücksichtigt wird, indem weit größere Kapazitäten, als etwa für
die nächsten fünf Jahre erforderlich erscheinen, errichtet werden, steht
dem oben Gesagten nicht entgegen, da sich Bankgebäude - anders als etwa
Fabrikgebäude oder Lagerräume - zum Vermieten eignen und in diesem
Falle nichts anderes als eine vorübergehende und noch dazu recht ertragreiche Kapitalanlage darstellen. Charakteristisch ist aber, daß z. B.
die Mietverträge hierfür dem vermuteten eigenen Bedarf angepaßt und
kaum für längere Zeiträume als fünf oder höchstens 10 Jahre abgeschlossen zu werden pflegen. Betrachten wir nunmehr die finanzielle Kapazität
der Universalbanken, so ist davon auszugehen, daß sowohl Ausleihungen als auch Kapitalbeschaffungen bei ihnen in der Regel kurze und mittlere Laufzeiten haben und Kapitalbindungen über vier Jahre, abgesehen
von evtl. Bankobligationen und den Eigenkapitalteilen (2) so selten sind,
daß sie im Vergleich zum Gesamtkapital kaum ins Gewicht fallen. Da
jedoch - wie ausgeführt wurde - das Wachstum der Wirtschaft im allgemeinen nicht gleichförmig, sondern in mehr oder weniger starken

---

1) Nach Agthe hat sich bei den Industrieunternehmen sowohl in den USA
   als auch in Europa ein Planungszeitraum von fünf Jahren allgemein
   eingebürgert. Vgl. Agthe, Klaus: Langfristige Unternehmensplanung,
   S. 197
2) Vgl. S. 225

Schwankungen erfolgt, die bei einer langfristigen Planung grundsätzlich
außer acht gelassen werden müssen (1), ist auch für die langfristige Planung der finanziellen Kapazität der Universalbanken trotz der überwiegend kurzen Wirkungsdauer der hier zu treffenden Entscheidungen, ein
Zeitraum zugrunde zu legen, der es ermöglicht, ungleichmäßige Wachs-
tumsbewegungen zu nivellieren. Fünf Jahre dürften dafür eher zu kurz
als zu lang bemessen sein, wenn man berücksichtigt, daß der klassische
Konjunkturzyklus etwa mit 7 - 11 Jahren angesetzt wird (2). Stellt man
hingegen auf das wirtschaftliche Wachstum in der Bundesrepublik seit
der Währungsreform ab, wie es z. B. in den unterschiedlichen Wachstumsraten des nominellen und realen Bruttosozialprodukts zum Ausdruck
kommt (3), so erscheint eine Zeitspanne von fünf Jahren gegenwärtig
durchaus als ausreichend, um von den auftretenden Schwankungen abstrahieren zu können. Wir wollen daher den Zeitraum von fünf Jahren,
der für die langfristige Planung der technischen Kapazität der Universalbanken aus verschiedenen Gründen als zweckmäßig erachtet wurde,
auch für die langfristige Planung ihrer finanziellen Kapazität als geeignet ansehen. In diesem Zusammenhang ist von Bedeutung, daß die Universalbanken bei langfristigen Kapitalüberlassungen bestimmte Kündi-
gungsfristen zu vereinbaren pflegen. Ähnliches gilt für viele andere
langfristige Kapitalbindungen, ganz abgesehen davon, daß sich die Universalbanken immer noch ein außerordentliches Kündigungsrecht vorbehalten. Selbst das grundsätzlich für dauernd zur Verfügung gestellte
Bankeigenkapital ist je nach der Rechtsform entweder kündbar (Privatbankiers) oder auf Grund eines Beschlusses der Haupt- bzw. Gesell-
schafterversammlung (Aktien- und GmbH-Banken) disponibel. Trotz der
u. U. sehr langen Wirkungsdauer der im Interesse eines kontinuierlichen
Wachstums zu treffenden Entscheidungen erhalten sich die Universalbanken so die erforderliche Beweglichkeit und Anpassungsfähigkeit ihrer finanziellen Kapazität, wie es auch schon für ihre technische Kapazität angedeutet worden ist.

Dem gleichen Zweck dient im Grunde genommen die in der Planungsliteratur ganz allgemein befürwortete Untergliederung des für eine langfristige Planung gewählten Planungszeitraumes in kürzere Teilplanungsperioden (4). Zwar soll mit Hilfe der langfristigen Planung stets eine
möglichst kontinuierliche Entwicklung der Unternehmung erreicht werden, jedoch beinhaltet diese Forderung kein starres Festhalten an einem
einmal aufgestellten Plan, wenn sich die Verhältnisse in der Zwischen-

---

1) Vgl. S. 193 ff.
2) Vgl. Jöhr, W. A.: Theoretische Grundlagen der Wirtschaftspolitik,
   Band II, Konjunkturschwankungen, Tübingen und Zürich 1952, S. 48
3) Vgl. die Anlagen 6 und 7
4) Vgl. z. B. Agthe, Klaus: Langfristige Unternehmensplanung, S. 65
   sowie unsere Ausführungen S. 184 f.

zeit grundlegend ändern. Um zu erkennen, ob das der Fall ist, bedarf
es regelmäßiger Kontrollen des erreichten Ists mit dem geplanten Soll,
und zwar nicht erst nach Ablauf des gesamten Planungszeitraumes, sondern in kürzeren Abständen. Wohl am besten eignet sich hierfür bei den
Universalbanken wie bei anderen Unternehmungen auch das Geschäftsjahr, das nach den handels- und steuerrechtlichen Vorschriften der regelmäßigen Ermittlung des Unternehmungserfolgs zugrundeliegt, so daß
die für die Kontrolle der langfristigen Planung erforderlichen Angaben
entweder ohnehin anfallen, oder doch wenigstens nicht allzuschwer zu
beschaffen sind. Auf Grund der erzielten Ergebnisse kann dann in Verbindung mit den durch den Zeitablauf verfügbaren neuen Informationen
bei Bedarf die langfristige Planung rechtzeitig umgestaltet werden (1).
Ein solcher Bedarf liegt allerdings - wie ausgeführt wurde - nicht bei
lediglich konjunkturell bedingten Schwankungen der volkswirtschaftlich
relevanten Größen, sondern nur bei dauerhaften Änderungen der wirtschaftlichen Entwicklungsrichtung vor (2). Diesen Unterschied im voraus zu erkennen, ist freilich außerordentlich schwierig, gelingt doch
oft noch nicht einmal nachträglich eine sichere Diagnose des wirtschaftlichen Geschehens (3). Hier liegt infolgedessen ein bedeutsames Problem
langfristiger Planung, das nicht nur für die Universalbanken, sondern
auch ganz allgemein Geltung besitzt, und bei dessen Bewältigung in der
Praxis auf das Einfühlungsvermögen und Fingerspitzengefühl der Unternehmungsleitungen nicht verzichtet werden kann. Sehen wir von diesem
Problem ab, so bringt die einjährige Kontrolle der langfristigen Planung auf jeden Fall die Aufgabe mit sich, zu diesem Zeitpunkt und zweckmäßigerweise für den gleichen Zeitraum mit Hilfe der gewonnenen Erkenntnisse eine neue langfristige Planung vorzunehmen, bei einem angenommenen Mindestzeitraum langfristiger Planung für Universalbanken von fünf Jahren also wiederum für fünf Jahre, jedoch ein Jahr später beginnend und ein Jahr später endend. Man spricht daher auch von
einer rollenden oder sich überlappenden Planung (4), die auf Grund ihrer stetigen Bemühung um größere Wirklichkeitsnähe bei allen Unternehmungen wesentlich zum Erfolg der langfristigen Planung beizutragen vermag.

Die Untergliederung des für die langfristige Planung bei den Universalbanken gewählten Gesamtzeitraumes in kürzere Teilplanungsperioden
erweist sich nun allerdings nicht nur zu Kontrollzwecken, sondern vor
allem auch deswegen als bedeutsam, weil die langfristige Planung mangels ausreichender Informationen immer nur als Rahmenplanung durchgeführt werden kann, zu ihrer Verwirklichung jedoch Detaillierungen

1) Vgl. hierzu auch unsere Ausführungen S. 223 ff. und 433 ff.
2) Vgl. S. 193 ff. und 198 f.
3) Vgl. z. B. Krelle, Wilhelm: Möglichkeiten und Grenzen der Konjunkturdiagnose, S. 30 ff.
4) Vgl. Agthe, Klaus: Langfristige Unternehmensplanung, S. 65

erforderlich sind, die wegen der hierfür benötigten genaueren Informationen lediglich für relativ kurze Zeitabschnitte möglich erscheinen (1). Auch dazu eignet sich bei den Universalbanken - wie bei anderen Unternehmungen - wohl am besten das Geschäftsjahr, bildet es doch nun einmal die normale Abrechnungsperiode, deren Ergebnis von allen am Gedeihen einer Universalbank Interessierten erhebliche Bedeutung beigemessen wird. Der einjährigen Planung, die einen Überblick über den vermutlichen Jahreserfolg und die voraussichtliche wirtschaftliche Lage einer Universalbank am Ende des Geschäftsjahres ermöglicht, muß daher im Rahmen der langfristigen Planung eine sehr wichtige Rolle zuerkannt werden. Es empfiehlt sich infolgedessen, den Gesamtzeitraum der langfristigen Planung bei den Universalbanken in einjährige Teilplanungsperioden zu untergliedern und zumindest für das erste Jahr, u. U. - beim Vorhandensein der hierfür erforderlichen Informationen - aber auch noch für das zweite Jahr eine möglichst genaue Ausarbeitung der darauf entfallenden Teilplanungen vorzunehmen (2). Bei diesen einjährigen Planungen handelt es sich demnach grundsätzlich nicht um selbständige, sondern immer nur um innerhalb der langfristigen Planung stehende und von ihr ausgehende Planungen. Trotzdem kann ihnen aber eine gewisse Eigenständigkeit nicht abgesprochen werden, ist doch innerhalb der mit größerer Genauigkeit durchführbaren einjährigen Planungen nunmehr auch den konjunkturellen Schwankungen Rechnung zu tragen, die bei der Mehrperiodenplanung bisher außer acht gelassen wurden (3). Dabei handelt es sich dann aber nicht um grundlegende Änderungen in den einzelnen Teilplanungsperioden, sondern lediglich um Anpassungsmaßnahmen an die für das jeweilige Planungsjahr erwartete stärkere bzw. schwächere als die langfristig geplante Entwicklung mit Hilfe aller den Universalbanken hierfür zur Verfügung stehenden Möglichkeiten elastischer Planung, auf die im nächsten Abschnitt noch einzugehen sein wird (4).

Damit haben wir den theoretisch möglichen Zeitraum langfristiger Planung, der von einem Jahr bis zum Lebensende einer Unternehmung reicht, für Universalbanken unter den gegenwärtigen Verhältnissen auf einen Mindestzeitraum von fünf Jahren und einen äußersten Zeitraum von 10 Jahren eingegrenzt, zugleich aber als für sie am zweckmäßigsten einen Gesamtzeitraum langfristiger Planung von fünf Jahren mit Teilplanungsperioden von einem Jahr erkannt.

c) Der Zeitraum kurzfristiger Planung

Entsprechend der von uns vorgenommenen kalenderzeitmäßigen Tren-

---

1) Vgl. S. 188 ff. und 208 ff.
2) Vgl. Agthe, Klaus: Langfristige Unternehmensplanung, S. 65 sowie unsere Ausführungen S. 433 ff.
3) Vgl. S. 194 f. und 198 f.
4) Vgl. S. 212 ff.

nung zwischen kurz- und langfristiger Planung kann sich der Zeitraum kurzfristiger Planung theoretisch von einem Tag bis zu einem Jahr erstrecken (1). Bei näherer Betrachtung erweisen sich jedoch hier - ebenso wie bei der langfristigen Planung - gewisse Begrenzungen als zweckmäßig (2). Die Gründe dafür liegen wiederum in den Arteigenheiten der Universalbanken, und zwar einmal in ihrem Geschäftsprogramm und seiner technischen Durchführung und zum anderen in den Beschaffungsmöglichkeiten der jeweils erforderlichen Informationen (3).

Charakteristisch für die kurzfristige Planung im Gegensatz zur langfristigen Planung ist auf Grund des verwendeten Trennungskriteriums (4), daß immer zahlreiche produktive Faktoren als unveränderliche Daten in Erscheinung treten. Infolgedessen verringern sich in entsprechendem Maße die für die kurzfristige Planung benötigten Informationen. Mit anderen Worten, der Bereich der relevanten Informationen (5) wird insoweit kleiner. Dazu kommt, daß mit der Verkürzung des Prognosezeitraumes die Genauigkeit und Sicherheit der Informationen größer wird (6). Man könnte infolgedessen meinen, daß die Informationsbeschaffung für die kurzfristige Planung wesentlich leichter und unproblematischer sein müßte als diejenige für die langfristige Planung. Dies ist jedoch durchaus nicht der Fall. Vielmehr tauchen heirbei andere und nicht minder schwerwiegende Probleme auf. Sie sind vor allem darin zu erblicken, daß das Anliegen der kurzfristigen Planung auf Grund der Unveränderlichkeit zahlreicher produktiver Faktoren ein anderes sein muß als das der langfristigen Planung. Handelt es sich bei letzterer darum, das gesamte Unternehmen auf Grund erkennbarer langfristiger Entwicklungstendenzen in die gewünschte Richtung zu lenken (7), so ist die Aufgabe der kurzfristigen Planung darin zu sehen, mit Hilfe des jeweils vorhandenen finanziellen und technischen Apparates die Realisierung des langfristigen Unternehmungszieles dadurch zu gewährleisten, daß der laufende Geschäftsbetrieb möglichst reibungslos und störungsfrei abgewickelt wird. Dabei ist im Bereich der technischen Kapazität insbesondere an die einwandfreie Gestaltung des Arbeitsablaufs, im Bereich der finanziellen Kapazität vor allem an die stetige Aufrechterhaltung der aktuellen Liquidität zu denken (8). Um dies zu ermöglichen, bedarf es im Gegensatz zur langfristigen Globalplanung der kurzfristigen Feinplanung, die nur mit Hilfe sehr genauer Informationen über alle re-

---

1) Vgl. S. 186 f.
2) Vgl. S. 187 ff.
3) Vgl. S. 141
4) Vgl. S. 185 ff.
5) Vgl. Albach, Horst: Entscheidungsprozeß und Informationsfluß, S. 363 sowie unsere Ausführungen S. 155 f.
6) Vgl. S. 147 ff.
7) Vgl. S. 193
8) Vgl. Abbildung 6 S. 142 sowie die Ausführungen S. 143 ff.

levanter Daten durchführbar ist (1). Die Beschaffung von Informationen in der hierfür benötigten Güte aber bietet mindestens ebensogroße - wenngleich anders geartete - Schwierigkeiten wie die Beschaffung langfristiger Informationen minderer Genauigkeit und Sicherheit. Das gilt zweifellos ganz allgemein für alle Unternehmungen, für die Universalbanken jedoch infolge ihrer Arteigenheiten in besonderem Maße.

Die Nachfrage nach Bankgeschäften unterliegt - wie ausgeführt wurde - starken kurzfristigen Schwankungen, die teilweise rhythmischer und damit wiederkehrender Art sind, wie z. B. die Tages-, Wochen-, Monats- und saisonalen Schwankungen (2), und auf die Gewohnheiten und Bedürfnisse der Bankkunden zurückgehen. Darüberhinaus ergeben sich aber kurzfristige Nachfrageschwankungen auch auf Grund des Zusammenwirkens vieler, teils wirtschaftlicher, teils nicht wirtschaftlicher Faktoren, für die sich keinerlei Regelmäßigkeiten feststellen lassen. Ursachen hierfür sind oft die Gestaltung des Außenhandels und damit der Zahlungsbilanz, die Börsenentwicklung, wirtschaftliche Schwierigkeiten oder Erfolge von Betrieben im In- oder Ausland, politische Tendenzen oder auch nur Äußerungen von Politikern und nicht zuletzt - und häufig als Gegengewicht gegen die oben genannten Faktoren - der Einsatz des zentralbankpolitischen Instrumentariums zum Schutze der Währung. So können kurzfristige Änderungen der Situation auf dem Geld- und Kapitalmarkt entstehen, die kaum vorauszusehen sind und infolgedessen die Nachfrage nach Bankleistungen kurzfristig weitgehend undurchsichtig zu machen vermögen. Das gilt insbesondere für die Effektengeschäfte, aber auch für die kurzfristigen Geld- und Kreditgeschäfte, vor allem die Dispositionen der Kunden über bereits eingeräumte Kredite bzw. evtl. Kreditüberziehungen, sowie die Geschäfte mit befristeten Einlagen, von deren Veränderungen jedoch infolge von Umdispositionen wiederum Einflüsse auf andere Bankgeschäfte, z. B. das Spareinlagen- und Sichteinlagengeschäft usw. ausgehen können. In mehr oder weniger starkem Maße werden daher praktisch alle Bankgeschäfte von derartigen Schwankungen betroffen, was nicht nur die aktuelle Liquidität, sondern auch den Arbeitsablauf der Universalbanken in starkem Maße zu beeinflussen vermag. Die kurzfristigen Schwankungen können infolgedessen in der kurzfristigen Planung der Universalbanken nicht außer acht gelassen werden. Bedenkt man nun aber den gewaltigen Kapitalumschlag, der sich tagtäglich in einer Universalbank vollzieht, und welchen Schwankungen die einzelnen Bilanzpositionen dabei oft unterliegen - eine Vorstellung davon vermitteln z. B. die in der Zeitschrift für das gesamte Kreditwesen freiwillig veröffentlichten Zweimonatsbilanzen der drei Großbanken sowie dreier großer Regionalbanken (3) - so könnte dies durchaus zu der Auf-

---

1) Vgl. hierzu auch die Ausführungen S. 188 ff. und 208 ff.
2) Vgl. S. 165 und 171 ff.
3) Vgl. Hagenmüller, Karl Friedrich: Der Bankbetrieb, Band III, S. 154

fassung verleiten, daß im Gegensatz zur langfristigen Planung eine kurzfristige Planung bei den Universalbanken nicht durchführbar erscheint.
Bei näherer Betrachtung zeigt sich jedoch, daß ein so negatives Urteil
nicht gerechtfertigt ist. Zwar bietet die kurzfristige Planung bei den
Universalbanken infolge der starken und unregelmäßigen Nachfrageschwankungen, die nicht unberücksichtigt bleiben dürfen, möglicherweise größere Probleme als die langfristige Planung, aber durch eine
geeignete Plangestaltung in Verbindung mit einer sinnvollen Informationsbeschaffung lassen sich die auftretenden Schwierigkeiten - zumindest bis zu einem gewissen Grade - ebenfalls überwinden (1). Zunächst
einmal besitzen die Universalbanken in ihrem Rechnungswesen, das ihnen die Aufstellung von Tagesbilanzen ermöglicht (2), ein Instrument,
das sich für die Beschaffung von Informationen über die wertmäßigen
Bestandsveränderungen bei den wichtigsten Bankgeschäften in ausge-
zeichneter Weise eignet. Vor allem können aus diesen Unterlagen mit
Hilfe statistischer Methoden die wiederkehrenden von den unregelmäßigen Schwankungen zu trennen versucht werden, so daß es einerseits
möglich erscheint, die in den Schwankungen vorhandenen evtl. Regelmäßigkeiten zu erkennen, und andererseits die Stärke der unregelmäßigen Schwankungen deutlich hervortreten zu lassen. Dem gleichen Zweck
in mengenmäßiger Hinsicht können die in vielen Universalbanken bereits
üblichen Postenstatistiken dienlich gemacht werden, wenn es gelingt,
die einzelnen Geschäftsvorfälle hinsichtlich ihres Arbeitsanfalles in
zweckmäßiger Weise zu gewichten (3). Zum anderen sind die unregelmäßigen Schwankungen durchaus nicht immer gänzlich unvorhersehbar,
sondern zeichnen sich häufig zumindest tendenzmäßig über einen mehr
oder weniger langen Zeitraum ab und können daher bei der Transformie-
rung der Vergangenheitswerte in Zukunftswerte mit berücksichtigt werden. So kündigt sich insbesondere das für die Universalbanken so bedeutsame Eingreifen der Zentralbank zum Schutze der Währung nicht
selten in ihren Erklärungen deutlich an, oder läßt sich auf Grund der wirtschaftlichen Situation doch mit großer Wahrscheinlichkeit erwarten. Indessen wird man aber sagen müssen, daß derartige oder andere Pro-
gnostizierungen im Hinblick auf die Nachfrage nach Bankgeschäften bei
den Universalbanken mit ihrer starken Tendenz zur Reaktion auf alle
Geschehnisse am Geld- oder Kapitalmarkt sicherlich nicht für einen
Zeitraum von einem Jahr möglich erscheinen und auch ein Halbjahr dafür grundsätzlich wohl noch als zu lang anzusehen ist, es sei denn, daß

---

1) Vgl. hierzu auch unsere Ausführungen S. 230 ff., 281 ff. und 308 ff.
2) Vgl. S. 164 f. Die dabei insbesondere bei den Filialbanken auftretenden technischen Schwierigkeiten seien nur am Rande erwähnt, da sie
   sich durchaus bewältigen lassen.
3) Vgl. hierzu insbesondere Kossmann, B.: Leistungskontrolle in Bankbetrieben, Diss. Köln 1948 und Beckerle, Herbert: Die Arbeitsbewertung als Hilfsmittel der Personalpolitik in Bankbetrieben, Diss. Frankfurt am Main 1964

es sich um politisch und wirtschaftlich ungewöhnlich stabile Zeiten handelt. Unter den gegenwärtigen Verhältnissen jedenfalls dürften drei Monate im allgemeinen als längster Prognosezeitraum zur Beschaffung der für eine kurzfristige Planung bei den Universalbanken erforderlichen Informationen zu gelten haben, wenn sich dieser Zeitraum auch vielleicht für Institute mit starker Tendenz zum langfristigen Geschäft noch etwas verlängern läßt. Wir wollen infolgedessen den äußersten Zeitraum kurzfristiger Planung bei den Universalbanken auf Grund der erforderlichen und beschaffbaren Informationen gegenwärtig mit drei Monaten ansetzen, wobei jedoch - ebenso wie bei der langfristigen Planung (1) - zu betonen ist, daß es sich um eine situationsgebundene Zeitangabe handelt, die bei Veränderung der wirtschaftlichen Verhältnisse einer Anpassung bedarf und sich infolgedessen verlängern, vor allem aber auch verkürzen kann. In diesem Zusammenhang ist deshalb von Bedeutung, daß ein Zeitraum von drei Monaten aus verschiedenen Gründen als kurzfristiger Planungszeitraum bei den Universalbanken auch als besonders zweckmäßig erscheint, so daß nach Möglichkeit versucht werden sollte, die Informationsbeschaffung auf diesen Zeitraum auszudehnen. Da es mit Hilfe der kurzfristigen Planung das langfristige Planungsziel zu realisieren gilt (2), steht die kurzfristige Planung immer innerhalb der langfristigen Planung, und es bedarf auch für sie eines gewissen Mindestzeitraumes (3), um die kontinuierliche Entwicklung einer Universalbank sicherzustellen. Drei Monate erscheinen dafür insofern als besonders geeignet, als damit dem jahreszeitlichen Rhythmus und demnach einer der wesentlichsten Schwankungsursachen der Nachfrage nach Bankgeschäften Rechnung getragen wird. Auch fällt in den Zeitraum von drei Monaten jeweils einer der vier großen Steuertermine, die regelmäßig zu einer starken Anspannung des Geldmarktes führen, und schließlich sind die Vierteljahresschlüsse als Zeitpunkt von Personaleinstellungen und Personalkündigungen vor allem im Zusammenhang mit der Knappheit von Arbeitskräften von erheblicher Bedeutung für die Personalbereitstellung und den Personaleinsatz.

Ebenso wie die langfristige Planung wird man aber auch die kurzfristige Planung nicht erst am Ende des gesamten Planungszeitraumes, sondern in kürzeren Zeitabständen kontrollieren, um bei Bedarf die erforderlichen Änderungen rechtzeitig vornehmen zu können (4). Bei der kurzfristigen Planung erscheint dies vor allem deshalb von Bedeutung, weil hier zur unbedingten Aufrechterhaltung der jederzeitigen Zahlungsfähigkeit und zur Sicherstellung des Arbeitsablaufs die Planung sehr elastisch gehalten und infolgedessen mit verhältnismäßig großen Reserven finanzieller und technischer Art gearbeitet werden muß, die erhebliche

---

1) Vgl. S. 198
2) Vgl. S. 202 f.
3) Vgl. S. 193 ff.
4) Vgl. hierzu auch unsere Ausführungen S. 223 ff. und 433 ff.

Opportunitätskosten (opportunity costs) verursachen und daher immer möglichst schnell dem jeweiligen Stand der Informationen entsprechend verändert werden müssen (1). Den Universalbanken kommt dabei die relativ große Beweglichkeit ihrer finanziellen Kapazität, die - wie ausgeführt wurde - weitgehend ohne zusätzlichen Einsatz der technischen Kapazität verändert zu werden vermag (2), zustatten. Man kann vielleicht sogar soweit gehen zu sagen, daß diese Elastizität in finanzieller Hinsicht die kurzfristige Planung der Universalbanken angesichts der großen und niemals mit Sicherheit vorauszusehenden Schwankungsbreiten bei den einzelnen Geschäften überhaupt erst ermöglicht. Eine gewisse Elastizität besitzen die Universalbanken darüber hinaus aber auch auf technischem Gebiet infolge der Produktionsverbundenheit ihrer einzelnen Geschäfte (3), was für die Planung ebenfalls nennenswerte Erleichterungen mit sich bringt. Zur Kontrolle der kurzfristigen Dreimonatsplanung bei den Universalbanken halten wir den Zeitraum von einem Monat als besonders geeignet. Ein Grund dafür liegt darin, daß die Universalbanken (mit Ausnahme sehr kleiner ländlicher Kreditgenossenschaften und einiger Privatbankiers) für die Deutsche Bundesbank eine monatliche Bankenstatistik erstellen, so daß die benötigten Zahlen zum größten Teil ohnehin erarbeitet werden müssen (4). Der Hauptgrund aber ist darin zu erblicken, daß sich die Mindestreservehaltung der Universalbanken nach dem Kalendermonat richtet und die Variierbarkeit der Mindestreserven über den gesamten Monatszeitraum hinweg für die Universalbanken ein erstklassiges Liquiditätsreservoir und ein ausgezeichnetes Instrument elastischer Plangestaltung darstellt (5). Insofern hat die monatliche Kontrolle der kurzfristigen Planung ähnlich wie die jährliche Kontrolle der langfristigen Planung neben ihrer Kontrollfunktion eine gewisse selbständige Bedeutung als Ausgleichselement für die innerhalb eines Monats erfolgenden Tages-, Wochen- und Monatsschwankungen und zwar nicht nur auf finanziellem, sondern durchaus auch auf technischem Gebiet. Weiterhin wird man bei der kurzfristigen Planung ebenfalls so wie bei der langfristigen Planung mit Hilfe der durch die Kontrolle erhaltenen neuen Informationen - soweit erforderlich - Änderungen vornehmen, indem man einen neuen Dreimonatsplan aufstellt, der einen Monat später beginnt und einen Monat später endet, so daß sich die einzelnen Planungszeiträume auch hier überlappen und damit zur Kontinuität der kurzfristigen Planung innerhalb der langfristigen Planung beitragen (6).

---

1) Vgl. hierzu S. 212 ff.

2) Vgl. S. 170

3) Vgl. S. 171 f.

4) Vgl. hierzu die Ausführungen S. 112

5) Vgl. hierzu insbesondere Greshake, Kurt: Planung der Mindestreserven durch den Gelddisponenten, in: Zeitschrift für das gesamte Kreditwesen, 17. Jg. 1964, S. 871 - 874

6) Vgl. hierzu Adamowsky, Siegmar: Langfristige und kurzfristige Planung, S. 38 sowie unsere Ausführungen S. 433 ff.

Wir haben somit unter den gegenwärtigen Verhältnissen als zweckmäßigsten und im allgemeinen wohl zugleich auch äußersten Zeitraum kurzfristiger Planung bei den Universalbanken drei Monate mit Teilplanungsperioden von einem Monat erkannt. Damit ist aber die Diskussion um den
Zeitraum kurzfristiger Planung bei den Universalbanken noch nicht beendet. Die für die Existenz einer Universalbank so eminent wesentliche Aufrechterhaltung der Zahlungsbereitschaft im Zusammenhang mit
dem erheblichen Umschlag an finanziellen Mitteln, der sich bei ihr tagtäglich vollzieht (1), erfordert nämlich, daß von Tag zu Tag über die
eingehenden und ausgehenden finanziellen Mittel disponiert wird, wobei
gleichzeitig darauf zu achten ist, daß evtl. überschüssige Mittel einer
sicheren und ertragbringenden Verwendung zugeführt werden. Die Universalbanken sind sich der Notwendigkeit dieser sogenannten täglichen
Gelddisposition wohl bewußt und haben sie von jeher durchgeführt (2),
da selbst die kleinsten Institute anders zur Sicherung ihres Geschäftsbetriebs wohl überhaupt nicht in der Lage wären. Allerdings verwenden
sie dafür nicht den Begriff der Planung (3). Auch Fischer ist der Ansicht, daß es sich bei der täglichen Gelddisposition nicht um Planung,
sondern lediglich um eine jeweils nachträgliche Anpassung an die geän-
derten finanziellen Verhältnisse handelt (4). Nun läßt sich zweifellos
nicht leugnen, daß die tägliche Gelddisposition in der Tat eine solche
Anpassung bezweckt. Jedoch ist damit ihre Aufgabe keineswegs erschöpft. Indem sich die tägliche Gelddisposition auf Grund der ermittelten voraussichtlichen Zahlungseingänge und Zahlungsausgänge bemüht, unter Rücksichtnahme auf die Rentabilität und Sicherheit des Instituts, fehlende Geldbeträge zu beschaffen und überschüssige Geldbeträge anzulegen, ist sie doch stets genötigt, die hierfür am geeignesten
erscheinenden Mittel auszuwählen und sich in ihren Entscheidungen für
eine mehr oder weniger große Zeitspanne festzulegen. Sie ist also nichts
anderes als gedankliche Vorwegnahme zukünftigen Geschehens, so daß
der Tatbestand der Planung, wie wir ihn in der Grundlegung unserer
Arbeit eingehend erörtert haben (5), eindeutig erfüllt ist. Die tägliche
Gelddisposition muß demnach bei den Universalbanken ebenfalls der
kurzfristigen Planung zugerechnet werden. Damit läßt sich der kürzeste
Planungszeitraum bei ihnen tatsächlich mit einem Tag ansetzen (6). Allerdings darf nicht außer acht gelassen werden, daß es sich auch hierbei

1) Vgl. hierzu vor allem unsere Ausführungen S. 93 ff., 143 ff. und
   203 f.
2) Vgl. hierzu insbesondere van Wyk, Wolfgang: Die Gelddisposition der
   Kreditbanken, Frankfurt am Main 1960, und die hier angeführte Literatur sowie unsere Ausführungen S. 230 ff., 281 ff. und 308 ff.
3) Vgl. S. 11 und 40 ff.
4) Vgl. Fischer, Otfrid: Die Finanzdisposition der Geschäftsbanken,
   S. 25 ff.
5) Vgl. S. 17 ff.
6) Vgl. S. 187 und 201 f.

nur um eine Teilplanungsperiode handelt, die innerhalb des kurzfristigen Gesamtplanungszeitraumes von drei Monaten bzw. seiner einmonatigen Kontrollzeiträume stehen muß und daher stets auf diese Planung abzustellen ist. Von Deppe, der seine Ausführungen über die Rentabilitäts- und Liquiditätsplanung der Kreditinstitute am Modell einer Tagesplanung demonstriert, ist dies klar erkannt worden, wenn er schreibt, daß für die praktische Planung Modelle unerläßlich sind, die über die Einperiodenplanung hinausgehen (1). Nun wird allerdings die Eintagesplanung sowohl in der Praxis der Universalbanken als tägliche Gelddisposition, als auch in dem theoretischen Modell von Deppe als Rentabilitäts- und Liquiditätsplanung lediglich für den finanziellen Bereich durchgeführt. Es möchte uns dagegen scheinen, als könne mit Hilfe der Eintagesplanung angesichts der bereits mehrfach erwähnten Tages-, Wochen- und Monatsschwankungen bei den Universalbanken auch im technischen Bereich viel gewonnen werden, sofern es damit gelingt, den Einsatz der produktiven Faktoren und den Arbeitsablauf in der geeignetsten Weise zu steuern (2).

2. Die Planungsarten

Je nachdem, welche formalen Gesichtspunkte bei der Durchführung einer Planung Anwendung finden, ergeben sich unterschiedliche Planungsarten. Insbesondere kann man nach der Differenziertheit der Planung zwischen Global- und Detailplanung und nach der Anpassungsfähigkeit der Planung zwischen elastischer und starrer Planung unterscheiden (3).

a) Global- und Detailplanung

Bereits bei der Erörterung des Planungszeitraumes wurde angedeutet, daß die Art der Planung in starkem Maße davon abhängig ist, wie weit sie sich in die Zukunft erstreckt (4). Der Grund dafür ist - wie eingehend erörtert wurde -, daß die Güte der Informationen in umgekehrtem Verhältnis zur Länge des Planungszeitraumes steht, da sie grundsätzlich mit wachsendem Planungszeitraum abnimmt (5). Das hat zur Folge, daß mit einer Verlängerung des Planungszeitraumes eine Veränderung der Differenziertheit der Planung einherzugehen pflegt (6). Man

---

1) Vgl. Deppe, Hans-Dieter: Zur Rentabilitäts- und Liquiditätsplanung von Kreditinstituten, S. 348 sowie unsere Ausführungen S. 325 ff.
2) Vgl. hierzu unsere Ausführungen S. 171 ff., 251 ff. und 290 f.
3) Vgl. hierzu insbesondere Adamowsky, Siegmar: Langfristige und kurzfristige Planung, S. 35 ff.
4) Vgl. S. 188 f.
5) Vgl. S. 146 ff.
6) Vgl. hierzu auch Koch, Helmut: Betriebliche Planung, S. 29 ff. und Adamowsky, Siegmar: Langfristige und kurzfristige Planung, S. 35 f. sowie unsere Ausführungen S. 188 f.

versucht, die mit wachsender Entfernung vom Planungszeitpunkt eintretende Verschlechterung des Informationsgrades dadurch auszugleichen, daß man von der Fein- oder Detailplanung zur Grob-, Global, Rahmen- oder Umrißplanung übergeht und damit die Planungstiefe variiert. Nun darf daraus allerdings nicht geschlossen werden, daß die kurzfristige Planung mit Feinplanung und die langfristige Planung mit Umrißplanung identisch ist, wenngleich sich die Begriffe bis zu einem gewissen Grade decken (1). Es kommt vielmehr immer auf die Güte der Informationen im jeweiligen Planungszeitpunkt an, für welchen Zeitraum welcher Differenziertheitgrad der Planung angemessen erscheint. Daher kann durchaus der Fall eintreten, daß für sehr kurze Zeiträume nur recht ungenaue Informationen mit relativ geringer Wahrscheinlichkeit vorhanden sind, so daß man sich mit einer globalen Planung begnügen muß, während vielleicht für verhältnismäßig lange Zeiträume so genauc und sichere Informationen vorliegen, daß ohne weiteres eine detaillierte Planung durchgeführt werden könnte. Auch Wittmann und Agthe weisen auf diesen Tatbestand hin. So macht Wittmann darauf aufmerksam, daß für spätere Zeitpunkte mehr Information vorhanden sein kann als für vorhergehende, z. B. wenn bei einem Hersteller von Saisonartikeln für das Weihnachtsgeschäft bereits Bestellungen vorliegen, während die Absatzentwicklung für die Zeit vorher noch völlig offen ist (2), und Agthe legt dar, daß es oftmals einfacher und sicherer ist, den Gesamtumsatz für mehrere Jahre im voraus zu planen, als den Umsatz der nächsten Monate, da sich langfristig bestimmte Grundtendenzen durchsetzen können, während kurzfristig alle möglichen und oft zufälligen Faktoren wirksam werden (3). Ohne daß damit die generelle Richtigkeit unserer Aus - führungen über den grundsätzlichen Zusammenhang zwischen Planungszeitraum und Güte der Informationen in Frage gestellt wird, bestätigen diese Autoren doch die im Zusammenhang mit dem kurzfristigen Planungszeitraum der Universalbanken erörterte Tatsache, daß die Beschaffung kurzfristiger Informationen erhebliche Schwierigkeiten zu bieten vermag, wenn den an eine Fein- oder Detailplanung zu stellenden Anforderungen genüge getan werden soll (4). Die Gründe dafür liegen einmal in der Art und dem Gegenstand der jeweils erforderlichen Informationen und zum anderen in dem jeweiligen Zeitpunkt der Informationsbeschaffung infolge der an sich und zu verschiedenen Zeitpunkten unterschiedlichen Stabilität der einzelnen für die Planung relevanten Daten (5). Ersteres geht besonders deutlich aus einer graphischen Dar-

---

1) So auch Wittmann, Waldemar: Unternehmung und unvollkommene Information, S. 207
2) Vgl. Wittmann, Waldemar: Unternehmung und unvollkommene Information, S. 141 Fußnote 309
3) Vgl. Agthe, Klaus: Das Problem der unsicheren Erwartungen bei unternehmerischen Planungen und Entscheidungen, S. 104 f.
4) Vgl. S. 202 ff.
5) Vgl. hierzu besonders Gutenberg, Erich: Unternehmensführung, S.

stellung der unterschiedlichen Höhe und Entwicklung der Wahrscheinlichkeit des Eintritts zukünftiger Ereignisse in Abhängigkeit von der
Kontrollierbarkeit der Bedingungen und der Länge des Planungszeitraumes hervor (1).

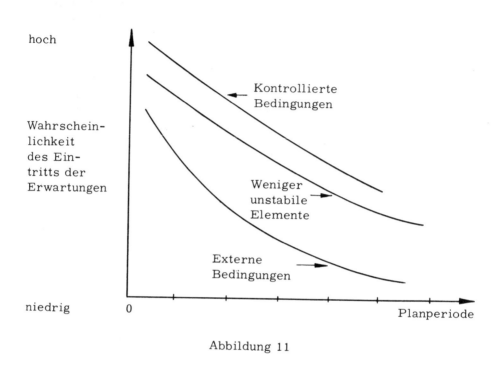

Abbildung 11

Adamowsky, der den Grundsatz aufstellt, "daß der Differenziertheits-
grad, ..., bei Plänen gleicher Fristigkeit weitgehend übereinstimmen
muß", kann infolgedessen nicht zugestimmt werden (2).

Betrachten wir unter diesen Gesichtspunkten die Situation der Universalbanken, so dürfte zwar - dem vermutlichen jeweiligen Informations-

61 ff. und Agthe, Klaus: Das Problem der unsicheren Erwartungen, S.
103 f. sowie unsere Ausführungen S. 160 ff. und 233 ff.
1) Vgl. Newman, W. H. : Administrative Action. The Techniques of Organization and Management, 6th printing, New York 1955, S. 58 sowie Wittmann, Waldemar: Unternehmung und unvollkommene Information, S. 138 und 143 und Agthe, Klaus: Das Problem der unsicheren
Erwartungen, S. 105
2) Vgl. Adamowsky, Siegmar: Langfristige und kurzfristige Planung, S.
36

stand entsprechend - als ziemlich sicher gelten, daß die für sie als
zweckmäßig erachtete Fünfjahresplanung vor allem wegen der relativ
großen Bedeutung der externen im Vergleich zu den kontrollierbaren
Bedingungen im wesentlichen nur eine Planung in mehr oder weniger
groben Umrissen sein kann, während die für sie als unerläßlich bezeichnete Eintagesplanung eine Feinplanung bis in die Einzelheiten hinein
zu sein vermag (1). Für die dazwischen liegenden Zeiträume können
jedoch - besonders wenn man die verschiedenen im nächsten Abschnitt
noch näher zu erörternden Bereiche der Planung in Betracht zieht (2)
-auf Grund der jeweils vorhandenen Informationen durchaus unterschiedliche Differenziertheitsgrade bei gleicher Fristigkeit bzw. gleiche Differenziertheitsgrade bei ungleicher Fristigkeit der Planung als angebracht erscheinen. Bei den Universalbanken bedeutet dies vor allem eine mehr oder weniger weitgehende Aufgliederung der Aktiva und Passiva, der Geschäftstätigkeit, der produktiven Faktoren, der Ausgaben
und Einnahmen sowie der Aufwendungen und Erträge im Zusammenhang
mit den jeweils zur Auswahl stehenden geschäftspolitischen Aktionsmöglichkeiten. Es beinhaltet außerdem eine unterschiedliche Großzü-
gigkeit bei der Festlegung der einzelnen Planungsgrößen, wenngleich
man dabei aus Gründen der Wirtschaftlichkeit selbst bei sehr weitge-
hender Detailplanung gerade bei den Universalbanken mit ihrem großen
Kapitalumschlag niemals bis zur "Pfenniggenauigkeit" gehen wird (3).

Dagegen hat der Grad der Differenziertheit einer Planung grundsätzlich nichts mit ihrer Vollständigkeit bezüglich der Erfassung aller für
das betriebliche Geschehen bedeutsamen Tatbestände zu tun. In dieser
Hinsicht gilt vielmehr für Umrißplanungen das gleiche wie für Detailplanungen. Infolge der Interdependenz des gesamten betrieblichen Geschehens darf eine Planung - sei sie Umriß- oder Detailplanung - niemals in dem Sinne lückenhaft sein, daß wesentliche Teile und Fakten
inner- und außerbetrieblicher Art bei der Planung unberücksichtigt bleiben, da dies zu katastrophalen Schäden durch Fehlentscheidungen führen
könnte (4). Das bedeutet nichts anderes, als daß die Vollständigkeit der
Planung - anders als ihre Differenziertheit - von den jeweiligen Arteigenheiten einer Unternehmung und den sich daraus für die Beschaffung
und die Güte von Planungsinformationen ergebenden Konsequenzen als
völlig unabhängig anzusehen ist. Im Gegensatz zur Differenziertheit einer Planung besteht infolgedessen hinsichtlich ihrer Vollständigkeit für
die Unternehmungen keinerlei Wahlmöglichkeit. Man spricht in diesem
Zusammenhang von Total- oder Gesamtplanung, wenn die gesamte Un-

---

1) Vgl. hierzu auch die Ausführungen S. 341 ff. und 433 ff.
2) Vgl. S. 142 ff. und 227 ff.
3) Vgl. Orth, Ludwig: Die kurzfristige Finanzplanung industrieller Unternehmungen, S. 57 ff. sowie unsere Ausführungen S. 269 ff.
4) Vgl. hierzu insbesondere Gutenberg, Erich: Die Produktion, S. 149
   f.

ternehmung planend erfaßt wird, und von Partial- oder Teilplanung, wenn dies nicht der Fall ist (1). Nur erstere entspricht den Erfordernissen der Interdependenz des betrieblichen Geschehens, und zwar - nach den obigen Ausführungen - ausnahmslos bei allen Unternehmungen. In der Literatur wird auf die Hervorhebung dieser Tatsache und der grundsätzlichen Unabhängigkeit der Vollständigkeit von dem Grad der Differenziertheit einer Planung ganz allgemein sehr großer Wert gelegt (2). Wir schließen uns dieser Meinung für die Universalbanken mit allem Nachdruck an, da vor allem von den Bankpraktikern, sofern sie einer Planung nicht völlig negativ gegenüberstehen, gern die Ansicht vertreten wird, daß bei der unendlich großen Zahl der relevanten Tatbestände für Universalbanken allenfalls Teilplanungen, nicht aber Gesamtplanungen zweckmäßig und möglich seien. Im Zusammenhang mit der Erörterung der Planungsbereiche werden wir darauf nochmals zurückzukommen haben (3).

b) Elastische und starre Planung

Von elastischer Planung spricht man, wenn gegenüber nicht vorherzusehenden Entwicklungen der einzelnen für die Planung relevanten Daten eine Anpassungsfähigkeit vorgesehen wurde, und von starrer Planung, wenn dies nicht der Fall ist (4). Unter Elastizität wird dabei also im Sinne Riebels die Reagibilität auf irgendwelche Veränderungen, nicht dagegen eine Beweglichkeit "an sich" verstanden (5). Besitzt eine Planung solche Anpassungsfähigkeit, dann können nicht vorherzusehende Entwicklungen der einzelnen für die Planung relevanten Daten bewältigt werden, ohne daß sich mehr oder weniger große Nachteile für die Unternehmung in Form von Kosten bzw. Verlusten durch erforderlich werdende Umdispositionen ergeben. Das Problem ist dabei allerdings, daß

---

1) Vgl. Adamowsky, Siegmar: Langfristige und kurzfristige Planung, S. 36
2) Vgl. z. B. Gutenberg, Erich: Die Produktion, S. 149 f. Orth, Ludwig: Die kurzfristige Finanzplanung industrieller Unternehmungen, S. 45 ff., Wittmann, Waldemar: Unternehmung und unvollkommene Information, S. 162 und Adamowsky, Siegmar: Langfristige und kurzfristige Planung, S. 36 f.
3) Vgl. S. 227 f.
4) Vgl. Wittmann, Waldemar: Unternehmung und unvollkommene Information, S. 175 ff.; Orth, Ludwig: Die kurzfristige Finanzplanung industrieller Unternehmungen, S. 49 ff.; Agthe, Klaus: Das Problem der unsicheren Erwartungen, S. 115 ff.; Adamowsky, Siegmar: Langfristige und kurzfristige Planung, S. 37 ff.; Hax, Karl: Die Bedeutung der Unternehmungsspiele für die Unternehmensplanung, in: Unternehmensplanung als Instrument der Unternehmensführung, AGPLAN, Band 9, Wiesbaden 1965, S. 128 f.
5) Vgl. Riebel, Paul: Die Elastizität des Betriebes, Köln und Opladen 1954, S. 89 - 95.

auch die Anpassungsfähigkeit einer Planung in der Regel mit Ertragsminderungen verbunden ist, die man in diesem Falle als Opportunitätskosten (opportunity costs) zu bezeichnen pflegt (1). Je anpassungsfähi-
ger eine Planung gehalten wird, um so höher sind die dadurch entstehenden Opportunitätskosten und je starrer eine Planung ist, in um so
stärkerem Maße muß mit Kosten bzw. Verlusten bei Anpassungsnot-
wendigkeiten gerechnet werden. Wirtschaftlichkeitsüberlegungen spielen
infolgedessen bei der Wahl des Elastizitätsgrades eine entscheidende
Rolle (2).

Zwischen der Anpassungsfähigkeit einer Planung und dem Planungszeitraum besteht nun - ähnlich wie bei der Differenziertheit der Planung -
infolge der mit wachsender Entfernung vom Planungszeitpunkt im allgemeinen abnehmenden Güte der zur Verfügung stehenden Informationen
ein grundsätzlicher Zusammenhang (3). Je langfristiger der Planungszeitraum gewählt wird, um so größer wird die Möglichkeit, daß die
prognostizierten Werte nicht eintreffen, und je kürzer man den Planungszeitraum ansetzt, um so geringer ist die Abweichungsgefahr. Das hat
zur Folge, daß mit steigender Fristigkeit der Planung in zunehmendem
Maße einer evtl. Anpassungsnotwendigkeit in der Art der Planung Rechnung getragen werden muß. Trotzdem kann die langfristige Planung ebensowenig mit elastischer wie mit globaler Planung und die kurzfristige
Planung ebensowenig mit starrer wie mit detaillierter Planung gleichgesetzt werden (4). Vielmehr hängt es wiederum von der Güte der jeweils zur Verfügung stehenden Informationen ab, welcher Grad der Anpassungsfähigkeit einer Planung für einen bestimmten Zeitraum gegeben
werden muß. Da hierfür die Art und der Gegenstand der jeweils erforderlichen Informationen sowie der jeweilige Planungszeitpunkt eine Bedeutung besitzen, als deren Ursache die an sich und zu verschiedenen
Zeitpunkten unterschiedliche Stabilität der einzelnen für die Planung relevanten Daten erkannt wurde (5), kann durchaus der Fall eintreten, daß
kurzfristig elastischer geplant werden muß als langfristig, bzw. daß sowohl die kurzfristige als auch die langfristige Planung sehr elastisch
gehalten werden müssen. Bei den Universalbanken jedenfalls scheint
dies auf Grund ihrer Arteigenheiten erforderlich zu sein. So wurde bereits bei der Erörterung des kurzfristigen Planungszeitraumes darauf
hingewiesen, daß nur eine sehr elastische Planung die Schwierigkeiten
zu überwinden in der Lage ist, welche von den starken kurzfristigen
Schwankungen in der Nachfrage nach Bankleistungen ausgehen können (6).

---

1) Vgl. z.B. Orth, Ludwig: Die kurzfristige Finanzplanung industrieller Unternehmungen, S. 83 ff. sowie unsere Ausführungen S. 205 f.
2) Vgl. hierzu auch die Ausführungen S. 269 ff.
3) Vgl. Adamowsky, Siegmar: Langfristige und kurzfristige Planung,
   S. 37 ff.
4) Vgl. S. 208 f.
5) Vgl. S. 209 f.
6) Vgl. S. 205 f.

Das gilt vor allem für den finanziellen Bereich, da selbst bei einer sehr hohen Eintrittswahrscheinlichkeit die prognostizierten von den tatsächlichen Werten abweichen können, die Universalbanken jedoch immer tatsächlich und nicht nur höchstwahrscheinlich liquide sein müssen. Es kann aber auch für den technischen Bereich von erheblicher Bedeutung sein, weil unzureichende Elastizität der Planung hier zu Störungen des Arbeitsablaufs, zu Fehlleistungen und zu Verärgerungen der Kunden zu führen vermag (1).

In diesem Zusammenhang ist ferner darauf hinzuweisen, daß zwischen der Anpassungsfähigkeit einer Planung und ihrer Differenziertheit gewisse Beziehungen bestehen. So bedürfen Globalplanungen tendenziell einer geringeren Elastizität als Detailplanungen, weil die Zusammenfassung zahlreicher Einzeltatbestände zu einer Globalzahl zu einem gewissen Ausgleich unterschiedlicher Schwankungen oder Schätzungsfehler bei den Einzeltatbeständen zu führen vermag. Die Planung eines Gesamtumsatzes ist daher z. B. im allgemeinen mit größerer Sicherheit möglich als die Planung von Umsätzen einzelner Artikel (2). Wird infolgedessen einer größeren Unsicherheit der Ereignisse bereits durch eine geringere Detailliertheit der Planung Rechnung zu tragen versucht, so kann man möglicherweise ihre Elastizität verringern. Umgekehrt kann eine stärkere Detailliertheit der Planung durch eine größere Elastizität zu paralysieren versucht werden. Gerade bei den Universalbanken mit ihrem umfangreichen Leistungsprogramm dürfte dieser Tendenz erhebliche Bedeutung für die Wahl der Planungsart im Hinblick auf die Grade der Differenziertheit und der Anpassungsfähigkeit beizumessen sein.

Betrachten wir nunmehr die den Universalbanken zu einer elastischen Planung zur Verfügung stehenden Möglichkeiten. Wir gehen dabei von den in der allgemeinen Planungsliteratur angeführten grundsätzlichen Möglichkeiten aus, die allerdings bei den einzelnen Autoren in nicht unbeträchtlichem Maße differieren (3). Um angesichts dieser verschiedenen Ansichten zu einer klaren Konzeption zu kommen, halten wir uns an die Ausführungen Wittmanns, nach denen eine elastische Planung den folgenden beiden Grundsätzen genügen muß (4):

---

1) Vgl. hierzu auch die Ausführungen S. 230 ff. , 241 ff. und 425 ff.
2) Vgl. Agthe, Klaus: Das Problem der unsicheren Erwartungen, S. 105
3) Vgl. z. B. Wittmann, Waldemar: Unternehmung und unvollkommene Information, S. 175 ff. ; Orth, Ludwig: Die kurzfristige Finanzplanung industrieller Unternehmungen, S. 49 ff. ; Agthe, Klaus: Das Problem der unsicheren Erwartungen, S. 115 ff. und Adamowsky, Siegmar: Langfristige und kurzfristige Planung, S. 37 ff.
4) Vgl. Wittmann, Waldemar: Unternehmung und unvollkommene Information, S. 187 f.

1. Da eine Unternehmung vom Beginn bis zum Ende eines Planungszeitraumes stets mit dem Eingang zusätzlicher Informationen rechnen kann, sind "Ziele und Handlungen erst dann endgültig festzulegen, wenn dies zeitlich unumgänglich wird". Die Elastizität der Planung wird nach diesem Grundsatz also "durch eine besondere Gestaltung der Planstruktur erreicht".

2. Da trotz der im Zeitverlauf eintretenden Verbesserung des Informationsstandes die Ungewißheit nicht restlos beseitigt werden kann, muß die Planung so gestaltet werden, "daß Veränderungen und Schwankungen der Entwicklung aufgefangen werden" können. Die nach diesem Grundsatz zu erreichende Elastizität der Planung liegt infolgedessen "in den betrieblichen Mitteln, deren Einsatz durch die unternehmerischen Entscheidungen bestimmt wird".

Zwei Möglichkeiten sind es vor allem, durch die dem ersten Grundsatz elastischer Planung Rechnung getragen zu werden vermag. Einmal kann für jede in Betracht zu ziehende zukünftige Datenkonstellation eine Planung unter der Annahme durchgeführt werden, daß mit dem Eintritt der jeweils in Frage stehenden Datenkonstellation sicher zu rechnen ist (1). Es wird somit praktisch eine Reihe "starrer Planungen" entworfen (2) und die Auswahl der zu realisierenden Planung bis zu dem Zeitpunkt verschoben, in dem infolge des Zeitablaufs über die zukünftige Entwicklung sichere, zumindest aber bessere, Informationen vorliegen. Man spricht deshalb in der Literatur bisweilen von einer sogenannten "Schubladenplanung" (3). Abgesehen davon, daß diese Möglichkeit elastischer Planung - vor allem dann, wenn es erforderlich wäre, eine große Anzahl verschiedener Datenkonstellationen zu berücksichtigen - verhältnismäßig aufwendig ist, hängt ihre Brauchbarkeit davon ab, daß die zusätzlichen Informationen rechtzeitig eingehen, damit es für eine Realisierung der schließlich ausgewählten Planung nicht etwa schon zu spät ist. Das Verfahren der Schubladenplanung ist daher in dieser Form für die Universalbanken - wie auch für andere Unternehmungen - im allgemeinen nicht empfehlenswert. Es hat dagegen für Krisensituationen

---

1) Vgl. Wittmann, Waldemar: Unternehmung und unvollkommene Information, S. 176 ff.; Orth, Ludwig: Die kurzfristige Finanzplanung industrieller Unternehmungen, S. 50 und 94 ff.; Agthe, Klaus: Das Problem der unsicheren Erwartungen, S. 120; Adamowsky, Siegmar: Langfristige und kurzfristige Planung S. 38

2) Nach Wittmann handelt es sich daher hierbei nicht um eine Möglichkeit elastischer Planung. Vgl. Wittmann, Waldemar: Unternehmung und unvollkommene Information, S. 181

3) Meist wird die Bezeichnung Alternativ- oder Eventualplanung gebraucht. Da wir jedoch diese Begriffe im Anschluß an Hax für die zweite Stufe des Planungsprozesses verwendet haben, in der bei jeder Planung die Analyse der Wahlmöglichkeiten erfolgt (vgl. S. 21 f.), erscheint es uns zweckmäßig, die Bezeichnung Schubladenplanung, die überdies den Tatbestand treffend kennzeichnet, vorzuziehen.

eine nicht zu unterschätzende Bedeutung. So sollte jede Universalbank
für gänzlich unvorhersehbare Ereignisse, auf die grundsätzlich weder
innerhalb der langfristigen noch innerhalb der kurzfristigen Planung abgestellt werden kann, weil es nun einmal undenkbar ist, eine Bank in
normalen Zeiten auf einen Run auszurichten, derartige Schubladenpla-
nungen vorrätig haben, damit im Bedarfsfall darauf zurückgegriffen werden kann, und auf diese Weise Improvisationen vermieden werden, die
das Übel nur noch vergrößern würden.

Eine zweite - von Wittmann entwickelte - Möglichkeit elastischer Planung durch besondere Gestaltung der Planstruktur (1) basiert zwar ebenfalls auf dem Grundsatz, Festlegungen stets möglichst so lange auf-
zuschieben, bis durch den Zeitablauf zusätzliche Informationen gewonnen werden können, im Gegensatz zur ersten Möglichkeit handelt es sich
jedoch hier nicht um eine Reihe "starrer Planungen", sondern um ein
wohldurchdachtes System des zeitlichen Aufbaus der Planung und des
Ablaufs der Planrealisierung. Im Mittelpunkt steht dabei der Begriff
des Operationsbereichs. Wittmann versteht darunter "den Gesamtbe-
reich des jeweiligen bei der Planung zu berücksichtigenden unternehmerischen Wirkungsfeldes". Sein äußerster Rahmen wird bestimmt von den
betrieblichen Gegebenheiten und den Umweltbedingungen einer Unternehmung, sein jeweiliger Umfang dagegen von der unternehmerischen Zielsetzung und den vorhandenen Informationen. So schrumpft bei vollkommener Information und der Zielsetzung Gewinnmaximierung der Operationsbereich der Unternehmung - von gewissen Ausnahmen abgesehen - grundsätzlich auf einen Punkt zusammen, nämlich z. B. im Pro-
duktions- und Absatzbereich auf die Produktion der gewinnmaximalen
Produktionsmenge. Je weniger vollkommen demnach die Informationen
der Unternehmung sind und je weniger sie im Zusammenhang damit Zielsetzungen mit Optimumcharakter wählen kann (2), um so größer bleibt
ihr jeweiliger Operationsbereich. Der Begriff des Operationsbereichs
dient somit der Erfassung des "Breitenbildes" der Planung und stellt
sich daher als ein Gegenbegriff zum ökonomischen Horizont dar, "der
den Blick des Planenden hauptsächlich in die Tiefe der Zeit richtet"
(3). Geht man nun davon aus, daß die Güte der Informationen grundsätzlich mit der Vergrößerung des Planungszeitraumes abnimmt (4), so
läßt sich daraus folgern, daß der jeweilige Operationsbereich einer Unternehmung in dem für sie geltenden ökonomischen Horizont am größten
sein muß. Eine flexible Planstruktur in einem bestimmten Zeitpunkt

---

1) Vgl. Wittmann, Waldemar: Unternehmung und unvollkommene Information, S. 146 f., 164 ff. und 189 f.
2) Vgl. hierzu unsere Ausführungen über den Einfluß der Ungewißheit auf
   die unternehmerische Zielsetzung, S. 71 ff.
3) Vgl. Wittmann, Waldemar: Unternehmung und unvollkommene Information, S. 146 sowie unsere Ausführungen S. 187 ff.
4) Vgl. S. 146 ff. und für die Ausnahmen hiervon S. 202 ff. und 208 ff.

t_0 gleicht daher einem Strauch, der sich immer mehr verzweigt, je weiter er sich nach oben erstreckt (1):

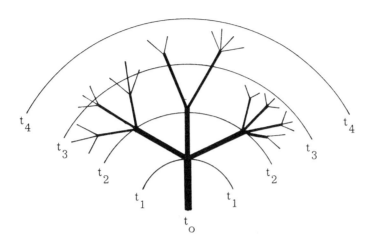

Der äußere Umfang des Strauches steckt den Rand des Operationsbereichs im Augenblick der Planaufstellung ab und die einzelnen Abzweigungsstellen der Äste bezeichnen die Punkte, an denen mit Hilfe zusätzlicher Informationen später jeweils die Entscheidung zwischen mehreren Alternativen vorgesehen ist. Durch die Stärke der Striche wird dem unterschiedlichen Wahrscheinlichkeitsgrad der alternativen Aktionsmöglichkeiten Ausdruck gegeben. Den Stamm des Strauches bildet der unmittelbar folgende Planungsabschnitt, für den aus der Zahl der möglichen Alternativen in Übereinstimmung mit der unternehmerischen Zielsetzung und den vorhandenen Informationen bereits die am geeignetsten erscheinende Aktionsmöglichkeit zur Realisierung ausgewählt worden ist. Für die anderen Planungsabschnitte werden die erforderlichen Entscheidungen jeweils nur so weit wie möglich vorbereitet und erst dann gefällt, wenn dies auf Grund der zusätzlichen Informationen opportun erscheint. Dabei können, wenn erforderlich, neue Alternativen berücksichtigt und alte verworfen werden, so daß der "Planungsstrauch" im Zeitverlauf - entsprechend dem sich im jeweiligen Planungszeitpunkt darbietenden Operationsbereich - fortwährend Form und Gestalt ver-

---

1) Vgl. Wittmann, Waldemar: Unternehmung und unvollkommene Information, S. 188 ff. Auch die folgenden Ausführungen lehnen sich eng an Wittmann an.

ändert (1). Diese Möglichkeit elastischer Planung steht daher in engstem Zusammenhang mit unseren Überlegungen über die zeitliche Erstreckung der Planung, die Detailliertheit der Planung und die noch zu erörternde Untergliederung der Planungsbereiche (2). Es läßt sich leicht zeigen, daß ihr für die Planung bei den Universalbanken eine ganz besondere Bedeutung zukommt. Man braucht sich dazu nur die relativ große Unstabilität zahlreicher für die Planung der Universalbanken relevanter Daten zu vergegenwärtigen, die selbst die nähere Zukunft für sie oft völlig undurchsichtig werden läßt. Zieht man außerdem die starken Schwankungen in Betracht, denen die Einnahmen- und Ausgabenströme sowie die Vermögens- und Kapitalbestände der Universalbanken in kürzesten Zeiträumen - bisweilen innerhalb weniger Tage - unterliegen können, und stellt ihnen die Verpflichtung der Universalbanken zur unbedingten Aufrechterhaltung der Zahlungsbereitschaft gegenüber (3), so wird deutlich, daß die zeitliche Verschiebung aller im Planungszeitpunkt nicht unbedingt erforderlichen Entscheidungen bis zum vorliegen besserer Informationen gerade für die Universalbanken eine sehr brauchbare Möglichkeit elastischer Planung darstellen muß. Dies gilt um so mehr, als die vor allem dem finanziellen, aber auch dem technischen Bereich der Universalbanken innewohnende Elastizität (4) eine hervorragende Basis nicht nur für die zeitliche Verschiebung von Entscheidungen, sondern auch für evtl. erforderlich werdende Planungsänderungen darstellt. Jedoch berühren diese Überlegungen bereits den im folgenden zu erörternden zweiten Grundsatz elastischer Planung.

Um die - trotz elastischer Gestaltung der Planstruktur - infolge der niemals restlos zu beseitigenden Ungewißheit der Zukunft zu erwartenden Abweichungen der geplanten von den tatsächlichen Größen sowie deren Schwankungen auffangen zu können, wie es der zweite Grundsatz elastischer Planung fordert, werden in der Literatur ebenfalls verschiedene Möglichkeiten erörtert. Einmal wird vorgeschlagen, für die einzelnen Planungsgrößen an Stelle verbindlicher Zahlenwerte gewisse Ermessensspielräume festzulegen, die entsprechend ihrer Eintrittswahrscheinlichkeit und ihrer Bedeutung für die Gesamtunternehmung variieren können (5). Da sie dem jeweils Verantwortlichen "eine mehr oder minder enge Grenze für seine Betätigungsfreiheit" setzen, spricht man auch von Plantoleranzen (6). Sie können im Extrem bis zur Angabe un-

---

1) Vgl. hierzu auch unsere Ausführungen S. 223 ff.
2) Vgl. S. 184 ff., 208 ff. und 227 ff.
3) Vgl. S. 203 ff. und 213 f.
4) Vgl. S. 205 f. und 221 ff.
5) Vgl. Wittmann, Waldemar: Unternehmung und unvollkommene Information, S. 181 f.; Orth, Ludwig: Die kurzfristige Finanzplanung industrieller Unternehmungen, S. 90 ff. und Adamowsky, Siegmar: Langfristige und kurzfristige Planung, S. 38 f.
6) Vgl. Adamowsky, Siegmar: Langfristige und kurzfristige Planung, S. 38

verbindlicher Richtwerte gehen. Im allgemeinen wird man jedoch eine absolute oder prozentuale Begrenzung nach oben und/oder unten vornehmen. Ihrem Wesen nach handelt es sich bei den Plantoleranzen um Ungewißheits- oder Risikoabschläge bzw. -zuschläge (1), die in der Literatur auch als Sicherheitsspannen bezeichnet werden (2). Bei der Berechnung dieser Spannen geht man jeweils vom wahrscheinlichsten Prognosewert und der Streuung der weniger wahrscheinlichen Werte um den wahrscheinlichsten Wert aus, wie sie sich zum Beispiel aus der im folgenden dargestellten Wahrscheinlichkeitsverteilung ergibt:

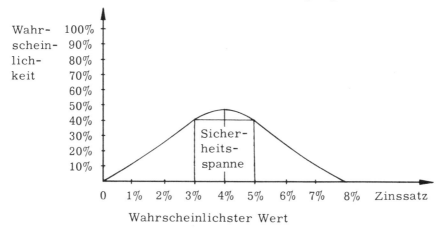

Abbildung 13

Infolgedessen ist das Eintreffen der Korrekturwerte nicht etwa mit einer höheren, sondern im Gegenteil mit einer geringeren Wahrscheinlichkeit zu erwarten als das Eintreffen des Ausgangswertes. Die Einrechnung von Sicherheitsspannen beruht daher nicht - wie es auf den ersten Blick scheinen könnte, auf der kühnen, aber wirklichkeitsfremden und in der Literatur heftig umstrittenen Konstruktion sogenannter Gewißheits- oder Sicherheitsäquivalente, "risk premium" (3) oder "allowance for risk" (4) genannt, durch die eine bestehende ungewisse Situation in eine gleichwertige sichere Lage umgerechnet werden soll (5). Es geht dabei vielmehr darum, für die Gefahren, die sich aus der Un-

---

1) Vgl. Wittmann, Waldemar: Unternehmung und unvollkommene Information, S. 181 f.
2) Vgl. Orth, Ludwig: Die kurzfristige Finanzplanung industrieller Unternehmungen, S. 90 ff.
3) Vgl. Lange, Oscar: Price Flexibility and Employment, Bloomington 1944 (Wiederabdruck 1952), S. 31
4) Vgl. Hicks, J. R.: Value and Capital, 2. Aufl., Oxford 1946, S. 126
5) Vgl. hierzu insbesondere Orth, Ludwig: Die kurzfristige Finanzplanung industrieller Unternehmungen, S. 90 ff. und die hier angegebene Literatur. Vgl. auch unsere Ausführungen S. 72 f.

vollkommenheit der Information für eine Unternehmung ergeben können, von vornherein in der Planung Vorsorge zu treffen. Da durch die Einrechnung von Sicherheitsspannen nicht nur Abweichungen der geplanten von den tatsächlichen Größen, sondern vor allem auch Schwankungen der Prognosewerte Rechnung getragen werden kann, und es sich dabei außerdem um ein relativ einfaches Verfahren handelt, wird diese Möglichkeit elastischer Planung vor allem in der unternehmerischen Praxis sehr geschätzt. Bei nicht all zu großen Abweichungen und Schwankungen ist das zweifellos auch berechtigt. Für ernstere Fälle dagegen dürfte das Verfahren nicht geeignet sein, weil die Sicherheitsspannen dafür zu groß gehalten werden müßten, als daß die durch sie dauernd verursachten Opportunitätskosten noch in ein angemessenes Verhältnis zu den möglicherweise entstehenden Kosten bzw. Verlusten bei erforderlich werdenden Umdispositionen zu bringen wären. Dazu kommt, daß mit Hilfe der Sicherheitsspannen artmäßige Veränderungen der einzelnen Daten nicht ausgeglichen werden können (1). Dieser Tatsachen muß man sich gerade bei der Verwendung von Sicherheitsspannen in der Planung der Universalbanken bewußt sein. So können hier die ungewöhnlich großen Abweichungen und Schwankungen, mit denen kurzfristig vor allem bei den Einnahmen- und Ausgabenströmen, aber auch bei den Vermögens- und Kapitalbeständen zu rechnen ist, durch Plantoleranzen nicht aufgefangen werden, weil es unmöglich erscheint, in den Sicherheitsspannen so erhebliche Mittel zu binden, daß letztlich die ganze betriebliche Betätigung der Universalbanken darunter leiden müßte. Die Einrechnung von Sicherheitsspannen kann daher immer nur dazu dienen, die insgesamt möglichen Abweichungen und Schwankungen bis zu einer bestimmten Höhe zu paralysieren (2). Was darüber hinausgeht, muß auf andere Weise aufzufangen versucht werden.

Das für die Plantoleranzen Gesagte gilt bis zu einem gewissen Grade auch für die zweite Möglichkeit zum Auffangen von Veränderungen und Schwankungen der Entwicklung, nämlich die Haltung von Reserven in finanzieller und technischer Hinsicht (3). Finanziell handelt es sich dabei ganz allgemein um Liquiditätsreserven in Form von baren Mitteln oder geldwerten Vermögensteilen, technisch um Reserven an Elementarfaktoren, wie sie von den einzelnen Unternehmungen - ihren Arteigenheiten entsprechend - benötigt werden, bei den Universalbanken also um

---

1) Vgl. Wittmann, Waldemar: Unternehmung und unvollkommene Information, S. 182
2) Vgl. hierzu auch die Ausführungen S. 281 ff., 308 ff. und 425 ff.
3) Vgl. Wittmann, Waldemar: Unternehmung und unvollkommene Information, S. 193 ff.; Orth, Ludwig: Die kurzfristige Finanzplanung industrieller Unternehmungen, S. 82 ff.; Agthe, Klaus: Das Problem der unsicheren Erwartungen, S. 119 f.

Reserven an Arbeitskräften, maschinellen Hilfsmitteln und Geschäftsräumen (1). Mit Hilfe eingeplanter Reserven können - ebenso wie durch
Plantoleranzen - sowohl unvorhergesehene größenmäßige Änderungen
der für die Planung relevanten Daten, als auch deren Schwankungen bewältigt werden. Darüberhinaus aber sind sie häufig sogar geeignet, artmäßige Datenänderungen zu kompensieren. Insofern kommt ihnen grundsätzlich eine über die Einplanung von Ermessensspielräumen weit hinausgehende Bedeutung innerhalb der Planung zu. Das gilt in besonderem Maße für die Universalbanken, denen es einerseits auf Grund
der Lagerunfähigkeit ihrer Geschäfte nicht möglich ist, auf Vorrat zu
arbeiten (2), die aber andererseits vor allem kurzfristig mit erheblichen
Schwankungen der Nachfrage nach ihren Geschäften und folglich mit einer sehr unterschiedlichen finanziellen und technischen Beanspruchung
rechnen müssen (3). Die Einplanung sowohl finanzieller als auch technischer Kapazitätsreserven gehört daher für die Universalbanken zu den
unumgänglichen Notwendigkeiten ihrer Planung. Versucht man nun allerdings auch hierbei, die durch die Bindung finanzieller und technischer
Mittel verursachten Opportunitätskosten in ein angemessenes Verhältnis zu den Kosten bzw. Verlusten bei erforderlich werdenden Umdispositionen zu bringen, so muß man auf der einen Seite die Verpflichtung
der Universalbanken zur unbedingten Aufrechterhaltung ihrer Liquidität
und zur Ausführung des größten Teils aller Aufträge am Tage der Nachfrage berücksichtigen. Gemessen an den Konsequenzen, die eine Nicht-
einhaltung dieser Verpflichtungen für die Universalbanken nach sich
ziehen würde, kann daraus auf der anderen Seite für die Bemessung der
Reserven sowohl in finanzieller als auch in technischer Hinsicht nur ein
Abstellen auf die jeweiligen Spitzenbelastungen ohne Rücksicht auf die
Höhe der Opportunitätskosten folgen. Das bedeutet aber, selbst wenn
man nicht von ausgesprochenen Krisensituationen, wie etwa einem Run,
sondern nur von den "normalen" Spitzenbelastungen ausgeht, nichts anderes, als daß die Universalbanken verhältnismäßig hohe Anforderungen
an die Bindung finanzieller und technischer Mittel in Reserven und damit
an die Höhe der Opportunitätskosten richten müssen, sofern sie keine
anderen Möglichkeiten zum Auffangen von Abweichungen und Schwankungen der Planungsgrößen besitzen (4).

In diesem Zusammenhang gewinnt daher die der betrieblichen Betätigung
einer Unternehmung gewissermaßen "immanente Elastizität" eine besondere Bedeutung für die Planung der Universalbanken (5). Wir verstehen darunter im Anschluß an Wittmann die in den betrieblichen Pro-
duktionsmitteln, ihren Kombinationen, den durch ihren Einsatz hervor-

---

1) Vgl. S. 58 ff. und 142 ff.
2) Vgl. S. 159
3) Vgl. S. 165, 171 ff. und 203 ff.
4) Vgl. hierzu auch die Ausführungen S. 236 f., 281 ff. und 315 ff.
5) Vgl. hierzu auch die Ausführungen S. 205 f. und 218

gebrachten Leistungen und den unternehmerischen Wirkungsmöglichkeiten nach außen hin liegende Anpassungsfähigkeit einer Unternehmung an sich verändernde Verhältnisse (1). Zwar kommt eine solche Elastizität niemals von selbst zustande, sondern ergibt sich immer nur auf Grund entsprechender Entscheidungen der Unternehmungsleitung, aber es läßt sich doch feststellen, daß die Voraussetzungen für die Schaffung immanenter Elastizität bei manchen Unternehmungen besser sind als bei anderen. In dieser Hinsicht nun liegen die Dinge bei den Universalbanken - wie bereits angedeutet wurde - verhältnismäßig günstig (2). Die Gründe dafür sind vor allem in den Arteigenheiten der Bankleistungen, insbesondere ihrer nahezu ausschließlich finanziellen Orientierung und ihrer Produktionsverbundenheit zu suchen (3). Eine relativ hohe immanente Elastizität läßt sich daher bei den Universalbanken sowohl in ihrem finanziellen als auch in ihrem technischen Bereich feststellen. So können die Universalbanken z. B. ihre finanziellen Mittel der jeweiligen wirtschaftlichen Situation entsprechend ohne weiteres den verschiedensten Verwendungsmöglichkeiten und Festlegungsfristen zuführen und auf diese Weise die Aktiv- und Passivseite ihrer Bilanz zumindest bis zu einem gewissen Grade mit einer unterschiedlichen finanziellen Elastizität ausstatten. Weiterhin sind z. B. durch den Geldhandel Veränderungen der finanziellen Kapazität der Universalbanken ohne jede Veränderung ihrer technischen Kapazität möglich (4). Das gleiche gilt auch für Wertpapiertransaktionen und Refinanzierungsgeschäfte. Schließlich lassen sich die elementaren Produktivfaktoren der Universalbanken, insbesondere aber die Arbeitskräfte und die maschinellen Hilfsmittel, zur Erstellung der verschiedenartigsten Bankleistungen einsetzen, so daß in dieser Austauschbarkeit eine bedeutsame Elastizität ihres technischen Bereichs zu erblicken ist (5). Allerdings darf nicht unerwähnt bleiben, daß den Universalbanken infolge der Lagerunfähigkeit ihrer Leistungen (6) eine für Industrie- und Handelsbetriebe typische Elastizität völlig fehlt und auch die aktive Einwirkungsmöglichkeit der Universalbanken auf die Nachfrage nach ihren Leistungen im allgemeinen geringer ist als bei den Industrie- und Handelsbetrieben (7). Das Vorhandensein immanenter Elastizität bei einer Unternehmung hat zur Folge, daß erforderlich werdende Umdispositionen vollzogen werden können, ohne daß dabei erhebliche Kosten bzw. Verluste entstehen. Das aber bedeutet nichts anderes, als daß insoweit auf die Einplanung von Reserven und/oder Ermessensspielräumen mit ihren hohen Opportunitätskosten verzichtet werden kann.

---

1) Vgl. Wittmann, Waldemar: Unternehmung und unvollkommene Information, S. 190
2) Vgl. S. 205 f. und 218
3) Vgl. S. 159 f. und 172
4) Vgl. S. 170
5) Vgl. S. 172 und 205 f.
6) Vgl. S. 159
7) Vgl. S. 160 f.

Sowohl die Dimensionierung der Reserven als auch die der Ermessensspielräume in der Planung muß infolgedessen immer unter Berücksichtigung der jeweiligen immanenten Elastizität einer Unternehmung erfolgen, und je mehr immanente Elastizität eine Unternehmung zu schaffen vermag, in um so geringerem Maße bedarf es cet. par. der Einplanung von Reserven und/oder Ermessensspielräumen. Wittmann sieht deshalb in der Aktivierung der betrieblichen Elastizitäten, in die er bewußt die Planungsreserven mit einbezieht und zu denen man dann ohne weiteres auch die Ermessensspielräume rechnen kann, das dem zweiten Grundsatz elastischer Planung entsprechende Erfordernis (1). Es gelingt ihm auf diese Weise, die durchaus heterogenen und daher vielfach isoliert und ungezielt eingesetzten Möglichkeiten einer Unternehmung zum Auffangen von Veränderungen und Schwankungen der Entwicklung als Einheit zu sehen und zugleich den Blick des Planenden stets auf das Unternehmungsganze zu richten. Der Grund dafür ist offensichtlich. Nur so kann einerseits die häufig anzutreffende mehrfache Berücksichtigung der gleichen Ungewißheit - z. B. durch Ermessensspielräume bei den Prognosewerten und Reserven in den ausgewählten Alternativen - vermieden (2), andererseits aber immer genügend Vorsorge getroffen werden, und nur so können jeweils die im Interesse des ganzen Unternehmens geeignetsten Möglichkeiten zum Auffangen von Veränderungen und Schwankungen der Planungsgrößen gefunden werden. Bei den Universalbanken mit ihren hohen Ansprüchen an eine elastische Planung erscheinen diese Zusammenhänge vor allem deswegen von Bedeutung, weil die Schaffung immanenter Elastizität hier relativ leicht und in verhältnismäßig großem Ausmaß möglich ist, so daß die Bindung finanzieller und technischer Mittel in Reserven oder Ermessensspielräumen mit ihren hohen Opportunitätskosten erheblich niedriger gehalten werden kann, als das sonst der Fall sein müßte. So läßt sich wohl rechtfertigen, was bereits angedeutet wurde, daß nämlich eine Planung bei den Universalbanken durch die sowohl ihrem finanziellen als auch ihrem technischen Bereich innewohnende hohe Anpassungsfähigkeit wesentlich erleichtert, wenn nicht überhaupt erst ermöglicht wird, und zwar weniger die langfristige Planung wegen der hier wirksam werdenden Ausgleichstendenzen, als vielmehr die kurzfristige Planung wegen der hier zu verzeichnenden starken und oft gänzlich unvorhersehbaren Schwankungen der für die Planung relevanten Daten (3).

Letztlich müssen wir uns daher noch mit den Planungsänderungen oder

1) Vgl. Wittmann, Waldemar: Unternehmung und unvollkommene Information, S. 189 ff. sowie unsere Ausführungen S. 214 f.
2) Vgl. hierzu vor allem Orth, Ludwig: Die kurzfristige Finanzplanung industrieller Unternehmungen, S. 94. Anders allerdings Mellerowicz, Konrad/Jonas, Heinrich: Bestimmungsfaktoren der Kreditwürdigkeit, Berlin 1954, S. 224
3) Vgl. S. 205 f. und 218 sowie S. 425 ff.

Planungsrevisionen (1) beschäftigen, die immer dann erforderlich werden, wenn es nicht gelingt, Veränderungen und Schwankungen der Entwicklung mit Hilfe von Reserven oder Ermessensspielräumen aufzufangen oder durch zeitliche Verschiebung der Entscheidungen zu vermeiden. In diesem Zusammenhang spielen die bereits erörterten Planungskontrollen eine Rolle, die es einer Unternehmung vor dem Ablauf des jeweiligen Planungszeitraumes - am Ende oder in schwerwiegenden Fällen auch innerhalb einer Planungsperiode - ermöglichen sollen, Änderungen der Entwicklung durch Revision der Planung Rechnung zu tragen (2). Dabei werden grundlegende Planungsänderungen allerdings nur dann vorzunehmen sein, wenn sich nach den neuen Informationen die bisherige Planung als völlig überholt erweist (3). In den meisten Fällen wird es dagegen genügen, einzelne Planungsbereiche oder auch nur bestimmte Planungsgrößen zu korrigieren. Insgesamt werden Planungsänderungen einerseits um so eher notwendig, je weniger Reserven und Ermessensspielräume eingeplant wurden, bzw. je weniger weit sich Entscheidungen in die Zukunft verschieben lassen, sie können andererseits aber um so leichter durchgeführt werden, je mehr immanente Elastizität eine Universalbank schaffen konnte, denn um so besser und reibungsloser werden die erforderlichen Umdispositionen gelingen und um so weniger Kosten werden dabei entstehen. Das gilt zwangsläufig vor allem für die grundlegenden Planungsänderungen, jedoch durchaus auch für die - zwar weniger gravierenden, dafür aber wesentlich häufigeren - Änderungen von Teilplanungen, und in beiden Fällen besonders dann, wenn es um die Revision bereits getroffener Entscheidungen und nicht nur um die teilweise oder gänzliche Ersetzung von Alternativen für später zu treffende Entscheidungen geht (4). Somit ergibt sich, daß die Schaffung immanenter Elastizität, der bereits im Hinblick auf die Dimensionierung der Planungsreserven und Ermessensspielräume sowie die zeitliche Verschiebung von Entscheidungen eine erhebliche Bedeutung zuerkannt werden mußte, für evtl. erforderlich werdende Planungsänderungen gewissermaßen eine Schlüsselstellung zukommt. Die Universalbanken, die sich in dieser Hinsicht gegenüber anderen Unternehmungen im Vorteil befinden, besitzen daher in ihrer immanenten Elastizität ein Ausgleichselement für die bei ihnen - auf Grund der Unstabilität vieler für die Planung relevanter Daten - auftretenden Probleme der Informationsbeschaffung und die unverhältnismäßig großen Schwankungen der Nachfrage nach ihren Geschäften.

---

1) Vgl. Wittmann, Waldemar: Unternehmung und unvollkommene Information, S. 175 und 188 f.; Orth, Ludwig: Die kurzfristige Finanzplanung industrieller Unternehmungen, S. 50 f. und 97; Agthe, Klaus: Das Problem der unsicheren Erwartungen, S. 116 ff. und Adamowsky, Siegmar: Langfristige und kurzfristige Planung, S. 37 f.
2) Vgl. S. 199 ff. und 205 ff. sowie S. 433 ff.
3) Vgl. hierzu auch die Ausführungen S. 199 f.
4) Vgl. S. 217 f.

Damit haben wir die Probleme elastischer Planung bei den Universalbanken in Abhängigkeit von den Arteigenheiten ihres Geschäftsprogramms und seiner Erstellung sowie den jeweils verfügbaren Informationen aufgezeigt. Gehen wir nun allerdings von dem erzielten Ergebnis aus, daß die Planung der Universalbanken einer sehr großen Elastizität bedarf, damit sowohl die zahlreichen nicht vorherzusehenden Änderungen der jeweils relevanten Größen, als auch deren erhebliche Schwankungen bewältigt werden können, und betrachten unter diesem Blickwinkel das organisatorische Phänomen der Planung, so taucht ein weiteres nicht zu unterschätzendes Problem auf. Elastizität der Planung erfordert in bezug auf den Ablauf des Planungsprozesses im Grunde genommen, daß innerhalb jeder der vier Stufen der Planung (1), also sowohl bei der Beschaffung der Informationen, als auch bei der Auswahl der Alternativen, dem Verfahren der Entscheidung und der Vorgabe der Planzahlen, ein starrer Schematismus vermieden wird (2). Dagegen erweist sich eine straffe Regelung des Planungsprozesses im Hinblick darauf als notwendig, daß sonst die Gefahr einer Vernachlässigung der Planungsaufgaben zugunsten der jeweiligen Tagesarbeiten besteht (3), und zwar in um so stärkerem Maße, je mehr Arbeitskräfte mit Planungsaufgaben beschäftigt werden müssen. Simon bezeichnet dies in Analogie zum Gresham'schen Gesetz in der Volkswirtschaftslehre als das Gresham'sche Gesetz der Planung (4). Es besagt, daß "die programmierte (routinemäßige) Aktivität die nicht programmierte" zu verdrängen pflegt. Soll dieser Effekt unterbunden werden, so wird man nicht umhin können, den Ablauf des Planungsprozesses - zumindest bis zu einem gewissen Grade - zu einer Routineangelegenheit zu machen. Dabei ist grundsätzlich zu unterscheiden zwischen der Programmierung der Planungsarbeiten und der Programmierung des Planungsinhalts (5), wenngleich beides bisweilen so eng miteinander verbunden ist, daß eine Trennung kaum mehr möglich erscheint. Im ersteren Falle handelt es sich darum, organisatorische Einrichtungen zu schaffen, die einen reibungslosen und zügigen Ablauf des Planungsprozesses gewährleisten (6). Dazu gehört insbesondere der Aufbau von Planungsabteilungen und ihre Besetzung mit den erforderlichen Arbeitskräften, darüber hinaus aber auch die Ausarbeitung eines Planungssystems, in dem sich die gesamte Planungskonzeption in zeitlicher, artmäßiger und sachlicher Hinsicht niederschlägt, und die sich letztlich in einer großen Zahl von Richt-

---

1) Vgl. hierzu unsere Ausführungen S. 20 ff.
2) Vgl. Orth, Ludwig: Die kurzfristige Finanzplanung industrieller Unternehmungen, S. 49 ff.
3) Vgl. Agthe, Klaus: Langfristige Unternehmensplanung, S. 53 f.
4) Vgl. Simon, Herbert A.: The New Science of Management Decision, New York 1960, S. 13
5) Vgl. Agthe, Klaus: Langfristige Unternehmensplanung, S. 54 f. sowie unsere Ausführungen S. 27 f.
6) Vgl. hierzu auch unsere Ausführungen S. 34 ff.

linien, Anordnungen, Formularen und sonstigen Hilfsmitteln manife-
stiert. Bei der Programmierung des Planungsinhalts hingegen geht es
darum, mit Hilfe von Entscheidungsmodellen, in denen sämtliche relevanten Größen Berücksichtigung finden, und unter Verwendung teilweise sehr komplizierter mathematischer Methoden die im Hinblick
auf die jeweilige Zielsetzung geeignetste aus den zur Verfügung stehenden Alternativen zu finden. Gelingt dies, so resultiert daraus - sofern
es sich um wiederkehrende und nicht um einmalige Entscheidungen handelt (1) - im Extrem ein völlig automatisch ablaufender Planungsprozeß - bei dem tatsächlich nur noch abstrakt zwischen der Programmierung der Planungsarbeiten und der Programmierung des Planungsinhalts
unterschieden werden kann. Um das zu erreichen, sind jedoch um so
mehr Schwierigkeiten zu überwinden, je größer die Zahl der zu berücksichtigenden Entscheidungsvariablen ist und je weniger sicher die relevanten Daten sind. Eine Programmierung des Planungsinhalts kommt
daher in vielen Fällen allein deswegen nicht in Frage, weil entweder
die erforderlichen Entscheidungsmodelle überhaupt nicht konstruiert
werden können, die zu ihrer Lösung notwendigen mathematischen Methoden (noch) nicht zur Verfügung stehen oder aber die Kapazität der elektronischen Rechenmaschinen (noch) nicht ausreicht, um die rechnerischen Lösungen durchzuführen (2). So wünschenswert also die Programmierung des Planungsinhalts in Anbetracht der Tendenz zur Ver-
drängung der nicht programmierten durch die programmierte Entscheidung grundsätzlich ist, muß darauf doch oft verzichtet werden. Von besonderer Bedeutung erscheint daher, daß eine mehr oder weniger weitgehende Programmierung der Planungsarbeiten im allgemeinen auch
dann durchführbar ist, wenn eine Programmierung des Planungsinhalts
- gleich aus welchen Gründen - nicht vorgenommen werden kann (3). In
Ermangelung einer besseren gilt es deshalb immer, zumindest jene Möglichkeit zu nutzen, damit der Planungsprozeß die für seinen Ablauf so
wesentliche straffe Regelung erfährt. Daß bei all diesen Bemühungen
die Anpassungsfähigkeit des Planungsprozesses an sich verändernde
Verhältnisse gewahrt wird, wie es den jeweiligen Anforderungen elastischer Planung entspricht, muß als Voraussetzung jeglicher Schematisierung angesehen werden, ist jedoch sicherlich nicht allzu schwer zu
erreichen, wenn z. B. eigens dafür geschulte Arbeitskräfte ausschließlich darauf ihr Augenmerk legen. Der Gegensatz zwischen Schematismus
und Elastizität beim Ablauf des Planungsprozesses besteht grundsätzlich
bei allen Unternehmungen. Die Probleme treten jedoch bei den Universalbanken insofern besonders scharf hervor, als hier einerseits die Anforderungen an die Elastizität der Planung relativ hoch sind, anderer-

---

1) Vgl. Agthe, Klaus: Langfristige Unternehmensplanung, S. 54
2) Vgl. Kilger, Wolfgang: Planungsrechnung und Entscheidungsmodelle
   des Operations Research, in: AGPLAN, Band 9, S. 56 f. Vgl. hierzu
   auch unsere Ausführungen S. 260 ff., 268 f. und 418 ff.
3) Vgl. Agthe, Klaus: Langfristige Unternehmensplanung, S. 54

seits aber infolge der Vielgestaltigkeit und Komplexität der meisten Entscheidungen auch ein verhältnismäßig starker Zwang zur Schematisierung des Planungsprozesses vorhanden ist, der mit zunehmender Größe
der Institute zu steigen tendiert.

3. Die Planungsbereiche

Auf Grund der Arteigenheiten der Universalbanken haben wir für ihre
Gesamtplanung ein Schema entworfen, das als Hauptplanungsbereiche
die Planung im Geschäftsbereich, die Planung im Betriebsbereich und
die Erfolgsplanung vorsieht (1). Dieses Schema reichte aus, um die Besonderheiten der für die Planung der Universalbanken erforderlichen Informationen und ihrer Beschaffungsmöglichkeiten deutlich hervortreten zu lassen. Nunmehr aber kommt es darauf an, das bisherige Schema
durch weitere Untergliederungen so zu verfeinern, daß entsprechend
den jeweils vorhandenen bzw. beschaffbaren Informationen über eine
sinnvolle Planung in den Teilbereichen eine erfolgreiche Gesamtplanung
der Universalbanken möglich wird.

a) Die Hierarchie der Teilplanungsbereiche

Die Interdependenz des gesamten betrieblichen Geschehens erfordert
- wie wir ausgeführt haben -, daß keine wesentlichen Teile und Fakten
inner- und außerbetrieblicher Art bei der Planung unberücksichtigt bleiben dürfen, wenn Fehlentscheidungen vermieden werden sollen (2). Dieser Zwang zur Vollständigkeit der Planung gilt für die Universalbanken
wie für alle anderen Unternehmungen, und zwar unabhängig von ihren jeweiligen Arteigenheiten. Um jedoch angesichts der unendlich großen
Zahl der hierfür zu berücksichtigenden Tatbestände die angestrebte Vollständigkeit der Planung tatsächlich erreichen zu können, bedarf es immer einer Aufgliederung des Gesamtkomplexes einer Unternehmung in
eine mehr oder weniger große Anzahl von Teilbereichen, wobei die jeweiligen Arteigenheiten der betrieblichen Leistungserstellung und die
daraus resultierenden Besonderheiten für die Güte und die Beschaffung
von Planungsinformationen von ausschlaggebender Bedeutung sind (3).
Während infolgedessen - wie ausgeführt wurde - bei den Industriebetrieben für die Untergliederung zunächst einmal die Hauptfunktionen Absatz, Produktion, Beschaffung und Finanzierung in Frage kommen, erweist sich bei den Universalbanken ihrer anderen Strukturierung wegen
eine erste Unterteilung in Geschäftsbereich, Betriebsbereich und Erfolgsbereich als zweckmäßig (4). Bei der weiteren Aufgliederung dieser
Hauptplanungsbereiche muß zwangsläufig ebenfalls von den Arteigenhei-

---

1) Vgl. S. 142, Abbildung 6
2) Vgl. S. 211 f.
3) Vgl. S. 183 f.
4) Vgl. S. 141 ff.

ten der universalbankbetrieblichen Leistungserstellung - wie wir sie eingehend erörtert haben - ausgegangen werden (1). Außerdem aber ist hierbei all das zu berücksichtigen, was im Zusammenhang mit der Güte und den Beschaffungsmöglichkeiten der jeweils erforderlichen Informationen über die Planungszeiträume und die Planungsarten als Aspekte der Planungskonzeption der Universalbanken gesagt wurde (2), weil die Bildung der Teilplanungsbereiche davon wesentlich beeinflußt wird.

Bevor nun allerdings im einzelnen auf die Untergliederung der Hauptplanungsbereiche bei den Universalbanken eingegangen werden kann, bedarf es noch einiger begrifflicher Klärungen. Bei der Bildung von Teilplanungsbereichen handelt es sich immer um die Zerlegung der Gesamtaufgabe einer Unternehmung nach sachlichen Gesichtspunkten in einzelne Teilaufgaben (3), wie sie bereits in der oben vorgenommenen Untergliederung sowohl der Industriebetriebe als auch der Universalbanken in Hauptplanungsbereiche zum Ausdruck kommt, sich jedoch über eine Vielzahl hierarchisch untergeordneter Planungsbereiche letztlich bis zum sogenannten "Arbeitsgang" oder gar "Griffelement" fortsetzen läßt (4). Im Gegensatz zu dieser sachlichen Unterteilung der Gesamtplanung einer Unternehmung in Teilplanungsbereiche, die aus dem unübersichtlichen Nebeneinander von Planungsaufgaben resultiert, muß einem zwangsläufigen Nacheinander bestimmter Planungsaufgaben in einer Unternehmung durch eine Aufgliederung der Gesamtplanung nach ihrem zeitlichen Ablauf Rechnung zu tragen versucht werden (5). So unterscheidet Gutenberg zwischen Programmplanung und Vollzugs- oder Durchführungsplanung, wobei er letztere nochmals in Bereitstellungsplanung und Prozeß- oder Arbeitsablaufplanung aufgliedert (6). Während mit Hilfe der Programmplanung die Art und/oder Menge der zu erstellenden Leistungen zu ermitteln ist, hat die Bereitstellungsplanung die erforderlichen produktiven Faktoren nach Quantität und Qualität jeweils zur rechten Zeit und am rechten Ort zur Verfügung zu stellen und die Prozeßplanung für die reibungslose und termingerechte Gestaltung der Arbeitsabläufe Sorge zu tragen. Zwar gebraucht Gutenberg diese Unterteilung lediglich für den Produktionsbereich, doch läßt sie sich ohne weiteres verallgemeinern und bei Bedarf auf andere nach sachlichen Gesichtspunkten gebildete Teilplanungsbereiche anwenden. Den gleichen Gedanken der zeitlichen Gliederung verfolgt Koch, wenn er die Gesamt-

---

1) Vgl. vor allem S. 159 ff.
2) Vgl. S. 156 ff., 184 ff. und 208 ff.
3) Vgl. Hax, Karl: Planung und Organisation als Instrumente der Unternehmungsführung, S. 608
4) Vgl. Kosiol, Erich: Organisation der Unternehmung, S. 42 ff.
5) Vgl. Hax, Karl: Planung und Organisation als Instrumente der Unternehmungsführung, S. 608
6) Vgl. Gutenberg, Erich: Die Produktion, S. 150 ff., 170 ff. und 197 ff.
   Vgl. hierzu auch unsere Ausführungen S. 157 f. und 168

planung der Unternehmung in eine generelle und eine auftragsweise Planung aufspaltet (1). Die generelle Planung, innerhalb der Koch nochmals zwischen Total-, Bereichs- und Einzelplanung unterscheidet, umfaßt dabei jeweils die Festlegung des Programms (Art und Umfang der hervorzubringenden Leistungen), des Ortes des Leistungsvollzugs und des Verfahrens (technologisches Prinzip sowie Art und Umfang des Produktionsmitteleinsatzes) für einen bestimmten Zeitraum, während der auftragsweisen Planung die Fixierung des Einzelprogramms (Art und Umfang der zu vollbringenden Einzelleistung sowie Zeitpunkt des Beginns und des Abschlusses dieser Einzeltätigkeit) und des Einzelverfahrens (technologisches Prinzip sowie Art der einzusetzenden Produktionsmittel) für jede Einzeltätigkeit obliegt (2). Aus diesen Ausführungen geht hervor, daß der zeitliche den sachlichen Gliederungsgesichtspunkt nicht etwa ausschließt, sondern im Gegenteil beide vielfach ineinandergreifen (3). Daher muß stets entweder innerhalb der sachlichen Aufgliederung der Gesamtplanung einer Unternehmung in Teilplanungsbereiche der zeitliche Ablauf der Planung (wie bei Gutenberg) oder umgekehrt der zeitliche innerhalb des sachlichen Gliederungsgesichtspunktes (wie bei Koch) Berücksichtigung finden. Erst auf diese Weise kann das sachliche Nebeneinander und zeitliche Nacheinander der Planungsaufgaben in einer Unternehmung, wie es sich aus der Interdependenz des gesamten betrieblichen Geschehens ergibt, zur Darstellung gebracht und damit zugleich die Voraussetzung für die im Interesse einer erfolgreichen Gesamtplanung so bedeutsame Koordinierung aller Teilplanungen geschaffen werden (4). Man kann eine derartige systematische Aufgliederung der Gesamtplanung einer Unternehmung in Anlehnung an den Begriff des Kontenrahmens mit Bleicher (5) als Planungsrahmen bezeichnen. Unsere nächste Aufgabe soll es daher sein, einen solchen Planungsrahmen für Universalbanken zu entwerfen. Dabei wollen wir aus Zweckmäßigkeitsgründen vom sachlichen Gliederungsgesichtspunkt ausgehen und innerhalb der danach gebildeten Teilplanungsbereiche - soweit notwendig - dem zeitlichen Gliederungsgesichtspunkt Rechnung tragen. Zur Bezeichnung dieses zeitlichen Ablaufs der Planung werden wir uns - von Gutenberg etwas abweichend - der Begriffe Grundsatz- und Vollzugsplanung, unterteilt in Bereitstellungs- und Prozeßplanung bedienen (6). Die Grundsatzplanung umfaßt dabei (ähnlich wie Kochs generelle Pla-

---

1) Vgl. Koch, Helmut: Betriebliche Planung, S. 29 ff.
2) Vgl. Koch, Helmut: Betriebliche Planung, S. 29 f.
3) Vgl. Hax, Karl: Planung und Organisation als Instrumente der Unternehmungsführung, S. 608
4) Vgl. hierzu die Ausführungen S. 259 ff.
5) Vgl. Bleicher, Knut: Der Planrahmen. Ein Mittel zur Steuerung von Unternehmungen, in: Zeitschrift für Betriebswirtschaft, 30. Jg. 1960, S. 612 ff. sowie Adamowsky, Siegmar: Langfristige und kurzfristige Planung, S. 36 f.
6) Vgl. S. 228

nung) nicht nur die Planung des Leistungsprogramms, sondern auch die Planung der zu seiner Erstellung und Verwertung erforderlichen Verfahren, die im allgemeinen der Bereitstellungs- und Prozeßplanung vorangeht (1).

Unter Berücksichtigung der allgemeinen und der aus den universalbankbetrieblichen Arteigenheiten resultierenden besonderen Planungserfordernisse haben wir innerhalb eines aus 9 Gruppen bestehenden Planungsrahmens für Universalbanken je 4 Gruppen für die Untergliederung des Geschäftsbereichs (Gruppen 1 - 4) und des Betriebsbereichs (Gruppen 5 - 8) sowie eine Gruppe für die Untergliederung des Erfolgbereichs (Gruppe 9) reserviert, die nunmehr näher zu erörtern sind.

aa) Die Unterteilung des Geschäftsbereichs (2)

Der Aufgliederung des Geschäftsbereichs liegt - ebenso wie der späteren Unterteilung des Betriebsbereichs - das für die Universalbanken entworfene Gesamtplanungsschema zugrunde (3). Die Gruppen 1 und 2 sind danach für die Planung der von den Universalbanken insgesamt zu tätigenden Marktleistungen und Passivgeschäfte vorgesehen, während in Gruppe 3 die Planung der finanziellen Kapazität und in Gruppe 4 die Planung der aktuellen Liquidität erfolgen soll.

Für die Aufgliederung der Marktleistungen (Gruppe 1) und der Passivgeschäfte (Gruppe 2) haben wir uns - der möglichst allgemeinen Verwendbarkeit des Planungsrahmens wegen - streng an die für die Bildung des Grundmodells der Universalbanken vorgenommene Untergliederung ihrer Geschäftätigkeit gehalten (4). Da die Nachfrage nach Bankgeschäften - wie wir ausgeführt haben - nicht nur für die Planung des Geschäftsbereichs, sondern auch für die Planung des Betriebsbereichs und die Erfolgsplanung der Universalbanken, und zwar sowohl auf lange als auch auf kurze Sicht, maßgebend ist (5), muß die gesamte universalbankbetriebliche Planung von der Planung der in den Gruppen 1 und 2 aufgeführten Geschäftsarten ihren Ausgang nehmen. Die lang- und kurzfristige Planung der Geschäftätigkeit nach Art und Umfang bildet daher die Grundsatzplanung im Geschäftsbereich der Universalbanken. Die bedeutungsvolle Aufgabe dieser Planung innerhalb der Gesamtplanung der Universalbanken geht auch besonders daraus hervor, daß - wie wir ausgeführt haben - der Marktanteil bei den Universalbanken als Zielvariable neben den Zielvariablen Gewinn und Eigenkapital-

---

1) Vgl. hierzu Hax, Karl: Planung und Organisation als Instrumente der Unternehmungsführung, S. 608
2) Vgl. Anlage 1
3) Vgl. S. 142, Abbildung 6
4) Vgl. S. 53 f.
5) Vgl. S. 158, 170 und 174

anteil eine erhebliche Rolle spielt (1). Es gilt daher mit Hilfe der Grundsatzplanung im Geschäftsbereich nicht nur, seine erreichbar erscheinende Höhe zu ermitteln, sondern auch für die Planung der zu ihrer Realisierung im Geschäfts- und Betriebsbereich erforderlichen Maßnahmen die notwendigen Aufschlüsse zu liefern. Allerdings handelt es sich bei der Grundsatzplanung im Geschäftsbereich nicht mehr, wie bei der Programmplanung der Industrie- und Handelsbetriebe, um die Planung der überhaupt anzubietenden Geschäfte, sondern - nachdem das Geschäftsprogramm einer Universalbank bereits durch ihr Auftreten als solche im großen und ganzen vorgezeichnet ist - mit wenigen Ausnahmen nur noch um die Planung der Menge der von den einzelnen Geschäftsarten im jeweiligen Planungszeitraum zu tätigenden Geschäfte (2). Indessen muß diese Planung aber - ebenfalls im Unterschied zur Planung der Industrie- und Handelsbetriebe - infolge des Dualismus der Bankleistung einmal in wertmäßiger und einmal in stückmäßiger Hinsicht erfolgen, weil als Grundlage der finanziell-liquiditätsmäßigen Planung im Geschäftsbereich nur die Wertleistung und der technisch-organisatorischen Planung im Betriebsbereich nur die Stückleistung zu dienen vermag (3), die wiederum erst zusammen die Erfolgsplanung ermöglichen (4). Um beiden Aufgaben auf lange wie auf kurze Sicht gerecht werden zu können, bedarf es grundsätzlich einer wesentlich weitergehenden Aufgliederung der einzelnen Geschäftsarten in den Gruppen 1 und 2, als sie bisher vorgenommen wurde. Eine solche Aufgliederung ist jedoch, wenn sie den jeweiligen Informationsmöglichkeiten und Planungserfordernissen einer Universalbank entsprechen soll, stark von den Gruppenunterschieden und den Individualitäten der einzelnen Institute abhängig (5). Daher sollen, um die möglichst generelle Verwendbarkeit des für die Universalbanken insgesamt entworfenen Planungsrahmens nicht zu beeinträchtigen und außerdem seine Übersichtlichkeit zu wahren, dafür im folgenden nur die Grundgedanken angegeben werden, ohne daß eine Einarbeitung der zusätzlichen Unterteilungsnotwendigkeiten in die beiden Gruppen vorgenommen wird. Als Ziel aller weiteren Untergliederungen der im Planungsrahmen aufgeführten Geschäftsarten kann die Gewinnung von Gruppen angesehen werden, die in sich so homogen sind, daß von jedem Geschäft innerhalb einer Gruppe die gleichen Wirkungen auf den zu planenden Tatbestand ausgehen. Betrachtet man sich daraufhin die Geschäfte der Universalbanken, so wird man zwar finden, daß im Grunde genommen jedes eine Individualität darstellt (6), doch muß allein aus Wirtschaftlichkeitsgründen von diesen Individualitäten immer so weit abstrahiert werden, wie es für die jeweilige Planungsaufgabe gerade

---

1) Vgl. S. 89 ff.
2) Vgl. S. 52 ff. und 158
3) Vgl. S. 159 f. und 168 ff.
4) Vgl. S. 142 ff. und 174
5) Vgl. hierzu unsere Ausführungen S. 61 ff.
6) Vgl. S. 160

noch vertretbar erscheint (1). Es kommt demnach bei der weiteren Aufgliederung der Geschäftsarten niemals auf die Bildung absolut homogener Gruppen, sondern immer nur auf die Bildung von im Sinne der jeweiligen Planungsaufgabe befriedigend oder ausreichend homogenen Gruppen an (2). Das besagt nichts anderes, als daß die Tiefe der Aufgliederung der einzelnen Geschäftsarten dem Grad der Detaillierung der jeweiligen Planung entsprechen muß, die über die Beschaffbarkeit der erforderlichen Informationen wiederum in engem Zusammenhang mit der Fristigkeit der Planung und damit auch dem zu planenden Tatbestand steht, wenngleich sich - wie wir ausgeführt haben - keine strenge Abhängigkeit zwischen der Fristigkeit und der Detailliertheit einer Planung feststellen läßt (3). Allgemein kann man daher nur sagen, daß die Aufgliederung der einzelnen Geschäftsarten grundsätzlich um so feiner sein muß, je detaillierter geplant werden soll, daß aber mit zunehmender Aufgliederung die Informationsbeschaffung im allgemeinen schwieriger wird und folglich ein Kompromiß geschlossen werden muß. Auch kommen je nach dem zu planenden Tatbestand für die Unterteilung ganz verschiedenartige Gliederungskriterien und durchaus nicht immer alle Geschäftsarten in Frage. So benötigt man z. B. für die Planung der finanziellen Kapazität der Universalbanken eine Aufgliederung der Aktiv- und Passivgeschäfte nach ihrer vereinbarten Fristigkeit, Sicherheit, Größe und Ertragskraft, während sich für die Planung der aktuellen Liquidität eine Untergliederung nicht nur der Aktiv- und Passivgeschäfte, sondern auch der Dienstleistungsgeschäfte nach ihrer Einnahmen- und Ausgabenwirksamkeit als erforderlich erweist (4). Für die Planung des Betriebsbereichs hinwiederum bedarf es einer Untergliederung der Geschäftsarten nach der Art und Menge der von ihnen beanspruchten produktiven Faktoren, wobei es aber wegen der grundsätzlichen Unabhängigkeit von Wert- und Stückleistung nicht auf die Größe der Geschäfte, sondern lediglich auf die Größe des Arbeitsanfalls ankommt (5). Schließlich müssen für die Erfolgsplanung die einzelnen Geschäftsarten nach den von ihnen verursachten Aufwendungen und den durch sie zu erzielenden Erträgen aufgegliedert werden (6). Das ergibt bereits eine ganze Reihe von Aufgliederungsnotwendigkeiten für die meisten Geschäftsarten und eine entsprechend große Anzahl von Untergruppen, selbst wenn man aus Vereinfachungsgründen absolut oder im Verhältnis zum Gesamtgeschäft wenig gepflegte Geschäftsarten von der Untergliederung ausnimmt. Dessen ungeachtet ist es aber erforderlich, die einzelnen Ge-

---

1) Vgl. hierzu die Ausführungen S. 269 ff.
2) Vgl. hierzu auch Deppe, Hans-Dieter: Der Bankbetrieb als Gegenstand von Wachstumsanalysen, S. 376
3) Vgl. S. 184 ff. und 208 ff.
4) Vgl. hierzu die Ausführungen S. 236 f. und 238 ff.
5) Vgl. hierzu die Ausführungen S. 245 f., 247, 248 ff., 253 sowie 167 ff.
6) Vgl. hierzu die Ausführungen S. 254 ff. sowie 174 ff.

schäftsarten und evtl. sogar ihre Untergruppen auch noch nach dem Kundenkreis, mit dem sie getätigt werden, zu untergliedern, weil erst hieraus über die Entwicklung der Nachfrage nach Bankgeschäften die Schlüsse gezogen werden können, die eine lang- und kurzfristige Planung der einzelnen Geschäftsarten nach Stück und Wert ermöglichen (1). Nach der im Grundmodell der Universalbanken vorgenommenen Untergliederung ihres Kundenkreises handelt es sich bei den Kunden der Universalbanken um die Gruppen der Haushalte, Unternehmungen und Kreditinstitute mit je einer Reihe von Untergruppen (2), die für die Entwicklung der Nachfrage nach den einzelnen Geschäftsarten von unterschiedlicher Bedeutung sind. So wirkt z. B. bei den Spareinlagen ihre Herkunft von den privaten Haushalten, und zwar vor allen den Nichtunternehmerhaushalten (bestehend aus Beamten-, Angestellten-, Arbeiter- und Rentnerhaushalten) nachhaltig auf ihre Beständigkeit und ihr Anwachsen aus, während sich für die Entwicklung des Kreditgeschäfts vor allem die Wirtschaftszweige der Unternehmungen sowie deren Größen als wesentlich erweisen. Eine kleine Zahl großer Einleger bei Termingeldern läßt bedeutsame Schwankungen dieser Geschäftsart erwarten, dagegen das Vorhandensein zahlreicher kleiner Girokontoinhaber auf eine kontinuierliche Entwicklung des Bestandes an Sichteinlagen schließen. Ist somit die Differenzierung der Geschäftsarten nach dem Kundenkreis, die übrigens neben den schon vorhandenen immer auch die potentiellen Kunden umfassen muß, bereits für die Prognose der "autonomen" Nachfrage nach Bankleistungen unentbehrlich, so gilt dies erst recht für die Erforschung ihrer Beeinflussungsmöglichkeit durch "geschäftspolitische Aktionen" der Universalbanken (3). Versucht man z. B. die Frage zu beantworten, welche absatzpolitischen Instrumente in welcher Stärke eingesetzt werden müssen, um eine bestimmte Ausweitung des Spargeschäfts, des Depositengeschäfts oder des Kreditgeschäfts zu erreichen, so ist dies nur möglich, wenn man die Zusammensetzung des Kundenkreises der entsprechenden Geschäftsarten kennt, weil die einzelnen Kundengruppen der Universalbanken auf den Einsatz der absatzpolitischen Instrumente unterschiedlich, aber weitgehend typisch reagieren. So weiß man beispielsweise, daß vor allem die Nichtunternehmerhaushalte mit kleinem Kreditbedarf und niedrigen Bankguthaben auf Zinsänderungen für Spareinlagen oder Kleinkredite praktisch nicht ansprechen, während Großkreditnehmer und Großeinleger von Spar- und Depositengeldern aus Unternehmerkreisen als ausserordentlich zinsempfindlich zu gelten haben (4). Allein bei diesen Gruppen können die Universalbanken daher auch

---

1) Vgl. hierzu insbesondere Krümmel, Hans-Jacob: Bankzinsen, S. 210 ff. und 229 ff. sowie unsere Ausführungen S. 158 ff., vor allem S. 161 f., 166 und 178 ff.
2) Vgl. S. 55 ff.
3) Vgl. S. 151
4) Vgl. hierzu vor allem Aust, Eberhard: Der Wettbewerb in der Bankwirtschaft, Frankfurt am Main 1963, insbesondere S. 137 und Krümmel, Hans-Jacob: Bankzinsen, S. 210 ff.

das absatzpolitische Instrument des "kundenindividuellen Bündelangebots" ihrer Leistungen mit Erfolg einsetzen, vorausgesetzt, daß ein
Bedarf nach gleichzeitiger Abnahme mehrerer Bankleistungen vorliegt,
was jedoch meist der Fall sein wird (1). Mit der Ausweitung des Geschäftsstellennetzes hinwiederum lassen sich gerade diejenigen Kundengruppen erfassen, die anders nicht zu erreichen sind, also insbesondere
die vielen Beamten-, Angestellten- und Arbeiterhaushalte, deren Bedeutung als Bankkunden in den letzten Jahren ständig gewachsen ist, so
daß sie nicht nur zu einer Ausweitung des Spargeschäfts, sondern
auch zu einer solchen des Kreditgeschäftes und des Effektengeschäftes,
ganz abgesehen vom Zahlungsverkehrsgeschäft (über Lohn- und Ge-
haltsgirokonten), beizutragen vermögen. Schließlich ist es auch für
die Werbung als absatzpolitisches Instrument der Universalbanken
wesentlich zu wissen, welche Kundengruppen für die einzelnen Geschäftsarten hauptsächlich in Frage kommen, damit jeweils die für
sie geeignetsten Werbemittel ausgewählt werden können. So läßt sich also feststellen, daß letztlich für den Einsatz aller absatzpolitischen Instrumente der Universalbanken zur Realisierung bestimmter geschäftspolitischer Ziele eine Differenzierung der einzelnen Geschäftsarten nach
dem Kundenkreis von eminenter Bedeutung ist. Darüberhinaus aber ergibt sich, daß die Planung der einzelnen Geschäftsarten bei den Universalbanken niemals ohne gleichzeitige Planung der zur Erreichung
ihrer geschäftspolitischen Ziele erforderlichen absatzpolitischen Instrumente erfolgen kann. Die Planung des absatzpolitischen Instrumentariums der Universalbanken muß daher ebenfalls zur Grundsatzplanung
im Geschäftsbereich gerechnet werden. Es umfaßt im wesentlichen die
Preispolitik, insbesondere in der Form des kundenindividuellen Bündelangebots und evtl. in Verbindung mit gewissen qualitativen Veränderungen ihrer Leistungen (z. B. der Laufzeiten, Sicherheitsanforderungen
usw.), die Geschäftsstellenpolitik und die Werbung (2) und hält sich
damit in einem erheblich engeren Rahmen, als dies etwa bei den
schon mehrfach zum Vergleich herangezogenen Industrie- und Handelsbetrieben der Fall ist (3). Auch steht seine Wirksamkeit derjenigen des absatzpolitischen Instrumentariums der Industrie- und
Handelsbetriebe im großen und ganzen weitgehend nach, wozu nicht
nur die Arteigenheiten des Geschäftsprogramms der Universalbanken, sondern auch die Verhaltensweisen ihrer Kunden und Konkurrenten beitragen (4). Gerade deswegen aber bedarf das absatzpolitische

1) Vgl. hierzu vor allem Krümmel, Hans-Jacob: Bankzinsen S. 123 ff.
   und 241 ff. sowie unsere Ausführungen S. 160 f. und 178 ff.
2) Vgl. hierzu insbesondere Krümmel, Hans-Jacob: Bankzinsen, S. 119
   ff. und 165 ff. sowie unsere Ausführungen S. 160 f., 178 ff. und 400 ff.
3) Vgl. z. B. Gutenberg, Erich: Der Absatz, S. 123 ff.
4) Vgl. hierzu insbesondere Krümmel, Hans-Jacob, Bankzinsen, S. 165
   ff. und 214 ff. sowie Aust, Eberhard: Der Wettbewerb in der Bankwirtschaft, insbesondere S. 147 und unsere Ausführungen S. 161 u. 222

Instrumentarium der Universalbanken besonders sorgfältiger Planung, um seine vorhandenen Möglichkeiten voll zu nutzen.

Betrachten wir nun die Gruppen 3 und 4 des Planungsrahmens der Universalbanken, die für die Planung der finanziellen Kapazität (Gruppe 3) und der aktuellen Liquidität (Gruppe 4) in ihrem Geschäftsbereich vorgesehen worden sind (1). In beiden Fällen handelt es sich nicht mehr um Grundsatz-, sondern um Vollzugsplanung. Sie tritt zunächst einmal als Bereitstellungsplanung in Erscheinung (2), und zwar - da wir uns im Geschäftsbereich der Universalbanken befinden - ausschließlich als Planung der Bereitstellung finanzieller Mittel, also des produktiven Faktors Zahlungsmittelnutzung (3). Damit ist jedoch die Planungsaufgabe in den Gruppen 3 und 4 des Geschäftsbereichs der Universalbanken noch nicht erschöpft. Sie bedarf vielmehr der Ergänzung durch die Planung des Einsatzes der bereitgestellten finanziellen Mittel, die man ebenso wie die Planung des Einsatzes der Arbeitskräfte und Betriebsmittel im technisch-organisatorischen Bereich als Prozeßplanung bezeichnen kann (4). Die Grundsatzplanung der Gruppen 1 und 2 liefert für die Vollzugsplanung der Gruppen 3 und 4 des Geschäftsbereichs zwangsläufig die Voraussetzungen (5). Beide Planungen stehen jedoch infolge der Interdependenz des gesamten betrieblichen Geschehens in engstem Zusammenhang, so daß die Grundsatzplanung des Geschäftsbereichs niemals unabhängig von der Vollzugsplanung des Geschäftsbereichs erfolgen kann, sondern auf deren Belange Rücksicht nehmen muß (6). Das wird besonders deutlich, wenn man sich vor Augen hält, daß die Planung der finanziellen Kapazität und der aktuellen Liquidität der Universalbanken im Grunde genommen nichts anderes als eine Beurteilung der Wirkungen ihrer Geschäftsartenplanung unter bestimmten Aspekten darstellt. Bei der weiteren Unterteilung der im Planungsrahmen in den Gruppen 1 und 2 aufgeführten Geschäftsarten haben wir darauf bereits hinzuarbeiten versucht, indem wir die für die Planung der finanziellen Kapazität und der aktuellen Liquidität wesentlichen Merkmale der einzelnen Geschäftsarten als Gliederungskriterien vorgesehen haben (7).

Die Planung der finanziellen Kapazität der Universalbanken (Gruppe 3), die auch als Planung der Bilanzstruktur oder als Planung der strukturellen Liquidität bezeichnet werden kann (8), muß grundsätzlich auf lange Sicht erfolgen, da sie in erster Linie der finanziellen Steuerung der In-

---

1) Vgl. S. 230
2) Vgl. S. 229 f.
3) Vgl. S. 58 ff. und 142 ff.
4) Vgl. S. 228 f.
5) Vgl. S. 230
6) Vgl. hierzu auch unsere Ausführungen S. 259 ff.
7) Vgl. S. 232
8) Vgl. S. 143 f.

stitute entsprechend den erkennbaren langfristigen Entwicklungstendenzen der Gesamtwirtschaft in Übereinstimmung mit den jeweiligen
Zielsetzungen der einzelnen Universalbanken dienen soll (1), auch wenn
sie darüberhinaus konjunkturellen, saisonalen und sonstigen Schwankungen mit ihren - vorübergehenden - Ansprüchen an die finanzielle Kapazität der Universalbanken Rechnung tragen muß (2). Zwar wird letzteres
durch die relativ hohe immanente Elastizität dieser Institute im Geschäftsbereich - obgleich unter Umständen zu Lasten des strukturellen
Gleichgewichts zwischen den Bilanzpositionen - wesentlich erleichtert
(3), doch erscheint eine dauerhafte Kapazitätsreserve in angemessener
Höhe trotzdem als unentbehrlich (4). Von Bedeutung für die Planung der
finanziellen Kapazität sind ausschließlich diejenigen Geschäftsarten,
die zu Vermögens- und Kapitalbeständen führen, also die Aktiv- und
Passivgeschäfte, wenn wir von den für die Abwicklung aller Geschäfte
erforderlichen Sachwerten in Form von Betriebsmitteln, die als Bestandteil der Bilanzsumme nur eine untergeordnete Rolle spielen, absehen. Dagegen ist unerheblich, ob die Bestandsbildung sofort oder erst
später erfolgt, wie z. B. bei gegebenen Kreditzusagen und nicht ausge-
nutzten eigenen Kreditspielräumen, da die Entwicklung der finanziellen
Kapazität davon beeinflußt wird. Eine gewisse Sonderstellung nehmen
die Bestände an baren Mitteln ein, die zweifellos aus der Durchführung
aller Geschäftsarten resultieren, ohne jedoch bestimmten Geschäften
zurechenbar zu sein. Aus der unübersehbar großen Zahl einzelner Ver-
mögens- und Kapitalbestände müssen für die Planung der finanziellen
Kapazität Strukturdaten der Rentabilität, Sicherheit und Liquidität gewonnen werden, wie sie den geschäftspolitischen Gepflogenheiten der
einzelnen Universalbanken und ihren jeweiligen Zielsetzungen, sowie
den Forderungen des Gesetzgebers und der gesamten interessierten Öffentlichkeit besonders in Form der Grundsätze und Vorstellungen für
die Angemessenheit des Eigenkapitals, der Liquidität und Sicherheit entsprechen (5). Es handelt sich dabei also nicht nur um die Planung der
Bilanzsumme als des strukturellen Ausgleichs der Aktiva und Passiva
insgesamt, sondern vor allem auch um die Planung der vorgeschriebenen oder für erforderlich erachteten partiellen Gleichgewichte zwischen
einzelnen Aktiva und Passiva. Eine erhebliche Bedeutung kommt dabei
zwangsläufig dem Eigenkapitalanteil zu, der - wie wir ausgeführt haben - bei den Universalbanken als Zielvariable neben den Zielvariablen
Gewinn und Marktanteil eine erhebliche Rolle spielt (6). Es gilt daher,
mit Hilfe der Planung der finanziellen Kapazität und in engster Verbin-

---

1) Vgl. S. 184 ff. und 193 ff.
2) Vgl. S. 199 ff.
3) Vgl. S. 221 ff.
4) Vgl. S. 220 f.
5) Vgl. hierzu die Ausführungen über die Zielvariablen der Universalbanken, S. 89 ff.
6) Vgl. S. 101 ff.

dung mit der Erfolgsplanung nicht nur seine erreichbar erscheinende Höhe zu ermitteln, sondern auch für die Planung der zu ihrer Realisierung im Geschäfts- und Betriebsbereich erforderlichen Maßnahmen die notwendigen Aufschlüsse zu liefern. Um dies zu ermöglichen, ist bei der Planung der finanziellen Kapazität der Universalbanken in Gruppe 3 verhältnismäßig global vorzugehen. Es kommt infolgedessen hierbei - im Gegensatz zu den zahlreichen und teilweise weitgehenden Untergliederungsnotwendigkeiten bei der Planung der Geschäftsarten in den Gruppen 1 und 2 auf die sinnvolle Zusammenfassung der vielen einzelnen zu Beständen führenden Geschäftsvorfälle zu wenigen möglichst großen Gruppen an, bei denen sogar auf die sonst grundsätzlich auch hier erforderliche Homogenität verzichtet werden kann, wenn dies die Übersichtlichkeit der Dinge fördert (1). Maßgeblich für die Gruppenbildung ist - wie bereits ausgeführt wurde - die vereinbarte Fristigkeit, Sicherheit, Größe und Ertragskraft der Aktiv- und Passivgeschäfte, so daß sich hieraus ein Teil der Untergliederungsnotwendigkeiten der Geschäftsarten in den Gruppen 1 und 2 ergibt (2), wenn die Aufteilung auch - wie sich nunmehr feststellen läßt - verhältnismäßig grob sein kann. Die Bestände an baren Mitteln lassen sich freilich nicht auf diese Weise ableiten und bedürfen daher einer gesonderten Planung, die in engem Zusammenhang mit der Planung der aktuellen Liquidität erfolgen muß (3). Wir haben uns bei der Aufgliederung der Aktiv- und Passivbestände in Gruppe 3 des Planungsrahmens der Universalbanken - wiederum seiner möglichst allgemeinen Verwendbarkeit wegen - weitgehend an die in den Bilanzformblättern für die Kreditinstitute vorgesehene Gruppierung der Bilanzbestände gehalten (4), dabei jedoch verschiedene Positionen, deren Anteil an der Bilanzsumme im allgemeinen sehr niedrig ist, zusammengefaßt. Zwar ist diese Untergliederung für die Zwecke der langfristigen Fünfjahresplanung der Universalbanken - wie im nächsten Hauptteil zu zeigen sein wird - unter Umständen noch zu detailliert, teils weil die erforderlichen Informationen für einen so langen Zeitraum nicht beschafft werden können, teils weil einzelne Positionen keinen wesentlichen Wandlungen unterliegen (5), so daß weitere Zusammenfassungen erforderlich werden können. Jedoch spielen dabei wiederum die Individualitäten der einzelnen Institute eine erhebliche Rolle, so daß darauf an dieser Stelle verzichtet werden soll, zumal sich nachträgliche Zusammenfassungen leichter durchführen lassen als nachträgliche Aufgliederungen und die ebenfalls noch als langfristig bezeichnete Einjahresplanung der Universalbanken auf die stärkere Detaillierung ange-

---

1) Vgl. S. 231 f.
2) Vgl. S. 232 f.
3) Vgl. S. 238 ff.
4) Vgl. z. B. Birck, Heinrich: Die Bankbilanz, S. 196 ff. insbesondere S. 211 ff. Bezüglich der Neugliederung der Bilanzformblätter für die Kreditinstitute vgl. S. 54 Fußnote 1 und S. 357 Fußnote 1
5) Vgl. S. 341 ff.

wiesen ist (1).

Bei der Planung der aktuellen Liquidität der Universalbanken (Gruppe 4) handelt es sich im Gegensatz zur Planung ihrer finanziellen Kapazität oder strukturellen Liquidität, die grundsätzlich langfristig erfolgen muß, damit sie die finanzielle Steuerung der Institute gemäß ihren Zielsetzungen und den erkennbaren langfristigen Entwicklungstendenzen bewirken kann (2), um die ausschließlich kurzfristig vorzunehmende Planung ihrer jederzeitigen Zahlungsbereitschaft (3). In Anbetracht der Größe des sich bei den Universalbanken tagtäglich vollziehenden Umschlages an finanziellen Mitteln und der für sie geltenden Verpflichtung zur unbedingten Aufrechterhaltung ihrer Zahlungsbereitschaft ist die Planung der aktuellen Liquidität von ausschlaggebender Bedeutung für ihre Existenz (4). Mit Hilfe dieser Planung müssen innerhalb der jeweils gegebenen strukturellen Liquidität der Universalbanken vor allem die unter Umständen sehr erheblichen kurzfristigen Schwankungen ihrer Einnahmen- und Ausgabenströme zum Ausgleich gebracht werden, und zwar ohne daß dabei die Rentabilität und/oder die Sicherheit der Institute - etwa infolge des Haltens zu großer Bestände an wenig ertragreichen flüssigen Mitteln oder der übermäßigen Hereinnahme sogenannter "heißer Gelder" über Gebühr beeinträchtigt wird (5). Die hohe immanente Elastizität im Geschäftsbereich der Universalbanken, die sogar kurzfristige Änderungen der finanziellen Kapazität ermöglicht, spielt hierbei zwangsläufig eine ausschlaggebende Rolle (6). Wesentlich für die Planung der aktuellen Liquidität der Universalbanken sind daher nicht - wie für die Planung ihrer finanziellen Kapazität oder strukturellen Liquidität - die Bestandswirkungen der von ihnen getätigten Geschäfte (7), sondern deren Einnahmen- und Ausgabenwirkungen. Eine Ausnahme davon machen nur die aus der Gesamtheit aller Zahlungsvorgänge resultierenden Bestände an baren Mitteln. Auch kommt es bei der Planung der aktuellen Liquidität der Universalbanken - ebenfalls im Gegensatz zur Planung ihrer finanziellen Kapazität - neben der Einnahmen- und Ausgabenwirksamkeit der Aktiv- und Passivgeschäfte ganz besonders auf die Einnahmen- und Ausgabenwirksamkeit der Dienstleistungsgeschäfte an (8). Überdies handelt es sich in beiden Fällen nicht nur - wie man zunächst meinen könnte - um die Einnahmen und Ausgaben im Gefolge der

---

1) Vgl. S. 199 ff. und 433 ff.
2) Vgl. S. 235 f.
3) Vgl. S. 142 ff.
4) Vgl. insbesondere S. 203 f. und 207 sowie Deppe, Hans-Dieter: Zur Rentabilitäts- und Liquiditätsplanung von Kreditinstituten, S. 304 und 320 ff.
5) Vgl. S. 201 ff. und 218 ff.
6) Vgl. S. 221 ff.
7) Vgl. S. 235 f.
8) Vgl. S. 232

eigentlichen finanziellen Transaktionen, also der Gewährung oder Aufnahme von Krediten aller Art sowie deren Rückzahlung, der Hereinnahme oder Hingabe bzw. Rückzahlung von Einlagen aller Art, der Durchführung von Zahlungsverkehrs- oder Effektengeschäften usw., sondern auch um die Einnahmen und Ausgaben aus den zu den einzelnen Geschäften gehörenden Erträgen und Aufwendungen vorwiegend in Form von Zinsen, Provisionen und Gebühren. Darüberhinaus spielen in diesem Zusammenhang aber auch alle die Einnahmen und Ausgaben eine Rolle, die aus der technischen Abwicklung der einzelnen Geschäftsvorfälle sowie der evtl. Vermietung von Grundstücken und Gebäuden oder Geschäftsräumen und damit aus dem Betriebsbereich resultieren, also insbesondere die Personal- und Sachaufwendungen, die Mieterträge, die Käufe und Verkäufe von Betriebsmitteln usw. Um die Planung der aktuellen Liquidität zu ermöglichen, müssen alle innerhalb einer Planungsperiode zu Einnahmen oder Ausgaben führenden geschäftlichen Transaktionen erfaßt, nach Berücksichtigung der bereits vorhandenen Bestände an liquiden Mitteln die jeweils überschüssigen oder fehlenden Beträge an liquiden Mitteln festgestellt und deren Anlage bzw. Deckung unter rentabilitäts-, liquiditäts- und sicherheitspolitischen Gesichtspunkten in die Wege geleitet werden, woraus sich für die folgenden Planungsperioden zwangsläufig neue Ausgangsdaten ergeben (1). Daneben bedürfen aber die Bestände an baren Mitteln, insbesondere die Kassenbestände (vor allem bei Filialinstituten) und die Bestände an Landeszentralbankguthaben (teils wegen der Pflicht zur Unterhaltung von Mindestreserven, teils wegen ihrer zentralen Stellung im internen "Liquiditätsausgleich über die Geldkonten" (2) selbst einer sorgfältigen Planung, um sowohl eine Überliquidität mit ihren Folgen für die Rentabilität, als auch eine Unterliquidität mit ihren Wirkungen auf die Zahlungsbereitschaft zu verhindern (3). Dies alles erscheint - wiederum im Gegensatz zur Planung der finanziellen Kapazität bzw. strukturellen Liquidität der Universalbanken (4) - nur möglich, wenn bei der Planung der aktuellen Liquidität in Gruppe 4 verhältnismäßig detailliert vorgegangen wird. Es ist daher - wie schon ausgeführt wurde - bereits bei der Planung der Geschäftsarten in den Gruppen 1 und 2 eine Untergliederung erforderlich, aus der die Einnahmen- und Ausgabenwirksamkeit der einzelnen Geschäftsvorfälle hervorgeht (5), und die - wie sich nunmehr feststellen läßt - möglichst fein sein muß, um den von der Planung der aktuellen Liquidität daran zu stellenden Anforderungen gewachsen zu sein. Dazu gehören in bezug auf die Aktiv- und Passivgeschäfte insbesondere Gruppen, die nicht die vereinbarten Fristigkeiten der einzelnen Geschäfte, sondern ihre jeweiligen Restlaufzeiten bzw. Tilgungsvereinbarungen wi-

---

1) Vgl. hierzu auch die Ausführungen S. 281 ff. und 315 ff.
2) Vgl. Fischer, Otfrid: Bankbilanzanalyse, S. 131 f.
3) Vgl. hierzu auch die Ausführungen S. 220 ff.
4) Vgl. S. 237
5) Vgl. S. 232

derspiegeln, da sich nur so feststellen läßt, in welchen Planungsperioden z. B. Termineinlagen mit einer vereinbarten Laufzeit von 6 Monaten oder Kleinkredite mit einer Gesamtlaufzeit von 2 Jahren bei monatlichen Tilgungen wieder zu Ausgaben bzw. Einnahmen werden. Weiterhin interessieren die Zinstermine der einzelnen Aktiv- und Passivgeschäfte und erfordern entsprechende Gruppenbildungen, während man sich bei den Provisionen und Gebühren auf die besonders ins Gewicht fallenden Posten beschränken kann. Im Hinblick auf die Dienstleistungsgeschäfte sind vor allem die innerhalb der jeweiligen Planungsperiode zu erwartenden Umsätze von Bedeutung, während man von den zu erwartenden Erträgen in Form von Provisionen und Gebühren ebenfalls nur die bedeutsamsten (z. B. Emissionsboni) zu erfassen braucht. Im Gegensatz zu den bisher genannten lassen sich diejenigen Einnahmen und Ausgaben, die aus dem Betriebsbereich resultieren, vor allem also die Personal- und Sachaufwendungen, die Mieterträge und die Käufe und Verkäufe von Betriebsmitteln, nicht bereits bei der Planung der einzelnen Geschäftsarten berücksichtigen, da sich infolge der starken Produktionsverbundenheit der universalbankbetrieblichen Leistungen hierfür keine sinnvollen Gruppen bilden lassen, so daß ihre Planung - wie noch zu zeigen sein wird - weitgehend unabhängig von der Planung der einzelnen Geschäftsarten erfolgen muß (1). Auch für die Planung der baren Mittel ergibt die Planung der einzelnen Geschäftsarten - wie bereits angedeutet (2) - keine unmittelbaren, sondern über Durchschnittssätze allenfalls mittelbare Anhaltspunkte. Wir haben uns bei der Aufgliederung der für die Planung der aktuellen Liquidität der Universalbanken in Gruppe 4 erforderlichen Einnahmen und Ausgaben im wesentlichen an die bereits erklärten Hauptgruppen der Geschäftsarten in den Gruppen 1 und 2 des Geschäftsbereichs (3) und die noch zu erläuternden Hauptgruppen der Erträge und Aufwendungen des Erfolgsbereichs in Gruppe 9 (4) gehalten. Bezüglich der Bestände an baren Mitteln ist zwangsläufig eine Unterteilung in Kassenbestände, Postscheckguthaben und Landeszentralbankguthaben, möglichst aufgegliedert in Mindestreserve und Überschußreserve (5), notwendig, wobei für Institute mit einem Geschäftsstellennetz zusätzlich eine Unterteilung nach den einzelnen Geschäftsstellen erfolgen muß. Soweit es sich bei der Planung der aktuellen Liquidität um die täglich erforderliche Gelddisposition handelt (6), stellen die hier aufgeführten Bestände sowie Einnahmen- und Ausgabenarten mit ihren aus den vorstehenden Ausführungen hervorgehenden Un-

---

1) Vgl. Krümmel, Hans-Jacob: Bankzinsen, S. 196 ff. sowie unsere Ausführungen S. 254 f.
2) Vgl. S. 237
3) Vgl. S. 230   in Verbindung mit S. 53 f.
4) Vgl. S. 258 f.
5) Vgl. Schneider, Erich: Einführung in die Wirtschaftstheorie, Teil I, S. 38 ff.
6) Vgl. S. 207 f. sowie S. 281 ff. und 315 ff.

tergruppen gewissermaßen eine Mindestgliederung dar, ohne die sich eine erfolgreiche Tagesplanung nicht durchführen läßt, und die bei den einzelnen Instituten, ihren Individualitäten entsprechend, unter Umständen noch verfeinert werden muß. Das gilt insbesondere im Hinblick darauf, ob die voraussichtlichen Zahlungsvorgänge barer oder unbarer Art sein werden und welche Verrechnungskreise dafür in Frage kommen (z. B. Kompensation im eigenen Haus einschließlich evtl. Geschäftsstellen, örtliches Clearing, überregionaler Giroverkehr der Bundesbank/ Landeszentralbank oder direkte Verrechnung zwischen verschiedenen Instituten) (1). Da es jedoch einer Planung der aktuellen Liquidität - einmal wegen der jeweils einen Zeitraum von einem Monat umfassenden Mindestreserveplanung, zum anderen wegen der bei den Ausgleichsdispositionen zur Beseitigung von Überschüssen oder Fehlbeträgen an finanziellen Mitteln erfolgenden mehr oder weniger langen Festlegungen und letztlich zur Wahrung einer gewissen Kontinuität der Entwicklung angesichts der oft erheblichen Schwankungen der Zahlungsströme - nicht nur für jeweils einen Tag, sondern mindestens für einen Monat, möglichst aber für drei Monate und länger bedarf (2), und die erforderlichen Informationen für diese Zeiträume in so detaillierter Form vielfach nicht zu beschaffen sein dürften, müssen auch hier Anpassungen bei der Gruppenbildung in Form von Zusammenfassungen vorgenommen werden, die sich nach den Individualitäten der einzelnen Institute zu richten haben.

bb) Die Unterteilung des Betriebsbereichs (3)

Der Unterteilung des Betriebsbereichs, für die im Planungsrahmen der Universalbanken die Gruppen 5 - 8 vorgesehen worden sind (4), liegt - ebenso wie der Aufgliederung des Geschäftsbereichs - das für die Universalbanken entworfene Gesamtplanungsschema zugrunde (5). Danach sind die Gruppen 5 und 6 für die Planung der personellen und technischen Aufgliederung der Universalbanken in Abteilungen vorgesehen worden, während in Gruppe 7 die Planung der technisch-organisatorischen Kapazität und in Gruppe 8 die Planung des Arbeitsablaufs für die Abteilungen bzw. Geschäftsarten erfolgen soll.

Bei der Planung der personellen und technischen Aufgliederung der Uni-

---

1) Vgl. hierzu insbesondere: van Wyk, Wolfgang: Die Gelddisposition der Kreditbanken, S. 65 ff.; Fischer, Otfrid: Bankbilanzanalyse, S. 121 ff. und Lipfert, Helmut: Nationaler und internationaler Zahlungsverkehr, Wiesbaden 1960 (Die Wirtschaftswissenschaften, hrsg. von Erich Gutenberg), S. 65 ff.
2) Vgl. S. 204 f., 207 f., 281 ff. und 315 ff.
3) Vgl. Anlage 2
4) Vgl. S. 230
5) Vgl. S. 142

versalbanken in Abteilungen haben wir zwischen der Planung der Führungsspitze, der Stabs-, Verwaltungs- und Hilfsabteilungen auf der einen Seite (Gruppe 5) und der Planung der Geschäftsabteilungen sowie des Geschäftsstellensystems auf der anderen Seite (Gruppe 6) unterschieden. Die innerhalb dieser beiden Hauptgruppen vorgenommenen weiteren Untergliederungen entstanden in dem Bemühen, sowohl den Arteigenheiten des universalbankbetrieblichen Geschäftsprogramms und seiner Erstellung als auch den neueren Erkenntnissen der allgemeinen betriebswirtschaftlichen und speziellen bankbetrieblichen Forschung Rechnung zu tragen. Die gewählte Aufgliederung der Universalbanken in Abteilungen weicht infolgedessen nicht nur von den in der Realität zu findenden, sondern auch von den in der bankbetrieblichen Literatur enthaltenen Abteilungsgliederungen, die sich stark an den Verhältnissen der Wirklichkeit orientieren, teilweise ab (1). Da sich jedoch die weitgehend historisch bedingten Abteilungsgliederungen der einzelnen Universalbanken im Laufe ihrer bisweilen stürmischen Entwicklung nicht selten als überholt und änderungsbedürftig erwiesen haben und überdies vielfach von den Individualitäten der einzelnen Institute beeinflußt sind, erschien es uns geraten, eine theoretisch sinnvolle und praktisch mögliche Abteilungsgliederung für alle Universalbanken zu entwerfen. Wir sind dabei von der dem Grundmodell unserer Universalbank entsprechenden Vorstellung einer Aktienbank mittlerer Größe mit Geschäftsstellen in einem regional begrenzten Raum ausgegangen (2), so daß andere Verhältnisse stärkere oder weniger starke Detaillierungen erforderlich erscheinen lassen können. Die wesentlichsten Abweichungen unserer Abteilungsgliederung gegenüber den in der Realität bzw. in der bankbetrieblichen Literatur verwendeten Abteilungsgliederungen liegen in der Unterteilung der Stabs-, Verwaltungs- und Hilfsabteilungen, da die Untergliederung der Geschäftsabteilungen weitgehend durch das Geschäftsprogramm der Universalbanken vorgezeichnet ist und sich für das Geschäftsstellensystem in erster Linie die Untergliederung nach den einzelnen Geschäftsstellen anbietet, deren weitere Aufteilung sich dann nach derjenigen der Zentrale richten kann, wenngleich hier meist keine so starken Detaillierungen erforderlich sein werden. Betrachten wir zunächst die Untergliederung der Stabsabteilungen in Direktionssekretariat, Planungs-, Organisations- und Revisionsabteilung, so erscheint bedeutsam, daß damit deren eigentlichem Zweck, die Führungsspitze bei der Lösung ihrer wichtigsten und ureigensten Aufgaben (Planung, Organisation und Kontrolle) zu unterstützen (3), konsequent Rechnung

---

1) Vgl. insbesondere Kalveram, Wilhelm/Günther, Hans: Bankbetriebslehre, S. 165 ff.; Hartmann, Bernhard: Bankbetriebsanalyse, S. 292 ff.; Hagenmüller, Karl Friedrich: Der Bankbetrieb, Band I, S. 35 ff. und Deppe, Hans-Dieter: Der Bankbetrieb als Gegenstand von Wachstumsanalysen, S. 377

2) Vgl. S. 63

3) Vgl. z. B. Gutenberg, Erich: Die Produktion, S. 5 ff. und 260 ff. sowie Unternehmensführung, S. 121 ff.

getragen wurde. Während Revisionsabteilungen für alle Universalbanken von jeher selbstverständlich sind, Organisationsabteilungen (allerdings mit unterschiedlicher Aufgabenstellung) zumindest in allen bedeutenderen Universalbanken bereits bestehen und viele Institute, dem Zuge der Entwicklung folgend auch schon betriebswirtschaftliche, volkswirtschaftliche und/oder statistische Abteilungen mit im wesentlichen informatorischen Aufgaben eingerichtet haben, dürfte eine eigene Planungsabteilung bisher in keiner Universalbank existieren. Sie muß jedoch in dieser der Planung der Universalbanken gewidmeten Arbeit nachdrücklich gefordert werden, da u. E. nur bei strenger organisatorischer Eingliederung der Planung in die Gesamtunternehmung und ihrer zentralen Steuerung der gewünschte Planungserfolg erzielt werden kann (1). Das gilt vor allem auch im Hinblick auf die für die Planung so bedeutsame Informationsbeschaffung, -verarbeitung und -speicherung, für die infolgedessen eine eigene Dokumentationsstelle vorgesehen worden ist (2). Dieser zentralen Steuerung der Planungsarbeit steht nicht entgegen, daß letztlich - wie bereits ausgeführt wurde - in jeder Abteilung und von (fast) jeder Arbeitskraft Planungsarbeit geleistet werden muß (3), und ohne diese bedeutsame Ergänzung ein Planungserfolg ebenfalls nicht gewährleistet werden kann. Es läßt sich hier eine Parallele zur organisatorischen Arbeit ziehen, die gleichfalls in allen Teilbereichen einer Universalbank anfällt, jedoch ohne die zentrale Steuerung durch die Organisationsabteilung kaum zu einer funktionsfähigen Organisation der Gesamtunternehmung führen würde; eine theoretische Erkenntnis, die sich in der Praxis der Universalbanken bereits weitgehend durchgesetzt hat. Daß wir den Stabsabteilungen der Universalbanken weiterhin die Rechts- und die Werbeabteilung zugeordnet haben, findet seine Begründung in der Bedeutung der Aufgabengebiete dieser beiden Abteilungen für das Unternehmungsganze. Dabei liegt allerdings der Gedanke nahe, das Aufgabengebiet der Werbeabteilung, den neueren Erkenntnissen der Betriebswirtschaftslehre entsprechend, stark auszuweiten, indem einerseits neben dem absatzpolitischen Instrument der Werbung die Mittel der Preispolitik, der Geschäftsartendifferenzierung und der Geschäftsstellenpolitik (4) Berücksichtigung finden und andererseits das Gebiet der "Werbung für die Geschäfte" der Universalbanken um das Gebiet der "Werbung um öffentliches Vertrauen", das man heute als "Public Relations" zu bezeichnen pflegt (5), zum Gebiet der "Öffentlichkeitsarbeit" erwei-

---

1) Vgl. hierzu S. 225 ff.
2) Vgl. hierzu insbesondere Wittmann, Waldemar: Unternehmung und unvollkommene Information, S. 84 ff.
3) Vgl. S. 35 ff.
4) Vgl. S. 234 f.
5) Vgl. hierzu insbesondere Hundhausen, C.: Industrielle Publizität als Public Relations, Essen 1957 sowie Gutenberg, Erich: Der Absatz, S. 417 f.

tert wird (1). Innerhalb der Verwaltungsabteilungen haben wir zwischen Personalabteilung, Betriebsmittelabteilung, Buchhaltung und Registratur unterschieden und damit konsequent für alle der Verwaltung bedürfenden Tatbestände der Universalbanken eine eigene Abteilung vorgesehen. Neu ist hierbei allerdings nur die Betriebsmittelabteilung, deren Aufgaben in anderen Abteilungsgliederungen von den verschiedensten Stellen, insbesondere der Organisation, der Material-, Haus- und Grundstücksverwaltung, wahrgenommen werden, für die sich jedoch eine Zusammenfassung unter einheitlicher Leitung - insbesondere der besseren Überschaubarkeit und Koordinierungsmöglichkeit wegen - als zweckmäßig erweist. Die Zusammenfassung aller Buchhaltungen (mit Ausnahme der "Geheimbuchhaltung", die dem Bilanzbüro im Direktionssekretariat verbleibt) zu einer Buchhaltungsabteilung hingegen erfolgte vor allem aus dem Gedanken an den Fortschritt der Technik auf dem Gebiete der Datengewinnung und Datenverarbeitung heraus, der die Errichtung von Rechenzentren, in denen die gesamte Buchungsarbeit zentral erledigt werden kann, begünstigt. Wenn bisher auch nur wenige Universalbanken von dieser Möglichkeit der Rationalisierung Gebrauch gemacht haben, dürften in absehbarer Zeit bei steigendem Arbeitsanfall und sinkendem Arbeitskräftepotential viele Universalbanken gar keinen anderen Ausweg haben, als auf dem Gebiet der Verbuchung der Geschäftsvorfälle soweit wie möglich zu automatisieren. In den Hilfs - abteilungen sind schließlich die vorwiegend technischen Einrichtungen zur Arbeitserleichterung und Arbeitsbeschleunigung in allen Abteilungen der Universalbanken zusammengefaßt worden, die freilich bei den einzelnen Instituten stark differieren dürften, so daß die hier vorgenommenen Untergliederungen nur als Beispiele zu betrachten sind. Damit haben wir die wesentlichsten Gesichtspunkte für die von uns gewählte Abteilungsgliederung der Universalbanken aufgezeigt, ohne zu den grundsätzlichen Fragen der Übertragung von Aufgaben und Zuständigkeiten, sowie der Kontrollspanne, die für die Abteilungsbildung bestimmend sind, Stellung genommen zu haben. Indessen erscheint dies aber insofern gerechtfertigt, als die Abteilungsgliederung der Universalbanken hier lediglich unter dem Aspekt der Bildung von Teilplanungsbereichen, nicht aber als organisatorisches Phänomen an sich interessiert. Es kann deshalb auf die einschlägige betriebswirtschaftliche und spezielle bankbetriebliche Literatur dazu verwiesen werden (2). Dem steht nicht ent-

---

1) Wir verdanken unsere Kenntnis der von den Universalbanken in dieser Hinsicht bereits heute geleisteten umfangreichen Arbeit, die bisher literarisch keinen Niederschlag gefunden hat, den von dem inzwischen verstorbenen Leiter der Werbeabteilung der Dresdner Bank AG in Frankfurt am Main, Herrn Direktor Strittmatter, in den Jahren 1960 und 1961 an der Wirtschafts- und Sozialwissenschaftlichen Fakultät der Universität Frankfurt am Main abgehaltenen Bankarbeitsgemeinschaften über die "Öffentlichkeitsarbeit der Kreditinstitute".

2) Vgl. insbesondere Gutenberg, Erich: Unternehmensführung, S. 101 ff. sowie: Die Produktion, S. 240 ff.; Kosiol, Erich: Organisation der Unternehmung, S. 80 ff.; Hartmann, Bernhard: Bankbetriebsanalyse, S. 191 ff.; Hagenmüller, Karl Friedrich: Der Bankbetrieb, Band I, S. 37 ff.

gegen, daß die Planung der Organisation - wie wir ausgeführt haben - prinzipiell eine bedeutsame Planungsaufgabe darstellt (1), von der wesentliche Teile in den Gruppen 5 und 6 des Betriebsbereichs zu lösen sind. Neben der Planung der Abteilungsgliederung gehört dazu insbesondere die Planung der Führungsspitze (2) sowie des Kompetenz- und Kommunikationssystems (3) der Universalbanken. Außerdem muß aber hier auch bereits die Planung der für die Abwicklung des universalbankbetrieblichen Geschäftsprogramms anzuwendenden technischen Verfahren erfolgen (4), da diese für die Schaffung des organisatorischen Rahmens der Universalbanken zwangsläufig eine bedeutsame Rolle spielen. Man denke nur an die erwähnte Einrichtung von Rechenzentren (5). Es handelt sich infolgedessen bei der Planung in den Gruppen 5 und 6 analog zur Grundsatzplanung der Gruppen 1 und 2 im Geschäftsbereich um die Grundsatzplanung im Betriebsbereich der Universalbanken, von der die weitere Planung in diesem Bereich ihren Ausgang nehmen muß, die aber auch für die Erfolgsplanung noch Auswirkungen zeitigt (6). Allerdings ist die Grundsatzplanung im Betriebsbereich - anders als die Grundsatzplanung im Geschäftsbereich der Universalbanken - ausschließlich eine Angelegenheit der langfristigen Planung, weil es sich dabei überwiegend um Planungstatbestände mit sehr langer Wirkungsdauer handelt, die das reibungslose Funktionieren der Institute über den gesamten Planungszeitraum sicherstellen sollen und grundlegenden Änderungen nur schwer zugänglich sind. Die konjunkturellen, saisonalen und sonstigen Schwankungen der Nachfrage nach Bankleistungen dürfen infolgedessen keine derartigen Änderungen bewirken, sondern müssen grundsätzlich innerhalb des einmal geschaffenen organisatorischen Rah-

---

1) Vgl. S. 36
2) Vgl. insbesondere Kosiol, Erich: Organisation der Unternehmung, S. 119 ff.; Gutenberg, Erich: Unternehmensführung, S. 44 ff.; Arbeitskreis Krähe der Schmalenbach Gesellschaft: Die Ressortaufteilung im Bankgewerbe, in: Zeitschrift für handelswissenschaftliche Forschung, N. F., 7. Jg. 1955, S. 218 - 225; Hagenmüller, Karl Friedrich: Der Bankbetrieb, Band I, S. 35 ff.
3) Vgl. insbesondere Albach, Horst: Zur Theorie der Unternehmensorganisation, S. 100 ff.; Gutenberg, Erich: Die Produktion, S. 258 ff. sowie:Unternehmensführung, S. 118 ff.; Hartmann, Bernhard: Bankbetriebsanalyse, S. 294 ff. und Hagenmüller, Karl Friedrich: Der Bankbetrieb, Band I, S. 42 ff.
4) Vgl. S. 228 ff.
5) Vgl. S. 244
6) Vgl. S. 230 f. und 253 ff.

mens bewältigt werden (1). Sie sind daher bereits bei der Planung in den Gruppen 5 und 6 des Betriebsbereichs in Form von Elastizität zu berücksichtigen, wenn sie auch erst bei der Planung der technisch-organisatorischen Kapazität und des Arbeitsablaufs in den Gruppen 7 und 8 des Betriebsbereichs - wie noch zu zeigen sein wird - ihre eigentliche Bedeutung erlangen (2). Bestimmend für die Grundsatzplanung im Betriebsbereich der Universalbanken sind letztlich die Arteigenheiten ihres Geschäftsprogramms und seiner Abwicklung sowie die - vom Arbeitsanfall aus betrachtete - Menge der zu tätigenden Geschäfte. Die Planung der Geschäftstätigkeit nach Art und stückmäßigem Umfang muß deshalb hierfür den Ausgangspunkt bilden (3). Wir haben dieser Tatsache bereits durch die Untergliederung der Geschäftsarten in den Gruppen 1 und 2 des Geschäftsbereichs nach der Art und Menge der von ihnen beanspruchten produktiven Faktoren Rechnung getragen (4). Wie sich dazu nunmehr feststellen läßt, brauchte diese Untergliederung für die langfristige Grundsatzplanung in den Gruppen 5 und 6 des Betriebsbereichs nur verhältnismäßig grob zu erfolgen, weil sie hierfür lediglich ungefähre Anhaltspunkte zu liefern hat. Da jedoch für die weitere Planung im Betriebsbereich eine stärkere Detaillierung benötigt wird (5), sollte dies für die Tiefe der Untergliederung den Ausschlag geben, auch wenn die Beschaffung der hierfür erforderlichen Informationen nicht ohne Schwierigkeiten möglich ist.

Wenden wir uns nun den Gruppen 7 und 8 des Planungsrahmens der Universalbanken zu, in denen die Planung der technisch-organisatorischen Kapazität (Gruppe 7) und des Arbeitsablaufs (Gruppe 8) in ihrem Betriebsbereich erfolgen soll (6). Sie bilden in etwa die technisch-organisatorische Entsprechung der im Geschäftsbereich erforderlichen Planung der finanziellen Kapazität und aktuellen Liquidität der Universalbanken. Auch dabei handelt es sich - analog zur Planung der finanziellen Kapazität und aktuellen Liquidität - nicht mehr um Grundsatz-, sondern um Vollzugsplanung (7), die hier zunächst als Bereitstellungsplanung der produktiven Faktoren Arbeit und Betriebsmittel in Erscheinung tritt, jedoch der Ergänzung durch die Planung des Einsatzes der bereitgestellten Arbeitskräfte und Betriebsmittel mit Hilfe einer Prozeßplanung bedarf, ebenso wie die Bereitstellungsplanung im Geschäftsbereich durch die Planung des Einsatzes der finanziellen Mittel vervollständigt wird. Die Grundsatzplanung der Gruppen 5 und 6 liefert für die Vollzugsplanung der Gruppen 7 und 8 des Betriebsbereichs zwangsläufig

---

1) Vgl. S. 194 f. , 201, 202 sowie 212 ff.
2) Vgl. S. 247 ff. und 250 ff.
3) Vgl. S. 230 f.
4) Vgl. S. 232
5) Vgl. S. 249 und 255
6) Vgl. S. 241
7) Vgl. S. 235

die unmittelbaren Voraussetzungen (1), während mittelbar auch für diese
Planung die Grundsatzplanung im Geschäftsbereich bestimmend ist, da
- wie wir ausgeführt haben - die Nachfrage nach Bankgeschäften letztlich für die gesamte unternehmerische Betätigung der Universalbanken
den Ausschlag gibt (2). Sowohl die Grundsatz- und Vollzugsplanung im
Betriebsbereich als auch die Planung des Geschäfts- und Betriebsbereichs insgesamt stehen somit infolge der Interdependenz des ganzen
betrieblichen Geschehens in den Universalbanken in engstem Zusammenhang (3). Sie können daher niemals unabhängig voneinander erfolgen,
sondern müssen stets auf ihre gegenseitigen Belange Rücksicht nehmen.
Wie die Planung der finanziellen Kapazität und der aktuellen Liquidität
der Universalbanken ist auch die Planung ihrer technisch-organisatorischen Kapazität und des Arbeitsablaufs im Grunde genommen nichts anderes als eine Beurteilung der Wirkungen ihrer Geschäftsartenplanung
unter bestimmten Aspekten. Wir haben daher bei der weiteren Unterteilung der im Planungsrahmen in den Gruppen 1 und 2 aufgeführten Geschäftsarten auch bereits auf die Erfordernisse dieser Planungen hinzuarbeiten versucht, indem wir die hierfür wesentlichen Merkmale der
einzelnen Geschäftsarten, die in diesem Falle mit den für die Grundsatzplanung im Betriebsbereich erforderlichen Merkmalen übereinstimmen, als Gliederungskriterien vorgesehen haben (4).

Die Planung der technisch-organisatorischen Kapazität der Universalbanken (Gruppe 7) muß - ebenso wie die Grundsatzplanung im Betriebsbereich - immer auf lange Sicht erfolgen, um für die Bewältigung der
langfristig zu erwartenden Nachfrage nach den Leistungen der Universalbanken rechtzeitig die erforderlichen Vorkehrungen zu schaffen (5).
Es handelt sich auch hierbei überwiegend um Planungstatbestände mit
sehr langer Wirkungsdauer, bei denen grundlegende Änderungen schwierig und kostspielig wären und darüberhinaus unter Umständen viel Zeit
erfordern würden. Kapazitätsänderungen können infolgedessen hier im
Gegensatz zum Geschäftsbereich, dessen hohe immanente Elastizität
Kapazitätsänderungen - wenn evtl. auch nur unter (vorübergehender)
Beeinträchtigung des strukturellen Gleichgewichts der Bilanzpositionen -
in kürzester Zeit ermöglicht (6), lediglich langfristig erfolgen. Daher
muß bei der Planung der technisch-organisatorischen Kapazität der Universalbanken zwar auch - wie bei der Planung ihrer finanziellen Kapazität grundsätzlich von der langfristigen Entwicklungsrichtung ausgegangen werden, jedoch ist von vornherein zu berücksichtigen, daß die
geschaffenen Kapazitäten auf jeden Fall ausreichen müssen, um alle
konjunkturellen, saisonalen, monatlichen, wöchentlichen und täglichen

---

1) Vgl. S. 245
2) Vgl. S. 230
3) Vgl. S. 235, 248 f., 251 und 255
4) Vgl. S. 232 f. und 246
5) Vgl. S. 184 ff., 193 ff. und 245
6) Vgl. S. 169 f., 222 und 236

Schwankungen der Nachfrage nach Bankgeschäften zu bewältigen (1),
wobei die hierdurch entstehenden "Opportunitätskosten" gegen die andernfalls auftretenden Wartezeiten der Kunden und sonstigen Nachteile
abzuwägen sind (2). Das Problem der Nachfrageschwankungen tritt infolgedessen im Betriebsbereich nicht erst - wie man analog zur Planung der aktuellen Liquidität im Geschäftsbereich auf den ersten Blick
meinen könnte (3) - bei der Planung des Arbeitsablaufs, sondern wegen
der Langfristigkeit der für die Schaffung technisch-organisatorischer
Kapazitätsreserven erforderlichen Entscheidungen bereits bei der Planung der Voraussetzungen für den Arbeitsablauf in voller Schärfe auf,
wenngleich es durch die auch im Betriebsbereich infolge der Produktionsverbundenheit der universalbankbetrieblichen Geschäfte bis zu einem gewissen Grade mögliche Schaffung immanenter Elastizität ebenfalls erheblich gemildert wird (4). Dazu kommt weiterhin, daß sich die
Schwankungen der Nachfrage nach Bankgeschäften überwiegend in den
Geschäftsabteilungen der Zentrale und der Filialen bemerkbar machen,
während Führungsspitze, Stabs- und Verwaltungsabteilungen (mit Ausnahme der Buchhaltung) und die meisten Hilfsabteilungen davon weitgehend unbeeinflußt bleiben. Zwar kann sich der Arbeitsanfall hier aus anderen Gründen, z. B. Jahresabschluß, Planung und Organisation eines
neuen Verfahrens, größere Werbeaktion usw. massieren, doch bedürfen derartige Sonderarbeiten im allgemeinen keiner kapazitätsmäßigen
Vorsorge, sondern lassen sich mit Hilfe der Arbeitsablaufplanung bewältigen (5). Ausschlaggebend für die Planung der technisch-organisatorischen Kapazität der Universalbanken ist der Umfang der von ihnen
voraussichtlich zu tätigenden Geschäfte. Jedoch interessiert hierbei
grundsätzlich nicht der wertmäßige, sondern der stückmäßige Umfang,
der anderen Einflüssen unterliegt als jener (6). Es gilt infolgedessen,
die zur Bewältigung des Arbeitsanfalls bei den einzelnen Stückleistungen
erforderlichen produktiven Faktoren festzustellen und daraus über den
Bedarf eines jeden Teilplanungsbereichs den der Gesamtunternehmung
an Arbeitskräften und Betriebsmitteln abzuleiten. Wir haben deshalb
den Arbeitsanfall bzw. die Art und Menge der beanspruchten produktiven Faktoren bereits als Gliederungskriterien der Geschäftsarten in den

---

1) Vgl. S. 171 ff., 201 ff., insbesondere S. 205 f. und 250 sowie Krümmel, Hans-Jacob: Bankzinsen, S. 196 ff.
2) Vgl. S. 171 ff. und 218 ff.
3) Vgl. S. 238 ff.
4) Vgl. S. 222
5) Vgl. S. 252 f.
6) Vgl. S.159 f., 168 ff. und 231. Es gibt Ausnahmen davon, doch vermögen sie die Grundtendenz nicht zu verändern. So läßt sich z. B. feststellen, daß der Transport von Geldbeträgen mit steigendem Wert
   stärkere Sicherheitsvorkehrungen, z. B. in Gestalt von mehr Begleit-
   personal, erfordert. Auch beeinflußt die Größe der abzuschließenden
   Geschäfte häufig die Qualität der benötigten Arbeitskräfte, z. B. im
   Kreditgeschäft.

Gruppen 1 und 2 des Geschäftsbereichs vorgesehen (1). Wie sich dazu nunmehr feststellen läßt, muß diese Untergliederung, obgleich die Planung der technisch-organisatorischen Kapazität grundsätzlich langfristig zu erfolgen hat, möglichst detailliert vorgenommen werden, um die Grundlage nicht nur für die Bereitstellung und den Einsatz der dem erwarteten langfristigen Wachstum der Universalbanken entsprechenden produktiven Faktoren, sondern auch für die Schaffung der zum Auffangen der lang- und kurzfristigen Nachfrageschwankungen erforderlichen Kapazitätsreserven in den einzelnen Teilplanungsbereichen bilden zu können (2). Insbesondere muß hierbei auch jeweils zwischen den von der Zentrale und den einzelnen Filialen zu tätigenden Geschäften unterschieden werden, weil davon neben der Art und dem Umfang der benötigten produktiven Faktoren vor allem die Orte ihres Einsatzes abhängen. Allerdings kann die Ableitung des Bedarfs an produktiven Faktoren aus dem Arbeitsanfall bei den einzelnen Geschäftsarten unmittelbar nur für die Geschäftsabteilungen der Zentrale und der Filialen zu dem gewünschten Ergebnis führen, während Führungsspitze, Stabs-, Verwaltungs- und Hilfsabteilungen (auch bei den Filialen) ihren Bedarf an produktiven Faktoren nur mittelbar über die Größe des jeweiligen Gesamtgeschäfts feststellen können. Dabei ist außerdem zu berücksichtigen, daß mit wachsendem Geschäftsumfang andere Verfahren der Geschäftsabwicklung in Frage kommen können, so daß die Planung der technisch-organisatorischen Kapazität der Universalbanken immer in engstem Zusammenhang mit der innerhalb der Grundsatzplanung vorzunehmenden Verfahrensauswahl zu erfolgen hat (3). Wir haben uns bei der Bildung der für die Planung der technisch-organisatorischen Kapazität erforderlichen Teilplanungsbereiche streng an den mit Hilfe der Grundsatzplanung im Betriebsbereich geschaffenen organisatorischen Rahmen gehalten (4). Er stellt - in einer den jeweiligen Planungserfordernissen angepaßten Detaillierung, die im Einzelfall den Individualitäten der jeweiligen Universalbanken entsprechend stärker oder weniger stark sein kann (5) - die Grundlage für die Planung der Bereitstellung und des Einsatzes aller elementaren Produktivfaktoren nach Art und Umfang dar. Den Arteigenheiten der Universalbanken entsprechend haben wir dabei nochmals unterschieden zwischen Personal (unterteilt in kaufmännische Arbeitskräfte - leitende Angestellte, Sachbearbeiter und Hilfskräfte -, technische Arbeitskräfte und Lehrlinge) und Betriebsmitteln (aufgegliedert nach Grundstücken und Gebäuden, Geschäftsräumen mit Einrichtungen, maschinellen Hilfsmitteln und Material). Es mag auf den ersten Blick zweifelhaft erscheinen, ob es mit Hilfe einer Planung, die von den

1) Vgl. S. 232
2) Vgl. S. 246
3) Vgl. S. 245
4) Vgl. S. 241 ff.
5) Vgl. S. 242

produktiven Faktoren ausgeht, gelingen kann, die einzelnen technisch - organisatorischen Einheiten zu leistungsfähigen Teilen der Gesamtunternehmung zu machen. Jedoch meinen wir, daß es dem Planenden nur auf diese Weise gelingen wird, seinen Blick über die Bedürfnisse der einzelnen Abteilungen hinaus stets auf die Unternehmungsgesamtheit zu lenken, was gerade bei den Universalbanken infolge ihrer starken Produktionsverbundenheit, die den Austausch produktiver Faktoren zwischen den einzelnen Abteilungen und damit die Schaffung immanenter Elastizität begünstigt, von ganz besonderer Bedeutung für den Erfolg der Planung ihrer technisch-organisatorischen Gesamtkapazität ist (1).

Bei der Planung des Arbeitsablaufs für die einzelnen Abteilungen bzw. Geschäftsarten der Universalbanken (Gruppe 8) handelt es sich - im Gegensatz zur Grundsatzplanung im Betriebsbereich und zur Planung der technisch-organisatorischen Kapazität, die wegen der langen Wirkungsdauer der hierfür erforderlichen Entscheidungen grundsätzlich langfristig zu erfolgen haben (2) - um die Planung ihrer jederzeitigen Betriebsbereitschaft (3), die zwar überwiegend kurzfristig vorzunehmen ist, aber auch einen langfristigen Aspekt beinhaltet. In Anbetracht der großen Anzahl tagtäglich von den Universalbanken zu tätigender verschiedenartiger Geschäfte in Verbindung mit deren Lagerunfähigkeit und Auftragsabhängigkeit kommt dieser Planung eine große Bedeutung für den ständigen reibungslosen Ablauf des betrieblichen Geschehens in den Universalbanken zu (4). Mit Hilfe der Arbeitsablaufplanung gilt es, die vorhandene technisch-organisatorische Kapazität, bei deren Planung bereits die zum Auffangen von Nachfrageschwankungen nach Bankgeschäften erforderlichen Kapazitätsreserven geschaffen worden sind (5), so einzusetzen, daß möglichst keine Kapazitäten ungenutzt bleiben, jedoch auch möglichst keine Wartezeiten für die Kunden oder sonstigen Nachteile (z. B. durch fehlerhafte Arbeiten oder Arbeitsrückstände) entstehen. Die starke Produktionsverbundenheit der universalbankbetrieblichen Geschäfte, die auch den Betriebsbereich mit immanenter Elastizität auszustatten erlaubt (6), spielt hierbei eine entscheidende Rolle. Wesentlich für die Arbeitsablaufplanung der Universalbanken sind - wie auch schon für die Grundsatzplanung im Betriebsbereich und die Planung der technisch-organisatorischen Kapazität - letztlich die für die Bearbeitung der einzelnen Geschäftsvorfälle erforderlichen produktiven Faktoren, deren Art und Menge sich einmal nach dem Arbeitsanfall, zum anderen aber nach dem zur Anwendung gelangenden Verfahren der Geschäftsabwicklung richten (7). Während ersteres vor allem für die kurz-

1) Vgl. hierzu die Ausführungen S. 221 ff.
2) Vgl. S. 245 und 247
3) Vgl. S. 144
4) Vgl. S. 159 f. und 171 ff.
5) Vgl. S. 248
6) Vgl. S. 222 und 248
7) Vgl. S. 246 und 248 f.

fristige Planung des Arbeitsablaufs Bedeutung hat - berührt letzteres insbesondere ihren langfristigen Aspekt. Es handelt sich dabei um die organisatorische Regelung des Arbeitsprozesses bei den verschiedenen Geschäftsarten bzw. in den einzelnen Abteilungen. Da sie in engstem Zusammenhang mit den zur Erstellung der verschiedenen Bankgeschäfte angewendeten Verfahren steht, muß sie im allgemeinen für den gleichen Zeitraum geplant werden wie jene. Zwischenzeitliche Änderungen sind hier nur insoweit ohne größere Schwierigkeiten möglich, wie die jeweiligen technischen Einrichtungen davon nicht berührt werden oder selbst im Rahmen der Gesamtkapazität änderungsfähig sind. Dieser Teil der Arbeitsablaufplanung hat infolgedessen sowohl mit der Grundsatzplanung des Betriebsbereichs als auch mit der Planung der technisch-organisatorischen Kapazität der Universalbanken sehr starke Berührungspunkte und man könnte im Zweifel sein, ob diese Planung nicht überhaupt zur Grundsatzplanung zu rechnen ist. Da sie sich jedoch im einzelnen erst durchführen läßt, wenn der organisatorische Rahmen der Gesamtunternehmung, die zur Leistungserstellung anzuwendenden Verfahren sowie Art und Umfang der technisch-organisatorischen Kapazität festliegen, ist u. E. ihre Stellung im Rahmen der Vollzugsplanung des Betriebsbereichs vorzuziehen. Die langfristige Regelung des Arbeitsablaufs erstreckt sich von der Planung der Arbeitsfolge bei den einzelnen Geschäftsarten und der demnach von ihnen nacheinander zu durchlaufenden Abteilungen bis zur Planung der im einzelnen erforderlichen Formulare, Richtlinien und Anordnungen (2). Sie beschränkt sich aber durchaus nicht etwa auf die Geschäftsabteilungen der Zentrale und der Filialen, sondern umfaßt auch die Stabs-, Verwaltungs- und Hilfsabteilungen entsprechend den hier jeweils zu verrichtenden Arbeiten. Auf diese Weise unterliegt der gesamte Arbeitsablauf in den Universalbanken dauerhaften generellen Regelungen, die bis zur Festlegung genauer Ermessensspielräume und Grenzen für den Übergang von der generellen zur fallweisen Regelung reichen (1). Obgleich es sich also bei den Universalbanken um Unternehmen handelt, die nicht auf Lager arbeiten können und infolgedessen als auftragsorientiert zu gelten haben (3), sind sie in der Lage, den Prozeß der Abwicklung ihrer verschiedenen Geschäfte im voraus weitgehend und dauerhaft festzulegen, weil die universalbankbetrieblichen Geschäfte - trotz der beim Einzelgeschäft möglichen Individualisierungen (4) weitgehend standardisiert sind, was in diesem Zusammenhang den Ausschlag gibt. Betrachten wir nunmehr die kurzfristige Arbeitsablaufplanung. Um eine ständige Betriebsbereitschaft zu gewährleisten, müssen in jeder Planungsperiode für alle technisch-organisatorischen Einheiten der Universalbanken die dort vermut-

---

1) Vgl. Gutenberg, Erich: Die Produktion, S. 235 ff.
2) Vgl. hierzu insbesondere Kalveram, Wilhelm/Günther, Hans: Bankbetriebslehre, S. 170 ff.
3) Vgl. Gutenberg, Erich: Die Produktion, S. 197
4) Vgl. S. 160 und 231

lich zu bewältigenden Arbeiten ermittelt und entsprechend die dafür erforderlichen produktiven Faktoren zur Verfügung gestellt werden. Insoweit ist die Arbeitsablaufplanung also praktisch eine kurzfristige Bereitstellungs- und Einsatzplanung der Arbeitskräfte und Betriebsmittel, die - genauso wie die Gelddisposition im finanziellen Sektor (1) - im größeren Rahmen einer einmonatigen, dreimonatigen oder, z. B. im Hinblick auf die erforderlichen Urlaubsvertretungen, sogar jährlichen Planung tagtäglich zu erfolgen hat. Zwar hat diese Planung ihre größte Bedeutung zweifellos für die Geschäftsabteilungen der Zentrale und der Filialen, weil sich hierauf - wie ausgeführt wurde - die Schwankungen der Nachfrage nach Bankgeschäften besonders stark auswirken, doch müssen zur Ermittlung evtl. freier produktiver Faktoren auch die anderen Abteilungen in die Betrachtung einbezogen werden, zumal sich dort aus besonderen Gründen der Arbeitsanfall zeitweilig massieren kann (2). Da wir den kürzesten Planungszeitraum der Universalbanken mit einem Tag angesetzt haben (3), jedoch im technisch-organisatorischen Bereich in vielen Abteilungen der Arbeitsanfall auch zu verschiedenen Tageszeiten unterschiedlich stark ist (4), muß dies innerhalb der Tagesplanung durch stundenweisen Austausch von Arbeitskräften oder maschinellen Hilfsmitteln Berücksichtigung finden, sofern man sich auch in dieser Hinsicht nicht auf Improvisationen verlassen will. Als besonders geeignet dafür erweist sich die Schaffung von beliebig verwendbaren Personal- und Betriebsmittelreserven, von der manche Universalbanken bereits Gebrauch machen. Lassen sich die bisher genannten Arbeitsablaufplanungen in den Universalbanken verhältnismäßig gut bewerkstelligen, so sind andere, die z. B. für die Industriebetriebe eine besonders große Bedeutung besitzen, wie die Planung von Serien- oder Losgrößen, wegen der Lagerunfähigkeit der universalbankbetrieblichen Geschäfte überhaupt nicht durchführbar oder stoßen doch zumindest auf sehr große Schwierigkeiten, wie die Reihenfolge- und Terminplanungen (5). Im allgemeinen kann man bei den Universalbanken infolge der Auftragsabhängigkeit und Individualisierungsmöglichkeit ihrer Geschäfte weder im voraus bestimmen, welche Bankgeschäfte der Reihe nach von den gleichen produktiven Faktoren durchgeführt werden sollen, noch wie viel Zeit die einzelnen Bankgeschäfte zu ihrer Abwicklung benötigen dürfen. Zwar lassen sich mit zunehmender Schematisierung vor allem bei den Massengeschäftsvorfällen im Bereich des Zahlungsverkehrs, des Sparverkehrs und des Kleinkredits in Zukunft vielleicht einmal zeitliche Festlegungen ermöglichen, wie sie heute bereits in vielen nicht mit Kunden

---

1) Vgl. S. 207 f. und 241
2) Vgl. S. 248
3) Vgl. S. 207
4) Vgl. S. 171
5) Vgl. hierzu insbesondere Gutenberg, Erich: Die Produktion, S. 199 ff. sowie Ellinger, Theodor: Ablaufplanung, Stuttgart 1959, S. 87 ff.

in Berührung kommenden Abteilungen erfolgen (1), doch reichen diese weder für Reihenfolge- noch für Terminplanungen im Kundenverkehr aus. Derartige Planungen sind daher bei den Universalbanken grundsätzlich nur dort möglich, wo kein Kundenverkehr zu bewältigen ist und außerdem die in der Planungsperiode anstehenden Arbeiten bekannt und nicht an eine bestimmte Reihenfolge gebunden sind. Das trifft vor allem für die Stabs-, Verwaltungs- und einen Teil der Hilfsabteilungen zu. Bei allen Arbeitsablaufplanungen der Universalbanken ist in noch stärkerem Maße als bei der Planung ihrer technisch-organisatorischen Kapazität ins Detail zu gehen (2). Die bei der Planung der Geschäftsarten in den Gruppen 1 und 2 des Geschäftsbereichs zu diesem Zwecke vorgesehene Untergliederung nach der Art und Menge des Arbeitsanfalls bzw. der erforderlichen produktiven Faktoren muß daher so fein wie nur irgend möglich erfolgen (3). Sie vermag freilich - wie auch schon bei der Planung der technisch-organisatorischen Kapazität festgestellt wurde - unmittelbar nur für die Planung der Geschäftsabteilungen in der Zentrale und den Filialen die erforderlichen Auskünfte zu liefern, während man bei der Planung der anderen Abteilungen vom Gesamtgeschäft sowie den jeweiligen besonderen Aufgaben dieser Abteilungen auszugehen hat (4). Bei der Bildung der für die Planung des Arbeitsablaufs erforderlichen Teilplanungsbereiche in Gruppe 8 des Betriebsbereichs haben wir uns wiederum streng an die mit Hilfe der Grundsatzplanung entworfene technisch-organisatorische Gliederung der Universalbanken gehalten (5) und dabei lediglich die Führungsspitze ausgelassen, deren Arbeitseinsatz einer Planung nur schwer zugänglich ist. Allerdings haben wir uns dabei auf die Hauptabteilungen beschränkt, weil die Planungsnotwendigkeiten und Planungsmöglichkeiten in den verschiedenen Unterabteilungen den Individualitäten der einzelnen Universalbanken entsprechend doch recht verschiedenartig sein dürften.

<u>cc) Die Unterteilung des Erfolgsbereichs (6)</u>

Da sich der Erfolg der Universalbanken - ihren Arteigenheiten entsprechend - weder allein aus dem Geschäftsbereich, noch allein aus dem Betriebsbereich ermitteln läßt, haben wir aus den erfolgbestimmenden Faktoren beider Bereiche den Erfolgsbereich gebildet (7) und für die Untergliederung dieses Bereichs im Planungsrahmen der Universalbanken die Gruppe 9 vorgesehen (8).

---

1) Vgl. hierzu z. B. Kossmann, B.: Leistungskontrolle in Bankbetrieben, Diss. Köln 1948
2) Vgl. S. 249
3) Vgl. S. 232, 247 und 249
4) Vgl. S. 248 f.
5) Vgl. S. 242 ff.
6) Vgl. Anlage 3
7) Vgl. S. 143 f. und 174
8) Vgl. S. 230

Zwar handelt es sich bei der Erfolgsplanung - wie wir ausgeführt haben - um eine auf der Planung des Geschäftsbereichs und der Planung des Betriebsbereichs aufbauende Planung, jedoch vermag infolge der Interdependenz des gesamten betrieblichen Geschehens in den Universalbanken erst die Entwicklung des Erfolgs letzte Aufschlüsse für die Planung in den anderen beiden Bereichen zu liefern (1). Auch die Planung des Erfolgsbereichs hat daher selbständige Bedeutung und steht im Gesamtzusammenhang der universalbankbetrieblichen Planung. Dagegen ist eine Untergliederung der Erfolgsplanung in Grundsatz- und Vollzugsplanung, wie sie sich für die Planung im Geschäfts- und Betriebsbereich als zweckmäßig erwies, nicht erforderlich, weil hier nicht zwischen sachlich nebeneinander und zeitlich nacheinander liegenden Planungsaufgaben unterschieden zu werden braucht (2). Im Anschluß an Bleicher und Grochla könnte man die Erfolgsplanung der Universalbanken als "Formalplanung" im Gegensatz zur "Sachplanung" des Geschäfts- und Betriebsbereichs bezeichnen, da sie der Planung ihres formalen Wirtschaftszieles in Gestalt eines kalkulatorisch (aus Erlösen und Kosten) oder pagatorisch (aus Erträgen und Aufwendungen) zu ermittelnden Ergebnisses und nicht der Planung ihrer sachlichen Wirtschaftsziele in Gestalt der zu erstellenden Leistungen dient (3). Allerdings wäre dabei zu beachten, daß Bleicher und Grochla, die vom Industriebetrieb ausgehen, zu den Formalplanungen auch die Finanzplanung rechnen, die bei den Universalbanken - wie wir ausgeführt haben - in den größeren Rahmen der Planung im Geschäftsbereich gestellt werden muß und damit zu deren Sachplanungen gehört (4).

Wie ebenfalls bereits erörtert worden ist, stößt die Beschaffung der für die Erfolgsplanung der Universalbanken erforderlichen Informationen auf erhebliche Schwierigkeiten, da es weder möglich ist, die Kosten und Erlöse für die einzelnen Geschäfte der Universalbanken, noch deren Grenzkosten und Grenzerlöse verursachungsgerecht zu ermitteln (5). Die Gründe dafür liegen in der starken Produktions- und Leistungsverbundenheit des breiten universalbankbetrieblichen Geschäftsprogramms, der Bedeutung des Faktors Zahlungsmittelnutzung und dem hohen Fixkostenanteil der Personal- und Sachkosten. Dazu kommt noch, daß die Entwicklung der erzielbaren Preise für die Geschäfte der Universalbanken in ihrer absoluten Höhe nur für sehr kurze Zeiträume prognosti-

---

1) Vgl. S. 174, 230 f. und 255 ff.
2) Vgl. S. 228 f.
3) Vgl. Bleicher, Knut: Der Planrahmen, S. 613 ff. sowie: Die Organisation der Planung in industriellen Unternehmungen, Diss. Berlin 1955, S. 63 ff. und Grochla, Erwin: Die Träger der Betriebsplanung, in: Zeitschrift für handelswissenschaftliche Forschung, 10. Jg. 1958, S. 521 f.
4) Vgl. S. 143
5) Vgl. S. 94 f. und 174 ff.

zierbar ist, wenn man auch einen gewissen Ersatz dafür in den jeweiligen Zinsdifferenzen zwischen Aktiv- und Passivgeschäften finden kann (1). Die Folge davon ist, daß bei den Universalbanken "Erlös- und Kostenzuwächse bei alternativer Beschäftigung" nicht simultan in die Planung eingehen können wie im traditionellen Gewinnmaximierungskonzept (2). Allenfalls lassen sich, wenngleich - wie noch zu zeigen sein wird - nur unter ganz bestimmten Voraussetzungen, zusätzliche Geldbeschaffungskosten und zusätzliche Krediterlöse mit Hilfe des Verfahrens der linearen Programmierung in ein simultanes Gleichungssystem einbauen, das nach Auflösung ein gewinnmaximierendes Kreditprogramm ergibt (3). Krümmel sieht daher für die nach Gewinnmaximierung strebenden Universalbanken keine andere Möglichkeit, ihr Ziel zu erreichen, als (2)

1. "durch genaue Planung der nach den Erwartungen über die Gesamtleistungsabnahme der Kunden in der Planungsperiode erforderlichen Betriebskapazitäten die fixen Personal- und Sachkosten zu minimieren",
2. "die Geldbeschaffungskosten zu minimieren" und
3. "unabhängig von den Kosten ihren Gesamterlös bei der erwarteten Gesamtleistungsabnahme zu maximieren".

Wir stimmen mit diesen Ausführungen insoweit überein, wie sie die grundsätzliche Unabhängigkeit der Planung von Kosten und Erlösen bei den Universalbanken - mit den noch zu erörternden Ausnahmen - beinhalten. Dem Konzept der Gewinnmaximierung als Erlösmaximierung bei gleichzeitiger Kostenminimierung können wir hingegen nicht folgen, da wir für die Planung der Universalbanken nicht das Streben nach Gewinnmaximierung, sondern nach einem erreichbar erscheinenden Anspruchsniveau als realistisch angesehen haben (4). Im folgenden Abschnitt über die Abstimmung der Teilplanungsbereiche wird darauf nochmals zurückzukommen sein (5).

Ebenso wie die Planung im Geschäftsbereich und die Planung im Betriebsbereich muß auch die Erfolgsplanung lang- und kurzfristig erfolgen, um die ihr innerhalb der Gesamtplanung der Universalbanken zukommenden großen Aufgaben erfüllen zu können. Besonders hervorzuheben ist dabei, daß der Gewinn bei den Kreditbanken in der Dringlichkeitsordnung normalerweise vor den Zielvariablen Marktanteil und Eigenkapitalanteil rangiert (6). So gilt es mit Hilfe der lang- und kurzfri-

---

1) Vgl. S. 181, 391 ff. und Anlage 30 sowie Krümmel, Hans-Jacob: Bankzinsen, S. 193 ff. und Osthues, Heinz: Betrachtungen zur Rentabilitätsentwicklung der Sparkassen, in: Sparkasse, 82. Jg. 1965, S. 196 ff.
2) Vgl. Krümmel, Hans-Jacob: Bankzinsen, S. 228
3) Vgl. hierzu unsere Ausführungen S. 308 ff. und 315 ff.
4) Vgl. S. 89 ff., insbesondere S. 130 ff.
5) Vgl. S. 259 ff.
6) Vgl. S. 116 ff.

stigen Erfolgsplanung vor allem, die jeweils realisierbar erscheinenden
Ansprüche der Universalbanken an ihre Zielvariable Gewinn zu ermitteln
und für die Planung der zu ihrer Verwirklichung in den anderen beiden
Hauptplanungsbereichen erforderlichen Maßnahmen die notwendigen Aufschlüsse zu liefern. Maßgeblich für die lang- und kurzfristige Erfolgsplanung der Universalbanken unter diesen Aspekten sind nach den obigen
Ausführungen die von ihnen innerhalb des jeweiligen Planungszeitraums
insgesamt zu tätigenden Geschäfte mit ihren Erträgen und Aufwendungen. Wir haben daher den Bedürfnissen der Erfolgsplanung ebenfalls bereits durch die Untergliederung der Geschäftsarten in den Gruppen 1 und
2 des Geschäftsbereichs nach den von ihnen verursachten Aufwendungen
und den durch sie zu erzielenden Erträgen Rechnung zu tragen versucht
(1). Wie sich jedoch dazu nunmehr feststellen läßt, ist dies im wesentlichen nur bei den Erträgen und Aufwendungen in Form der Zinsen, Provisionen und Gebühren möglich und wegen des häufigen Leistungsver-
bunds in vielen Fällen nicht einmal für das einzelne Geschäft, sondern
nur für bestimmte Gruppen von Geschäften, so daß starke Detaillierungen der Geschäftsarten hier nicht erfolgen können. Dazu kommt noch,
daß bei den Preiskomponenten der Erträge und Aufwendungen, und zwar
vor allem bei den Zinssätzen (mit Ausnahme der fest vereinbarten Zinssätze für langfristige Kredite und Einlagen und der festverzinslichen
Wertpapiere) - wegen des hier besonders großen Einflusses der Ungewißheit der Zukunft - eine Prognostizierung meist nur für sehr kurze
Zeiträume erfolgen kann (2), gerade dafür aber wiederum - wegen der
kurzfristig meist heftigen Nachfrageschwankungen bei den einzelnen Geschäftsarten - eine Prognose der zu den Erträgen und Aufwendungen gehörenden Mengenkomponenten erhebliche Schwierigkeiten bereitet (3).
Ähnlich oder eher noch ungünstiger liegen die Verhältnisse bezüglich
der Gewinn- und Verlustanteile aus Beteiligungen, der Kursgewinne und
Kursverluste sowie der Wertberichtigungen auf Forderungen und Wertpapiere, deren detaillierte Ermittlung bei den einzelnen Geschäftsarten
infolgedessen wenig Aussicht auf Erfolg besitzt. Die für die produktiven
Faktoren Arbeitskräfte und Betriebsmittel entstehenden Aufwendungen
hingegen, also insbesondere die Personal- und Sachaufwendungen, können infolge der Produktionsverbundenheit der universalbankbetrieblichen Geschäfte überhaupt nicht durch entsprechende Untergliederungen
der einzelnen Geschäftsarten, sondern nur über die zur gesamten Geschäftsabwicklung erforderlichen technisch-organisatorischen Einrichtungen ermittelt werden. Das trifft auch für die realisierten Gewinne
und Verluste aus der evtl. Veräußerung von Betriebsmitteln zu. Am
besten eignen sich für die Erfassung all dieser Aufwendungen und Erträge wohl die in den Gruppen 5 und 6 des Betriebsbereichs gebildeten

----

1) Vgl. S. 232
2) Vgl. S. 181 und 254 f.
3) Vgl. S. 171 ff. und 201 ff.

technisch-organisatorischen Einheiten (1), so daß deren in Gruppe 7 des Betriebsbereichs vorzunehmende Kapazitätsplanung als unmittelbare Grundlage hierfür dienen kann (2). Wieder anders liegen die Dinge bei den Aufwendungen für Steuern und Abgaben, da diese sich teilweise erst aus dem insgesamt erzielten Gewinn ermitteln lassen. So sind eigentlich nur die Mieterträge aus der evtl. Vermietung von Grundstücken, Gebäuden oder Geschäftsräumen aus den bestehenden Mietverträgen leicht zu erfassen. Das bisher Gesagte gilt zunächst für die kurzfristige Erfolgsplanung, die sich allerdings im wesentlichen auf die kurzfristige Planung der Aufwendungen und Erträge für den produktiven Faktor Zahlungsmittelnutzung sowie der Erträge im Dienstleistungsgeschäft zu konzentrieren hat, weil sich die kurzfristige Planung der Aufwendungen für die produktiven Faktoren Arbeitskräfte und Betriebsmittel in Anbetracht ihres überwiegend fixen Charakters darauf beschränken muß, durch einen zweckmäßigen Einsatz der vorhandenen produktiven Faktoren möglichst keine "Leerkosten", sondern nur "Nutzkosten" entstehen zu lassen (3). Die Bedeutung der kurzfristigen Erfolgsplanung liegt demnach vor allem in ihrer Verbindung zur kurzfristigen Planung im Geschäftsbereich und der hierbei unter rentabilitäts-, liquiditäts- und sicherheitspolitischen Aspekten vorzunehmenden Planung der Anlage überschüssiger oder der Beschaffung fehlender finanzieller Mittel (4), während zur kurzfristigen Planung im Betriebsbereich nur über die Ausnutzung der produktiven Faktoren eine Verbindung besteht, die jedoch im großen und ganzen keinen Einfluß auf die effektive Höhe der Aufwendungen hat (5). Im Gegensatz zur kurzfristigen ist die Bedeutung der langfristigen Erfolgsplanung insbesondere darin zu erblicken, daß sie die langfristigen Tendenzen in der Entwicklung der erfolgsbestimmenden Faktoren sichtbar zu machen und über evtl. Korrekturen der langfristigen Planung im Geschäfts- und Betriebsbereich die Universalbanken ihren jeweiligen Zielsetzungen entsprechend zu steuern in der Lage ist. Dabei muß sich die langfristige im Vergleich zur kurzfristigen Erfolgsplanung freilich mit wesentlich globaleren Informationen über die Entwicklung der Aufwendungen und Erträge begnügen, weil weder die Preis- noch die Mengenkomponenten der Aufwendungen und Erträge über lange Zeiträume im Detail ermittelt werden können (6). Insbesondere stehen langfristig die Preise für den produktiven Faktor Zahlungsmittelnutzung im allgemeinen nur in Form von Zinsdifferenzen, nicht aber als absolute Beträge zur Verfügung, so daß nun auch hierfür die einzelnen Geschäftsarten nicht mehr als Informationsquelle in Frage kom-

---

1) Vgl. S. 241 ff.
2) Vgl. S. 247 ff.
3) Vgl. Krümmel, Hans-Jacob: Bankzinsen, S. 228 sowie unsere Ausführungen S. 171 ff.
4) Vgl. S. 238
5) Vgl. S. 250 ff.
6) Vgl. S. 187 ff.

men (1). Es erweist sich daher als günstig, daß für die langfristige
Erfolgsplanung ohnehin weniger die Aufwendungen und Erträge der einzelnen Geschäftsarten, als vielmehr deren Anteile am Gesamtgeschäft
interessieren. Der Grund dafür liegt darin, daß Wandlungen in der Ge-·
schäftszusammensetzung, wie sie bei den Aktiv- und Passivgeschäften
z. B. in der Struktur der Vermögens- und Kapitalbestände zum Ausdruck
kommen, bedeutsame Veränderungen der gesamten Aufwendungen und
Erträge des Geschäftsbereichs zur Folge haben können, die grundsätzliche geschäftspolitische Entscheidungen in diesem Bereich erfordern
(2). Als Beispiel sei der steigende Anteil der Spareinlagen und damit
der Anteil relativ teurer Finanzierungsmittel an der Bilanzsumme der
Universalbanken genannt, der auf lange Sicht bei allen Instituten tendenziell eine gewisse Veränderung der Struktur der Anlageformen bewirken dürfte. Für die langfristige Erfolgsplanung ist daher - ähnlich
wie für die Planung der finanziellen Kapazität - die Bildung weniger re-
präsentativer Gruppen von Aufwendungen und Erträgen aufschlußreicher
als eine stark detaillierte Untergliederung (3). Ähnliches gilt auch für
die langfristige Planung der Aufwendungen für die produktiven Faktoren Arbeitskräfte und Betriebsmittel, deren strukturelle Entwicklung
sich ebenfalls besser global als im Detail übersehen läßt. Insbesondere
sind es hier die langfristigen Entwicklungstendenzen der Preiskomponenten, die zu strukturellen Wandlungen der Mengenkomponenten zu führen tendieren. So wird z. B. ein weiterhin steigendes Lohnniveau mit
großer Wahrscheinlichkeit die Universalbanken zu immer stärkerer Me-
chanisierung und Automatisierung zwingen.

Bei der Aufgliederung der Aufwendungen und Erträge in Gruppe 9 des
Planungsrahmens der Universalbanken haben wir uns den Anforderungen
der Erfolgsplanung entsprechend zunächst an die Hauptarten der erfolgsbestimmenden Faktoren gehalten, diese jedoch nur soweit untergliedert,
wie es im Interesse einer möglichst allgemeinen Verwendbarkeit des
Planungsrahmens zweckmäßig erschien. Bei den Zinsen, Provisionen
und Gebühren sowie den realisierten Gewinnen und Verlusten sind wir
dabei von den einzelnen Geschäftsarten ausgegangen, während wir die
Personal- und Sachaufwendungen nach Aufwandsarten untergliedert haben. Die gebildeten Gruppen der Aufwendungen und Erträge müssen daher im Einzelfall nicht nur den Individualitäten der einzelnen Universalbanken, insbesondere ihren Informationsbeschaffungsmöglichkeiten,
sondern auch den jeweiligen Erfordernissen der lang- und kurzfristigen
Erfolgsplanung entsprechend weiter untergliedert oder stärker zusammengefaßt werden. Außer den Gruppen der Aufwendungen und Erträge

---

1) Vgl. S. 181 und 256
2) Vgl. hierzu insbesondere Osthues, Heinz: Betrachtungen zur Rentabilitätsentwicklung der Sparkassen, S. 169 ff. sowie unsere Ausführungen S. 306 ff. und 357 ff.
3) Vgl. S. 236 f. und 389 ff.

haben wir aber im Erfolgsbereich der Universalbanken auch noch eine Gruppe Gewinnverteilung vorgesehen, da deren Planung nicht nur für die Ermittlung der an die Zielvariable Gewinn zu stellenden Ansprüche, sondern auch für die Befriedigung dieser Ansprüche aus dem effektiv erzielten Gewinn eine bedeutsame Rolle spielt (1).

Damit haben wir alle drei Hauptplanungsbereiche der Universalbanken bezüglich ihrer Untergliederungsnotwendigkeiten und Untergliederungsmöglichkeiten erörtert und können uns im folgenden dem Problem zuwenden, wie die Vielzahl der gebildeten Teilplanungsbereiche zu einer funktionsfähigen Gesamtplanung der Universalbanken zusammengefügt werden kann.

b) Die Abstimmung der Teilplanungsbereiche

Die Untergliederung der Universalbanken in Teilplanungsbereiche erfolgte im Hinblick auf die große Zahl der bei der Gesamtplanung einer Unternehmung zu berücksichtigenden Tatbestände in Verbindung mit dem Zwang zur Vollständigkeit der Planung (2). Als ausschlaggebend für die Bildung der Teilplanungsbereiche haben sich dabei die Arteigenheiten der Universalbanken und die daraus resultierenden Besonderheiten für die Beschaffung und die Güte von Planungsinformationen erwiesen. Nun bedeutet die Bildung von Teilplanungsbereichen allerdings nicht etwa, daß die Planungen in den einzelnen Teilbereichen völlig isoliert voneinander erfolgen können. Es muß dabei vielmehr im Interesse der Gesamtunternehmung stets auf ihre gegenseitigen Belange Rücksicht genommen werden. Die Gründe dafür liegen einmal darin, daß alle Teilbereiche einer Unternehmung grundsätzlich in einem interdependenten Zusammenhang stehen, so daß Entscheidungen in einem Teilbereich Rückwirkungen auf alle anderen Teilbereiche haben, und zum anderen darin, daß angesichts der Möglichkeit von Zielkonflikten zwischen den einzelnen Teilbereichen sowie zwischen den Teilbereichen und der Gesamtunternehmung (3) immer nur deren Zielsetzung und nicht die der einzelnen Teilbereiche für die Planung maßgebend sein kann. Da wir als Leitmaxime der Planung einer Universalbank das Streben nach einem erreichbar erscheinenden Anspruchsniveau angesehen haben, dessen einzelne Ansprüche sich auf die im Zeitverlauf veränderlichen Zielvariablen Gewinn, Marktanteil und Eigenkapitalanteil beziehen, müssen alle Planungsbemühungen auf die Realisierung eines solchen Anspruchsniveaus ausgerichtet werden (4). Das bedeutet für die Planung in den einzelnen Teilbereichen einer Universalbank ihre unbedingte Unterordnung unter die jeweilige Leitmaxime der Gesamtplanung und ihre entsprechende

---

1) Vgl. S. 90 ff. und 400 ff.
2) Vgl. S. 227
3) Vgl. S. 138 f.
4) Vgl. S. 130 ff.

Koordinierung. Daraus resultieren nun allerdings ganz erhebliche Probleme.

Die Interdependenz des gesamten betrieblichen Geschehens erfordert für jede in irgendeinem Teilbereich der Universalbanken zu treffende Entscheidung grundsätzlich die Einbeziehung aller dafür bedeutsamen Tatbestände (1). Wie sich jedoch bei genauerer Betrachtung feststellen läßt, genügt eine Vollständigkeit der Planung in diesem Sinne noch nicht, um jeweils eine dem Planungsziel der Gesamtunternehmung entsprechende Entscheidung treffen zu können. Vielmehr bedarf es hierzu nicht nur der vollständigen, sondern außerdem der gleichzeitigen Berücksichtigung aller relevanten Tatbestände. Streng genommen ist das nur möglich, wenn es gelingt, sämtliche in Frage kommenden Fakten in einem Gleichungssystem - mit der jeweiligen Leitmaxime der Planung als Zielfunktion - zu vereinigen und das ganze Gleichungssystem simultan aufzulösen (2). Mit anderen Worten, die gesamte Planung einer Universalbank müßte in einem umfassenden mathematischen Entscheidungsmodell erfolgen, um jeweils die im Sinne des Planungszieles der Gesamtunternehmung richtige Entscheidung zu gewährleisten. Diese nicht nur für die Universalbanken, sondern für die Gesamtplanung aller Unternehmungen geltende Forderung stößt jedoch bei ihrer Verwirklichung auf sehr große allgemeine und bei den Universalbanken zusätzlich noch auf spezielle Schwierigkeiten. Bereits bei der Erörterung der Programmierungsmöglichkeit des Planungsinhalts im Zusammenhang mit der Elastizität der Planung bei den Universalbanken wurde darauf hingewiesen, daß die Konstruktion mathematischer Entscheidungsmodelle um so problematischer wird, je größer die Zahl der zu berücksichtigenden Entscheidungsvariablen und die Unsicherheit der relevanten Daten ist, und daß selbst dann, wenn es gelingt, die Entscheidungsmodelle mathematisch zu formulieren, ihre Auflösung noch an den hierfür erforderlichen mathematischen Methoden und/oder den Kapazitäten der elektronischen Rechenanlagen scheitern kann (3). In der betriebswirtschaftlichen Literatur wird daher eine Gesamtplanung der Unternehmungen mit Hilfe umfassender mathematischer Entscheidungsmodelle, die nicht nur eine sehr große Zahl von Entscheidungsvariablen, sondern zweifellos auch komplizierte (nicht-lineare) Funktionen enthalten müßten, in absehbarer Zeit nicht für möglich erachtet (4). Die Hauptschwierigkeiten erblickt man dabei weniger in der Konstruktion der mathematischen Entscheidungsmodelle selbst und ihrer rechnerischen Lösung durch elektronische Rechenanlagen, als vielmehr in den für die mathematische Lö-

---

1) Vgl. S. 211 ff. und 227
2) Vgl. Kilger, Wolfgang: Planungsrechnung und Entscheidungsmodelle des Operations Research, S. 56 sowie unsere Ausführungen S. 225 f.
3) Vgl. S. 225 f.
4) Vgl. Kilger, Wolfgang: Planungsrechnung und Entscheidungsmodelle des Operations Research, S. 57 und die hier angegebene Literatur.

sung sehr komplizierter Modelle nicht zur Verfügung stehenden mathematischen Lösungsmethoden. Bei den Universalbanken beginnen indessen die unlösbaren Probleme bereits bei der mathematischen Formulierung der Entscheidungsmodelle, da es auf Grund ihrer arteigenen Kosten- und Erlösstruktur - wie wir ausgeführt haben - nicht möglich erscheint, ihre Kosten und Erlöse simultan in eine Gesamtplanung eingehen zu lassen (1). Man braucht infolgedessen zur Ablehnung umfassender Entscheidungsmodelle für die Gesamtplanung der Universalbanken die in der mehr oder weniger großen Unsicherheit zahlreicher dafür relevanter Daten liegenden Probleme, die für die Konstruktion exakter Planungsmodelle ebenfalls eine erhebliche Rolle spielen (2), gar nicht heranzuziehen. Erweist sich somit die Gesamtplanung bei den Universalbanken mit Hilfe mathematisch formulierter umfassender Entscheidungsmodelle als nicht durchführbar, so bleibt als Ausweg aus dem Dilemma zwischen der Forderung nach einer simultanen Gesamtplanung und der Unmöglichkeit ihrer Realisierung nur die stufenweise oder sukzessive Planung all der Teilbereiche, die in gegenseitiger Abhängigkeit voneinander stehen. Es handelt sich hierbei darum, "daß die interdependenten Teilpläne so lange neu gestaltet werden, wie ihre Änderungen Variationen in anderen Teilbereichen auslösen, die noch zu groß sind, um vernachlässigt werden zu können" (3). Die Gesamtplanung ist in diesem Falle konvergent, wenn "sich von einer Planungsstufe zur anderen die erforderlichen Korrekturen der Entscheidungsvariablen in allen Teilplänen" verringern. Von dieser sukzessiven Planung kann man Teilpläne, deren Gestaltung nicht von anderen Plänen abhängig ist, oder deren Interdependenzen so gering sind, daß sie praktisch vernachlässigt werden können, ausnehmen, indem man die Gesamtplanung damit beginnen läßt und die Ergebnisse - soweit erforderlich - als Daten innerhalb der anderen Teilpläne verwendet. Nun dürfte es zwar bei den Universalbanken angesichts der für sie so nachdrücklich betonten Interdependenz des gesamten betrieblichen Geschehens schwer fallen, derartige Teilplanungsbereiche ausfindig zu machen. Jedoch erweist sich der aus der industriellen Planung stammende Gedankengang, bei dem z. B. an Rohstoffmischungen u. dgl. gedacht wird, für die Universalbanken insofern als nützlich, als die Planungen der Aufwendungen und Erträge bei ihnen - wie wir ausgeführt haben - infolge ihrer arteigenen Kosten- und Erlösstruktur weitgehend unabhängig voneinander erfolgen müssen (4) und - zumindest teilweise - nur über die erwartete Gesamtleistungsabnahme sowie die Leitmaxime der Gesamtplanung, an der sich beide auszurichten haben, miteinander in Beziehung stehen. Es müssen infolgedessen bei den Universalbanken im Grunde genommen zwei Pla-

---

1) Vgl. S. 254 f.
2) Vgl. S. 268 f., 324 ff. und 428 ff.
3) Vgl. hierzu und zum folgenden Kilger, Wolfgang: Planungsrechnung und Entscheidungsmodelle des Operations Research, S. 58 f.
4) Vgl. S. 254 f.

nungskreise unterschieden werden denen - ausgehend von der erwarteten
Gesamtleistungsabnahme und im Hinblick auf die Leitmaxime der Gesamtplanung - sukzessive Teilplanungen nebeneinander erfolgen können, und zwar die Planung im Geschäftsbereich und die Planung im Betriebsbereich einschließlich der jeweils hiervon ausgehenden Erfolgswirkungen, die in der Erfolgsplanung ihren Niederschlag finden. Daß
für die sukzessiven Teilplanungen in diesen beiden Planungskreisen Entscheidungsmodelle zur Anwendung gelangen sollten, soweit sich Möglichkeiten dafür finden lassen, bedarf nach der Bedeutung, die derartigen Modellen für die Ermittlung der im Sinne der Gesamtplanung einer Universalbank richtigen Entscheidungen zweifellos beigemessen werden muß, keiner besonderen Begründung, jedoch soll dieser Fragenkreis
erst im Zusammenhang mit dem Problem der Fristigkeit der Planung
und seiner Bedeutung für die Abstimmung der Teilplanungsbereiche erörtert werden (1). Inwieweit mit Hilfe der sukzessiven Teilplanungen
das Planungsziel der Gesamtunternehmung erreicht werden kann, hängt
bei den Universalbanken - wie bei allen anderen Unternehmungen auch -
letztlich davon ab, ob es gelingt, die bestehenden Interdependenzen zu
berücksichtigen und alle Teilplanungen auf das Planungsziel der Gesamtunternehmung auszurichten. Dabei ergibt sich ein weiteres schwieriges
Problem aus der Nicht-Operationalität der meisten Endziele unternehmerischer Planung, auf das bei der Untersuchung der Zielvariablen als
Planungsziele der Universalbanken bereits hingewiesen wurde (2). Auch
bei den Zielvariablen Gewinn, Marktanteil und Eigenkapitalanteil, auf
die sich die Ansprüche der Universalbanken innerhalb ihres Anspruchsniveaus richten, handelt es sich um nicht operationale Endziele, weil
ihre Erreichung bei der großen Zahl der tagtäglich in den Universalbanken zu fällenden Detailentscheidungen nicht überprüfbar ist, so daß
die Masse der Einzelentscheidungen daran nicht unmittelbar orientiert
werden kann (3). Das gilt infolge der arteigenen Kosten- und Erlösstruktur der Universalbanken vor allem für die Zielvariable Gewinn,
aber auch für die Zielvariable Marktanteil als Globalgröße aus einer
Vielzahl nicht addierbarer Geschäftsvorfälle sowie die Zielvariable Eigenkapitalanteil als einer Resultante aus den aktiven und passiven Geschäften der Universalbanken sowie der Verwendung des im Gesamtgeschäft erzielten Gewinnes. Die Zielvariablen Gewinn, Marktanteil und
Eigenkapitalanteil bilden daher zwar die "Operationalitätskriterien", die
den zahlreichen Entscheidungssubjekten in einer Universalbank als oberste Leitmaxime ihres Handelns vorgegeben werden, doch bedarf es in
Anbetracht ihrer Nicht-Operationalität "operationaler Unterziele", an
denen sich die einzelnen Entscheidungssubjekte unmittelbar orientieren
können, und deren Erreichung dann auch kontrollierbar ist. Um zu gewährleisten, daß die obersten Leitmaximen der Unternehmung in den

---

1) Vgl. S. 268 f.
2) Vgl. S. 137 ff.
3) Vgl. S. 137 f.

Einzelentscheidungen jedes Entscheidungssubjektes tatsächlich angestrebt werden, müssen die operationalen Unterziele so gesetzt werden, daß ihre Erreichung zugleich der Erreichung des Planungszieles der Unternehmung dient. Das bedeutet nichts anderes, als daß die einzelnen Teilplanungsbereiche mit Unterzielen ausgestattet werden müssen, die mit den Endzielen der Unternehmung übereinstimmen, zugleich aber rechnerisch erfaßbar und damit überprüfbar sind, so daß sie nicht nur Planungs-, sondern zugleich Verantwortungsbereiche darstellen können. Das besondere Problem liegt dabei darin, daß in Anbetracht der Möglichkeit von Zielkonflikten zwischen den einzelnen Teilbereichen sowie zwischen den Teilbereichen und der Gesamtunternehmung einerseits die Vergrößerung der Leistungsfähigkeit eines Teilbereichs durchaus keinen positiven Effekt auf das unternehmerische Gesamtziel zu haben braucht, und andererseits die einzelnen Teilbereiche ihren günstigsten Effekt auf das unternehmerische Gesamtziel bei unterschiedlichen Verhaltensweisen erreichen können. Als Beispiele hierzu waren die Forcierung einer unrentablen Geschäftsart und die Divergenz zwischen individueller Kundenbedienung und automatisierter Geschäftsabwicklung genannt worden (1). Dabei muß aber beachtet werden, daß sich die den Teilbereichen vorgegebenen Unterziele auf die Zielvariablen Gewinn, Marktanteil und Eigenkapitalanteil unterschiedlich auszuwirken vermögen. So kann z. B. die Forcierung eines unrentablen Dienstleistungsgeschäfts ohne weiteres einen steigenden Marktanteil desselben, dagegen infolge der dafür erforderlichen Errichtung neuer Kapazitäten eine im Vergleich zu dem erzielbaren Ertragszuwachs unverhältnismäßig hohe Aufwandssteigerung und damit Gewinnminderung zur Folge haben, während die Wirkung auf den Eigenkapitalanteil - wenn man von der verminderten Thesaurierungsmöglichkeit der erzielten Gewinne absieht - neutral ist. Der Effekt für das unternehmerische Gesamtziel ist infolgedessen in diesem Falle ganz anders zu beurteilen, je nachdem ob Gewinn, Marktanteil oder Eigenkapitalanteil im Planungszeitpunkt die vordringlichere Zielvariable bilden. Geht man von der rechnerischen Erfaßbarkeit als Voraussetzung der Kontrollierbarkeit aus, so kommen nach unseren Ausführungen über die Hierarchie der Teilplanungsbereiche (2) und die Möglichkeiten sukzessiver Teilplanungen (3) bei den Universalbanken im Planungskreis des Geschäftsbereichs als operationale Teilplanungsziele die Bestände bzw. Umfänge der einzelnen Geschäftsarten sowie die dabei zu erzielenden Erträge bzw. entstehenden Aufwendungen an Zinsen, Provisionen und Gebühren (wenn auch möglicherweise nur in Form von Zinsdifferenzen (4) und schließlich die Ausgaben und Einnahmen in Frage. Als Teilplanungsziele im Planungskreis des Betriebsbereichs hingegen wird man den Arbeitsanfall und die Bestände an produk-

---

1) Vgl. S. 138
2) Vgl. S. 227 ff.
3) Vgl. S. 261 ff.
4) Vgl. S. 181 und 257

tiven Faktoren in den einzelnen organisatorischen Einheiten sowie die
dafür entstehenden Aufwendungen heranziehen. Bei der größenmäßigen
Festlegung der einzelnen Teilplanungsziele ist grundsätzlich von den
im Planungszeitpunkt erreichbar erscheinenden Ansprüchen an die Zielvariablen Gewinn, Marktanteil und Eigenkapitalanteil auszugehen. Jedoch spielt dabei auch der jeweilige Planungszeitraum eine erhebliche
Rolle, da er sich für die Abstimmung der Teilplanungsbereiche als bedeutungsvoll erweist (1). So ist im Planungskreis des Geschäftsbereichs
langfristig insbesondere die Einhaltung der vom Gesetzgeber und der
interessierten Öffentlichkeit geforderten Strukturnormen und kurzfristig
vor allem die jederzeitige Zahlungsfähigkeit in Betracht zu ziehen, während im Planungskreis des Betriebsbereichs langfristig insbesondere
die Schaffung der für die erwartete Gesamtleistungsabnahme erforderlichen Kapazitäten und kurzfristig vor allem deren jederzeitige sinnvolle Ausnutzung zu berücksichtigen ist. Die Bestimmung geeigneter operationaler Teilziele in den beiden Planungskreisen ist infolge der aufgezeigten Probleme im allgemeinen nicht einfach, doch wird sie dadurch,
daß Aufwendungen und Erträge bei der Planung überwiegend nicht unmittelbar, sondern nur über die erwartete Gesamtleistungsabnahme sowie die Leitmaximen der Gesamtplanung miteinander in Beziehung zu
bringen sind, zweifellos erleichtert. In gleicher Weise wirkt sich auch
der Verzicht auf die Maximierungshypothese und das Abstellen auf befriedigende bzw. erreichbar erscheinende Anspruchshöhen für die einzelnen Zielvariablen aus. Trotzdem dürfte es aber nur in den seltensten
Fällen gelingen, eine völlige Übereinstimmung der operationalen Teilplanungsziele mit der Leitmaxime der Gesamtunternehmung zu erreichen, so daß man sich in der Regel mit Näherungslösungen begnügen
muß. Die so konzipierte Planung der Universalbanken entbehrt damit -
das sei an dieser Stelle noch einmal besonders hervorgehoben - eines
Regulativs, welches in so hervorragender Weise wie die Gewinnmaximierung funktioniert, wenn die erforderlichen Voraussetzungen dafür
in Gestalt vollkommener Planungsinformationen und absoluter Rationalität vorhanden sind, und wird in gewisser Hinsicht unbestimmt und mehr-
deutig (2). Jedoch muß dieser Nachteil u. E. in Kauf genommen werden,
weil in der bankbetrieblichen Wirklichkeit grundsätzlich nicht mit den
Prämissen für eine auf Gewinnmaximierung ausgerichtete Planung gerechnet werden kann (3).

Letztlich ist nunmehr noch das für die Abstimmung der Teilplanungsbereiche bei den Universalbanken aus der Länge des jeweiligen Planungszeitraumes resultierende Problem zu erörtern (4). Dabei handelt
es sich um das von Gutenberg sogenannte "Ausgleichsgesetz der Pla-

1) Vgl. S. 264 ff.
2) Vgl. S. 88 f.
3) Vgl. S. 79 ff.
4) Vgl. oben

nung (1). Es besagt, daß sich die kurzfristige Planung grundsätzlich am
Minimumsektor zu orientieren hat, während die langfristige Planung auf
die Beseitigung des Engpaßbereichs bedacht sein muß, weil sich die hierfür erforderlichen grundlegenden Änderungen - entsprechend der be-
grifflichen Trennung zwischen kurz- und langfristiger Planung (2) - nicht
auf kurze, sondern nur auf lange Sicht vollziehen lassen. Obwohl das
Ausgleichsgesetz der Planung, wie Gutenberg nachdrücklich hervorhebt,
Allgemeingültigkeit besitzt, zeigt es bei den Universalbanken auf Grund
ihrer Arteigenheiten in mancher Hinsicht andere Ausprägungen als etwa
bei den Industrie- und Handelsunternehmungen. Sie resultieren vor allem
daraus, daß bei den Universalbanken infolge ihrer besonderen Kosten-
und Erlösstruktur in Verbindung mit der starken Produktions- und Leistungsverbundenheit ihres breiten Geschäftsprogramms Kosten und Erlöse überwiegend nicht simultan in die Planung eingehen können (3), sowie
daraus, daß die Universalbanken als Träger des Geld- und Kreditverkehrs der Wirtschaft in hohem Maße von den Dispositionen ihrer Kunden abhängen und zugleich auf deren Vertrauen angewiesen sind (4). Weiterhin ist in diesem Zusammenhang zu berücksichtigen, daß die Nachfrage nach den Leistungen der Universalbanken zumindest teilweise nur
sehr schwer zu beeinflussen ist (5), daß den Universalbanken infolge
ihrer Auftragsabhängigkeit in Verbindung mit der Lagerunfähigkeit ihrer Geschäfte tendenziell weder eine Bildung von Auftrags- noch eine
solche von Lagerbeständen möglich ist (6), daß sie aber sowohl im finanziellen als auch im technisch-organisatorischen Sektor eine relativ
hohe immanente Elastizität besitzen, die ihnen eine große Anpassungsfähigkeit verleiht (7). Engpässe können bei den Universalbanken sowohl
im Betriebsbereich (bei den einzelnen organisatorischen Einheiten) als
auch im Geschäftsbereich (bei den einzelnen Geschäftsarten) auftreten.
Nach dem Ausgleichsgesetz der Planung müßten auf den jeweiligen minimumsektor kurzfristig alle anderen Teilbereiche einreguliert werden.
Dies ist jedoch bei den Universalbanken nur in begrenztem Maße möglich. Erscheint z. B. auf Grund der gegenwärtigen Nachfrage nach Bankgeschäften die Kapazität einzelner oder aller organisatorischen Einheiten einer Universalbank als zu klein, so bleibt ihr - will sie nicht das
Vertrauen ihrer Kunden, auf das sie in so starkem Maße angewiesen ist,
aufs Spiel setzen - kurzfristig nichts anderes übrig, als durch intensitätsmäßige, zeitliche oder quantitative Anpassung (8) im Betriebsbe-

---

1) Vgl. Gutenberg, Erich: Die Produktion, S. 162 ff.
2) Vgl. S. 185 ff.
3) Vgl. S. 254 f.
4) Vgl. S. 79
5) Vgl. S. 161
6) Vgl. S. 159. Es gibt hiervon zwar gewisse Ausnahmen, z. B. die Dau-
   eraufträge im Zahlungsverkehrsgeschäft, doch fallen sie im Rahmen
   der gesamten Geschäftstätigkeit nicht stark ins Gewicht.
7) Vgl. S. 221 ff.
8) Vgl. Gutenberg, Erich: Die Produktion, S. 349 ff.

reich behelfsmäßig dafür Sorge zu tragen, daß trotz der bestehenden Engpässe alle nachgefragten Bankgeschäfte bearbeitet werden können. Sie wird zwar in einem solchen Fall vielleicht vom Einsatz des absatzpolitischen Instrumentariums absehen, jedoch besteht für sie praktisch keine Möglichkeit, die Nachfrage nach Bankgeschäften auf den technisch-organisatorischen Minimumsektor einzuregulieren. Zumindest würde es allen geschäftspolitischen Gepflogenheiten der Universalbanken widersprechen, vorhandene Nachfrage nach Bankgeschäften, die ihren Ertrags- und Sicherheitsanforderungen entspricht und auch liquiditätsmäßig bewältigt werden kann, zurückzuweisen, es sei denn, daß zu lange Wartezeiten die Kunden von sich aus zu anderen Instituten abwandern lassen. Auch können die Universalbanken infolge der starken Konkurrenz innerhalb der gesamten Kreditwirtschaft ihre Ertrags- und Sicherheitsanforderungen nicht beliebig erhöhen. Allenfalls könnten sie im Aktivgeschäft versuchen, möglichst solche Geschäfte zu tätigen, die wenig Arbeit erfordern und infolgedessen Großkredite oder Effektenanlagen bevorzugen. Jedoch bestehen für solche Tendenzen wieder risikopolitische Grenzen. Es ergibt sich also, daß es bei den Universalbanken tendenziell weder möglich noch sinnvoll erscheint, die Nachfrage nach Bankgeschäften auf den Minimumsektor Betriebsbereich einzuregulieren. Infolgedessen darf es bei ihnen einen Engpaß im Betriebsbereich im Grunde genommen überhaupt nicht geben. Die Universalbanken pflegen diese Tatsache seit jeher dadurch zu berücksichtigen, daß sie - wie wir ausgeführt haben - erhebliche Reservekapazitäten bereitzustellen pflegen (1). Außerdem trägt aber ihre auch im Betriebsbereich vorhandene hohe immanente Elastizität (2) wesentlich dazu bei, daß "echte", also kurzfristig nicht durch intensitätsmäßige, zeitliche oder quantitative Anpassung zu beseitigende Engpässe kaum entstehen können. Bildet der Geschäftsbereich der Universalbanken den Minimumsektor, so ist zunächst einmal von Bedeutung, ob es sich dabei um fehlende Nachfrage im Dienstleistungsgeschäft und/oder um einen Engpaß innerhalb der finanziellen Kapazität handelt, wobei nochmals zwischen einem aktiven und einem passiven Minimumsektor zu unterscheiden ist. Das Dienstleistungsgeschäft als Engpaß würde vorwiegend arbeitsmäßige Auswirkungen zur Folge haben. Eine entsprechende Anpassung der dafür vorhandenen organisatorischen Einheiten ist auf Grund der hohen immanenten Elastizität der Universalbanken ohne weiteres möglich, sofern andere organisatorische Einheiten gleichzeitig eine höhere Nachfrage zu bewältigen haben. Das Gleiche gilt für die arbeitsmäßigen Auswirkungen eines aktiven oder passiven Engpasses der finanziellen Kapazität. Ist hingegen der gesamte Geschäftsbereich Minimumsektor, so lassen sich im Betriebsbereich Überkapazitäten größeren Ausmaßes, die ja von den Universalbanken in Erwartung schwankender oder ansteigender Nachfrage ausdrücklich geschaffen werden, nicht vermeiden. Indessen erscheinen

---

1) Vgl. S. 220 ff.
2) Vgl. S. 221 ff.

die arbeitsmäßigen Auswirkungen eines Engpasses im Geschäftsbereich
bei den Universalbanken von weniger großer Bedeutung als ihre finanziellen Auswirkungen. So stellt ein Engpaß im gesamten Passivgeschäft die
Universalbanken - wie andere Unternehmungen auch - vor die Notwendigkeit, das Aktivgeschäft auf ihre finanziellen Möglichkeiten einzuregulieren (1). In Frage kommt dafür sowohl eine Beschränkung der Anlagen am Geld- oder Kapitalmarkt, als auch eine Einschränkung der Kreditgewährung, die von den Universalbanken aber nur ungern vorgenommen wird. Liegt lediglich im Einlagensektor ein Engpaß vor, so pflegen
die Universalbanken statt der Beschränkung des Aktivgeschäfts die Aufnahme von Krediten zu bevorzugen. Besteht ein Engpaß im gesamten Aktivgeschäft, so liegen die Verhältnisse wieder etwas anders, denn die
Universalbanken haben praktisch keine Möglichkeit, den Zufluß von Einlagen zu beschränken und dies würde auch gar nicht in ihrem Sinne liegen. Sie können infolgedessen nur ihre aufgenommenen Kredite verringern, um ihre finanziellen Mittel auf die Anlagemöglichkeiten einzuregulieren. Liegt der Engpaß nur im aktiven Kreditgeschäft, so können sie
auch auf Anlagen am Geld- oder Kapitalmarkt auszuweichen versuchen.
Es ergibt sich also, daß die Universalbanken grundsätzlich die Möglichkeit besitzen, das Ausgleichsgesetz der Planung bei Engpässen im
Geschäftsbereich wirksam werden zu lassen. Jedoch gibt ihnen ihre hohe
immanente Elastizität im finanziellen Sektor auch hier einen großen
Spielraum für Anpassungsmaßnahmen, der durch Reserven an finanziellen Mitteln und unausgenützte Kreditspielräume noch erhöht wird (2).
Sie können infolgedessen von vornherein weitgehend dafür Sorge tragen,
daß auch finanzielle Engpässe, die Einregulierungen der anderen Teilbereiche erfordern würden, gar nicht erst auftreten oder sich zumindest in engen Grenzen halten. Insgesamt läßt sich somit feststellen,
daß die Tendenz bei den Universalbanken dahin geht, "echte Engpässe",
die kurzfristig durch Anpassungsmaßnahmen nicht zu beseitigen sind,
sowohl im Betriebs- als auch im Geschäftsbereich möglichst zu verhindern. Der Grund dafür liegt darin, daß Einregulierungen der anderen
Teilbereiche auf den jeweiligen Minimumsektor, wie sie das Ausgleichsgesetz der Planung fordert, von den Universalbanken teilweise nicht zu
bewerkstelligen sind und teilweise auch gar nicht in ihrem Sinne liegen.
Es bedarf allerdings wiederum der Arteigenheiten der Universalbanken,
um die Vermeidung oder Hinausschiebung von Engpässen bei Berücksichtigung der hierfür entstehenden "Opportunitätskosten" in wirtschaftlich
vertretbarer Weise zu ermöglichen (3). So müssen die Universalbanken
mit Hilfe der langfristigen Planung versuchen, technisch-organisatorische und finanzielle Kapazitäten zu erstellen, die ihren Arteigenheiten
in bezug auf Engpaßsituationen von vornherein Rechnung tragen. Auch
das langfristige Ausgleichsgesetz der Planung weist infolgedessen bei

---

1) Vgl. hierzu insbesondere die Ausführungen S. 400 ff.
2) Vgl. S. 220 ff.
3) Vgl. S. 212 f. und 221 ff., insbesondere S. 223

ihnen eine Besonderheit auf, da es weniger auf die Beseitigung beste-
hender Engpässe (1), als vielmehr auf die Vermeidung oder Hinausschiebung derselben durch Erstellung ausreichender Reservekapazitäten und Schaffung immanenter Elastizität ausgerichtet ist. Eine zu geringe Nachfrage nach Bankgeschäften läßt sich freilich nicht auf diese
Weise, sondern nur durch den geschickten Einsatz des absatzpolitischen
Instrumentariums verhindern, dem infolgedessen innerhalb der langfristigen Planung der Universalbanken ebenfalls eine erhebliche Bedeutung zukommt.

Alle für die kurz- und langfristige Planung der einzelnen Teilplanungsbereiche bei den Universalbanken als bedeutsam erkannten Tatbestände
müßten eigentlich simultan Berücksichtigung finden, um eine der Leitmaxime der Gesamtunternehmung entsprechende Abstimmung der Teilplanungsbereiche zu ermöglichen (2). Da dies jedoch vor allem wegen
der in den mathematischen Lösungsmethoden komplizierter Planungsmodelle liegenden allgemeinen Grenzen sowie der arteigenen Kosten-
und Erlösstruktur der Universalbanken nicht möglich erscheint, haben
wir als Ausweg sukzessive Teilplanungen innerhalb zweier Planungskreise vorgeschlagen (3). Gleichzeitig war aber in diesem Zusammenhang darauf hingewiesen worden, daß dabei - soweit möglich - mathematisch formulierte Entscheidungsmodelle verwendet werden sollten (4).
Es ist daher nunmehr zu fragen, ob derartige Möglichkeiten gefunden
werden können. Dabei muß die grundsätzliche Ungewißheit der Zukunft,
die bisher außer acht gelassen worden ist, als weiterer Begrenzungs-
faktor exakter Planungsmodelle in die Betrachtung einbezogen werden
(5). Zwar läßt sich der Ungewißheit der Zukunft innerhalb mathematisch
formulierter Entscheidungsmodelle durchaus Rechnung tragen, wenn es
gelingt, ausreichend hohe (und möglichst objektive) Wahrscheinlichkeiten für die prognostizierten Daten zu ermitteln, jedoch wird diese Möglichkeit tendenziell immer geringer, je länger der Planungszeitraum
ist (6). Exakte Planungsmodelle erweisen sich infolgedessen wegen der
zu großen Unsicherheit der Daten für die langfristige Planung im allgemeinen als problematisch, so daß es geraten erscheint, die Verwendung
mathematisch formulierter Entscheidungsmodelle auf den Bereich der
kurzfristigen Planung zu beschränken (7). Auch für die Planung der Uni-

---

1) Vgl. S. 264 f.
2) Vgl. S. 260
3) Vgl. S. 261 f.
4) Vgl. S. 262
5) Vgl. S. 261
6) Vgl. S. 146 ff.
7) Vgl. Kilger, Wolfgang: Planungsrechnung und Entscheidungsmodelle
   des Operations Research, S. 59 f. Eine Ausnahme in dieser Hinsicht
   macht die Investitionsplanung. Vgl. hierzu auch die Ausführungen S.
   428 ff.

versalbanken ist diese Begrenzung angebracht. Wenn überhaupt, wird also bei der kurzfristigen Planung der Universalbanken die Verwendung mathematisch formulierter Planungsmodelle möglich sein. Dabei wird man sich aber auf die Konstruktion von Planungsmodellen zu konzentrieren haben, die wegen der arteigenen Kosten- und Erlösstruktur der Universalbanken die weitgehende Unabhängigkeit von Kosten und Erlösen in ihrer Planung berücksichtigen (1) und außerdem mit einer dem tatsächlichen Verhalten der Universalbanken Rechnung tragenden Zielsetzung ausgestattet sind (2). Im folgenden Hauptteil wird darauf noch näher einzugehen sein (3).

4. Die Planungsgrundsätze als Ergebnis der erörterten Zusammenhänge

Überblicken wir rückschauend unsere Ausführungen über die Planungskonzeption einer Universalbank und ihre Abhängigkeit von den Arteigenheiten der Universalbanken sowie den jeweils verfügbaren Informationen, so läßt sich aus den erörterten Zusammenhängen eine ganze Reihe von Anforderungen herauskristallisieren, die an die Planung einer Universalbank gestellt werden müssen, wenn sie ihre Aufgaben zu erfüllen in der Lage sein soll. Man kann sie als Planungsgrundsätze der Universalbanken bezeichnen, wenn man sich bewußt bleibt, daß es sich dabei - ähnlich wie bei den Organisationsgrundsätzen - weniger um Entscheidungsregeln als eben um Postulate handelt (4). In der betriebswirtschaftlichen Literatur ist zur Frage der Planungsgrundsätze von vielen Autoren Stellung genommen worden, die dabei jeweils von den Anliegen ihres speziellen Falles ausgegangen sind. So nennt z. B. Orth als Planungsgrundsätze für die kurzfristige Finanzplanung industrieller Unternehmungen (5):

1. Vollständigkeit und gegenseitige Planabstimmung,
2. Regelmäßigkeit und Kontinuität,
3. Elastizität und
4. Wirtschaftlichkeit,

während v. Kortzfleisch als Planungsgrundsätze für alle Finanzplanungen:

1. größte Elastizität,
2. ausreichende Genauigkeit und
3. Wirtschaftlichkeit

herausstellt (6), und wieder andere Autoren Grundsätze für die organi-

---

1) Vgl. S. 254 f.
2) Vgl. S. 67
3) Vgl. insbesondere S. 308 ff.
4) Vgl. Gutenberg, Erich: Die Produktion, S. 257
5) Vgl. Orth, Ludwig: Die kurzfristige Finanzplanung industrieller Unternehmungen, S. 44 ff.
6) Vgl. v. Kortzfleisch, Gert: Die Grundlagen der Finanzplanung, Berlin 1957, S. 64 ff.

satorische Gestaltung der Planung entwickelt haben (1). Aus unserer
Sicht der Dinge läßt sich zunächst der allgemeine Grundsatz ableiten,
daß neben den jeweiligen Planungsaufgaben für die Gestaltung der Gesamtplanung bei den Universalbanken immer ihre Arteigenheiten und die
beschaffbaren Informationen maßgebend sein müssen. Sie bestimmen gemeinsam die Planung der Universalbanken im Hinblick auf ihre Fristigkeit, ihre Differenziertheit, ihre Anpassungsfähigkeit und ihre Aufgliederungsnotwendigkeit. Mit anderen Worten, es läßt sich nicht allgemein
sagen, daß die Planung der Universalbanken kurz- oder langfristig, grob
oder detailliert, elastisch oder starr und mehr oder weniger stark untergliedert sein soll, sondern dies hängt stets von den angegebenen Bestimmungsgründen ab und läßt sich nur aus dem Gesamtzusammenhang
heraus entscheiden. Wir entwickeln infolgedessen aus den Gestaltungsmöglichkeiten der Planung keine Grundsätze für die Planung der Universalbanken, sondern sehen darin lediglich Abhängigkeiten der Planungskonzeption der Universalbanken von den Bestimmungsgründen für
die Gestaltung ihrer Planung. Das gilt auch für die Elastizität der Planung, die in der Literatur vielfach als wesentlichster Planungsgrundsatz angesehen wird (2). Als weitere Grundsätze für die Planung der
Universalbanken wollen wir dagegen diejenigen der Vollständigkeit, der
gegenseitigen Abstimmung, der Einfügung in den organisatorischen Zusammenhang, der Regelmäßigkeit und Kontinuität ansehen. Bei den ersten beiden handelt es sich gewissermaßen um unabdingbare Grundsätze,
da ohne ihre Beachtung die Planung von vornherein zum Scheitern verurteilt wäre. Sie resultieren beide aus der Interdependenz des gesamten
betrieblichen Geschehens in einer Universalbank und tragen der Tatsache Rechnung, daß in die Planung stets alle dafür relevanten Tatbestände nicht nur überhaupt, sondern möglichst gleichzeitig eingehen
müssen (3). Der Grundsatz der Einfügung der Planung in den organisatorischen Zusammenhang einer Universalbank ergibt sich aus der Erkenntnis, daß die Planung die ihr obliegenden Aufgaben nur erfüllen kann,
wenn sie institutionell verankert und der Planungsprozeß straff geregelt ist (4). Schließlich resultiert der Grundsatz der Regelmäßigkeit und
Kontinuität der Planung aus der Tatsache, daß die Planung als "gedankliche Vorwegnahme zukünftigen Geschehens", wie es in ihrer Definition

1) Vgl. Grochla, Erwin: Die Träger der Betriebsplanung, in: Zeitschrift
   für handelswissenschaftliche Forschung, 10. Jg. 1958, S. 511 ff. und
   Newbury, Frank D.: Business Forecasting, Principles and Practice,
   New York-Toronto-London 1952, S. 11
2) Vgl. v. Kortzfleisch, Gert: Die Grundlagen der Finanzplanung, S. 65
   ff. und die bei Orth, Ludwig: Die kurzfristige Finanzplanung industrieller Unternehmungen auf S. 49 Fußnote 190 angegebene Literatur.
3) Vgl. S. 260 ff.
4) Vgl. S. 225 ff. und 243

heißt (1), eine immerwährende Aufgabe der Unternehmungsleitungen darstellt, die nur bewältigt werden kann, wenn sie laufend durchgeführt und
dabei sowohl für Kontinuität als auch für Regelmäßigkeit gesorgt wird,
obgleich letzteres in der Literatur nicht unbestritten ist (2). Nun stehen
allerdings die bisher genannten Planungsgrundsätze mit einem weiteren
Planungsgrundsatz in einem gewissen Spannungsverhältnis, nämlich mit
dem Grundsatz der Wirtschaftlichkeit der Planung. In der Planungsliteratur wird darauf von vielen Autoren hingewiesen, welche sonstigen
Planungsgrundsätze sie auch herausgearbeitet haben. Der Grundsatz
der Wirtschaftlichkeit der Planung besagt, daß die Aufwendungen dafür
in einem vernünftigen Verhältnis zu den erzielbaren Erträgen stehen
müssen, da die Planung niemals Selbstzweck, sondern immer nur Mittel zum Zwecke einer rationalen Gestaltung des betrieblichen Geschehens in einer Unternehmung sein und der Realisierung ihrer jeweiligen
Zielsetzung dienen soll. Das bedeutet selbstverständlich nicht, daß der
Aufwand für die Planung der Universalbanken möglichst gering zu halten
ist, sondern nur, daß der Erkenntniswert der Planung nicht mit über-
mäßig hohen Aufwendungen erkauft werden darf. Leider lassen sich jedoch Planungserträge wegen des dabei auftauchenden Zurechnungsproblems grundsätzlich nicht ermitteln und auch die Feststellung des gesamten Planungsaufwandes dürfte im allgemeinen nicht einfach sein.
Das gilt für Universalbanken wie für alle anderen Unternehmungen. Die
Einhaltung des Grundsatzes der Wirtschaftlichkeit bei der Planung der
Universalbanken wird damit letztlich zu einer "Frage des unternehmerischen Urteilsvermögens" (3). Zwar wird man im konkreten Fall in der
Regel festzustellen in der Lage sein, ob die Aufwendungen für eine zusätzliche Differenzierung, Elastizität, Länge oder Genauigkeit der Planung, die sich aus den Kosten der Informationsbeschaffung und/oder den
Opportunitätskosten ergeben (4), in einem vertretbaren Verhältnis zu
den erzielbaren Planungsergebnissen stehen, aber Allgemeingültiges
kann dazu nicht gesagt werden. Den einzelnen Planungsgrundsätzen der
Universalbanken werden daher durch den Grundsatz der Wirtschaftlichkeit zwar gewisse Grenzen gesetzt, jedoch lassen sich diese Grenzen
nicht exakt bestimmen.

Mit dieser Feststellung seien unsere Ausführungen über die Bestimmungsgründe für die Gestaltung der Planung bei den Universalbanken
abgeschlossen. Wir haben darin versucht, alle die Tatbestände theoretisch zu erfassen und systematisierend zu bewältigen, die für die Mög-

---

1) Vgl. S. 19 f.
2) Vgl. Orth, Ludwig: Die kurzfristige Finanzplanung industrieller Unternehmungen, S. 48
3) Vgl. Orth, Ludwig: Die kurzfristige Finanzplanung industrieller Unternehmungen, S. 52 und v. Kortzfleisch, Gert: Die Grundlagen der
   Finanzplanung, S. 76
4) Vgl. S. 211 und 212 f.

lichkeiten und Grenzen der Planung bei den Universalbanken von Bedeutung sind. Zusammen mit den Ausführungen über die Zielsetzung der Universalbanken als Leitmaximen ihrer Planung glauben wir damit die Grundlagen geschaffen zu haben, von denen konkrete Planungen in den Universalbanken ausgehen können. Daß dabei weitere Fragen - vor allem solche technischer Art - auftauchen, versteht sich von selbst, doch lassen sie sich nur im Einzelfall klären. Im folgenden letzten Hauptteil wollen wir daher noch den Versuch unternehmen, mit Hilfe der geschaffenen Grundlagen die bereits vorhandenen Ansätze für die Planung bei den Universalbanken kritisch zu erörtern und Möglichkeiten zu ihrer Verbesserung zu finden.

IV. Ansätze für die Planung bei Universalbanken

Da es uns in diesem Abschnitt darauf ankommt, das zur Planung der Universalbanken bereits vorhandene Gedankengut auszuwerten, können wir uns hier nicht auf die Gruppe der Kreditbanken beschränken, sondern müssen auch die für andere Institutsgruppen entwickelten Ansätze berücksichtigen. Unsere Ausführungen untergliedern wir zweckmäßigerweise in die Ansätze der universalbankbetrieblichen Praxis und der bankbetrieblichen Theorie (1). Wegen der sowohl im Anliegen als auch in den Methoden unterschiedlichen Ausrichtung der lang- und kurzfristigen Planung wird jedoch in beiden Abschnitten nochmals eine entsprechende Unterteilung vorgenommen. Bei allen zu den vorhandenen Ansätzen angestellten kritischen Überlegungen fußen wir auf den in den vorangegangenen Ausführungen gewonnenen Erkenntnissen und bemühen uns vor allem darum, der praktischen Planungsarbeit in den Universalbanken gangbare Wege zu weisen.

A. Ansätze der Praxis

1. Ansätze für die langfristige Planung

Die für die langfristige Planung bei den Universalbanken vorhandenen Ansätze der Praxis lassen sich - trotz erheblicher Unterschiede im einzelnen - in drei Gruppen zusammenfassen, die wir als Kostenpläne (Budgets), Organisationspläne und Gesamtplanungen bezeichnen wollen.

a) Kostenpläne (Budgets)

Bei der Suche nach langfristigen Planungsansätzen von Universalbanken müssen wir unseren Blick zunächst auf die öffentlich-rechtlichen Sparkassen richten, die seit langem auf Grund gesetzlicher Vorschriften Kostenpläne aufstellen müssen. Die kommunalen Sparkassen unterliegen als Anstalten des öffentlichen Rechts dem sogenannten Beiträgegesetz (2). Danach bestand für sie ursprünglich - wie für alle öffentlichen Haushalte - die Verpflichtung, zu Beginn eines jeden Jahres über ihre voraussichtlichen Einnahmen und Ausgaben in diesem Jahr einen Haushaltsplan (Etat) zu erstellen (3). Zwar wurden sie davon nach § 7 (2) des Beiträgegesetzes in der Weise befreit, daß sie nur einen Voran-

---

1) Vgl. S. 11 ff.
2) Vgl. Gesetz zur Erhaltung und Hebung der Kaufkraft (Beiträgegesetz) vom 24. 3. 1934 (RGBl S. 235) mit Änderungen vom 16. 10. und 5. 11. 1934 (RGBl S. 925 und 1086), Abschnitt I: Finanzgebarung der juristischen Personen des öffentlichen Rechts und ähnlicher Verbände und Organisationen.
3) Vgl. Schlierbach, Helmut: Kommentar zum Hessischen Sparkassengesetz, Stuttgart 1958, S. 161

schlag über den zu erwartenden persönlichen und sächlichen Verwal-
tungsaufwand einschließlich eines Stellenplanes zu erarbeiten hatten,
jedoch fanden für diesen Verwaltungskostenvoranschlag mit Stellenplan
die Vorschriften über den Haushaltsplan sinngemäß Anwendung und
außerdem war er seitens der Sparkassenaufsichtsbehörde genehmi-
gungspflichtig. Erst das nach dem zweiten Weltkrieg geschaffene neue
Sparkassengesetz einzelner Bundesländer, in das die vom Deutschen
Sparkassen- und Giroverband erarbeiteten Vorschläge (1) in ihren wesentlichsten Punkten Eingang gefunden haben (2), brachte bezüglich
des Kostenvoranschlages eine dem Charakter der Sparkassen als Wirt-
schaftsunternehmen Rechnung tragende Sonderregelung. An die Stelle
des genehmigungspflichtigen Verwaltungskostenvoranschlages tritt danach der genehmigungsfreie, rein interne Voranschlag der Handlungskosten, der durch das oberste Organ der Sparkasse festzustellen ist
und ausschließlich seinem Verantwortungsbewußtsein unterliegt (3).
Der Handlungskostenvoranschlag umfaßt im Gegensatz zum früheren
Verwaltungskostenvoranschlag nur noch die (laufenden) persönlichen
und sächlichen Aufwendungen der Sparkasse und nicht mehr die Steuern
sowie die außerordentlichen Aufwendungen für den Erwerb von Grund-
besitz und Einrichtungsgegenständen und für Neu- und Umbauten (4).
Nach der neuen Regelung unterliegt auch der vom obersten Sparkassen-
organ zu beschließende Stellenplan als Bestandteil des Handlungskosten-
voranschlages keiner Genehmigungspflicht mehr.

Betrachten wir den von den Sparkassen zum Jahresbeginn für das laufende Geschäftsjahr auf Grund der gesetzlichen Vorschriften aufzustellenden Kostenvoranschlag (5) im Lichte unserer Ausführungen über die
langfristige Erfolgsplanung der Universalbanken, so ist auf den ersten
Blick zu sagen, daß er den hieran zu stellenden Anforderungen nur in
geringem Maße entspricht. Zunächst ist zu bemerken, daß der jeweils
für ein Jahr zu erstellende Kostenvoranschlag, der somit den kürzesten
für eine langfristige Planung bei Universalbanken überhaupt in Frage
kommenden Zeitraum beinhaltet (6), nicht Teil eines Mehrjahresplanes

---

1) Vgl. Materialien zur Erneuerung des Sparkassenrechts, hrsg. von
   der Arbeitsgemeinschaft Deutscher Sparkassen- und Giroverbände
   und Girozentralen e. V., Stuttgart 1953
2) Vgl. Hagenmüller, Karl Friedrich: Der Bankbetrieb, Band I, S. 127
3) Vgl. z. B. Hessisches Sparkassengesetz in der Fassung vom 2. 1. 1969,
   § 14 in Verbindung mit der Hessischen Mustersatzung, § 30 (2) Ziffer 5
4) Vgl. Schlierbach, Helmut: Kommentar zum Hessischen Sparkassengesetz, Stuttgart 1958, S. 164
5) Der dazu gehörende Stellenplan wird erst im nächsten Abschnitt innerhalb der Organisationspläne behandelt. Vgl. S. 276 ff.
6) Vgl. S. 184 ff.

zu sein braucht und allein auf Grund dieser Tatsache nur sehr bedingt in der Lage sein kann, die kontinuierliche Entwicklung einer Sparkasse entsprechend der gesamtwirtschaftlichen Entwicklungstendenz, wie sie das Anliegen einer jeden langfristigen Planung darstellt, in die Wege zu leiten. Dazu kommt, daß der vom Gesetzgeber geforderte Voranschlag lediglich die persönlichen und sächlichen Aufwendungen (nach den neuen Regelungen sogar ohne Steuern und außerordentliche Aufwendungen) enthält und folglich weder die Zinsaufwendungen noch die gesamte Ertragsseite der Sparkasse berücksichtigt. Er ermöglicht daher weder die Planung der Rentabilitäts- noch die der Liquiditätsentwicklung einer Sparkasse, wie es für eine langfristige Planung erforderlich wäre. Infolgedessen wird man annehmen können, daß der Handlungskostenvoranschlag der Sparkassen - nicht viel anders als der frühere genehmigungspflichtige Verwaltungskostenvoranschlag - vom Gesetzgeber mehr als Hilfsmittel für eine Kontrolle der Aufwendungen, denn als Instrument der Unternehmungsführung gedacht ist. Seine Aufstellung wird daher von den Sparkassen auch wohl im allgemeinen weniger unter dem Gesichtspunkt der gedanklichen Vorbereitung zukünftigen Geschehens als vielmehr unter dem der Rechnungslegung vorgenommen und erscheint deshalb eher vergangenheits- und gegenwartsbezogen als zukunftsgerichtet. Aus dem gleichen Grunde dürfte es sich bei den in die Kostenvoranschläge der Sparkassen eingehenden Werten im allgemeinen nicht um eigentliche "Planungswerte", sondern allenfalls um "Prognosewerte" handeln, die nach den Vergangenheitswerten unter Berücksichtigung der kostenmäßigen Entwicklung für das laufende Geschäftsjahr ermittelt werden, ohne daß jedoch eine die gesamte Sparkasse umfassende Suche nach alternativen Möglichkeiten der Geschäftspolitik und eine Auswahl unter diesen im Sinne der jeweiligen Zielsetzung der Sparkasse erfolgt. Die Kostenvoranschläge der Sparkassen stehen daher wohl überwiegend auf der ersten Stufe des Planungsprozesses und beinhalten lediglich eine zahlenmäßige Vorschau der zu erwartenden Gegebenheiten auf dem Kostensektor (1). Zwar läßt sich diese Vermutung nicht beweisen, da empirisches Material hierüber nicht zur Verfügung steht, doch spricht eine große Wahrscheinlichkeit für sie. Obgleich somit die Kostenvoranschläge der Sparkassen noch weit von dem entfernt sind, was für eine brauchbare langfristige Planung erforderlich wäre sind sie doch insofern von erheblicher Bedeutung, als sie alle öffentlich-rechtlichen Sparkassen zwingen, sich zumindest über die Entwicklung eines bestimmten Teils ihrer erfolgsbestimmenden Faktoren im laufenden Geschäftsjahr Gedanken zu machen. Das ist mehr, als bei vielen anderen Universalbanken bislang in dieser Hinsicht getan wird, zumal die Kostenvoranschläge der Sparkassen die einzelnen Kostenarten in starker Detaillierung zu enthalten pflegen. Man kann insofern sicherlich einen ersten Ansatz für eine langfristige Planung der Sparkassen in den ihnen

---

1) Vgl. S. 20 f.

18*

gesetzlich vorgeschriebenen Kostenvoranschlägen erblicken, deren Ausbau zu einem bedeutsamen Instrument der Unternehmungsführung für sie eine lohnende Aufgabe sein sollte.

Die freien Sparkassen sind im Gegensatz zu den öffentlich-rechtlichen Sparkassen zur Aufstellung von Kostenvoranschlägen gesetzlich nur verpflichtet, soweit sie der Sparkassengesetzgebung unterliegen (1), jedoch wird ihnen zum Teil in ihren Satzungen die Aufstellung von Kostenvoranschlägen auferlegt (2), für die auf die obigen Ausführungen verwiesen werden kann.

In ähnlicher Weise wie von den Sparkassen werden Kostenpläne auch von anderen Universalbanken aufgestellt. Allerdings dürfte ihre Zahl nicht sehr groß sein. Einzelheiten darüber konnten wegen der Geheimhaltungsbemühungen der Universalbanken kaum in Erfahrung gebracht werden, jedoch läßt das Bekanntgewordene vermuten, daß auch diese Kostenpläne, die man bisweilen noch als Kostenbudgets (3) bezeichnet, im allgemeinen jeweils nur für ein Jahr erarbeitet werden, nicht die gesamten Aufwendungen, insbesondere nicht die Zinsaufwendungen, enthalten und nicht den zu erwartenden Erträgen gegenübergestellt werden. Daher gilt für sie grundsätzlich das zu den Kostenvoranschlägen der öffentlich-rechtlichen Sparkassen Gesagte.

b) Organisationspläne

Wir haben den konkreten Inhalt der Organisation einer Unternehmung (im Sinne der materiellen Vorbereitung ihres zukünftigen Geschehens) auf alle Regelungen bezogen, die die Bereitstellung und den Einsatz der erforderlichen produktiven Faktoren sowie die notwendig werdenden

---

1) Das trifft z. B. für die Württembergische Landessparkasse, Stuttgart, zu.

2) Vgl. z. B. die Satzung der Frankfurter Sparkasse von 1822, Frankfurt am Main, vom 1. 10. 1953, § 132. (Seit 1961 ist diese Vorschrift allerdings nur noch in der Geschäftsanweisung des Verwaltungsrates für die Direktion enthalten.)

3) Der Begriff des Budgets wurde früher grundsätzlich im Sinne einer Vorschaurechnung verwendet (vgl. z. B. Nicklisch, Heinrich: Budgetierung und Rechnungswesen, in: Zeitschrift für Handelswissenschaft und Handelspraxis, 22. Jg. 1929, S. 50 - 55), die nach heutiger Auffassung lediglich die 1. Stufe eines Planungsprozesses darstellt. Neuerdings wird der Begriff des Budgets jedoch von Heiser für "das genehmigte Aktionsprogramm" gebraucht, das sich auf Grund des gesamten Planungsprozesses ergibt (vgl. Heiser, Herman, C.: Budgetierung, Berlin 1964, S. 21). Nach unseren Ermittlungen kann der von manchen Universalbanken verwendete Begriff des Kostenbudgets allerdings nur im Sinne der früheren Auffassung verstanden werden.

Arbeitsakte und Arbeitsabläufe betreffen, und festgestellt, daß alle diese Regelungen sorgfältiger Planung bedürfen (1). Danach müßte ein vollständiger Organisationsplan nicht nur die Gliederung des hierarchischen Aufbaus einer Universalbank von der Führungsspitze bis zum letzten Arbeitsplatz mit genauen Abgrenzungen der jeweiligen Kompetenzen (einschließlich eventueller Ermessensspielräume für Entscheidungen) und Weisungsbefugnisse sowie des Kommunikationssystems für die zwischen den Abteilungen erforderliche Zusammenarbeit und die Informationsübermittlung, sondern auch möglichst detaillierte Aufzeichnungen über die Ausstattung der Abteilungen mit Betriebsmitteln und Arbeitskräften, den Arbeitsablauf in den einzelnen Abteilungen und für die verschiedenen Geschäftsarten sowie den Einsatz der Arbeitskräfte und Betriebsmittel bei schwankender Beschäftigung enthalten (2). Letzteres betrifft allerdings nicht die langfristige, sondern die kurzfristige Organisationsplanung und ist daher erst im nächsten Abschnitt von Interesse (3). Beschränken wir uns auf die langfristige Organisationsplanung der Universalbanken, so ist hierzu zu sagen, daß Pläne, die sich mit einzelnen der aufgeführten Tatbestände befassen, bereits in vielen Instituten existieren. Zwar befleißigen sich die Universalbanken auch im Hinblick auf ihre Organisationspläne größter Zurückhaltung, so daß Einzelheiten darüber aus Geheimhaltungsgründen nur schwer in Erfahrung zu bringen sind, jedoch besteht Grund zu der Annahme, daß der Planung der Organisation bei den Universalbanken allgemein eine relativ große Aufmerksamkeit geschenkt wird, weil die von ihnen - teilweise in sehr großen Mengen - abzuwickelnden verschiedenartigen Geschäfte nur dann mit der erforderlichen Genauigkeit und Sicherheit bewältigt werden können, wenn sie einer sorgfältigen Regelung unterworfen sind. Die bei den einzelnen Universalbanken vorhandenen Organisationspläne dürften allerdings - nach unseren Informationen - erhebliche Differenzierungen aufweisen, wofür teilweise freilich auch die Individualitäten der einzelnen Institute verantwortlich zu machen sind. So stellen die Organisationspläne mancher Institute wohl lediglich Aufzeichnungen dar, mit deren Hilfe die im Laufe der Zeit entstandenen - in betriebswirtschaftlicher Hinsicht oft nur als mehr oder weniger sinnvoll zu bezeichnenden - Abteilungsgliederungen festgehalten werden (4), weil sie z.B. als Unterlage für den Einsatz der vorhandenen Arbeitskräfte oder auch nur für das Telefonverzeichnis gebraucht werden. Derartige Pläne entsprechen selbstverständlich in keiner Weise den von betriebswirtschaftlicher Seite aus an langfristige Organisationspläne zu stellenden Anforderungen, da sie nicht das Ergebnis eines in die Zukunft gerichteten Planungsprozesses bilden, sondern bestenfalls gegenwartsorientiert sind und über-

---

1) Vgl. S. 33 ff., insbesondere S. 40
2) Vgl. insbesondere S. 241 ff.
3) Vgl. S. 290 ff.
4) Vgl. S. 242

dies nur einen kleinen Teil der insgesamt zu regelnden Tatbestände beinhalten. Hingegen ist anzunehmen, daß besonders solche Institute, die umfangreiche Rationalisierungen und Automatisierungen bereits durchgeführt haben oder vornehmen wollen, Organisationspläne besitzen oder entwickeln, die den betriebswirtschaftlichen Anforderungen hieran weitgehend entsprechen, weil sie ausgehend von den Erwartungen über die Zukunft aus einer Reihe zur Verfügung stehender die im Hinblick auf die jeweilige Zielsetzung geeignetsten Alternativen über alle einer Regelung bedürfenden Tatbestände enthalten. Die Masse der in den Universalbanken vorhandenen Organisationspläne dürfte sowohl im Hinblick auf den Umfang der erfaßten Tatbestände als auch in bezug auf ihren Entstehungsvorgang zwischen den beiden angegebenen Extremen liegen. Insbesondere sind bei vielen Instituten detaillierte Arbeitsablaufpläne vorhanden, die den Arbeitsfluß für die einzelnen Geschäftsarten den vorhandenen oder zum Einsatz vorgesehenen maschinellen Hilfsmitteln entsprechend festlegen. Auch Kontenpläne, die eine systematische Zusammenfassung der Einzelkonten in Kontengruppen und Kontenklassen beinhalten, sind auf Grund der von den Verbänden der Universalbanken, (z. B. dem Deutschen Sparkassen- und Giroverband, dem Deutschen Genossenschaftsverband und dem Bundesverband Deutscher Banken) für die ihnen angeschlossenen Institute erarbeiteten Kontenrahmen bei den Sparkassen seit langem üblich und finden neuerdings auch bei den Kreditbanken und Kreditgenossenschaften in stärkerem Maße Eingang (1). Weiter ist hier an die Stellenpläne der öffentlich-rechtlichen Sparkassen für die insgesamt benötigten Arbeitskräfte im Rahmen des vom Gesetzgeber geforderten Voranschlages der Handlungskosten zu erinnern (2), die - im Gefolge des sich ständig vergrößernden Arbeitskräftemangels - auch bei anderen Instituten in ähnlicher Form vorhanden sein dürften. Schließlich besitzen die meisten Institute sogenannte Dezernatspläne, in denen der hierarchische Aufbau der Unternehmung mehr oder weniger detailliert zur Darstellung gelangt. Dagegen fehlt es wohl allgemein vor allem an Kapazitätsplänen.

Zusammenfassend läßt sich somit feststellen, daß - wenn überhaupt - dann bei den Organisationsplänen der Universalbanken brauchbare Ansätze für eine langfristige Planung in der universalbankbetrieblichen Praxis zu finden sind, wenngleich sie im allgemeinen erheblicher Verbesserungen - sowohl hinsichtlich ihres Umfanges als auch in bezug auf ihre Entstehung - bedürfen, um den an sie von betriebswirtschaftlicher Seite zu stellenden Anforderungen zu entsprechen. Dabei ist außerdem noch darauf hinzuweisen, daß die vorhandenen Organisationspläne auf die Dauer ihren Zweck nur dann zu erfüllen imstande sind, wenn sie nicht - wie es leicht der Fall sein kann - zu unantastbaren

---

1) Vgl. hierzu insbesondere Hagenmüller, Karl Friedrich: Der Bankbetrieb, Band III, S. 19 ff.
2) Vgl. S. 273 ff.

Schemata erstarren, sondern bei Änderungen der wirtschaftlichen Verhältnisse den erforderlichen Korrekturen auf Grund neuer Planungen
unterzogen werden.

c) Gesamtplanung

Die bisher erörterten langfristigen Planungsansätze aus der Praxis der
Universalbanken bezogen sich auf den Kostenplan und den Organisationsplan. Während ersterer in unserer Terminologie als Teil der Erfolgsplanung der Universalbanken anzusehen ist (1), stellt letzterer
einen Teil ihrer Planung im Betriebsbereich dar (2). Es fehlt somit -
abgesehen von der Unvollständigkeit der Planungsansätze für den Er-
folgs- und Betriebsbereich - insbesondere ein Planungsansatz für den
Geschäftsbereich der Universalbanken (3). Indessen ist dies nicht allzu
verwunderlich, wenn man bedenkt, daß Verfahren für eine Prognose
der Nachfrageentwicklung nach Bankgeschäften, auf denen eine langfristige Planung der Geschäftstätigkeit bei den Universalbanken aufbau-
en könnte, ebenfalls noch nicht existieren. Selbst wenn also Universalbanken sowohl über hervorragende Kostenpläne als auch Organisationspläne verfügten, könnte von einer den betriebswirtschaftlichen Anforderungen entsprechenden langfristigen Gesamtplanung solange nicht
die Rede sein, wie nicht vollständige langfristige Planungen des Ge-
schäfts-, Betriebs- und Erfolgsbereichs, bei denen der Interdependenz
des gesamten betrieblichen Geschehens in ausreichendem Maße Rechnung getragen wird, durchgeführt werden. Dafür jedoch, daß bei deutschen Universalbanken derzeit bereits andere als die erörterten langfristigen Planungsansätze zur Anwendung gelangen, konnten keine Anhaltspunkte ermittelt werden. Insbesondere gilt das für die Investitionsplanung im Betriebsbereich und die Programmplanung im Geschäftsbereich.

Auch in den amerikanischen Banken scheinen - wie sich aus der Literatur entnehmen läßt (4) - die Verhältnisse in bezug auf die langfristige
Planung im allgemeinen nicht wesentlich anders zu liegen als bei uns.
Die langfristige Planung der Bank of America allerdings müßte nach
einem hierüber vorliegenden Bericht imstande sein, die kühnsten Erwartungen zu erfüllen (5). Die Bank of America, San Francisco, mit
einer Bilanzsumme von rund 15 Milliarden Dollar, 27 000 Beschäftigten, 860 inländischen und 130 ausländischen Zweigstellen heute die größte Privatbank der Welt, besitzt nach den gemachten Angaben ein um-

1) Vgl. S. 253 ff.
2) Vgl. S. 241 ff.
3) Vgl. S. 230 ff.
4) Vgl. S. 11 Fußnote 2
5) Vgl. zum folgenden Grau, H. : Organisation und Arbeitsweise amerikanischer Banken, S. 13 - 18

fassendes Planungssystem, welches das ausschließliche Arbeitsgebiet einer ganzen Gruppe von Wissenschaftlern bildet. Die langfristige Planung der Bank of America wird von dieser Planungsgruppe auf einen Zeitraum von mindestens 20 Jahren bezogen und auf einzelnen Gebieten sogar das Jahr 2000 anvisiert. "Die Grundlage bilden die zu erwartende Bevölkerungszunahme in dem Geschäftsgebiet, die allgemeinen Wirtschaftsprognosen, die vermutliche Entwicklung der Beschäftigungslage und das sich daraus ergebende Einkommen je Kopf der Bevölkerung. Daraus werden die zu erwartenden Kontenzahlen, der Buchungspostenanfall, die Zahl der Kredite und Darlehen und die Nachfrage nach sonstigen Dienstleistungsgeschäften geschätzt. Mit in die Betrachtung einbezogen wird auch die mögliche Veränderung der Zahlungsgewohnheiten. ... In dieses Zukunftsbild wird dann die Bank mit all ihren Geschäftszweigen und Zweigstellen projiziert. " (1) Von besonderer Bedeutung erscheint weiterhin, daß sich die Planungsgruppe ständig darum bemüht, neue gewinnbringende Geschäftsmöglichkeiten, wie z. B. die Kreditkarte, aufzuspüren und zu entwickeln. Der Organisationsplan der Bank of America besteht nach den gemachten Angaben aus einigen Tausend Schreibmaschinenseiten und legt in allen Einzelheiten und mit Angabe der erforderlichen Formulare sämtliche Geschäftsvorgänge fest. Ständig bemüht sich die Planungsgruppe um die Rationalisierung und Automatisierung des gesamten Betriebsbereiches, wobei kein neues Verfahren und keine neue Maschine eingesetzt wird, "wenn nicht die vorher durchgeführte Wirtschaftlichkeitsberechnung eine Ersparnis zeigt"(2). Der Steigerung der Produktivität der Bank dienen auch die Planungen des Personalbedarfs auf Grund von Arbeitsplatzanalysen und Zeitmessungen. Schließlich wird mit Hilfe einer ausgereiften Kostenrechnung - bestehend aus einer Kostenstellenrechnung, Geschäftsspartenrechnung und Kontenkalkulation - ermittelt, ob jede Geschäftssparte, Dienstleistung, Zweigstelle und Geschäftsverbindung ihre eigenen Kosten tragen und darüber hinaus noch einen Gewinn erwirtschaften kann, da sie andernfalls unweigerlich aufgegeben wird. Leider konnte der Beobachter weder die Methoden, nach denen bei der langfristigen Planung der Bank of America in den einzelnen Bereichen vorgegangen wird, noch irgendwelche sonstigen Einzelheiten in Erfahrung bringen, da diese Dinge auch dort streng geheim gehalten werden. Jedoch deuten die wenigen Angaben darauf hin, daß hier ein Weg beschritten wird, der den von uns herausgearbeiteten betriebswirtschaftlichen Anforderungen an eine langfristige Planung weitestgehend entspricht. Insbesondere liegt damit erstmals ein Anhaltspunkt für eine langfristige Planung im Geschäftsbereich einer Universalbank vor. Zweifel tauchen einmal bezüglich des gewählten Planungszeit-

---

1) Vgl. Grau, H.: Organisation und Arbeitsweise amerikanischer Banken, S. 13

2) Vgl. Grau, H.: Organisation und Arbeitsweise amerikanischer Banken, S. 14

raumes auf, der uns in Anbetracht der für den ökonomischen Horizont einer Universalbank zweifellos bestehenden Grenzen als zu lang erscheint und bei einer von der Bank of America angenommenen wirtschaftlichen Veralterung von Automationssystemen innerhalb von 5-8 Jahren auch nicht erforderlich sein dürfte (1). Bedenken werden weiterhin gegen die Verwendung der Kostenrechnung zumindest zur Ermittlung von Abteilungs- und Kontenerfolgen erhoben, da die grundsätzliche Unlösbarkeit des Zurechnungsproblems Zweifel an der Richtigkeit dieser Rechnungen und damit an ihrem Wert für Planungszwecke entstehen läßt(2). Schließlich ist zu bemerken, daß keine Angaben über eine langfristige Erfolgsplanung für das Gesamtunternehmen gemacht werden, die jedoch für eine vollständige langfristige Gesamtplanung ebenfalls unentbehrlich erscheint (3). Trotz der aus unserer Sicht zu erhebenden Einwände, die sich freilich nur auf die vorhandenen Angaben stützen können, stellt die langfristige Planung der Bank of America zweifellos einen beachtlichen Ansatz aus der Praxis einer Universalbank für eine langfristige Gesamtplanung dar, und die Erfolge des Instituts scheinen den eingeschlagenen Weg zu rechtfertigen (4). Es bleibt daher zu hoffen, daß sich auch bei den deutschen Universalbanken eine den betriebswirtschaftlichen Anforderungen entsprechende langfristige Gesamtplanung günstig auf ihre Entwicklung auszuwirken vermag, und es gilt, die dafür bereits vorhandenen Ansätze zu verbessern,sowie neue Ansätze zu schaffen.

2.) Ansätze für die kurzfristige Planung

Betrachten wir nunmehr die in der universalbankbetrieblichen Praxis vorhandenen Ansätze für die kurzfristige Planung, so können wir hierbei zwischen Gelddispositionen, Arbeitseinsatzplänen und Gesamtplanungen unterscheiden.

a) Gelddispositionen

Jederzeitige Zahlungsbereitschaft ist bei den Universalbanken eine Existenzfrage (5). Zwar bildet die Aufrechterhaltung der Liquidität grundsätzlich für alle Unternehmungen eine "Nebenbedingung", ohne die sie ihre jeweilige Zielsetzung nicht zu erreichen vermögen, doch kommt dieser Aufgabe bei den Universalbanken nicht nur infolge der großen Zahl der tagtäglich von ihnen im Rahmen ihrer Geschäftstätigkeit zu erledigenden Zahlungsvorgänge und der großen Beträge, die

---

1) Vgl. S. 187 ff.
2) Vgl. S. 175 ff. und 254 f.
3) Vgl. S. 253 ff.
4) Vgl. Grau, H.: Organisation und Arbeitsweise amerikanischer Banken, S. 13
5) Vgl. S. 58 ff., 93 ff., 143 ff., 207 und 238 ff.

dabei umgesetzt werden, sondern vor allem auch wegen der starken
Abhängigkeit von ihren Kunden, in der sie sich befinden, besondere
Bedeutung zu. Als charakteristisch für die Universalbanken kann die
Tatsache angesehen werden, daß sich die täglichen Ein- und Auszahlungen auf Grund der von ihren Kunden an sie herangetragenen Geschäfte bei ihnen weitgehend zu kompensieren pflegen (1). Sie brauchen daher immer nur für den verbleibenden Rest einen Ausgleich - in Übereinstimmung mit ihrer jeweiligen Zielsetzung - bewußt herbeizuführen.
Da jedoch dieser verbleibende Rest sehr großen und schwer vorhersehbaren Schwankungen unterliegen kann (2), stehen die Universalbanken bei seinem Ausgleich vor ganz erheblichen Problemen, die
überhaupt nur durch ihre große immanente Elastizität im finanziellen
Bereich (3) bewältigt werden können. Der Gelddisposition, wie man den
Ausgleich der Zahlungsströme in der bankbetrieblichen Praxis zu bezeichnen pflegt, wird deshalb bei den Universalbanken von jeher größte
Aufmerksamkeit geschenkt und jedes Institut ist bemüht, geeignete
Methoden für ihre Durchführung zu entwickeln. Daß es sich dabei um
alle Wesenszüge einer Planung tragende Vorgänge handelt, wenn die
Gelddisposition den an sie zu stellenden Anforderungen gerecht werden
soll, haben wir bereits erörtert (4). Ergänzend dazu läßt sich nunmehr
feststellen, daß sich die Universalbanken dieser Anforderungen durchaus bewußt sind und ihnen grundsätzlich Rechnung zu tragen versuchen,
auch wenn sie dafür nicht den Begriff der Planung verwenden und die
von ihnen entwickelten Verfahren zweifellos noch erheblicher Verbesserungen bedürfen.

Betrachten wir das Vorgehen der Universalbanken bei der Gelddisposition näher, so läßt sich trotz erheblicher Unterschiede im einzelnen,
die aus den Individualitäten der einzelnen Institute resultieren, eine
relativ große Gleichartigkeit feststellen, die gewissermaßen in der Na-
tur der Dinge liegt (5). Dies geht aus den in der neueren bankbetrieblichen Literatur zu findenden - teilweise sehr praxisnahen, teilweise
mehr theoretischen - Ausführungen über die Gelddisposition der Universalbanken, auf die wir uns im folgenden stützen, deutlich hervor (6).

Im allgemeinen wird die Gelddisposition bei den Universalbanken -
ihrer großen Bedeutung wegen - von einer eigens dafür eingerichteten

---

1) Vgl. Fischer, Otfrid: Bankbilanzanalyse, S. 119
2) Vgl. S. 203 ff.
3) Vgl. S. 221 ff. und 238
4) Vgl. S. 12, 40 ff. und 207
5) Vgl. van Wyk, Wolfgang: Die Gelddisposition der Kreditbanken, S.
   57
6) Vgl. insbesondere van Wyk, Wolfgang: Die Gelddisposition der Kreditbanken; Hartmann, Bernhard: Kurzfristige Gelddisposition, in:
   Bankbetriebsanalyse, S. 279 - 289, und Wittgen, Robert: Die Geldpolitik der Geschäftsbanken, Frankfurt am Main 1965

Instanz, der sogenannten Geldstelle, durchgeführt. Ihr obliegt nicht nur die "tägliche Gelddisposition" für den von Tag zu Tag erforderlichen Ausgleich der Zahlungsströme, sondern auch eine "Termindisposition" zur Vorsorge für den Ausgleich periodischer oder sonstiger kurzfristiger Ungleichgewichte der Zahlungsströme (1). Ausgangspunkt einer jeden Gelddisposition bei den Universalbanken ist die Erforschung der zu erwartenden Zahlungseingänge und -ausgänge. Die dafür erforderlichen Informationen sind daher der Geldstelle aus allen bankbetrieblichen Bereichen, insbesondere aber von der Hauptkasse, der Scheck- und Wechselabteilung, der Sortenkasse und Devisenabteilung, der Börsenabteilung und Couponkasse, der Kredit- und Konsortialabteilung sowie der Korrespondenzabteilung, welche die Avise der Banken und Bankkunden entgegennimmt, regelmäßig zuzuleiten (2). Von der Schnelligkeit, Genauigkeit und Sicherheit, mit der diese Informationen zur Verfügung gestellt werden können, hängt der Erfolg der Gelddisposition wesentlich ab. Die Universalbanken pflegen deshalb strenge organisatorische Regelungen dafür zu treffen. Die eingehenden Informationen werden von der Geldstelle gesammelt und soweit sie spätere Termine betreffen, in Terminbücher eingetragen. Soweit sie hingegen für die tägliche Gelddisposition, die sich üblicherweise von Mittag zu Mittag erstreckt, in Frage kommen, sind sie jeweils am Nachmittag des dem Dispositionstag vorhergehenden Tages in einer Dispositionsvorschau zusammenzustellen, in die auch die aus den Terminbüchern zu entnehmenden Zahlungsvorgänge für den betreffenden Tag Eingang finden (3). Die Dispositionsvorschau soll den Gelddisponenten in die Lage versetzen, bereits am Vortag den Ausgleich des sich abzeichnenden Liquiditätsungleichgewichtes in die Wege zu leiten, so daß er am Dispositionstag selbst keine übereilten Entscheidungen zu treffen braucht. Er muß zu diesem Zwecke allerdings, da ihm nicht alle Zahlungseingänge und -ausgänge vorher avisiert werden, stets noch zusätzliche Schätzungen vornehmen, denen er seine meist langjährigen Erfahrungen in Verbindung mit der Auswertung von internen Statistiken sowie von Tages- und Monatsbilanzen zu Grunde zu legen pflegt. Am Vormittag des Dispositionstages wird die Dispositionsvorschau in der Geldstelle durch die insbesondere mit der Tagespost, den Landeszentralbank-Abrechnungen und telephonisch weiter eingehenden Informationen zur Tagesdispositionsübersicht ergänzt, wobei sich noch erhebliche Veränderungen ergeben können (4). Die Vorar-

---

1) Vgl. van Wyk, Wolfgang : Die Gelddisposition der Kreditbanken, S. 43 ff.
2) Vgl. van Wyk, Wolfgang : Die Gelddisposition der Kreditbanken, S. 65 ff.
3) Vgl. van Wyk, Wolfgang : Die Gelddisposition der Kreditbanken, S. 66 ff.
4) Vgl. van Wyk, Wolfgang : Die Gelddisposition der Kreditbanken, S. 74 ff.

beiten für die tägliche Gelddisposition sind infolgedessen als um so besser gelungen zu betrachten, je weniger große Abweichungen zwischen der Dispositionsvorschau und der Tagesdispositionsübersicht auftreten. Die von den Universalbanken im Laufe der Zeit hierfür entwickelten Verfahren dürften im allgemeinen zu durchaus brauchbaren Ergebnissen führen, wenngleich sie sicherlich noch Verbesserungen zugänglich sind.

Der sich nach erfolgter Aufrechnung aller Zahlungsvorgänge in der Tagesdispositionsübersicht oder auch bereits in der Dispositionsvorschau ergebende "Geldstatus" in Form eines Geldbedarfs oder Geldüberschusses bildet das Hauptproblem der täglichen Gelddisposition der Universalbanken, das durch "Ausgleichsdispositionen" zu bewältigen ist. Zu diesem Zweck sind zunächst alle hierfür geeigneten alternativen Möglichkeiten der Geldbeschaffung bzw. Geldanlage mit ihren jeweiligen Eigenschaften, die von Wittgen als "Entscheidungskriterien" bezeichnet und in der Laufzeiteignung, dem Mobilitätsgrad, der Betragseignung, der Risikensituation und der Gewinnwirksamkeit gesehen werden, zu erforschen (1) und sodann mit Hilfe dieser Entscheidungskriterien die - im Hinblick auf die jeweilige Zielsetzung der einzelnen Universalbanken - günstigsten Alternativen auszuwählen. In Frage kommen zum Ausgleich des täglichen Geldstatus - sofern es sich dabei um die üblichen, mehr oder weniger starken kurzfristigen Schwankungen der Zahlungsströme und nicht etwa um strukturelle Ungleichgewichte handelt, die nur mit einer geschäftspolitischen Neuorientierung bekämpft werden könnten, - grundsätzlich nur solche Geschäftsarten, die sich leicht und schnell abwickeln lassen (2). Infolgedessen beschränken sich die alternativen Möglichkeiten der Universalbanken zum Ausgleich ihres Geldstatus im wesentlichen auf Geld- und Kapitalmarktgeschäfte, die im Telefonverkehr oder an der Börse abgeschlossen werden können (3). Zu den geeigneten Geldmarktgeschäften gehören

---

1) Vgl. Wittgen, Robert: Die Geldpolitik der Geschäftsbanken, S. 75 ff.
2) Vgl. hierzu insbesondere van Wyk, Wolfgang: Die Gelddisposition der Kreditbanken, S. 94 ff. und Wittgen, Robert: Die Geldpolitik der Geschäftsbanken, S. 54 ff. sowie: Fischer, Otfrid: Bankbilanzanalyse, S. 136 ff.
3) Da die Universalbanken die als Ausgleichsdispositionen erforderlichen Geschäfte - in Übereinstimmung mit ihrer jeweiligen Zielsetzung - speziell zur Sicherung ihrer Zahlungsbereitschaft tätigen, sieht Wittgen in ihnen eine Art "Hilfstätigkeitsbereich, der eine Aufgabe zu erfüllen hat, die in den anderen, den Haupttätigkeitsbereichen, nicht hinlänglich erfüllt werden kann" (vgl. Wittgen, Robert: Die Geldpolitik der Geschäftsbanken, S. 13). Er beschränkt den Begriff des Hilfstätigkeitsbereichs allerdings auf das Geldgeschäft, was uns in Anbetracht zahlreicher anderer Möglichkeiten, zu denen nicht nur die Kapitalmarktgeschäfte, sondern auch einzelne Ge-

insbesondere der Handel mit sogenanntem Frühgeld, mit täglichem, Tages-, Ultimo- und Termingeld, der Handel mit Geldmarktpapieren (Schatzwechseln und unverzinslichen Schatzanweisungen, Vorratsstellenwechseln, Handelswechseln, Bankakzepten, Privatdiskonten und kurzfristigen Kassenobligationen), die Refinanzierung bei der Landeszentralbank durch Rediskontierung von Wechseln, Wechsel- und Effektenlombard und nicht zuletzt die Auslandsvalutageschäfte. Zu den in Frage kommenden Kapitalmarktgeschäften rechnet vor allem der Handel mit variabel- und festverzinslichen Wertpapieren sowie mittelfristigen Kassenobligationen. Ist das Suchen und Erfassen der meist zahlreichen alternativen Möglichkeiten für Ausgleichsdispositionen mit ihren verschiedenen Eigenschaften für den Gelddisponenten im allgemeinen schon nicht einfach, so bildet die Auswahl der - im Hinblick auf die jeweilige Zielsetzung der Universalbank - geeignetsten Alternativen wohl seine schwierigste Aufgabe überhaupt. Er hat dabei nämlich neben der gegenwärtigen Liquiditätsituation stets auch die für die nähere und fernere Zukunft sich abzeichnenden Entwicklungstendenzen der Zahlungsströme (1) sowie zahlreiche Begrenzungsfaktoren, insbesondere die Grundsätze der Deutschen Bundesbank über das Eigenkapital und die Liquidität, die Rediskontkontingente, die Mindestreservevorschriften und sonstige gesetzliche oder satzungsmäßige Bestimmungen (2) zu berücksichtigen. Infolgedessen dürfen seine Entscheidungen über die zu treffenden Ausgleichsdispositionen niemals auf Grund einer Planung von Tag zu Tag erfolgen, sondern müssen immer in den größeren Rahmen einer mindestens dreimonatigen Planung im Geschäftsbereich, die alle Geschäftsarten umfaßt, gestellt werden (3). Darüber hinaus aber erscheint sogar eine Einbeziehung des kurzfristigen in den langfristigen Liquiditätsausgleich, wie er mit Hilfe der langfristigen Planung erstrebt wird, als erforderlich, weil nur auf diese Weise die Steuerung des Instituts in der langfristig gewünschten Weise erreicht werden kann (4). Eine solche Ausrichtung der kurzfristigen auf die langfristige Planung der Liquidität kann nun allerdings bisher in den Universalbanken schon allein deshalb nicht vorgenommen werden, weil es bei ihnen durchweg noch an einer langfristigen Planung im Geschäftsbereich mangelt (5). So erfolgt im all-

---

schäfte aus den Haupttätigkeitsbereichen gerechnet werden müssen, als zu eng erscheint. Wir ziehen infolgedessen den Begriff der Ausgleichsdisposition, der sich nicht auf bestimmte Geschäfte oder Geschäftsarten bezieht, vor.

1) Vgl. van Wyk, Wolfgang: Die Gelddisposition der Kreditbanken, S. 95
2) Vgl. ebenda, S. 31 ff.
3) Vgl. S. 207 f., 241, 315 ff. und 433 ff.
4) Vgl. S. 205, 315 ff. und 433 ff.
5) Vgl. S. 279

gemeinen lediglich eine gewisse Berücksichtigung der zukünftigen Liquiditätsentwicklung des eigenen Instituts mit Hilfe der Terminbücher, in die auch die Fälligkeiten früherer Ausgleichsdispositionen eingehen (1), und evtl. eine Beobachtung der für die Liquiditätsentwicklung der Gesamtwirtschaft sowie ihrer einzelnen Teile bedeutsamsten Faktoren. Im übrigen aber verläßt man sich auf Erfahrung und Fingerspitzengefühl. Es fehlt infolgedessen bereits bei der Prognose der zukünftigen Entwicklung des Geldstatus an der erforderlichen Vollständigkeit und Systematik, und ähnliches gilt auch für die Auswahl der Ausgleichsdispositionen selbst. Die Gelddisponenten der Universalbanken stellen hierbei im allgemeinen keine systematischen Berechnungen an, in die sie alle relevanten Faktoren - insbesondere also die der jeweiligen Liquiditätssituation entsprechend gewichteten Entscheidungskriterien der zum Ausgleich geeigneten Alternativen (2) - einbeziehen, sondern verwenden meist nur mehr oder weniger grobe, aus der Erfahrung heraus entwickelte Faustregeln oder lassen sich wiederum von ihrem Fingerspitzengefühl leiten. Allenfalls existieren in größeren Kreditbanken "in bestimmten Zeitabständen oder je nach der Geschäfts- und Marktlage aufgestellte Generaldispositionen, in denen die Verwertung der flüssigen Gelder und die Grenzen in der Inanspruchnahme der verschiedenen Kreditquellen auf Grund praktischer Erfahrungen und Berechnungen für eine längere Periode im voraus festgelegt werden", und an die der Gelddisponent dann gebunden ist (3). Obgleich nun zwar Erfahrung und Intuition der Gelddisponenten ebenso wie die "Generaldispositionen" der Geschäftsleitung keineswegs unter - schätzt werden sollen, kann doch von einem den betriebswirtschaftlichen Anforderungen an die Auswahl der Ausgleichsdispositionen entsprechenden Auswahlprozeß wohl meist keine Rede sein, so daß in dieser Hinsicht erhebliche Verbesserungen erforderlich erscheinen. Dabei ist allerdings zu berücksichtigen, daß eine für den Auswahlprozeß geeignete Prognose der Liquiditätsentwicklung der Geldstelle eigentlich gar nicht zugemutet werden kann, sondern einer zentralen Informationsstelle übertragen werden muß (4), die allein sich den hierzu notwendigen Überblick verschaffen kann.

Was für die tägliche Gelddisposition der Universalbanken gesagt wurde, gilt gleichermaßen für ihre Termindisposition, die sie regelmäßig zum Letzten und Fünfzehnten eines Monats, zum Wochenende, zu den Steuerterminen und für Festtage sowie für sonstige wiederkehrende Li-

---

1) Vgl. van Wyk, Wolfgang: Die Gelddisposition der Kreditbanken, S. 44 ff.
2) Vgl. Wittgen, Robert: Die Geldpolitik der Geschäftsbanken, Seite 81 ff.
3) Vgl. van Wyk, Wolfgang: Die Gelddisposition der Kreditbanken, S. 95
4) Vgl. hierzu unsere Ausführungen S. 243

quiditätsanspannungen vornehmen (1), denn sie bedienen sich hierfür ebenfalls - möglicherweise im Rahmen der erwähnten Generaldispositionen - vorwiegend ihrer auf Erfahrung und Intuition beruhenden "Dispositionsgeheimnisse". Auch die Vorsorge für den Ausgleich der periodischen und sonstigen kurzfristigen Liquiditätsungleichgewichte kann jedoch letztlich nur dann in einer der jeweiligen Zielsetzung der Universalbanken entsprechenden Weise gelingen, wenn sie mit Hilfe einer möglichst sicheren Prognose der Liquiditätsentwicklung für einen genügend langen Zeitraum und einer alle relevanten Faktoren berücksichtigenden Auswahl der zur Verfügung stehenden Alternativen erfolgt, mit anderen Worten, innerhalb einer mindestens dreimonatigen Planung im Geschäftsbereich, die auf einer langfristigen Planung basiert. Die Dinge komplizieren sich dabei unter Umständen noch dadurch, daß in die Ausgleichsdispositionen auch außerhalb der Geld- und Kapitalmarktgeschäfte liegende Alternativen, z. B. das Kreditgeschäft, einbezogen werden können, sofern die Vorbereitungen dafür rechtzeitig getroffen werden.

Nun wurde allerdings bei der Erörterung der Ausgleichsdispositionen bisher außer acht gelassen, daß die Höhe des Geldüberschusses bzw. Geldbedarfs, der im Geldstatus errechnet wird, nicht unwesentlich davon abhängt, welche Bestände an liquiden Mitteln die Universalbanken auf ihren verschiedenen Geldkonten (in der Kasse, bei der Landeszentralbank, beim Postscheckamt und bei anderen Kreditinstituten) für notwendig erachten. Damit taucht ein weiteres - und bisweilen unterschätztes - Problem der Gelddisposition bei den Universalbanken auf, dessen Lösung ebenfalls im Hinblick auf ihre jederzeitige Zahlungsbereitschaft und unter Berücksichtigung ihrer jeweiligen Zielsetzung zu erfolgen hat. Von besonderer Bedeutung erscheint dabei der Bestand an Landeszentralbankguthaben, den die Universalbanken nicht nur zur Sicherung ihrer Zahlungsbereitschaft, sondern auch zur Erfüllung ihrer Mindestreserveverpflichtungen benötigen (2). Nach den für die Mindestreservehaltung geltenden Vorschriften hatten die Universalbanken bisher allerdings immer höhere Bestände an Mindestreserven zu unterhalten, als sie zur Sicherung ihrer Zahlungsbereitschaft benötigt hätten. Sie pflegen daher in Anbetracht der Unverzinslichkeit der Landeszentralbankguthaben ihre Mindestreserven scharf zu disponieren und grundsätzlich keine höheren Bestände auf den Landeszentralbankkonten zu unterhalten, als zur Erfüllung der Mindestreserveverpflichtungen insgesamt erforderlich sind (3). Da jedoch das

1) Vgl. van Wyk, Wolfgang: Die Gelddisposition der Kreditbanken, S. 44 ff.
2) Vgl. van Wyk, Wolfgang: Die Gelddisposition der Kreditbanken, S. 57 ff.; Wittgen, Robert: Die Geldpolitik der Geschäftsbanken, S. 33 ff. und Fischer, Otfrid: Bankbilanzanalyse, S. 125 ff. und 134 f.
3) Ausnahmen davon bilden höchstens die aus bilanztaktischen Gründen

Mindestreserve-Ist nur jeweils für einen ganzen Kalendermonat mit dem Mindestreserve-Soll übereinzustimmen braucht, vermögen die Mindestreserven trotzdem noch eine erhebliche Rolle innerhalb der Ausgleichsdispositionen der Universalbanken zu spielen. Sie bedürfen infolgedessen immer einer Planung, die sich über einen vollen Kalendermonat erstreckt, damit sie sowohl in der für die Zahlungsbereitschaft als auch in der für die jeweilige Zielsetzung günstigsten Weise durchgeführt werden kann. Das erfordert nicht nur eine sorgfältige Beobachtung der Mindestreserveverpflichtungen und Mindestreservebestände für jeweils einen Kalendermonat, die besonders bei Filialinstituten mit eigenen Landeszentralbankkonten erhebliche technische Probleme aufwirft, sondern auch eine systematische Einbeziehung der Landeszentralbankguthaben in den Auswahlprozeß zur Ermittlung der jeweils günstigsten Ausgleichsdispositionen. Nun werden zwar Mindestreserveübersichten, die für jeden Tag den zum Ausgleich von Liquiditätsungleichgewichten verfügbaren bzw. den an der Erfüllung der Mindestreserveverpflichtungen fehlenden Betrag erkennen lassen (1), wohl bereits von den meisten Universalbanken geführt, jedoch dürfte es an einer systematischen Einbeziehung der Mindestreservedispositionen in die gesamte Gelddisposition überwiegend noch mangeln. In den USA scheinen in dieser Hinsicht die Verhältnisse günstiger zu liegen als bei uns, nachdem dort große Universalbanken bereits ihre gesamte Mindestreservedisposition von elektronischen Datenverarbeitungsanlagen vornehmen lassen (2).

Gewisse Berührungspunkte mit den Dispositionsproblemen der Landeszentralbankguthaben ergeben sich für die Bestandsdispositionen der Universalbanken auf ihren Nostrokonten bei anderen Kreditinstituten. Zwar sind diese Guthaben nicht ganz unverzinslich, doch ist der Zinssatz meist so gering, daß sich größere Bestände rentabilitätspolitisch nicht lohnen. Wenn die Universalbanken trotzdem mehr oder weniger hohe Guthaben bei befreundeten Banken unterhalten, so hat das seine Gründe in der Abwägung rentabilitätspolitischer gegen liquiditätspolitische Aspekte (3). Die zweckmäßige Höhe derartiger Nostroguthaben

---

für den Ausweis eines höheren Liquiditätsgrades vorgenommenen Ultimodispositionen. Vgl. van Wyk, Wolfgang: Die Gelddisposition der Kreditbanken, S. 60

1) Vgl. van Wyk, Wolfgang: Die Gelddisposition der Kreditbanken, S. 61
2) Nach Angaben von Direktor Claus vom Institut für Automation, Frankfurt am Main, in der Sparkassenarbeitsgemeinschaft von Prof. Dr. K. F. Hagenmüller am 3. 2. 1966
3) Vgl. Fischer, Otfrid: Bankbilanzanalyse, S. 135 f. und 137 f. und: van Wyk, Wolfgang: Die Gelddisposition der Kreditbanken, S. 85 und 86 f.

ist daher ebenso wie die Höhe der Landeszentralbankbestände in den Auswahlprozeß zur Ermittlung der günstigsten Ausgleichsdispositionen unmittelbar mit einzubeziehen, so daß hierzu auf die entsprechenden Ausführungen verwiesen werden kann. Sollen Nostrokonten allerdings lediglich der Abwicklung des Zahlungsverkehrs dienen, was ebenfalls vorkommt, so muß selbstverständlich auf Mindestbestände abgestellt werden. Das gleiche gilt auch für interne Verrechnungskonten der Filialen mit ihrer Zentrale bei Filialbanken (1). Da jedoch auf all diesen Konten sehr schnell bargeldlose Regulierungen erfolgen können und notfalls sogar Überziehungen möglich sind, entstehen bei ihren Bestandsdispositionen keine besonderen Probleme. Sie erfolgen vielmehr innerhalb des internen Liquiditätsausgleichs über die Geldkonten, dessen Technik alle Universalbanken beherrschen.

Sehr scharf disponiert werden von den Universalbanken auch die unverzinslichen Postscheckbestände, obgleich mit den Postscheckämtern im Bedarfsfall keine Kreditierungen vereinbart werden können wie mit den Landeszentralbanken oder mit befreundeten Kreditinstituten. Da die Postscheckämter jedoch täglich nur einmal abrechnen und die Postscheckbestände bargeldlos leicht zu regulieren sind, bietet die Haltung von Mindestbeständen auf dem Postscheckkonto keine besonderen Schwierigkeiten. Das gilt selbst für Filialinstitute mit eigenen Dispositionsmöglichkeiten über das Postscheckkonto, wenn deren Bestandshaltung auch insgesamt höher sein muß als bei filiallosen Instituten (2). Es handelt sich hierbei ebenfalls nur um die Beherrschung der Technik des internen Liquiditätsausgleichs über die Geldkonten.

Eine größere Rolle innerhalb der Bestandsdispositionen der Universalbanken spielen dagegen die Kassenbestände. Da es sich auch hierbei um unverzinsliche Beträge handelt, werden sie von den Universalbanken grundsätzlich nur in der zur Sicherung der Zahlungsbereitschaft unbedingt für erforderlich erachteten Höhe gehalten. Dabei wird allerdings durchweg für unvorhersehbare Fälle eine Bargeldreserve mit einkalkuliert (3). So können sich bei Universalbanken mit einem großen Geschäftsstellensystem insgesamt doch verhältnismäßig hohe Kassenbestände ergeben, die die Rentabilität mindern und vor allem dann nicht erforderlich erscheinen, wenn Regulierungen des Kassenbestandes durch den Transport von Bargeld verhältnismäßig rasch und mit geringen Kosten erfolgen können. In den USA ist man daher bei großen Instituten bereits dazu übergegangen, die gesamte Kassenhaltung durch

---

1) Vgl. Fischer, Otfrid: Bankbilanzanalyse, S. 135 f. und 137 f. und: van Wyk, Wolfgang: Die Gelddisposition der Kreditbanken, S. 85 und 86 f.
2) Vgl. Fischer, Otfrid: Bankbilanzanalyse, S. 128 und 134 und: van Wyk, Wolfgang: Die Gelddisposition der Kreditbanken, S. 85 und 88
3) Vgl. van Wyk, Wolfgang: Die Gelddisposition der Kreditbanken, S. 68

elektronische Datenverarbeitungsmaschinen berechnen zu lassen (1),
während sich bei unseren Universalbanken die Gelddisponenten oder
Kassenleiter auch hierfür im wesentlichen noch auf Erfahrung und
Intuition verlassen.

Zusammenfassend läßt sich feststellen, daß eine Gelddisposition zum
Zwecke des Ausgleichs der Ein- und Auszahlungsströme in Form einer
Tages- und einer Termindisposition grundsätzlich von allen Universalbanken durchgeführt wird. Während sich jedoch die von ihnen entwickelten Methoden für die Erfassung und Schätzung der in den täglichen Geldstatus eingehenden Beträge als recht brauchbar erweisen,
lassen die von ihnen meist verwendeten einfachen Regeln für die Auswahl der im Hinblick auf die jeweilige Zielsetzung geeignetsten Ausgleichsdispositionen noch sehr zu wünschen übrig. Das gleiche gilt für
die Einordnung der Tages- und Termindisposition in den größeren
Rahmen der kurz- und langfristigen Planung im Geschäftsbereich.
Immerhin zeichnen sich in den USA bereits Ansätze für eine systematische Einbeziehung der Mindestreservedisposition und der Kassenhaltung in die Gelddisposition ab. Wenn infolgedessen auch im Hinblick
auf die Gelddisposition in den Universalbanken bereits vergleichsweise
gute Planungsarbeit geleistet wird, so bedarf es doch noch umfangreicher Verbesserungen, um sowohl die tägliche Gelddisposition als
auch die Termindisposition einschließlich der Mindestreservedisposition und der Kassenhaltung den an sie zu stellenden Anforderungen gemäß zu gestalten und damit zu einem wirksamen Instrument der Unternehmungsführung zu machen.

b) Betriebsmittel- und Arbeitseinsatzpläne

Die kurzfristige Bereitstellungs- und Einsatzplanung der Betriebsmittel und Arbeitskräfte bildet bei den Universalbanken die technisch-
organisatorische Entsprechung der Gelddisposition im finanziellen Bereich (2). Während jedoch der Gelddisposition wegen ihrer Bedeutung
für die Aufrechterhaltung der Zahlungsbereitschaft der Universalbanken von jeher größte Beachtung bei allen Instituten geschenkt wird,
gibt es für die Bereitstellung und den Einsatz der technisch-organisatorischen Faktoren erst seit kurzem und nur bei wenigen Universalbanken eine gewisse Planung. Eine vollständige Bereitstellungs- und
Arbeitseinsatzplanung müßte imstande sein, den unterschiedlichen Bedarf der einzelnen organisatorischen Einheiten an Arbeitskräften und
Betriebsmitteln infolge der erheblichen kurzfristigen Schwankungen
des Arbeitsanfalls (vor allem in den Geschäftsabteilungen der Zentrale

---

1) Nach Angaben von Direktor Claus vom Institut für Automation,
   Frankfurt am Main, in der Sparkassenarbeitsgemeinschaft von
   Prof. Dr. K. F. Hagenmüller, am 3. 2. 1966, Universität Frankfurt
   am Main, S. 246
2) Vgl. S. 288

und der Filialen) innerhalb eines Tages, einer Woche, eines Monats usw. festzustellen und mit Hilfe des vorhandenen Potentials so auszugleichen, daß Störungen im Arbeitsfluß in Gestalt von Wartezeiten - einerseits für die Kunden, andererseits für die produktiven Faktoren - möglichst vermieden werden. Die Voraussetzungen hierfür sind durch die relativ große immanente Elastizität der Universalbanken im technisch-organisatorischen Bereich (1) gegeben. Nun besitzen zwar manche Universalbanken bereits derartige Pläne, doch beschränken sie sich meist auf die Verteilung evtl. vorhandener Personal- und Betriebsmittelreserven an die Stellen des Bedarfs auf Grund täglicher Anforderungen, auf den periodischen Einsatz von Arbeitskräften aus den Stabs- und Verwaltungsabteilungen in den Geschäftsabteilungen bzw. einen Austausch von Arbeitskräften zwischen den Geschäftsabteilungen bei mit Sicherheit zu erwartendem außergewöhnlichen Arbeitsanfall, wie z. B. zum Abschluß von Prämiensparverträgen vor dem 30. 6. und 31.12., sowie auf die Regelung der Urlaubsvertretungen. Auch basieren diese Pläne gewöhnlich mehr auf den Erfahrungen der Vergangenheit als auf den Erwartungen für die Zukunft und begnügen sich oft mit relativ groben Schätzungen. Außerdem aber erfolgen die täglichen Planungen wohl im allgemeinen nicht innerhalb des größeren Rahmens einer mindestens dreimonatigen Planung im gesamten Betriebsbereich und noch weniger einer langfristigen Rahmenplanung für die technisch-organisatorische Kapazität, wie dies - analog zur kurzfristigen Planung im Geschäftsbereich - erforderlich wäre (2). Sie können infolgedessen die an die Bereitstellungs- und Einsatzplanung der technisch-organisatorischen Faktoren zu stellenden Anforderungen noch nicht erfüllen, sondern bedürfen erheblicher Verbesserungen im Sinne unserer Ausführungen im III. Hauptteil (3). Zwar stehen gerade diesen Planungen in den Universalbanken wegen der Probleme, die exakte Arbeitszeitmessungen ebenso wie brauchbare Prognosen über den zu erwartenden Arbeitsanfall bei ihnen mit sich bringen, zweifellos erhebliche Schwierigkeiten im Wege, doch lassen z. B. die von der Bank of America für die Personal- und Betriebsmittelplanung verwendeten Ansätze (4) auch bei uns für die Zukunft Fortschritte erhoffen.

c) Gesamtplanungen

Mit ihren Plänen für die Durchführung der Gelddisposition sowie des Betriebsmittel- und Arbeitseinsatzes haben die Universalbanken sowohl für ihren Geschäftsbereich als auch für ihren Betriebsbereich kurzfristige Planungsansätze entwickelt, wenn diese auch nicht nur bezüglich der Ermittlung der Prognosewerte, sondern auch hinsicht-

---

1) Vgl. S. 248
2) Vgl. S. 247 ff. und 252
3) Vgl. insbesondere S. 250 ff.
4) Vgl. S. 279 ff.

19*

lich der Auswahl der jeweils geeignetsten Alternativen noch einer Verbesserung bedürfen (1). Entsprechendes läßt sich für die kurzfristige
Erfolgsplanung der Universalbanken leider nicht feststellen. Zwar ist
die Zahl der Universalbanken, insbesondere der Sparkassen, die Ko-
sten- und/oder Erfolgsrechnungen in Form von Kostenarten-, Kosten-
stellen-, Leistungsgruppen- und Einheitenrechnungen (2) durchführen,
infolge der eingehenden theoretischen Erforschung dieses Problem-
kreises (3) in den letzten Jahren stark angestiegen, doch erfüllen alle
diese Rechnungen bei ihnen vorerst keine Planungs-, sondern lediglich
Kontrollzwecke, wobei offenbar der Kontrolle der Kostenentwicklung
allgemein auch noch das größere Gewicht beigemessen wird (4). Ansätze für kurzfristige Kosten- und Erlösplanungen sind jedenfalls bisher in den deutschen Universalbanken nicht festzustellen (5). Allenfalls
werden auf Grund von internen Zeit- oder (vor allem bei den Sparkassen und Kreditgenossenschaften) auch Betriebsvergleichen über die
Kostenentwicklung Einzelmaßnahmen zur Verbesserung der Kostensi-
tuation in die Wege geleitet, ohne daß diese aber in einem größeren
Planungszusammenhang stehen. Für eine den betriebswirtschaftlichen
Anforderungen entsprechende kurzfristige Gesamtplanung der Universalbanken fehlt es infolgedessen nicht nur an einer Verbesserung der
bereits vorhandenen Planungen im Geschäftsbereich und Betriebsbereich und ihrer Ausdehnung auf alle Geschäftsarten und alle produktiven Faktoren, sondern vor allem auch an der Entwicklung einer Erfolgsplanung, ganz abgesehen von einer der Interdependenz des gesamten betrieblichen Geschehens in ausreichendem Maße Rechnung tragenden Abstimmung zwischen allen drei Planungsbereichen.

Betrachten wir in dieser Hinsicht wiederum die Verhältnisse in den
USA, so scheinen sie günstiger zu liegen als bei uns. Es ist dabei vor
allem darauf hinzuweisen, daß - wie wir ausgeführt haben - die großen
amerikanischen Universalbanken sowohl ihre Mindestreservedisposition als auch ihre Kassenhaltung bereits über elektronische Datenver-
arbeitungssysteme laufen lassen (6). Das gleiche gilt aber auch für die
Feststellung der Gesamtengagements ihrer einzelnen Kunden, für Bi-
lanzanalysen zum Zwecke der Kreditwürdigkeitsprüfung und für die

---

1) Vgl. S. 290 und 291
2) Zur Terminologie vgl. Kaminsky, Stefan: Die Kosten- und Erfolgsrechnung der Kreditinstitute, S. 81 ff., 84 ff., 107 ff. und 143 ff.
3) Vgl. S. 175 ff.
4) Vgl. Kaminsky, Stefan: Die Kosten- und Erfolgsrechnung der Kreditinstitute, S. 58 ff.
5) Um Mißverständnissen vorzubeugen, sei darauf hingewiesen, daß
   wir die von zahlreichen Universalbanken jeweils für 1 Jahr erstellten
   Kostenpläne bereits der langfristigen Planung zugerechnet haben.
   Vgl. S. 273 ff.
6) Vgl. S. 288 und 289 f.

Durchführung der Wertpapierberatung (1). Daher kann angenommen werden, daß für die gesamte Gelddisposition, also für die Ermittlung der Prognosewerte ebenso wie für die Auswahl der jeweils geeignetsten Alternativen,Verfahren zur Anwendung gelangen, die den hieran zu stellenden Anforderungen in relativ hohem Maße entsprechen, und daß darüberhinaus sogar kurzfristige Planungen des Gesamtgeschäfts erfolgen (2). Verwiesen werden kann weiterhin auf die von der Bank of America zur Durchführung ihrer Personalplanung verwendeten Arbeitsplatzanalysen und Arbeitszeitmessungen, die auch für kurzfristige Betriebsmittel- und Arbeitseinsatzpläne die Grundlagen zu liefern imstande sein müssen (3). Schließlich wird bereits von Kaminsky erwähnt, daß die amerikanischen Banken in großem Umfang "Vorschaurechnungen, Plan- oder Budgetrechnungen" für Leistungen und Kosten durchführen (4). Da indessen über die Art dieser Rechnungen wenig bekannt ist und infolgedessen nicht festgestellt werden kann, wie dabei im einzelnen vorgegangen wird, ist an dieser Stelle nochmals darauf hinzuweisen, daß die Arteigenheiten der Universalbanken für ihre Kosten- und Erfolgsrechnungen erhebliche Besonderheiten mit sich bringen, die sich auch auf die Verwendung dieser Rechnungen für Planungszwecke auswirken müssen. So haben wir ausgeführt, daß das Zurechnungsproblem bei den Universalbanken sowohl auf der Kosten- als auch auf der Erlösseite auftaucht und auf Grund seiner theoretischen Unlösbarkeit weder Stückkosten noch Stückerlöse ermittelt werden können, die der Verursachung entsprechen (5). Außerdem aber folgt aus der besonderen Kostenstruktur der Universalbanken mit ihrem ungewöhnlich hohen Fixkostenanteil, daß auch die Ermittlung von Grenzkosten, die Grenzerlösen gegenübergestellt werden könnten, sinnvollerweise nicht möglich ist (6). Bei der kurzfristigen Erfolgsplanung der Universalbanken muß darauf ebenso Rücksicht genommen werden wie bei ihrer langfristigen Erfolgsplanung. Es kann daher hierzu auch auf unsere Bedenken über die von der Bank of America für Planungszwecke verwendeten Kostenstellen- und Geschäftsspartenrechnungen sowie Kontenkalkulationen verwiesen werden (7). Insgesamt ist jedoch festzustellen, daß die von den amerikanischen Universalbanken verwendeten Ansätze für die kurzfristige Planung zweifellos als beachtlich zu be-

---

1) Nach Angaben von Direktor Claus vom Institut für Automation, Frankfurt am Main, in der Sparkassenarbeitsgemeinschaft von Prof. Dr. K. F. Hagenmüller, am 3.2.1966, Universität Frankfurt am Main

2) Vgl. hierzu auch Kaminsky, Stefan: Die kurzfristige Kosten- und Erfolgsrechnung der Kreditinstitute, S. 212

3) Vgl. Kaminsky, Stefan: Die kurzfristige Kosten- und Erfolgsrechnung der Kreditinstitute, S. 61 und 212 ff.

4) Vgl. S. 280

5) Vgl. S. 175 f., 178 ff. und 254 ff.

6) Vgl. S. 175 ff. und 254 ff.

7) Vgl. S. 280 f.

zeichnen sind. Zur Entwicklung einer den betriebswirtschaftlichen Anforderungen entsprechenden kurzfristigen Gesamtplanung für die deutschen Universalbanken kann infolgedessen insgesamt doch bereits auf eine ganze Anzahl guter Ansätze aus der bankbetrieblichen Praxis zurückgegriffen werden, die es zu verbessern und durch neue Ansätze zu bereichern gilt.

B. Theoretische Ansätze

Die bankbetriebliche Planungsforschung steht - wie wir schon ausgeführt haben - erst am Anfang ihrer Arbeit (1). Das gilt vor allem für die langfristige Planung.

1. Ansätze für die langfristige Planung

Explizite lassen sich theoretische Ansätze für die langfristige Planung im Bankbetrieb bisher in der Literatur nicht finden. Es kann aber auf einige Arbeiten verwiesen werden, die - obgleich ihr spezielles Anliegen nicht die bankbetriebliche Planung bildet - Anregungen für die langfristige Planung in einzelnen Bereichen der Universalbanken vermitteln.

a) Die Planung der Betriebskapazität

Beachtung erfordern zunächst die Untersuchungen Krümmels zur Preispolitik der Universalbanken. Krümmel gelangt dabei zu der Feststellung, daß die Planung der Betriebskapazität von Universalbanken in allen Kapazitätssektoren, zu denen die Personalkapazität, die Betriebsausstattung und die Bankgebäude zählen, auf langfristigen Erwartungen über die Gesamtleistungsabnahme der Kunden in allen Sortimentszweigen basieren muß (2). Wegen der erheblichen Schwankungen des Arbeitsanfalls bei den Universalbanken sind dieser Planung zwar die in einer kapazitätspolitischen Planungsperiode auftretenden jeweils höchsten Spitzenbelastungen zugrunde zu legen, jedoch Ausgleichsmöglichkeiten zwischen den einzelnen organisatorischen Einheiten, die infolge der Verwendbarkeit der Bankkapazitäten für heterogene Geschäfte geschaffen werden können, von vornherein mit in Rechnung zu stellen (3). Krümmel gibt somit für die Kapazitätsplanung der Universalbanken eine Planungsmaxime an, die mit unseren Ausführungen über die an die Planung im Betriebsbereich der Universalbanken zu stellenden Anforderungen übereinstimmt (4). Hinzuweisen ist lediglich darauf, daß Krümmel das Einlagengeschäft als eine Bankabsatzleistung in die er-

---

1) Vgl. S. 12
2) Vgl. Krümmel, Hans-Jacob: Bankzinsen, S. 196 ff.
3) Vgl. Krümmel, Hans-Jacob: Bankzinsen, S. 198 ff.
4) Vgl. S. 246 ff.

wartete "Gesamtleistungsabnahme" der Kunden mit einbezieht, während wir die Einlagensammlung zwar den Bankgeschäften, nicht aber den Marktleistungen der Universalbanken zurechnen (1). Indessen ist diese terminologische Frage aber von vergleichsweise geringer Bedeutung, sofern nur die für die Einlagenbeschaffung erforderlichen - im allgemeinen recht erheblichen - Betriebskapazitäten bei den Planungsüberlegungen nicht außer acht gelassen werden. Auch den von Krümmel aus seinen Ausführungen über die Kapazitätsplanung der Universalbanken für ihre Kosten- und Erlösplanung gezogenen Schlüssen können wir - wie aus unseren früheren Ausführungen hervorgeht - weitgehend folgen (2). Danach sind die Personal- und Sachkosten der Universalbanken für die erstellten Betriebskapazitäten (mit ganz wenigen Ausnahmen) für die in einer kapazitätspolitischen Planungsperiode aufrecht zu erhaltende Kapazitätsstufe als fix zu betrachten. Variieren kann lediglich die jeweilige Aufteilung der fixen Kosten auf Leerkosten und Nutzkosten, wodurch jedoch aus fixen keine variablen Kosten werden (3). Die Personal- und Sachkosten der Universalbanken können infolgedessen ihren einzelnen Geschäften nicht verursachungsgemäß zugerechnet werden. Da sich auch die Kosten der Geldbeschaffung bei den Universalbanken, obgleich sie z. B. in bezug auf den gesamten Kreditbestand als variabel anzusehen sind, nicht den einzelnen Geschäften verursachungsgemäß zurechnen lassen (4), können Kosten und Erlöse bei ihnen nicht simultan in die Planung eingehen, sondern müssen weitgehend unabhängig voneinander geplant werden. Dieser Ansicht haben wir uns angeschlossen. Den weiteren Ausführungen Krümmels zur Kosten- und Erlösplanung der Universalbanken vermögen wir dagegen nicht mehr zu folgen, da Krümmel den Universalbanken als Zielsetzung grundsätzlich die Gewinnmaximierung unterstellt, während wir das Streben nach einem erreichbar erscheinenden Anspruchsniveau, das aus den Zielvariablen Gewinn, Marktanteil und Eigenkapitalanteil besteht und im Zeitverlauf veränderlich ist, für realistischer halten (5). Trotzdem sei jedoch noch kurz darauf eingegangen, da gerade in diesem Zusammenhang die Problematik der Zielsetzung Gewinnmaximierung bei den Universalbanken deutlich in Erscheinung tritt. Die nach Gewinnmaximierung strebenden Universalbanken können nach Krümmel auf Grund ihrer arteigenen Kostenstruktur ihr Planungsziel nur so erreichen, daß sie bei der erwarteten Gesamtleistungsabnahme die fixen Personal- und Sachkosten (und inner-

---

1) Vgl. S. 51 und 52 ff.
2) Vgl. S. 254 f.
3) Vgl. Krümmel, Hans-Jacob: Bankzinsen, S. 200 ff. und Gutenberg, Erich: Die Produktion, S. 336 ff. sowie unsere Ausführungen S. 171 f.
4) Vgl. ebenda, S. 204 ff. sowie unsere Ausführungen S. 176 ff.
5) Vgl. S. 255

halb dieser die Leerkosten) sowie die Geldbeschaffungskosten zu minimieren und unabhängig davon ihre Erlöse zu maximieren versuchen,
wobei sie vom einzelnen Kunden und seiner Verhandlungsmacht ausgehen müssen (1). Dabei entsteht das Dilemma, daß der preispolitische Planungszeitraum als wesentlich kürzer anzusetzen ist als der
kapazitätspolitische Planungszeitraum, weil sich Aussagen über die
Entwicklung der Preise für die Geschäfte der Universalbanken mit
subjektiver Gewißheit immer nur für relativ kurze Zeiträume machen
lassen und auch durch geschäftspolitische Maßnahmen, wie z. B. die
Anwendung von Zinsgleitklauseln und die Hereinnahme banküblicher
Sicherheiten der preispolitische Planungshorizont nur in vergleichsweise geringem Maße hinausgeschoben werden kann (2). Da sich nun
aber Gewinnmaximierung immer nur bis zum "nächstliegenden Planungshorizont" betreiben läßt, ist dafür der relativ kurze preispolitische Planungszeitraum als bestimmend anzusehen, während der kapazitätspolitische Planungszeitraum ein Mehrfaches davon betragen
muß (3). Ziel der bankbetrieblichen Planung würde damit also letztlich
eine kurzfristige Gewinnmaximierung auf der Grundlage einer langfristigen Kapazitätsplanung sein, was jedoch u. E. weder der Realität entspricht noch eine Gewähr für die langfristige günstigste Entwicklung
der Universalbanken bietet. Abgesehen von diesen grundsätzlichen Bedenken erweisen sich jedoch Krümmels Ausführungen als wertvolle
Anregungen für die langfristige Planung der Universalbanken (4).

b) Die Planung des Leistungsvermögens

Anregungen für die Planung des Leistungsvermögens von Universalbanken finden sich innerhalb der Untersuchungen Deppes zum Wachstum von Bankbetrieben (5). Anders als bei Krümmel handelt es sich
hierbei ausschließlich um langfristige Überlegungen, die überdies nicht
nur die technisch-organisatorische, sondern auch die finanziell-liqui-
ditätsmäßige Kapazität einer Universalbank betreffen und somit deren
gesamtes Leistungsvermögen umfassen. Ihr Anliegen ist es, "das Instrumentarium zur bestmöglichen Erreichung der Zielsetzung des Instituts im Zeitverlauf durch Bestimmung der Faktoren eines 'optimalen Wachstums' zu erweitern" (6).

Die einzelwirtschaftliche Wachstumsforschung steht, wenn man von

---

1) Vgl. Krümmel, Hans-Jacob: Bankzinsen, S. 228
2) Vgl. Krümmel, Hans-Jacob: Bankzinsen, S. 194 ff.
3) Vgl. Krümmel, Hans-Jacob: Bankzinsen, S. 194
4) Vgl. S. 340 ff.
5) Vgl. zum folgenden Deppe, Hans-Dieter: Der Bankbetrieb als Gegenstand von Wachstumsanalysen, S. 353 - 381
6) Vgl. Deppe, Hans - Dieter: Der Bankbetrieb als Gegenstand von
   Wachstumsanalysen, S. 356

firmengeschichtlichen Arbeiten absieht, noch ganz am Anfang ihrer Entwicklung, denn erst vor wenigen Jahren hat man begonnen, sich damit intensiver zu beschäftigen (1). Seitdem konnten zwar schon beachtliche Fortschritte erzielt werden, doch betreffen sie vorwiegend Produktionsunternehmungen und lassen sich nicht ohne weiteres auf Bankbetriebe mit ihren erheblichen Arteigenheiten übertragen. Wenn man daher auch hier die firmengeschichtlichen Arbeiten außer Betracht läßt (2), so gebührt Deppe das besondere Verdienst, sich erstmals von bankbetrieblicher Seite aus dem Phänomen des einzelwirtschaftlichen Wachstums genähert zu haben.

Im Mittelpunkt der Untersuchungen Deppes, die auf den bahnbrechenden Gedanken Gutenbergs zur Frage des betrieblichen Wachstums (3) aufbauen und sie den bankbetrieblichen Bedürfnissen entsprechend umformen, steht die Fähigkeit des einzelnen Kreditinstituts zur Erstellung von Leistungen sowie die Veränderung dieser Fähigkeit im Zeitverlauf (4). Als bankbetriebliches Wachstum ist danach die Gesamtheit der Vorgänge zu bezeichnen, die unter Aufrechterhaltung einer angemessenen finanziellen Widerstandsfähigkeit (Sicherheit) zu einer dauerhaften - d. h. mindestens über eine Teilperiode innerhalb eines Gesamtzeitraumes anhaltenden - Vergrößerung der Fähigkeit eines Kreditinstitutes zur Erstellung von Leistungen führt (5). Dabei kommt

---

1) Vgl. Albach, Horst: Zur Theorie des wachsenden Unternehmens, in: Theorien des einzelwirtschaftlichen und des gesamtwirtschaftlichen Wachstums (Schriften des Vereins für Socialpolitik, Neue Folge, Band 34, hrsg. von Wilhelm Krelle), Berlin 1965, S. 9 und die hier angegebene Literatur.

2) Vgl. insbesondere Riesser, J.: Die deutschen Großbanken und ihre Konzentration im Zusammenhang mit der Entwicklung der Gesamtwirtschaft in Deutschland, 4. Aufl., Jena 1912 und Hook, W.: Die wirtschaftliche Entwicklung der ehemaligen Deutschen Bank im Spiegel ihrer Bilanzen, Heidelberg 1954

3) Vgl. Gutenberg, Erich: Zur Frage des Wachstums und der Entwicklung von Unternehmungen, in: Festschrift für Fritz Schmidt, Berlin-Wien 1942, S. 148 - 158

4) Vgl. Deppe, Hans-Dieter: Der Bankbetrieb als Gegenstand von Wachstumsanalysen, S. 357

5) Vgl. Deppe, Hans-Dieter: Der Bankbetrieb als Gegenstand von Wachstumsanalysen, S. 363 f. Den Gegensatz bildet der Begriff der Diminution (vgl. S. 364). Vgl. hierzu auch unsere Ausführungen S.193 f. Sowohl die Länge der Teilperioden als auch die des Gesamtzeitraumes lassen sich nach Deppe nicht allgemein, sondern nur im konkreten Einzelfall einer Modellsituation sinnvoll und zweckmäßig fixieren, da sie sich nach dem Zweck der Analyse richten. Als Arbeitshypothese schlägt Deppe jedoch vor, für einen relativ kurzen Gesamtuntersuchungszeitraum von 5 Jahren die einzelne Teilperi-

es lediglich auf die Veränderung der möglichen Erstellung bankbetrieblicher Leistungen und nicht auf die tatsächliche Ausnutzung des Leistungspotentials an, die erst im Zusammenhang mit der betriebswirtschaftlichen Beurteilung des erfolgten Wachstums Bedeutung erlangt.
Da nun allerdings für die bankbetriebliche Leistungserstellung nicht
nur technisch-organisatorische Einrichtungen, sondern in erheblichem
Umfang auch finanzielle Mittel erforderlich sind, ohne daß jedoch zwischen beiden ein strenges Abhängigkeitsverhältnis besteht, unterscheidet Deppe - im Anschluß an die neuere bankbetriebliche Literatur -
innerhalb der Gesamtleistungsfähigkeit eines Kreditinstituts nochmals zwischen der Leistungsfähigkeit der technisch-organisatorischen
Kapazität und der Leistungsfähigkeit der finanziellen Kapazität (1). Das
Wachstum der Gesamtleistungsfähigkeit eines Kreditinstituts kann sich
infolgedessen aus einer Vergrößerung der technisch-organisatorischen
und/oder der finanziellen Kapazität zusammensetzen. "Dabei wird unter Vergrößerung neben einer quantitativen Zunahme auch eine qualitative Verbesserung des Leistungsvermögens" verstanden (2). Sowohl
das technisch-organisatorische als auch das finanzielle Wachstum kann
einmal durch eine unmittelbare Vergrößerung des Leistungspotentials
und zum anderen durch eine geringere Beanspruchung des Leistungspotentials seitens der zu erstellenden Leistungen infolge eines Pro-
duktivitätsfortschritts erreicht werden. In ersterem Fall spricht Deppe
von direktem, in letzterem Fall von indirektem Wachstum. Erfolgt
das Wachstum einer Bank durch die Initiative der Bankleitung als Folge oder in Erwartung von Nachfragesteigerungen, so liegt nach Deppe
induziertes Wachstum vor, während ein unabhängig von den Entscheidungen der Bankleitung erfolgendes Wachstum, das allerdings nur im
finanziellen Bereich möglich ist, von Deppe als autonomes Wachstum
bezeichnet wird (3). Als Besonderheit der technisch-organisatorischen
Wachstumssphäre einer Bank wird schließlich von Deppe noch geogra-
phisch zwischen dezentralem Wachstum durch Vergrößerung der Zahl
ihrer Geschäftsstellen und zentralem Wachstum durch Vergrößerung
der Leistungsfähigkeit ihrer bereits bestehenden Geschäftsstellen einschließlich der Zentrale unterschieden.

---

ode zwischen der Länge eines Monats und eines halben Jahres anzusetzen und für Gesamtuntersuchungszeiträume von mehr als 5
Jahren für die einzelne Teilperiode 1 Jahr zu wählen. Wir können
hierzu auf unsere Ausführungen S. 187 ff. verweisen.

1) Vgl. z.B. Hagenmüller, Karl Friedrich: Der Bankbetrieb, Band
   III, S. 320 sowie unsere Ausführungen S. 142 ff. und 230 ff.
2) Vgl. S. 297 Fußnote 5
3) Vgl. Deppe, Hans-Dieter: Der Bankbetrieb als Gegenstand von
   Wachstumsanalysen, S. 363 f. An anderer Stelle (vgl. S. 373 Fußnote 49) bezeichnet Deppe allerdings die dezentrale Ausdehnung
   einer Bank durch Filialneugründung als eine autonome Expansion,
   durch die ein finanzielles Wachstum induziert werden kann.

Bei Verwendung des Begriffs der Leistungsfähigkeit zur Definition des einzelbankbetrieblichen Wachstums wird die bankbetriebliche Leistung zum zentralen Element der Wachstumsmessung einer Bank (1). Hierin liegen nun allerdings erhebliche Schwierigkeiten begründet. Da es sich bei einem Bankbetrieb grundsätzlich um eine Mehrleistungsunternehmung mit breitem Leistungssortiment handelt, kann aus dem Wachstum des betrieblichen Leistungspotentials über die damit zusätzlich zu erstellenden Leistungen und vice versa nur dann etwas ausgesagt werden, wenn über die Inanspruchnahme der bankbetrieblichen Kapazität durch die einzelnen Leistungen völlige Klarheit besteht. Zentrale Aufgabe der bankbetrieblichen Wachstumsforschung muß infolgedessen die Analyse der Beziehungen zwischen dem bankbetrieblichen Leistungspotential und den einzelnen bankbetrieblichen Leistungen sein. Dabei ist zu unterscheiden zwischen den an die Kunden abzugebenden Marktleistungen und den internen Leistungen oder Teilleistungen der einzelnen bankbetrieblichen Bereiche, die zur Erstellung jeweils einer Marktleistung erforderlich sind (2). Infolgedessen bedarf es zur Ermittlung der Beziehungen zwischen dem bankbetrieblichen Leistungspotential und den damit hervorzubringenden Marktleistungen der Feststellung aller internen Leistungen, die in eine bankbetriebliche Marktleistung eingehen, wobei es sich grundsätzlich sowohl um interne Leistungen des finanziellen Bereichs als auch um interne Leistungen des technisch-organisatorischen Bereichs handelt. Die besonderen Probleme dabei liegen nun darin, daß im Grunde genommen jede bankbetriebliche Marktleistung eine Individualität darstellt (3), so daß die Struktur der internen Leistungsbeanspruchung durch die einzelne Marktleistung innerhalb jeder Marktleistungsart erheblich zu differieren vermag und somit theoretisch eine unendlich große Zahl von Marktleistungen zu analysieren ist. Deppe geht daher in seinen weiteren Ausführungen von der Annahme aus, daß die Marktleistungsarten der Kreditinstitute in Gruppen zerlegt werden können, "die jeweils eine so homogene Struktur der für ihre Erstellung benötigten internen Leistungen aufweisen, daß sich die Abweichungen von einer für die einzelnen Gruppen ermittelten 'normalen Teilleistungsstruktur' wahrscheinlichkeitstheoretisch erfassen lassen" (4). Für jede bankbetriebliche Leistungsart kann dann angegeben werden, wie sie die bankbetriebliche Kapazität beansprucht und damit ist zugleich die allgemeine Beziehung zum bankbetrieblichen Wachstum gegeben. Unter der gemachten Annahme und mit Hilfe von Symbolen für die einzelnen relevanten Tatbestände lassen sich die Beziehungen zwischen der Leistungserstellung einer Bank und ihrem in

---

1) Vgl. Deppe, Hans-Dieter: Der Bankbetrieb als Gegenstand von Wachstumsanalysen, S. 365
2) Vgl. ebenda, S. 374 ff. Vgl. hierzu auch unsere Ausführungen S. 51, 52 ff. und 294 f.
3) Vgl. ebenda, S. 376
4) Vgl. ebenda, S. 379 sowie Anlage 36

der Periode t maximal verfügbaren Leistungspotential durch ein Bedingungssystem in Form von Ungleichungen darstellen (1).

Nun handelt es sich hierbei allerdings - wie Deppe selbst ausführt - um
ein sehr vereinfachtes und formales System, das für empirische Studien wesentlich vertieft werden muß. "Refinanzierungsmöglichkeiten,
Sicherheits- und Nachfragebedingungen, geographische Komponenten
des Bankstellennetzes und entsprechende Erfolgskoeffizienten werden
ebenso vernachlässigt wie die Tatsache, daß zahlreiche Leistungen
die Kapazität der Bank nicht nur während einer Periode t, sondern in
mehreren Perioden berühren und durch Kreditrückflüsse z. B. finanzielle Mittel wieder freigesetzt werden" (2). So läßt sich mit Hilfe
dieses Systems zwar feststellen, daß das Wachstum eines Kreditinstituts entweder durch eine Vergrößerung der finanziellen bzw. technisch-organisatorischen Limitationen oder eine Verkleinerung der finanziellen bzw. technisch-organisatorischen Verbrauchskoeffizienten
erfolgen kann. Das System ist jedoch noch weit davon entfernt, durch
Bestimmung der Faktoren eines optimalen Wachstums das Instrumentarium zur langfristigen Steuerung und damit letztlich auch zur langfristigen Planung von Kreditinstituten liefern zu können (3).

Insbesondere ist u. E. zu bemerken, daß die in Deppes System als
Teilkapazitäten des finanziellen Bereichs einer Bank verwendeten finanziellen Reservoirs, von denen "der Einfachheit halber nur die drei
wichtigsten Liquiditätsreservoirs Kasse, Zentralbank- und Postscheckguthaben einbezogen" werden (4), die Gesamtkapazität des finanziellen Bereichs der Bank und damit ihr finanzielles Leistungsvermögen in einer bestimmten Periode nur unter der Annahme, daß von der
Beanspruchung der finanziellen Reservoirs keine Bestandswirkungen
für mehr als eine Periode ausgehen, richtig zum Ausdruck zu bringen
vermögen. Wird diese Annahme nämlich fallen gelassen, so ergibt
sich, daß die Bank, sobald sie ihre liquiden Mittel z. B. in der Periode t durch die volle Inanspruchnahme eingeräumter Kredite seitens
ihrer Kunden verbraucht hat, in der Periode t + 1 keine finanzielle Kapazität mehr besitzt, jedoch zweifellos noch finanzielle Leistungen erbringt und daher auch ein finanzielles Leistungsvermögen haben muß.

---

1) Vgl. Deppe, Hans-Dieter: Der Bankbetrieb als Gegenstand von
   Wachstumsanalysen, S. 379
2) Vgl. Deppe, Hans-Dieter: Der Bankbetrieb als Gegenstand von
   Wachstumsanalysen, S. 379 Fußnote 63
3) Auf das während der Drucklegung erschienene Buch von Hans-Dieter
   Deppe: Bankbetriebliches Wachstum, Funktionalzusammenhänge
   und Operations Research in Kreditinstituten, Stuttgart 1969, das
   die in seinem Aufsatz: Der Bankbetrieb als Gegenstand von Wachstumsanalysen, enthaltenen Gedankengänge wesentlich erweitert und
   vertieft, konnte nicht mehr eingegangen werden.
4) Vgl. Deppe, Hans-Dieter: Der Bankbetrieb als Gegenstand von
   Wachstumsanalysen, S. 378

Indessen erhält die Bank ihre ursprünglich vorhandene finanzielle Kapazität aber wieder, wenn z. B. in der Periode t 2 von ihren Kunden die in der Periode t in Anspruch genommenen Kredite voll zurückgezahlt werden, die Bank nunmehr also keine finanziellen Leistungen mehr für sie erbringt und daher auch kein finanzielles Leistungsvermögen dafür mehr benötigt. Definitionsgemäß müßte die Bank in der Periode t $\pm$ 1 geschrumpft, in der Periode t $\pm$ 2 gewachsen sein. Tatsächlich ist jedoch ihr finanzielles Leistungsvermögen während aller drei Perioden gleich geblieben. Verändert hat sich lediglich die Fähigkeit der Bank zur Erstellung neuer Marktleistungen (oder auch zur Vornahme von Investitionen im technisch-organisatorischen Bereich), die nur in den Perioden t und t $\pm$ 2, nicht dagegen in der Periode t $\pm$ 1 vorhanden ist. Unter der Annahme, daß von der Inanspruchnahme liquider Mittel Bestandswirkungen ausgehen, die sich über mehr als eine Periode erstrecken, sind daher die finanziellen Reservoirs lediglich geeignet, die Fähigkeit einer Bank, in einer bestimmten Periode neue Marktleistungen zu erstellen (oder Investitionen vorzunehmen), zum Ausdruck zu bringen, während das gesamte finanzielle Leistungsvermögen der Bank in dieser Periode nur unter Berücksichtigung der aus der Leistungserstellung (oder aus Investitionen) früherer Perioden noch vorhandenen Bestandswirkungen richtig zu ermitteln ist. Eine Vergrößerung der finanziellen Reservoirs in einer bestimmten Periode hat deshalb unter der Annahme mehrperiodischer Bestandswirkungen auch nur dann eine Vergrößerung des finanziellen Leistungsvermögens der Bank und damit ein finanzielles Wachstum zur Folge, wenn sie sich nicht aus Rückflüssen der in früheren Perioden getätigten Marktleistungen (oder Investitionen) rekrutiert. Diese für die bankbetriebliche Betätigung typischen Zusammenhänge sind für die langfristige Planung des finanziellen Leistungsvermögens einer Universalbank von erheblicher Bedeutung. So haben wir bereits in unseren früheren Ausführungen (1) mit dem Begriff der finanziellen Kapazität einer Universalbank immer zunächst passivisch ihre gesamten finanziellen Mittel (einschließlich der Indossaments- und Eventualverbindlichkeiten) sowie nicht ausgenützter eigener Kreditspielräume zu erfassen versucht, darüberhinaus aber auch die aktivische Verwendung der finanziellen Mittel ebenso wie nicht in Anspruch genommene Kreditzusagen mit in die Betrachtung einbezogen, weil eben erst in Verbindung mit dem ständigen Rückfluß finanzieller Mittel aus den verschiedensten Anlagen (deren Zusammensetzung wiederum stark von der Strukturierung der finanziellen Mittel abhängt) und unter Berücksichtigung der noch nicht eingelösten Kreditversprechen das charakteristische Bild des finanziellen Leistungsvermögens einer Universalbank

---

1) Vgl. S. 143 f. und 230 ff. sowie Abbildung 6, S. 142

erwächst (1). Bedenkt man außerdem, daß überhaupt nur auf diese
Weise beurteilt werden kann, ob bei Veränderung der finanziellen Leistungsfähigkeit eines Kreditinstituts die in der Definition seines Wachstums von Deppe geforderte Aufrechterhaltung eines angemessenen finanziellen Widerstandsgrades (2) gewährleistet ist, so ergibt sich daraus ebenfalls eine Bestätigung unserer Auffassung.

1) In der bankbetrieblichen Literatur wird der Kapazitätsbegriff bisher
nicht einheitlich definiert. Während z. B. Günther ihn lediglich auf
die Einlagen von Nichtbanken bezieht (vgl. Günther, Hans: Die Ka-
pazitätsbestimmung bei Kreditbanken, in: Zeitschrift für Betriebswirtschaft, 29 Jg. 1959, S. 542 - 555), unterscheidet Gail bereits
zwischen der wertbedingten Kapazität, für die er die Bilanzsumme,
und der stückbedingten Kapazität, für die er die Zahl der Beschäftigten, als Bestimmungsgröße wählt (vgl. Gail, Winfried: Der Kapazitätsausnutzungsgrad bei Bankbetrieben und sein Einfluß auf
den Kostenverlauf, in: Zeitschrift für Betriebswirtschaft, 30. Jg.
1960, S. 546 - 555). Im Gegensatz zu diesen passivischen Bestimmungen der finanziellen Kapazität einer Bank geht Mülhaupt im Anschluß an die moderne Kreditschöpfungstheorie (vgl. hierzu insbesondere Schneider, Erich: Einführung in die Wirtschaftstheorie,
III. Teil, 9. Aufl. , S. 38 f.) bei der Bestimmung der "Kapazität
einer Bank zur Schaffung von Liquidität und damit zur Gewährung
von Kredit" aktivisch von der Überschußreserve im weitesten Sinne aus, die 1. die Überschußkasse im engeren Sinne, 2. die Überschußreserve im engeren Sinne und 3. die Kreditreserve umfaßt.
Er ermittelt mit Hilfe der Überschußreserve allerdings lediglich
den "zusätzlichen maximalen Kreditspielraum" der Bank in einer
bestimmten Periode, der erst in Verbindung mit den bereits vorhandenen Aktiva ihre "gesamte Kreditkapazität" in dieser Periode
ergibt (vgl. Mülhaupt, Ludwig: Umsatz-, Kosten- und Gewinnplanung einer Kreditbank, S. 9 f. und 13 ff. sowie Krümmel, Hans-
Jacob: Bankzinsen, S. 204 f. und unsere Ausführungen S. 308 ff.).
Vorausgesetzt werden müßte dabei freilich, daß keine Rückflüsse
von Krediten erfolgen, da andernfalls die scharfen Grenzen zwischen den in einer bestimmten Planungsperiode zusätzlich eingeräumten und dem bereits vorhandenen Bestand an zugesagten und
in Anspruch genommenen Krediten verschwinden. Da dies jedoch
bei Mülhaupt nicht geschieht, dürfte bei ihm eigentlich nicht von
den zusätzlichen, sondern nur von den neuen Krediten einer bestimmten Planungsperiode gesprochen werden. Auf den grundlegenden Gedankengängen Mülhaupts baut Deppe sowohl bei seinen
Untersuchungen der finanziellen Kapazität einer Bank im Rahmen
einer langfristigen Wachstumsanalyse als auch bei der Entwicklung
seines kurzfristigen Gesamtplanungsmodells auf. Es wird daher
dort noch ausführlich darauf einzugehen sein. Vgl. hierzu unsere
Ausführungen S. 315 ff.

2) Vgl. S. 297

Weiterhin ist darauf hinzuweisen, daß Deppe in seinem Bedingungssystem allein die mengenmäßigen Komponenten bankbetrieblicher Leistungserstellung berücksichtigt, während die dazu gehörigen Bewertungskomponenten ganz außer Betracht bleiben. Unter Mengenkomponenten werden dabei z. B. Kreditbeträge in DM, Beschäftigungszeiten,
Zweigstellenzahlen uws., unter Bewertungskomponenten Zinssätze,
Gehälter, Mieten usw., verstanden. Der Grund für die Vernachlässigung der Bewertungskomponenten liegt darin, daß der Handlungs-
spielraum der Kreditinstitute hier "in der Regel eng begrenzt" ist,
so daß "der Disposition über die Mengenkomponenten ... innerhalb
der bankbetrieblichen Entscheidungsprobleme die überwiegende und
primäre Rolle" zukommt (1). Nun läßt sich zwar nicht leugnen, daß
insbesondere die Preise der technisch-organisatorischen Faktoren für
die Kreditinstitute weitgehend Daten darstellen und daß überdies die
Preise des Faktors Zahlungsmittelnutzung bis vor kurzer Zeit strengen
Bindungen unterlegen haben, doch muß bezweifelt werden, ob diese
Gegebenheiten ausreichen, um ein so starkes Übergewicht des mengenmäßigen über den bewertungsmäßigen Aspekt zu begründen, wie
das bei Deppe geschieht. So lassen die Untersuchungen Krümmels zur
Preispolitik der Kreditinstitute auch unter den Bedingungen gebundener
Zinsen noch einen verhältnismäßig breiten Spielraum für preispolitische Manipulationen der Kreditinstitute erkennen (2). Nachdem aber
bereits mit der Ablösung des Soll- und Habenzinsabkommens durch
die Zinsverordnung eine Lockerung der Zinsbindung stattgefunden hat,
ist nach der völligen Liberalisierung der Zinsen (3) festzustellen, daß
sich die Entscheidungsprobleme der Kreditinstitute durchaus nicht auf
die Fixierung der mengenmäßigen Parameter beschränken und daher
auch in der theoretischen Analyse des Wachstumsprozesses eines Kreditinstituts nicht außer Ansatz bleiben dürfen, sollen Fehlurteile vermieden werden.

Schließlich sei noch darauf aufmerksam gemacht, daß die Beziehungen
zwischen den einzelnen Marktleistungen und den zu ihrer Erstellung
erforderlichen Teilleistungen nur dann vollständig erfaßt werden, wenn
berücksichtigt wird, daß für die Beschaffung der zur Erstellung der
Marktleistungen notwendigen finanziellen Mittel technisch-organisatorische Faktoren eingesetzt werden müssen und deren Beschaffung

---

1) Vgl. Deppe, Hans-Dieter: Der Bankbetrieb als Gegenstand von
   Wachstumsanalysen, S. 365
2) Vgl. Krümmel, Hans-Jacob: Bankzinsen, insbesondere S. 119 ff.
   sowie Aust, Eberhard: Der Wettbewerb in der Bankwirtschaft, S.
   126 ff.
3) Vgl. Zinsverordnung vom 5. 2. 1965 sowie Verordnung über die Aufhebung der Zinsverordnung und von Bestimmungen über die Kosten
   für Teilzahlungsfinanzierungskredite und Kleinkredite vom 21. 3.
   1967. Vgl. auch unsere Ausführungen S. 94 Fußnote 1

hinwiederum finanzielle Mittel beansprucht. Zwar könnte es durchaus
sein, daß diese Beziehungen im Bedingungssystem Deppes bereits bei
der Zerlegung der Marktleistungsarten in Gruppen mit homogener Teilleistungsstruktur Beachtung finden; aber abgesehen davon, daß nicht
festgestellt werden kann, ob das der Fall ist (zumindest geht es aus
dem Schema für das bankbetriebliche Leistungsprogramm nicht hervor) (1), würden dabei erhebliche Zurechnungsprobleme entstehen, die
Zweifel an der Brauchbarkeit dieser Lösungsmöglichkeiten für die zu
bewältigende Aufgabe auftauchen lassen. Wenngleich nun auch der technisch-organisatorische Apparat einer Bank im allgemeinen nur einen
sehr kleinen Prozentsatz ihrer gesamten finanziellen Kapazität in Anspruch nimmt, der notfalls in einer Wachstumsanalyse vernachlässigt
werden kann, so spielen doch umgekehrt die zur Beschaffung der finanziellen Mittel erforderlichen Betriebskapazitäten eine so außerordentlich wichtige Rolle für das Wachstum eines Kreditinstituts, daß
sie keinesfalls außer acht gelassen werden dürfen. Daß die Bankleitung durch dezentrales Wachstum, d. h. also durch Vergrößerung des
Geschäftsstellennetzes, die insgesamt relativ wenig beeinflußbaren
Beschaffungsmöglichkeiten finanzieller Mittel bis zu einem gewissen
Grade steuern kann, worauf Deppe selbst ausdrücklich hinweist, fällt
dabei noch besonders ins Gewicht (2). Richtige Schlüsse aus der theoretischen Analyse des Wachstumsprozesses eines Kreditinstituts können daher nur erwartet werden, wenn all diesen Zusammenhängen in
ausreichendem Maße Rechnung getragen wird.

Trotz unserer Einwände gegen das von Deppe entwickelte vereinfachte
formale Bedingungssystem zur Bestimmung der Faktoren eines optimalen Wachstums von Kreditinstituten lassen sich aus seinen Ausführungen insgesamt recht bedeutsame Erkenntnisse für die langfristige
Planung der Universalbanken gewinnen. So ergibt sich aus dem von
Deppe definierten Wachstumsbegriff unmittelbar, daß eine langfristige
Planung bei Universalbanken, deren Anliegen das Wachstum der Institute ist, auf die Vergrößerung ihrer Fähigkeit zur Erstellung von
Leistungen ausgerichtet werden muß, ohne daß dabei jedoch ihre finanzielle Widerstandsfähigkeit beeinträchtigt werden darf. Die Vergrößerung der Gesamtleistungsfähigkeit setzt sich dabei aus der Vergrößerung des finanziellen und des technisch-organisatorischen Wachstumsbereichs zusammen und kann sowohl durch Vergrößerung der Ein-
satzmengen der einzelnen produktiven Faktoren als auch durch Verkleinerung der Verbrauchskoeffizienten erfolgen. Während die Ver-

---

1) Vgl. Deppe, Hans - Dieter: Der Bankbetrieb als Gegenstand von
   Wachstumsanalysen, S. 377
2) Vgl. ebenda, S. 354 Fußnote 31 und 372 f. sowie Krümmel, Hans-
   Jacob: Bankzinsen, S. 204 ff. sowie unsere Ausführungen S. 298

größerung der Leistungsfähigkeit des technisch-organisatorischen Bereichs ausschließlich dem Willen der Bankleitung unterliegt, ist eine Vergrößerung der Leistungsfähigkeit des finanziellen Bereichs auch ohne deren Einfluß von außen her möglich. Dessen ungeachtet bildet jedoch der finanzielle Bereich im allgemeinen den charakteristischen Engpaßbereich im Wachstumsprozeß der Universalbanken (1). Als Kernproblem eines harmonischen Wachstums bei Universalbanken ist infolgedessen die Abstimmung ihrer beiden Wachstumsbereiche aufeinander anzusehen, die besonders durch die unsicheren Wachstumserwartungen des finanziellen Bereichs erschwert wird. Das zentrale Prinzip für die Dimensionierung des technisch-organisatorischen Wachstumsbereichs lautet nach Deppe: "Beitrag zur Gewinnmaximierung, indem mit möglichst geringen Gesamtkosten ein technisch-organisatorisches Leistungspotential erstellt wird, das rechtzeitig die von der Finanzsphäre an den technisch-organisatorischen Bereich gestellten Aufgaben in der wünschenswerten Weise erledigt" (2). Hingegen ist das grundlegende Prinzip der Steuerung des finanziellen Wachstumsbereichs nach Deppe "die Erreichung eines finanziellen Wachstums, das die Zahlungsfähigkeit der Bank gesichert erscheinen läßt und bei Erhaltung einer angemessenen Sicherheit den maximal möglichen Gewinn verspricht" (2). Mit Ausnahme der von Deppe den Kreditinstituten generell unterstellten Gewinnmaximierungsabsicht entsprechen seine Steuerungsprinzipien für die beiden Wachstumsbereiche im Grunde also den von uns herausgearbeiteten Anforderungen an die langfristige Planung im Geschäfts- und Betriebsbereich der Universalbanken (3). Bezüglich der Zielsetzung halten wir dagegen gerade innerhalb der Planung eines langfristigen Wachstumsprozesses wegen der ihm innewohnenden Unsicherheit das Rekurrieren auf die Gewinnmaximierungsabsicht für wesentlich weniger realistisch als das von uns herausgearbeitete Streben nach einem erreichbar erscheinenden Anspruchsniveau, das aus den Zielvariablen Gewinn, Marktanteil und Eigenkapitalanteil gebildet wird und den jeweiligen Umweltverhältnissen angepaßt werden kann (4). Wir können uns dabei auf Albach stützen, der ebenfalls nicht der Meinung ist, daß "wachstumspolitische Entscheidungen unter der Zielvorstellung der Gewinnmaximierung getroffen werden" (5). Dessen ungeachtet enthalten Deppes Ausführungen über das Wachstum der Kreditinstitute aber so wertvolle Anregungen für die langfristige Planung der Universalbanken, daß ihnen eine bedeutsame Stellung in ihrer Entwicklung eingeräumt werden muß.

---

1) Vgl. hierzu unsere Ausführungen S. 342 ff.
2) Vgl. Deppe, Hans-Dieter: Der Bankbetrieb als Gegenstand von Wachstumsanalysen, S. 372 f.
3) Vgl. insbesondere S. 187 ff. sowie 230 ff. und 241 ff.
4) Vgl. S. 89 ff.
5) Vgl. Albach, Horst: Zur Theorie des wachsenden Unternehmens, S. 54

c) Die Planung der Rentabilität

Während sich Krümmel, ausgehend von der Preispolitik der Universalbanken, mit der langfristigen Entwicklung ihrer Betriebskapazität beschäftigt und Deppe innerhalb seiner bankbetrieblichen Wachstumsanalyse die langfristige Entwicklung des Leistungsvermögens der Kreditinstitute ganz allgemein untersucht, haben die im folgenden zu erörternden Ausführungen von Osthues die langfristige Entwicklung der
Rentabilität der Sparkassen zum Gegenstand (1). Sie beruhen auf einem
rückschauenden Rentabilitätszeitvergleich, der durch eine voraus-
schauende Betrachtung für einen Zeitraum von etwa 10 Jahren ergänzt
wird. Osthues versucht zunächst, die Entwicklungstendenzen der Aktiv-
und Passivseite der Gesamtbilanz aller Sparkassen für den Zeitraum
von 1953 - 1963 zu ermitteln und sodann, diese Entwicklungstendenzen
unter Berücksichtigung der Bilanzstruktur der Sparkassen im Jahre
1936/37 in die Zukunft zu projizieren. Unter der Annahme, daß sich
die erkannten langfristigen Entwicklungstendenzen in der Zukunft fortsetzen, ergibt sich dabei, daß die Sparkassen in etwa 10 Jahren eine
Bilanzstruktur erreicht haben werden, die ungefähr derjenigen des
Jahres 1936/37 entspricht. Sie unterscheidet sich von der heutigen
Bilanzstruktur der Sparkassen auf der Passivseite durch einen wesentlich höheren Anteil der Spareinlagen und einen entsprechend geringeren
Anteil der sonstigen Einlagen und sonstigen Passiva, auf der Aktivseite durch eine Erhöhung der langfristigen Ausleihungen und der Wertpapierbestände auf Kosten der kurzfristigen Ausleihungen und der
sonstigen Aktiva. Unter der weiteren Annahme, daß sich die Aktiv-
und Passivzinssätze in Zukunft nicht verändern, bringt die Struktur-
verschiebung der Sparkassenbilanz nach der Seite der höher verzinslichen Spareinlagen hin zwangsläufig eine erhebliche Erhöhung des
Zinsaufwandes der Sparkassen mit sich, während ihre Zinserträge
nur geringfügig ansteigen. Die Zinsspanne der Sparkassen in % ihrer
Durchschnittsbilanzsumme erfährt infolgedessen eine beachtliche Verringerung, die sich noch dadurch vergrößern kann, daß auf lange
Sicht die Spareinlagenbestände stärker ansteigen als angenommen und/
oder unter dem Druck des Wettbewerbs die Differenzen zwischen den
Aktiv- und Passivzinssätzen nicht gleich bleiben, sondern sich vermindern (2). Das Bild verschlechtert sich weiter, wenn man die sonstigen
ordentlichen Erträge der Sparkassen (insbesondere die Provisionen
und Gebühren aus dem kurzfristigen Geschäft) mit in die Betrachtung
einbezieht, da sich nach den Berechnungen von Osthues hierfür langfristig ebenfalls eine sinkende Tendenz feststellen läßt. Nimmt man an, daß
sich auch diese Tendenz fortsetzt, so wird die Bruttoertragsspanne
der Sparkassen in % ihrer Durchschnittsbilanzsumme in 10 Jahren

---

1) Vgl. Osthues, Heinz: Rentabilitätsentwicklung der Sparkassen, in:
   Sparkasse, 82. Jg. 1965, S. 169 - 172
2) Vgl. hierzu auch Anlage 30

wesentlich geringer sein als heute. Der Betriebsgewinn der Sparkassen (das ist ihr Gewinn vor Abzug der außerordentlichen Aufwendungen und Steuern und ohne außerordentliche Erträge) in % der Durchschnittsbilanzsumme kann ermittelt werden, wenn man der Bruttoertragsspanne die Bedarfsspanne, die sich aus den persönlichen, sächlichen und sonstigen Aufwendungen zusammensetzt, gegenüberstellt. Auch die Bedarfsspanne der Sparkassen in % ihrer Durchschnittsbilanzsumme hat sich nach den Berechnungen von Osthues in den letzten 10 Jahren ständig verringert. Zwar ist dies zum Teil auf die beachtliche Erhöhung des Preisniveaus zurückzuführen, die sich naturgemäß auf die Höhe der Bilanzsumme auswirkte, jedoch kommt darin auch ein großer Rationalisierungserfolg der Sparkassen in Gestalt einer starken Abnahme der relativen Zahl ihrer Beschäftigten zum Ausdruck, der imstande war, die gleichzeitig erfolgte beträchtliche Vergrößerung der persönlichen und sächlichen Kosten pro Beschäftigtem überzukompensieren. Wenn man nun davon ausgeht, daß sich einerseits auch in Zukunft für die Sparkassen noch Rationalisierungsmöglichkeiten bieten, andererseits aber mit einer der Vergangenheit entsprechenden Steigerung der persönlichen und sächlichen Kosten pro Beschäftigtem zu rechnen ist, so läßt sich folgern, daß die Verringerung der Bedarfsspanne der Sparkassen zwar noch anhalten, jedoch wesentlich kleiner werden wird als in der Vergangenheit. Sie kann daher die Verringerung der Bruttoertragsspanne voraussichtlich nicht ausgleichen, so daß tendenziell eine Verringerung des Betriebsgewinns der Sparkassen in % ihrer Durchschnittsbilanzsumme zu erwarten ist. Da ein beträchtlicher Teil dieses Gewinns zur Erhöhung des Eigenkapitals der Sparkassen entsprechend dem Wachstum ihrer Bilanzsumme benötigt wird und auch noch die gewinnabhängigen Steuern daraus zu bestreiten sind, führt die Verringerung des Betriebsgewinns der Sparkassen in % ihrer Durchschnittsbilanzsumme, sofern man von einer evtl. Verpflichtung zu Gewinnausschüttungen absieht, unmittelbar zu einer Verkleinerung ihres Spielraumes für außerordentliche Aufwendungen sowie für geschäftspolitische Maßnahmen, die zu Ertragsminderungen oder Aufwandserhöhungen führen, und vor allem unter dem Aspekt einer evtl. Ausweitung des Marktanteils der Sparkassen, die bisher außer acht gelassen worden ist, Bedeutung erlangen. Dabei ist die kaum zu prognostizierende Entwicklung der außerordentlichen Erträge der Sparkassen allerdings noch nicht berücksichtigt, so daß sich daraus sowohl Verkleinerungen als auch Vergrößerungen des geschäftspolitischen Spielraums der Sparkassen ergeben können.

Während die Ausführungen Krümmels und Deppes - ihrer ganzen Anlage entsprechend - keine Aussagen darüber enthalten, wie die für die langfristige Entwicklung der Kreditinstitute relevanten Größen prognostiziert werden können, steht mit dem von Osthues zur Darstellung der langfristigen Rentabilitätsentwicklung der Sparkassen verwendeten Modell erstmals ein Ansatz für eine langfristige Prognose zur Ver-

fügung, wie sie als unabdingbare Voraussetzung jeder langfristigen
Planung im Bankbetrieb anzusehen ist (1). Zwar handelt es sich da -
bei noch um ein sehr globales Verfahren, das nur die wesentlichsten
Entwicklungstendenzen berücksichtigt und damit den von uns herausgearbeiteten Anforderungen nur unvollkommen entspricht, jedoch geht
daraus bereits deutlich hervor, wie ein Zugang zu der grundsätzlich
auch für Bankbetriebe nicht berechenbaren Zukunft gefunden werden
kann und welche Erkenntnisse sich aus den erhaltenen Ergebnissen
gewinnen lassen. Hervorzuheben ist insbesondere, daß Osthues in seinem Prognosemodell neben dem Gewinn den Marktanteil und den Eigenkapitalanteil in ihrer geschäftspolitischen Bedeutung für die Sparkassen
würdigt und damit auf die gleichen Größen abstellt, die wir als Zielvariablen der Universalbanken herausgearbeitet haben (2). Wenngleich sich
möglicherweise für die Sparkassen auf Grund ihrer gruppenbedingten
Arteigenheiten, die wesentliche Voraussetzungen für eine stetige Entwicklung enthalten, eine langfristige Prognose leichter durchführen
läßt als für die Kreditgenossenschaften oder die Kreditbanken, so kann
doch im Prinzip für sie der gleiche Ansatz zur Anwendung gelangen.
Aus den Ausführungen von Osthues lassen sich daher für die langfristige Planung der Universalbanken ebenfalls wertvolle Anregungen gewinnen (3).

2. Ansätze für die kurzfristige Planung

Im Gegensatz zur langfristigen Planung im Bankbetrieb, die bisher
nur in gewissen Anregungen für einzelne Teilbereiche einen literari-
schen Niederschlag gefunden hat, gibt es für die kurzfristige Planung
der Kreditinstitute bereits einige theoretische Ansätze (4). Auch sie
beschränken sich zwar jeweils nur auf bestimmte bankbetriebliche
Bereiche, jedoch werden dafür exakte Planungsmodelle entwickelt.

a) Die Umsatz-, Kosten- und Gewinnplanung

Ein erster Versuch, die kurzfristige Planung einer Bank in den Griff
zu bekommen, wurde von Mülhaupt unternommen (5). Er geht dabei
vom Modell einer "reinen Kreditbank" aus, "die außer dem mit dem
Kreditgeschäft zusammenhängenden Zahlungsverkehr keine weiteren
Bankgeschäfte betreibt" (6). Die Funktion dieser Bank sieht Mülhaupt

---

1) Vgl. S. 187 ff.
2) Vgl. S. 89 ff.
3) Vgl. S. 339 ff.
4) Vgl. S. 12
5) Vgl. zum folgenden Mülhaupt, Ludwig: Umsatz-, Kosten- und Gewinnplanung einer Kreditbank, S. 7 - 24
6) Vgl. Mülhaupt, Ludwig: Umsatz-, Kosten- und Gewinnplanung einer
   Kreditbank, S. 26

- im Anschluß an die moderne Kredittheorie - im "Handel mit Liquidität (im Sinne von Verfügungsmacht über Bank- oder Giralgeld), die sie in vollem Umfang selbst geschaffen hat", und die infolgedessen als bankmäßige oder bankeigene Liquidität zu bezeichnen ist (1). Als Zielsetzung unterstellt Mülhaupt der Bank die Maximierung ihres Umsatzgewinnes, d.h. der Differenz zwischen dem in einer Periode geplanten Umsatz und den geplanten Kosten dieses Umsatzes, wobei er unter Umsatz den "Erlös aus dem Verkauf von Liquidität" (=Kreditmenge x Preis), unter Kosten den "Preis für die eingekaufte Liquidität" versteht (1). Die Kosten zerlegt Mülhaupt in Abhängigkeit von der in einer bestimmten Periode geplanten Kreditmenge in : (2)

1. die allgemeinen Kosten der Geldbeschaffung und Gelderhaltung, die unabhängig von der in einer bestimmten Periode geplanten Kreditmenge sind,

2. die Kosten der Geldbeschaffung und Gelderhaltung, die von der in einer bestimmten Periode geplanten Kreditmenge abhängig sind,

3. die von der geplanten Kreditmenge unabhängigen Kosten der Bearbeitung und Prüfung der Kreditanträge, Buchungs- und Kreditüberwachungskosten, und

4. die Kosten der von der geplanten Kreditmenge unabhängigen Kosten der Kreditbank, wie z.B. Personal-, Material-, Raumkosten, Abschreibungen usw.

Bei den Erlösen aus dem Verkauf von Liquidität unterscheidet Mülhaupt entsprechend zwischen Erlösen, die unabhängig von der in einer bestimmten Periode geplanten Kreditmenge anfallen und Erlösen, die von der in einer bestimmten Periode geplanten Kreditmenge abhängig sind (3). Um ihre Zielsetzung zu realisieren, muß die Bank möglichst viele ertragreiche Kredite gewähren, die möglichst niedrige Kosten verursachen, also möglichst viel bankeigene Liquidität zu möglichst günstigen Bedingungen "produzieren". Da die Bank jedoch im Zuge ihrer Geschäftstätigkeit Zahlungen in Zentralbankgeld leisten muß, das sie nicht selbst zu schaffen vermag, wird ihr Rentabilitätsstreben - wie bei jeder anderen Unternehmung auch - durch den Zwang zu einer Liquiditätsvorsorge eingeschränkt, die durch die Verfügungsmacht über Zentralbankgeld verkörpert und von Mülhaupt infolgedes-

---

1) Vgl. Mülhaupt, Ludwig: Umsatz-, Kosten- und Gewinnplanung einer Kreditbank, S. 9 f.
2) Vgl. Mülhaupt, Ludwig: Umsatz-, Kosten- und Gewinnplanung einer Kreditbank, S. 18
3) Vgl. Mülhaupt, Ludwig: Umsatz-, Kosten- und Gewinnplanung einer Kreditbank, S. 31 ff.

sen als Zentralbank- oder Primärliquidität bezeichnet wird (1). Die
Bank hat somit bei ihren Dispositionen "fortgesetzt Ertragsvorteile
gegen Liquiditätsvorteile" abzuwägen (2). Der zusätzliche maximale
Kreditspielraum der Bank in jeder Planungsperiode ist unter diesen
Umständen von der Menge an Zentralbankgeld, die sie insgesamt verfügbar machen kann (ihrer sogenannten Überschußreserve im weitesten Sinne) und den Dispositionen ihrer Kunden über die zusätzlich
eingeräumten Kredite abhängig (3). Die Überschußreserve im weitesten
Sinne setzt sich aus der Überschußkasse, der Überschußreserve im
engeren Sinne und der Kreditreserve zusammen (4). Nur unter der
Voraussetzung, daß die Kunden sofort und in voller Höhe über die
eingeräumten Kredite verfügen, ist der zusätzliche maximale Kreditspielraum der Überschußreserve im weitesten Sinne gleich, in allen
anderen Fällen liegt er - je nach der gesetzlich vorgeschriebenen oder
erfahrungsgemäß für erforderlich erachteten Primär- und Sekundärliquidität der Bank - mehr oder weniger weit darüber. Ob die Bank nun
allerdings ihren zusätzlichen maximalen Kreditspielraum tatsächlich
ausnutzt oder nicht, hängt unter den gemachten Annahmen außer von
der Höhe und Struktur der Kreditnachfrage von den zusätzlichen Erlösen
und Kosten des zuletzt zu gewährenden Kredites - also von den Grenz-

---

1) Vgl. Mülhaupt, Ludwig: Umsatz-, Kosten- und Gewinnplanung einer
   Kreditbank, S. 9
2) Vgl. Schneider, Erich: Einführung in die Wirtschaftstheorie, III.
   Teil, 9. Aufl., S. 40 sowie Mülhaupt, Ludwig: Umsatz-, Kosten-
   und Gewinnplanung einer Kreditbank, S. 16
3) Vgl. Mülhaupt, Ludwig: Umsatz-, Kosten- und Gewinnplanung einer
   Kreditbank, S. 20 ff.
4) Vgl. Mülhaupt, Ludwig: Umsatz-, Kosten- und Gewinnplanung einer
   Kreditbank, S. 15 sowie unsere Ausführungen S. 240 und 301 Fußnote 2. Überschußkasse ist der Bestand der Bank an Primärliquidität (Kassenbestand einschließlich Postscheckguthaben und Zentralbankguthaben), der über den für ihre laufenden Transaktionen sowie
   ihre evtl. Verpflichtung zur Unterhaltung von Mindestreserven bei
   der Zentralbank erforderlichen Bestand an Primärliquidität hinausgeht. Überschußreserve im engeren Sinne ist die Reserve der Bank
   an Sekundärliquidität oder potentieller Liquidität (täglich fällige
   Nostroguthaben, Schecks und Inkassowechsel, fällige Zins- und Dividendenscheine, Geldmarktpapiere, Handelswechsel, Akzepte,
   Wertpapiere sowie fällige oder jederzeit mit Erfolg kündbare Wirt-
   schaftskredite), die das auf Grund gesetzlicher Vorschriften vorgeschriebene oder erfahrungsgemäß für erforderlich gehaltene Ausmaß der Liquiditätsvorsorge für erwartete Auszahlungsüberschüs-
   se übersteigt. Kreditreserve schließlich ist die Fähigkeit der Bank,
   auf Grund ihrer Kreditwürdigkeit Geldmarktkredite aufzunehmen.
   Vgl. Mülhaupt, Ludwig: Umsatz- und Gewinnplanung einer
   Kreditbank, S. 13 ff.

erlösen und Grenzkosten der Bank - ab, wobei letztere wiederum in engstem Zusammenhang mit den Dispositionen ihrer Kunden über den einzuräumenden Kredit (wegen der erforderlichen Menge an Zentralbankgeld) und den Dispositionen ihrer sonstigen Kunden (wegen der zukünftigen Kreditnachfrage- und Liquiditätsstruktur) stehen (1). Die Bank maximiert ihren Umsatzgewinn, wenn sie in der Kreditgewährung so weit geht, daß die Grenzkosten der Geldbeschaffung dem Preis des letzten geplanten Kredits entsprechen. Lediglich die zusätzlichen Kosten und Erlöse des zusätzlichen Kredits bestimmen somit die zu planende gewinnmaximale Kreditmenge, während die davon unabhängig anfallenden Kosten und Erlöse der Bank nur die absolute Höhe ihres Gewinnes beeinflussen. Es kann infolgedessen ebensogut sein, daß die Bank trotz vorhandener Kreditnachfrage ihr Gewinnmaximum bereits vor der Ausnützung ihres zusätzlichen maximalen Kreditspielraumes realisiert, wie daß ihr Gewinnmaximum durch die vorhandene Kreditnachfrage bestimmt wird. Zusätzlicher maximaler ("technischer") und zusätzlich ökonomisch nutzbarer ("optimaler") Kreditspielraum der Bank brauchen demnach durchaus nicht zusammenzufallen (2). Bei all diesen Überlegungen geht Mülhaupt grundsätzlich davon aus, daß die Bank nur "sichere Kredite" plant und die Kreditnachfrage nicht durch Variierung ihrer Sicherheitsanforderungen beeinflußt (3). Er setzt weiterhin voraus, daß die Bank bei der Vergabe ihrer Kredite an die einzelnen Kreditnehmer bei den jeweils ertragreichsten Krediten beginnt und dafür auf die jeweils billigste Art der Geldbeschaffung zurückgreift, es sei denn, daß Liquiditätserfordernisse Abweichungen verursachen (4). Seine Aussagen über die Umsatz-, Kosten- und Gewinnplanung einer Kreditbank demonstriert Mülhaupt an Hand von Beispielen, für die er zunächst einen Planungszeitraum von einem Tag und sodann einen Planungszeitraum von 30 bzw. 15 Tagen (5) wählt. Sie gipfeln in der Feststellung, daß sich die Marginalanalyse bei einer Kreditbank als besonders fruchtbar erweist, weil

1) Vgl. Mülhaupt, Ludwig: Umsatz-, Kosten- und Gewinnplanung einer Kreditbank, S. 15

2) Vgl. Mülhaupt, Ludwig: Umsatz-, Kosten- und Gewinnplanung einer Kreditbank, S. 32 ff. Bezüglich der von Mülhaupt vorgenommenen Zurechnung der gesamten Kosten und Erlöse einer Planungsperiode zu den von der geplanten Kreditmenge unabhängigen bzw. abhängigen Kosten und Erlösen und ihrer Problematik vgl. insbesondere Krümmel, Hans-Jacob: Bankzinsen, S. 216 ff.

3) Vgl. Mülhaupt, Ludwig: Umsatz-, Kosten- und Gewinnplanung einer Kreditbank, S. 17 f. Vgl. hierzu auch unsere Ausführungen S. 95 ff.. 313, 315 f. und 325

4) Vgl. Mülhaupt, Ludwig: Umsatz-, Kosten- und Gewinnplanung einer Kreditbank, S. 32

5) Vgl. Mülhaupt, Ludwig: Umsatz-, Kosten- und Gewinnplanung einer Kreditbank, S. 29 ff., 39 ff. und 45 ff.

sie im Verein mit der Zielsetzung der Gewinnmaximierung "die Denk-
prozesse und die Dispositionen der Bankleitung in bezug auf das Kreditgeschäft sichtbar" macht und "die Wirkung von Datenänderungen auf
Liquidität und Rentabilität des Betriebes in erstaunlicher Klarheit erkennen" läßt (1).

Betrachten wir Mülhaupts Untersuchungen über die kurzfristige Um-
satz-, Kosten- und Gewinnplanung einer Kreditbank aus unserer Sicht,
so ist zunächst darauf hinzuweisen, daß sich seine Ausführungen lediglich auf einen Teil der betrieblichen Betätigung einer Universalbank
beziehen. Zwar stellen das Kreditgeschäft und der damit zusammen-
hängende Zahlungsverkehr zweifellos den wichtigsten Teil der universalbankbetrieblichen Geschäftstätigkeit dar. Jedoch lassen sich die
anderen Dienstleistungsgeschäfte, die überdies allgemein eine immer
größere Bedeutung erlangen (2), aus der gesamten Geschäftstätigkeit
einer solchen Bank u. E. nicht herauslösen, ohne ihr Wesen zu verändern, das nun einmal von ihrem breiten Geschäftsprogramm geprägt
wird und durch starken Produktions- und Leistungsverbund besondere
Probleme aufwirft (3).

Ein weiterer Einwand gegen den von Mülhaupt gewählten Ansatz für
die kurzfristige Planung einer Bank ergibt sich aus der Anwendung
der Marginalanalyse im Verein mit der Zielsetzung der Gewinnmaximierung (4). Ganz abgesehen davon, daß wir die Gewinnmaximierung
nicht als geeignete Planungsmaxime der Universalbanken ansehen (5),
halten wir die Orientierung ihrer Planungsüberlegungen an den "Grenzkosten" und "Grenzerlösen" ihrer einzelnen Leistungen allein deswegen für unmöglich, weil sie - wie wir ebenfalls ausgeführt haben -
weder theoretisch noch praktisch imstande sind, verursachungsgemäße
Kosten- und Erlöszuwächse für ihre einzelnen Leistungen zu ermitteln (6). Auch Mülhaupt gelingt die Deduktion seiner Ergebnisse nur
"dadurch, daß er auf Grund spezieller Annahmen eine periodenbezogene
'Marginal-Analyse' anstellt (7), die von dem aus der Produktions- und
Kostentheorie industrieller Unternehmungen bekannten Verfahren ab-
weicht. Während dort die Frage zu beantworten versucht wird, wie
sich in einer bestimmten Planungsperiode Faktoreinsätze und Erträge bzw. Kosten und Erlöse bei alternativer Beschäftigung verändern

---

1) Vgl. Mülhaupt, Ludwig: Umsatz-, Kosten- und Gewinnplanung einer
   Kreditbank, S. 52 f.
2) Vgl. hierzu z. B. Hagenmüller, Karl Friedrich: Der Bankbetrieb,
   Band I, Vorwort, S. 6
3) Vgl. hierzu auch unsere Ausführungen S. 315 und 322
4) Vgl. S. 309 und 311 f.
5) Vgl. S. 79 ff. und 89 ff.
6) Vgl. S. 175 ff. und 254 ff.
7) Vgl. Krümmel, Hans-Jacob: Bankzinsen, S. 217

(1), führt Mülhaupt eine "besondere Planungsperiode" ein und untersucht, was sich in dieser Periode gegenüber der Vorperiode, die den
gesamten Zeitraum von der Gründung der Bank bis zum Beginn der in
Frage stehenden Planungsperiode umfaßt, verändert, wenn über den
vorhandenen Bestand an zugesagten und in Anspruch genommenen Krediten hinaus ein Kredit zusätzlich zugesagt und entweder abgerufen
oder nicht abgerufen wird (2). Unter diesen Umständen lassen sich
die in der Planungsperiode insgesamt entstehenden Kosten in der Tat
in fixe und variable Kosten der in dieser Periode geplanten Kreditmenge einteilen, wie es von Mülhaupt vorgeschlagen wird, und das
gleiche gilt für die zu erzielenden Erlöse (3), jedoch handelt es sich
dabei zweifellos nicht um eine verursachungsgemäße, sondern um eine
sich aus den gemachten Annahmen ergebende spezielle Zurechnung.
Da es "anders als durch extreme Vereinfachung auf ein für wirklichkeitsnahe Analysen nicht leistungsfähiges Modell oder durch unzulässige Spezialzurechnung eines Saldos zu einer der Strömungsgrößen,
aus denen er resultiert, nicht möglich ist, Geldbeschaffungskosten
bestimmten Veränderungen von Anlagebeständen (...) logisch richtig
zuzuordnen", hält Krümmel den "Grenzkredit" als Zurechnungsobjekt
für Geldbeschaffungskosten bei der Untersuchung der Leistungsab-
hängigkeit dieser Kosten nicht für gangbar (4). Dies ist zweifellos
korrekt. Indessen erscheint aber die vorgenommene Spezialzurechnung
unter den von Mülhaupt gemachten Annahmen, auf Grund derer sich
zwar kein sachlicher, jedoch ein zeitlicher Zusammenhang zwischen
zusätzlichen Geldbeschaffungskosten und zusätzlichen Krediten ergibt,
für Planungsüberlegungen als durchaus sinnvoll. Sie kann daher u. E.
unter entsprechenden Voraussetzungen bei der kurzfristigen Planung
von Kreditinstituten Berücksichtigung finden (5). Was für die Geldbeschaffungskosten gilt, trifft auch für die Erlöse der Bank aus ihren
einzelnen Leistungen zu.

Dagegen vermögen wir Mülhaupts Meinung, eine Kreditbank plane
grundsätzlich nur "sichere Kredite" (6) nicht ganz zu folgen und glauben
auch bezüglich der "Kapazität einer Bank zur Schaffung von Liquidität

---

1) Vgl. hierzu z. B. Gutenberg, Erich: Die Produktion, S. 291 ff. und
   326 ff.
2) Vgl. Krümmel, Hans-Jacob: Bankzinsen, S. 217. Von Kreditrück-
   flüssen wird dabei abgesehen. Vgl. hierzu auch unsere Ausführungen
   S. 301 Fußnote 2
3) Vgl. Mülhaupt, Ludwig: Umsatz-, Kosten- und Gewinnplanung einer
   Kreditbank, S. 10, 18 ff. und 33 sowie unsere Ausführungen S. 309
4) Vgl. Krümmel, Hans-Jacob: Bankzinsen, S. 222 sowie unsere Ausführungen S. 175 ff. und 254 ff.
5) Vgl. hierzu auch unsere Ausführungen S. 315 ff., insbesondere
   S. 322 f.
6) Vgl. S. 311

und damit zur Gewährung von Kredit" (1) von einer anderen Betrachtungsweise ausgehen zu müssen. Es kann hierzu auf unsere diesbezüglichen Ausführungen verwiesen werden (2).

Schließlich ist noch festzustellen, daß die Beispiele, mit denen Mülhaupt seine theoretischen Deduktionen zu erläutern versucht, durchweg einen sehr hohen Abstraktionsgrad aufweisen. So beruhen sowohl seine Beispiele zur Eintagesplanung als auch seine Beispiele für eine Planungsperiode von 30 bzw. 15 Tagen überwiegend auf Annahmen, mit denen in der Wirklichkeit grundsätzlich nicht gerechnet werden kann. Insbesondere gilt dies für die Annahme sicherer Erwartungen sowohl für die jeweilige Planungsperiode als auch für den gesamten darauf folgenden Zeitraum sowie für die Annahme, daß sich innerhalb der Planungsperiode von 30 bzw. 15 Tagen keine Veränderung der für den Beginn dieser Periode zugrunde gelegten Datenkonstellation ergibt (3), womit nicht nur das Problem der Ungewißheit der Zukunft, sondern auch der gerade für die kurzfristige Planung der Kreditinstitute so wichtige Zeitfaktor von vornherein ausgeschaltet werden. Obwohl der Wert der Abstraktion als Hilfsmittel wissenschaftlicher Erkenntnis hier keineswegs unterschätzt wird, bleibt doch zu fragen, ob nicht wirklichkeitsnähere Prämissen zu anderen Verhaltensweisen bei der betrachteten Kreditbank führen würden (4).

Wie aus unseren obigen Ausführungen deutlich wird, halten wir Mülhaupts Vorgehen als Ansatz für die kurzfristige Planung der Universalbanken nicht unmittelbar für geeignet. Jedoch stellen seine Untersuchungen zweifellos einen beachtlichen Beitrag zur theoretischen Durchdringung der Probleme kurzfristiger Planung von Kreditinstituten dar. Hervorzuheben ist vor allem, daß Mülhaupt wohl erstmals den Versuch unternimmt, den "Haupttätigkeitsbereich" Kreditgeschäft in einen interdependenten Zusammenhang mit den zur Aufrechterhaltung der Zahlungsbereitschaft erforderlichen Ausgleichsdispositionen, in denen Wittgen eine Art "Hilfstätigkeitsbereich" erblickt (5), zu bringen und somit beide Aufgaben nicht nacheinander (sukzessiv) zu bewältigen, wie dies mit Hilfe der eigentlichen Gelddisposition im Anschluß an die Feststellung des Saldos aus den Ein- und Auszahlungsströmen ge-

---

1) Vgl. S. 301 Fußnote 2
2) Vgl. S. 95 ff. bzw. 300 ff.
3) Vgl. Mülhaupt, Ludwig: Umsatz-, Kosten- und Gewinnplanung einer Kreditbank, S. 39 ff. und 45 ff.
4) Bei der Erörterung des von Deppe entwickelten Gesamtplanungsmodells für Kreditinstitute wird darauf noch ausführlich einzugehen sein. Vgl. hierzu unsere Ausführungen S. 315 ff. , insbesondere S. 322 ff.
5) Vgl. Wittgen, Robert: Die Geldpolitik der Geschäftsbanken, S. 13 sowie unsere Ausführungen S. 284 f.

schieht (1), sondern gleichzeitig (simultan) zu lösen. Weiterhin erscheint uns bemerkenswert, daß Mülhaupt bei seinen Untersuchungen immer wieder auf die Bedeutung der Erwartungen, und zwar nicht nur der kurzfristigen, sondern auch der längerfristigen Erwartungen, für die kurzfristige Planung der Kreditinstitute hinweist und aufzeigt, welche verschiedenartigen Verhaltensweisen aus unterschiedlichen Erwartungen zu resultieren vermögen, wenngleich er auch dabei immer nur von Modellannahmen ausgeht und nicht zu klären versucht, wie und mit welcher Wahrscheinlichkeit die Banken überhaupt Erwartungen über die Zukunft gewinnen können und welchen Einfluß die Ungewißheit der Erwartungen auf die Planung ausübt. Ihre besondere Bedeutung erhalten Mülhaupts Untersuchungen aber vor allem dadurch, daß es - wie im folgenden zu zeigen sein wird - Deppe gelingt, aus ihren Grundgedanken heraus ein interdependentes Planungssystem für Kreditinstitute zu entwickeln.

b) Die Liquiditäts- und Rentabilitätsplanung

Der von Deppe entwickelte Ansatz für die kurzfristige Planung von Kreditinstituten (2) baut weitgehend auf den grundlegenden Untersuchungen Mülhaupts auf. Wie dieser geht Deppe von einer Bank aus, die außer dem mit dem Kreditgeschäft unmittelbar verbundenen Zahlungsverkehr keine Dienstleistungsgeschäfte betreibt. Als Zielsetzung der Bank nimmt auch er Gewinnmaximierung an. Während jedoch Mülhaupt mit Hilfe der Marginalanalyse zur Lösung der sich ergebenden Probleme zu gelangen versucht, bedient sich Deppe des modernen Verfahrens der linearen Programmierung. Der Grund dafür liegt "in der Linearität der Gewinnfunktion, der Vielzahl zu berücksichtigender Variabler sowie der zu erfüllenden Nebenbedingungen, die sich aus den gesetzlichen und dispositiven Liquiditätserfordernissen sowie aus der Kreditnachfragestruktur ergeben" (3).

Ausgangspunkt Deppes bei seinem Planungsansatz ist, daß ein Kreditinstitut stets zwischen einer Vielzahl möglicher Kreditprogramme zu wählen hat, wobei jedes Programm durch bestimmte Wirkungen auf die Liquidität und Rentabilität der Bank gekennzeichnet ist (3). Unter-

---

1) Vgl. S. 281 ff.
2) Vgl. Deppe, Hans-Dieter: Beiträge zur Theorie der Wirtschaftsplanung der Kreditbank, und: Zur Rentabilitäts- und Liquiditätsplanung von Kreditinstituten, S. 303 - 349 sowie Mülhaupt, Ludwig und Deppe, Hans-Dieter: Gedanken zu Problemen der Liquiditätsplanung von Kreditinstituten, S. 83 - 88. Vgl. auch unsere Ausführungen S. 308 ff.
3) Vgl. Deppe, Hans-Dieter: Zur Rentabilitäts- und Liquiditätsplanung von Kreditinstituten, S. 304 sowie: Beiträge zur Theorie der Wirtschaftsplanung der Kreditbank, S. 129

stellt wird - wie bei Mülhaupt -, daß eine Bank grundsätzlich nur sichere Kredite plant (1). Ihre Hauptaufgabe besteht daher darin, "bei
gegebener Zielsetzung und gegebenem Datensystem das jeweils optimale Programm zu finden" (2). Dazu bedarf es eines interdependenten
Planungssystems, das die Auswirkungen einer jeden innerhalb des jeweiligen Planungszeitraumes erwarteten und geplanten Transaktion
der Bank auf Liquidität und Rentabilität gleichzeitig zu erfassen und
außerdem die zahlreichen Begrenzungen, denen die Bank bei ihrer
Planung Rechnung tragen muß, zu berücksichtigen vermag. Das von
Deppe unter diesen Gesichtspunkten erarbeitete Gesamtplanungsmodell
der Bank besteht aus einer zu maximierenden Zielfunktion und einer
Anzahl dabei zu beachtender Nebenbedingungen (3). Da es Deppe zunächst nur auf die Klärung der Grundzusammenhänge ankommt, beschränkt er - wie auch schon Mülhaupt - die Planungsperiode anfäng-
lich auf einen Tag und macht dazu die beiden Annahmen, daß die Bank
für alle auf den Plantag folgenden Perioden mindestens mit einem Ausgleich aller Ein- und Auszahlungen und darüberhinaus damit rechnet,
daß die Datenkonstellation des Plantages auch für alle auf den Plantag
folgenden Tage charakteristisch ist, sich also im Zeitablauf nicht verändert (4). Aus dem sich so ergebenden statischen System entwickelt
Deppe jedoch - anders als Mülhaupt - später auch die Grundzüge eines
dynamischen Systems, indem er wie dieser die Planungsperiode von
einem Plantag auf mehrere Plantage, die er als Teilperioden bezeichnet, ausdehnt, dabei aber im Gegensatz zu Mülhaupt die Veränderungen
innerhalb der gesamten Planungsperiode berücksichtigt (5).

Betrachten wir vorerst das statische System Deppes. Die zu maximierende Zielfunktion ist darin eine Gewinnfunktion und hat die Form
einer linearen Gleichung. Zur Bestimmung ihrer einzelnen Komponenten bedient sich Deppe der von Mülhaupt erarbeiteten Gedankengänge (4). Auch er grenzt daher die Planungsperiode streng von der

---

1) Vgl. Deppe, Hans-Dieter: Zur Rentabilitäts- und Liquiditätsplanung
   von Kreditinstituten, S. 326 f. sowie unsere Ausführungen S. 95 ff.,
   311, 313 und 325
2) Vgl. Deppe, Hans-Dieter: Zur Rentabilitäts- und Liquiditätsplanung
   von Kreditinstituten, S. 304 sowie: Beiträge zur Theorie der Wirtschaftsplanung der Kreditbank, S. 129
3) Vgl. Deppe, Hans-Dieter: Zur Rentabilitäts- und Liquiditätsplanung
   von Kreditinstituten, S. 334 f. sowie Mülhaupt, Ludwig und Deppe,
   Hans-Dieter: Gedanken zu Problemen der Liquiditätsplanung von
   Kreditinstituten, S. 86
4) Vgl. Deppe, Hans-Dieter: Zur Rentabilitäts- und Liquiditätsplanung
   von Kreditinstituten, S. 328 ff. sowie unsere Ausführungen S. 308 ff.
5) Vgl. Deppe, Hans-Dieter: Beiträge zur Theorie der Wirtschaftsplanung der Kreditbank, S. 114 ff. sowie unsere Ausführungen S. 314 f.
   und 325 ff.

dieser vorhergehenden Periode ab. Der Gewinn der Bank am Plantag ergibt sich generell aus den Erträgen abzüglich der Kosten, die dem Plantag zuzurechnen sind. Innerhalb der Erträge und Kosten des Plantages ist jedoch auf Grund der gemachten Abgrenzungen zwischen festen und variablen Erträgen bzw. Kosten zu unterscheiden, je nachdem, ob sie von der Bank in der Planungsperiode beeinflußt werden können oder nicht. Erträge, die grundsätzlich von der Kreditmenge unabhängig geplant werden müssen (wie z. B. die Erträge aus dem Zahlungsverkehr in Form von Umsatzprovisionen, Inkassoprovisionen und Kontoführungsgebühren) sowie Erträge aus vor dem Plantag eingeräumten Krediten (in Form von Zinsen, Kreditprovisionen, Bereitstellungsprovisionen und Avalprovisionen) sind danach als fest zu betrachten. Variabel sind dagegen alle die Erträge, die von der am Plantag zu fixierenden Kreditmenge (1) abhängig sind. Bei den Kosten gelten als fest die gesamten Kosten der technischen Kapazität der Bank, da sie von der am Plantag geplanten Kreditmenge unabhängig anfallen. (Dabei wird nochmals unterschieden zwischen den von der am Plantag zu fixierenden Kreditmenge unabhängigen Kosten der Bearbeitung und Prüfung der Kreditanträge, Buchungs- und Überwachungskosten und den sonstigen von der am Plantag geplanten Kreditmenge unabhängigen allgemeinen Kosten der Kreditbank für Personal, Material, Raumkosten, Abschreibungen usw.) Als fest werden außerdem die allgemeinen Geldbeschaffungs- und Gelderhaltungskosten betrachtet, die von der am Plantag zu fixierenden Kreditmenge unabhängig sind, wie z. B. die Zinsaufwendungen für bereits vorhandene Einlagen, aufgenommene Gelder usw. Variabel sind dagegen alle die Kosten, die von der am Plantag zu fixierenden Kreditmenge abhängig sind. Bedeutung für die Programmplanung der Bank haben lediglich die variablen Kosten und Erträge, da die festen Kosten und Erträge nur die Höhe des Totalgewinns, nicht aber die gewinnmaximale Kombination der Fixierungsparameter beeinflussen (2):

Die Nebenbedingungen, die von der Bank bei ihrer kurzfristigen Planung zu berücksichtigen sind, faßt Deppe in 5 Kategorien zusammen, und zwar in (3):

---

1) Bei der am Plantag "zu fixierenden Kreditmenge" handelt es sich um die Kreditmenge, über die am Plantag Entscheidungen zu treffen sind. In die für den Plantag "geplante Kreditmenge" hingegen gehen auch die aus früher gewährten Limiten in Anspruch genommenen Kredite, mit denen die Bank rechnen muß, ein. Vgl. Deppe, Hans-Dieter: Zur Rentabilitäts- und Liquiditätsplanung von Kreditinstituten, S. 330 Fußnote 1

2) Vgl. Deppe, Hans-Dieter: Beiträge zur Theorie der Wirtschaftsplanung der Kreditbank, S. 91 Fußnote 1 sowie unsere Ausführungen S. 310 f.

3) Vgl. Deppe, Hans-Dieter: Zur Rentabilitäts- und Liquiditätsplanung

1. Liquiditätsgrundbedingungen,
2. Refinanzierungsbedingungen für Zentralbank und Geldmarkt,
3. Grundsätze des Bundesaufsichtsamtes für das Eigenkapital und die Liquidität der Kreditinstitute,
4. Sicherheitsreservebedingungen für Kasse und Zentralbankgiralgeld und
5. Kreditnachfragestruktur.

Die Sicherung der Liquidität ist eine notwendige, wenngleich nicht hinreichende Bedingung für die Gewinnplanung einer Kreditbank (1). Sie erfordert, daß in jeder Planungsperiode die Anfangsbestände der Bank an Zahlungsmitteln zusammen mit den erwarteten Einzahlungen ausreichen, um die erwarteten Auszahlungen zu leisten, und zwar nicht nur insgesamt, sondern jeweils in der vom Kunden der Bank gewünschten Form, also entweder bar oder unbar über die Landeszentralbank, das Postscheckamt oder andere Kreditinstitute, von denen Deppe jedoch nur die Landeszentralbank in die Betrachtung einbezieht. Um trotz grundsätzlicher Ungewißheit über die erwarteten Zahlungen die jederzeitige Zahlungsbereitschaft zu gewährleisten, ist in die Transaktionsbestände der Bank, die Transaktionskasse und das Transaktionsgiro, zweckmäßigerweise für unvorhergesehenen Bedarf eine Sicherheitsreserve einzuplanen (2), wobei aber wiederum beachtet werden muß, daß zwischen Kassenbeständen und Zentralbankguthaben sehr gute interne Ausgleichsmöglichkeiten bestehen und die Zentralbankguthaben - obgleich ebenso ertraglos wie Kassenbestände - zur Erfüllung der Mindestreserveverpflichtung der Bank zu dienen vermögen. Das Verhältnis von baren und unbaren Ein- und Auszahlungen läßt sich nach Deppe mit Hilfe eines "Barzahlungsfaktors" (3) bestimmen, in dem die Zahlungsgewohnheiten des Bankkunden zum Ausdruck kommen. Bei den unbaren Zahlungen ergibt sich dabei insofern noch eine Besonderheit, als die Bank für Zahlungen ihrer Kunden an Wirtschaftssubjekte, die gleichfalls ein Konto bei ihr unterhalten, kein Zentralbankgeld benötigt, so daß ihre Liquidität dadurch nicht belastet wird. Dies kann durch einen "internen Verrechnungsfaktor" Berücksich-

---

von Kreditinstituten, S. 33 ff. sowie Mülhaupt, Ludwig und Deppe, Hans-Dieter: Gedanken zu Problemen der Liquiditätsplanung von Kreditinstituten, S. 84 ff. und unsere Ausführungen S. 320 Fußnote 1.

1) Vgl. Deppe, Hans-Dieter: Zur Rentabilitäts- und Liquiditätsplanung von Kreditinstituten, S. 304
2) Vgl. hierzu unsere Ausführungen S. 320
3) Zum Terminus Barzahlungsfaktor vgl. Mülhaupt, Ludwig und Deppe, Hans-Dieter: Gedanken zu Problemen der Liquiditätsplanung von Kreditinstituten, S. 84

tigung finden (1). Wie bei den Kosten und Erträgen unterscheidet Deppe schließlich auch bei den Einzahlungen und Auszahlungen danach, ob sie von der Bank in der Planungsperiode beeinflußt werden können oder nicht, zwischen fixen und disponiblen Kassenvorgängen sowie fixen und disponiblen Überweisungsvorgängen. Die fixen Einzahlungen bestehen aus den avisierten und erfahrungsgemäß am Plantag zu erwartenden Eingängen aus dem reinen Zahlungsverkehr, Kreditrückzahlungen von Kunden und zurückgerufenen aktiven Geldmarktkrediten, die fixen Auszahlungen aus den avisierten und den erfahrungsgemäß am Plantag zu erwartenden Ausgängen im reinen Zahlungsverkehr, Auszahlungen auf bereits eingeräumte Kredite an Kunden und zurückgerufenen passiven Geldmarktkrediten. Für die disponiblen Einzahlungen kommen insbesondere die Rediskontierung von Wechseln, die Lombardierung von Wertpapieren und die Aufnahme von Geldmarktkrediten in Frage, während die disponiblen Auszahlungen vor allem aus der Gewährung neuer Kredite an Kunden (wovon bei den zugesagten Kontokorrentkrediten nur die am Plantag erwartete Inanspruchnahme durch einen geschätzten Prozentsatz zu berücksichtigen ist) und neuer aktiver Geldmarktkredite resultieren. Alle bisher genannten für die Planung der Bank relevanten Faktoren lassen sich zu einer linearen Kassenhaltungsgleichung und einer Zentralbankgiralgeldbedingung in Form einer linearen Ungleichung zusammenfassen (2).

Nun besitzt allerdings die Bank niemals unbeschränkte Möglichkeiten für eine Refinanzierung bei der Zentralbank und am Geldmarkt. Vielmehr wird die Inanspruchnahme von Rediskontkrediten durch ihren Bestand an zentralbankfähigen Wechseln und ihr Rediskontkontingent bei der Zentralbank, die Aufnahme von Lombardkrediten durch ihren Bestand an lombardfähigen Wertpapieren und die Beleihungssätze der Zentralbank begrenzt. Weiterhin besteht für die Aufnahme passiver Geldmarktkredite eine Grenze durch das diesbezügliche Angebot am Geldmarkt. Deppe entwickelt daher zwei Rediskontbedingungen, eine Lombardbedingung und eine Geldmarktrefinanzierungsbedingung in Form linearer Ungleichungen (3).

Als weitere Beschränkungen für die kurzfristige Planung der Bank sind bestimmte institutionelle Gegebenheiten, wie z. B. derzeit die Grundsätze des Bundesaufsichtsamtes für das Kreditwesen über das Eigenkapital und die Liquidität der Kreditinstitute, zu betrachten. Für jeden

---

1) Vgl. Deppe, Hans-Dieter: Zur Rentabilitäts- und Liquiditätsplanung von Kreditinstituten, S. 308
2) Vgl. Deppe, Hans-Dieter: Zur Rentabilitäts- und Liquiditätsplanung von Kreditinstituten, S. 304 - 319
3) Vgl. Deppe, Hans-Dieter: Zur Rentabilitäts- und Liquiditätsplanung von Kreditinstituten, S. 315-320

Grundsatz ist daher eine lineare Ungleichung aufzustellen (1).

Erachtet die Bank über die gesetzlichen Bestimmungen hinaus weitere Vorkehrungen für die Sicherung ihrer Liquidität für erforderlich, so sind entsprechende Bedingungen dafür ebenfalls in Form linearer Gleichungen und Ungleichungen zu formulieren. Dazu gehören insbesondere Bedingungen für die in die Transaktionsbestände der Bank einzuplanende Sicherheitsreserve an Kasse und Zentralbankguthaben, wofür bei letzterer die sich aus den Mindestreservevorschriften ergebenden Besonderheiten zu berücksichtigen sind (2).

Letztlich ist der Höhe und Struktur der Kreditnachfrage im Planungssystem Rechnung zu tragen, sofern davon Beschränkungen für die Kreditgewährung der Bank ausgehen. Dies erfolgt durch Formulierung je einer linearen Ungleichung für jede in Frage kommende Kreditart (3).

Im Hinblick auf ihre Stellung innerhalb des Planungssystems lassen sich alle angeführten Größen zu drei Kategorien von Planfaktoren zusammenfassen (4):

1. Daten und Erwartungen,
2. Fixierungsparameter und
3. sonstige dispositive Liquiditätsvariable.

Weder die Daten noch die Erwartungen können innerhalb der kurzfristigen Planung von der Bank beeinflußt werden. Während sich je-

---

1) Vgl. Mülhaupt, Ludwig und Deppe, Hans-Dieter: Gedanken zu Problemen der Liquiditätsplanung von Kreditinstituten, S. 86 f. Entwickelt wird hier allerdings lediglich der Grundsatz I. In seinen Hauptarbeiten, die bereits vor Erlaß der Grundsätze des Bundesaufsichtsamtes entstanden, operiert Deppe noch mit den vorher geltenden Kreditrichtsätzen der Deutschen Bundesbank. Vgl. Deppe, Hans-Dieter: Beiträge zur Theorie der Wirtschaftsplanung der Kreditbank, S. 65 ff. und: Zur Rentabilitäts- und Liquiditätsplanung von Kreditinstituten, S. 320 ff.
2) Vgl. Deppe, Hans-Dieter: Zur Rentabilitäts- und Liquiditätsplanung von Kreditinstituten, S. 323 ff. sowie unsere Ausführungen S. 318. Es handelt sich hierbei allerdings um eine vereinfachte Lösung des Problems der Mindestreserveplanung, das wegen der elastischen Berechnungsmethode der Mindestreserven nur mit Hilfe eines dynamischen Gesamtplanungsmodells für 30 Tage exakt bewältigt werden kann. Vgl. hierzu unsere Ausführungen S. 325 ff.
3) Vgl. Deppe, Hans-Dieter: Zur Rentabilitäts- und Liquiditätsplanung von Kreditinstituten, S. 325 ff.
4) Vgl. Deppe, Hans-Dieter: Zur Rentabilitäts- und Liquiditätsplanung von Kreditinstituten, S. 335 ff.

doch die Daten als Fakten aus dem Rechnungswesen der Bank oder aus hoheitlichen Anordnungen im allgemeinen eindeutig entnehmen lassen, beruhen die Erwartungen lediglich auf Schätzungen der zukünftigen Entwicklung und sind daher grundsätzlich mit Ungewißheit behaftet. Als Daten können vor allem die technische Kapazität der Bank, ihre Bilanzbestände zu Beginn der Planungsperiode und die für sie geltenden gesetzlichen Vorschriften, wie z. B. die Grundsätze für das Eigenkapital und die Liquidität, die Mindestreservebestimmungen, das Rediskontkontingent usw. angesehen werden. Deppe rechnet hierher ferner die Ein- und Auszahlungen aus fälligen Krediten sowie den Diskont- und Lombardsatz der Zentralbank, obgleich die Grenze zu den Erwartungen dabei zweifellos flüssig ist. Innerhalb der Erwartungen unterscheidet Deppe zwischen solchen, die eine gewisse Konstanz im Zeitablauf aufweisen und solchen, die mehr oder weniger starken Schwankungen unterliegen. Zu ersteren gehören insbesondere der interne Verrechnungsfaktor und der Barzahlungsfaktor, zu letzteren vor allem die Ein- und Auszahlungen im reinen Zahlungsverkehr und im Kontokorrentgeschäft, die Kreditnachfragestruktur und das Angebot an passiven Geldmarktkrediten sowie die Zins- und Gebührenstrukturen.

Als Fixierungsparameter werden von Deppe alle die Größen bezeichnet, über welche die Bank am Plantag Entscheidungen zu treffen hat. Das sind vor allem die zusätzlich zu gewährenden Kredite, außerdem aber auch die hierfür durch Refinanzierung bei der Zentralbank oder am Geldmarkt zu beschaffenden Zahlungsmittel. Deppe rechnet diese Aktionsparameter allerdings bereits zu den sonstigen dispositiven Liquiditätsvariablen, zu denen weiterhin die Sicherheitsreserve für die Transaktionskasse und das Transaktionsgiro sowie der interne Geldausgleich zwischen Kasse und Zentralbankguthaben zu zählen sind.

Nach Einsetzung numerischer Werte für alle Daten und Erwartungen kann das gesamte Planungssystem mit Hilfe der Simplex-Methode simultan aufgelöst werden (1). Das Ergebnis der Rechnung ist die bei der gegebenen Konstellation der Daten und Erwartungen gewinnmaximale Kombination der Fixierungsparameter und der sonstigen dispositiven Liquiditätsvariablen sowie des angestrebten Gewinnmaximums. Mit Hilfe dieses Ansatzes gelingt es daher in der Tat erstmals, "gleichzeitig und explizite alle wichtigen Planungsdaten, wie Rediskontkontin-

---

1) Vgl. Deppe, Hans-Dieter: Zur Rentabilitäts- und Liquiditätsplanung von Kreditinstituten, S. 339 ff. Zur linearen Programmierung und der Lösung linearer Programme mit Hilfe der Simplex-Methode vgl. insbesondere die zusammenfassenden Darstellungen von Brusberg, Helmut: Der Entwicklungsstand der Unternehmungsforschung mit besonderer Berücksichtigung der Bundesrepublik Deutschland, Wiesbaden 1965, S. 64 ff. und Angermann, Adolf: Entscheidungsmodelle, S. 164 ff.

gente, Kreditrichtsätze, Geldmarktdaten, Kreditnachfragestruktur sowie sämtliche Rentabilitätskoeffizienten in ein Gesamtplanungsmodell
einzubeziehen" (1).

Bei der Beurteilung des von Deppe entwickelten Gesamtplanungsmodells ist davon auszugehen, daß es sich dabei um ein in sich geschlos-
senes System handelt, das aus seinen Prämissen heraus folgerichtig
erarbeitet wurde. Eine Kritik des Modells kann deshalb nur bei diesen
Prämissen ansetzen und richtet sich damit nicht gegen den unbestreitbaren theoretischen Wert des Modells, sondern lediglich gegen seine
Relevanz für die praktische Planungsarbeit bei den Universalbanken.

Zunächst ist - wie schon bei Mülhaupt (2) - festzustellen, daß Deppe
seinem kurzfristigen Planungsansatz keine Universalbank, sondern
eine reine Kreditbank zugrunde legt, die außer dem Kreditgeschäft und
dem damit unmittelbar verbundenen Zahlungsverkehr keine Dienstleistungsgeschäfte betreibt. Daher entfallen auch in seinem Modell
zwangsläufig alle Probleme, die aus dem breiten Leistungssortiment
einer Universalbank mit seinem starken Produktions- und Leistungsverbund für ihre Entscheidungen resultieren, und es erhebt sich die
Frage, ob und gegebenenfalls wie Möglichkeiten zur Lösung dieser
Probleme in das Modell eingebaut werden können. Auch im Hinblick
darauf, daß Deppe - wie Mülhaupt - die kurzfristige Bankplanung auf
die zusätzlichen Erträge und Kosten der in der Planungsperiode zu
gewährenden Kredite abstellt (3), gilt für seinen Ansatz grundsätzlich
das gleiche, was bereits zum Ansatz Mülhaupts ausgeführt wurde (4).
Zwar handelt es sich bei Deppe, was bei Mülhaupt noch nicht eindeutig zum Ausdruck kommt, zweifellos nicht um die jeweiligen Grenzkosten und Grenzerlöse eines zusätzlichen Kredits, sondern um "die
zusätzlichen Kosten alternativer ganzer Kreditprogramme im Vergleich zu den zusätzlich zu erwartenden Erträgen dieser Programme" (5), jedoch liegt auch hierbei im Sinne Krümmels zweifellos noch
eine "unzulässige Spezialzurechnung" (6) vor, da streng genommen immer nur die gesamten Geldbeschaffungskosten den insgesamt damit finanzierten Aktivbeständen, nicht aber bestimmte Teile der Geldbeschaffungskosten bestimmten Teilen der damit finanzierten Aktivbe-

---

1) Vgl. Deppe, Hans-Dieter: Zur Rentabilitäts- und Liquiditätsplanung
   von Kreditinstituten, S. 304
2) Vgl. S. 308 und 312
3) Vgl. S. 308 ff. und 316 f. Bezüglich des Terminus "zusätzlich"
   vgl. auch S. 301 Fußnote 2
4) Vgl. S. 312 ff.
5) Vgl. Deppe, Hans-Dieter: Beiträge zur Theorie der Wirtschaftsplanung der Kreditbank, S. 133
6) Vgl. Krümmel, Hans-Jacob: Bankzinsen, S. 222 sowie unsere Ausführungen S. 313

stände zugerechnet werden können. Von verursachungsgemäßer Zurechnung kann demnach in Deppes Modell ebensowenig die Rede sein wie im Modell Mülhaupts. Indessen kann die von Deppe vorgenommene Spezialzurechnung unter den von ihm - wie auch schon von Mülhaupt - gemachten Annahmen u. E. aber für Planungsüberlegungen als durchaus sinnvoll angesehen werden, da sie zwar nicht auf einem sachlichen, jedoch auf einem zeitlichen Zusammenhang zwischen zusätzlichen Geldbeschaffungskosten und zusätzlichen Krediterträgen alternativer neuer Kreditprogramme beruht, und daher unter entsprechenden Voraussetzungen bei der kurzfristigen Planung von Kreditinstituten Verwendung finden (1). Was weiterhin die Gewinnmaximierung anbelangt, die Deppe - ebenfalls wie Mülhaupt - seiner Bank als Planungsmaxime unterstellt, so kann hierfür wiederum auf unsere ausführlichen Erörterungen zur Zielsetzung der Universalbanken verwiesen werden (2). Indessen erkennen aber auch Mülhaupt/Deppe ausdrücklich an, daß "in praxi die verschiedensten Zielsetzungen anzutreffen" sind, so "z. B. das Streben nach größtmöglichem, nach angemessenem oder nach gruppenüblichem Gewinn oder auch nur das Streben nach Erfüllung der einem Institut durch Gesetz oder Satzung auferlegten Aufgaben zu den niedrigsten Kosten" (3), wenngleich sie vorerst keine Folgerungen daraus ziehen. Inwieweit Deppes Planungssystem imstande ist, andere Zielvorstellungen aufzunehmen, bedarf einer entsprechenden Untersuchung. Sicher ist, daß es sich seiner ganzen Anlage nach für beträchtliche Erweiterungen in verschiedener Hinsicht eignet. So bereitet es z. B. keine Schwierigkeiten, "jede von der Leitung aus Sicherheitsgründen für notwendig erachtete Begrenzung ihrer Aktivität" (4) in das Modell aufzunehmen. Es wäre lediglich um eine entsprechende Anzahl von Nebenbedingungen zu erweitern.

In diesem Zusammenhang ist von besonderer Bedeutung, daß sich die Erfüllung des Anspruchsniveaus einer Unternehmung durch Maximierung ihrer jeweils dringlichsten Zielvariablen unter den Nebenbedingungen, daß alle anderen Zielvariablen das vorgeschriebene Niveau erreichen, in der Anspruchsanpassungstheorie ohne weiteres unterbringen läßt (5). So könnte z. B. durchaus unter bestimmten Voraussetzungen bei einer Universalbank der Gewinn die zu maximierende Zielvariable der betreffenden Planungsperiode darstellen, während Marktanteil und Eigenkapitalanteil als Nebenbedingungen mit den gewünschten Mindestanforderungen in das Planungssystem einzugehen hätten. Auch im

---

1) Vgl. S. 312 f.
2) Vgl. S. 79 ff. und 89 ff.
3) Vgl. Mülhaupt, Ludwig und Deppe, Hans-Dieter: Gedanken zu Problemen der Liquiditätsplanung von Kreditinstituten, S. 83
4) Vgl. Mülhaupt, Ludwig und Deppe, Hans-Dieter: Gedanken zu Problemen der Liquiditätsplanung von Kreditinstituten, S. 87
5) Vgl. S. 86 Fußnote 1

Hinblick auf die Einbeziehung weiterer Aktionsparameter und die Vergrößerung der Zahl der zu berücksichtigenden Daten und Erwartungen, z. B. bei stärkerer Differenzierung der Kreditarten, der Refinanzierungsmöglichkeiten und der Zinssätze, kann Deppes Gleichungssystem erheblich ausgebaut werden (1). "Nach dem heutigen Stand auf dem Gebiet der elektronischen Rechenanlagen lassen sich lineare Programme mit etwa 100 Gleichungen und bis zu 1500 Variablen auf mittelgroßen Maschinen genügend schnell lösen. Für Großrechenanlagen gibt es auch Programme, die bis zu 200 Nebenbedingungen und beliebig viele Variable bearbeiten können" (2). Die Vereinfachungen und Beschränkungen, die Deppe bei der Entwicklung seines Planungssystems vornimmt, um es nicht unnötig zu komplizieren (3), und die sein System - ebenso wie das von Mülhaupt - zunächst als sehr abstrakt erscheinen lassen, sind - was bei Mülhaupt nicht möglich ist - auf diese Weise weitgehend zu beheben. So könnte zwangsläufig der Eindruck entstehen, als brauchten die Banken lediglich die Symbole des ihren Bedürfnissen entsprechend erweiterten Gleichungssystems mit ihren jeweiligen Zahlen zu erfüllen, um in jeder Planungsperiode ihr Gewinnmaximum bei gesicherter Liquidität zu realisieren. Jedoch täuscht auch diese Vorstellung, und zwar aus zwei Gründen. Einmal sind sowohl die in das Gleichungssystem eingehenden als auch die für den auf den Plantag folgenden Zeitraum zu unterstellenden Erwartungen immer mit mehr oder weniger großer Ungewißheit behaftet und können sich daher als falsch erweisen, und zum anderen ist der gerade für die Planung der Kreditinstitute so bedeutsame Zeitfaktor im Modell noch nicht berücksichtigt. Vor allem die kurzfristigen Schwankungen der relevanten Planungsgrößen sind so erheblich, daß sie sich kaum über längere Zeiträume hinweg prognostizieren lassen (4). Nun umfaßt zwar der Planungszeitraum in dem bisher behandelten Planungssystem Deppes nur einen Tag, jedoch lassen unsere Ausführungen über die Gelddisposition der Universalbanken erkennen, daß sie sich selbst für einen so kurzen Zeitraum nur mit erheblichen Schwierigkeiten brauchbare Zahlenangaben über die zu erwartenden Ein- und Auszahlungen verschaffen können, und daß ihnen die letzten der hierfür notwendigen Informationen immer erst am späten Vormittag des Plantages zur Verfügung stehen (5). Immerhin würde dies aber - zumal sich die meisten anderen Größen der Tagesplanung früher beschaffen lassen dürften -

---

1) Bezüglich der in Frage kommenden Aktionsparameter, Daten und Erwartungen vgl. S. 320 ff.
2) Vgl. Brusberg, Helmut: Der Entwicklungsstand der Unternehmungsforschung, S. 70. Vgl. hierzu auch unsere Ausführungen S. 330 Fußnote 3
3) Vgl. Mülhaupt, Ludwig und Deppe, Hans-Dieter: Gedanken zu Problemen der Liquiditätsplanung von Kreditinstituten, S. 87
4) Vgl. insbesondere S. 201 ff.
5) Vgl. S. 282

bei der Geschwindigkeit, mit der elektronische Rechenanlagen zu arbeiten vermögen, noch ausreichen, um nach Einsetzung der erhaltenen numerischen Werte das Planungssystem aufzulösen und damit die
Unterlagen für die zur Realisierung der angestrebten Zielsetzung erforderlichen Tagesdispositionen, die wegen der Abrechnungstechnik
der Landeszentralbank und der Usancen des Geldmarktes stets bis zum
Mittag des Plantages in die Wege geleitet werden müssen, zu gewinnen. Die Erwartungswerte der Ein- und Auszahlungen hätten in diesem
Falle allerdings praktisch Sicherheitscharakter und es bedürfte auch
gar nicht der zu ihrer Vorherbestimmung entwickelten Hilfsmittel, wie
z. B. des internen Verrechnungsfaktors und des Barzahlungsfaktors,
sondern lediglich eines leistungsfähigen Rechnungswesens und eines
ebensolchen Informations- und Kommunikationssystems. Das gleiche
gilt unter der Voraussetzung des Modells, daß die Datenkonstellation
des Plantages für alle folgenden Tage ebenfalls charakteristisch ist (1),
auch für die anderen Planfaktoren. Nur dann, wenn die Festlegung der
numerischen Werte bereits am Morgen des Plantages oder am Tage
vorher erfolgen soll, muß demnach wegen der dann vorzunehmenden
Schätzungen eine mehr oder weniger große Ungewißheit der Erwartungen in Kauf genommen werden, die u. U. verhindert, daß das angestrebte Gewinnmaximum bei gesicherter Liquidität tatsächlich erreicht
wird. Indessen dürfte die Ungewißheit der Erwartungen unter den ge-
schilderten Verhältnissen und den weiteren Voraussetzungen des Modells, daß sich die Ein- und Auszahlungen aller auf den Plantag folgenden Tage mindestens ausgleichen und daß die Bank grundsätzlich nur
sichere Kredite plant (2), aber so gering sein, daß sie praktisch vernachlässigt werden kann. Unter den bisher gemachten Annahmen vermag daher der Ungewißheit der Erwartungen noch keine besondere Bedeutung für die kurzfristige Planung von Universalbanken beigemessen
zu werden. Es ist jedoch offensichtlich, daß dies den in Wirklichkeit
anzutreffenden Verhältnissen widerspricht. Daher muß nunmehr der
Zeitfaktor in die Betrachtung einbezogen werden.

Das bisher erörterte Planungssystem Deppes ist - ebenso wie das von
Mülhaupt - auf Grund seiner Voraussetzungen ein statisches Modell (2).
Es berücksichtigt lediglich die Verhältnisse am Plantag, indem es für
den gesamten darauf folgenden Zeitraum bestimmte (sichere) Erwartungen unterstellt. Die Probleme, die in der Ungewißheit der zukünftigen Entwicklung aller für die Planung relevanten Faktoren für die
am Plantag zu treffenden Entscheidungen liegen, werden damit ebenso
ausgeschaltet wie die Probleme, die sich aus der unterschiedlichen
Laufzeit der Kredite und der zu beschaffenden Zahlungsmittel ergeben.
Ein wirklichkeitsnahes Planungsmodell muß daher beiden Problem-
kreisen Rechnung zu tragen versuchen. Es genügt dazu nicht, bei im

1) Vgl. S. 316
2) Vgl. S. 315 f.

wesentlichen unveränderten Annahmen lediglich die Planungsperiode
zu verlängern, da auf diese Weise - wie der entsprechende Versuch
Mülhaupts zeigt - das Modell statisch bleibt und keine grundsätzlich
neuen Erkenntnisse ermöglicht (1). Vielmehr bedarf es einer Dyna-
misierung des Systems durch Berücksichtigung der innerhalb einer Ge-
samtplanungsperiode von Teilperiode zu Teilperiode zu erwartenden
Veränderungen und damit der Entwicklung eines dynamischen Modells.
Die Grundzüge eines solchen Modells hat Deppe unter Verwendung der
Elemente seines statischen Modells ebenfalls bereits erarbeitet (2).
Auch sein dynamisches Modell besteht daher aus einer zu maximierenden linearen Gewinnfunktion und Nebenbedingungen in Form linearer
Gleichungen und Ungleichungen, die zu einem interdependenten Planungssystem vereinigt werden. Zwar nimmt Deppe bei der Entwicklung des dynamischen Modells im Vergleich zum statischen Ausgangs-
modell durch zusätzliche Annahmen nochmals erhebliche Vereinfachungen vor, doch beeinträchtigt dies seine Grundkonzeption nicht,
sondern ist lediglich eine Frage des Modellumfangs. Charakteristisch
für ein dynamisches Modell ist, daß es die innerhalb einer Gesamt-
planungsperiode erwarteten Veränderungen aller Planungsfaktoren auf-
nimmt. Alle Gleichungen und Ungleichungen des statischen Planungs-
modells sind daher so zu erweitern, daß sie nicht mehr nur die Plan-
größen eines Tages, sondern die aller innerhalb der jeweiligen Ge-
samtplanungsperiode liegenden Teilperioden enthalten. Zusätzlich ist
aber zu berücksichtigen, daß die Endbestände jeder Teilplanungsperiode die Anfangsbestände der nächsten Teilplanungsperiode darstellen (3)
und daß sich die Haltung der Mindestreserven bei der Zentralbank-
infolge ihrer Abhängigkeit von der Entwicklung wesentlicher Planfaktoren - erst auf Grund des Modells entscheiden läßt (4). Als Gesamt-
planungsperiode wählt Deppe eine bestimmte Anzahl Teilperioden von
der Dauer je eines Tages. Der sich so ergebende Planungszeitraum
wird - wie auch im statischen Modell - sowohl gegenüber der vorhergehenden als auch gegenüber der nachfolgenden Periode scharf abge -
grenzt. Ersteres erfolgt wiederum durch die Abstellung auf das zusätzliche Kreditprogramm, letzteres durch die Annahme, daß "die
Konstellation des letzten Plantages der Planungsperiode ... in den auf

---

1) Vgl. Deppe, Hans-Dieter: Beiträge zur Theorie der Wirtschaftsplanung der Kreditbank, S. 133 sowie unsere Ausführungen S. 311,
314 und 316

2) Vgl. Deppe, Hans-Dieter: Beiträge zur Theorie der Wirtschaftsplanung der Kreditbank, S. 114 ff. sowie unsere Ausführungen
S. 316

3) Vgl. Deppe, Hans-Dieter: Beiträge zur Theorie der Wirtschaftsplanung der Kreditbank, S. 126

4) Vgl. Deppe, Hans-Dieter: Beiträge zur Theorie der Wirtschaftsplanung der Kreditbank, S. 70 ff. , 121, 125 und 132 sowie unsere
Ausführungen S. 320 Fußnote 2

ihn folgenden Tagen unverändert" bleibt (1). Die Laufzeit von Krediten und zu beschaffenden Zahlungsmitteln braucht dadurch immer nur mit der Anzahl von Tagen in das Modell einzugehen, die in den Planungszeitraum fällt. Auch das dynamische Gesamtplanungsmodell kann nach Einsetzung numerischer Werte für alle Daten und Erwartungen mit Hilfe der Simplex-Methode simultan aufgelöst werden. Es gelingt auf diese Weise, alle Unbekannten des Systems gleichzeitig so zu bestimmen, daß der angestrebte Gewinn für die gesamte Planungsperiode bei gesicherter Liquidität ein Maximum wird.

Eine Beurteilung des dynamischen Gesamtplanungsmodells Deppes muß - ebenso wie die seines statischen Modells - davon ausgehen, daß es auf einwandfreien Schlußfolgerungen aus bestimmten Annahmen beruht. Eine Kritik kann daher ebenfalls nur bei seinen Prämissen ansetzen. Dazu ist zunächst zu bemerken, daß eine Reihe von Voraussetzungen, die Deppe für das statische Planungsmodell macht, wie z. B. die Abstellung auf eine reine Kreditbank, auf das zusätzliche Kreditprogramm, auf die ausschließliche Planung sicherer Kredite und auf die Gewinnmaximierung, von ihm für das dynamische Gesamtplanungsmodell beibehalten wird. Infolgedessen braucht darauf nur insoweit nochmals eingegangen zu werden, als sich unter dynamischen Gesichtspunkten neue Aspekte ergeben (2). Dagegen entfällt im dynamischen Modell die für das statische Modell charakteristische Beschränkung auf die Verhältnisse am jeweiligen Plantag durch die Einbeziehung der während der gesamten Planperiode erwarteten Veränderungen. Ein dynamisches Gesamtplanungsmodell ist infolgedessen zweifellos wesentlich wirklichkeitsnäher als ein statisches, nimmt jedoch selbst bei großer Vereinfachung in bezug auf die Aktionsparameter, Nebenbedingungen, Daten und Erwartungen, sowie bei einem relativ kurzen Planungszeitraum einen erheblichen Umfang an (3). Da sich überdies das Modell mit zunehmender Länge des Planungszeitraumes ebenso wie mit der Einbeziehung weiterer Planfaktoren sehr schnell vergrößert, besteht die Gefahr, daß es an die Grenze der Leistungsfähigkeit elektronischer Rechenmaschinen stößt, bevor es den für die kurzfristige Planung einer Universalbank erforderlichen Umfang erreicht hat. Dazu kommt aber noch ein weiteres. Aus der Verlängerung des Planungszeitraumes und der Berücksichtigung der innerhalb desselben vor sich gehenden Veränderungen folgt unmittelbar, daß im dynamischen Modell den Erwartungen über die zukünftige Entwicklung aller für die Planung relevanten Faktoren ein ganz anderes Gewicht beizumessen ist als im statischen Modell. Es kann hier zweifellos nicht mehr mit sicheren

---

1) Vgl. Deppe, Hans-Dieter: Beiträge zur Theorie der Wirtschaftsplanung der Kreditbank, S. 116 f. sowie unsere Ausführungen S. 316
2) Vgl. daher hierzu unsere Ausführungen S. 322 ff. sowie 328 ff.
3) Vgl. Deppe, Hans-Dieter: Beiträge zur Theorie der Wirtschafts-

oder fast sicheren Erwartungen gerechnet werden (1), sondern nur noch
mit solchen, denen eine mehr oder weniger große Wahrscheinlichkeit
zukommt. Die Möglichkeit, daß das mit Hilfe des Modells für die Ge-
samtplanungsperiode errechnete Gewinnmaximum bei jederzeit gesicherter Liquidität in Wirklichkeit nicht erreicht wird, vergrößert
sich daher im dynamischen Modell um so mehr, je länger man den
Planungszeitraum wählt. Sowohl die Vergrößerung des Modellumfangs
als auch die Vergrößerung der Ungewißheit bei Verlängerung des Planungszeitraumes wirkt demnach tendenziell in Richtung auf die Verwendung möglichst kurzer Planungszeiträume. Dem steht jedoch wiederum entgegen, daß die Planung einer Universalbank wegen des erheblichen Einflusses der Mindestreservehaltung auf die von ihr zu treffenden Entscheidungen und einer einwandfreien Lösung des Problems
der Mindestreserveplanung mindestens einen Zeitraum von einem Monat umfassen muß (2), möglichst aber darüber hinausgehen soll, um
auch längerfristige Entwicklungen noch berücksichtigen zu können (3).
Um beiden Erfordernissen Rechnung zu tragen, hält Deppe ein Modell
für praktikabel, "das für die Liquiditäts- und Gewinnplanung einer
laufenden Woche sämtliche Variablen der einzelnen Plantage dieser
Woche als Schätzgrößen explizite enthält. Für die folgenden drei oder
vier Wochen müßte man wegen der Unsicherheit bezüglich der Größen-
erfassung darauf verzichten, für jeden Plantag alle Größen zu schät-
zen, sondern sich mit den Globalwerten für die jeweilige Planwoche
insgesamt begnügen. Ähnlich wäre bei der Einbeziehung des folgenden
Quartals vorzugehen"(4). Die Ungewißheit der Zukunft kann auf diese
Weise zwar nicht beseitigt werden, jedoch muß der Bankier, wie Deppe
ausführt, seine Entscheidungen immer auf Grund ungewisser Erwartungen treffen, "gleichviel ob mit Hilfe eines Modells und seiner Intuition oder allein mit der Intuition" (5). Die Frage ist allerdings, ob er
es angesichts der Ungewißheit der Zukunft tatsächlich für möglich hält,
seine Entscheidungen auf Überlegungen zu gründen, die eigentlich nur
unter der Voraussetzung sicherer Erwartungen sinnvoll sind. Indem die
Ungewißheit der Zukunft in Form von Schätzwerten in das Modell eingeht, wird sie ja nicht etwa zu einem die Auswahl der alternativen Möglichkeiten beeinflussenden Faktor, sondern bleibt im Gegenteil bei der
Entscheidungsbildung ganz außer acht, weil gar nicht offenbar wird,
daß es sich bei den eingesetzten Werten nicht um sichere, sondern
lediglich um wahrscheinliche Werte handelt. Hier liegt infolgedessen
einer der Gründe dafür, warum die Gewinnmaximierung als unter-

---

1) Vgl. S. 325
2) Vgl. S. 206
3) Vgl. insbesondere S. 201 ff.
4) Vgl. Deppe, Hans-Dieter: Beiträge zur Theorie der Wirtschaftsplanung der Kreditbank, S. 115 Fußnote 1
5) Vgl. ebenda, S. 128

nehmerische Zielsetzung in der Literatur in immer stärkerem Maße als unrealistische Verhaltensweise angesehen wird und zahlreiche Theorien für ein rationales unternehmerisches Verhalten unter Ungewißheit entwickelt worden sind, von denen wir uns zur Analyse des Planungsprozesses der Universalbanken für die Anspruchsanpassungstheorie entschieden haben (1). So kann die Gewinnmaximierung - allein vom Gesichtspunkt der Ungewißheit aus betrachtet - in einem statischen Modell zwar ohne weiteres als eine sinnvolle Planungsmaxime gelten, in einem dynamischen Modell jedoch nur noch unter bestimmten Voraussetzungen. Als solche sehen wir an, daß es entweder gelingt, der Ungewißheit der Zukunft innerhalb des Modells, z. B. mit Hilfe der von der Theorie entwickelten Entscheidungskriterien, in ausreichendem Maße Rechnung zu tragen, oder die in das Modell eingehenden Erwartungswerte unter Verwendung aller hierfür zur Verfügung stehenden Hilfsmittel - wobei den elektronischen Rechenanlagen mit ihren zahlreichen Speicher- und Auswertungsmöglichkeiten ebenfalls größte Bedeutung zukommt - so zu bestimmen, daß sich Abweichungen von den tatsächlichen Werten mit großer Wahrscheinlichkeit in relativ engen Grenzen halten (2). Dabei ist dann allerdings noch nicht berücksichtigt, daß auf Grund der Annahme gleichbleibender Verhältnisse für den auf den letzten Plantag folgenden Zeitraum (3), ohne die für die Zurechnung der zusätzlichen Kosten und Erlöse zu den zusätzlichen Kreditprogrammen erhebliche Periodisierungsprobleme auftreten würden, immer nur die auf die Planungsperiode bezogenen Variablen in das Modell eingehen und die ökonomischen Größen späterer Perioden vernachlässigt werden (4). Das bedeutet nichts anderes, als daß das Gewinnmaximum unter den oben gemachten Voraussetzungen immer nur für einen sehr kurzen Planungszeitraum angestrebt wird. Ein solches ausschließliches Abstellen der in der Planungsperiode zu treffenden Entscheidungen auf die Verhältnisse des jeweiligen Planungszeitraumes entspricht jedoch zweifellos weder den universalbankbetrieblichen Gepflogenheiten, noch den an ihre Planung von betriebswirtschaftlicher Seite zu stellenden Anforderungen. Es könnte lediglich dann als sinnvoll angesehen werden, wenn über den Planungszeitraum hinaus tatsächlich keinerlei Informationen mehr zu gewinnen wären, so daß das Ende der Planungsperiode zugleich auch den ökonomischen Horizont für alle Planungsfaktoren darstellte. Das ist jedoch bei so kurzen Pla-

---

1) Vgl. S. 71 ff., 79 ff. und 81 ff.
2) Vgl. hierzu auch die Ausführungen über die stochastische und parametrische lineare Programmierung bei Brusberg, Helmut: Der Entwicklungsstand der Unternehmensforschung, S. 79 ff. sowie unsere Ausführungen S. 330 ff.
3) Vgl. S. 326 f.
4) Vgl. Deppe, Hans-Dieter: Beiträge zur Theorie der Wirtschaftsplanung der Kreditbank, S. 116 ff. Auf die Problematik dieser Annahme weist Deppe selbst hin.

nungszeiträumen, wie sie hier in Frage stehen, nicht anzunehmen und selbst für längere Planungszeiträume nicht sehr wahrscheinlich. Auf die Berücksichtigung der über den jeweiligen Planungszeitraum hinaus vorhandenen oder beschaffbaren Informationen bei der Auswahl der in dieser Periode zu treffenden Entscheidungen kann daher - wie wiederholt ausgeführt wurde - ohne Nachteil für die zukünftige Entwicklung einer Universalbank nicht verzichtet werden, und zwar weder in ihrer kurzfristigen, noch in ihrer langfristigen Planung (1).

Zusammenfassend läßt sich feststellen, daß das dynamische Modell Deppes für die kurzfristige Planung von Kreditinstituten trotz seiner im Vergleich zum statischen Modell größeren Wirklichkeitsnähe zweifellos keine Ergebnisse zu liefern vermag, aus denen eine Universalbank, die innerhalb einer bestimmten Planungsperiode von ihr zu treffenden Entscheidungen unmittelbar entnehmen könnte. Dies würde jedoch selbst dann nicht der Fall sein, wenn es gelänge, allen vorgebrachten Einwänden im Modell Rechnung zu tragen. Der Grund dafür liegt darin, daß sich zahlreiche qualitative Momente, die eine Universalbank bei ihren Entscheidungen nicht unberücksichtigt lassen kann, wie z. B. Präferenzen für bestimmte Kunden, einer Quantifizierung entziehen, ganz abgesehen von ihren - wie wir ausgeführt haben - höchstwahrscheinlich anderen Zielvorstellungen. Dessen ungeachtet ist das Modell aber geeignet, einen Einblick in Zusammenhänge zwischen den relevanten Planfaktoren zu verschaffen, der wegen der Vielzahl zu beachtender Größen und der zwischen ihnen bestehenden Wech - selwirkungen auf andere Weise kaum zu gewinnen wäre (2). So ist anzunehmen, daß mit Hilfe eines erweiterten und den Bedürfnissen der Universalbanken angepaßten dynamischen Modells - vorausgesetzt, daß sein Umfang die Kapazität elektronischer Rechenanlagen nicht überschreitet (3) - wichtige Informationen für die praktische Planungsarbeit der Universalbanken beschafft werden können, wenn es z. B. gelingt, durch Einsetzen verschiedener Werte für die einzelnen Daten und Erwartungen den Einfluß bestimmter Veränderungen der wirtschaftlichen Verhältnisse (wie etwa der Zinssätze) auf ihre Liquidität und Rentabilität zu analysieren (4) oder eine Reihe von Alternativ-

---

1) Vgl. hierzu insbesondere S. 187 ff. und 201 ff.

2) Vgl. Deppe, Hans-Dieter: Beiträge zur Theorie der Wirtschaftsplanung der Kreditbank, S. 127 f.

3) Vgl. hierzu jedoch Brusberg, Helmut: Der Entwicklungsstand der Unternehmungsforschung, S. 70 f., der darauf hinweist, daß sich große lineare Programme häufig in mehrere kleinere zerlegen lassen.

4) Auch bereits mit Hilfe des statischen Modells Deppes können - innerhalb seiner Voraussetzungen - durch komperativ-statische Analysen Aufschlüsse über den Einfluß von Datenveränderungen auf die Liquidität und Rentabilität von Kreditinstituten gewonnen werden, doch

lösungen zu ermitteln und zu Maximal- bzw. Minimalprogrammen zusammenzustellen (1). Das Modell erhält auf diese Weise den Charakter eines wertvollen Hilfsmittels für die Auswahl guter bzw. befriedigender Alternativen an Stelle der unter Ungewißheit problematisch erscheinenden Optimallösungen. Zwar ist der mit der Entwicklung eines hierfür im Einzelfall geeigneten dynamischen Modells, seiner Programmierung auf einer elektronischen Rechenanlage sowie der jeweiligen Beschaffung und Eingabe der zahlreichen Daten in die Maschine verbundene Aufwand an Zeit und Geld sicherlich sehr hoch zu veranschlagen, doch könnte sich der Einsatz auf lange Sicht lohnen. So gesehen kann der von Deppe für die kurzfristige Planung von Kreditinstituten entwickelte Ansatz nicht nur im Hinblick auf seinen theoretischen Wert, sondern - trotz der vorgebrachten Einwände - auch in bezug auf seine Brauchbarkeit für die praktische Planungsarbeit sehr positiv beurteilt werden, wenngleich es zweifellos noch umfangreicher, vor allem empirischer Untersuchungen bedarf, um ihn zu einem wirklich leistungsfähigen Hilfsmittel der kurzfristigen Planung von Universalbanken werden zu lassen.

c) Die Mindestreserveplanung

Während die von Mülhaupt und Deppe entwickelten Planungsmodelle den gesamten finanziellen Bereich einer Bank zu erfassen versuchen, handelt es sich bei der im folgenden zu erörternden Mindestreserveplanung nur um ein Teilgebiet der kurzfristigen Planung im Geschäftsbereich einer Bank. Hierfür liegt ein relativ einfacher und speziell für die praktische Planungsarbeit entwickelter Ansatz von Greshake vor (2), dem jedoch angesichts der verhältnismäßig schwierigen Berücksichtigung der Mindestreserveplanung innerhalb eines den gesamten Geschäftsbereich umfassenden Modells (3) besondere Bedeutung zukommt.

Greshake geht davon aus, daß die Mindestreserveplanung zum Aufgabenbereich der Gelddisposition einer Bank gehört und dort einen

---

liegt der Wert eines solchen Modells mehr auf theoretischem und pädagogischem als auf praktischem Gebiet. Vgl. Deppe, Hans-Dieter: Beiträge zur Theorie der Wirtschaftsplanung der Kreditbank, S. 102 ff. sowie: Zur Rentabilitäts- und Liquiditätsplanung von Kreditinstituten, S. 346 ff.

1) Vgl. Deppe, Hans-Dieter: Beiträge zur Theorie der Wirtschaftsplanung der Kreditbank, S. 118 Fußnote 1
2) Vgl. zum folgenden Greshake, Kurt: Planung der Mindestreserven durch den Gelddisponenten, in: Zeitschrift für das gesamte Kreditwesen, 17. Jg. 1964, S. 871 - 874
3) Vgl. S. 318, 320, 326, 328 und 330 f.

wichtigen Platz einnimmt, weil die erforderliche Haltung unverzinslicher Zentralbankguthaben der Bank erhebliche Kosten bzw. Ertragsausfälle (opportunity costs) verursacht, soweit sie über gewisse Mindestbestände hinausgeht (1). "Die ausschlaggebende Zielsetzung jedes Kreditinstituts gleich welcher Richtung in bezug auf Mindestreserveerfüllung ist" daher "in der Kostenminimierung zu sehen" (2). Infolge der elastischen Berechnungsmethode der Mindestreserven besitzt der Gelddisponent für die Erreichung seiner Zielsetzung Wahlmöglichkeiten, die sich von der Erfüllung seines gesamten Reservesolls pro Monat an einem Tag bis zur täglichen Erfüllung seines Reservesolls pro Tag erstrecken. Bestimmend für die Kosten der Mindestreservehaltung ist unter der Voraussetzung, daß das dafür erforderliche Zentralbankgeld entweder am Geldmarkt beschafft werden muß oder für die ertragbringende Anlage am Geldmarkt ausfällt, das Zinsniveau am Geldmarkt, das sich - wegen der unterschiedlichen Konstellationen von Angebot und Nachfrage - im Verlauf eines Monats erheblich zu ändern tendiert. Der Gelddisponent kann jedoch seine Entscheidungen nicht ausschließlich an den Geldmarktzinssätzen der einzelnen Monatstage orientieren, sondern hat außerdem zu berücksichtigen, daß für die reibungslose Abwicklung des Zahlungsverkehrs und unter Umständen auch aus bilanzoptischen Gründen (so z. B. bei den Zweimonatsbilanzen veröffentlichenden Kreditinstituten an jedem zweiten Monatsende) Mindestbestände auf dem Zentralbankkonto unterhalten werden müssen, die mit den täglichen Anforderungen an dieses Konto variieren. Um beiden Erfordernissen Rechnung zu tragen, muß der Gelddisponent so planen, daß an den Tagen mit hohem Zinsniveau lediglich der unbedingt erforderliche Mindestbestand an Zentralbankguthaben gehalten und der zur Erfüllung der Mindestreserveverpflichtungen darüber hinaus erforderliche Betrag an den Tagen mit niedrigem Zinsniveau nachgeholt wird, so daß insgesamt ein Minimum an Kosten (einschließlich opportunity costs) entsteht. Dabei ist außerdem zu beachten, daß der einzelne Tagesbestand einerseits nicht höher sein darf als die Differenz aus dem Reservesoll für den gesamten Monat und der Summe der Mindestbestände, andererseits aber auch nicht negativ werden kann. Weiterhin ist von Bedeutung, daß das Reservesoll des Monats im Monatsdurchschnitt nicht unterschritten werden darf, das Kostenminimum jedoch nur erreicht werden kann, wenn durch die Summe der insgesamt unterhaltenen Zentralbankguthaben das Reservesoll des Monats gerade erfüllt wird. Alle diese vom Gelddisponenten bei der Mindestreserveplanung zu beachtenden Tatbestände lassen sich mit Hilfe eines Systems von Gleichungen und Ungleichungen darstellen, das aus einer zu minimierenden Zielfunktion und drei Nebenbedingungen besteht (3). Es han-

---

1) Vgl. hierzu unsere Ausführungen S. 281 ff.
2) Vgl. Greshake, Kurt: Planung der Mindestreserven durch den Gelddisponenten, S. 871
3) Vgl. Greshake, Kurt: Planung der Mindestreserven durch den Gelddisponenten, S. 873 sowie Anlage 38

delt sich hier um eine Minimum-Aufgabe von einer Struktur, die mit
Hilfe der Simplex-Methode simultan gelöst werden kann, wenn sie durch
Umwandlung der Zielfunktion in eine Maximum-Aufgabe übergeführt
wird (1). Von einer elektronischen Rechenanlage kann diese Aufgabe
in kürzester Zeit bewältigt werden (2). Das erklärte Ziel der Mindestreserveplanung, das Kostenminimum, läßt sich auf diese Weise also
relativ leicht ermitteln, ist jedoch zwangsläufig nur dann zu realisieren, wenn die als Erwartungsgrößen in das Modell eingehenden
Werte tatsächlich eintreffen.

Voraussetzung für die Gewinnung brauchbarer Lösungen mit Hilfe des
von Greshake entwickelten Modells ist daher, daß die Mindestbestände
an Zentralbankguthaben, die Zinssätze am Geldmarkt und das Reservesoll des Monats mit genügend großer Wahrscheinlichkeit geschätzt
werden können. Der Gelddisponent muß infolgedessen über die voraussichtliche Entwicklung dieser Größen möglichst zuverlässige Unterlagen zu gewinnen versuchen, wobei er sich nicht auf Erfahrung und
Intuition verlassen darf, sondern sich aller modernen Hilfsmittel der
Datenerfassung und -verarbeitung bedienen muß, um erfolgreich zu
sein. Die elektronischen Rechenanlagen mit ihrer großen Speicher-
fähigkeit und der Möglichkeit, gespeichertes Material nach den verschiedensten Gesichtspunkten hin auszuwerten, können hierbei wiederum wertvolle Dienste leisten und die in den Universalbanken bei der
Gelddisposition bisher gebräuchlichen, in der Regel relativ einfachen
Umsatzstatistiken, Mindestreserveübersichten, Tages- und Monatsbilanzen (3) wesentlich verbessern bzw. ergänzen. Da indessen die
Ungewißheit der Zukunft selbst mit den besten Hilfsmitteln nicht restlos beseitigt werden kann, dürfte es sich - wie schon bei dem von Deppe
entwickelten Gesamtplanungsmodell so auch hier - bei der Lösung des
Teilproblems der Mindestreserveplanung mit Hilfe eines mathematisch
formulierten Entscheidungsmodells empfehlen, für verschiedene Erwartungswerte alternative Lösungen zu ermitteln und zu Maximal- bzw.
Minimalprogrammen zusammenzustellen (4). Die ermittelten Lösun-

---

1) Vgl. Angermann, Adolf: Entscheidungsmodelle, S. 204 f. Greshake
selbst hält das Gleichungssystem dagegen "mit Hilfe der bekannten
Methoden der linearen Programmierung nicht" für lösbar. Vgl.
Greshake, Kurt: Planung der Mindestreserven durch den Gelddisponenten, S. 873
2) So wurde nach einer von Prof. Dr. Hagenmüller, Ffm., erhaltenen
Information von der IBM Berlin mit Hilfe des von Greshake entwickelten Modells die Mindestreserveplanung bereits für elektronische Rechenanlagen programmiert.
3) Vgl. hierzu insbesondere S. 283 f. und 285 ff.
4) Vgl. S. 330 f.

gen hätten dann zwar wiederum nur den Charakter von Informationen
für die bezüglich der Mindestreservehaltung zu treffenden Entscheidungen, könnten jedoch zweifellos wertvolle Hilfsmittel für die Auswahl
guter bzw. befriedigender Alternativen an Stelle der unter Ungewißheit
problematischen Optimallösungen sein. Bedenkt man allerdings, daß
gute Lösungen wegen der verhältnismäßig geringen Zahl zu berücksichtigender Größen gerade hier nicht allzu schwer zu erreichen erscheinen, so kann das Anspruchsniveau dafür wohl sogar relativ hoch
angesetzt werden. Dagegen bleibt darauf hinzuweisen, daß es auf diese
Weise zwar gelingt, die Mindestreserveplanung innerhalb der Gelddisposition systematisch zu bewältigen, jedoch eine vollständige Abstimmung der Mindestreservedispositionen mit allen anderen innerhalb des Geschäftsbereichs einer Universalbank erforderlichen Entscheidungen nicht erfolgt, weil dies grundsätzlich nur innerhalb eines
dynamischen Gesamtplanungsmodells für 30 Tage möglich ist (1).

3. Ergebnis und Folgerungen

Nachdem wir sowohl die in der universalbankbetrieblichen Praxis als
auch die in der bankbetrieblichen Theorie entwickelten Planungsansätze ausführlich erörtert haben, können wir als Fazit unserer Untersuchungen feststellen, daß zwar von beiden Seiten bereits wertvolle
Arbeit geleistet wurde, daß es jedoch noch erheblicher Anstrengungen
bedarf, um die Planung auch bei den Universalbanken zu einem so leistungsfähigen Instrument der Unternehmungsführung zu machen, wie
das bei den Industriebetrieben schon seit langer Zeit der Fall ist. Insbesondere ist zu bemerken, daß theoretisch wie praktisch bisher vorwiegend der kurzfristigen Planung und hier wieder fast ausschließlich
der Planung im Geschäftsbereich der Universalbanken Beachtung geschenkt wird. Dies erscheint wohl insofern verständlich, als die jederzeitige Aufrechterhaltung der Zahlungsfähigkeit, die für die Universalbanken ebenso wie für alle anderen Betriebe eine Existenzfrage bildet,
auf Grund der Arteigenheiten der Universalbanken bei ihnen schwieriger als bei jenen zu bewerkstelligen ist (2), kann aber auf die Dauer
nicht als ausreichender Grund für die Vernachlässigung einerseits der
langfristigen Planung und andererseits der Planung im Betriebsbereich
der Universalbanken angesehen werden. Gegen ersteres spricht insbesondere die Tatsache, daß eine sinnvolle kurzfristige Planung weder
im Geschäfts- noch im Betriebsbereich einer Universalbank möglich
ist, ohne ihre langfristige Entwicklungsrichtung beständig vor Augen
zu haben, gegen letzteres vor allem die mit der Zunahme der Massengeschäftsvorfälle und dem Mangel an Arbeitskräften immer größer
werdende Bedeutung des technisch-organisatorischen Bereichs einer
Universalbank. Es bedarf daher nicht nur einer Verbesserung der vor-

---

1) Vgl. S. 287 f. und 328
2) Vgl. vor allem S. 93 ff., 207, 238 ff. und 315 ff.

handenen, sondern vor allem auch der Schaffung neuer Planungsansätze, wobei uns im Zusammenwirken von bankbetrieblicher Theorie und Praxis die besten Ergebnisse erzielbar erscheinen. Der Grund dafür liegt darin, daß sich auf diese Weise die bei den bisherigen Planungsansätzen festgestellten Mängel am ehesten vermeiden lassen und so auch für die praktische Planungsarbeit Fortschritte ergeben dürften.

Die zu beseitigenden Mängel bestehen bei den Ansätzen der universalbankbetrieblichen Praxis vor allem in der zumeist fehlenden Systematik und bei den theoretischen Ansätzen insbesondere in der starken Abstraktion von den tatsächlichen Verhältnissen. Dazu kommt aber weiterhin, daß bisher sowohl von der Theorie als auch von der Praxis immer nur Ansätze für Teilbereiche der bankbetrieblichen Planung ohne Berücksichtigung der in den jeweils anderen Teilbereichen vorhandenen Planungsprobleme erarbeitet worden sind, während auf Grund der Interdependenz des gesamten universalbankbetrieblichen Geschehens ein die Universalbanken in ihrer Ganzheit umfassendes Planungssystem, das außerdem einen Zusammenhang zwischen ihren langfristigen und kurzfristigen Planungsproblemen herzustellen vermag, erforderlich ist (1). Dieser Mangel gilt auch für das von Deppe entwickelte kurzfristige "Gesamtplanungsmodell" einer Kreditbank, das sich - unter Vernachlässigung der langfristigen Entwicklung - lediglich auf ihren Geschäftsbereich bezieht (2), so daß es sich hierbei ebenfalls nur um ein Teilplanungsmodell handelt. Wir halten infolgedessen zur Weiterentwicklung der universalbankbetrieblichen Planung vor allem den Entwurf eines Gesamtplanungssystems für erforderlich, in dem sowohl die Belange des Geschäftsbereiches als auch die Belange des Betriebsbereichs einer Universalbank mit ihren jeweiligen Erfolgskomponenten - und zwar nicht nur kurzfristig, sondern auch langfristig - unter möglichst wirklichkeitsnahen Voraussetzungen, zu denen insbesondere auch eine realistische Zielvorstellung gehört, Beachtung finden. Nun läßt sich allerdings - wie wir eingehend dargelegt haben - eine vollständige Berücksichtigung der Interdependenz des gesamten betrieblichen Geschehens bei der Planung einer Unternehmung nur erreichen, wenn es gelingt, alle relevanten Planfaktoren in einem Gleichungssystem mit der jeweiligen Leitmaxime der Planung als Zielfunktion zu vereinigen und das ganze Gleichungssystem simultan aufzulösen (3). Wie wir ebenfalls ausgeführt haben, erscheint es jedoch auf Grund der universalbankbetrieblichen Arteigenheiten nicht möglich, ein solches Gesamtplanungsmodell für Universalbanken zu formulieren. So muß man sich bei der Planung der Universalbanken zwangsläufig damit begnügen, ausgehend von der erwarteten Gesamtleistungsabnahme einer solchen Bank und im Hinblick auf die jeweilige Leitmaxime ihrer

---

1) Vgl. hierzu vor allem unsere Ausführungen S. 259 ff. und 269 ff.
2) Vgl. S. 315
3) Vgl. S. 260

Gesamtplanung Teilplanungen innerhalb zweier großer Planungskreise
vorzunehmen und bestmöglich aufeinander abzustimmen. Es handelt
sich dabei um den Teilplanungskreis Geschäftsbereich und den Teilplanungskreis Betriebsbereich mit ihren jeweiligen Erfolgswirkungen,
die zwar alle, aber - entsprechend dem oben Gesagten - weitgehend
unabhängig voneinander, in die Erfolgsplanung eingehen (1). Mit anderen Worten, zu einem Gesamtplanungssystem für Universalbanken
kann man u. E. nur über den Umweg sukzessiver Teilplanungen in ihrem
Geschäfts- und Betriebsbereich gelangen, die - obgleich sie über die
erwartete Gesamtleistungsabnahme und die jeweilige Zielsetzung der
Gesamtplanung immer miteinander in enger Verbindung stehen und ihre
Erfolgswirkungen in der Erfolgsplanung einen gemeinsamen Niederschlag finden - weitgehend unabhängig voneinander vorgenommen werden müssen. Bei der Entwicklung eines Gesamtplanungssystems für
Universalbanken sind daher die Grundsätze der Vollständigkeit und
der gegenseitigen Planabstimmung   wohl als unabdingbar anzusehen,
jedoch nicht bis zu ihrer letzten Konsequenz zu verwirklichen (2). Als
weitere Grundsätze der universalbankbetrieblichen Planung haben wir
die der Einfügung der Planung in den organisatorischen Zusammenhang, der Regelmäßigkeit und Kontinuität sowie der Wirtschaftlichkeit
herausgearbeitet, während wir für die Entwicklung einer Planungskonzeption im konkreten Einzelfall, in der über die Gestaltung der
Planung hinsichtlich ihrer Fristigkeit, Differenziertheit, Anpassungsfähigkeit und Aufgliederungsnotwendigkeit zu entscheiden ist, neben den
jeweiligen Planungsaufgaben immer vor allem die Arteigenheiten der
betreffenden Bank und die von ihr zu beschaffenden Informationen als
maßgeblich erkannt haben (3). Unter all diesen Aspekten sind infolgedessen sowohl die von der bankbetrieblichen Praxis als auch die von
der bankbetrieblichen Theorie bereits entwickelten Ansätze für Teilbereiche der universalbankbetrieblichen Planung neu zu durchdenken
und in den Zusammenhang eines Gesamtplanungssystems für Universalbanken einzuordnen. Dabei wird deutlich, daß vor allem der Planungsansatz Deppes, der immerhin den gesamten Geschäftsbereich
einer Kreditbank zu erfassen vermag, besondere Beachtung verdient,
wenngleich auch hier noch erhebliche Veränderungen erforderlich sind,
um ihn für die praktische Planungsarbeit der Universalbanken verwendbar werden zu lassen (4). Da indessen die vorhandenen Ansätze bei
weitem nicht alle eine Planung erfordernden universalbankbetrieblichen Tatbestände erfassen, bedarf es darüberhinaus der Schaffung
neuer Planungsansätze, wobei es sich sowohl um Ansätze für den gesamten Geschäfts- und Betriebsbereich der Universalbanken als auch
innerhalb dieser um Ansätze für kleinere Teilplanungsbereiche handeln

---

1) Vgl. S. 261 f.
2) Vgl. S. 259 ff. und 270 f.
3) Vgl. S. 270 ff.
4) Vgl. S. 322 ff.

kann, sofern dabei nur immer den angegebenen Anforderungen in ausreichendem Maße Rechnung getragen wird. In diesem Zusammenhang
kommt der Entwicklung exakter Planungsmodelle, mit deren Hilfe vorhandene Interdependenzen simultan berücksichtigt werden können, erhebliche Bedeutung zu (1). Dabei erscheint es uns - zumindest teilweise
- möglich, auf Planungsansätze zurückzugreifen, die in der allgemeinen betriebswirtschaftlichen oder auch in der volkswirtschaftlichen
Theorie entwickelt worden sind, und sie auf ihre Brauchbarkeit für die
universalbankbetriebliche Planung hin zu überprüfen. Wir denken dabei
insbesondere an Ansätze für bestimmte, scharf abgrenzbare bankbetriebliche Teilplanungsbereiche, deren Planungsprobleme denen anderer Unternehmungen zwar nicht gleich, aber doch ähnlich sind. In
Frage kommen hierfür z. B. die Investitionsplanung, die Planung der
Beschaffung bzw. Anlage finanzieller Mittel, die Planung des Geschäftsstellennetzes sowie der Errichtung von Rechenzentren und die
Planung der innerbetrieblichen Organisation, letzteres vor allem im
Hinblick auf Arbeitsabläufe, Transportwege, Schalterbesetzungen, In-
formations- und Kommunikationssysteme (2). Nun dürfte es allerdings
auf Grund der Arteigenheiten der Universalbanken vielfach nicht möglich sein, derartige Modelle zu entwickeln oder formulierte Modelle mit
den vorhandenen mathematischen Methoden bzw. elektronischen Rechenanlagen mathematisch oder rechnerisch zu lösen; sei es, daß die
zu berücksichtigenden Variablen zu zahlreich, die Zusammenhänge zu
kompliziert oder die relevanten Planungsfaktoren zu ungewiß sind (3).
Dessen ungeachtet muß aber auch unter diesen Umständen versucht
werden, Planungsansätze zu finden, die sich für die Bewältigung der
jeweiligen Planungsaufgaben in der Praxis der Universalbanken als
brauchbar erweisen. Das gilt insbesondere für die mit großer Ungewißheit behaftete langfristige Planung der Universalbanken, für die
infolgedessen die Konstruktion mathematisch formulierter Entscheidungsmodelle besonders problematisch erscheint (4). Abgesehen
davon jedoch, ob exakte Planungsmodelle zur Anwendung gelangen
können und sollen oder nicht, bedarf es bei allen Bemühungen um
die Entwicklung von Ansätzen für die universalbankbetriebliche Planung der intensiven Durchforschung des gesamten bankbetrieblichen
Geschehens im Hinblick auf seine Ziele, Zusammenhänge und Ab-

---

1) Vgl. S. 225 ff., 260 ff. und 268 f.
2) Vgl. hierzu insbesondere die in den Arbeiten von Brusberg, Helmut:
   Der Entwicklungsstand der Unternehmungsforschung; Angermann,
   Adolf: Entscheidungsmodelle, und: Kromphard, W., Henn, R. und
   Förstner, K.: Lineare Entscheidungsmodelle, Berlin-Göttingen-
   Heidelberg 1962, dargestellten Anwendungsmöglichkeiten von Methoden der Unternehmensforschung (Operations Research), sowie
   unsere Ausführungen S. 428 ff.
3) Vgl. S. 225 ff., 260 ff. und 268 f.
4) Vgl. S. 268 f. und 428 ff.

hängigkeiten, sowie den Einfluß aller relevanten Planungsfaktoren und die darüber zu beschaffenden Informationen, wie wir dies in unseren ersten drei Hauptteilen darzustellen versucht haben.

Damit haben wir nicht nur den gegenwärtigen Stand der universalbank-betrieblichen Planungsarbeit ausführlich erörtert, sondern zugleich die für ihre Weiterentwicklung bedeutsamen Probleme aufgezeigt. In Anbetracht der Bedeutung, die hierfür dem Entwurf eines umfassenden Planungssystems beizumessen ist, wollen wir jedoch im folgenden Abschnitt auch noch den bei der Gesamtplanung einer Universalbank zu beschreitenden Weg zumindest in großen Zügen zu umreißen und die dabei auftauchenden Probleme herauszuarbeiten versuchen, wofür unsere Ausführungen in den ersten drei Hauptteilen die erforderlichen Grundgedanken enthalten.

C. Die Gesamtplanung einer Universalbank

Bei unseren abschliessenden Ausführungen über die Gesamtplanung einer Universalbank lassen wir uns im wesentlichen von folgenden Grundgedanken leiten:

1. Von einer Gesamtplanung bei Universalbanken kann nach unseren Untersuchungen im dritten Hauptteil nur dann die Rede sein, wenn alle Bereiche ihrer unternehmerischen Betätigung unter Berücksichtigung der vorhandenen Interdependenzen erfaßt und kurzfristige Planungen stets auf der Basis von langfristigen Planungen vorgenommen werden (1). Es erscheint daher unumgänglich, bei der Gesamtplanung einer Universalbank mit einer langfristigen Planung der Gesamtunternehmung zu beginnen und unter Verwendung ihrer Ergebnisse stufenweise zu kürzerfristigen Planungen der einzelnen Planungsbereiche überzugehen. Wir werden deshalb die folgenden Ausführungen ebenfalls in dieser Weise gliedern, wenngleich wir dabei das Schwergewicht auf die langfristige Planung legen wollen, weil dafür noch so gut wie keine Ansätze vorliegen.

2. Jeder Planungsprozeß muß - wie sich aus der Definition der Planung im ersten Hauptteil ergibt - grundsätzlich aus den Stufen Prognose, Eventualplanung, Entscheidung und Sollplanung bestehen (2). Obwohl diese Stufen im konkreten Fall nicht streng voneinander zu trennen sind, weil sich im Prozeßverlauf vielfach "Rückkopplungen" als notwendig erweisen können, soll doch im folgenden auf diese Unterteilung zurückgegriffen werden.

3. Da die Gesamtplanung einer Universalbank immer ihrer jeweiligen Zielsetzung zu entsprechen hat (3), könnte man der Meinung sein, daß außerdem zwischen einer Zielplanung und einer Mittelplanung (zur Erreichung der gesetzten Ziele) unterschieden werden müßte (4). Eine solche Abgrenzung läßt sich jedoch deswegen nicht machen, weil wir auf Grund unserer Untersuchungen im zweiten Hauptteil den Universalbanken mit der Formulierung ihrer Zielsetzung als Streben nach der erreichbar erscheinenden Höhe eines aus den Zielvariablen Gewinn, Marktanteil und Eigenkapitalanteil gebildeten Anspruchsniveaus eine allgemeine - und wie wir meinen relativ realistische - Leitmaxime für ihre Planung unterstellt haben (5), deren Erfüllung mit einem bestimmten Inhalt durch Festlegung der für die einzelnen Zielvariablen anzustrebenden Anspruchshöhen immer nur

---

1) Vgl. insbesondere S. 184 ff. und 227 ff.
2) Vgl. S. 20 ff. insbesondere S. 25
3) Vgl. S. 19 f.
4) Vgl. Heinen, Edmund: Die Zielfunktion der Unternehmung, S. 11 f.
5) Vgl. S. 65 ff. und 89 ff. , insbesondere S. 116 ff.

in engster Verbindung mit der Auswahl der zu ihrer Realisierung erforderlichen Mittel vorgenommen werden kann (1).

4. Was die von uns herausgearbeiteten Grundsätze für die Planung bei den Universalbanken anbelangt (2), so wird deren Beachtung im folgenden insoweit impliziert, als es nicht erforderlich erscheint, darauf nochmals besonders einzugehen.

5. Schließlich liegt auch den folgenden Ausführungen die als Grundmodell entwickelte Vorstellung einer universell tätigen Kreditbank mittlerer Größe in der Rechtsform einer Aktiengesellschaft mit Geschäftsstellen in einem regional begrenzten Bezirk zugrunde (3), ohne daß dabei auf eine bestimmte Bank abgestellt wird. Die Zahlenangaben, die in diesem Zusammenhang verwendet werden, entsprechen daher zwar durchaus der durch das Grundmodell vermittelten Vorstellung, sind jedoch nicht der Wirklichkeit entnommen, sondern in Anlehnung an die tatsächlichen Verhältnisse konstruiert worden. Man könnte infolgedessen an ihrer Brauchbarkeit für den vorliegenden Zweck zweifeln. Da es uns indessen wiederum gerade darauf ankommt, von den Individualitäten der einzelnen Universalbank abstrahierend das Wesentliche herauszuarbeiten, bringen die konstruierten Zahlen für unsere Untersuchungen keine Nachteile mit sich, ganz abgesehen davon, daß ein anderes Vorgehen gar nicht möglich ist, weil internes Zahlenmaterial von keiner Bank für eine Veröffentlichung zur Verfügung gestellt wird.

1. Die langfristige Planung

Aufgabe der langfristigen Planung einer Universalbank ist es, die Veränderung des gesamten Unternehmens entsprechend den erkennbaren langfristigen Entwicklungstendenzen in die gewünschte Richtung zu lenken (4). Die langfristige Planung ist daher bei den Universalbanken - wie bei jeder anderen Unternehmung auch - Ausdruck ihrer Unternehmungspolitik auf weite Sicht (5). Diese Planungsaufgabe bestimmt, wenn wir voraussetzungsgemäß von den Individualitäten des einzelnen Instituts absehen, zusammen mit den Arteigenheiten der Universalbanken und den jeweils beschaffbaren Informationen die Gestaltung der langfristigen Planung einer jeden Universalbank im Hinblick auf ihre Ziele, ihren Zeitraum, ihre Art und ihre Bereiche (6). Eine Konzeption für die Gestaltung der langfristigen Planung einer Universalbank kann

---

1) Vgl. insbesondere S. 81 ff., 136 ff. und 421 ff., vor allem S. 428 f.
2) Vgl. S. 269 ff.
3) Vgl. S. 51 ff., insbesondere S. 63
4) Vgl. insbesondere S. 193 und 202
5) Vgl. Gutenberg, Erich: Der Absatz, S. 100
6) Vgl. S. 182 ff.

daher im konkreten Fall immer erst dann gefunden werden, wenn ein Überblick über die zur Lösung der gestellten Planungsaufgabe erforderlichen und zu beschaffenden Informationen gewonnen worden ist. Bei den folgenden Ausführungen wollen wir jedoch im Anschluß an unsere eingehenden Erörterungen über die Gestaltungsmöglichkeiten der Planung und ihre gegenseitige Beeinflussung (1) davon ausgehen, daß ein Zeitraum von fünf Jahren für eine langfristige Planung bei den Universalbanken unter den gegenwärtigen Verhältnissen nicht nur als der kürzeste, sondern auch als der zweckmäßigste Planungszeitraum zu betrachten ist (2), und untersuchen, wie eine Fünfjahresplanung unter Berücksichtigung der dafür erforderlichen und zu beschaffenden Informationen zu gestalten ist. Entsprechend den vier Stufen des Planungsprozesses haben wir uns dabei nunmehr zunächst mit einer Prognose der relevanten Planungsgrößen für den Zeitraum von fünf Jahren zu befassen.

a) Die langfristige Prognose der relevanten Planungsgrößen

Zu den folgenden Ausführungen ist vorweg zu bemerken, daß es sich hier nicht darum handeln kann, Prognosewerte zu ermitteln, die für die langfristige Planung von Universalbanken unmittelbar brauchbar sind, sondern lediglich darum, den Weg aufzuzeigen, der von einer jeden Universalbank zu beschreiten ist, um sich die für ihre langfristige Planung erforderlichen Informationen über die zukünftige Entwicklung der relevanten Planungsgrößen zu beschaffen. Dabei kommt es uns im vorliegenden Zusammenhang weniger auf Einzelheiten als vielmehr auf die große Linie an. Wir begnügen uns daher damit, die für eine Universalbank bedeutsamsten langfristigen Entwicklungstendenzen sichtbar zu machen, so daß die Steuerung des Instituts in die erwünschte Richtung rechtzeitig in die Wege geleitet werden kann.

Den von uns gebildeten Hauptplanungsbereichen der Universalbanken gemäß unterscheiden wir auch bei den folgenden Ausführungen zwischen der Prognose für den Geschäftsbereich, den Betriebsbereich und den Erfolgsbereich (3).

aa) Die Prognose für den Geschäftsbereich

Soll die langfristige Planung einer Universalbank ihrer Aufgabe, die Veränderung des gesamten Unternehmens den erkennbaren Entwicklungstendenzen entsprechend in die gewünschte Richtung zu lenken, gewachsen sein, so muß sie von einer Prognose der für die Zukunft erwarteten Entwicklung der Nachfrage nach Bankgeschäften ausgehen

---

1) Vgl. S. 184 ff.
2) Vgl. S. 197 ff.
3) Vgl. S. 143 ff.

(1). Dazu gehören nicht nur die sogenannten "Marktleistungen" der Bank, zu denen üblicherweise die Aktiv- und Dienstleistungsgeschäfte gerechnet werden, sondern auch die Passivgeschäfte, insbesondere aber die Einlagengeschäfte, als Hauptquelle der Finanzierung einer Universalbank (2). Für die Planung im Geschäftsbereich interessiert dabei vornehmlich die wertmäßige Entwicklung der genannten Geschäfte, während für die Planung im Betriebsbereich überwiegend ihre stückmäßige Entwicklung von Bedeutung ist (3). So wollen auch wir uns hier zunächst der ersteren Komponente zuwenden (4).

(1) Die Bilanzsumme

Wie wir vor allem innerhalb der Ausführungen über die Beschaffung und die Güte von Informationen für die Planung der Universalbanken im Geschäftsbereich dargelegt haben, ist es wegen der engen Verbindungen zwischen diesen Kreditinstituten und allen anderen Wirtschaftseinheiten erforderlich, eine Prognose für die Entwicklung der Geschäftstätigkeit einer Universalbank auf einer Prognose der gesamtwirtschaftlichen Entwicklung aufzubauen (5). Da die einzelne Universalbank allerdings eine solche Prognose grundsätzlich nicht selbst zu erstellen vermag, muß sie dafür entweder auf vorhandenes Material zurückgreifen oder eine geeignete Stelle damit betrauen (6). Nun gibt es zwar bisher nur wenige gesamtwirtschaftliche Prognosen, die für die Fünfjahresplanung einer Universalbank in Frage kommen (7), doch ist anzunehmen, daß mit dem wachsenden Bedarf an derartigen Prognosen, der nicht nur in der Wirtschaft, sondern auch bei staatlichen Stellen, bei Verbänden usw. zu beobachten ist, die Bemühungen darum zunehmen (8). Den folgenden Ausführungen werden die vom Bundeswirtschaftsministerium erst kürzlich erarbeiteten Projektionen zur Wirtschaftsentwicklung bis 1970 zugrunde gelegt (9). Sie beziehen sich - unter Ausschaltung der Preisentwicklung - auf das reale Wachstum des Brutosozialprodukts und seiner Verwendung. Grundgedanke ist dabei, unter Berücksichtigung der bisherigen Wirtschaftsentwicklung seit 1950 sowie der veränderten Voraussetzungen und Bedingungen einen Spielraum abzuschätzen, innerhalb dessen sich das reale Wirtschaftswachs-

---

1) Vgl. S. 158
2) Vgl. S. 50 f. und 52 ff., insbesondere S. 54 f.
3) Vgl. S. 159 f.
4) Bezüglich der Stückleistungen vgl. S. 375 ff.
5) Vgl. S. 165 f.
6) Vgl. S. 191
7) Vgl. S. 165 f. und 190 ff.
8) Vgl. z. B. Meier, Werner: Von Prognosen leben. Deutschland 1980 - ein Report der Prognos AG, in: Der Volkswirt, Jg. 1966, S. 389 f.
9) Zum Begriff der Projektion vgl. unsere Ausführungen S. 146 Fußnote 2

tum bewegen müßte, wenn die primären wirtschaftspolitischen Ziele der Vollbeschäftigung, der Preisstabilität und des außenwirtschaftlichen Gleichgewichts in einem annehmbaren Verhältnis zueinander realisiert werden sollen (1). Infolgedessen wird für den realen Zuwachs der projektierten Größen jeweils eine obere und eine untere Variante sowie eine (mittlere) Arbeitshypothese festgelegt. Während die obere Variante in der Sicherung der Preisstabilität und die untere Variante in der Aufrechterhaltung der Vollbeschäftigung ihre Grenze findet, orientiert sich die mittlere Arbeitshypothese an der Annahme, daß die Aussichten, Abweichungen innerhalb des "magischen Dreiecks" (Preisstabilität, Vollbeschäftigung und außenwirtschaftliches Gleichgewicht) gering zu halten, hierbei besser sind. Im einzelnen werden die Größen:

Bruttosozialprodukt,
Privater Verbrauch,
Staatsverbrauch,
Bruttoinvestitionen,
Anlageinvestitionen,
Ausrüstungen,
Bauten,
Vorratsveränderung und
Außenbeitrag

projektiert, und zwar jeweils absolut (in Preisen von 1965), in Meßziffern und im Jahresdurchschnitt (2). Näher kann im Rahmen der vorliegenden Arbeit auf die Projektionen des Bundeswirtschaftsministeriums nicht eingegangen werden. Wir unterstellen deshalb, daß ihnen eine hinreichend große Wahrscheinlichkeit zukommt.

Nach den Projektionen des Bundeswirtschaftsministeriums ist für die folgenden fünf Jahre aus den verschiedensten Gründen nur noch mit einer realen Zunahme des Bruttosozialprodukts zwischen 2, 5 und 4 % pro Jahr oder zwischen 13 und 22 % für den gesamten Zeitraum zu rechnen. Zum Vergleich ist in der folgenden Tabelle der nominale und reale Zuwachs des Bruttosozialprodukts seit 1950 für jeweils fünf Jahre zusammengestellt worden (3);

---

1) Vgl.: Zwischen Preissteigerung und Unterbeschäftigung. Die Projektionen des BWM zur Wirtschaftsentwicklung bis 1970, in: Handelsblatt v. 27./28. Mai 1966, S. 5
2) Vgl. hierzu Anlage 6
3) Vgl. hierzu auch Anlage 6 und Anlage 7. Die Vergleichbarkeit der Zahlen ist in diesen Tabellen allerdings insofern nicht ganz gewährleistet, als die Zuwachsraten bis 1960 für das Bundesgebiet ohne Saarland und Berlin West berechnet wurden.

	Zuwachs des Bruttosozialprodukts in %			
	nominal		real	
	insgesamt	jährl. D	insgesamt	jährl. D
1950-1955	84, 3	13, 0	56, 7	9, 4
1955-1960	55, 1	9, 2	35, 9	6, 3
1960-1965	51, 1	8, 6	26, 4	4, 8
1965-1970	/	/	13/19/22	2, 5/3, 5/4

Tabelle 1

Zu fragen ist nunmehr, wie aus der Prognose für die gesamtwirtschaftliche Entwicklung auf die vermutliche Entwicklung einer Universalbank
geschlossen werden kann. Dazu ist zunächst festzustellen, daß trotz
der sehr engen Bindungen zwischen den Universalbanken und allen
anderen Wirtschaftseinheiten eine gesetzmäßige Abhängigkeit zwischen
der gesamtwirtschaftlichen Entwicklung und der Entwicklung dieser
Institute nicht nachzuweisen ist, so daß ein unmittelbarer Schluß von
jener auf diese nicht erfolgen kann (1). Es lassen sich jedoch bei einer
Analyse der Vergangenheit verschiedene Tendenzen und Zusammenhänge erkennen, mit deren Geltung - sofern sich die wirtschaftlichen
Verhältnisse auf Grund irgendwelcher völlig unvorhersehbarer Ereignisse nicht grundlegend ändern - auch für den Prognosezeitraum
zu rechnen ist, so daß sie einem Schluß von der gesamtwirtschaftlichen
Entwicklung auf die Entwicklung einer Universalbank zugrunde gelegt
werden können. Sie seien im folgenden kurz zusammengestellt:

1. Geht man trotz aller Vorbehalte, die gegen die Aussagefähigkeit der
   Bilanzen von Kreditinstituten im einzelnen zu machen sind (2), davon
   aus, daß gerade bei einer langfristigen vergleichenden Betrachtung
   die Bilanzsummen durchaus brauchbare Vorstellungen von der Entwicklung der finanziellen Kapazität der Kreditinstitute zu vermitteln
   vermögen (3), und stellt man daher ihre Zuwachsraten denjenigen
   des nominalen Bruttosozialprodukts gegenüber, so zeigt sich, daß
   die Bilanzsummen der Kreditinstitute seit 1950 zwar wesentlich
   stärker angewachsen sind als das Bruttosozialprodukt, daß sich die
   Zuwachsraten für die Bilanzsummen der Kreditinstitute jedoch auch
   sehr viel stärker abgeschwächt haben als die Zuwachsraten für das
   Bruttosozialprodukt. Aus der folgenden Tabelle geht dies deutlich
   hervor (4):

---

1) Vgl. hierzu auch unsere Ausführungen S. 350 f.
2) Vgl. hierzu z. B. Fischer, Otfrid: Bankbilanzanalyse, S. 160 ff.
   sowie unsere Ausführungen S. 112, 163 und 363
3) Vgl. hierzu auch unsere Ausführungen S. 108 ff. und 163
4) Vgl. hierzu auch Anlage 8. Bezüglich der Vergleichbarkeit der Zahlen für das Bruttosozialprodukt vgl. S. 343 Fußnote 3. Die Ver-

	Zuwachs des nominalen Bruttosozialprodukts in %		Zuwachs der Bilanzsummen aller Kreditinstitute in % (1)	
	insgesamt	jährl. D	insgesamt	jährl. D
1950-1955	84, 3	13, 0	220, 4	26, 2
1955-1960	55, 1	9, 2	104, 8	15, 4
1960-1965	51, 1	8, 6	82, 5	12, 8

Tabelle 2

2. Betrachtet man allerdings die Entwicklung der Bilanzsummen der einzelnen Kreditinstitutsgruppen, so werden starke Differenzierungen sichtbar, die zweifellos zum Teil auf die verschiedenartige Entwicklung der gruppentypischen Kundenkreise zurückzuführen ist, bis zu einem gewissen Grade aber sicherlich auch einer unterschiedlichen Zielsetzung und (im Zusammenhang damit) einer unterschiedlichen geschäftspolitischen Aktivität seitens der einzelnen Kreditinstitutsgruppen zugeschrieben werden muß. In der folgenden Tabelle sind daher die Zuwachsraten der Bilanzsummen der einzelnen Institutsgruppen einander gegenübergestellt worden (2):

	Zuwachs der Bilanzsummen der Institutsgruppen in %					
	insge-samt (1)	Kredit-banken (3)	Groß-banken	St.-, Reg.- u. Lok.-B.	Spar-kassen	Kredit-genoss.
1950-1955	220, 4	/	142, 2	234, 5	226, 7	176, 1
1955-1960	104, 8	89, 1	78, 5	99, 5	123, 5	117, 2
1960-1965	82, 5	59, 6	48, 3	72, 8	88, 8	111, 3

Tabelle 3

gleichbarkeit der Bilanzsummenzahlen wird durch die Einbeziehung des Saarlandes (ab 1959) und eine Änderung der Berichtspflicht für die ländlichen Kreditgenossenschaften (1962) beeinträchtigt. Zu berücksichtigen ist außerdem, daß von den ländlichen Kreditgenossenschaften (Ende Dez. 1965: 9492) von jeher nur die größeren (ab 1962 solche mit einer Bilanzsumme von 2 Mio. DM und mehr) berichtspflichtig waren (Ende Dez. 1965: 1439). Bezüglich der Umgestaltung der Bankenstatistik Ende 1968 vgl. S. 50 Fußnoten 2 und 3

1) Einschließlich Postscheck- und Postsparkassenämter.
2) Vgl. hierzu auch die Anlagen 8 und 9 sowie 14 und 18. Bezüglich der Vergleichbarkeit der Zahlen in diesen Tabellen vgl. S. 344 Fußnote 4. Wo Berechnungen fehlen, konnten keine vergleichbaren Zahlen ermittelt werden.
3) Ohne Spezial-, Haus- und Branchebanken.

Aus den Zahlenreihen ist erkennbar, daß die Kreditbanken insgesamt ihre Bilanzsummen nicht so stark ausdehnen konnten (oder wollten) wie die Institute des Sparkassen- und Genossenschaftssektors. Innerhalb der Kreditbanken wiederum haben sich die Staats-, Regional- und Lokalbanken bilanzsummenmäßig stärker vergrößert als der Durchschnitt der Kreditbanken und auch als die Großbanken, während sich im Vergleich zwischen Sparkassen- und Kreditgenossenschaften in den letzten fünf Jahren bilanzsummenmäßig eine Verschiebung zugunsten der letzteren ergeben hat.

3. Zum Vergleich der Entwicklung der Institutsgruppen mit derjenigen einzelner Universalbanken aus diesen Gruppen wurden in der folgenden Tabelle die Zuwachsraten der Bilanzsummen je einer Frankfurter Regionalbank, Sparkasse und Kreditgenossenschaft, einer Großbank und außerdem je einer Regionalbank aus dem süddeutschen bzw. norddeutschen Raum nebeneinander gestellt (1):

	Zuwachs der Bilanzsummen einzelner Universalbanken in %					
	Hand.-u. Gew.-Bank Heilbronn	Schl.-Hol- steinische Westbank	Dresd- ner Bk.	Dt. Effect. u. Wechs.- Bk. Ffm.	Frankf. Spark. v. 1822	Frankf. Volks- bank
1950-1955	76,9	110,9	/	41,8	285,0	196,1
1955-1960	75,8	85,7	78,1	116,4	97,4	120,0
1960-1965	103,8	64,0	53,8	52,3	101,4	103,0

Tabelle 4

Dabei zeigt sich, daß die Entwicklung der einzelnen Institute mit derjenigen ihrer jeweiligen Gruppe teilweise recht gut übereinstimmt, sich teilweise aber auch beträchtlich davon unterscheidet, wenngleich in dieser Hinsicht die Tendenz dahin geht, eine besonders starke Abweichung in einem Jahrfünft durch eine entgegengesetzte im nächsten auszugleichen. Worauf die unterschiedlichen Entwicklungen zurückzuführen sind, kann extern selbstverständlich nicht festgestellt werden. Örtliche Gegebenheiten wirken hierbei ebenso mit wie die Zielsetzung und geschäftspolitische Aktivität der einzelnen Institute sowie viele andere individuelle Einflußfaktoren. Jede einzelne Bank dürfte jedoch für sich selbst durchaus in der Lage sein, Anhaltspunkte für die Ursachen der Abweichungen ihrer Entwicklung im Vergleich zu ihrer Gruppe sowie zu vergleichbaren anderen Instituten zu ermitteln, und nur darauf kommt es letztlich an.

---

1) Vgl. hierzu auch die Anlagen 8 und 10 sowie 14 und 18. Da für die Dresdner Bank AG erst zum 1. 1. 1952 eine Gründungsbilanz vorliegt, kann für das erste Jahrfünft keine Zuwachsrate berechnet werden.

4. Daß sich auf Grund der unterschiedlichen Zuwachsraten die bilanzsummenmäßigen Marktanteile der einzelnen Institutsgruppen sowie
   ihrer jeweiligen hier in die Betrachtung einbezogenen Vertreter im
   Zeitraum von 1950 - 1965 (teilweise beträchtlich) verschoben haben
   müssen, ist offensichtlich. Die folgende Tabelle zeigt dies sehr gut
   (1):

	Marktanteile der Institutsgruppen auf Grund ihrer Bilanz-summen in %					
	insge-samt (2)	Kredit-banken (3)	Groß-banken	St.-, Reg.-u. Lok.-B.	Spar-kassen	Kredit-genoss.
Ende 1950	100	/	18,3	10,9	21,6	6,6
1955	100	27,9	13,9	11,4	22,0	5,7
1960	100	25,7	12,1	11,1	24,0	6,0
1965	100	22,5	9,8	10,5	24,9	7,0

	Marktanteile einzelner Universalbanken auf Grund ihrer Bilanzsummen in %					
	Hand.-u. Gew.-Bk. Heilbr.	Schl.-Hol-steinische Westbank	Dresd-ner Bk.	Dt. Effect.-u. Wechs.-Bk. Ffm.	Frankf. Spark. v. 1822	Frankf. Volks-bank
Ende 1950	0,153	0,293	/	0,192	0,21	0,043
1955	0,085	0,193	3,9	0,085	0,25	0,040
1960	0,073	0,175	3,4	0,090	0,24	0,042
1965	0,061	0,157	2,9	0,075	0,27	0,047

Tabelle 5

5. Der bilanzsummenmäßigen Entwicklung der Kreditinstitute insgesamt,
   der einzelnen Institutsgruppen sowie ihrer hier in Betracht gezogenen
   Vertreter sei nunmehr in der folgenden Tabelle die Entwicklung unserer Modellkreditbank, voraussetzungsgemäß eine der Vorstellung von
   einer Regionalbank mittlerer Größe in der Rechtsform einer Aktiengesellschaft entsprechende Bank (4), gegenübergestellt (5):

---

1) Vgl. hierzu auch die Anlagen 14 und 18
2) Vgl. S. 345 Fußnote 1
3) Vgl. S. 345 Fußnote 3
4) Vgl. S. 63 und 340
5) Vgl. hierzu auch Anlage 11

	Zuwachsraten der Bilanzsummen in %		Marktanteile auf Grund d. Bilanzsummen in %
		Ende 1950	0,436
1950-1955	110,0	1955	0,285
1955-1960	86,6	1960	0,260
1960-1965	65,0	1965	0,235

Tabelle 6

Danach hat sich unsere Modellbank bilanzsummenmäßig wesentlich weniger stark vergrößert als der Durchschnitt ihrer Gruppe, jedoch ist zu beachten, daß unter den Staats-, Regional- und Lokalbanken recht verschiedenartige Institute zusammengefaßt sind, die diesen Durchschnitt als Vergleichsbasis besonders problematisch erscheinen lassen (1). Betrachtet man dagegen die anderen drei Regionalbanken, so zeigt sich eine weitgehende Übereinstimmung der bilanzsummenmäßigen Entwicklung unserer Modellbank mit einer dieser Banken und im Vergleich zu den beiden anderen eine stärkere Zunahme der Bilanzsumme (2). Auf Grund ihrer auch im Vergleich zu allen Kreditinstituten unterdurchschnittlichen bilanzsummenmäßigen Entwicklung hat sich der Marktanteil unserer Modellbank um fast die Hälfte reduziert.

Als Ausgangswerte für die bilanzsummenmäßige Prognostizierung der zukünftigen Entwicklung unserer Modellbank stehen somit die folgenden Vergangenheitswerte mit den in ihnen zum Ausdruck kommenden Entwicklungstendenzen zur Verfügung:

1. die der Modellbank selbst,
2. die der vergleichbaren Banken aus der Gruppe der Modellbank,
3. die der Gruppe der Modellbank,
4. die der Kreditinstitute insgesamt und
5. die der gesamtwirtschaftlichen Entwicklung.

Außerdem besitzen wir für die gesamtwirtschaftliche Entwicklung eine Prognose für die nächsten fünf Jahre. Es gilt daher nunmehr für den Schluß von der Vergangenheit auf die Zukunft geeignete Methoden zu finden. In der Literatur werden dafür die Methoden der

1. Extrapolation,
2. Induktion,
3. Analogie,
4. Deduktion und
5. Wahrscheinlichkeitsrechnung

---

1) Vgl. hierzu auch S. 356 Fußnote 1
2) Da die Geschäftsberichte aller Regionalbanken verfügbar sind, können im konkreten Fall selbstverständlich weitere Institute zum Vergleich herangezogen werden.

genannt (1). Bei der Extrapolation handelt es sich darum, die Grundrichtung der vergangenen Entwicklung in die Zukunft zu projizieren. Mit Hilfe der Induktion sollen Regelmäßigkeiten (Gesetze) erkannt werden, um von ihnen auf noch Unerkanntes schließen zu können (2). Durch Analogien versucht man, auf der Grundlage der Übereinstimmung einiger wesentlicher Merkmale Schlüsse unmittelbar von einem beliebigen Fall auf einen anderen beliebigen Fall zu ziehen (2). Bei Deduktionen hingegen wird von bestehenden (Gesetz- und) Regelmäßigkeiten auf den Einzelfall geschlossen (3). Während diese Methoden des Schließens allgemein anwendbar sind, kann auf die mathematisch-statistischen Methoden der Wahrscheinlichkeitsrechnung zur Ermittlung von Häufigkeitsziffern nur dann zurückgegriffen werden, wenn die Voraussetzungen dafür in Gestalt eines genügend großen Kollektivs gleichartiger Fälle vorliegen (4). Wie im Einzelfall vorzugehen ist, hängt jedoch nicht nur von der Art der zu prognostizierenden Größen und dem zur Verfügung stehenden Ausgangsmaterial, sondern auch vom Prognosezeitraum ab. So hat es z. B. wenig Sinn, mit Hilfe komplizierter Berechnungsmethoden Genauigkeiten vorzutäuschen, die wegen mangelnder Strenge der hinter den Schlüssen stehenden Verknüpfungen tatsächlich nicht erreicht werden können. Das gilt um so mehr, wenn - wie im vorliegenden Fall— bei den zu prognostizierenden Größen die menschliche Verhaltensweise eine bedeutsame Rolle spielt und die meisten Variablen nicht unter der Kontrolle der Unternehmungsleitung stehen (5). Mit anderen Worten, die Methoden, mit denen gearbeitet wird, müssen immer dem jeweiligen Sachverhalt gerecht werden. Nicht die Zahlenlogik, sondern die Sachlogik hat im Vordergrund der Bemühungen zu stehen (6). Aus diesem Grunde ist es möglich, die hier zu ermittelnden Prognosewerte, bei denen es sich doch nur um verhältnismäßig grobe Schätzungen handeln kann, im allgemeinen mit relativ einfachen Berechnungsmethoden zu gewinnen. Dabei sollen vor allem die Schlußmethoden der Extrapolation, der Induktion und der Analogie, zum Teil in kombinierter Form, Anwendung finden. Verfeinerungen der hier benutzten Berechnungsmethoden sind - vor allem wenn dafür geeignete Rechenanlagen zur Verfügung stehen - selbstverständlich möglich(7), jedoch nur sinnvoll, wenn damit Verbesserun-

---

1) Vgl. hierzu insbesondere Wittmann, Waldemar: Unternehmung und unvollkommene Information, S. 92 ff. und Koch, Helmut: Betriebliche Planung, S. 110 ff. sowie die hier angeführte Literatur.
2) Vgl. Wittmann, Waldemar: Unternehmung und unvollkommene Information, S. 128
3) Vgl. ebenda, S. 129
4) Vgl. ebenda, S. 129 bzw. 93 ff.
5) Vgl. ebenda, S. 135
6) Vgl. Flaskämper, Paul: Allgemeine Statistik, 2. Aufl., Hamburg 1949, S. 135
7) Vgl. hierzu z. B. Menges, Günter: Ökonometrie, Wiesbaden 1961, insbesondere S. 88 ff. und 126 ff.

gender Prognosewerte erzielbar erscheinen, die den unter Umständen sehr viel größeren Aufwand an Zeit und Geld rechtfertigen (1). Sie sind daher grundsätzlich immer nur dort am Platze, wo strenge Abhängigkeiten zwischen den Schlußgrößen bestehen.

Betrachten wir unter diesen Aspekten die zur Verfügung stehenden Zahlenangaben, so ist zunächst festzustellen, daß den sehr weit zurückliegenden Vergangenheitswerten für die zukünftige Entwicklung keine wesentliche Bedeutung mehr beigemessen werden kann (2), da die wirtschaftliche Entwicklung nach der Währungsreform im Jahre 1948 praktisch neu begann und die Zuwachsraten in den ersten Jahren extreme Werte erreichten. Das gilt sowohl für die Entwicklung des Bruttosozialprodukts als auch für die der Bilanzsummen der Kreditinstitute (3). Bei letzteren ist außerdem noch zu beachten, daß in den ersten Jahren nach der Währungsreform die Umstellungsrechnung ständige Korrekturen erforderte und durch Änderungen in den Berechnungen der Deutschen Bundesbank erst seit 1954 hinreichend vergleichbares Zahlenmaterial zur Verfügung steht (4). Wir greifen indessen für die Prognose der Entwicklung unserer Modellbank im Zeitraum von 1965 - 1970 grundsätzlich nur bis auf das Jahr 1955 zurück, weil dies die Analyse der vergangenen Entwicklung für zwei Fünfjahreszeiträume (nämlich den Zeitraum von 1955 - 1960 und den Zeitraum von 1960 - 1965) ermöglicht, und ziehen lediglich in Ausnahmefällen ältere Zahlen heran.

Obgleich nun zweifellos der Schluß recht naheliegend ist, bei einer Prognose einfach davon auszugehen, daß die Entwicklung der Vergangenheit sich auch in Zukunft fortsetzen wird (5), ist er doch sachlogisch nur sinnvoll, wenn damit gerechnet werden kann, daß die in der vergangenen Entwicklung zum Ausdruck kommenden Einflußfaktoren in der Zukunft fortwirken werden. Mit anderen Worten, eine Extrapolation der Vergangenheitswerte, die als die einfachste Methode des Schließens zu bezeichnen ist (6), darf nur erfolgen, wenn sich die den Entwicklungs-

---

1) Vgl. hierzu vor allem die Ausführungen S. 271
2) Vgl. hierzu auch unsere Ausführungen S. 148 f.
3) Vgl. hierzu insbesondere die Tabellen 1 - 4, S. 344 - 346 sowie die Anlagen 6 - 10
4) Leider führt auch die Umgestaltung der Bankenstatistik Ende 1968 wieder zu einem Kontinuitätsbruch, der sich durch eine Umrechnung der Vergangenheitszahlen nur teilweise beseitigen läßt. Vgl.: Die Umgestaltung der Bankenstatistik Ende 1968, in: Monatsberichte der Deutschen Bundesbank, April 1969, S. 15 f. sowie unsere Ausführungen S. 50 Fußnote 2
5) Vgl. hierzu z. B. Terborgh, George: Dynamic Equipment Policy, S. 64 f.: "Im allgemeinen ist der beste Weg, den man einschlagen kann, wenn die Zukunft nicht zu ermitteln ist, derjenige, eine Fortsetzung der Gegenwart anzunehmen.
6) Vgl. Koch, Helmut: Betriebliche Planung, S. 112 und Wittmann, Waldemar: Unternehmung und unvollkommene Information, S. 92

trend bestimmenden Größen nicht erheblich zu ändern tendieren. Andernfalls muß die Prognose an diesen Änderungen orientiert werden. Um erkennen zu können, ob dies bei den hier zu prognostizierenden Größen der Fall sein wird oder nicht, vermögen nunmehr die Projektionen des Bundeswirtschaftsministeriums für die gesamtwirtschaftliche Entwicklung (oder auch entsprechende Projektionen anderer Stellen) sehr wesentliche Aufschlüsse zu liefern. Hier liegt infolgedessen die besondere Bedeutung einer Prognose der gesamtwirtschaftlichen Entwicklung für die Prognose der Entwicklung der Universalbanken und nicht etwa in einem unmittelbaren Schluß von jener auf diese (1). Betrachten wir daraufhin die Projektionen des Bundeswirtschaftsministeriums für die gesamtwirtschaftliche Entwicklung, und zwar neben denjenigen für das Bruttosozialprodukt jetzt vor allem auch diejenigen für seine verschiedenen Verwendungsarten, so erscheint die Vermutung berechtigt, daß die Einflußgrößen, die für die Entwicklung der Universalbanken von wesentlichster Bedeutung sind, wie z. B. der private Verbrauch und damit das Sparen der Haushalte, der Staatsverbrauch und die Anlageinvestitionen, im Prognosezeitraum weitgehend unverändert wirksam bleiben werden, da für die nächsten fünf Jahre - ebenso wie in den vorhergehenden - mit einem nachlassenden Wachstum dieser Größen gerechnet werden muß (2).

Zu berücksichtigen ist dabei allerdings, daß es sich bei den Projektionen des Bundeswirtschaftsministeriums um reale Größen handelt, nachdem Geldwertänderungen ausdrücklich außer Betracht bleiben (3), während für die bilanzsummenmäßige Entwicklung der Universalbanken gerade die nominalen Größen von erheblicher Bedeutung sind. Zwar wirken sich Geldwertänderungen unmittelbar zunächst nur auf das Neugeschäft der Universalbanken aus, jedoch werden im Zeitverlauf die Bestandsgrößen ebenfalls davon erfaßt, weil insbesondere der Kreditbedarf den Preissteigerungen zu folgen tendiert und ein inflationärer Effekt auch bei den Einlagenzuwächsen zu beobachten ist. In diesem Zusammenhang wäre es sicherlich irreal anzunehmen, daß in den kommenden fünf Jahren keine Geldentwertung eintritt. Eine Berücksichtigung der Geldwertänderung erscheint daher für eine Prognose der Entwicklung der Universalbanken unumgänglich. Legt man hierfür die Entwicklung von 1955 - 1960 (= Zeitraum a) bzw. von 1960 - 1965 (= Zeitraum b) zugrunde, dann entspricht der vom Bundeswirtschaftsministerium projektierten mittleren Zuwachsrate des Bruttosozialprodukts von real 19 % für das Jahrfünft von 1965 - 1970 (= Zeitraum x) eine nominale Zuwachsrate von 29, 2 bzw. 36, 8 %. Dies würde bedeuten, daß die Geldentwertung auf dem Stand der letzten fünf Jahre gehalten bzw. sogar auf den Stand des vorhergehenden Fünfjahreszeitraumes zurückgeführt werden kann, wie es in der folgenden Tabelle zum Ausdruck kommt (4):

---

1) Vgl. S. 343 f.
2) Vgl. hierzu Tabelle 1, S. 344 sowie die Anlagen 6 und 7
3) Vgl.: Zwischen Preissteigerung und Unterbeschäftigung, S. 5
4) Vgl. hierzu auch Tabelle 1, S. 344

Zuwachs des Bruttosozialprodukts in % (1)

	nominal	real
1955-1960 (a)	55, 1	35, 9
1960-1965 (b)	51, 1	26, 4
1965-1970 (x)	29, 2 bzw. 36, 8	19, 0

Tabelle 7

Nun gehen zwar die Vorstellungen des Bundeswirtschaftsministeriums gerade für die projektierte mittlere Zuwachsrate des realen Bruttosozialprodukts von 19 % davon aus, daß Preissteigerungen in relativ engen Grenzen gehalten werden können (2), hält man sich jedoch die teilweise sehr erheblichen Geldwertverschlechterungen vieler ausländischer Staaten vor Augen, so erscheint es auf Grund der starken internationalen Wirtschaftsbeziehungen der Bundesrepublik Deutschland und des geltenden Weltwährungssystems nicht unberechtigt, eher von einer zunehmenden als von einer gleichbleibenden bzw. abnehmenden Tendenz auszugehen. Nimmt man infolgedessen einmal an, daß die Zuwachsraten der Vergangenheitswerte und des Zukunftswertes im gleichen Verhältnis zueinander stehen, also:

$$b : a = x : b$$

ist, was eine konsequente Fortsetzung der in der Vergangenheit wirksamen Tendenzen in der Zukunft bedeuten würde, so erhält man:

für das nominale Bruttosozialprodukt in %	für das reale Bruttosozialprodukt in %
$51, 1 : 55, 1 = x_n : 51, 1$	$26, 4 : 35, 9 = x_r : 26, 4$
$x_n = 47, 4$	$x_r = 19, 4$

Tabelle 8

Die auf diese Weise errechnete Zuwachsrate von 47, 4 % für das nominale Bruttosozialprodukt erscheint relativ hoch, während man für das reale Bruttosozialprodukt mit einer Zuwachsrate von 19, 4 % fast genau auf den vom Bundeswirtschaftsministerium als mittlere Arbeitshypothese angesetzten Wert kommt. Wir wollen indessen im folgenden auf Grund der gegenwärtig zu beobachtenden Tendenz davon ausgehen, daß für eine re-

---

1) Bezüglich der Vergleichbarkeit der Zahlen vgl. S. 343 Fußnote 3. Das dort Gesagte gilt auch für alle folgenden Tabellen, in denen das Bruttosozialprodukt enthalten ist, sofern sie weiter als bis 1960 zurückreichen.

2) Vgl.: Zwischen Preissteigerung und Unterbeschäftigung, S. 5

lativ hohe Zuwachsrate des nominalen Bruttosozialprodukts zur Zeit die größere Wahrscheinlichkeit spricht. In Anbetracht der Bedeutung der Entwicklung des Geldwertes für die Entwicklung der Universalbanken liegt jedoch hierin ein erster Ansatzpunkt für Korrekturen der Prognosewerte, wenn sich in Zukunft eine von der angenommenen Tendenz abweichende Entwicklung des Geldwertes ergibt.

Mit Hilfe der zur Verfügung stehenden Vergangenheitswerte sowie der in den Prognosewerten für die gesamtwirtschaftliche Entwicklung zum Ausdruck kommenden Tendenzen soll nunmehr die bilanzsummenmäßige Entwicklung unserer Modellbank für den Zeitraum von 1965 - 1970 prognostiziert werden. Wir bedienen uns dafür aus den angeführten Gründen zwar relativ einfacher Berechnungsmethoden (1), führen jedoch eine Verknüpfung der zugrunde gelegten Vergangenheitswerte jeweils auf zwei verschiedene Arten durch, um auf diese Weise zu vergleichbaren Prognosewerten zu gelangen. Ein solches Vorgehen bei der Durchführung von Schätzungen und Prognosen wird in der Literatur grundsätzlich als wertvoller bezeichnet als eines, das nur auf einer Methode beruht. Es wird sogar dafür plädiert, mehr als zwei Methoden heranzuziehen, um aus den Übereinstimmungen oder Differenzen der Ergebnisse neue Erkenntnisse zu gewinnen (2). So könnte es sich selbstverständlich auch in der praktischen Planungsarbeit der Universalbanken als zweckmäßig erweisen, nach anderen oder weiteren Berechnungsmethoden zu suchen, wobei gegen die Verwendung komplizierterer Verfahren, wie z. B. der Korrelationsrechnung und Regressionsanalyse, durchaus nichts einzuwenden ist, sofern es sich dabei lediglich darum handelt, zusätzliche Erkenntnisse und nicht unmittelbare Ergebnisse zu gewinnen, doch läßt sich dies nur im konkreten Fall entscheiden.

Ausgangswerte für die Prognose der bilanzsummenmäßigen Entwicklung unserer Modellbank sollen zunächst die folgenden Vergangenheitswerte sein (3):

	Zuwachs der Bilanzsummen in %	
	Modellbank	alle Kreditinstitute (4)
1955-1960 (a)	86, 6	104, 8
1960-1965 (b)	65, 0	82, 5

Tabelle 9

1) Vgl. S. 349 f.
2) Vgl. Menges, Günter: Ökonometrie, S. 217
3) Vgl. hierzu auch Tabelle 2, S. 345 sowie Anlage 11
4) Vgl. hierzu S. 344 Fußnote 4. Diese Anmerkung gilt auch für alle weiteren Tabellen, in denen Zahlenangaben für alle Kreditinstitute gemacht werden.

Als erste Berechnungsmethode wählen wir das bereits bei der Prognostizierung des Bruttosozialprodukts angewandte Verfahren, indem wir annehmen, daß die Zuwachsrate des Zeitraumes b zur Zuwachsrate des Zeitraumes a im gleichen Verhältnis steht wie die Zuwachsrate des Prognosezeitraumes x zur Zuwachsrate des Zeitraumes b, also wiederum (1):

$$b : a = x : b$$

ist. Es ergibt sich dann als erster Hilfswert:

für die Modellbank	für alle Kreditinstitute
$65,0 : 86,6 = x_M : 65,0$	$82,5 : 104,8 = x_{KI} : 82,5$
$x_M = \underline{48,8}$	$x_{KI} = \underline{64,9}$

Tabelle 10

Bei der zweiten Berechnungsmethode wird für alle Kreditinstitute von der Vorstellung ausgegangen, daß wegen der nachlassenden Wachstumstendenzen in Zukunft erst in fünf Jahren erreicht werden kann, was zuvor jeweils in vier Jahren erreicht worden ist. Das entspricht den derzeitigen Relationen und Proportionen bei den Kreditinstituten. Wenngleich diese Tatsache selbstverständlich nicht ausschließt, daß sich unsere Annahme bereits für die nächsten Jahre als ebenso korrekturbedürftig erweist, wie sie für den vor 1955 liegenden Zeitraum nicht mehr zutrifft, halten wir sie nach der Prognose des Bundeswirtschaftsministeriums doch für berechtigt. Zur Prüfung der Annahme sei folgendes Beispiel für die Bilanzsumme aller Kreditinstitute angeführt:

Zuwachs 1955 - 1959 = 4 Jahre: 79, 3 %
Zuwachs 1956 - 1960 = 4 Jahre: 78, 9 %
Arithmetischer Mittelwert: 79, 1 %
Zuwachs 1960 - 1965 = 5 Jahre: 82, 5 %

Auf Grund der relativ guten Übereinstimmung der vier- bzw. fünfjährigen Zuwachsraten berechnen wir nunmehr die Zuwachsraten für die beiden Vierjahreszeiträume 1960 - 1964 und 1961 - 1965 und bilden daraus einen arithmetischen Mittelwert, der als zweiter Hilfswert zur Prognostizierung der Bilanzsumme aller Kreditinstitute zur Verfügung steht (2):

---

1) Vgl. S. 352
2) Vgl. hierzu Anlage 8

Bilanzsummen aller Kreditinstitute

	absolut in Mio. DM	Zuwachs in %
1960	233.071,9	
1964	380.754,0	63,4
1961	271.199,4	
1965	425.262,5	56,8
Arith. Mittel		60,1

Tabelle 11

Aus den beiden Hilfswerten 64,9 % und 60,1 % errechnen wir wiederum das arithmetische Mittel und erhalten als Prognosewert für die Bilanzsumme aller Kreditinstitute 62,5 %.

Um einen zweiten Hilfswert für die Prognostizierung der Bilanzsumme unserer Modellbank zu ermitteln, gehen wir davon aus, daß dieser Wert zur Zuwachsrate des Zeitraumes b für die Modellbank im gleichen Verhältnis steht wie der zweite Hilfswert zur Prognostizierung der Bilanzsumme aller Kreditinstitute zur Zuwachsrate des Zeitraumes b für alle Kreditinstitute, also:

$$x_M : b_M = x_{KI} : b_{KI}$$

ist. Damit übertragen wir die in den Zuwachsraten für alle Kreditinstitute zum Ausdruck kommende Wachstumstendenz der Gesamtwirtschaft auf unsere Modellbank und geben zugleich dem kürzer zurückliegenden Zeitraum ein stärkeres Gewicht. Als zweiter Hilfswert zur Prognostizierung der Bilanzsumme unserer Modellbank ergibt sich danach:

$$x_M : 65,0 = 60,1 : 82,5$$

$$x_M = \underline{47,4}$$

Auch hier bilden wir aus den beiden Hilfswerten 48,8 % und 47,4 % wieder das arithmetische Mittel und erhalten als Prognosewert für die Bilanzsumme unserer Modellbank 48,1 %. In der folgenden Tabelle sind die zur Berechnung verwendeten Werte nochmals zusammengestellt worden:

	Zuwachs der Bilanzsummen in %		
	Modellbank		alle Kreditinstitute
1955-1960 (a)	86,6		104,8
1960-1965 (b)	65,0		82,5
1. Hilfswert	48,8	64,9	
1960-1964			63,4
1961-1965			56,8
2. Hilfswert	47,4	60,1	
1965-1970 (x)		48,1	62,5
= Prognosewert			

Tabelle 12

23*

Damit haben wir für unsere Modellbank die bilanzsummenmäßige Entwicklung für einen Zeitraum von fünf Jahren prognostiziert. Das hierfür als Beispiel verwendete Verfahren beruht auf einer Verknüpfung der individuellen Entwicklungstendenzen der Modellbank mit der generellen Entwicklungstendenz aller Kreditinstitute, in der sich - zumindest bis zu einem gewissen Grade - die gesamtwirtschaftliche Entwicklung widerzuspiegeln tendiert. Dabei wird auf Grund der Prognose des Bundeswirtschaftsministeriums angenommen, daß sich die Haupteinflußfaktoren für die gesamtwirtschaftliche Entwicklung nicht wesentlich ändern werden, so daß im großen und ganzen mit einer Fortsetzung der Entwicklungstendenz der letzten Jahre gerechnet werden kann. Selbstverständlich ist es denkbar, möglich und vielfach auch zweckmäßig, für die Prognose weitere Zahlenwerte heranzuziehen, wie z. B. die Entwicklung von Konkurrenzinstituten, vergleichbaren Instituten derselben Gruppe oder die Entwicklung der jeweiligen Gruppe insgesamt. Im vorliegenden Fall wurde auf ersteres deswegen verzichtet, weil es sich bei unserer · Modellbank doch lediglich um eine Konstruktion handelt, und auf letzteres deswegen, weil die von der Deutschen Bundesbank zur Gruppe der Staats-, Regional- und Lokalbanken zusammengefaßten Institute einen Durchschnitt liefern, von dem die typischen Regionalbanken stark abweichen (1). Werden allerdings weitere Werte zur Prognostizierung herangezogen, so gewinnt das Problem der Gewichtung dieser Werte erheblich an Bedeutung. Daß wir hier grundsätzlich das arithmetische Mittel verwenden, hat im wesentlichen Vereinfachungsgründe, ist jedoch auch sachlogisch zu rechtfertigen. Dagegen wäre es vermutlich wenig sinnvoll, wenn z. B. neben den Werten des zu prognostizierenden Instituts und denjenigen der Kreditinstitute insgesamt die Werte von drei Einzelinstituten sowie die Gruppenwerte berücksichtigt würden, alle Werte mit dem Gewicht von 1/6 in die Prognose eingehen zu lassen. Die Gründe dafür liegen vor allem darin, daß die einzelnen Institute in ihrer Entwicklung stark von den jeweiligen örtlichen bzw. regionalen Gegebenheiten abhängen, so daß diese als zusätzliche Komponenten in die Betrachtung einbezogen werden müssen. Indessen soll das aber erst an späterer Stelle geschehen (2), da der bisher für die Entwicklung der Bilanzsumme unserer Modellbank ermittelte Prognosewert auch in anderer Hinsicht evtl. noch einer Korrektur bedarf. Hinzuweisen ist nämlich letztlich darauf, daß es sich bei dem zu seiner Errechnung verwendeten Verfahren um eine Globalmethode handelt, bei der die einzelnen Positionen, aus denen sich die Bilanzsumme aktivisch und passivisch

---

1) Das Gleiche gilt für die Gruppe der Kreditbanken, obwohl das Gewicht der Großbanken diese Gruppe für typische Kreditbanken als Vergleichsbasis durchaus brauchbar werden läßt. Die Gruppen der Großbanken, Sparkassen und Kreditgenossenschaften hingegen können als Vergleichsbasis für ihre jeweiligen Mitglieder ohne weiteres Verwendung finden. Bezüglich der Umgestaltung der Bankenstatistik vgl. unsere Ausführungen S. 50 Fußnoten 2 und 3 und 357 Fußnote 1
2) Vgl. hierzu die Ausführungen S. 363 ff.

zusammensetzt, völlig außer Betracht geblieben sind. Da diese einzelnen Positionen jedoch z. B. infolge spezieller Entwicklungstendenzen in der Nachfrage nach den verschiedenen Bankgeschäften durchaus arteigene Entwicklungslinien aufweisen können, ist es möglich, daß sich bei einer Prognostizierung der Einzelpositionen für die Bilanzsumme insgesamt aktivisch und/oder passivisch Werte ergeben, die von dem mit Hilfe der Globalmethode ermittelten Wert abweichen. Bevor endgültige Aussagen gemacht werden können, müssen wir daher durch Einzelprognosen für die Aktiva und Passiva unserer Modellbank festzustellen versuchen, welche Auswirkungen die arteigenen Entwicklungstendenzen dieser Positionen auf die Entwicklung der Bilanzsumme besitzen. Auf diese Weise gelangen wir zu zwei weiteren Prognosewerten für die Bilanzsumme unserer Modellbank, so daß für die späteren Erörterungen zusammen mit dem global ermittelten Wert dann insgesamt drei Werte zur Verfügung stehen.

(2) Die Aktiv- und Passivbestände

Wenn nunmehr die einzelnen Aktiv- und Passivbestände unserer Modellbank in die Betrachtung einbezogen werden, um die Prognose der Bilanzsummenentwicklung zu erhärten, so dient diese Untersuchung zugleich der Gewinnung von Anhaltspunkten über:

1. die finanziellen Qualitäten der in Zukunft zur Verfügung stehenden Finanzierungsmittel und damit die Struktur der Passiva,

2. die zukünftige Verwendung der neu zufließenden Mittel und damit die Struktur der Aktiva und

3. die Art und Menge der in Zukunft zu bewältigenden Aktiv-, Passiv- und Dienstleistungsgeschäfte.

Zu diesem Zweck werden in Anlehnung an die Gliederung der Universalbankbilanzen und die Statistik der Deutschen Bundesbank die folgenden Einzelpositionen gebildet (1):

---

1) Vgl. hierzu auch die Anlagen 12 - 15 (Passiva) und 16 - 19 (Aktiva). Bezüglich der Einführung eines neuen Jahresbilanzschemas für Kreditinstitute und der Umgestaltung der Bankenstatistik Ende 1968 vgl. S. 50 Fußnoten 2 und 3 sowie S. 54 Fußnote 1. Da derzeit von den einzelnen Kreditinstituten noch kein den neuen Bilanzformblättern Rechnung tragendes Zahlenmaterial zur Verfügung steht und eine Umrechnung der nach den alten Formblättern erstellten Bilanzen und Statistiken auf die Positionen der neuen Formblätter auf Grund fehlender Unterlagen extern nicht möglich ist, erschien es zweckmäßig, die alte Bilanzgliederung beizubehalten, zumal das grundsätzliche Anliegen unserer Arbeit von den Änderungen nicht berührt wird und auch das verwendete empirische Zahlenmaterial aussagekräftig bleibt.

Aktiva	Passiva
1. Kasse, LZB- und Post-scheckguthaben	1. Spareinlagen
2. Nostroguthaben	2. Sichteinlagen von Nicht-banken
3. Schecks, fällige Schuld-verschreibungen, Zins- u. Dividendenscheine	3. Termineinlagen von Nichtbanken
4. Wechsel	4. Sichteinlagen von Kreditinstituten
5. Schatzwechsel, unverzins-liche Schatzanweisungen, Kassenobligationen	5. Termineinlagen von Kre-ditinstituten
6. Wertpapiere und Konsorti-albeteiligungen	6. Aufgenommene Gelder
7. Debitoren von Nichtbanken	7. Eigene Akzepte und So-lawechsel
8. Debitoren von Kreditinsti-tuten	8. Aufgenommene langfri-stige Darlehen und durchlaufende Kredite
9. Langfristige Ausleihungen und durchlaufende Kredite	9. Sonstige Passiva (son-stige Rücklagen, Rück-stellungen, Wertberich-tigungen, Rechnungsab-grenzungsposten und son-stige Passiva)
10. Beteiligungen, Grundstücke und Gebäude, Betriebs- und Geschäftsausstattung	
11. Ausgleichs- und Deckungs-forderungen	10. Grundkapital
12. Sonstige Aktiva (Rech-nungsabgrenzungsposten, sonstige Aktiva)	11. Rücklagen
	12. Gewinn

Tabelle 13

Diese Einzelpositionen sind nun allerdings im Hinblick auf ihre Pro-
gnostizierungsmöglichkeit sehr unterschiedlich zu beurteilen. Es erscheint daher zweckmäßig, sie unter diesem Aspekt in drei Gruppen
einzuteilen. Die erste Gruppe soll dabei solche Positionen umfassen,
bei denen die Entwicklung der zugrunde liegenden Geschäfte sehr stark
von den Dispositionen der Bankkunden (im Sinne von Nichtbanken) abhängig ist, wenngleich sie in mehr oder weniger starkem Maße auch von
der Bank beeinflußt werden kann. Der zweiten Gruppe ordnen wir diejenigen Positionen unter, bei denen die zugrunde liegenden Geschäfte
überwiegend von den Dispositionen der Bank selbst abhängen, weil diese sie entweder laufend zum Ausgleich überschüssiger oder fehlender

finanzieller Mittel benutzt, oder weil es sich dabei um einmalige Son-
dergeschäfte handelt. Die dritte Gruppe schließlich wird von denjenigen Positionen gebildet, die sich mehr oder weniger zwangsläufig mit
dem Geschäftsvolumen der Bank verändern, ohne eine eigene Entwicklungstendenz in sich zu tragen. Wenngleich sich diese drei Gruppen innerhalb der 12 Aktiv- und Passivpositionen nicht in reiner Form finden
lassen, so tritt doch jeweils eine Tendenz genügend stark hervor, um
die Einordnung zu ermöglichen. Wir nehmen infolgedessen für die Passiva und Aktiva die folgende Gliederung vor:

Aktiva	Passiva
1. Gruppe	
4. Wechsel	1. Spareinlagen
7. Debitoren von Nicht- banken	2. Sichteinlagen von Nicht- banken
9. a) Langfristige Ausleih. b) Durchlaufende Kredite	3. Termineinlagen von Nichtbanken
11. Ausgleichs- und Deckungs- forderungen	8. a) Aufg. langfr. Darlehen b) Durchlaufende Kredite
2. Gruppe	
2. Nostroguthaben	4. Sichteinlagen von Kredit- instituten
5. Schatzwechsel, unver- zinsliche Schatzanweisun- gen, Kassenobligationen	5. Termineinlagen von Kre- ditinstituten
6. Wertpapiere und Konsor- tialbeteiligungen	6. Aufgenommene Gelder
8. Debitoren von Kreditinsti- tuten	7. Eigene Akzepte und Sola- wechsel
3. Gruppe	
1. Kasse, LZB- und Post- scheckguthaben	9. Sonstige Passiva
3. Schecks, fällige Schuld- verschreibungen, Zins- u. Dividendenscheine	10. Grundkapital
10. Beteiligungen, Grundstük- ke und Gebäude, Betriebs- und Geschäftsausstattung	11. Rücklagen
12. Sonstige Aktiva	12. Gewinn

Tabelle 14

Wenden wir uns nunmehr diesen drei Gruppen im einzelnen zu. Bei den
Positionen der Gruppe 1 handelt es sich um Bankgeschäfte, die in dem
betrachteten Zeitraum eine relativ kontinuierliche Wachstumstendenz
aufzuweisen haben. Zwar schwanken die Zuwachsraten von Jahr zu Jahr
teilweise beträchtlich, doch läßt sich über längere Zeiträume hinweg
eine bestimmte Entwicklungsrichtung feststellen (1). Der Grund dafür

---

1) Vgl. hierzu die Anlagen 12 - 19

liegt darin, daß diese Geschäfte in sehr engem Zusammenhang mit dem gesamtwirtschaftlichen Wachstumsprozeß stehen. Sie können infolgedessen im Anschluß an eine für die Entwicklung der Gesamtwirtschaft vorliegende Prognose, die eine Fortsetzung des Wachstumsprozesses vermuten läßt, und unter Beachtung spezieller Entwicklungstendenzen für die jeweiligen Einzelpositionen aus ihrer eigenen Entwicklung heraus prognostiziert werden. Wir verwenden zu diesem Zweck zunächst das für die Prognostizierung der Bilanzsumme entwickelte und dabei ausführlich erörterte Verfahren, auf das infolgedessen nicht nochmals eingegangen zu werden braucht (1). Danach ergeben sich für die einzelnen Positionen der Gruppe 1 die folgenden Prognosewerte (2):

Gruppe 1	Zuwachs in %		
	1955-1960	1960-1965	1965-1970
Passiva			
Spareinlagen	122, 4	107, 3	86, 8
Sichteinl. Nichtb.	75, 4	52, 8	37, 2
Termineinl. Nichtb.	83, 9	50, 9	35, 7
Aufg. langfr. Darl.	133, 8	64, 4	38, 6
Durchlfde. Kred.	8, 4	12, 6	14, 2
Aktiva			
Wechsel	71, 0	49, 0	35, 6
Debitoren Nichtb.	74, 1	94, 3	93, 3
Langfr. Ausleih.	91, 0	160, 5	200, 6
Durchlfde. Kred.	8, 4	12, 6	14, 2
Ausgl. u. Deck. Ford.	1, 0	0, 4	0, 3

Tabelle 15

Im Unterschied zu den Positionen der Gruppe 1 lassen sich für die der Gruppe 2 aus dem gesamtwirtschaftlichen Wachstumsprozeß keine individuellen Entwicklungstendenzen feststellen. Zu stark werden hier die verschiedensten Einflüsse, insbesondere auf die Liquidität der Universalbanken, wirksam und rufen Schwankungen hervor, die teilweise nicht nur von Jahr zu Jahr, sondern auch für langere Zeiträume sehr erheblich sind (3). Eine Prognostizierung der Einzelwerte kann daher nicht erfolgen. Da indessen die einzelnen Geschäfte dieser Gruppe - wie ausgeführt wurde - als gemeinsames Merkmal die Aufgabe des Liquiditätsausgleichs haben (4), erscheint es möglich, durch Addition der Einzelwerte zum Ziel zu gelangen. Der Grund dafür liegt darin, daß sich auf diese Weise die zum Teil entgegengesetzt gerichteten Schwan-

---

1) Vgl. S. 353 ff.
2) Vgl. hierzu Anlage 20 sowie die Anlagen 11, 15, 19 und 23
3) Vgl. hierzu die Anlagen 12 - 19
4) Vgl. S. 358 f.

kungen der verschiedenen Geschäfte zumindest bis zu einem gewissen Grade ausgleichen, so daß die den Ausgleichsgeschäften insgesamt innewohnende Entwicklungstendenz zum Durchbruch kommt. Wir haben infolgedessen aus den Einzelpositionen der Gruppe 2 einen Gruppenwert ermittelt und diesen nach dem bereits mehrfach verwendeten Verfahren (1) extrapoliert. Das Ergebnis dieser Rechnung enthält die folgende Tabelle (2):

Gruppe 2	Zuwachs in %		
	1955-1960	1960-1965	1965-1970
Passiva			30, 9
Sichteinlagen KI	80, 4	42, 2	
Termineinlagen KI	52, 5	44, 2	
Aufgen. Gelder	82, 8	61, 6	
Eig. Akz. u. Solaw.	-	-	
Aktiva			26, 0
Nostroguthaben	126, 0	51, 5	
Schatzwechsel usw.	∞	45, 0	
Wertpap. u. Konsort.	179, 9	78, 8	
Debitoren KI	188, 5	26, 2	

Tabelle 16

Die in Gruppe 3 zusammengefaßten Positionen tragen definitionsgemäß keine eigenen Entwicklungstendenzen in sich (3), so daß wir ihre Einzelwerte ebenfalls nicht prognostizieren können. Gemeinsam ist den Positionen dieser Gruppe jedoch, daß sie sich mit dem Geschäftsvolumen der Universalbanken zu verändern tendieren, wenn sie auch nicht in gleichem Umfang, sondern in teils schwächerem, teils stärkerem Ausmaß als die Bilanzsummen wachsen (4). Wir haben daher aus den Einzelwerten dieser Gruppe wiederum einen Gruppenwert gebildet und diesen nach dem hier entwickelten Verfahren prognostiziert (5). In der folgenden Tabelle sind die sich dabei ergebenden Werte zusammengestellt worden (6):

---

1) Vgl. S. 353 ff.
2) Vgl. hierzu Anlage 21 sowie die Anlagen 11, 15, 19 und 23
3) Vgl. S. 359
4) Vgl. hierzu die Anlagen 12 - 19
5) Vgl. S. 353 ff.
6) Vgl. hierzu Anlage 22 sowie die Anlagen 11, 15, 19 und 23

Gruppe 3	Zuwachs in %		
	1955-1960	1960-1965	1965-1970
Passiva			40,0
Sonstige Passiva			
(einschl. Gewinn)	76,3	37,9	
Grundkap. u. Rückl.	92,3	80,0	
Aktiva			25,0
Kasse, LZB-u. Postsch.	125,1	48,7	
Schecks usw.	61,8	26,9	
Beteil., Grundst. usw.	49,3	17,9	
Sonstige Aktiva	48,5	106,9	

Tabelle 17

Aus den prognostizierten Zuwachsraten der innerhalb der Aktiva und
Passiva gebildeten je drei Gruppen läßt sich nunmehr einmal aktivisch
und einmal passivisch eine Zuwachsrate der Bilanzsumme insgesamt
ermitteln. Wir brauchen dazu nur die absoluten Werte der Aktiva und
Passiva für das Jahr 1965 mit ihren jeweiligen geschätzten Zuwachsraten zu multiplizieren, die sich ergebenden absoluten Werte zu addieren
und den Gesamtzuwachs wiederum in Prozent auszudrücken. Die folgende Tabelle enthält diese Rechnung (1):

		1965 absolut in Mio DM	Prognostiz. Zuwachs f. 5 Jahre in %	1970 absolut in Mio DM
Passiva	Gruppe 1			
	Spareinlagen	304,08	86,8	568,02
	Sichteinl. Nichtb.	262,07	37,2	359,56
	Termineinl. Nichtb.	155,04	35,7	210,39
	Aufg. langfr. Darl.	57,58	38,6	79,81
	Durchlfde. Kred.	13,44	14,2	15,35
		792,21		1233,13
	Gruppe 2	118,03	30,9	154,50
	Gruppe 3	90,01	40,0	126,01
	Passiva insgesamt	1000,25	51,3	1513,64
Aktiva	Gruppe 1			
	Wechsel	168,04	35,6	227,86
	Debitoren Nichtb.	345,09	93,3	667,06
	Langfr. Ausleih.	82,59	200,6	248,27
	Durchlfde. Kred.	13,44	14,2	15,35
	Ausgl. u. Deck. Ford.	28,01	0,3	28,09
		637,17		1186,63
	Gruppe 2	228,05	26,0	287,34
	Gruppe 3	135,03	25,0	168,79
	Aktiva insgesamt	1000,25	64,2	1642,76

Tabelle 18

1) Vgl. hierzu die Tabellen 14 - 16 sowie die Anlagen 11 und 23

Aus der Prognostizierung der Passivpositionen ergibt sich somit für die Bilanzsumme ein Wert von 51, 3 % und aus der Prognostizierung der Aktivpositionen ein solcher von 64, 2 %. Stellt man diese Werte dem mit Hilfe der Globalmethode prognostizierten Bilanzsummenwert von 48, 1 % (1) gegenüber, so ist für den passivischen Wert eine weitgehende Übereinstimmung, für den aktivischen hingegen eine erhebliche Differenz festzustellen. Die bisher rein rechnerisch gewonnenen Werte müssen infolgedessen nunmehr auf ihre Sachlogik hin überprüft werden.

Ganz allgemein läßt sich dazu zunächst sagen, daß die hier verwendeten Jahresendwerte den tatsächlichen Verhältnissen in mancher Hinsicht nicht gerecht werden, da die meisten Bilanzpositionen während eines Jahres erheblichen Schwankungen unterliegen und überdies zum Jahresende vielfach bilanzoptische Manipulationen erfolgen (2). Da indessen jedem Institut diese Mängel genau bekannt sind, lassen sie sich ohne weiteres vermeiden. So könnte z. B. , nachdem aus den Monatsberichten der Deutschen Bundesbank auch für die Institutsgruppen die Monatswerte zu entnehmen sind, für die Prognostizierung ein Jahresdurchschnitt von 12 oder 13 Monaten Verwendung finden. Zu bedenken bleibt allerdings, ob sich die damit verbundene beträchtliche Mehrarbeit, vor allem wenn die benötigten Werte nicht mit Hilfe elektronischer Datenverarbeitungsanlagen automatisch gewonnen werden können, bei der Ermittlung von Prognosewerten für die langfristige Planung im Geschäftsbereich tatsächlich lohnt, da die kurzfristigen Schwankungen hier - wie wir ausgeführt haben - nur insoweit interessieren, als Spitzenbelastungen evtl. eine Berücksichtigung in der Kapazitätsplanung erfordern, was jedoch weniger für die Planung der finanziellen Kapazität (wegen ihrer hohen immanenten Elastizität) als vielmehr für die der technisch-organisatorischen Kapazität Bedeutung besitzt (3). Die Eliminierung außergewöhnlicher Geschäftsvorfälle dürfte sich dagegen auf jeden Fall empfehlen.

Weitere Überlegungen sind im Hinblick auf die mögliche Veränderung bisher wirksamer und damit in den Entwicklungslinien der Vergangenheit zum Ausdruck kommender bzw. bezüglich neuer Einflußfaktoren anzustellen. Dabei handelt es sich vor allem um solche Einflußfaktoren, die in der Prognose für die gesamtwirtschaftliche Entwicklung entweder gar keinen oder nur einen globalen Niederschlag finden, jedoch für die Entwicklung der Kreditinstitute insgesamt, bestimmter Institutsgruppen oder auch nur des Einzelinstitutes von besonderer Bedeutung sind. In Frage kommen infolgedessen vor allem die allgemeinen kreditwirtschaftlichen Entwicklungstendenzen der letzten Jahre, wie z. B. (1):

---

1) Vgl. S. 355
2) Vgl. Fischer, Otfrid: Bankbilanzanalyse, S. 160 ff. sowie unsere Ausführungen S. 112, 163 und 344
3) Vgl. S. 221 ff. , 235 ff. und 247 ff.
4) Vgl. hierzu auch die Ausführungen S. 158

1. der steigende Anteil des bargeldlosen Zahlungsverkehrs am gesamten Zahlungsverkehr und seine Wirkung auf die Entwicklung der Sichteinlagen,
2. der steigende Anteil des Wertpapiersparens an der gesamten Ersparnisbildung und seine Wirkung auf die Entwicklung der Spareinlagen,
3. der steigende Anteil der Kredite und hiervon wiederum derjenige der Bankkredite an der Finanzierung des privaten Konsums und seine Wirkung auf die Nachfrage nach Kleinkrediten und
4. der sinkende Anteil der Selbstfinanzierung an der Finanzierung der Anlageinvestitionen und seine Wirkung auf die Nachfrage nach mittel- und langfristigen Krediten.

Berücksichtigt werden müssen weiterhin Entwicklungstendenzen, die bestimmte Wirtschaftszweige, Bevölkerungskreise oder Gebiete betreffen, wie z. B. :

1. der sinkende Anteil der Landwirtschaft und der steigende Anteil der Dienstleistungsbereiche an der volkswirtschaftlichen Wertschöpfung,
2. die Wandlungen in der Energiewirtschaft,
3. der steigende Anteil der Masseneinkommen am gesamten Volkseinkommen,
4. die Beteiligung immer breiterer Bevölkerungskreise an der Geldvermögensbildung und
5. die im Vergleich zu anderen günstigere Entwicklung einzelner Länder, Kreise, Städte, Gemeinden usw.

Wertvolle Unterlagen auch für diese Untersuchungen liefern die Deutsche Bundesbank in ihren Monats- und Jahresberichten sowie das Statistische Bundesamt in seiner Zeitschrift Wirtschaft und Statistik und seinen Jahrbüchern (1). Soll die Wirkung derartiger Einflußfaktoren bei der Prognostizierung der Aktiv- und Passivpositionen einer Universalbank berücksichtigt werden, so bedarf es eines Vergleichs der bisherigen mit den erwarteten Entwicklungstendenzen. Zu diesem Zweck empfiehlt sich die Untergliederung der einzelnen Aktiv- und Passivpositionen nach Gesichtspunkten, in denen die jeweiligen Einflußfaktoren deutlicher als in den Gesamtwerten zum Ausdruck kommen, also z. B. nach Wirtschaftszweigen, Branchen, Bevölkerungskreisen, Größenklassen, Fristigkeiten, Standorten usw. Es unterliegt allerdings keinem Zweifel, daß damit ebenfalls ein Arbeitsaufwand verbunden ist, der praktisch nur bewältigt werden kann, wenn es gelingt, die Datenverarbeitungsanlagen so zu programmieren, daß die benötigten Werte automatisch anfallen (2).

---

1) Vgl. hierzu die Anlagen 24 - 29, in denen einige der in diesem Zusammenhang bedeutsamsten Entwicklungstendenzen sichtbar werden.
2) Im folgenden muß sowohl aus Vereinfachungsgründen als auch mangels geeigneter Unterlagen von derartigen Unterteilungen abgesehen werden.

Betrachten wir unter diesen Aspekten nunmehr die prognostizierten Werte der einzelnen Aktiva und Passiva. Von allen Positionen einer Universalbankbilanz ist zweifellos bei den Spareinlagen die stetigste Entwicklung festzustellen. Das gilt nicht nur für die Sparkassen und Kreditgenossenschaften mit ihrem relativ hohen Spareinlagenanteil an der Bilanzsumme (Ende 1965 durchschnittlich 65, 6 bzw. 57, 7 %), sondern auch für die Kreditbanken mit einem relativ niedrigen Anteil (Ende 1965 durchschnittlich 18, 7 %, die indessen von allen hier betrachteten Einzelinstituten weit übertroffen werden), erreichen diese doch in den letzten Jahren höhere Zuwachsraten als die Sparkassen (1). Für die hierin zum Ausdruck kommenden Tendenzen sind nach allen vorliegenden Unterlagen auch in Zukunft keine stärkeren Veränderungen zu erwarten. So kann sich die relativ optimistische Erwartung bezüglich der zukünftigen Spareinlagenentwicklung unserer Modellbank in dem für sie prognostizierten Wert von 86, 8 % (2) vornehmlich auf das vom Bundeswirtschaftsministerium erwartete weitere Ansteigen des realen Bruttosozialprodukts, den tendenziell steigenden Anteil der Masseneinkommen (aus denen sich traditionellerweise die Spareinlagen hauptsächlich rekrutieren) und die tendenziell steigende Sparneigung breiter Bevölkerungskreise gründen. Dazu kommt, daß trotz mancher Änderungen der Attraktivität der verschiedenen Sparformen, insbesondere ihrer Verzinsung und staatlichen Förderung, grundlegende Änderungen der Verhaltensweisen der Sparer - wie die Vergangenheit zeigt, zumindest langfristig - nicht zu erwarten sind. Vorübergehende Erscheinungen, wie z. B. die derzeitige Situation des Kapitalmarktes, können daher außer Betracht bleiben. So gesehen darf der Prognosewert für die Spareinlagen sicherlich als recht wahrscheinlich gelten.

Weniger gleichmäßig als die Spareinlagen entwickeln sich im allgemeinen die Sicht- und Termineinlagen von Nichtbanken, deren Anteil an der Bilanzsumme bei den Kreditbanken (Ende 1965 durchschnittlich 39, 1 %, von denen 22, 4 % auf die Sichteinlagen und 15, 7 % auf die Termineinlagen von Nichtbanken entfallen) wesentlich höher ist als bei den Sparkassen (Ende 1965 durchschnittlich 15, 2 % Sichteinlagen und 3, 6 % Termineinlagen von Nichtbanken) und Kreditgenossenschaften (Ende 1965 durchschnittlich 20, 4 % Sichteinlagen und 3, 3 % Termineinlagen von Nichtbanken) (3), und die daher für sie eine relativ große Bedeutung besitzen. Die unstetige Entwicklung der beiden Einlagenarten geht besonders aus ihren sehr unterschiedlichen jährlichen Zuwachsraten bei den einzelnen Instituten hervor, während sich in den Gruppenwerten gewisse Ausgleichstendenzen bemerkbar machen (4). In diesen Schwankungen der

1) Vgl. hierzu die Anlagen 12, 13 und 15
2) Vgl. Tabelle 15, S. 360
3) Vgl. hierzu Anlage 13
4) Vgl. hierzu die Geschäftsberichte der Einzelinstitute sowie die Monatsberichte der Deutschen Bundesbank von 1950 - 1965.

Sicht- und Termineinlagen von Nichtbanken kommt vor allem die Abhängigkeit ihrer Entwicklung von der jeweiligen Liquiditätslage der Gesamtwirtschaft (oder einzelner Teile davon), die wiederum mit der Zentralbankpolitik in engem Zusammenhang steht, zum Ausdruck. Betrachtet man sich dagegen die Entwicklung der absoluten Werte der beiden Einlagenarten oder auch ihre Zuwachsraten für jeweils fünf Jahre, so läßt sich - nicht nur bei den Gruppen, sondern auch bei den Einzelinstituten - langfristig ein deutlicher, wenngleich immer geringer werdender Anstieg feststellen (1), der als ein Ausdruck für den steigenden Bedarf einer wachsenden Wirtschaft nach Kassenhaltung und Liquiditätsvorsorge gewertet werden kann. Hierin liegt infolgedessen auch der Grund für die Einordnung der Sicht- und Termineinlagen von Nichtbanken in die Gruppe der einzeln prognostizierbaren Passiva (2). Für die Zukunft läßt sich aus der Entwicklung in der Vergangenheit und unter der Annahme eines weiteren Wachstums der Gesamtwirtschaft sowie bei Außerachtlassung der kurzfristigen Schwankungen zwar eine stärkere Abschwächung der Zuwachsraten, jedoch keine Beendigung ihres Wachstums oder gar eine absolute Abnahme vermuten. Dies entspricht der seit Jahren zu beobachtenden schwächeren Zunahmetendenz dieser Einlagenarten, für deren zukünftige Entwicklung zumindest auf lange Sicht Veränderungseinflüsse nicht erkennbar sind. Die bei unserer Modellbank prognostizierten relativ geringen Zuwachsraten von 37, 2 bzw. 35, 7 % für die Sicht- und Termineinlagen von Nichtbanken können infolgedessen als durchaus wahrscheinlich angesehen werden (3).

Der Tatbestand des langfristigen - wenngleich unter Schwankungen erfolgenden - Wachstums im Anschluß an das Wachstum der Gesamtwirtschaft wird schließlich auch für die aufgenommenen langfristigen Darlehen sowie die durchlaufenden Kredite (die bei den Kreditbanken Ende 1965 einen durchschnittlichen Anteil von 7, 3 % an der Bilanzsumme ausmachen) als gegeben angesehen (4). Dies ermöglicht zwar letztlich ihre Einordnung in die Gruppe der einzeln prognostizierbaren Passiva (5); die Begründung dafür fällt indessen ungleich schwerer als bei den anderen drei Positionen. Einmal sind in den langfristig aufgenommenen Darlehen nicht nur solche von Nichtbanken; sondern auch solche von anderen Kreditinstituten enthalten, die in engem Zusammenhang mit der jeweiligen Liquiditätslage einer Bank stehen, so daß sie wesensmäßig der Gruppe 2 der Passiva zugehören (6), und zum anderen entstammen

---

1) Vgl. hierzu die Anlagen 12 und 15
2) Vgl. S. 358 ff.
3) Vgl. Tabelle 15, S. 360
4) Vgl. hierzu die Anlagen 12, 13 und 15
5) Vgl. S. 358 ff.
6) Vgl. S. 358 f. und 360. Eine Trennung der aufgenommenen langfristigen Darlehen in solche von Nichtbanken und solche von Kreditinstituten wird hier - obwohl in den Monatsberichten der Deutschen

alle durchlaufenden Kredite sowie ein großer Teil der aufgenommenen langfristigen Darlehen den verschiedensten staatlichen Hilfsmaßnahmen für die Wirtschaft, so daß ihre Entwicklung von den jeweils zur Verfügung gestellten Mitteln abhängig ist. Geht man allerdings davon aus, daß die Entwicklung der durchlaufenden Mittel für die Entwicklung der finanziellen Kapazität einer Universalbank (im Gegensatz zu ihrer technisch-organisatorischen Kapazität (1) im Grunde ohne Bedeutung ist, so bleibt lediglich der nicht zweckgebundene Teil der langfristig aufgenommenen Darlehen übrig, der - wenn auch mit gewissen Vorbehalten, die vor allem die bei Kreditinstituten aufgenommenen langfristigen Darlehen betreffen - mit dem Wachstum der Gesamtwirtschaft in Verbindung gebracht werden kann. Mit der Annahme, daß für die in den Entwicklungslinien der Vergangenheit zum Ausdruck kommenden Tendenzen in der Zukunft keine grundlegenden Veränderungen zu erkennen sind, läßt sich daher für die mit 38, 6 % für die aufgenommenen langfristigen Darlehen bzw. 14, 2 % für die durchlaufenden Kredite prognostizierten Zuwachsraten unserer Modellbank zwar keine besonders eindrucksvolle, aber doch eine nicht unwahrscheinliche Erläuterung geben (2).

In der Gruppe der einzeln prognostizierbaren Aktivpositionen haben wir neben den kurz-, mittel- und langfristigen Kreditgeschäften, die sich bestandsmäßig in den Wechseln, Debitoren von Nichtbanken, langfristigen Ausleihungen und durchlaufenden Krediten niederschlagen, auch die Ausgleichs- und Deckungsforderungen untergebracht (3). Der Grund dafür liegt lediglich darin, daß Deckungsforderungen seit einiger Zeit für die Erfüllung der Hauptentschädigung im Lastenausgleich durch die Begründung von Spareinlagen gebildet werden und damit - wie bereits in den letzten Jahren so auch - für den Prognosezeitraum ein auf die Dispositionen von Nichtbanken zurückzuführendes Wachstum zu verzeichnen haben werden, das die planmäßige Tilgung der Ausgleichsforderungen geringfügig überzukompensieren tendiert. Der für die Ausgleichs- und Deckungsforderungen unserer Modellbank prognostizierten Zuwachsrate von 0, 3 % (4), bei der infolge des stärkeren Wachstums der anderen Aktivpositionen ihr geringer Anteil an der Bilanzsumme (Ende 1965 bei den Kreditbanken durchschnittlich 2, 07 %) noch weiter zurückgehen muß (5), kommt daher zwar eine relativ hohe Wahrscheinlichkeit zu, die je-

---

Bundesbank die Gruppenwerte dafür enthalten sind - deswegen nicht vorgenommen, weil aus den Geschäftsberichten der jeweiligen Einzelinstitute die Anteile nicht ersichtlich werden. Da jeder einzelnen Bank jedoch ihre Werte genau bekannt sind, ist im konkreten Fall eine Trennung empfehlenswert.

1) Vgl. hierzu die Ausführungen S. 380
2) Vgl. Tabelle 15, S. 360
3) Vgl. S. 358 ff.
4) Vgl. Tabelle 15, S. 360
5) Vgl. hierzu die Anlagen 16, 17 und 19 sowie unsere Ausführungen auf den folgenden Seiten.

doch im Gesamtzusammenhang keinerlei Bedeutung erlangen kann.

Den Aktivpositionen Wechsel, Debitoren von Nichtbanken, langfristige Ausleihungen und durchlaufende Kredite (die bei den Kreditbanken Ende 1965 einen durchschnittlichen Anteil von 14, 08 % (Wechsel), 32, 32 % (Debitoren von Nichtbanken) und 15, 71 % (langfristige Ausleihungen und durchlaufende Kredite) an der Bilanzsumme ausmachen) ist gemeinsam, daß sich in ihrer Entwicklung - wenn auch nur bis zu einem gewissen Grade - der wachsende Kreditbedarf der Gesamtwirtschaft niederschlägt (1). Die Gründe für diese Einschränkung ergeben sich einerseits aus der Tatsache, daß die Entscheidungen über Kreditvergaben letztlich bei jeder einzelnen Bank liegen, und zum anderen daraus, daß neben dem Kreditbedarf der Gesamtwirtschaft teilweise noch andere Einflußfaktoren wirksam werden. So hängen die Wechselbestände, wenn man von den zum Einzug hereingenommenen und zum Inkasso weitergegebenen Wechseln absieht, nicht nur von den angekauften, sondern gleichzeitig von den zur Refinanzierung verwendeten Wechseln und damit von der jeweiligen Liquiditätslage einer Bank ab, wenngleich zu beachten ist, daß es offenbar zu den Gepflogenheiten vieler Geschäftsbanken gehört, die Refinanzierungshilfe der Zentralbank möglichst lange nicht in Anspruch zu nehmen (2). Bei den langfristigen Ausleihungen ist - ebenso wie bei den aufgenommenen langfristigen Darlehen - einmal darauf hinzuweisen, daß sich hierunter auch Ausleihungen an Kreditinstitute befinden, die wiederum mit der Liquiditätslage der einzelnen Bank in Zusammenhang zu bringen sind, und zum anderen darauf, daß ein Teil von ihnen von den jeweiligen staatlichen Förderungsmaßnahmen abhängt. Das gleiche gilt für die durchlaufenden Kredite (3). Schalten wir daher auch hier alle zweckgebundenen Mittel aus der Betrachtung aus, so bleiben die langfristigen Ausleihungen an Nichtbanken übrig, die allerdings bei den Kreditbanken ganz anders zu beurteilen sind als bei den Sparkassen und Kreditgenossenschaften, da die Kreditbanken zumindest bisher das Hypothekendarlehensgeschäft nur in geringem Umfang betreiben und vorwiegend Kredite mit einer Laufzeit bis zu etwa 10 Jahren vergeben (4). Die Entwicklungslinien der Vergangenheit für die einzelnen Positionen des Kreditgeschäftes zeigen auf Grund der genannten Sondereinflüsse nur ein mehr oder weniger stetiges Wachstum. Wie zu erwarten, sind die größten Schwankungen bei den Wechselbeständen, die geringsten bei den Debitoren zu verzeichnen. Das gilt besonders für die jährlichen Zuwachsraten bei den Einzelinstituten, während in denen der

---

1) Vgl. hierzu die Anlagen 16, 17 und 19
2) Vgl. Fischer, Otfrid: Die Finanzdisposition der Geschäftsbanken, S. 798 ff.
3) Vgl. S. 366 f.
4) Infolgedessen sind bei den langfristigen Ausleihungen die für die Prognostizierung herangezogenen Zahlenwerte aller Kreditinstitute mit einem erheblichen Mangel behaftet.

Gruppen bereits Ausgleichstendenzen wirksam werden (1), die in den Zuwachsraten für jeweils fünf Jahre noch stärker zum Ausdruck kommen (2). Interessant ist allerdings, daß sich bei verschiedenen Einzelinstituten eine den Zuwachsraten aller Kreditinstitute bzw. der jeweiligen Gruppen gerade entgegengesetzt gerichtete Wachstumstendenz ergibt, die auf eine entsprechend schwache oder starke geschäftspolitische Aktivität sowie auf andere Sondereinflüsse schließen läßt. Betrachten wir nun zunächst die sich aus der Prognose der gesamtwirtschaftlichen Entwicklung für das Kreditgeschäft der Kreditinstitute insgesamt ergebenden Entwicklungstendenzen. Ohne Zweifel wird in den kommenden Jahren eine erhebliche Investitionstätigkeit in der Wirtschaft erforderlich sein, wenn die in der gesamtwirtschaftlichen Prognose angenommenen realen Wachstumsraten erreicht werden sollen. Durch den Mangel an Arbeitskräften, die Arbeitszeitverkürzungen (sowohl arbeitstäglich als auch durch Verlängerung des Urlaubs) und das Nichtvorhandensein sachlicher Produktionsmittelreserven können reale Zunahmen des Bruttosozialprodukts nur durch eine erhebliche Steigerung der Produktivität, die die genannten Einflüsse nicht nur kompensiert, sondern überkompensiert, erzielt werden. Hierzu bedarf es neben den Reinvestitionen erheblicher Neuinvestitionen, vor allem zur Rationalisierung, die einen großen Kapitaleinsatz erfordern. Da jedoch die Möglichkeiten der Unternehmungen, diese Investitionen über ihre Gewinne zu finanzieren, geringer zu werden tendieren (3), müssen in zunehmendem Maße Finanzierungsmittel von außen beschafft werden. Dabei kann es sich sowohl um Eigen- als auch um Fremdkapital handeln. Die Eigenfinanzierung dürfte sich indessen - zumindest unter den gegebenen Verhältnissen - kaum wesentlich steigern lassen. Der größte Anteil der Finanzierungsmittel wird daher durch Fremdfinanzierung, sei es am Kapitalmarkt, sei es durch Bankkredite, aufzubringen sein. Der Kreditbedarf der Wirtschaft dürfte demnach für den Prognosezeitraum eine steigende Tendenz aufweisen. Dazu kommt aber noch, daß auch von Seiten der öffentlichen Hand mit einem wachsenden Kreditbedarf zu rechnen ist und sich die zunehmende Kreditfinanzierung des privaten Konsums (3) ebenfalls in steigendem Maße bemerkbar machen wird. Zu beachten ist nun allerdings, daß der Kreditbedarf der Wirtschaft und der öffentlichen Haushalte zu einem nicht unerheblichen Teil für Investitionen entsteht, zu deren Finanzierung kurz-, mittel- und langfristige Bankkredite, wie sie die Kreditbanken zur Verfügung stellen, ungeeignet sind. Da diese Investitionen aber bei den Unternehmen zu steigenden Anlagevermögen führen, die in aller Regel eine entsprechende Erhöhung der Umlaufvermögen erforderlich machen, dürfte auch die Nachfrage nach kurz- und mittelfristigen Bankkrediten kräftig zunehmen. Ei-

---

1) Vgl. hierzu die Geschäftsberichte der Einzelinstitute sowie die Monatsberichte der Deutschen Bundesbank von 1950 - 1965

2) Vgl. hierzu die Anlagen 16 und 19

3) Vgl. S. 364

ne besondere Situation ergibt sich für die langfristigen Kredite der Kreditbanken, für die insbesondere im Zusammenhang mit Rationalisierungen ein erheblicher Bedarf in der Wirtschaft besteht. Inwieweit dieser
Bedarf in Zukunft gedeckt werden kann, hängt nämlich nicht allein von
der grundsätzlichen Bereitschaft der Kreditbanken zur Ausdehnung ihres
langfristigen Kreditgeschäftes (selbst wenn davon ausgegangen wird,
daß es sich weniger um Hypothekarkredite, als vielmehr um langfristige Ausleihungen bis zu etwa 10 Jahren handelt), sondern auch
von ihrer Möglichkeit dazu ab. Betrachten wir uns nämlich in diesem
Zusammenhang nunmehr die für unsere Modellbank (auf Grund der Entwicklungslinien der Vergangenheit und unter Berücksichtigung der für
die Zukunft erkennbaren Tendenzen) prognostizierten Werte, so zeigt
sich, daß sich die Zuwachsraten der Wechsel mit 35, 6 % und der Debitoren mit 93, 3 % durchaus auf der Höhe des von Seiten der Nichtbanken
zu erwartenden Mittelzuflusses halten, die langfristigen Ausleihungen
mit 200, 6 % hingegen eine weit darüber hinausgehende Zuwachsrate aufweisen (1). Es ist daher mit großer Wahrscheinlichkeit zu vermuten,
daß für eine derartige Zuwachsrate von der Finanzierungsseite her Grenzen gesetzt sind. Bevor dazu allerdings endgültig Stellung genommen
werden kann, müssen erst noch die Gruppen 2 und 3 der Aktiv- und Passivpositionen erörtert werden.

In der Gruppe 2 der Aktiva und Passiva sind alle diejenigen Bestände
zusammengefaßt, für die sich aus dem gesamtwirtschaftlichen Wachstumsprozeß heraus keine individuellen Entwicklungstendenzen feststellen lassen, weil es sich bei den zugrunde liegenden Geschäften im wesentlichen um Dispositionen der einzelnen Institute zum Ausgleich ihres
finanziellen Gleichgewichts handelt (2), die außerdem in wechselseiti-
gen Beziehungen zueinander stehen und damit zwangsläufig sehr starken
und teilweise entgegengesetzt gerichteten Schwankungen unterliegen (3).
Passivisch enthält die Gruppe 2 die Sicht- und Termineinlagen von Kreditinstituten, die aufgenommenen Gelder und die eigenen Akzepte (die
bei den Kreditbanken Ende 1965 einen Anteil von 7, 7 %, 6, 2 %, 2, 6 % und
1, 2 %, insgesamt also von 17, 7 % an der Bilanzsumme ausmachen), aktivisch die Nostroguthaben, die Schatzwechsel, unverzinslichen Schatzanweisungen und Kassenobligationen, die Wertpapiere und Konsortialbeteiligungen sowie die Debitoren von Kreditinstituten (die Ende 1965
einen Anteil von 8, 7 %, 1, 85 %, 9, 48 % und 2, 96 %, insgesamt also von
23, 03 % an der Bilanzsumme haben) (4). Im Gegensatz zu den Einzelwerten zeigen die Gruppenwerte der genannten Aktiva und Passiva - und zwar

---

1) Vgl. Tabelle 15, S. 360
2) Vgl. S. 358 f. und 360
3) Vgl. hierzu die Monatsberichte der Deutschen Bundesbank sowie die
   Geschäftsberichte der Einzelinstitute von 1950 - 1965
4) Vgl. hierzu die Anlagen 13 und 17

sowohl bei den Institutsgruppen als auch bei den einzelnen Instituten - eine deutliche Wachstumstendenz (1). Dies kann als ein Ausdruck dafür angesehen werden, daß eine Bank infolge der Bedeutung, die die zur Gruppe gehörenden Aktiv- und Passivbestände als Liquiditätsreserven und Finanzierungsmittel für sie besitzen, bei wachsendem Geschäftsvolumen auf eine gewisse Angleichung des gesamten ihr zum Ausgleich ihres finanziellen Gleichgewichts zur Verfügung stehenden Potentials nicht verzichten kann. Daß sich diese Tendenz in Zukunft grundlegend ändern wird, ist kaum anzunehmen, wenn sich genauere Aussagen darüber wegen des - dafür bedeutsamen, aber - nicht abschätzbaren Einflusses der Notenbankpolitik auch nicht machen lassen. Die für unsere Modellbank prognostizierten Gruppenzuwachsraten von 30, 9 % für die Aktiva und 26, 0 % für die Passiva der Gruppe 2 sind im Vergleich zu dem mit 48, 1 % prognostizierten Wachstum der Bilanzsumme allerdings als verhältnismäßig niedrig anzusehen (2).

Gruppe 3 der Aktiva und Passiva enthält definitionsgemäß Positionen, die keine eigenen Entwicklungstendenzen in sich tragen, von denen sich jedoch - zumindest cum grano salis - feststellen läßt, daß sie mit dem Geschäftsvolumen zu wachsen tendieren (3). Passivisch umfaßt die Gruppe 3 die sonstigen Passiva (einschließlich des Gewinns), das Grundkapital und die Rücklagen (die Ende 1965 bei allen Kreditinstituten einen Bilanzsummenanteil von 4, 9 % und 4, 94 %, insgesamt also von 9, 84 % ausmachen), aktivisch die Kassen-, Landeszentralbank- und Postscheckbestände, die Schecks, fälligen Schuldverschreibungen, Zins- und Dividendenscheine, die Beteiligungen, Grundstücke, Gebäude und Geschäftsausstattungen sowie die sonstigen Aktiva (die Ende 1965 bei allen Kreditinstituten einen Bilanzsummenanteil von 8, 18 %, 0, 96 %, 2, 13 % und 1, 43 %, insgesamt also von 12, 70 % haben) (4). Obgleich die Entwicklung dieser Positionen bei den Institutsgruppen eine erstaunliche Stetigkeit zeigt, weist sie bei den Einzelinstituten doch erhebliche Schwankungen oder auch nur Sprünge auf, die als Ausdruck geschäftspolitischer Individualität zu werten sind, sofern sie nicht auf bestimmte Sondereinflüsse zurückgehen (5). Für die Gruppenwerte hingegen läßt sich nicht nur bei den Institutsgruppen, sondern auch bei den Einzelinstituten deutlich eine Wachstumstendenz feststellen, mit deren grundlegender Änderung in der Zukunft bei weiterhin wachsender Bilanzsumme kaum zu rechnen ist (6). Die für unsere Modellbank prognostizierten Gruppenzuwachsraten von 40, 0 % für die Passiva und 25, 0 % für die Aktiva der Gruppe 3 erscheinen im Vergleich zum prognostizierten Bi-

---

1) Vgl. hierzu die Anlagen 16 und 19
2) Vgl. Tabelle 16, S. 361 und Tabelle 12, S. 355
3) Vgl. S. 359 und 361
4) Vgl. hierzu die Anlagen 13 und 17
5) Vgl. hierzu die Monatsberichte der Deutschen Bundesbank sowie die Geschäftsberichte der Einzelinstitute von 1950 - 1965
6) Vgl. hierzu die Anlagen 16 und 19

lanzsummenwachstum in Höhe von 48, 1 % allerdings ebenfalls als relativ niedrig (1).

Fassen wir zusammen, so ergibt sich, daß gegen die für die Aktiva und Passiva unserer Modellbank prognostizierten Zuwachsraten aus sachlogischen Erwägungen heraus kaum Einwendungen erhoben zu werden brauchen. Das gilt weniger für die Gesamtwerte der Gruppen 2 und 3 als vielmehr für die Werte der einzeln prognostizierbaren Aktiva und Passiva in Gruppe 1, in der bei unserer Modellbank immerhin 63, 7 bzw. 79, 2 % (bei allen Kreditbanken 64, 2 bzw. 65, 1 %) der Bilanzsumme erfaßt werden (2). Unter diesen Umständen muß allerdings damit gerechnet werden, daß im Prognosezeitraum die auf unsere Modellbank zukommende Kreditnachfrage zusammen mit deren verschiedenen Anlagenotwendigkeiten ihre Finanzierungsmöglichkeiten erheblich zu übersteigen tendiert, da in der auf Grund der Zuwachsraten errechneten Prognosebilanz für das Jahr 1970 einem Gesamtbetrag von 1, 64 Mrd. DM Aktiva nur ein Gesamtbetrag von 1, 51 Mrd. DM Passiva gegenübersteht (3). Bereits hieraus wird deutlich, daß die prognostizierten Werte, selbst wenn man gewisse Schwankungsbreiten dafür annimmt, Grund zu weittragenden geschäftspolitischen Entscheidungen bieten werden, auf die indessen erst im Anschluß an die Ermittlung der noch fehlenden Prognosewerte eingegangen werden soll (4). So bleibt lediglich noch darauf hinzuweisen, daß in den prognostizierten Zuwachsraten für jeweils fünf Jahre die im Zuge konjktureller, saisonaler und sonstiger Bewegungen auftretenden Schwankungen zwangsläufig völlig untergehen. Jedoch liegt gerade in der Außerachtlassung dieser Schwankungen, für deren Bewältigung - wie eingehend erörtert worden ist - in hohem Maße durch die Schaffung immanenter Elastizität vorgesorgt werden kann, einerseits die Voraussetzung und andererseits die Stärke der langfristigen Planung einer Universalbank, erscheint es doch nur dadurch möglich, auf geradem Wege anzustreben, wozu die wirtschaftliche Entwicklung tendiert, und so die sich bietenden Marktchancen richtig zu nutzen (5).

(3) Die Geschäftstätigkeit

Aus den realisierten und prognostizierten Zuwachsraten der Aktiv- und Passivpositionen unserer Modellbank ergeben sich unmittelbare Anhaltspunkte über die frühere und die zukünftige Größe ihrer finanziellen Kapazität und deren Zusammensetzung. Dagegen vermögen sie über die Entwicklung der verschiedenen Aktiv-, Passiv- und Dienstleistungsgeschäfte unserer Modellbank in Vergangenheit und Zukunft nur mittelbar

---

1) Vgl. Tabelle 17, S. 362 und Tabelle 12, S. 355
2) Vgl. Tabelle 22, S. 401 f. sowie die Anlagen 13 und 17
3) Vgl. Tabelle 18, S. 362
4) Vgl. S. 400 ff.
5) Vgl. hierzu auch unsere Ausführungen S. 194 f.

und überdies nur bis zu einem gewissen Grade Auskunft zu geben (1).
Die Gründe dafür liegen einmal darin, daß die aktiven und passiven Bilanzbestände jeweils als Differenzen aus getätigten Einzelgeschäften mit
positiven und negativen Wirkungen auf die Zahlungsströme resultieren,
also z. B. die Einlagen aus den Ein- und Auszahlungen im Depositengeschäft, die Ausleihungen aus den Aus- und Rückzahlungen im Kreditgeschäft. Sie können infolgedessen trotz verschieden hoher Beträge gleich
groß sein und vice versa. Zum anderen finden durchaus nicht alle Geschäfte einer Universalbank einen eigenen bestandsmäßigen Niederschlag
in der Bilanz. Das gilt vor allem für die Dienstleistungsgeschäfte, obgleich ein weit größerer Teil davon als bei oberflächlicher Betrachtung
anzunehmen ist, mit bestimmten Bilanzbeständen in engem Zusammenhang steht, so z. B. (2):

1. das Zahlungsverkehrsgeschäft mit dem Bestand an Barreserve, Nostroguthaben und Sichteinlagen,
2. das Devisen- und das Sortengeschäft mit dem Kassenbestand,
3. das Inkassogeschäft mit dem Bestand an Schecks, fälligen Schuldverschreibungen, Zins- und Dividendenscheinen sowie Wechseln,
4. das Effektenkommissionsgeschäft mit dem Wertpapierstand und
5. das Effektenemissionsgeschäft mit dem Bestand an börsengängigen
   Dividendenwerten und Konsortialbeteiligungen.

Keinerlei bilanzielle Auswirkungen hat also von den Dienstleistungsgeschäften lediglich das Depot- und Tresorgeschäft, das jedoch außerhalb
der Bilanz zu Depot- und Schließfachbeständen führt. Dagegen findet von
den Aktiv- und Passivgeschäften ein relativ größerer Teil als eigentlich
zu erwarten in den Bilanzbeständen keinen Niederschlag. Das gilt insbesondere für alle gegebenen bzw. erhaltenen Kreditzusagen, die nicht
ausgeschöpft sind. Sie führen nur außerhalb der Bilanz zu Beständen,
von denen einerseits die Kontokorrentlimite, andererseits die Redis-
kontingente bei der Deutschen Bundesbank sowie die evtl. zum Zwecke
der Refinanzierung dauernd an sie abgetretenen Ausgleichsforderungen
und Wertpapiere besondere Bedeutung besitzen. Keinen bestandsmäßigen Ausdruck innerhalb der Bilanz finden streng genommen auch die
zum Inkasso bzw. zur Refinanzierung weitergegebenen Wechsel sowie
alle Avalkreditgeschäfte, da sie als Eventualverbindlichkeiten lediglich
"unter dem Strich" ausgewiesen werden. Weiterhin ist hier das Akzept-
kreditgeschäft zu nennen, das zwar in der Bilanzvorspalte in vollem
Umfang erscheint, in die Bilanzsumme jedoch nur mit dem umlaufen-
den Teil eingeht. Schließlich ist noch darauf hinzuweisen, daß die verschiedenen Aktiv- und Passivgeschäfte in den Bilanzbeständen über-

---

1) Vgl. S. 357
2) Vgl. hierzu insbesondere Fischer, Otfrid: Bankbilanzanalyse, S.
   266 ff. Bezüglich der Einführung eines neuen Jahresbilanzschemas
   für Kreditinstitute vgl. S. 50 Fußnote 2, S. 54 Fußnote 1 und S. 357
   Fußnote 1

wiegend nicht artmäßig getrennt werden, sondern nur stark zusammengefaßt erscheinen. So enthält die Position Debitoren z. B. Kontokor-
rentkredite, Lombardkredite, Kleinkredite und Konsortialkredite sowie
kurz- und mittelfristige Darlehen gegen die verschiedensten Sicherheiten. Alle diese Mängel lassen die Bilanzbestände als Ausgangswerte für
die Prognostizierung der Geschäftstätigkeit einer Universalbank nicht
besonders geeignet erscheinen. Es darf jedoch bei dieser Feststellung
nicht übersehen werden, daß die finanziellen Auswirkungen der insgesamt von einer Universalbank getätigten Aktiv-, Passiv- und Dienstleistungsgeschäfte, soweit sie überhaupt einen bestandsmäßigen Niederschlag finden, letztlich in den Bilanzbeständen zum Ausdruck kommen.
Hält man sich weiterhin vor Augen, daß über die Entwicklung der Bilanzbestände sowohl bei den Institutsgruppen als auch bei den Einzelinstituten die meisten Vergleichsinformationen gewonnen werden können (1), so wird deutlich, daß auf diese Unterlagen nicht verzichtet werden kann, wenn sie selbstverständlich auch in vielfacher Hinsicht der
Ergänzung bedürfen.

Nun interessiert allerdings die umsatzmäßige Entwicklung der während
eines bestimmten Zeitraumes von einer Universalbank insgesamt getätigten Aktiv-, Passiv- und Dienstleistungsgeschäfte hauptsächlich unter dem kurzfristigen Aspekt der jederzeitigen Aufrechterhaltung der
Zahlungsbereitschaft, also der von uns so genannten aktuellen Liquidität,
während unter dem Aspekt der Sicherung des langfristigen finanziellen
Gleichgewichts, das wir auch als strukturelle Liquidität bezeichnet haben, vornehmlich auf die Bestandsentwicklung der Aktiva und Passiva
abgestellt werden muß (2). Die umsatzmäßige Entwicklung der Geschäftstätigkeit braucht infolgedessen für die langfristige Planung der
finanziellen Kapazität einer Universalbank überhaupt nicht prognostiziert
zu werden und könnte es wegen ihrer starken Schwankungen für den hierzu erforderlichen langen Zeitraum vermutlich auch gar nicht. Anders
liegen die Dinge dagegen im Hinblick auf die technisch-organisatorische
Kapazität, da die getätigten Geschäfte unter dem Gesichtspunkt des aus
ihnen resultierenden Arbeitsanfalls nicht nur kurzfristig, sondern auch
langfristig eine erhebliche Bedeutung besitzen (3). Allerdings ist dafür weniger ihre umsatzmäßige als vielmehr ihre art- und stückzahlmäßige Entwicklung die Ursache, wenngleich gewisse Beziehungen zwischen der wertmäßigen Entwicklung und dem Arbeitsanfall durchaus
festzustellen sind. Da dies jedoch bereits den Betriebsbereich betrifft,
können wir uns nunmehr dessen langfristiger Prognose zuwenden.

bb) Die Prognose für den Betriebsbereich

Ausgangspunkt für die langfristige Planung im Betriebsbereich einer
Universalbank muß die voraussichtliche Entwicklung des Arbeitsanfalls

---

1) Vgl. S. 163 f.
2) Vgl. S. 142 ff.
3) Vgl. hierzu insbesondere unsere Ausführungen S. 235 ff. und 246 ff.

in allen Bereichen ihrer Geschäftstätigkeit sein, um von hier aus auf die zur Bewältigung des Arbeitsanfalls erforderlichen produktiven Faktoren schließen zu können. Da der Arbeitsanfall hinwiederum im wesentlichen mit der Art und Anzahl der Geschäfte und nur in geringem Maße mit ihrem Wert variiert (1), hat sich diese Prognose vor allem auf die art- und stückzahlmäßige Entwicklung der Geschäftstätigkeit zu richten. Zu berücksichtigen sind infolgedessen alle Arten von Aktiv-, Passiv- und Dienstleistungsgeschäften mit ihrem jeweiligen mengenmäßigen Umfang. Auch diese Prognose kann selbstverständlich nur auf Grund einer sorgfältigen Analyse der Vergangenheitswerte und unter Berücksichtigung der erkennbaren zukünftigen Entwicklungstendenzen zu brauchbaren Werten führen.

Zur Beurteilung der Entwicklung des Arbeitsanfalls bei den einzelnen Geschäftsarten eignet sich insbesondere die jeweilige Zahl der Geschäftsvorfälle, der Buchungsposten, der Konten und der Kunden. Da allerdings - wie eingehend erörtert wurde - der Arbeitsanfall auch innerhalb der gleichen Geschäftsart stark zu differieren vermag (2), sind diese Zahlen für die einzelnen Geschäftsarten nach Merkmalen, von denen der Arbeitsanfall wesentlich beeinflußt wird, weiter zu untergliedern. Als Beispiele seien etwa die Untergliederungen der Geschäftsvorfälle im Sparverkehr in prämienbegünstigte und nicht prämienbegünstigte Geschäftsvorfälle, die der Buchungsposten im Zahlungsverkehr in Bar- und Verrechnungsposten, In- und Auslandsposten usw. angeführt. Jede Universalbank kann sich bei entsprechender Organisation ihres Rechnungswesens derartige Zahlenangaben relativ leicht beschaffen. Bei elektronischen Datenverarbeitungsanlagen bedarf es z. B. lediglich der Berücksichtigung der ausgewählten Merkmale bei der Dateneingabe, um selbst detaillierte Aufzeichnungen automatisch anfallen zu lassen. Dabei sind jedoch zwei sich entgegenstehende Tendenzen zu beachten. Einerseits erscheint die Bildung von in bezug auf den Arbeitsanfall möglichst homogen und infolgedessen notwendigerweise sehr zahlreichen Gruppen als wünschenswert, um die gewonnenen Einzelzahlen, z. B. mit Hilfe von Äquivalenzziffern, zu Gesamtwerten für die einzelnen Geschäftsarten, Geschäftsartengruppen und schließlich das Gesamtinstitut aggregieren zu können, wie es zur Gewinnung brauchbarer Werte für die langfristige Planung im Betriebsbereich erforderlich ist (3). Dem steht jedoch andererseits entgegen, daß es mit jeder Verfeinerung des Zahlenwerks schwerer wird, die eigenen Zahlen mit denen anderer Institute, der Institutsgruppen oder der Gesamtheit der Kreditinstitute zu vergleichen, bzw. sie mit gesamtwirtschaftlichen Größen in Verbindung zu bringen, weil es hierfür meist an der erforderlichen Beschaffungsmöglichkeit mangelt. Dazu kommt, daß mit dem Vorliegen von Zahlenan-

---

1) Vgl. S. 159 f. und 167 ff.
2) Vgl. S. 160 und 169 f.
3) Vgl. S. 231 f.

gaben für zurückliegende Zeiträume beim derzeitigen Stand der Planung in den Universalbanken auch für das eigene Institut meist nicht zu
rechnen ist und ihrer nachträglichen Beschaffung im allgemeinen relativ große Schwierigkeiten entgegenstehen. Man wird sich daher nicht
nur gegenwärtig, sondern auch in Zukunft oft mit verhältnismäßig groben
Unterteilungen behelfen und unter Umständen sogar mit symptomati-
schen Zahlen auszukommen versuchen müssen. So wird man insbesondere, falls es an vergleichbaren stückmäßigen Zahlenangaben mangelt,
nicht umhin können, auf wertmäßige Zahlenangaben, wie z. B. die Umsätze oder die Bestände, zurückzugreifen. Wenn im folgenden die
Prognostizierung des Arbeitsanfalls aus den Passiv-, Aktiv- und Dienstleistungsgeschäften nur relativ kurz behandelt wird, dann sind die Gründe dafür einmal in dem Fehlen jeglicher Anhaltspunkte dazu in den Veröffentlichungen der Universalbanken zu suchen, liegen zum anderen aber
auch darin, daß dabei keine grundsätzlich neuen Aspekte auftauchen. So
wird lediglich das Spargeschäft seiner deutlichen Entwicklungstendenz
wegen als Beispiel ausführlicher erörtert.

(1) Der Arbeitsanfall aus den Passivgeschäften

Für die Prognostizierung des Arbeitsanfalls aus den Passivgeschäften
sind lediglich die den Positionen der Gruppe 1 zugrunde liegenden Passivgeschäfte von Bedeutung, weil es sich bei den Positionen der Gruppe
2 überwiegend um Geschäfte mit anderen Kreditinstituten handelt, deren Arbeitsaufwand im Gesamtzusammenhang praktisch nicht ins Gewicht fällt (1), und die Positionen der Gruppe 3 überhaupt nur buchungs-
technische Vorgänge beinhalten (2).

Zur Gewinnung von Anhaltspunkten über die Entwicklung des Arbeitsanfalls im Spargeschäft unserer Modellbank werden die in der folgenden Tabelle zusammengestellten Zahlenangaben verwendet (3):

	Zahl d. Spar-konten		Zahl d. Bu.-po. im Sparverk.		Umsätze im Sparverk.		Spareinlagen-bestände	
	abso-lut	Zuw. in %	in 1000	Zuw. in %	f. 5 J. Mio DM	Zuw. in %	in Mio DM	Zuw. in %
1955	26140		151,4		256,3		65,95	
1950	48850	86,9	281,3	85,8	604,5	135,9	146,70	122,4
1965	104560	114,0	651,9	131,7	1276,7	111,2	304,08	107,3

Tabelle 19

Wie aus diesen Zahlenangaben hervorgeht, sind im ersten Jahrfünft die
Bestände und Umsätze im Spargeschäft schneller als die Konten und Bu-

---

1) Vgl. hierzu auch unsere Ausführungen S. 170
2) Vgl. Tabelle 14, S. 359
3) Vgl. bezüglich der Spareinlagen Anlage 11

chungsposten gestiegen, während im zweiten Jahrfünft die Entwicklung gerade umgekehrt verlaufen ist. Die Ursache dafür liegt vor allem in zwei entgegengesetzt wirkenden Entwicklungstendenzen bezüglich der betragsmäßigen Höhe der Geschäftsvorfälle, nämlich einer Vergrößerung der Einzelbeträge je Geschäftsvorfall auf Grund der steigenden Einkommen der Wirtschaftseinheiten einerseits und einer Verkleinerung der Einzelbeträge je Geschäftsvorfall auf Grund der gesellschaftspolitischen und eigentumsfördernden Maßnahmen des Staates in Verbindung mit den verstärkten Bemühungen der Universalbanken um die Spareinlagen des kleinen Mannes andererseits. Dazu kommt aber weiterhin, daß mit dem Wachstum der Spareinlagenbestände auf den einzelnen Konten eine zunehmende Neigung zum Übergang auf andere Sparformen einherzugehen pflegt. Vergleichszahlen für das gesamte Kreditgewerbe sowie die einzelnen Institutsgruppen liegen in den Monatsberichten der Deutschen Bundesbank nur für die Umsätze und die Bestände im Sparverkehr vor. Inwieweit Angaben über die stückzahlmäßige Entwicklung der Sparkonten und der Buchungsposten im Sparverkehr von den jeweiligen Verbänden der Institutsgruppen oder im Austausch zwischen befreundeten Instituten zu erhalten sind, läßt sich nicht allgemein sagen, da die diesbezügliche Aktivität doch recht unterschiedlich sein dürfte (1). Im folgenden werden daher die allgemein beschaffbaren Zahlen zugrunde gelegt. Danach ist die bei unserer Modellbank für die Spareinlagen und die Umsätze im Sparverkehr beobachtete Entwicklung auch bei den Kreditinstituten insgesamt festzustellen, wie aus der folgenden Tabelle hervorgeht (2):

| | Spareinlagenbestände | | | | Umsätze im Sparverkehr für 5 Jahre | | | |
| | Modellbank | | alle KI | | Modellbank | | alle KI | |
	in Mio DM	Zuw. in %	in Mio DM	Zuw. in %	in Mio DM	Zuw. in %	in Mio DM	Zuw. in %
1955	65,95		21373,5		256,3		84609,6	
1960	146,70	122,4	53113,5	148,5	604,5	135,9	225089,4	166,0
1965	304,08	107,3	110677,6	108,4	1276,7	111,2	477852,4	112,3

Tabelle 20

Gehen wir nun wiederum davon aus, daß für die im Spargeschäft bezüglich einer Vergrößerung bzw. Verkleinerung der Einzelbeträge je Ge-

---

1) So wird allen Sparkassen z. B. von ihren Verbänden sehr gutes Vergleichsmaterial über das Spargeschäft zur Verfügung gestellt und darüber hinaus pflegen einzelne Sparkassen untereinander mit Hilfe von Betriebsvergleichen weitere Vergleichszahlen zu ermitteln.

2) Vgl. hierzu die Monatsberichte der Deutschen Bundesbank, III. Kreditinstitute. A. Kredite, Wertpapierbestände, Einlagen, sowie Anlage 11 und Tabelle 19, S. 376. Bezüglich der Umgestaltung der Bankenstatistik Ende 1968 vgl. S. 50 Fußnoten 2 und 3 und S. 357 Fußnote 1

schäftsvorfall wirksamen Tendenzen (1) Änderungen im Prognosezeitraum nicht erkennbar sind, so kommt es auf die Stärke dieser Tendenzen beim einzelnen Institut an, wie sich der Arbeitsanfall im Spargeschäft im Prognosezeitraum bei ihm gestalten wird. Für unsere Modellbank wollen wir annehmen, daß interne Ermittlungen über die Zusammensetzung ihrer Sparkunden und der von ihnen getätigten Sparge-
schäfte sowie über ihre Aussichten zur Gewinnung neuer Sparkunden für
den Prognosezeitraum kein weiteres überproportionales Wachstum der
Konten und Buchungsposten im Spargeschäft gegenüber den Beständen
und Umsätzen wie im Zeitraum von 1960 - 1965 mehr erwarten lassen,
daß aber auch mit einem entsprechenden unterproportionalen Wachstum
wie im Zeitraum von 1955 - 1960 nicht wieder gerechnet werden kann.
Am wahrscheinlichsten ist infolgedessen für unsere Modellbank die Annahme eines etwa proportionalen Wachstums der Bestände und Umsätze
im Spargeschäft im Vergleich zu den Konten und Buchungsposten. Das
bedeutet unter der weiteren Annahme eines dem Wachstum der Zahl der
Konten und Buchungsposten etwa proportionalen Wachstum des Arbeitsanfalls im Spargeschäft, daß bei unserer Modellbank im Prognosezeitraum von einem der prognostizierten Zunahme der Spareinlagen etwa
proportionalen Wachstum des Arbeitsanfalls im Spargeschäft ausgegangen werden muß.

Versucht man, Anhaltspunkte über die Entwicklung des Arbeitsanfalls
bei den Sichteinlagengeschäften mit Nichtbanken zu gewinnen, so ist zunächst darauf hinzuweisen, daß diese Geschäfte mit dem kreditorischen
Zahlungsverkehr so unmittelbar verknüpft sind, daß sie praktisch gar
nicht davon getrennt werden können. Da jedoch mit dem kreditorischen
wiederum der debitorische Zahlungsverkehr aufs engste verbunden ist,
erscheint es uns als zweckmäßig, bei der Betrachtung der Sichteinlagen-
geschäfte vom kreditorischen Zahlungsverkehr zu abstrahieren und ihn
zusammen mit dem debitorischen Zahlungsverkehr erst innerhalb der
Dienstleistungsgeschäfte abzuhandeln (2). Der Arbeitsanfall im Sichteinlagengeschäft beschränkt sich in diesem Falle auf die reine Konten-
verwaltung, insbesondere die Kontoeröffnung und Kontoschließung, die
Zinsberechnung und die Akquisition, und hängt infolgedessen im wesentlichen von der Zahl der Konten ab. Als Grundlage für die Beurteilung
des Arbeitsanfalls im Sichteinlagengeschäft kann daher vor allem die
Zahl der kreditorischen Kontokorrentkonten dienen, deren vergangene
Entwicklung unter Berücksichtigung der für die Zukunft erkennbaren
Entwicklungstendenzen prognostiziert werden müßte. Man kann indessen auch versuchen, sich über die (bereits prognostizierte) Entwicklung
des Sichteinlagenbestandes Anhaltspunkte über die Entwicklung des Arbeitsanfalls im Sichteinlagengeschäft zu beschaffen. Auszugehen ist dabei davon, daß sich Kontenzahl und Sichteinlagenbestand parallel ent-

---

1) Vgl. S. 377
2) Vgl. S. 382 f.

wickeln müssen, wenn die durchschnittliche Höhe des Sichteinlagenbestandes je Konto unverändert bleibt. Nun ist aber einerseits zu vermuten, daß die durchschnittlichen Sichteinlagenbestände steigen, weil im Zuge des allgemeinen wirtschaftlichen Wachstums in Verbindung mit einer Verschlechterung des Geldwertes die einzelnen Wirtschaftssubjekte höhere Sichteinlagen als Kassenreserven benötigen (1). Das würde bedeuten, daß die Bestände schneller als die Konten zunehmen. Andererseits muß damit gerechnet werden, daß vor allem im Zuge der Ausbreitung der bargeldlosen Lohn- und Gehaltszahlung und der damit verbundenen Errichtung von Lohn- und Gehaltskonten bei den Universalbanken Kunden mit geringerer finanzieller Potenz ein stärkeres Gewicht erhalten (2). Dies würde eine Verringerung der durchschnittlichen Sichteinlagenbestände zur Folge haben und damit zu einem schnelleren Anwachsen der Konten im Vergleich zu den Beständen führen. Wie sich die beiden Entwicklungstendenzen im konkreten Fall auswirken, hängt allerdings sehr stark von der bisherigen Zusammensetzung des Kundenkreises einer Bank sowie der wirtschaftlichen Situation in ihrem Einzugsgebiet ab und läßt sich infolgedessen nur auf Grund entsprechender Analysen feststellen. Für unsere Modellbank wollen wir von der Annahme ausgehen, daß ihre internen Ermittlungen in etwa einen Ausgleich der beiden sich entgegenwirkenden Tendenzen erwarten lassen und daher mit einem der bestandsmäßigen Zunahme der Sichteinlagen ungefähr proportionalen Wachstum des Arbeitsanfalls im Sichteinlagengeschäft gerechnet werden muß.

Was für die Entwicklung des Arbeitsanfalls im Sichteinlagengeschäft mit Nichtbanken (ohne Zahlungsverkehr) gesagt wurde, gilt cum grano salis auch für das Termineinlagengeschäft mit Nichtbanken. Hier wie dort wächst der Arbeitsanfall vor allem mit der Zahl der Termineinlagenkonten, die infolgedessen zu seiner Prognostizierung herangezogen werden können. Indessen ist aber der insgesamt mit dem Termineinlagengeschäft verbundene Arbeitsanfall im Gesamtzusammenhang so gering zu veranschlagen, daß kein allzugroßer Fehler unterlaufen kann, wenn aus Vereinfachungsgründen die Entwicklung des Termineinlagenbestandes als symptomatisch für die Entwicklung des Arbeitsanfalls im Termineinlagengeschäft verwendet wird, obwohl die Bestände hier schneller als die Konten zuzunehmen tendieren. Wir wollen daher für unsere Modellbank ein dem Wachstum ihres gesamten Termineinlagenbestandes proportionales Wachstum des Arbeitsanfalls im Termineinlagengeschäft annehmen.

Von der gleichen Annahme kann letztlich auch bezüglich der Entwicklung des Arbeitsanfalls bei den aufgenommenen langfristigen Darlehen und den Treuhandkrediten ausgegangen werden, da dieser im Gesamtzusam-

---

1) Vgl. S. 351 und 365 f.
2) Vgl. S. 364

menhang ebenfalls kaum ins Gewicht fällt.

(2) Der Arbeitsanfall aus den Aktivgeschäften

Für die Prognostizierung des Arbeitsanfalls aus den Aktivgeschäften sind
wiederum lediglich die den Positionen der Gruppe 1 zugrunde liegenden
Aktivgeschäfte von Bedeutung, weil es sich bei den Positionen der Gruppe 2 auch hier überwiegend um Geschäfte mit anderen Kreditinstituten
handelt, deren Arbeitsanfall im Gesamtzusammenhang vernachlässigt
werden kann (1), und die Positionen der Gruppe 3, soweit sie nicht bu-
chungstechnische Vorgänge beinhalten, vor allem aus dem Dienstleistungsgeschäft Zahlungsverkehr resultieren, so daß bei isolierter Betrachtung der von ihnen verursachte Arbeitsanfall ebenfalls nur gering
zu veranschlagen ist (2). Es verbleiben somit, wenn man wegen ihrer
sehr geringen Wachstumstendenz aus den Positionen der Gruppe 1 noch
die Ausgleichs- und Deckungsforderungen ausscheidet (3), nur die den
Positionen Wechsel, Debitoren, langfristige Ausleihungen und Treuhand-
kredite zugrunde liegenden kurz-, mittel- und langfristigen Kreditgeschäfte mit Nichtbanken im Hinblick auf ihren Arbeitsanfall zu prognostizieren. In diesem Zusammenhang sind nunmehr aber außerdem die
nicht in Bilanzbeständen zum Ausdruck kommenden Aktivgeschäfte der
Universalbanken zu berücksichtigen, soweit ihr Arbeitsanfall von Bedeutung ist. Es handelt sich dabei vor allem um die zur Refinanzierung
weitergegebenen Diskontwechsel, die Aval- und Akzeptkreditgeschäfte
sowie die zugesagten, aber noch nicht in Anspruch genommenen Konto-
korrentkredite (4).

Die Entwicklung des Arbeitsanfalls im Kreditgeschäft der Universalbanken hängt neben der Anzahl vor allem von der Art der getätigten Geschäfte ab. Es bedarf daher zunächst einmal der Untergliederung des gesamten Kreditgeschäftes in seine verschiedenen Arten (mindestens in Kon-
tokorrentkredite, Wechseldiskontkredite, Lombardkredite, Akzeptkre-
dite und Avalkredite sowie mittel- und langfristige Darlehen), wobei
evtl. weiterhin nach der Besicherung, der Laufzeit, den Tilgungsvereinbarungen und den Kreditnehmern zu differenzieren ist. Jedoch wäre
es verfehlt, aus der für die einzelnen Kreditarten in einem bestimmten
Zeitraum ermittelten Zunahme der Kreditverhältnisse bzw. Kreditkunden unmittelbar auf die Zunahme des Arbeitsanfalles schließen zu wollen. Vielmehr muß hierzu auch noch die Größenklassengliederung der
Kreditgeschäfte in Betracht gezogen werden, da für die Entwicklung des
Arbeitsanfalls in Abhängigkeit von der Größe der Kreditverhältnisse
zwei gegenläufige Einflüsse zu beobachten sind. So gilt einerseits für

---

1) Vgl. hierzu auch unsere Ausführungen S. 170
2) Vgl. Tabelle 14, S. 359
3) Vgl. Tabelle 15, S. 360
4) Vgl. S. 373

den gewerblichen Kredit, daß der Arbeitsanfall aus Gründen der unterschiedlichen Bonität der Schuldner häufig nicht - wie eigentlich zu erwarten - mit dem größeren, sondern gerade umgekehrt mit dem kleineren Kreditbetrag steigt, während andererseits die typisierten Kleinkredite und Anschaffungsdarlehen privater Kreditnehmer trotz sehr kleiner Beträge mit einem relativ geringen Arbeitsanfall behaftet sind. Eine Untersuchung über die Abhängigkeit des Arbeitsanfalls von der Kredithöhe müßte demnach zu klären versuchen, welcher Einfluß stärker ist. Gelingt dies, so kann neben der Zahl der debitorischen Kunden bzw. der Zahl der Kreditverhältnisse auch ihre betragsmäßige Entwicklung als Grundlage für die Prognostizierung des Arbeitsanfalls bei den einzelnen Kreditarten Verwendung finden. Es darf allerdings nicht unerwähnt bleiben, daß die Untersuchung des Arbeitsanfalls - wie entsprechende Versuche gezeigt haben - gerade im Kreditgeschäft wegen der hier besonders großen Individualität der einzelnen Geschäftsvorfälle auf erhebliche Schwierigkeiten stößt, so daß im allgemeinen wohl nur verhältnismäßig unsichere Anhaltspunkte darüber gewonnen werden können (1). Dazu kommt, daß die Entwicklung des Arbeitsanfalls im gesamten Kreditgeschäft einer bestimmten Universalbank nicht nur von der wirtschaftlichen Entwicklung in ihrem Geschäftsbereich und damit von ihren potentiellen neuen Kreditnehmern, sondern sehr stark auch von der bisherigen Zusammensetzung ihrer Kreditverhältnisse nach Art und Größe, also von ihren bereits vorhandenen Kreditnehmern, abhängt. Sie läßt sich infolgedessen nur auf Grund entsprechender Analysen feststellen. Dabei ist wiederum zu beachten, daß jede Bank bei einer Kreditnachfrage, die ihre finanziellen Möglichkeiten zu übersteigen tendiert, wie sie sich z. B. bei der für unsere Modellbank vorgenommenen Prognostizierung der Aktiv- und Passivpositionen ergeben hat (2), grundsätzlich über Auswahlmöglichkeiten sowohl im Hinblick auf die Kreditnehmer, als auch über die Art und Größe der Kreditverhältnisse verfügt und infolgedessen den zukünftigen Arbeitsanfall aus dem Kreditgeschäft bis zu einem gewissen Grad zu steuern vermag. Indessen soll hierauf aber erst bei der Erörterung der im Anschluß an die Prognose der relevanten Planungsgrößen vorzunehmenden Eventualplanung eingegangen werden (3). Bei unserer Modellbank wollen wir wirklichkeitsnahe davon ausgehen, daß in den letzten Jahren einerseits die Zunahme der kleinen diejenige der größeren Kreditverhältnisse erheblich überstiegen hat, wobei wiederum die typisierten Konsumentenkredite vor den gewerblichen Kleinkrediten rangieren, und daß andererseits im Vergleich zu den kurz- und mittelfristigen eine stärkere Zunahme der

---

1) In diesem Sinne äußerten sich z. B. mehrere Bankpraktiker im Arbeitskreis Bankkostenrechnung des Deutschen Instituts für Betriebswirtschaft, Frankfurt am Main, unter Leitung von Prof. Dr. K. F. Hagenmüller.
2) Vgl. Tabelle 18, S. 362 sowie S. 369 f. und 372
3) Vgl. S. 400 ff.

langfristigen Kreditgeschäfte, die im allgemeinen einen weniger großen
Arbeitsanfall verursachen, zu verzeichnen war. Unter der Annahme,
daß die internen Ermittlungen unserer Modellbank keine Anhaltspunkte
für eine Änderung dieser Entwicklungstendenzen im Prognosezeitraum
ergeben, muß auf Grund der für das Kreditgeschäft prognostizierten Zuwachsraten zwar insgesamt mit einer kräftigen Zunahme des Arbeitsanfalls gerechnet werden, doch dürfte sie im Vergleich zum betragsmäßigen Wachstum des Kreditgeschäfts höchstens proportional erfolgen, zumal im Zuge des allgemeinen wirtschaftlichen Wachstums und
der Verschlechterung des Geldwertes eine gewisse Steigerung der Ein-
zelkreditbeträge zu erwarten ist, die den Arbeitsanfall praktisch überhaupt nicht beeinflußt.

(3) Der Arbeitsanfall aus den Dienstleistungsgeschäften

Bei den Dienstleistungsgeschäften ist grundsätzlich zu unterscheiden
zwischen den Zahlungsverkehrsgeschäften, den Effektenverkehrsgeschäften und den Wertaufbewahrungs- und Wertverwaltungsgeschäften.
Der Arbeitsanfall hängt bei all diesen Geschäften im wesentlichen von
der Zahl der Geschäftsvorfälle ab. Günstig für die Prognostizierung
des Arbeitsanfalls wirkt sich infolgedessen aus, daß sich die Geschäftsvorfälle der einzelnen Dienstleistungsgeschäfte relativ leicht zählen und
bei entsprechender Programmierung auf Datenverarbeitungsanlagen automatisch nach den verschiedensten Gesichtspunkten unterteilen lassen.
Abgesehen davon, daß die nachträgliche Beschaffung der erforderlichen
Zahlen erhebliche Schwierigkeiten bereitet (1), kann sich daher jedes
Institut über die Entwicklung der einzelnen Arten des Dienstleistungsgeschäfts sehr genau unterrichten. Dagegen fehlt es hierüber fast völlig
an brauchbarem Vergleichsmaterial. Weder in den Geschäftsberichten,
noch in anderen Veröffentlichungen von Universalbanken sind irgendwelche konkreten Angaben zu finden, und auch die Veröffentlichungen der
Deutschen Bundesbank enthalten (wenn überhaupt) nur allgemeine Be-
stands- und Umsatzzahlen. Die Schwierigkeiten der Prognostizierung
des Arbeitsanfalls aus den Dienstleistungsgeschäften sind infolgedessen zumindest teilweise hierin begründet, so daß sich als einziger Ausweg bisweilen die Betrachtung des Niederschlags der verschiedenen
Dienstleistungsgeschäfte in bestimmten Bilanzbeständen anbietet, wie
es bei der Erörterung der Prognostizierungsmöglichkeiten für die Geschäftstätigkeit der Universalbanken bereits angedeutet wurde (2).

Die Zahlungsverkehrs- und Inkassogeschäfte sind im Hinblick auf ihren
Arbeitsanfall insbesondere nach in- und ausländischen Geschäftsvorfäl-
len sowie nach Bar- und Verrechnungsposten zu untergliedern. Weiterhin ist nach den Trägern des Zahlungs- und Inkassoverkehrs zweckmäßi-

---

1) Vgl. S. 375 f.
2) Vgl. S. 373 f.

gerweise zu unterscheiden zwischen Daueraufträgen, Überweisungen, Schecks, Quittungen, Lastschriften, Inkassowechseln, fälligen Schuldverschreibungen, Zins- und Dividendenscheinen, Dokumenten usw. Bei all diesen Geschäften ist der Arbeitsanfall im wesentlichen stückabhängig. Seine Entwicklung läßt sich vom einzelnen Institut - mit den oben gemachten Einschränkungen (1) - für die Vergangenheit einwandfrei feststellen und unter Berücksichtigung der erkennbaren allgemeinen und speziellen Entwicklungstendenzen grundsätzlich auch prognostizieren. Das fehlende Vergleichsmaterial von anderen Instituten sowie den Institutsgruppen und Kreditinstituten insgesamt fällt dabei insofern nicht allzustark ins Gewicht, als es sich bei den Zahlungsverkehrs- und Inkassogeschäften um Massengeschäftsvorfälle mit einer langfristig relativ stetigen Entwicklung handelt. So läßt vornehmlich der Trend zum bargeldlosen Zahlungsverkehr in Verbindung mit dem angenommenen weiteren Wirtschaftswachstum für alle Arten des Zahlungsverkehrs im Prognosezeitraum eine kräftige Zunahme erwarten, wenngleich sich möglicherweise für das eine oder andere Geschäft (z. B. den Scheck- oder Überweisungsverkehr, das Lastschrifteinzugsverfahren usw.) auf Grund besonderer Neigungen der Kundschaft und/oder der geschäftspolitischen Aktivität des einzelnen Instituts eine über- oder unterdurchschnittliche Entwicklung des Arbeitsanfalls ergeben kann. Als Anhaltspunkte für die Prognostizierung kommen neben der Zahl der Geschäftsvorfälle und Buchungsposten vor allem die debitorischen und kreditorischen Kontokorrentkonten in Frage. Daneben können als Hilfsgrößen die Sichteinlagenbestände, die Bestände an Schecks, fälligen Schuldverschreibungen, Zins- und Dividendenscheinen sowie die Wechselbestände, für die auch das erforderliche Vergleichsmaterial vorliegt, Verwendung finden. Das gleiche gilt für alle Umsatzzahlen, von denen die giralen Verfügungen von Nichtbanken bei allen Kreditinstituten von der Deutschen Bundesbank in ihren Monatsberichten veröffentlicht werden. In diesem Zusammenhang ist allerdings wiederum auf zwei entgegengesetzt wirkende Einflußfaktoren hinzuweisen. Einerseits tendieren die Einzelumsätze im Zahlungsverkehrsgeschäft auf Grund des allgemeinen wirtschaftlichen Wachstums in Verbindung mit der Verschlechterung des Geldwertes größer und andererseits mit der Vielzahl neuer Kunden mit geringerer finanzieller Potenz, die vor allem die Ausbreitung der bargeldlosen Lohn- und Gehaltszahlung mit sich bringt, kleiner zu werden. Für unsere Modellbank wollen wir daher annehmen, daß ihre internen Ermittlungen eine im Vergleich zum Wachstum der Sichteinlagenbestände überproportionale Zunahme des Arbeitsanfalls aus dem Sichteinlagengeschäft erwarten lassen.

Bei den Effektenverkehrsgeschäften muß vor allem zwischen Emissions- und Kommissionsgeschäften sowie zwischen Geschäften mit Dividenden- und festverzinslichen Werten unterschieden werden. Der Arbeitsanfall

---

1) Vgl. S. 375 f. und 382

bei den Effektenkommissionsgeschäften ist im wesentlichen von der Zahl
der Geschäftsvorfälle abhängig, die auch hier sehr leicht zu ermitteln
ist. Seine Entwicklung in der Vergangenheit läßt sich infolgedessen - mit
den oben gemachten Einschränkungen (1) - vom einzelnen Institut ohne
weiteres feststellen. Das gleiche gilt auch für den Teil des Emissions-
geschäftes, der aus dem Effektenabsatz resultiert und den Hauptarbeits-
anfall bei dieser Geschäftsart verursacht, während der mit dem Abschluß von Emissionsgeschäften verbundene Arbeitsanfall, der im wesentlichen die jeweilige Konsortialführerin betrifft und im Einzelfall
sehr unterschiedlich hoch sein kann, zwar weniger gut zu übersehen,
jedoch im allgemeinen auch von geringerer Bedeutung ist. Als Anhaltspunkte für die Prognostizierung des Arbeitsanfalls aus dem Effektengeschäft kommen neben der Zahl der Geschäftsvorfälle und Buchungsposten vor allem die Depotkonten in Frage. Daneben können als Hilfsgrößen die Bestände an Wertpapieren und Konsortialbeteiligungen sowie die Umsätze im Wertpapiergeschäft herangezogen werden. Das Vergleichsmaterial für die Prognostizierung des Arbeitsanfalls im Effektengeschäft beschränkt sich im wesentlichen auf die Angaben der Deutschen Bundesbank über die Wertpapierbestände, die Wertpapieraufle-
gung, den Wertpapierabsatz, den Wertpapierumlauf und die Börsenum-
sätze innerhalb der gesamten Volkswirtschaft, die nur in begrenztem
Maße Anhaltspunkte zu liefern vermögen. Die besonderen Schwierigkeiten einer Prognostizierung des Arbeitsanfalls aus dem Effektengeschäft
liegen jedoch weniger in dem fehlenden Vergleichsmaterial als vielmehr
in der großen Unsicherheit der Börsenentwicklung, die für die Kauf-
und Verkaufsentscheidungen der Wertpapierkunden von ausschlaggebender Bedeutung ist. Man muß infolgedessen bei der Prognostizierung auf
solche langfristigen Entwicklungstendenzen abzustellen versuchen, die
- zumindest bis zu einem gewissen Grade - von der Börsenentwicklung
unabhängig sind und sich daher letztlich auch gegenüber einer länger anhaltenden Schwäche des Kapitalmarktes, wie sie gegenwärtig zu beobachten ist, durchsetzen (2). Dazu gehören z. B. die intensiven Bemühungen aller interessierten Kreise, immer breitere Bevölkerungsschichten für das Wertpapiergeschäft zu gewinnen, wie sie etwa in der Ausgabe
von Volksaktien oder in der Prämienbegünstigung von Wertpapieranlagen
zum Ausdruck kommen. Sie stehen in enger Verbindung mit dem Steigen
der Masseneinkommen im wirtschaftlichen Wachstumsprozeß einerseits
und dem Bedarf einer wachsenden Volkswirtschaft an Finanzierungsmit-
teln für Investitionen andererseits (3). Auf Grund dieser Tendenzen ist
trotz der derzeitigen Situation auf dem Kapitalmarkt langfristig mit einer starken betragsmäßigen Zunahme des Effektengeschäftes, die allerdings mit einem Sinken des durchschnittlichen Betrages für den einzelnen Geschäftsvorfall verbunden sein dürfte, zu rechnen. Beides wirkt

---

1) Vgl. S. 375 f. und 382
2) Vgl. hierzu auch die Ausführungen S. 365
3) Vgl. S. 364

auf eine Steigerung des Arbeitsanfalls aus dem Effektengeschäft hin, die noch dadurch erhöht wird, daß den Kreditinstituten z. B. bei der Ausgabe und dem Handel mit Volksaktien besondere, mit großem Arbeitsaufwand verbundene Aufgaben auferlegt werden. Daher muß u. E. auf lange Sicht mit einer kräftigen Zunahme des Arbeitsanfalls sowohl aus dem Effektenemissions- als auch aus dem Effektenkommissionsgeschäft gerechnet werden. Für unsere Modellbank wollen wir aus den dargelegten Gründen annehmen, daß ihre internen Ermittlungen ein im Vergleich zum Wachstum der Effektenbestände überproportionales Ansteigen des Arbeitsanfalls aus dem Effektengeschäft erwarten lassen.

Innerhalb des Wertaufbewahrungs- und Wertverwaltungsgeschäftes der Universalbanken ist vor allem zwischen dem Depot- und Schließfachgeschäft zu unterscheiden, während Vermögensverwaltungen gegenwärtig im allgemeinen zwar noch eine recht untergeordnete Rolle spielen, jedoch im Prognosezeitraum an Bedeutung gewinnen dürften. Der mit einer Vermögensverwaltung verbundene Arbeitsanfall kann recht groß sein, läßt sich jedoch im voraus nur schwer übersehen und soll daher von der Prognostizierung ausgenommen werden. Das Schließfachgeschäft der Universalbanken hat zumindest teilweise bereits einen recht beachtlichen Umfang, der sich im Prognosezeitraum mit dem Wachstum der Vermögenswerte bei breiten Bevölkerungsschichten weiter steigern dürfte. Das Schwergewicht hierbei liegt jedoch auf der Errichtung der erforderlichen Schließfächer, während der Arbeitsanfall insgesamt nicht ins Gewicht fällt, so daß er vernachlässigt werden kann. Es verbleibt somit lediglich der Arbeitsanfall im Depotgeschäft zu prognostizieren. Er hängt einmal von der Zahl der Depotkonten und damit von der Zahl der Depotkunden, und zum anderen vom Inhalt der Depotkonten, insbesondere von der Zahl der darin enthaltenen Effektengattungen und der zu ihnen gehörenden Einzelstücke ab. Dagegen ist für den Arbeitsanfall der ausmachende Betrag der einzelnen Effektendepots unwesentlich. Alle für den Arbeitsanfall bedeutsamen Einflußfaktoren lassen sich gut zählen, so daß die Entwicklung des Arbeitsanfalls aus dem Depotgeschäft vom einzelnen Kreditinstitut - mit den oben gemachten Einschränkungen - für die Vergangenheit genau ermittelt werden kann (1). Vergleichswerte dafür stehen allerdings kaum zur Verfügung. Es verbleibt daher nur der Umweg über die Entwicklung des Wertpapieremissions- und Wertpapierkommissionsgeschäftes. Da die hierfür festgestellte Entwicklungstendenz eine kräftige Zunahme erwarten läßt, darf mit einer solchen auch für das Depotgeschäft gerechnet werden. In bezug auf die Entwicklung des Arbeitsanfalls ist dabei von besonderer Bedeutung, daß sich die voraussichtliche Verkleinerung der Druchschnittsbeträge im Effektengeschäft auch im Depotgeschäft erhöhend auf den Arbeitsanfall auswirkt, da eine wesentlich stärkere Zunahme der kleineren im Vergleich zu den größeren Depotkonten zu erwarten ist. Das gilt insbeson-

---

1) Vgl. S. 375 f. und 382

dere für alle Effektendepots, in denen sich der Ersterwerb von Volksaktien niederschlägt. Dazu kommt, daß den Kreditinstituten durch das
neue Aktiengesetz für das Depotgeschäft Auflagen gemacht werden, die
mit einem erheblichen Arbeitsanfall verbunden sind (1). Es muß infolgedessen im Prognosezeitraum sicherlich mit einer beachtlichen Steigerung des Arbeitsanfalls im Depotgeschäft gerechnet werden. Für unsere Modellbank wollen wir annehmen, daß ihre internen Ermittlungen
eine im Vergleich zum Wachstum der Effektenbestände (als einer, wenngleich nur sehr beschränkt verwendbaren Hilfsgröße) überproportionale
Zunahme des Arbeitsanfalls aus dem Depotgeschäft erwarten lassen.

Damit sind alle Passiv-, Aktiv- und Dienstleistungsgeschäfte unserer
Modellbank im Hinblick auf die voraussichtliche Entwicklung ihres Arbeitsanfalles untersucht worden. Zwar können auf diese Weise lediglich
Einzelergebnisse gewonnen werden, die eine zusammenfassende Beurteilung des für das Gesamtinstitut zu erwartenden Arbeitsanfalls und
seiner Bewältigung nicht ohne weiteres ermöglichen, doch vermögen sie
dafür - wie im folgenden zu zeigen ist - wertvolle Grundlagen zu liefern.

(4) Der Gesamtarbeitsanfall

Versucht man, auf Grund der über die Teilbereiche der Geschäftstätigkeit gewonnenen Erkenntnisse eine zusammenfassende Beurteilung der
voraussichtlichen Entwicklung des Arbeitsanfalls im Gesamtgeschäft
einer Universalbank vorzunehmen, so ergeben sich weitere Schwierigkeiten (2).

Sie liegen einmal darin, daß die Zuwachsraten des Arbeitsanfalls bei den
einzelnen Geschäftsarten eine Prognose des zu ihrer Bewältigung erforderlichen Einsatzes von Arbeitskräften und technischen Hilfsmitteln nur
dann erlauben, wenn bekannt ist, mit welchen Arbeitskräften und technischen Hilfsmitteln der Arbeitsanfall aus den einzelnen Geschäftsarten
bisher bewältigt worden ist. Um solche Daten als geeignete Grundlagen
für eine Prognose zu gewinnen, sind gewisse Voraussetzungen erforderlich. Insbesondere muß ein möglichst enger Zusammenhang zwischen
den prognostizierten Geschäftsarten und den Stellen, an denen sie bearbeitet werden, also der Abteilungsgliederung einer Universalbank, bestehen. Erhebliche Probleme treten infolgedessen dort auf, wo die Bearbeitung der gleichen Geschäftsart an mehreren Stellen vorzunehmen
ist, wie z. B. bei allen Filialbanken innerhalb der jeweiligen Geschäftsstellen. Für derartige Institute hat daher die Prognostizierung des Arbeitsanfalles aus den einzelnen Geschäftsarten zweckmäßigerweise getrennt für die verschiedenen Geschäftsstellen zu erfolgen. Dazu kommt
aber weiterhin, daß die Prognostizierung des Arbeitsanfalls für die Teil-

---

1) Vgl. §§ 128 und 135 des neuen Aktiengesetzes
2) Vgl. hierzu auch unsere Ausführungen S. 375 f.

bereiche der Geschäftstätigkeit einer Universalbank - unter den oben
gemachten Voraussetzungen - unmittelbar nur für die entsprechenden
Geschäftsabteilungen zu brauchbaren Ergebnissen führen kann, während für alle die Abteilungen, deren Arbeit nicht einzelnen, sondern
mehreren Geschäftsarten oder gar dem Gesamtbetrieb zugute kommt,
wie z. B. die Arbeit der meisten Stabs-, Verwaltungs- und Hilfsabteilungen, der zu erwartende Arbeitsanfall erst dann festgestellt werden
kann, wenn es gelingt, die Einzelzahlen, z. B. mit Hilfe von Äquivalenzziffern zu den jeweils erforderlichen Gesamtwerten zu aggregieren (1).
Die hierbei zu überwindenden Schwierigkeiten können sehr erheblich
sein. Sie treten auch bei allen Bemühungen um aussagefähige Kostenrechnungen auf und sind grundsätzlich nicht zu bewältigen, wenn dafür
mehr oder weniger willkürliche und infolgedessen die Ergebnisse ver-
fälschende Zurechnungen gemacht werden müssen (2). Zwar kommt es
hier nicht - wie bei den Kostenrechnungen - auf möglichst große Genauigkeit an, da die in Frage stehenden Zukunftswerte ohnehin immer mit
Ungewißheit behaftet sind, doch dürfen die auftauchenden Probleme keineswegs unterschätzt werden (3). In diesem Zusammenhang ist letztlich
zu berücksichtigen, daß durch den technischen Fortschritt (wie in den
vergangenen) so auch in den kommenden Jahren neuere und bessere Möglichkeiten zur Abwicklung eines vorgegebenen Arbeitsanfalls auf allen
Teilgebieten der bankbetrieblichen Betätigung gefunden werden dürften,
und daß außerdem mit einem stärkeren Zunehmen des Arbeitsanfalls in
einer Tätigkeitsart - selbst unter der (unrealistischen) Voraussetzung
gleichbleibenden technischen Fortschritts - meist zugleich die Möglichkeit für eine rationellere Abwicklung derselben vorhanden ist (4).

Schwierigkeiten für die Prognostizierung des Gesamtarbeitsanfalls einer Universalbank ergeben sich zum anderen aus den zwischen ihren einzelnen Betätigungen vorhandenen Interdependenzen. So kann eine endgültige Beurteilung der voraussichtlichen Entwicklung des Arbeitsanfalls im Gesamtgeschäft einer Universalbank immer erst dann erfolgen, wenn die auf Grund der Einzelprognosen des Geschäfts- und Betriebsbereichs vorzunehmende Eventualplanung für die Gesamtunternehmung zu grundsätzlichen Entscheidungen über die geschäfts- und
betriebspolitisch einzuschlagenden Wege geführt hat. Dabei ist zu berücksichtigen, daß im Zuge der integrierten Datenverarbeitung die Abwicklung des Arbeitsanfalls bei den einzelnen Geschäftsarten nicht isoliert betrachtet werden darf, sondern ein Weg gesucht werden muß, der
für alle zu bewältigenden Arbeiten möglichst gut geeignet ist (4).

---

1) Vgl. S. 375
2) Vgl. S. 94 f. , 174 ff. und 254 ff.
3) Vgl. S. 211 und 271
4) Vgl. hierzu auch die Ausführungen S. 412 f.

Wegen der Schwierigkeiten, die mit der Zusammenfassung der für die einzelnen Geschäftsarten prognostizierten Zuwachsraten des Arbeitsanfalls zu den für eine Eventualplanung erforderlichen Gesamtwerten grundsätzlich verbunden sind, kann es im konkreten Fall zweckmäßig sein, den Gesamtarbeitsanfall einer Universalbank nicht aus seinen einzelnen Teilen, sondern global zu prognostizieren, oder auf diese Weise wenigstens eine Kontrolle der durch die Aggregation erhaltenen Werte vorzunehmen. Geht man dabei davon aus, daß der Arbeitsanfall im wesentlichen stückabhängig ist, so erscheinen dafür insbesondere die Gesamtzahlen der Kunden, der Konten und der Posten als geeignet (1), die überdies von den Universalbanken üblicherweise ermittelt zu werden pflegen und daher wohl zumeist für einen ausreichenden Vergangenheitszeitraum zur Verfügung stehen. Zwar sind in diesen Gesamtzahlen Grössen zusammengefaßt, die hinsichtlich des Arbeitsanfalls sehr erhebliche Unterschiede aufweisen, wie z. B. die Sparkonten, die debitorischen Konten und die Depotkonten, jedoch kann bei den Größenverhältnissen, um die es sich hierbei handelt, darauf vertraut werden, daß Kunden, Konten und Posten mit überdurchschnittlichem Arbeitsanfall zumindest bis zu einem gewissen Grade durch solche mit unterdurchschnittlichem Arbeitsanfall ausgeglichen werden. Stellt man nunmehr die Entwicklung der ermittelten Globalwerte derjenigen der Bilanzsumme bzw. des Geschäftsvolumens gegenüber, so mag ein solcher Vergleich wegen der überwiegenden Stückabhängigkeit des Arbeitsanfalls auf den ersten Blick als völlig unzulässig erscheinen. Vergegenwärtigt man sich indessen, daß es sich bei der Bilanzsumme bzw. dem Geschäftsvolumen um einen Maßstab handelt, in dem nach allgemeiner Ansicht trotz aller im einzelnen zu beanstandenden Mängel die Größenverhältnisse der Kreditinstitute relativ gut zum Ausdruck kommen (2), und daß für die Prognostizierung der Bilanzsumme bzw. ihrer einzelnen Teile in der Regel bessere Voraussetzungen vorliegen als für die Prognostizierung der Geschäftätigkeit (3), so läßt sich eine Orientierung der Entwicklung des Arbeitsanfalls am voraussichtlichen Wachstum der Bilanzsumme bzw. des Geschäftsvolumens durchaus rechtfertigen. Gegenüberstellungen dieser Art, die mit vorhandenem Zahlenmaterial gemacht worden sind, lassen jedenfalls auf lange Sicht eine erstaunliche Gleichartigkeit in der Entwicklung der Gesamtzahl der Kunden, der Konten und der Posten im Vergleich zur Bilanzsumme erkennen. Insgesamt entsteht dabei der Eindruck, als ob die Zunahme des Arbeitsanfalls etwas langsamer als die der Bilanzsumme verläuft. Wir wollen diese Tendenz infolgedessen auch für die Entwicklung des Gesamtarbeitsanfalls bei unserer Modellbank zugrunde legen. Da indessen eine endgültige Aussage über die vermutliche Entwicklung der Bilanzsumme erst im Anschluß an die grundsätzlichen Entscheidungen über die geschäfts- und betriebspolitisch einzu-

---

1) Vgl. hierzu insbesondere die Ausführungen S. 374 ff.
2) Vgl. S. 111 ff.
3) Vgl. S. 342 ff., 357 ff. und 372 ff.

schlagenden Wege gemacht werden kann (1), muß auch die endgültige Prognostizierung des Gesamtarbeitsanfalls bis dahin zurückgestellt werden (2).

cc) Die Erfolgsprognose

Der Erfolg der Universalbanken in einem bestimmten Zeitraum ergibt sich aus der Differenz ihrer Erträge und Aufwendungen in diesem Zeitraum. Grundsätzlich kann daher die Prognostizierung des Erfolges - ebenso wie die der Bilanzsumme und des Arbeitsanfalls - einmal global und zum anderen aus seinen Komponenten heraus vorgenommen werden, wobei wiederum eine mehr oder weniger starke Detaillierung möglich ist. Auch hier gilt es zunächst, die Entwicklung des Erfolges bzw. seiner einzelnen Komponenten in der Vergangenheit festzustellen. Jede Universalbank kann derartige Zahlen in jeder gewünschten Detaillierung für das eigene Institut ermitteln, wenn man wiederum von den Schwierigkeiten einer nachträglichen Beschaffung absieht (3). Vergleichszahlen stehen dagegen bisher nur in sehr begrenztem Umfang zur Verfügung. Der Grund dafür liegt darin, daß die von den Kreditbanken und Kreditgenossenschaften zu veröffentlichenden Gewinn- und Verlustrechnungen bis 1968 lediglich Nettozahlen zu enthalten brauchten, die über die Erfolgsentwicklung praktisch keine Aufschlüsse zu geben vermochten (4). Erst für die Zukunft sind in dieser Hinsicht durch die im Zusammenhang mit der Änderung der Bilanzierungsvorschriften für die Kreditinstitute auch für deren Gewinn- und Verlustrechnungen eingeführten neuen Gliederungsschemata Verbesserungen zu erwarten (5). Gute Informationsmöglichkeiten liefern dagegen auch bisher schon die Gewinn- und Verlustrechnungen der Sparkassen, die bereits nach den bis 1968 für sie geltenden Formblättern Bruttozahlen ausweisen mußten (6). Außerdem wird weiteres Material den Sparkassen von ihren Verbänden aus Betriebsvergleichen zur Verfügung gestellt oder von befreundeten Instituten selbst erarbeitet. Ähnliches gilt auch für die Kreditgenossenschaften, während die Kreditbanken derartige Möglichkeiten - zumindest bisher - noch kaum nutzen. Hinzuweisen ist in diesem Zusammenhang allerdings auf die von der Deutschen Bundesbank mit Hilfe von Zinsertragsbilanzen sowie Gewinn- und Verlustrechnungen in Staffelform auf freiwilliger Basis und

---

1) Vgl. S. 387
2) Vgl. S. 512 ff.
3) Vgl. S. 375 f.
4) Vgl. hierzu insbesondere Birck, Heinrich: Die Bankbilanz, S. 475 ff. und Hagenmüller, Karl Friedrich: Der Bankbetrieb, Band III, S. 133 ff.
5) Vgl. Hagenmüller, Karl Friedrich: Der Bankbetrieb, Band III. S. 150 sowie unsere Ausführungen S. 50 Fußnote 2 und 111 Fußnote 1
6) Vgl. hierzu insbesondere Birck, Heinrich: Die Bankbilanz, S. 490 ff. und Hagenmüller, Karl Friedrich: Der Bankbetrieb, Band III, S. 133 f. und 137

vertraulich durchgeführten Rentabilitätsuntersuchungen von Kreditinstituten, deren Ergebnisse den beteiligten Banken in Form relativer Durchschnittswerte der jeweiligen Bankengruppe mitgeteilt werden (1). Im konkreten Fall kann sich eine Kreditbank daher bei der Erfolgsprognose wenigstens auf ihr eigenes Zahlenmaterial und möglicherweise sogar auf Gruppendurchschnittswerte stützen. Für die Prognostizierung des Erfolges unserer Modellbank fehlen uns dagegen jegliche Ausgangswerte.

Wird die Erfolgsentwicklung einer Universalbank global der Entwicklung ihrer Bilanzsumme oder ihres Geschäftsvolumens gegenübergestellt, so können wegen der Vielzahl der hier zusammenwirkenden Komponenten im allgemeinen nur geringe Aussagen über die jeweiligen Einflußfaktoren gemacht werden. Eine globale Erfolgsprognose im Anschluß an eine globale Bilanzsummenprognose vermag infolgedessen allenfalls erste Anhaltspunkte zu liefern oder Kontrollzwecken zu dienen, so daß ein Zurückgehen auf die einzelnen Komponenten des Erfolges unerläßlich erscheint. Zu beachten ist dabei insbesondere, daß sich sowohl Aufwendungen als auch Erträge mit geringen Ausnahmen, die im wesentlichen die Steuern betreffen, aus einer Preis- und einer Mengenkomponente zusammensetzen, deren Entwicklung durchaus nicht gleichläufig zu erfolgen braucht (2), so daß beiden Komponenten im einzelnen nachgegangen werden muß. Von Bedeutung ist weiterhin, daß sich endgültige Aufschlüsse über die voraussichtliche Entwicklung der Aufwendungen und Erträge zwangsläufig erst gewinnen lassen, wenn im Anschluß an die Prognose aller relevanten Planungsgrößen mit Hilfe der Eventualplanung die grundsätzlichen Entscheidungen über die geschäfts- und betriebspolitisch einzuschlagenden Wege gefallen sind (3). Die Erfolgsprognose kann sich daher immer nur an den für die Entwicklung der Geschäftstätigkeit und des daraus resultierenden Arbeitsanfalls prognostizierten vorläufigen Werten orientieren.

Um die zahlreichen Einflußfaktoren auf die Erfolgsentwicklung einer Universalbank im einzelnen berücksichtigen zu können, ist im konkreten Fall eine möglichst starke Detaillierung der Erträge und Aufwendungen bei der Erfolgsprognose wünschenswert. In Anbetracht der hierfür völlig fehlenden Ausgangswerte (4) soll jedoch bei der Erfolgsprognose unserer Modellbank lediglich zwischen den Zinserträgen und Zinsaufwendungen, allen übrigen Erträgen und Aufwendungen im Geschäftsbereich sowie den Betriebsaufwendungen unterschieden werden.

---

1) Vgl. hierzu insbesondere Hagenmüller, Karl Friedrich: Der Bankbetrieb, Band III, S. 205 ff.
2) Vgl. S. 175 ff.
3) Vgl. S. 387
4) Vgl. S. 389

(1) Zinserträge und Zinsaufwendungen

Die Entwicklung der Zinserträge und Zinsaufwendungen einer Universalbank ist einerseits von der Entwicklung ihrer Aktiv- und Passivbestände und zum anderen von der Entwicklung der dazugehörigen Aktiv-
und Passivzinssätze abhängig.

Für die Entwicklung der Aktiv- und Passivbestände bestehen - wie eingehend dargelegt wurde - relativ gute Prognosemöglichkeiten, so daß
über die Mengenkomponente der Zinserträge und Zinsaufwendungen die
erforderlichen Informationen verhältnismäßig leicht zu beschaffen sind
(1). Zu beachten ist dabei zwar die Tatsache, daß es sich bei den prognostizierten Beständen um Zeitpunktgrößen handelt, während Zinserträge und Zinsaufwendungen sich über einen Zeitraum erstrecken, doch
lassen sich die daraus resultierenden Schwierigkeiten durch Verwendung von Durchschnittsbeständen durchaus bewältigen.

Erhebliche Probleme ergeben sich dagegen für die Prognostizierung der
Zinssätze, also der Preiskomponente der Zinserträge und Zinsaufwendungen. Der Grund dafür liegt darin, daß sich über die zukünftige absolute Höhe der einzelnen Aktiv- und Passivzinssätze langfristig praktisch gar nichts aussagen läßt, da sie sehr stark von währungs- und
wirtschaftspolitischen Erfordernissen abhängt, die auf lange Sicht nicht
abschätzbar sind (2). Aus den Erfahrungen der Vergangenheit kann jedoch geschlossen werden, daß sich die Differenzen zwischen vergleichbaren Aktiv- und Passivzinssätzen sowie ihre Relationen zueinander -
wenn auch unter Schwankungen, die vor allem mit den von der Zentral-
notenbank jeweils verfolgten geld- und kreditpolitischen Zielen im Zusammenhang stehen - auf lange Sicht als relativ stabil erweisen (3). Unter diesen Umständen sind für die langfristige Entwicklung der Zinserträge und Zinsaufwendungen einer Universalbank neben den Veränderungen ihrer Bilanzsumme die ihrer Bilanzstruktur von entscheidender Bedeutung. Kann infolgedessen davon ausgegangen werden, daß die Bilanzstruktur einer Universalbank sowohl aktivisch als auch passivisch trotz
Vergrößerung der Bilanzsumme im Prognosezeitraum in etwa erhalten
bleibt, so ist auf Grund der tendenziellen Stabilität der Zinsdifferenzen
zu erwarten, daß sich keine wesentlichen Veränderungen ihrer Zinsspanne - wie in der bankbetrieblichen Literatur und Praxis die Differenz zwischen Zinserträgen und Zinsaufwendungen ausgedrückt in Prozent der Bilanzsumme bezeichnet zu werden pflegt (4) - ergeben. Voraussetzung hierfür ist allerdings, daß die Bank zu diesem Zweck weder

---

1) Vgl. S. 342 ff. und 357 ff.
2) Vgl. S. 181, 254 f. und 296
3) Vgl. S. 181
4) Vgl. hierzu insbesondere Hagenmüller, Karl Friedrich: Der Bankbetrieb, Band III, S. 199 ff.

aktivische noch passivische Anpassungen vornehmen muß. Ist sie nämlich gezwungen, entweder zur Unterbringung der ihr von ihren Kunden
zufließenden finanziellen Mittel aktivisch oder zur Beschaffung der für
die Befriedigung einer vorhandenen Kreditnachfrage fehlenden finanziellen Mittel passivisch eine besondere geschäftspolitische Aktivität zu ent-
falten, so muß damit gerechnet werden, daß tendenziell die erzielbaren
Erträge geringer bzw. die erforderlichen Aufwendungen höher werden
und infolgedessen bei Anpassung der prognosegemäß jeweils kürzeren an
die längere Bilanzseite die Zinsspanne zu sinken tendiert. Umgekehrt
kann bei Anpassung der prognosegemäß jeweils längeren an die kürzere
Bilanzseite wegen der Möglichkeit, sich auf die zinsmäßig günstigeren
Geschäftsabschlüsse zu beschränken, zwar ein tendenzielles Ansteigen
der Zinsspanne angenommen werden, jedoch läßt sich aus dem günstigen
Einfluß auf die Rentabilität, die ein solcher Verzicht auf geschäftspolitische Aktivität mit sich bringt, durchaus nicht auf eine bevorzugte Verhaltensweise der Universalbanken schließen, da ihre geschäfts- und be-
triebspolitischen Entscheidungen - wie eingehend dargelegt wurde - sich
nicht ausschließlich an der Zielvariablen Gewinn, sondern auch an den
Zielvariablen Marktanteil und Eigenkapitalanteil orientieren (1). Bei der
Erörterung der Planungsstufen Eventualplanung und Entscheidung wird
darauf nochmals zurückzukommen sein (2). Weitere Einflüsse auf die
Entwicklung der Zinsspanne einer Universalbank müssen sich nach dem
oben Gesagten ergeben, wenn sich die Bilanzstruktur im Prognosezeitraum verändert. In dieser Hinsicht sind bereits seit längerer Zeit einige
Tendenzen wirksam und bei der Prognostizierung der Bilanzbestände
auch schon berücksichtigt worden (3). Es handelt sich dabei einmal um
Strukturveränderungen auf der Passivseite durch ein tendenzielles Ansteigen des Anteils der Spareinlagen und ein tendenzielles Absinken
des Anteils der Sichteinlagen an der Bilanzsumme, also eine Verschiebung von Beständen mit niedrigerer zugunsten solcher mit höherer Verzinsung, die sich in einer Minderung der Zinsspanne bemerkbar machen muß. Zum anderen ist auf der Aktivseite eine Tendenz zum Absinken des Anteils der liquiden Mittel und Ausgleichsforderungen und zum Ansteigen des Anteils der langfristigen Ausleihungen an der Bilanzsumme erkennbar, also ebenfalls eine Verschiebung von Beständen mit niedrigerer zugunsten von solchen mit höherer
Verzinsung, die in diesem Falle aber in einer Erhöhung der Zinsspanne
Ausdruck finden muß. Allerdings sind beide Tendenzen bei den Kreditbanken in weniger starkem Maße zu beobachten als bei den Sparkassen
und Kreditgenossenschaften. Letztlich ist darauf hinzuweisen, daß die zunehmende Konkurrenz zwischen den Kreditinstituten besonders seit der
Zinsliberalisierung vom April 1967 für die Zinssätze auf lange Sicht eine
gewisse Minderung der Zinsdifferenzen erwarten läßt, die ebenfalls zu
einer tendenziellen Senkung der Zinsspanne der Universalbanken führen

---

1) Vgl. S. 65 ff., insbesondere S. 89 ff.
2) Vgl. S. 400 ff. und 421 ff.
3) Vgl. S. 357 ff. sowie die Anlagen 11 - 23

muß (1). Obgleich also über die absolute Höhe der Zinssätze auf lange
Sicht keinerlei Aufschlüsse gewonnen werden können, erscheinen langfristige Aussagen über die Erfolgskomponenten Zinserträge und Zinsaufwendungen bei einer Universalbank als durchaus möglich, weil die
aufgezeigten Entwicklungstendenzen wertvolle Anhaltspunkte für die Entwicklung ihrer Zinsspanne zu liefern vermögen. Zweifellos bedarf es
im konkreten Fall eingehender Analysen, um über die Stärke der einzelnen - sich teilweise entgegenwirkenden - Entwicklungstendenzen die
erforderliche Klarheit zu erhalten, doch stehen dem keine unüberwindlichen Schwierigkeiten entgegen. Für unsere Modellbank wollen wir annehmen, daß ihre internen Ermittlungen über die im Bereich der Zinserträge und Zinsaufwendungen insgesamt wirksamen Entwicklungstendenzen für den Fall einer Anpassung der prognosemäßig kürzeren Pas-
siv- an die längere Aktivseite eine gewisse Minderung der Zinsspanne
erwarten lassen, während bei Verzicht auf eine derartige Ausdehnung
des Geschäftsvolumens - trotz der aus Konkurrenz- und Liberalisie-
rungsgründen sehr wahrscheinlichen Verkleinerung der Differenzen zwischen den Aktiv- und Passivzinssätzen - mit einer gewissen Erhöhung
der Zinsspanne zu rechnen ist. Endgültige Aussagen über die voraussichtliche Entwicklung der Zinserträge und Zinsaufwendungen lassen
sich infolgedessen wiederum erst im Anschluß an die Entscheidung
über die geschäfts- und betriebspolitisch einzuschlagenden Wege machen (2).

(2) Alle übrigen Erträge und Aufwendungen im Geschäftsbereich

Die übrigen Erträge und Aufwendungen im Geschäftsbereich umfassen
insbesondere die Provisionen und Gebühren aus Kredit- und Dienstleistungsgeschäften, die realisierten Gewinne und Verluste aus Beteiligungen, Wertpapieren, Devisen und Sorten, Wertberichtigungen auf Forderungen und Wertpapiere sowie evtl. Mieterträge (3). Es handelt sich
hierbei um eine sehr heterogene Gruppe von Erfolgselementen, die lediglich in der Schwierigkeit der Prognostizierung ein gemeinsames
Merkmal besitzt. Indessen lassen sich aber selbst dafür einige Entwicklungstendenzen aufzeigen, die gewisse Aussagen ermöglichen.

Provisionen und Gebühren aus Kredit- und Dienstleistungsgeschäften
bilden neben den Zinsen eine zweite Hauptertragsquelle der Kreditbanken, während sie auf der Aufwandsseite kaum ins Gewicht fallen und daher dort bei der Prognostizierung außer Betracht bleiben können. Ihre

---

1) Vgl. S. 306
2) Vgl. S. 421 ff.
3) Vgl. hierzu insbesondere Anlage 3. Evtl. Mietaufwendungen werden
   innerhalb der Betriebsaufwendungen erfaßt. Vgl. S. 397 f.

Höhe ist einerseits von den getätigten Geschäften und andererseits von
den Provisions- und Gebührensätzen abhängig, wobei die Berechnung
teils wert- und teils stückmäßig erfolgt. Umgekehrt wie bei den Zinserträgen und Zinsaufwendungen lassen sich hier über die Entwicklung
der Preiskomponente bessere Aussagen als über die der Mengenkomponente machen (1). Der Grund dafür liegt darin, daß sich die Provi-
sions- und Gebührensätze, die von den Universalbanken lediglich als
Entgelt für den Einsatz der produktiven Faktoren Betriebsmittel und
Arbeitskräfte betrachtet werden, seit der Währungsreform kaum verändert haben und auch für den Prognosezeitraum keine grundlegenden
Änderungen dafür zu erwarten sind. Allenfalls mögen sich die Provi-
sions- und Gebührensätze im Zahlungsverkehr, die bisher von den Universalbanken bewußt sehr niedrig gehalten worden sind, in Zukunft erhöhen, falls sich der Gedanke "kostendeckender Preise" allgemein
durchsetzen sollte (2). Bezüglich der Entwicklung der Mengenkomponente kann im Anschluß an die Prognostizierung der Kredit- und Dienstleistungsgeschäfte zwar allgemein mit einer kräftigen Steigerung gerechnet werden, doch bildet die Entwicklung der Effektengeschäfte in Anbetracht ihrer starken Abhängigkeit von der Börsenentwicklung hierbei
zweifellos einen erheblichen Unsicherheitsfaktor (3). Dessen ungeachtet
wollen wir aber unter Würdigung aller erkennbaren Umstände für unsere
Modellbank eine kräftige Zunahme der Erträge aus Provisionen und Gebühren als sehr wahrscheinlich ansehen.

Die voraussichtlichen Gewinne und Verluste aus Beteiligungen, Wertpapieren, Devisen und Sorten sowie Wertberichtigungen auf Wertpapiere sind in ihrer Entwicklung so stark von langfristig nicht abschätzbaren Einflußfaktoren abhängig, daß eine Prognostizierung hierfür am
besten unterbleibt. Zwar ist nach allen Erfahrungen der Vergangenheit
sowie den Erkenntnissen der Wirtschaftsforschung damit zu rechnen,
daß sich regressive und progressive Tendenzen in der wirtschaftlichen
Entwicklung in mehr oder weniger langen Zeitabständen gegenseitig ab-
lösen, sofern von außerwirtschaftlichen Einflußfaktoren, wie z. B. Kriegen usw., abgesehen wird, jedoch erscheint es nahezu unmöglich, die
jeweiligen Wendepunkte dafür zu ermitteln (4). Die genannten - häufig

---

1) Vgl. S. 391
2) Bezüglich der damit verbundenen Problematik kann auf unsere Ausführungen über die Möglichkeiten der Ermittlung von Stück- und
   Grenzkosten bei den Universalbanken verwiesen werden. Vgl. insbesondere S. 174 ff.
3) Vgl. S. 380 ff. und 382 ff.
4) Vgl. hierzu: Methodologie und Praxis der Konjunkturforschung, in:
   Diagnose und Prognose als wirtschaftswissenschaftliche Methodenprobleme, S. 3 ff. sowie Menges, Günter: Statistik und Wirtschaftsprognose, in: Umrisse einer Wirtschaftsstatistik (Festgabe für Paul
   Flaskämper, hrsg. von Adolf Blind), Hamburg 1966, S. 50 ff.

auch als "außerordentlich" bezeichneten - Erfolgskomponenten können daher die für die "ordentlichen" Erträge und Aufwendungen prognostizierten Werte sowohl erhöhen als auch vermindern und nur so in der Gesamtprognose Berücksichtigung finden (1).

Im Gegensatz hierzu bieten sich für die Wertberichtigungen auf Forderungen sowie die Mieterträge relativ gute Prognostizierungsmöglichkeiten. Insbesondere lassen sich die Mieterträge für den Prognosezeitraum auf Grund der bereits abgeschlossenen sowie evtl. neuer Mietverträge und der für die Mietpreisentwicklung durchaus erkennbaren Tendenzen verhältnismäßig genau ermitteln. Zur Feststellung der zukünftigen Wertberichtigungen auf Forderungen eignen sich vor allem Erfahrungssätze, die mit Hilfe statistischer Methoden aus den Vergangenheitswerten gewonnen und durch Berücksichtigung erkennbarer Entwicklungstendenzen den voraussichtlichen Verhältnissen im Prognosezeitraum entsprechend abgeändert werden (2). Da auch die Entwicklung der Ausleihungen abschätzbar ist (3), sind auf diese Weise recht brauchbare Prognosewerte zu ermitteln. Zwar lassen sich die nicht vorhersehbaren regionalen, branchenmäßigen oder sonstigen Wirtschaftskrisen, die größere Ausfälle zur Folge haben können, damit nicht erfassen, doch handelt es sich dabei dann wieder um außerordentliche Erfolgskomponenten, so daß hierzu auf die obigen Ausführungen verwiesen werden kann (4). Für unsere Modellbank wollen wir annehmen, daß nach ihren internen Ermittlungen mit einer dem Wachstum ihrer Ausleihungen entsprechenden Erhöhung der Forderungsausfälle gerechnet werden muß, während eine dem Wachstum des Bestandes an Grundstücken und Gebäuden etwa proportionale Steigerung der Mieterträge zu erwarten ist.

(3) Die Betriebsaufwendungen

Innerhalb der Betriebsaufwendungen wollen wir lediglich zwischen Personalaufwendungen und Sachaufwendungen unterscheiden (5). Ihre Höhe wird von den Preisen und Mengen der benötigten produktiven Faktoren bestimmt. Letztere stehen in unmittelbarem Zusammenhang mit dem jeweiligen Arbeitsanfall. Dabei ist - wie eingehend dargelegt wurde - zu berücksichtigen, daß die starken kurzfristigen Schwankungen des Arbeitsanfalls eine Orientierung der technisch-organisatorischen Kapazität an der voraussichtlichen Spitzenbelastung erfordern, wenngleich die in hohem Maße mögliche Schaffung immanenter Elastizität eine re-

---

1) Vgl. hierzu auch unsere Ausführungen S. 307
2) Vgl. hierzu vor allem Wittmann, Waldemar: Unternehmung und unvollkommene Information, S. 40 ff. und 93 ff.
3) Vgl. S. 357 ff., insbesondere S. 368 ff.
4) Vgl. S. 394 f.
5) Vgl. hierzu insbesondere Anlage 3

lativ große Austauschbarkeit der produktiven Faktoren innerhalb der
einzelnen Stellen des Bedarfs erlaubt (1). Von dem zu bewältigenden
Arbeitsanfall hängt jedoch außerdem das für die Leistungserstellung zu
wählende Verfahren in starkem Maße ab, das wiederum auf die Art und
Qualität der zum Einsatz gelangenden produktiven Faktoren Arbeit und
Betriebsmittel und damit letztlich auch auf die dafür zu bezahlenden
Preise einen entscheidenden Einfluß ausübt. Arbeitsanfall, Verfahren
der Leistungserstellung und produktive Faktoren stehen somit in einem
interdependenten Zusammenhang, der über die Mengen und Preise der
jeweils benötigten Arbeitskräfte und Betriebsmittel zu den technisch-
organisatorischen Rationalisierungen und Automatisierungen führt, die
seit langem für die Entwicklung des Betriebsprozesses der Universalbanken charakteristisch sind. Ihre unmittelbare Folge ist einerseits
die Substitution von Arbeitskräften durch Betriebsmittel und andererseits eine qualitative Umschichtung der erforderlichen Arbeitskräfte.
Dies gilt grundsätzlich für alle Universalbanken, da selbst kleine Institute in Zukunft mit einer beachtlichen Vergrößerung ihres Arbeitsanfalles (insbesondere bei den Massengeschäftsvorfällen) rechnen müssen und elektronische Datenverarbeitungsanlagen in zunehmendem Maße
auch in kleineren Dimensionen verfügbar werden (2), während Arbeitskräfte weiterhin nur in beschränktem Umfang und außerdem nur zu steigenden Preisen zu beschaffen sein dürften. Für die Entwicklung der Betriebsaufwendungen im Prognosezeitraum lassen sich aus diesen Tendenzen wesentliche Schlüsse ziehen. Im konkreten Fall bedarf es infolgedessen eingehender Analysen, um ausgehend von der Entwicklung
der Geschäftstätigkeit über den voraussichtlichen Arbeitsanfall und die
Wahl des Verfahrens der Leistungserstellung zur erforderlichen Menge
an produktiven Faktoren und ihren Preisen zu gelangen, aus denen end-
lich die voraussichtlichen Betriebsaufwendungen ermittelt werden können. Zweifellos ist daher eine Prognostizierung der Betriebsaufwendungen mit erheblichen, jedoch u. E. nicht unüberwindlichen Schwierigkeiten verbunden, zumal die aufgezeigten Tendenzen schon in der Vergangenheit wirksam waren und daher in der bisherigen Entwicklung der Betriebsaufwendungen bereits einen Niederschlag gefunden haben.

Betrachten wir nunmehr zunächst die Personalaufwendungen. "Trotz zunehmender technischer Rationalisierung vor allem in den letzten Jahren ist der Betriebsprozeß der Kreditinstitute arbeitsintensiv geblieben" (3). Der Anteil der Personalaufwendungen an den gesamten Betriebsaufwendungen beträgt daher noch immer etwa 55 - 70 % (4). Für

---

1) Vgl. S. 221 f. und 248
2) Vgl. S. 164 f.
3) Vgl. Beckerle, Herbert: Die Arbeitsbewertung in Kreditinstituten,
   S. 13
4) Vgl. z. B. Hocke, G.: Wirtschaftlicher Personaleinsatz in Bankbetrieben, Diss. Frankfurt am Main 1961, S. 50

die zukünftige Entwicklung der Personalaufwendungen bei den Universalbanken erscheint bedeutsam, daß unter sonst gleichen Umständen ihre Mengenkomponente zu sinken, ihre Preiskomponente dagegen zu steigen tendiert. So ist nach dem für die Gesamtwirtschaft prognostizierten Wachstum (1) für den Prognosezeitraum mit einem weiteren erheblichen Anstieg der Löhne und Gehälter bei den Universalbanken zu rechnen, die in Verbindung mit der Knappheit an Arbeitskräften die Rationalisierung und Automatisierung ihres Betriebsprozesses stark begünstigt. Sie zwingt die Universalbanken einmal dazu, höher qualifizierte und damit teurere durch weniger qualifizierte und damit billigere Arbeitskräfte zu ersetzen und auf diese Weise auf die Preiskomponente einzuwirken und zum anderen dazu, durch die Substitution von Arbeitskräften durch Betriebsmittel das Ansteigen des Personalbestandes im Vergleich zum Wachstum des Arbeitsanfalles zu verlangsamen und so auf die Mengenkomponente einzuwirken. Beide Tendenzen finden allerdings eine Grenze in der Tatsache, daß bei den Universalbanken auf Grund ihrer Arteigenheiten qualifizierte Arbeitskräfte insbesondere im Verkehr mit der Kundschaft immer - zumindest bis zu einem gewissen Grade - unentbehrlich bleiben werden. Außerdem muß beachtet werden, daß die Neueröffnung von Geschäftsstellen einen Personalbedarf auslöst, der lange Zeit sowohl qualitativ als auch quantitativ in einem ungünstigen Verhältnis zum Arbeitsanfall stehen kann. Für unsere Modellbank wollen wir daher annehmen, daß ihre internen Ermittlungen über den zu erwartenden Arbeitsanfall selbst bei gleichbleibender geschäftspolitischer Aktivität eine Steigerung des Personalbestandes erfordern, die durch Rationalisierungen und Automatisierungen nur zum Teil aufzufangen ist. Unter Berücksichtigung der zu erwartenden Lohn- und Gehaltssteigerungen ist daher eine kräftige Zunahme der Personalaufwendungen zu erwarten, deren endgültiges Ausmaß allerdings erst im Anschluß an die Entscheidung über die geschäfts- und betriebspolitisch einzuschlagenden Wege feststellbar ist (2).

Innerhalb der Sachaufwendungen liegt das Schwergewicht bei den Aufwendungen für die Geschäftsräume und maschinellen Hilfsmittel, speziell die Datenverarbeitungsanlagen, im Vergleich zu denen die anderen Sachaufwendungen nur eine relativ geringe Bedeutung besitzen und daher hier außer Betracht bleiben sollen. Auch bei den Sachaufwendungen ist wieder zwischen der Entwicklung der Mengenkomponente und der Entwicklung der Preiskomponente zu unterscheiden. Ausgehend von einer im Prognosezeitraum zu erwartenden erheblichen Steigerung des Arbeitsanfalls und der Tendenz zur Substitution von Arbeitskräften durch Betriebsmittel muß bei den Universalbanken mit einer beträchtlichen Zunahme des Bestandes an sachlichen Produktivfaktoren gerechnet werden. Dabei ist noch besonders zu berücksichtigen, daß Datenverarbeitungsanlagen we-

---

1) Vgl. S. 342 ff.
2) Vgl. S. 421 ff.

gen der langen Vorbereitungszeiten (1) mit einer Kapazitätsreserve geplant werden müssen, die zu häufige Umstellungen verhindert, und daß
die Neueröffnung von Geschäftsstellen zwangsläufig einen Raumbedarf
auslöst, der - ebenso wie der dafür erforderliche Personalbedarf (2) -
lange Zeit in einem ungünstigen Verhältnis zum Arbeitsanfall stehen
kann (3). Während die Mengenkomponente der Sachaufwendungen aus den
genannten Gründen eindeutig eine steigende Tendenz besitzt, lassen sich
für die Preiskomponente gegenläufige Entwicklungsrichtungen feststellen. So sind z. B. elektronische Datenverarbeitungsanlagen zwar zweifellos relativ teuer, doch führt der technische Fortschritt in Verbindung
mit der starken Konkurrenz zwischen den Herstellerfirmen im Zeitverlauf nicht selten zu gleichbleibenden oder gar sinkenden Preisen. Ähnliches gilt auch für alle anderen maschinellen Anlagen. Hingegen müssen für die im Zusammenhang mit der Erstellung bzw. Instandhaltung
von Geschäftsräumen zu bezahlenden Preise insgesamt recht erhebliche
Steigerungen erwartet werden. Die Gründe dafür liegen neben dem allgemeinen Preisanstieg für die erforderlichen Sachgüter vor allem darin,
daß sich für die Errichtung von Bankgeschäftsstellen nur bestimmte,
meist sehr gefragte Grundstücke oder Gebäude eignen. Dabei ist allerdings nochmals zu unterscheiden zwischen eigenen und fremden, also
gekauften bzw. selbst erstellten und gemieteten Betriebsmitteln, da erstere lediglich Abschreibungen vom - feststehenden - Anschaffungs-
oder Herstellungswert hervorrufen, während letztere die Zahlung der
vereinbarten Mieten erfordern und daher stufenweise (nach Ablauf des
jeweiligen Mietvertrages) oder laufend den Preiserhöhungen angepaßt
werden. Für unsere Modellbank wollen wir annehmen, daß ihre internen Ermittlungen über den zu erwartenden Arbeitsanfall weitgehende
Rationalisierungen und Automatisierungen erforderlich erscheinen lassen und daher mit einer kräftigen sowohl mengen- als auch preismäßig
bedingten Zunahme der Betriebsaufwendungen gerechnet werden muß.
Ihr endgültiges Ausmaß kann allerdings wiederum erst im Anschluß an
die Entscheidung über die geschäfts- und betriebspolitisch einzuschlagenden Wege ermittelt werden (4).

---

1) Die Programmierung großer elektronischer Datenverarbeitungsanlagen kann bei den Universalbanken mehr als ein Jahr beanspruchen.
   Vgl. Hagenmüller, Karl Friedrich: Personalorganisation als Füh-
   rungsinstrument im Bankbetrieb, in: Der Volkswirt, Beiheft zu Nr.
   39/1966, S. 4-8
2) Vgl. S. 397
3) Der zwischenzeitlichen Vermietung später für die Eigennutzung vor-
   gesehener Geschäftsräume kommt in diesem Zusammenhang erhebliche Bedeutung zu.
4) Vgl. S. 421 ff.

(4) Der Gewinn

Fassen wir die Ausführungen über die zukünftige Entwicklung der Erfolgskomponenten unserer Modellbank zusammen, so lassen sich einige Vermutungen über die voraussichtliche Entwicklung ihres Gewinns anstellen. Zwar handelt es sich dabei nur um ein vorläufiges Ergebnis, das lediglich zur Schaffung einer Ausgangsbasis für die anschließende Eventualplanung dienen soll, doch hat dieses Ergebnis insofern eine eigenständige Bedeutung, als es eine gewisse Vorstellung von der zukünftigen Entwicklung des Erfolgs unserer Modellbank unter der Annahme einer im wesentlichen unveränderten unternehmungspolitischen Aktivität sowohl ihrerseits als auch von seiten ihrer Konkurrenten vermittelt.

Danach ist allein auf Grund des zu erwartenden Wachstums der autonomen Nachfrage nach Bankleistungen damit zu rechnen, daß sowohl die Erträge als auch die Aufwendungen unserer Modellbank erhebliche Steigerungen erfahren werden. Um hierfür gewisse Anhaltspunkte zu erhalten, erscheint es - trotz vieler Bedenken - am zweckmäßigsten, die Entwicklung der Bilanzsumme heranzuziehen. Da bei Verzicht auf besondere geschäftspolitische Aktivität infolge des Fehlens finanzieller Mittel das Wachstum der Aktivseite dem der Passivseite der Bilanz anzupassen ist, was zu einer tendenziellen Erhöhung der Zinsspanne führt, gewisse strukturelle Veränderungen auf der Aktiv- und Passivseite der Bilanz jedoch eine tendenzielle Minderung der Zinsspanne erwarten lassen, soll insgesamt von einem dem Wachstum der Bilanzsumme etwa proportionalen Ansteigen des Zinsgewinns ausgegangen werden (1). Das gleiche wollen wir auf Grund der erkennbaren Entwicklungstendenzen cum grano salis auch für alle übrigen ordentlichen Erträge und Aufwendungen im Geschäftsbereich annehmen, während über die Entwicklung der außerordentlichen Erträge und Aufwendungen vorerst keine Aussage gemacht werden soll (2). Bezüglich der Entwicklung der Aufwendungen im Betriebsbereich schließlich lassen die erkennbaren Entwicklungstendenzen und deren - bereits erfolgte - Niederschläge in den Vergangenheitswerten erwarten, daß die unabhängig vom Wachstum der Geschäftstätigkeit erfolgenden Steigerungen der Löhne und Gehälter durch Rationalisierungs- und Automatisierungsmaßnahmen zumindest kompensiert, wenn nicht überkompensiert werden können, so daß insgesamt höchstens mit einer dem Wachstum der Bilanzsumme proportionalen Steigerung der Betriebsaufwendungen zu rechnen ist (3). Es kann infolgedessen für den Gesamtgewinn unserer Modellbank (ohne außerordentliche Erträge und Aufwendungen) bei unveränderter unternehmungspolitischer Aktivität in etwa ein dem Wachstum der prognosemäßig kürzeren Bilanzseite entsprechender Anstieg prognostiziert werden.

---

1) Vgl. S. 393 sowie Tabelle 18, S. 362
2) Vgl. S. 393 ff.
3) Vgl. S. 395 ff.

Damit ist die Prognose der für die langfristige Planung unserer Modellbank relevanten Größen zu einem vorläufigen Abschluß gebracht worden. Es zeigt sich, daß bei unveränderter geschäftspolitischer Aktivität
der Bank allein auf Grund des autonomen Wachstums der Nachfrage nach
Bankgeschäften mit einer relativ günstigen Entwicklung ihres Gesamt-
gewinns gerechnet werden kann. Ob bzw. inwieweit diese Entwicklung
den Zielsetzungen der Bank entspricht, läßt sich freilich nicht ohne weiteres sagen. Dazu bedarf es vielmehr einer eingehenden Prüfung des
voraussichtlichen Ergebnisses unter dem Aspekt der Ansprüche unserer
Modellbank an ihre einzelnen Zielvariablen, wobei - wie wir eingehend
dargelegt haben - neben der Zielvariable Gewinn die Zielvariablen
Marktanteil und Eigenkapitalanteil sowie die den Gewinn beeinflussenden geschäftspolitischen Prinzipien Liquidität, Sicherheit und Wirtschaftlichkeit eine entscheidende Rolle spielen (1). Da jedoch die jeweiligen Ansprüche einer Unternehmung an ihre Zielvariablen - wie ebenfalls ausgeführt wurde - nicht feststehen, sondern im Zeitablauf mit den
Veränderungen der Umwelt ebenso wie mit Veränderungen im Präferenzsystem der Unternehmungsleitung variieren (2), muß auf Grund der erhaltenen Prognosewerte zunächst eine Eventualplanung der zukünftigen
geschäftspolitischen Aktivität unserer Modellbank erfolgen, um zu erkennen, wie sich bei deren Veränderung die einzelnen Zielvariablen der
Bank entwickeln werden. Erst dann können aus den für die verschiedenen Teilbereiche der Planung zur Verfügung stehenden Alternativen diejenigen ausgewählt werden, welche die bei der jeweiligen Datenkonstellation für erstrebenswert erachtete Höhe der Ansprüche an die einzelnen
Zielvariablen innerhalb des gesamten Anspruchsniveaus der Bank zu
realisieren erlauben.

b) Die Eventualplanung der unternehmungspolitischen Aktivität

Von den Ausführungen im letzten Abschnitt ausgehend läßt sich die Beibe-
haltung der bisherigen unternehmungspolitischen Aktivität als erste der
möglichen Alternativen für das Verhalten unserer Modellbank im Planungszeitraum bezeichnen. Es ist daher nunmehr zu prüfen, wie die für
diesen Fall prognostizierten Werte im Hinblick auf die Zielvariablen der
Bank zu beurteilen sind. Dabei interessiert - wie dargelegt wurde - nicht
nur die erreichbar erscheinende Höhe ihres Gewinns, sondern auch die
voraussichtliche Entwicklung ihrer Liquidität, Sicherheit und Wirtschaftlichkeit sowie die zukünftige Gestaltung ihres Markt- und Eigenkapitalanteils.

aa) Die Alternative gleichbleibende unternehmungspolitische Aktivität

Betrachten wir zunächst die voraussichtliche Entwicklung der Bilanzsumme und Bilanzstruktur unserer Modellbank. Wegen des Fehlens finanzieller Mittel zur Befriedigung der vorhandenen Kreditnachfrage muß

1) Vgl. hierzu insbesondere die Ausführungen S. 89 ff.
2) Vgl. hierzu insbesondere die Ausführungen S. 130 ff.

bei gleichbleibender unternehmungspolitischer Aktivität die prognosemäßig längere Aktivseite der prognosemäßig kürzeren Passivseite angepaßt werden (1). Wird die dazu erforderliche Kürzung in Höhe von
129, 12 Mio DM z. B. bei den Debitoren und langfristigen Ausleihungen
(wegen ihres voraussichtlich besonders hohen Wachstums), und zwar
im Verhältnis ihrer prognostizierten absoluten Zuwachsraten vorgenommen, so ergeben sich dafür die folgenden neuen Prognosewerte (2):

	1965 absolut in Mio DM	Prognostiz. Zuwachs f. 5 Jahre in %	1970 absolut in Mio DM
Debitoren v. Nichtb.	345, 09	93, 3	667, 06
		./. 11, 9	./. 40, 98
		81, 4	626, 08
Langfr. Ausleih.	82, 59	200, 6	248, 27
		./. 106, 7	./. 88, 14
		93, 9	160, 13

Tabelle 21

Damit läßt sich für unsere Modellbank zur Alternative gleichbleibende
unternehmungspolitische Aktivität eine Prognosebilanz zum Ende des
Planungszeitraumes aufstellen, zu deren Beurteilung in die folgende Tabelle die absoluten Werte sowie die Bilanzsummen- und Marktanteile der
einzelnen Aktiv- und Passivpositionen sowohl für 1965 als auch für 1970
eingetragen worden sind (3):

1. Alternative

	Ende 1965			Ende 1970		
	absolut in MioDM	in % d. Bil. Su.	Marktant. in %	absolut in MioDM	in % d. Bil. Su.	Marktant. in %
Passiva						
Gruppe 1						
Spareinl.	304, 08	30, 4	0, 275	568, 02	37, 5	0, 286
Si. E. NB.	262, 07	26, 2	0, 523	359, 56	23, 8	0, 492
Term. E. NB.	155, 04	15, 5	0, 582	210, 39	13, 9	0, 654
Aufg. lfr. D.	57, 58	7, 1	0, 090	79, 81	6, 3	0, 078
Dlfde. Kr.	13, 44			15, 35		
	792, 21	79, 2		1233, 13	81, 5	
Gruppe 2	118, 03	11, 8	0, 221	154, 50	10, 2	0, 191
Gruppe 3	90, 01	9, 0	0, 251	126, 01	8, 3	0, 242
	1000, 25	100, 0	0, 235	1513, 64	100, 0	0, 214

1) Vgl. S. 372 und 399
2) Vgl. hierzu Tabelle 18, S. 362
3) Vgl. hierzu auch die Tabellen 18, S. 362 und 21 (siehe oben) sowie
die Anlage 11. Die zur Errechnung der Marktanteile der einzelnen
Aktiva und Passiva unserer Modellbank für das Jahr 1970 erforderlichen Prognosewerte der Kreditinstitute insgesamt wurden in der
Anlage 31 in der gleichen Weise wie bei unserer Modellbank ermittelt.

	Ende 1965			1. Alternative Ende 1970		
	absolut inMioDM	in % d. Bil. Su.	Marktant. in %	absolut in MioDM	in % d. Bil. Su.	Marktant. in %
Aktiva						
Gruppe 1						
Wechsel	168,04	16,8	0,757	227,86	15,0	0,811
Deb. NB.	345,09	34,5	0,507	626,08	41,4	0,511
Lfr. Ausl.	82,59	9,6	0,047	160,13	11,6	0,047
Dlfde. Kr.	13,44			15,35		
A.-u. D. F.	28,01	2,8	0,326	28,09	1,9	0,282
	637,17	63,7		1057,51	69,9	
Gruppe 2	228,05	22,8	0,263	287,34	19,0	0,224
Gruppe 3	135,03	13,5	0,396	168,79	11,1	0,390
	1000,25	100,0	0,235	1513,64	100,0	0,214

Tabelle 22

Als bedeutsamste Strukturveränderungen erscheinen in der Prognosebilanz unserer Modellbank die Erhöhungen der Anteile der Spareinlagen der Debitoren und langfristigen Ausleihungen sowie die Ver-
ringerungen der Anteile der Sicht- und Termineinlagen von Nichtbanken, der liquiden Mittel und der leicht realisierbaren Aktiva (1).
Es soll daher zunächst geprüft werden, wie sich diese Veränderungen auf die Sicherheit und Liquidität unserer Modellbank auswirken.
Wir bedienen uns dazu der vom Bundesaufsichtsamt für das Kreditwesen für das Eigenkapital und die Liquidität der Kreditinstitute erlassenen Grundsätze (2).

Anhaltspunkte für die Entwicklung der Sicherheit unserer Modellbank
ergeben sich aus der jeweiligen Höhe ihrer nach Grundsatz I berechne-
ten risikotragenden Aktiva (3). Da für den Prognosezeitraum ein Ansteigen derselben von rund 640 auf rund 1068 Mio DM zu erwarten ist,
was ihren Anteil an der Bilanzsumme und den Indossamentsverbindlichkeiten von 62,1 % auf 68,8 % steigert, kann auf eine Erhöhung des Risikos und damit eine Verminderung der Sicherheit unserer Modellbank
geschlossen werden. Abgesehen davon jedoch, daß das Risiko einer Bank
von sehr vielen verschiedenen Faktoren bestimmt wird und infolgedes-

1) Vgl. hierzu auch bereits die Ausführungen S. 392
2) Vgl. hierzu unsere Ausführungen S. 98 f. und 102 f. Bezüglich der
   Neufassung der Grundsätze im Januar 1969 vgl. S. 98 Fußnote 8 und
   S. 102 Fußnote 6. Da auf eine Umrechnung der nach den alten Formblättern für die Jahresabschlüsse der Kreditinstitute erstellten Bilanzen und Statistiken auf die Positionen der neuen Formblätter auf
   Grund fehlender Unterlagen verzichtet werden mußte (vgl. S. 357
   Fußnote 1), liegen auch den folgenden Berechnungen der Grundsätze
   für das Eigenkapital und die Liquidität der Kreditinstitute noch die
   bis 1968 geltenden Vorschriften zugrunde.
3) Vgl. hierzu die Anlagen 25 und 26

sen dafür keine strenge Abhängigkeit vom Volumen der risikotragenden Aktiva besteht, ist zu vermuten, daß die prognostizierte Kreditnachfrage, von der nur ein Teil befriedigt werden kann, unserer Modellbank eine strengere Auswahl ihrer Kreditnehmer unter dem Gesichtspunkt der Sicherheit ermöglicht. Aus diesem Grunde braucht trotz der Erhöhung des Anteils der risikotragenden Aktiva unter sonst gleichen Umständen kaum mit einer Verminderung der Sicherheit unserer Modellbank im Prognosezeitraum gerechnet zu werden.

Für die Liquidität unserer Modellbank ist im Prognosezeitraum zwar eine Verschlechterung zu erwarten, wie aus dem Ansteigen der Ausnutzung des Grundsatzes II von 31, 4 auf 34, 2 % und des Grundsatzes III von 73, 2 auf 83, 5 % hervorgeht (1), sie ist jedoch nicht sehr gravierend. Allerdings ist darauf hinzuweisen, daß die Grundsätze des Bundesaufsichtsamtes lediglich Mindestanforderungen darstellen und die Ansprüche des einzelnen Instituts an seine Liquidität ebenso darüber hinausgehen können wie satzungsmäßige oder sonstige Vorschriften z. B. für bestimmte Institutsgruppen (2). Selbst bei strengeren Anforderungen enthalten die ermittelten Prozentsätze aber noch einen beachtlichen Liquiditätsspielraum.

Über die Entwicklung der Wirtschaftlichkeit lassen sich leider aus den Bilanzwerten keinerlei Aussagen ableiten. Vorstellungen hierüber können nur aus der Entwicklung der Aufwendungen und Erträge in Verbindung mit dem zu bewältigenden Arbeitsanfall gewonnen werden. Da uns derartige Zahlen nicht zur Verfügung stehen, u. E. jedoch im konkreten Fall durchaus beschafft werden können (3), wollen wir annehmen, daß die internen Ermittlungen unserer Modellbank für eine Verschlechterung ihrer Wirtschaftlichkeit keine Anhaltspunkte ergeben.

Die geschäftspolitischen Prinzipien der Sicherheit, Liquidität und Wirtschaftlichkeit erscheinen infolgedessen bei der Alternative gleichbleibende unternehmungspolitische Aktivität für unsere Modellbank im Prognosezeitraum durchaus gewährleistet. Wir wollen uns daher nunmehr ihren Zielvariablen Gewinn, Eigenkapitalanteil und Marktanteil zuwenden.

Gehen wir bei unserer Modellbank für das Jahr 1965 von einem Bruttogewinn von 2 % der Bilanzsumme am Jahresende aus (4), wobei sich die außerordentlichen Erträge und Aufwendungen gegenseitig aufgehoben ha-

---

1) Vgl. hierzu die Anlagen 25 und 26 sowie S. 402 Fußnote 2
2) Vgl. hierzu insbesondere unsere Ausführungen S. 93 ff. und 123 ff.
3) Vgl. hierzu unsere Ausführungen S. 374 ff. und 389 ff.
4) Es handelt sich dabei um eine Zahl, die von manchen Kreditbanken zwar nicht erreicht, von manchen jedoch auch überschritten werden dürfte.

ben sollen, so errechnet sich ein Bruttogewinn von rund 20 Mio DM. Bei dem für die Alternative gleichbleibende unternehmungspolitische Aktivität prognostizierten proportionalen Ansteigen des Gewinns im Vergleich zur Bilanzsumme (1) ist somit für das Jahr 1970 ein Bruttogewinn von rund 30 Mio DM bei unserer Modellbank zu erwarten. Die Verteilung dieses Gewinns auf Grund der an ihn gerichteten Ansprüche (2) ergibt sich aus der folgenden Tabelle (3):

	1965 in Mio DM	1970 in Mio DM
Bruttogewinn (= 2 % der Bilanzsumme am Jahresende)	20,01	30,27
Dividende (16 % für 1965 bzw. 24 % für 1970 auf das Grundkapital von 20 Mio DM)	3,20	4,80
	16,81	25,47
50,2 % Steuern auf den ausgeschütteten Gewinn (4)	1,61	2,41
	15,20	23,06
Offene Rücklagen (in gleichem Umfang wie die Gewinnausschüttung (5)	3,20	4,80
	12,00	18,26
135 % Steuern auf die offenen Rücklagen (5)	4,32	6,48
	7,68	11,78
Stille Rücklagen (in etwa gleichem Umfang wie die Gewinnausschüttung (5)	3,27	5,01
	4,41	6,77
135 % Steuern auf die stillen Rücklagen (5)	4,41	6,77
	0,00	0,00

Tabelle 23

---

1) Vgl. S. 399
2) Vgl. hierzu unsere Ausführungen S. 91 ff. Von einer Gewinnverteilung an die Arbeitnehmer wird dabei abgesehen.
3) Vgl. hierzu auch Tabelle 22, S. 402   sowie Anlage 11
4) Vgl. Fischer, Otfrid: Die Finanzdisposition der Geschäftsbanken, S. 295
5) Vgl. Fischer, Otfrid: Die Finanzdisposition der Geschäftsbanken, S. 303 ff.

Danach ist der Gewinn unserer Modellbank für 1965 im Verhältnis 1 : 1 : 1 auf Ausschüttungen, offene und stille Rücklagen verteilt worden. Auf Grund des zu erwartenden Ergebnisses können diese Relationen auch im Jahre 1970 aufrechterhalten werden. Es ist daher mit großer Wahrscheinlichkeit anzunehmen, daß das Eigenkapital unserer Modellbank im Prognosezeitraum allein durch Erhöhung der offenen Rücklagen (um 18 Mio DM) auf die global prognostizierte Wachstumsrate von 40, 0 % (also von 45 Mio DM auf 63 Mio DM) gebracht werden kann (1). Dies würde bedeuten, daß der Gewinn ausreicht, um im Jahre 1970 eine Dividende von 24 % auf das unveränderte Grundkapital oder eine entsprechend niedrigere Dividende auf ein inzwischen erhöhtes Grundkapital zu zahlen. Die Gewinnlage unserer Modellbank bei gleichbleibender unternehmungspolitischer Aktivität kann infolgedessen, gemessen an ihren bisherigen Ansprüchen an den Gewinn, im Prognosezeitraum als voll befriedigend bezeichnet werden.

Bei einem angenommenen Wachstum des Eigenkapitals von 40 % und einer Steigerung der Bilanzsumme um 51, 3 % (2) verschlechtert sich allerdings der Eigenkapitalanteil unserer Modellbank im Prognosezeitraum von 4, 50 % auf 4, 16 % der Bilanzsumme. Dies kommt auch in der Inanspruchnahme des Grundsatzes I zum Ausdruck, die vom 14, 2-fachen im Prognosezeitraum auf das 17, 0-fache ansteigt (3) und damit stark in die Nähe der Obergrenze des 18-fachen gerät. Eine Kapitalerhöhung erscheint infolgedessen unumgänglich, zumal auch der Anteil des Grundkapitals am gesamten Eigenkapital, der sich von 20 : 45 (= 44, 4 %) auf 20 : 63 (= 31, 7 %) vermindert, eine solche Maßnahme als wünschenswert erscheinen läßt. Die auf das erhöhte Grundkapital zu zahlende Dividende würde nach unseren obigen Ausführungen bei einem unveränderten Dividendensatz von 16 % eine Aufstockung des Grundkapitals um 10 Mio DM auf 30 Mio DM erlauben, wodurch sich der Eigenkapitalanteil an der Bilanzsumme (von nunmehr 1523, 64 Mio DM) auf 4, 79 % vergrößern, der Anteil des Grundkapitals am gesamten Eigenkapital auf 30 : 73 (=41, 1 %) erhöhen und der Grundsatz I auf das 14, 6-fache vermindern würde (4). Zwar bedeutet dies - auch im Vergleich zu 1965 - eine erhebliche Verbesserung, ist jedoch im Hinblick auf den derzeit im Kreditgewerbe angestrebten Eigenkapitalanteil von mindestens 5 % der Bilanzsumme immer noch als nicht ganz befriedigend zu bezeichnen. Geht man allerdings davon aus, daß die Kapitalerhöhung über pari er-

---

1) Vgl. hierzu Tabelle 18, S. 362 sowie die Anlagen 11, 12, 25 und 26
2) Vgl. hierzu Tabelle 18, S. 362
3) Vgl. hierzu Anlage 25
4) Wir wollen dabei annehmen, daß das zusätzliche Eigenkapital seinen Niederschlag in den liquiden Aktiva findet, obgleich es vermutlich besser zur Verminderung der Finanzierungslücke im Hinblick auf die vorhandene Kreditnachfrage zu verwenden wäre, weil bei einer Erhöhung der risikotragenden Aktiva alle Grundsätze neu berechnet werden müßten.

folgt, so stehen daraus auch zusätzliche Mittel zur Dotierung der offenen Rücklagen zur Verfügung (1). Bei einem (nicht unrealistischen) Ausgabekurs von 150 % wären das im vorliegenden Fall immerhin weitere
5 Mio DM, durch die sich der Grundsatz I auf das 13, 7-fache erniedrigen, der Anteil des Eigenkapitals an der Bilanzsumme auf 5, 10 % erhöhen, der Anteil des Grundkapitals am Eigenkapital dagegen wieder auf
38, 5 % vermindern würde (2). Die Höhe des zu wählenden Ausgabekur-
ses junger Aktien hängt freilich nicht nur von der wirtschaftlichen Lage
der emittierenden Unternehmung, sondern auch von der jeweiligen Situation am Kapitalmarkt ab und läßt sich daher erst unmittelbar vor der
Emission festlegen. Wir wollen uns deshalb hier nicht auf das evtl. Agio
aus einer Kapitalerhöhung verlassen.

Für den Marktanteil unserer Modellbank ist im Prognosezeitraum, gemessen an der Bilanzsumme, ein Absinken von 0, 235 auf 0, 214 % zu
erwarten (3), das die bereits seit 1950 zu beobachtende Tendenz (4) fortsetzt. Dieses Ergebnis ist zweifellos in hohem Maße unbefriedigend,
wenngleich bei einzelnen Positionen der Passiv- und Aktivseite im Vergleich zu 1965 sogar eine gewisse Steigerung des Marktanteils zu verzeichnen ist, so z. B. bei den Spareinlagen, den Termineinlagen von
Nichtbanken, den Wechseln und den Debitoren von Nichtbanken (3). Indessen handelt es sich aber bei der Verringerung des bilanzsummenmäßigen Marktanteils um die unmittelbare Konsequenz der Notwendigkeit einer Anpassung der prognosemäßig längeren Aktivseite an die prognosemäßig kürzere Passivseite bei Wahl der Alternative unveränderte
unternehmungspolitische Aktivität, die zwangsläufig in Kauf genommen
werden muß.

Als Ergebnis ist somit festzuhalten, daß die Alternative gleichbleibende
unternehmungspolitische Aktivität im Prognosezeitraum bei im wesentlichen unveränderter Liquidität, Sicherheit und Wirtschaftlichkeit für
unsere Modellbank zu einem voll befriedigenden Gewinn und zu einem
nicht ganz befriedigenden Eigenkapitalanteil führt, während der Marktanteil als am wenigsten befriedigend erscheint (5).

bb) Die Alternative verstärkte unternehmungspolitische Aktivität

Die wenig befriedigende Entwicklung des Marktanteils unserer Modellbank bei gleichbleibender unternehmungspolitischer Aktivität läßt es geraten erscheinen, Möglichkeiten zu seiner Verbesserung in Erwägung

---

1) Vgl. § 150 (2) Ziffer 2 des neuen Aktiengesetzes
2) Vgl. hierzu Anlage 28
3) Vgl. Tabelle 22, S. 402
4) Vgl. hierzu Anlage 11
5) Vgl. hierzu die Anlage 28, in der alle Zahlenangaben dieses Abschnitts nochmals zusammengestellt werden.

zu ziehen. Das gilt besonders für den Fall, daß die Bank eine Verstärkung der unternehmungspolitischen Aktivität ihrer Konkurrenten, die
bisher ebenfalls als im wesentlichen unverändert angenommen worden
ist (1), erwarten zu müssen glaubt. Da eine Ausdehnung des Geschäftsvolumens auf Grund der für die Aktiva unserer Modellbank prognostizierten Werte durchaus im Bereich des Möglichen liegt (2), wird die
Verstärkung ihrer unternehmungspolitischen Aktivität vor allem auf die
Beschaffung zusätzlicher finanzieller Mittel zur Befriedigung der vorhandenen Kreditnachfrage zu richten sein. Dafür gibt es bei einer Universalbank eine relativ große Zahl von Möglichkeiten, von denen zumindest die wichtigsten im konkreten Fall einer Untersuchung und Bewertung unterzogen werden müssen. Wir wollen uns dagegen im Rahmen
dieser Arbeit damit begnügen, zwei grundsätzlich verschiedenartige
Alternativen zu betrachten, und zwar:

a) die verstärkte Betätigung am Geldmarkt und
b) die verstärkte Bemühung um Kundschaftseinlagen,

die wir als 2. und 3. Alternative bezeichnen.

Die 2. Alternative ist gekennzeichnet durch Erhöhung der Passivpositionen Sicht- und Termineinlagen von Kreditinstituten sowie aufgenommene Gelder (und evtl. eigene Akzepte und Solawechsel), also der von
uns der Gruppe 2 zugeordneten Passivpositionen (3). Es handelt sich dabei um Geldmarktgeschäfte, die im wesentlichen mit anderen Kreditinstituten im Telefonverkehr abgeschlossen werden. Obgleich es aus ri-
sikopolitischen Gründen gewagt erscheinen könnte, sich die Mittel für
zusätzliche, insbesondere langfristige, Kreditgewährungen auf diese
Weise zu beschaffen, ist dagegen grundsätzlich solange nichts einzuwenden, wie eine Erhöhung der genannten Mittel die Bilanzstruktur nicht
in unvertretbarer Weise verschlechtert, da - wie ausführlich erörtert
worden ist - immer die Gesamtheit der Aktiva von der Gesamtheit der
Passiva finanziert wird (4). Auch die Frage der Beschaffungsmöglichkeit von Mitteln am Geldmarkt ist grundsätzlich positiv zu beantworten,
wenngleich - insbesondere in Zeiten der allgemeinen Geldknappheit oder
bei großem Bedarf - relativ hohe Preise dafür zu entrichten sind. Gehen wir daher davon aus, daß unsere Modellbank damit rechnen kann, die
ihr zur Ausdehnung ihres Kreditgeschäftes im Rahmen der vorhandenen
Kreditnachfrage fehlenden finanziellen Mittel in Höhe von 129, 12 Mio DM
durch Vergrößerung ihrer Sicht- und Termineinlagen von Kreditinstitu-

---

1) Vgl. S. 399
2) Vgl. Tabelle 18, S. 362 sowie S. 368 ff.
3) Von der Einbeziehung der Refinanzierungsmöglichkeiten bei der Zentralbank wird hier ausdrücklich abgesehen, um den damit gegebenen
   Kreditspielraum aufrecht zu erhalten.
4) Vgl. hierzu insbesondere S. 177 sowie Krümmel, Hans-Jacob: Bankzinsen, S. 222

ten sowie ihrer aufgenommenen Gelder, und zwar im Verhältnis der Bestände Ende 1965, zu beschaffen, so ergeben sich dafür die folgenden neuen Prognosewerte (1):

	1965 absolut in Mio DM	Prognostiz. Zuwachs f. 5 Jahre in %	1970 absolut in Mio DM
Sichteinlagen KI	50, 01	30, 9	65, 46
		+ 109, 4	+ 54, 71
		140, 3	120, 17
Termineinlagen KI	45, 01	30, 9	58, 92
		+ 109, 4	+ 49, 24
		140, 3	108, 16
Aufg. Gelder	23, 01	30, 9	30, 12
		+ 109, 4	+ 25, 17
		140, 3	55, 29

Tabelle 24

Die 3. Alternative unserer Modellbank besteht voraussetzungsgemäß in einer verstärkten Bemühung um Kundschaftseinlagen (2), und zwar sowohl um Spareinlagen, als auch um Sicht- und Termineinlagen von Nichtbanken. Dabei geht es ihr (wie allen anderen Universalbanken im allgemeinen auch) weniger darum, Kunden von Konkurrenten abzuziehen, mit deren Verlust bei evtl. Gegenmaßnahmen der betroffenen Banken wieder gerechnet werden muß (3), als vielmehr darum, latente Nachfrage zu wecken. Um eine Erhöhung der genannten Finanzierungsmittel zu erreichen, stehen unserer Modellbank mehrere geschäftspolitische Instrumente, insbesondere die Preispolitik, die Werbung und die Geschäftsstellenpolitik zur Verfügung (4), von denen sich die letztere - zumindest gegenwärtig noch - in der Regel als die wirkungsvollste erweist. Zwar muß in dieser Hinsicht sicherlich irgendwann mit einer gewissen Sättigung des Marktes gerechnet werden, doch dürfte der Zeitpunkt dafür nicht in den hier gewählten Planungszeitraum fallen (5). Wir

---

1) Vgl. hierzu Tabelle 18, S. 362 sowie die Anlagen 11 und 21
2) Vgl. S. 407
3) Vgl. hierzu insbesondere Gutenberg, Erich: Der Absatz, S. 282 ff., vor allem S. 296 ff.
4) Vgl. hierzu insbesondere unsere Ausführungen S. 160 f.
5) Vgl. hierzu auch Krümmel, Hans-Jacob: Bankzinsen, S. 214 f., der allerdings die Grenze bereits als fast erreicht ansieht. Einen Überblick über die Geschäftsstellenentwicklung der Universalbanken seit 1957 vermittelt Anlage 27

wollen uns im folgenden aus Vereinfachungsgründen auf die Erörterung der Geschäftsstellenpolitik beschränken, zumal die Einbeziehung der anderen geschäftspolitischen Instrumente oder eine Kombination derselben in die Planung grundsätzlich nach den gleichen Überlegungen erfolgen muß. Voraussetzung für den Einsatz der Geschäftsstellenpolitik zur Forcierung der Kundschaftseinlagen ist eine eingehende Marktanalyse zur Ermittlung des voraussichtlichen Erfolges der geplanten Maßnahmen. Dabei erscheint von besonderer Bedeutung, daß in der Praxis der Universalbanken von sogenannten Kredit- und Einzugsfilialen gesprochen wird, je nachdem ob sie sich überwiegend für die Beschaffung von Kundschaftseinlagen oder die Erhöhung des Kreditgeschäftes als geeignet erweisen (1). Im vorliegenden Fall kommt es daher darauf an, nach solchen Standorten zu suchen, an denen sich die Einrichtung von Einzugsfilialen erfolgversprechend durchführen läßt, und wir wollen hier davon ausgehen, daß derartige Möglichkeiten gefunden werden können (2). Nehmen wir weiterhin an, daß unsere Modellbank erwartet, auf diese Weise die Kundschaftseinlagen im Verhältnis ihrer absoluten Zuwachsraten um die zur Ausdehnung des Kreditgeschäftes im Rahmen der vorhandenen Kreditnachfrage fehlenden finanziellen Mittel in Höhe von 129, 12 Mio DM steigern zu können, so ergeben sich dafür die folgenden neuen Prognosewerte (3):

	1965 absolut in Mio DM	Prognostiz. Zuwachs f. 5 Jahre in %	1970 absolut in Mio DM
Spareinlagen	304, 08	86, 8	568, 02
		+ 26, 9	+ 81, 77
		113, 7	649, 79
Sichteinl. Nichtb.	262, 07	37, 2	359, 56
		+ 11, 5	+ 30, 20
		48, 7	389, 76
Termineinl. Nichtb.	155, 04	35, 7	210, 39
		+ 11, 1	+ 17, 15
		46, 8	227, 54

Tabelle 25

1) Vgl. hierzu insbesondere Hagenmüller, Karl Friedrich: Der Bankbetrieb, Band III, S. 266 ff.
2) Zweifellos werden durch die Neuerrichtung von Geschäftsstellen auch in ausgesprochenen Einzugsfilialen alle anderen Bankgeschäfte in mehr oder weniger starkem Maße stimuliert. Die sich daraus für den Geschäfts- und Betriebsbereich unserer Modellbank ergebenden Auswirkungen sind daher zusätzlich zu berücksichtigen.
3) Vgl. hierzu Tabelle 18, S. 362 und die Anlagen 11 und 20

Damit läßt sich nunmehr auch zur Alternative verstärkte unternehmungspolitische Aktivität mit ihren beiden hier in Betracht gezogenen Möglichkeiten für unsere Modellbank je eine Prognosebilanz zum Ende des Planungszeitraumes aufstellen, zu deren Beurteilung in der folgenden Tabelle wiederum die absoluten Werte sowie die Bilanzsummen- und Marktanteile der einzelnen Aktiv- und Passivpositionen eingetragen worden
sind (1):

	2. Alternative Ende 1970			3. Alternative Ende 1970		
	absolut in MioDM	in % d. Bil. Su.	Marktant. in %	absolut in MioDM	in % d. Bil. Su.	Marktant. in %
Passiva						
Gruppe 1						
Spareinl.	568,02	34,5	0,286	649,79	39,6	0,327
Si. E. NB.	359,56	21,9	0,492	389,76	23,7	0,534
Term. E. NB.	210,39	12,8	0,654	227,54	13,8	0,707
Aufg. lfr. D.	79,81	5,8	0,078	79,81	5,8	0,078
Dlfde. Kr.	15,35			15,35		
	1233,13	75,0		1362,25	82,9	
Gruppe 2	(283,62)	(17,3)	0,350	154,50	9,4	0,191
Si. E. KI	120,17	7,3				
Term. E. KI	108,16	6,6				
Aufg. Geld.	55,29	3,4				
	1516,75	92,3		1516,75	92,3	
Gruppe 3	126,01	7,7	0,242	126,01	7,7	0,242
	1642,76	100,0	0,233	1642,76	100,0	0,233
Aktiva						
Gruppe 1						
Wechsel	227,86	13,9	0,811	227,86	13,9	0,811
Deb. NB.	667,06	40,6	0,545	667,06	40,6	0,545
Lfr. Ausl.	248,27	16,0	0,070	248,27	16,0	0,070
Dlfde. Kr.	15,35			15,35		
A. -u. D. F.	28,09	1,7	0,282	28,09	1,7	0,282
	1186,63	72,2		1186,63	72,2	
Gruppe 2	287,34	17,5	0,224	287,34	17,5	0,224
Gruppe 3	168,79	10,3	0,390	168,79	10,3	0,390
	1642,76	100,0	0,233	1642,76	100,0	0,233

Tabelle 26

Als bedeutendste Veränderungen gegenüber der Prognosebilanz bei
gleichbleibender unternehmungspolitischer Aktivität (= Alternative 1)

---

1) Vgl. hierzu die Tabellen 18, S. 362; 22, S. 402; 24, S. 408 und 25,
S. 409 sowie die Anlage 24.

(1) erscheinen in den beiden Prognosebilanzen bei verstärkter unternehmungspolitischer Aktivität (= Alternativen 2 und 3) voraussetzungsgemäß die Erhöhungen der Debitoren und langfristigen Ausleihungen auf ihre prognosegemäß erreichbar erscheinenden Werte und die entsprechenden Erhöhungen der Bilanzsummen (2). Dabei ist allerdings die Besonderheit zu vermerken, daß sich gemessen an den gestiegenen Bilanzsummen im Vergleich zur Alternative 1 lediglich der Anteil der langfristigen Ausleihungen vergrößert, während der Anteil der Debitoren geringfügig sinkt. Ein stärkeres Abnehmen der Anteile an der Bilanzsumme ergibt sich infolgedessen für alle anderen Aktiva, deren Bestände sich absolut betrachtet nicht erhöhen. Die Alternative 2 zeigt gegenüber der Alternative 1 außerdem die der hier gewählten Art der Mittelbeschaffung entsprechenden sowohl absoluten als auch relativen Erhöhungen der zur Gruppe 2 Passiva gehörenden Bestände an Sicht- und Termineinlagen von Kreditinstituten sowie aufgenommenen Geldern. Auf Grund der Bilanzsummenerhöhung verringern sich dagegen die Anteile der absolut gleichbleibenden Kundschaftseinlagen so stark, daß nur die Spareinlagen noch den Wert von 1965 übersteigen, und auch die Anteile der anderen absolut unveränderten Passiva an der Bilanzsumme nehmen stark ab. Demgegenüber steigen bei der Alternative 3 im Vergleich zur Alternative 1 entsprechend der hier gewählten Art der Mittelbeschaffung die Kundschaftseinlagen absolut betrachtet zwar erheblich an, jedoch können auf Grund der erhöhten Bilanzsummen lediglich die Spareinlagen ihren Anteil vergrößern, während der Anteil der Sicht- und Termineinlagen geringfügig absinkt. Eine stärkere Abnahme der Anteile an der Bilanzsumme ergibt sich demgemäß für alle anderen absolut gleichbleibenden Passiva. Um zu prüfen, wie sich die genannten Änderungen auf die Sicherheit und Liquidität unserer Modellbank im Prognosezeitraum auswirken, werden wiederum die Grundsätze des Bundesaufsichtsamtes für das Eigenkapital und die Liquidität der Kreditinstitute herangezogen (3).

Der nach Grundsatz I errechnete Gesamtbetrag der risikotragenden Aktiva beläuft sich bei beiden hier in Betracht gezogenen Alternativen verstärkter unternehmungspolitischer Aktivität Ende 1970 auf rund 1196 Mio DM und erreicht mit 71,5 % der Bilanzsumme und der Indossamentsverbindlichkeiten einen um 2,7 % höheren Wert als bei der Alternative 1 (4). Da außerdem bei Ausdehnung des Kreditvolumens auf die prognosemäßig erreichbar erscheinende Höhe die bei der Alternative 1 bestehenden Auswahlmöglichkeiten der Kreditnehmer im Hinblick auf eine größere Sicherheit entfallen und diesbezügliche kompensatorische Wirkungen somit nicht eintreten können, ist bei den Alternativen 2 und 3

---

1) Vgl. Tabelle 22, S. 402
2) Vgl. Tabelle 18, S. 362
3) Vgl. S. 402 f.
4) Vgl. S. 402 f. sowie Anlage 25

im Prognosezeitraum sowohl absolut als auch relativ eine Erhöhung des Aktivrisikos und eine entsprechende Verminderung der Sicherheit unserer Modellbank zu erwarten.

Auch für die Liquidität unserer Modellbank muß im Prognosezeitraum bei beiden Alternativen wegen der steigenden Ausnutzung der Grundsätze II und III mit einer Verschlechterung gegenüber der Alternative 1 gerechnet werden, die allerdings bei der Alternative 3 weniger schwerwiegend ist als bei der Alternative 2. So steigt die Ausnutzung des Grundsatzes II bei der Alternative 2 auf 50, 5 % und bei der Alternative 3 lediglich auf 46, 0 % (Alternative 1 = 34, 2%), während sich für die Ausnutzung des Grundsatzes III bei der Alternative 2 immerhin 92, 9 % und bei der Alternative 3 nur 87, 2 % (Alternative 1 = 83, 5 %) ergeben (1). Wenngleich alle diese Werte noch im Rahmen des Zulässigen liegen, so ist doch, vor allem bei der Alternative 2, eine beträchtliche Verminderung des Liquiditätsspielraumes unserer Modellbank zu verzeichnen, die in Anbetracht des, gemessen an der Bilanzsumme, bei dieser Alternative relativ hohen Anteils mehr oder weniger "heißer Gelder" (2), die sehr schnell zurückgefordert werden können (3), durchaus Anlaß zur Besorgnis gibt.

Über die Entwicklung der Wirtschaftlichkeit bei der Alternative 2 gegenüber der Alternative 1 lassen sich keine wesentlichen neuen Feststellungen treffen (4). Von besonderer Bedeutung erscheint, daß die zusätzliche Mittelbeschaffung bei dieser Alternative den Betriebsprozeß praktisch nicht berührt und daher keine nennenswerten produktiven Faktoren dafür einzusetzen sind (5). Auch für den zusätzlichen Arbeitsanfall im Kreditgeschäft kann angenommen werden, daß er sich mit Hilfe der Toleranzen des für die Alternative 1 geplanten Betriebsprozesses noch auf wirtschaftliche Weise abwickeln lassen wird, so daß keine zusätzlichen Investitionen dafür erforderlich werden dürften. Ist dies der Fall, so kann durch bessere Auslastung der vorhandenen produktiven Faktoren bei der Alternative 2 möglicherweise eine gewisse Erhöhung der Wirtschaftlichkeit erwartet werden. Andernfalls gilt das im folgenden zur Alternative 3 zu sagende. Hierbei muß davon ausgegangen werden, daß die arbeitsmäßigen Belastungen aus dem zusätzlichen Kundschaftseinlagengeschäft in Verbindung mit denjenigen aus dem Kreditgeschäft nicht mehr mit dem für die Alternative 1 geplanten Betriebsprozeß bewältigt werden können, ganz abgesehen davon, daß die Errichtung neuer Geschäftsstellen (als das hier in Betracht gezogene geschäftspolitische In-

---

1) Vgl. S. 402 f. sowie Anlage 26
2) Vgl. Tabelle 26, S. 410
3) Vgl. hierzu auch unsere Ausführungen S. 238
4) Vgl. S. 403
5) Vgl. hierzu auch unsere Ausführungen S. 170 und 222

strument zur Realisierung der Alternative 3) (1)per se eine Vergrößerung des Betriebsprozesses erforderlich macht. Dazu kommt noch, daß sich aus der Neuerrichtung von Geschäftsstellen - wie bereits angedeutet wurde - letztlich für alle von einer Universalbank betriebenen Geschäfte stimulierende Wirkungen ergeben, so daß ein erhöhter Arbeitsanfall auch dadurch entsteht und in der Planung berücksichtigt werden muß (2). Aus all dem ergeben sich zwei bedeutsame Konsequenzen. Einmal müssen über den produktiven Apparat, der zur Abwicklung des bei der Alternative 3 wesentlich größeren Gesamtarbeitsanfalls erforderlich ist, neue Planungsüberlegungen und Berechnungen angestellt werden, die unter Umständen zur Anwendung eines wirtschaftlicheren Verfahrens führen (3). Zum anderen aber ist damit zu rechnen, daß sich die Wirtschaftlichkeit der neuen im Vergleich zu den bereits bestehenden Geschäftsstellen zumindest in der Anlaufzeit wesentlich ungünstiger gestaltet und sich damit die Wirtschaftlichkeit des Gesamtbetriebes verschlechtert (4). Ob bzw. in welchem Ausmaß sich die beiden aus der Anwendung der Alternative 3 für den Betriebsprozeß ergebenden Folgen innerhalb des Prognosezeitraumes kompensieren werden, läßt sich allgemein nicht sagen, sondern hängt von den jeweiligen Umständen des konkreten Falles und im besonderen davon ab, in welchen zeitlichen Abständen und in welchem Umfang die Erweiterung des Geschäftsstellennetzes erfolgt. Fest steht allerdings, daß unter sonst gleichen Umständen die kompensatorischen Wirkungen im Zeitablauf stärker zu werden tendieren, so daß auf lange Sicht auch bei der Alternative 3 eine Verbesserung der Wirtschaftlichkeit des Gesamtbetriebes erwartet werden kann.

Fassen wir zusammen, so ist für die hier in Betracht gezogenen Alternativen 2 und 3 einer verstärkten unternehmungspolitischen Aktivität im Prognosezeitraum mit unterschiedlichen Auswirkungen nur für die Liquidität und Wirtschaftlichkeit unserer Modellbank zu rechnen. Während beide Alternativen zu einer gewissen Verschlechterung der Sicherheit führen dürften, ist bei der Alternative 2 eine wesentliche Verringerung der Liquidität, aber eine unveränderte oder sogar erhöhte Wirtschaftlichkeit und bei der Alternative 3 eine weniger ungünstige Gestaltung der Liquidität, jedoch eine zumindest am Anfang erhebliche Verschlechterung der Wirtschaftlichkeit, die sich erst im Laufe der Zeit verbessert, zu erwarten. Wenden wir uns daher nunmehr wieder den Zielvariablen Gewinn, Eigenkapitalanteil und Marktanteil unserer Modellbank zu.

Ob mit Hilfe der Alternativen 2 und 3 im Vergleich zur Alternative 1 im

---

1) Vgl. S. 408 f.
2) Vgl. S. 409 Fußnote 2
3) Vgl. hierzu auch unsere Ausführungen S. 387
4) Vgl. hierzu unsere Ausführungen S. 397 und 398

Prognosezeitraum zusätzliche Gewinne erzielt werden können, ergibt sich im wesentlichen aus den zusätzlichen Erträgen und Aufwendungen der dabei zusätzlich getätigten Geschäfte. Betrachten wir zunächst die Alternative 2. Während die Zinsaufwendungen für die zusätzlich beschafften Mittel hier relativ hoch angesetzt werden müssen (1), wobei allerdings eine Prognose wegen der starken Veränderlichkeit der Zinssätze am Geldmarkt sehr schwierig ist, können die Betriebsaufwendungen dafür wegen Geringfügigkeit vernachlässigt werden (2). Die voraussichtlichen Erträge ebenso wie die Aufwendungen für die zusätzlichen Kreditgeschäfte dürften sich dagegen infolge des größeren Risikos ebenfalls etwas erhöhen (3). Wir wollen daher annehmen, daß bei Anwendung der Alternative 2 im Vergleich zur Alternative 1 ein zusätzlicher Bruttogewinn von höchstens 1 % der zusätzlichen Bilanzsumme erzielbar erscheint, der sich bei noch höheren als den angenommenen Zinsaufwendungen für die zusätzlichen Mittel entsprechend mindert. Der für die Alternative 1 per Ende 1970 mit 30, 27 Mio DM prognostizierte Bruttogewinn unserer Modellbank erhöht sich danach für die Alternative 2 um höchstens 1, 29 Mio DM (= 1 % von 129, 12 Mio DM) (4) auf höchstens 31, 56 Mio DM (5). Bei der Alternative 3 dürften die Zinsaufwendungen der neu zu beschaffenden Mittel erheblich niedriger sein als bei der Alternative 2 (6), während im zusätzlichen Kreditgeschäft ebenfalls leicht erhöhte Erträge zum Ausgleich des größeren Risikos zu erwarten sind (7). Zusätzliche Betriebsaufwendungen entstehen dagegen nunmehr sowohl für die Beschaffung der zusätzlichen Mittel als auch für die Abwicklung des zusätzlichen Kreditgeschäftes (8). Ihre Gestaltung ist abhängig von den aufwandssteigernden Tendenzen der Errichtung neuer Geschäftsstellen und den aufwandssenkenden Tendenzen der wirtschaftlicheren Abwicklung eines vergrößerten Arbeitsanfalls. Da hierüber ohne entsprechende Berechnungen, für die uns jegliche Anhaltspunkte fehlen, die aber im konkreten Fall u. E. durchaus zu beschaffen sind, keine exakten Aussagen gemacht werden können, wollen wir im folgenden davon ausgehen, daß unsere Modellbank auf Grund ihrer internen Ermittlungen glaubt, aus dem zusätzlichen Geschäft der Alternative 3 im Vergleich zur Alternative 1 anfangs zwar einen Verlust zu erleiden, dann jedoch einen sich allmählich steigernden Bruttogewinn erwirtschaften zu können, und daß frühestens am Ende des Prognosezeitraumes, höchstwahrscheinlich aber erst danach, die Alternative 3 erfolgsmäßig zu voller Wirksamkeit

---

1) Vgl. S. 407
2) Vgl. S. 412
3) Vgl. S. 411 f.
4) Vgl. S. 407 f.
5) Vgl. Tabelle 27, S. 416
6) Vgl. S. 407
7) Vgl. S. 411 f.
8) Vgl. S. 412 f.

gelangt. Der zusätzliche Bruttogewinn der Alternative 3 soll daher für das erste Jahr mit - 1/2 %, für das letzte Jahr mit 1 1/2 % der jeweils zusätzlichen Bilanzsumme angesetzt werden, während danach der sowohl für 1965 als auch für 1970 angenommene Satz von 2 % der Bilanzsumme wieder erreichbar erscheint (1). Der bei der Alternative 1 für Ende 1970 mit 30, 27 Mio DM prognostizierte Gewinn erhöht sich damit bei der Alternative 3 um 1, 94 Mio DM (= 1, 5 % von 129, 12 Mio DM) (2) auf 32, 21 Mio DM (3). Der zusätzliche Gewinn der Alternative 3 ist demnach anfangs zwar wesentlich niedriger bzw. sogar negativ, später jedoch sehr viel höher als derjenige der Alternative 2, der überdies noch als stark von der kaum abschätzbaren Zinsentwicklung am Geldmarkt abhängig anzusehen ist. Um die unterschiedlichen Erfolgswirkungen beider Alternativen vergleichbar zu machen, müßten infolgedessen ihre für die einzelnen Jahre des Prognosezeitraumes erwarteten Gewinne auf den Gegenwartswert abgezinst werden (4). Abgesehen davon jedoch, daß die Ermittlung der jährlichen Gewinne, bei denen konjunkturelle Schwankungen anzunehmen sind, für den Zeitraum von 5 Jahren kaum mit der erforderlichen Genauigkeit gelingen dürfte, bietet auch der zur Diskontierung heranzuziehende Zinssatz erhebliche Probleme (5). Wir wollen infolgedessen hier auf eine Diskontierung verzichten, zumal im Rahmen der vorliegenden Arbeit die zu treffenden Entscheidungen nicht an der Maximierung des Gewinns, sondern an der erreichbar erscheinenden Höhe eines aus den Zielvariablen Gewinn, Eigenkapital- und Marktanteil gebildeten Anspruchsniveaus orientiert werden (6). Außerdem ist auch ohne Diskontierung ersichtlich, daß unter den gemachten Annahmen die Gewinnentwicklung unserer Modellbank im Prognosezeitraum bei der Alternative 3 ungünstiger als bei der Alternative 2 ist, was sich durch die Diskontierung lediglich noch verstärken würde (7). Der Grund dafür liegt darin,

1) Vgl. S. 403 f.
2) Vgl. S. 409
3) Vgl. Tabelle 27, S. 416
4) Vgl. hierzu z. B. Koch, Helmut: Betriebliche Planung, S. 85 ff. und 126 f. sowie die dort angegebene Literatur; ferner Albach, Horst: Wirtschaftlichkeitsrechnung bei unsicheren Erwartungen, insbesondere S. 44 ff., und Hax, Herbert: Investitions- und Finanzplanung mit Hilfe der linearen Programmierung, in: Zeitschrift für betriebswirtschaftliche Forschung, 16. Jg. 1964, S. 430 ff.
5) Vgl. hierzu insbesondere Moxter, Adolf: Die Bestimmung des Kalkulationszinsfußes bei Investitionsentscheidungen, in: Zeitschrift für handelswissenschaftliche Forschung, 13. Jg. 1961, S. 186 ff.
6) Vgl. hierzu unsere Ausführungen S. 65 ff., insbesondere S. 89 ff.
7) Sieht man - um zumindest eine ungefähre Vorstellung von der Höhe der im Prognosezeitraum erzielbar erscheinenden Gewinne zu erhalten - von konjunkturellen Schwankungen einmal ab und nimmt ein kontinuierliches Wachstum der Bilanzsumme an, so ergeben sich für die beiden Alternativen folgende Jahresgewinne:

daß bei der Alternative 3 die höheren Gewinne erst in den späteren Jahren anfallen. Bei der Alternative 2 ist allerdings zu berücksichtigen, daß die hierfür prognostizierten Werte als recht unsicher zu gelten haben. Beides muß als Konsequenz der jeweiligen Alternative in Kauf genommen werden.

Für die Verwendung des zusätzlichen Gewinnes ergibt sich am Ende des Prognosezeitraumes bei unveränderter Ausschüttung die Möglichkeit einer zusätzlichen Dotierung der stillen oder auch der offenen Rücklagen (nach Berücksichtigung der dafür zu entrichtenden Steuern) bei der Alternative 2 mit 0, 55 Mio DM und bei der Alternative 3 mit 0, 83 Mio DM, wie aus der folgenden Tabelle hervorgeht (1):

	2. Alternat. 1970 in Mio DM	3. Alternat. 1970 in Mio DM
Bruttogewinn der Alternative 1 (= 2 % der Bilanzsumme am Jahresende)	30, 27	30, 27
Zusätzlicher Gewinn der Alternative 2 bzw. 3 (1, 0 bzw. 1, 5 % der zusätzlichen Bilanzsumme am Jahresende)	1, 29	1, 94
	31, 56	32, 21
Dividende (24 % auf 20 bzw. 16 % auf 30 Mio DM Grundkapital)	4, 80	4, 80
	26, 76	27, 41
50, 2 % Steuern auf den ausgeschütteten Gewinn	2, 41	2, 41
	24, 35	25, 00
Offene Rücklagen (in gleichem Umfang wie die Gewinnausschüttung)	4, 80	4, 80
	19, 55	20, 20
135 % Steuern auf die offenen Rücklagen	6, 48	6, 48
	13, 07	13, 72

	2. Alternative			3. Alternative		
	zus. Bil. Summe in MioDM	zus. Gewinn in %	zus. Gewinn in MioDM	zus. Bil. Summe inMioDM	zus. Gewinn in %	zus. Gewinn in MioDM
1966	25	1	0, 25	25	- 0, 5	- 0, 13
1967	50	1	0, 50	50	0, 0	0, 00
1968	75	1	0, 75	75	0, 5	0, 38
1969	100	1	1, 00	100	1, 0	1, 00
1970	129	1	1, 29	129	1, 5	1, 94
			3, 79			3, 19

1) Vgl. hierzu auch Tabelle 23, S. 404

Stille Rücklagen (verbleibender
Rest = 5, 01 + 0, 55 bzw. 0, 83 Mio
DM)   5, 56   5, 84
                                           ‾‾‾‾   ‾‾‾‾
                                           7, 51   7, 88

135 % Steuern auf die stillen Rück-
lagen   7, 51   7, 88
                                           ‾‾‾‾   ‾‾‾‾
                                           0, 00   0, 00

Tabelle 27

Bleibt dagegen die Rücklagenpolitik unverändert, so kann der zusätzliche Gewinn für 1970 (nach Berücksichtigung der dafür zu entrichtenden
Steuern) bei der Alternative 2 mit 0, 86 Mio DM und bei der Alternative
3 mit 1, 29 Mio DM zu erhöhter Ausschüttung verwendet werden.

Die Eigenkapitalsituation unserer Modellbank verschlechtert sich bei
beiden Alternativen verstärkter unternehmungspolitischer Aktivität infolge der Ausweitung des Kreditgeschäftes und der Erhöhung der Bilanzsumme erheblich, denn bei zunächst gleichbleibendem Eigenkapital von
63 Mio DM steigen die risikotragenden Aktiva auf rund 1196 Mio DM
und damit auf das 19, 0-fache an, so daß der Grundsatz I um das 1, 0-fa-
che überschritten wird (1), während der Eigenkapitalanteil an der Bilanzsumme auf 3, 84 % absinkt. Werden in dieser Situation aus dem zusätzlichen Gewinn die offenen Rücklagen höher dotiert (2), so bedeutet
dies für den gesamten Prognosezeitraum ein zusätzliches Eigenkapital
bei der Alternative 2 von ca. 1, 5 Mio DM und bei der Alternative 3 von
ca. 1, 3 Mio DM, was die Eigenkapitalsituation unserer Modellbank kaum
zu verbessern vermag, da sie lediglich eine Verringerung der Überschreitung des Grundsatzes I bei beiden Alternativen auf das 18, 6-fache
und eine Erhöhung des Eigenkapitalanteils an der Bilanzsumme bei der
Alternative 2 auf 3, 92 %, bei der Alternative 3 auf 3, 91 % mit sich bringt
(3). Eine Kapitalerhöhung, die bereits bei der Alternative 1 als unumgänglich angesehen worden ist (4), wird infolgedessen bei verstärkter
unternehmungspolitischer Aktivität zur unabdingbaren Notwendigkeit.
Bei einer Erhöhung des Grundkapitals um 10 Mio DM, die - wie ausgeführt worden ist - bei einem unveränderten Dividendensatz von 16 % möglich ist (4), sinkt die Ausnutzung des Grundsatzes I bei beiden Alterna-

---

1) Vgl. hierzu Anlage 25
2) Vgl. S. 416
3) Vgl. hierzu Anlage 28 Wir wollen dabei und auch im folgenden wiederum annehmen, daß das zusätzliche Eigenkapital seinen Niederschlag in den liquiden Aktiva findet, zumal bei den Alternativen 2
   und 3 voraussetzungsgemäß die gesamte vorhandene Kreditnachfrage
   befriedigt wird. Vgl. hierzu auch S. 405 Fußnote 4
4) Vgl. S. 405

tiven auf das 16, 1-fache, während sich der Eigenkapitalanteil an der
Bilanzsumme bei der Alternative 2 auf 4, 50 % bzw. bei der Alternative
3 auf 4, 49 % erhöht (1). Auch dieses Ergebnis ist allerdings noch keineswegs voll befriedigend, so daß eine weitere Kapitalerhöhung in Erwägung zu ziehen ist. Wird zu diesem Zweck im letzten Jahr des Prognosezeitraums darauf verzichtet, die offenen Rücklagen aus dem zusätzlichen
Gewinn zu erhöhen und dieser statt dessen zu verstärkten Ausschüttungen verwendet (2), so kann bei einem unveränderten Dividendensatz von
16 % bei der Alternative 2 das Grundkapital um ca. 5 Mio DM und bei
der Alternative 3 um ca. 8 Mio DM aufgestockt werden, was allerdings
infolge der Reduzierungsnotwendigkeit der offenen Rücklagen um 0, 55
bzw. 0, 83 Mio DM im letzten Jahr per Saldo lediglich eine Erhöhung des
Eigenkapitals um 4, 4 bzw. 7, 1 Mio DM bedeutet (3). Die Inanspruchnahme des Grundsatzes I vermindert sich dadurch bei der Alternative
2 auf das 15, 2-fache, bei der Alternative 3 auf das 14, 7-fache und der
Anteil des Eigenkapitals an der Bilanzsumme steigt auf 4, 76 % bzw.
4, 79 %. Schließlich ergibt sich für den Anteil des Grundkapitals am gesamten Eigenkapital, der bei beiden Alternativen bis auf 31, 7 % abgesunken war, wieder ein Verhältnis von 44, 4 % bzw. 46, 7 % (4). Erst
bei dieser Konstellation erreicht demnach der Eigenkapitalanteil unserer Modellbank bei verstärkter unternehmungspolitischer Aktivität Werte, die ungefähr denjenigen der Alternative 1 entsprechen, wenngleich
sie - ebenso wie jene - immer noch nicht recht befriedigen (5). Die Möglichkeit der Gewinnung zusätzlicher offener Rücklagen aus einem evtl.
Agio der vorgesehenen Kapitalerhöhungen, die bei einem angenommenen
Ausgabekurs der jungen Aktien von 150 % bei der Alternative 2 immerhin
7, 5 und bei der Alternative 3 sogar 9, 0 Mio DM betragen würde, ist - ihrer schlechten Abschätzbarkeit wegen - dabei allerdings wiederum noch
nicht berücksichtigt worden. Sie würde den Grundsatz I auf das 13, 8-
fache bzw. 13, 2-fache erniedrigen, den Eigenkapitalanteil an der Bilanzsumme auf 5, 19 % bzw. 5, 41 % erhöhen, dagegen den Anteil des Grundkapitals am gesamten Eigenkapital wieder auf 40, 5 % bzw. 42, 0 % vermindern (6).

Der Marktanteil unserer Modellbank kann im Prognosezeitraum mit Hilfe beider Alternativen einer verstärkten unternehmungspolitischen Aktivität zwar vor dem bei der Alternative 1 zu erwartenden Absinken auf
0, 214 % (7) bewahrt, jedoch im Vergleich zum Stand von 1965 (= 0, 235 %)

---

1) Vgl. hierzu Anlage 28
2) Vgl. S. 417
3) Vgl. hierzu Tabelle 27, S. 416 f.
4) Vgl. hierzu Anlage 28
5) Vgl. S. 405
6) Vgl. hierzu Anlage 28 sowie die Ausführungen S. 405 f.
7) Vgl. Tabelle 22, S. 402

keineswegs erhöht, sondern mit 0, 233 % gerade nur knapp gehalten werden (1). Dieses Ergebnis ist angesichts der starken Konkurrenz der Kreditinstitute vor allem um die noch vorhandene latente Nachfrage zwar nicht unbefriedigend, gibt aber doch zu gewissen Bedenken Anlaß. Das gilt vor allem dann, wenn anzunehmen ist, daß unmittelbare Konkurrenten unserer Modellbank ihre unternehmungspolitische Aktivität ebenfalls erhöhen, so daß ihre eigenen Bemühungen bis zu einem gewissen Grade paralysiert zu werden drohen. Weitere Überlegungen sind aber im Hinblick auf die zu erwartende Entwicklung der Marktanteile bei den einzelnen Aktiv- und Passivpositionen anzustellen, die bei den hier in Betracht gezogenen beiden Alternativen einer verstärkten unternehmungspolitischen Aktivität unterschiedlich verläuft. Man könnte in diesem Zusammenhang gewissermaßen ein Präferenzsystem für die Marktanteile der einzelnen Aktiv- und Passivpositionen und im weiteren Sinne für die Marktanteile aller Geschäfte unserer Modellbank entwickeln, an Hand dessen sie für ihre eigenen Belange zu beurteilen imstande sein müßte, welche Geschäfte im Hinblick auf ihr jeweiliges Anspruchsniveau in Verbindung mit ihren geschäftspolitischen Prinzipien besonders forciert werden sollten und bei welchen eine gewisse Zurückhaltung geboten wäre. Selbstverständlich handelt es sich bei einem solchen Präferenzsystem nicht um eine allgemeingültige, unveränderliche Wertung, sondern lediglich um die individuellen Neigungen einer einzelnen Bank, die infolgedessen von denen anderer Institute abweichen können (wenngleich sich gewisse allgemeine Tendenzen feststellen lassen dürften) und im Zeitverlauf den jeweiligen Änderungen der Umweltbedingungen angepaßt werden müssen. So wollen wir z. B. bei unserer Modellbank für den Prognosezeitraum eine Erhöhung der Marktanteile bei den Kundschaftseinlagen oder den Debitoren als besonders wertvoll, eine solche bei den langfristigen Ausleihungen oder den aufgenommenen Geldern dagegen als weniger wünschenswert annehmen. Im vorliegenden Fall ist daher besonders darauf hinzuweisen, daß bei der Alternative 3 die Marktanteile der Kundschaftseinlagen und bei der Alternative 2 die Marktanteile der zur Gruppe 2 gehörenden Passiva in starkem Maße steigen, während die Marktanteile der Debitoren und langfristigen Ausleihungen für beide Alternativen gleich sind, so daß unter diesen Aspekten die Alternative 3 günstiger als die Alternative 2 zu beurteilen ist.

Damit sind auch für die Alternativen 2 und 3 die prognostizierten Werte im Hinblick auf die geschäftspolitischen Prinzipien sowie die Zielvariablen unserer Modellbank überprüft worden (2). Als Ergebnis können wir feststellen, daß die einigermaßen befriedigende Entwicklung der Zielvariable Marktanteil bei den Alternativen 2 und 3 im Vergleich zur Alternative 1 (3) im Prognosezeitraum nur auf Kosten einer Verschlech-

---

1) Vgl. Tabelle 26, S. 410
2) Vgl. hierzu Anlage 28, in der alle Zahlenwerte dieses Abschnitts nochmals zusammengestellt worden sind.
3) Vgl. S. 406 und 418 f.

terung der Entwicklung bei den Zielvariablen Gewinn und Eigenkapitalanteil zu erreichen sein dürfte. Zwar sind bei beiden Alternativen aus
den zusätzlichen Geschäften zusätzliche Gewinne zu erwarten, jedoch
werden voraussichtlich diese zusätzlichen Gewinne im Vergleich zum
zusätzlichen Kapitaleinsatz niedriger sein als die bisherigen Gewinne im
Vergleich zum bisherigen Kapitaleinsatz, so daß sich die Rentabilität
des Gesamtkapitals im Prognosezeitraum zwangsläufig zu mindern tendiert (1). Da infolgedessen die Bildung offener Rücklagen aus den zusätzlichen Gewinnen vermutlich nicht ausreichen wird, um den Eigenkapitalanteil auf einer den Vorstellungen des Bundesaufsichtsamtes gemäß
Grundsatz I entsprechenden angemessenen Höhe zu halten, dürften sich
bei den Alternativen 2 und 3 erhebliche Kapitalerhöhungen als erforderlich erweisen, die wiederum die Ansprüche an den Gewinn aus den jährlich erforderlichen Gewinnausschüttungen stark erhöhen (2). Diese Ansprüche ist die Alternative 3 wegen ihrer gegen das Ende des Prognosezeitraumes voraussichtlich höheren Gewinne wahrscheinlich besser
zu erfüllen in der Lage als die Alternative 2, deren zusätzliche Gewinne
überdies als stark konjunkturabhängig zu gelten haben, so daß der für
den gesamten Prognosezeitraum dafür erwartete absolut höhere Wert
auch mit größerer Ungewißheit behaftet erscheint (3). Zu beachten ist
weiterhin, daß im Hinblick auf die Entwicklung der Marktanteile bei den
einzelnen Aktiv- und Passivpositionen die Alternative 3 ebenfalls besser
als die Alternative 2 abzuschneiden tendiert (4). Berücksichtigt man indessen die geschäftspolitischen Prinzipien Sicherheit, Liquidität und
Wirtschaftlichkeit, für die sich bei den Alternativen 2 und 3 im Vergleich
zur Alternative 1 insgesamt gewisse Verschlechterungen ergeben dürften, so ist nur im Hinblick auf die Liquidität im Prognosezeitraum bei
der Alternative 3 mit einer weniger ungünstigen Entwicklung als bei der
Alternative 2 zu rechnen (5).

Zusammenfassend ist festzustellen, daß sich die einzelnen geschäftspolitischen Prinzipien ebenso wie die einzelnen Zielvariablen bei den Alternativen 2 und 3 einer verstärkten unternehmungspolitischen Aktivität
im Vergleich zur gleichbleibenden geschäftspolitischen Aktivität der Alternative 1 durchaus nicht gleichläufig zu entwickeln tendieren, so daß
teils die eine, teils die andere Alternative als vorteilhafter gelten muß.
Die Bewertung und Beurteilung der einzelnen Alternativen innerhalb der
Eventualplanung führt demnach im vorliegenden Fall nicht zu einer Alternative, für die ohne weitere Überlegungen eine Entscheidung getroffen werden könnte. Vielmehr bedarf es erst noch eines Abwägens aller
in Betracht gezogenen Alternativen im Hinblick auf das damit erreichbar

---

1) Vgl. S. 403 f. und 413 ff.
2) Vgl. S. 417 ff.
3) Vgl. S. 415 f.
4) Vgl. S. 418 ff.
5) Vgl. S. 402 ff. und 411 ff.

erscheinende Anspruchsniveau, womit wir uns daher im folgenden Abschnitt zu beschäftigen haben (1). Was hier für nur insgesamt drei Alternativen festgestellt wurde, gilt grundsätzlich auch dann, wenn - wie es im konkreten Fall zumeist erforderlich ist - für eine Entscheidung mehr Alternativen in Erwägung zu ziehen sind. Sicherlich kann es dabei vorkommen, daß sich eine Alternative im Hinblick auf alle wesentlichen Tatbestände allen anderen Alternativen gegenüber als überlegen erweist, so daß aus der Eventualplanung heraus unmittelbar die Entscheidung möglich wird, jedoch dürfte dies die Ausnahme sein. Anders liegt der Fall nur dann, wenn es gelingt, alle in Frage kommenden Alternativen in ein mathematisch formuliertes Planungsmodell einzubeziehen und dieses simultan aufzulösen. Derartige Möglichkeiten bestehen allerdings - wie wir eingehend dargelegt haben (2) - u. E. nicht für die langfristige Gesamtplanung einer Universalbank, sondern allenfalls für bestimmte Teilbereiche der langfristigen Planung, wie z. B. die Investitionsplanung, so daß die Lösung des hierbei offen bleibenden Problems der Abstimmung der einzelnen Teilplanungsbereiche ebenfalls weiterer Überlegungen bedarf (3). Im folgenden Abschnitt wird darauf nochmals zurückzukommen sein. Vorerst ist daher nur noch darauf hinzuweisen, daß der langfristigen Eventualplanung einer Universalbank im konkreten Fall niemals nur die Vorbereitung einer Entscheidung, sondern stets die einer mehr oder weniger großen Zahl von Entscheidungen in allen Teilbereichen ihrer unternehmerischen Betätigung obliegt. Wie unterschiedlich diese Entscheidungen im einzelnen aber auch sein mögen, immer handelt es sich bei der vorhergehenden Eventualplanung um die Suche, Bewertung und Beurteilung einer mehr oder weniger großen Zahl alternativer Möglichkeiten und damit um die gleichen Überlegungen, wie sie hier beispielhaft für nur eine - allerdings sehr wesentliche - Entscheidung mit drei Alternativen angestellt worden sind.

c) Die Entscheidung im Hinblick auf das Anspruchsniveau

Nachdem innerhalb der Eventualplanung drei verschiedene Alternativen zur Lösung des in Frage stehenden Planungsproblems unserer Modellbank gesucht, bewertet und im Hinblick auf ihre einzelnen Zielvariablen sowie geschäftspolitischen Prinzipien beurteilt worden sind, gilt es nunmehr, diejenigen Alternativen auszuwählen, mit deren Hilfe das unter den gegebenen Umständen für erstrebenswert erachtete Anspruchsniveau realisiert werden kann.

Wie wir eingehend dargelegt haben, kann davon ausgegangen werden, daß

---

1) Vgl. unten
2) Vgl. hierzu insbesondere unsere Ausführungen S. 225 ff., 260 ff. u. 268 f.
3) Vgl. hierzu insbesondere unsere Ausführungen S. 261 ff.

sich das Anspruchsniveau einer Universalbank aus den Zielvariablen Gewinn, Marktanteil und Eigenkapitalanteil zusammensetzt, wobei die angegebene Reihenfolge die normale Dringlichkeitsskala für eine Kreditbank darstellt, die Zielvariable Gewinn allerdings immer in hohem Maße von der Stärke abhängig ist, mit der die geschäftspolitischen Prinzipien Sicherheit, Liquidität und Wirtschaftlichkeit verfolgt werden (1). Betrachten wir unter diesen Aspekten die Alternative 1 (gleichbleibende geschäftspolitische Aktivität), so ergibt sich, daß bei im wesentlichen unveränderter Sicherheit, Liquidität und Wirtschaftlichkeit der Gewinn unserer Modellbank zwar eine beträchtliche und alle bisherigen Ansprüche voll befriedigende Höhe zu erreichen verspricht, die Entwicklung des Eigenkapitalanteils aber etwas zu wünschen übrig läßt und der Marktanteil auf einen nicht mehr als befriedigend zu bezeichnenden Prozentsatz abzusinken tendiert (2). Zieht man weiterhin in Betracht, daß der Marktanteil unserer Modellbank auch in den vergangenen Jahren schon beträchtlich abgenommen hat (3), was neben strukturbedingten Ursachen auf eine vergleichsweise höhere geschäftspolitische Aktivität der anderen Kreditinstitute in dem zurückliegenden Zeitraum schließen läßt, so muß für den Prognosezeitraum eine Änderung in der normalen Dringlichkeitsskala der Zielvariablen unserer Modellbank zugunsten des Marktanteils als unbedingt erforderlich angesehen werden (4). Das gilt besonders auch unter dem Gesichtspunkt, daß bei den Konkurrenten mit einer gegenüber der bisherigen noch verstärkten geschäftspolitischen Aktivität gerechnet werden muß. Die aus diesem Grunde zur Verstärkung der geschäftspolitischen Aktivität unserer Modellbank in Betracht gezogenen Alternativen 2 und 3 beruhen auf der Ausnutzung der vorhandenen Kreditnachfrage durch Anpassung der prognosemäßig niedrigeren Passiv- an die höhere Aktivseite (5). Der dabei in bezug auf den bilanzsummenmäßigen Marktanteil zu erzielende Effekt ist in beiden Fällen der gleiche (6). So kann zwar bei den Alternativen 2 und 3 eine Steigerung des bilanzsummenmäßigen Marktanteils voraussichtlich nicht erreicht, aber doch sein weiteres Absinken verhindert werden. Allerdings wird dieses Ergebnis nur dadurch möglich, daß für den Prognosezeitraum ein im Verhältnis zu den zusätzlich getätigten Geschäften wesentlich geringerer als der bisherige Gewinn in Kauf genommen wird, wobei die Alternative 2 (verstärkte Bemühungen am Geldmarkt) im Prognosezeitraum besser abschneidet als die Alternative 3 (verstärkte Bemühungen um Kundschaftseinlagen durch Errichtung neuer Geschäftsstellen). Außerdem sinkt bei beiden Alternativen der Eigenkapitalanteil unter die vom Gesetzgeber festgelegte Grenze ab, so daß dafür nunmehr

---

1) Vgl. S. 89 ff. und 130 ff.
2) Vgl. S. 406 f.
3) Vgl. Anlage 11
4) Vgl. hierzu insbesondere unsere Ausführungen S. 130 ff.
5) Vgl. S. 406 ff.
6) Vgl. hierzu und zum folgenden S. 419 f.

ebenfalls Abhilfe geschaffen werden muß. Da die hierzu erforderliche Kapitalerhöhung die Ansprüche an die Gewinnausschüttungen steigert, ist unter dem Aspekt des Eigenkapitalanteils die Alternative 3 mit ihren gegen Ende des Prognosezeitraumes höheren Gewinnen freilich günstiger zu beurteilen als die Alternative 2. Dieser Eindruck verstärkt sich noch, wenn zu erwarten ist, daß die neu errichteten Geschäftsstellen im nächsten Planungszeitraum zu voller Wirksamkeit und damit zu einer vorteilhafteren Gewinnentwicklung kommen werden. Unter diesem Aspekt kann daher auch die Verschlechterung der Wirtschaftlichkeit, die bei der Neuerrichtung von Geschäftsstellen im Prognosezeitraum zweifellos - besonders anfangs - unvermeidlich ist, nicht als ein Hinderungsgrund für die Realisierung der Alternative 3 angesehen werden. Die bei der Alternative 2 hervorstechende Tatsache, daß sich im Prognosezeitraum eine Erweiterung des Betriebsprozesses mit allen in ihrem Gefolge erforderlichen Umstellungen und Anschaffungen als unnötig erweist und kaum mit höheren Betriebsaufwendungen zu rechnen ist, tritt in diesem Falle ebenfalls völlig in den Hintergrund. Insofern können Erwartungen, die über den hier gewählten Planungszeitraum von 5 Jahren hinausreichen, durchaus die Entscheidungen in diesem Planungszeitraum beeinflussen, sofern nur ihre Wahrscheinlichkeit hinreichend groß ist. Berücksichtigt man weiterhin, daß die Alternative 2 eine recht ungünstige Entwicklung der Liquidität mit sich bringt und die damit erzielbaren Gewinne in starkem Maße konjunkturabhängig sind, während die Alternative 3 eine Steigerung des Marktanteils bei den Geschäften erlaubt, die für eine Universalbank als lebenswichtig zu gelten haben, nämlich bei den Kundschaftseinlagen, so kann die Entscheidung im vorliegenden Fall bereits auf Grund der bisherigen Überlegungen eigentlich nur zugunsten der Alternative 3 gefällt werden. Dazu kommt aber noch, daß die Neuerrichtung von Geschäftsstellen mit Aussicht auf den gewünschten Erfolg nur solange möglich ist, wie sich der Markt in dieser Hinsicht noch aufnahmefähig zeigt, und daß bereits in nicht allzulanger Zeit mit einer Übersättigung gerechnet werden muß (1). Bei der starken Konkurrenz der Kreditinstitute vor allem um die noch vorhandene latente Nachfrage (2) muß unter diesem Aspekt die Entscheidung zwangsläufig zugunsten einer Alternative fallen, die es erlaubt, neue Kunden zu gewinnen, selbst wenn sich dabei im Planungszeitraum die Entwicklung des Gewinns oder des Eigenkapitalanteils noch ungünstiger gestalten würde, als es für den vorliegenden Fall prognostiziert worden ist. In diesem Zusammenhang ist daher auch noch darauf hinzuweisen, daß - wie bisher nur angedeutet worden ist - die Neuerrichtung von Geschäftsstellen selbst bei ausgesprochenen Einlagenfilialen nicht ausschließlich das Einlagengeschäft, sondern - zumindest auf sehr lange Sicht - auch die Aktiv- und Dienstleistungsgeschäfte zu stimulieren geeignet ist (3). Diesem Gedanken

---

1) Vgl. S. 408 f.
2) Vgl. S. 161 und 408
3) Vgl. S. 409 Fußnote 2 und 413

kommt besonders im Hinblick darauf Bedeutung zu, daß über die Erhaltung hinaus die Steigerung des bilanzsummenmäßigen Marktanteils beabsichtigt ist, da zu diesem Zweck Anstrengungen unternommen werden müßten, die sich nicht mehr nur auf die Forcierung der Passiv-, sondern auch auf die der Aktiv- und Dienstleistungsgeschäfte zu erstrecken hätten, was hinsichtlich der Entwicklung der Zielvariablen Gewinn und Eigenkapitalanteil vermutlich weitere Verschlechterungen zur Folge haben würde. Eine Entscheidung gegen die Alternative 3 wäre daher u. E. höchstens dann angebracht, wenn sich für den anschließenden Planungszeitraum bereits jetzt ein so nachhaltiges Sinken der Nachfrage nach Bankgeschäften abzeichnete, daß Erweiterungen der technisch-organisatorischen Kapazität, die fünf Jahre zu überdauern geeignet sind - wie es bei Geschäftsstellenerrichtungen zweifellos der Fall ist - dann erhebliche Überkapazitäten bilden würden. Was oben bezüglich der über den hier gewählten Planungszeitraum hinausreichenden Erwartungen gesagt wurde, gilt infolgedessen auch für diese Überlegungen. Fassen wir zusammen, so ist die Alternative 3 unter den gegenwärtigen Umständen als diejenige Verhaltensweise zu bezeichnen, mit der allein das derzeitige Anspruchsniveau unserer Modellbank realisierbar erscheint. Das im vorliegenden Fall erzielte Ergebnis ist daher eindeutig. Die Entscheidung kann demnach - das eingeschränkt rationale Verhalten der Anspruchsanpassungstheorie vorausgesetzt (1) - nur zugunsten der Alternative 3 getroffen werden. Würden, wie es im konkreten Fall durchaus vorkommen kann, mehrere Alternativen imstande sein, das gleiche Anspruchsniveau zu erreichen, so müßten zu den bisherigen allerdings noch zusätzliche Überlegungen angestellt werden, um die Entscheidung zu ermöglichen (2). Darauf soll jedoch hier nicht mehr näher eingegangen werden. Das bemerkenswerteste an dem für unsere Modellbank gefundenen Ergebnis ist zweifellos die Änderung der Dringlichkeitsskala für die einzelnen Zielvariablen innerhalb ihres Anspruchsniveaus und ihr Einfluß auf die Wahl der zu realisierenden Alternative. Im vorliegenden Fall geht diese Änderung so weit, daß sowohl die Zielvariable Marktanteil als auch die Zielvariable Eigenkapitalanteil in der Dringlichkeitsskala vor die Zielvariable Gewinn gesetzt werden müssen und die Entscheidung damit weder zugunsten der Alternative 1 noch der Alternative 2 getroffen werden kann, die andernfalls vorzuziehen wären. Es zeigt sich also deutlich, wie sich das jeweilige Anspruchsniveau den Änderungen der Umweltbedingungen anzupassen hat, wenn schwere und kaum wieder gut zu machende Schäden in der Entwicklung unserer Modellbank vermieden werden sollen. Gelingt es mit Hilfe der Alternative 3 im Planungszeitraum, das gesteckte Ziel zu erreichen, den Marktanteil wieder auf eine befriedigende Höhe zu bringen und auch für den Eigenkapitalanteil ein angemessenes Niveau zu realisieren, so wird unsere Modellbank selbstverständlich der Zielvariable Gewinn den ihr nor-

---

1) Vgl. hierzu insbesondere S. 75 f. und 81 f.
2) Vgl. hierzu auch unsere Ausführungen S. 88 f. und 264

malerweise gebührenden ersten Platz in der Dringlichkeitsskala zurück-
geben. Kann der gewünschte Erfolg dagegen trotz der gemachten Anstrengungen nicht erreicht werden, so bleibt möglicherweise nichts anderes übrig, als im nächsten Planungszeitraum den Anspruch an die
Zielvariable Marktanteil und evtl. auch an die anderen Zielvariablen
zu senken und für alle Zielvariablen eine Dringlichkeitsskala zu bilden,
die dem neuen Anspruchsniveau entspricht. Die im II. Hauptteil über
die Zielsetzung der Universalbanken gemachten Ausführungen lassen
sich daher mit Hilfe des gewählten Beispiels für die praktische Planungsarbeit der Universalbanken als brauchbar und zweckmäßig nach-
weisen (1).

Die bisher angestellten Planungsüberlegungen basieren nun allerdings
alle auf den nach dem hier entwickelten Verfahren rechnerisch ermittelten Prognosewerten, für die zwar - wie wir meinen - auf Grund ihrer
sachlogischen Überprüfung eine relativ große Wahrscheinlichkeit spricht
(2), über die aber doch für den verhältnismäßig langen Zeitraum von
fünf Jahren nichts mit völliger Sicherheit ausgesagt werden kann. Das
gilt selbst dann, wenn in dieser Zeit keine Veränderungen außerwirt-
schaftlicher - z.B. politischer - Art erfolgen, da die berücksichtigten
wirtschaftlichen Entwicklungstendenzen aus den verschiedensten Gründen anders als erwartet verlaufen können. Die tatsächlichen Werte werden daher immer in mehr oder weniger starkem Maße von den prognostizierten Werten abweichen. Es empfiehlt sich infolgedessen, die Prognosewerte mit einem Ermessensspielraum in Form einer Sicherheits-
spanne zu versehen, die dieser grundsätzlichen Ungewißheit zumindest
bis zu einem gewissen Grade Rechnung trägt (3). Je nach dem Grad der
Wahrscheinlichkeit, die der erwarteten Entwicklung beizumessen ist,
können die einzelnen Sicherheitsspannen variieren und ermöglichen damit eine flexible Gestaltung der Prognose, wie sie als Grundlage der
langfristigen Planung mit ihren zumeist weit in die Zukunft reichenden
Entscheidungen wünschenswert erscheint. Von größter Bedeutung ist dabei allerdings, daß die Prognosewerte durch das Ansetzen der Sicherheitsspannen nicht verfälscht und damit weniger brauchbar als vorher
werden. Dies könnte vor allem dann der Fall sein, wenn im Verlauf der
Prognostizierung wiederholt Sicherheitsspannen berücksichtigt würden,
so daß sich die jeweiligen Spielräume kumulieren müßten (4). Sicher-

1) Vgl. S. 89 ff. und 130 ff.
2) Vgl. S. 363 ff., insbesondere S. 372
3) Vgl. hierzu insbesondere unsere Ausführungen S. 218 ff. Es handelt
   sich bei den Sicherheitsspannen, wie dort eingehend dargelegt wurde, nicht um die in der Literatur umstrittenen "Gewißheits- oder
   Sicherheitsäquivalente", sondern um Toleranzen zum Schutz gegen
   die Gefahren der Ungewißheit.
4) Aus dem gleichen Grunde wurde während der gesamten Prognose auch
   darauf verzichtet, die jeweils errechneten Werte zu stark auf- oder
   abzurunden.

heitsspannen können daher immer erst am Ende einer Prognose und nur
nach reiflichen Überlegungen, also nicht willkürlich, Verwendung finden. Man wird sie vor allem für die Schätzung der voraussichtlichen Erträge und Aufwendungen benötigen, indem z. B. erstere etwas niedriger, letztere etwas höher als die zunächst prognostizierten Werte angesetzt werden, um auf jeden Fall eine zu hohe Gewinnprognose, die
zweifellos als bedenklicher anzusehen ist als eine zu niedrige Gewinn-
schätzung zu vermeiden. Das gleiche gilt für die prognostizierten Bi-
lanzwerte. So könnte man z. B. für die Bilanzsummenprognose eine
Spannweite annehmen, die von dem niedrigsten bis zum höchsten der
rechnerisch ermittelten Prognosewerte und folglich von rund 48 % bis
rund 64 % reicht (1). Werden in dieser Weise die prognostizierten Werte
mit Sicherheitsspannen versehen, so ist zwangsläufig bei der Ausstattung
der schließlich zur Realisierung ausgewählten Alternative mit Ermessensspielräumen und/oder Reserven irgendwelcher Art ebenfalls darauf
zu achten, daß die gleiche Ungewißheit nicht wiederholt und damit ku-
mulativ berücksichtigt wird, was zu vermeidbaren Opportunitätskosten
führen müßte (2). Alle einer elastischen Planung dienenden Maßnahmen
sind vielmehr - wie eingehend dargelegt worden ist - so aufeinander abzustimmen, daß die damit verbundenen Opportunitätskosten zu den aus
der Unvollkommenheit der Informationen für die Gesamtunternehmung
resultierenden Gefahren in einem angemessenen Verhältnis stehen. An
dieser Stelle ist infolgedessen auch nochmals auf die Notwendigkeit der
Schaffung immanenter Elastizität sowohl im finanziell-liquiditätsmäßigen
als auch im technisch-organisatorischen Bereich hinzuweisen, mit deren
Hilfe unvorhersehbare Änderungen ebenso wie Schwankungen der Prognosewerte ohne Planungsänderungen bewältigt werden können und die es
daher erlaubt, die Einplanung von Ermessensspielräumen sowie finanziellen und technisch-organisatorischen Reserven auf ein ohne sie nicht
vertretbares Ausmaß zu beschränken (3). Das Problem der immanenten
Elastizität darf deshalb bei der Auswahl der zu realisierenden Alternative niemals außer acht gelassen werden. Lassen sich allerdings für die
prognostizierten Werte nur sehr geringe Wahrscheinlichkeitsgrade an-
geben oder überhaupt keine Prognosen machen, so kann nicht nachdrücklich genug empfohlen werden, die anstehenden Entscheidungen - sofern
irgend möglich - bis zum Vorliegen besserer Informationen zurückzu-
stellen (4). Die Frage, welcher Wahrscheinlichkeitsgrad hierfür die
Grenze bildet, muß dabei freilich offen bleiben, da er nicht nur mit dem
jeweiligen Informationsobjekt, sondern auch mit der Risikofreudigkeit
des jeweiligen Entscheidungssubjektes variiert.
Letztlich ist nunmehr noch auf das im vorhergehenden Abschnitt zurück-
gestellte Problem der gegenseitigen Abstimmung aller im Verlauf der

---

1) Vgl. S. 363
2) Vgl. hierzu die Ausführungen S. 218 ff., insbesondere S. 223
3) Vgl. S. 223
4) Vgl. hierzu insbesondere die Ausführungen S. 216 ff.

langfristigen Planung einer Universalbank erforderlichen Entscheidungen einzugehen (1). Wie dazu bereits an anderer Stelle ausgeführt worden ist (2), erfordert die Interdependenz des gesamten betrieblichen Geschehens in einer Universalbank grundsätzlich die simultane Planung aller ihrer Teilbereiche. Da dies jedoch nur mit Hilfe eines umfassenden mathematisch formulierten Gesamtplanungsmodells möglich wäre, wie es sich für die langfristige Planung einer Universalbank nicht aufstellen läßt, werden stufenweise oder sukzessive Teilplanungen in all den Teilbereichen unerläßlich, die in gegenseitiger Abhängigkeit stehen. Für die Universalbanken erweist sich in diesem Zusammenhang als besonders bedeutsam, daß infolge ihrer Arteigenheiten, insbesondere ihrer starken Produktions- und Leistungsverbundenheit mit ihren Auswirkungen für die Kosten- und Erlösstruktur grundsätzlich zwei Planungskreise unterschieden werden müssen, in denen - ausgehend von der erwarteten Gesamtleistungsabnahme und im Hinblick auf die Zielsetzung der Gesamtplanung - sukzessive Teilplanungen nebeneinander erfolgen können, nämlich der Planungskreis Geschäftsbereich und der Planungskreis Betriebsbereich einschließlich der jeweils hiermit verbundenen Erfolgswirkungen (3). Bis zu einem gewissen Grad wird die Abstimmung der einzelnen Teilplanungsbereiche dadurch zwar zweifellos erleichtert, als neues Problem taucht jedoch die Ausrichtung der beiden großen Planungskreise auf das Unternehmungsganze auf. Es dürfte infolgedessen bei den Universalbanken unvermeidlich sein, im Anschluß an bestimmte, die Gesamtunternehmung betreffende Grundsatzentscheidungen in den beiden großen Planungskreisen Teilentscheidungen weitgehend unabhängig voneinander zu treffen. Insofern erweisen sich zwischen den Planungsstufen Entscheidung und Eventualplanung die bereits mehrfach erwähnten Rückkopplungen in großem Umfang als erforderlich (4). Sie bedeuten hier nicht weniger, als daß zahlreiche Eventualplanungen erst dann in die Wege geleitet werden können, wenn andere dafür maßgebliche Entscheidungen vorab getroffen worden sind. So bildet in dem hier gewählten Beispiel die Entscheidung für die Alternative 3 (verstärkte Bemühung um Kundschaftseinlagen durch Errichtung neuer Geschäftsstellen) eine solche für die weitere Entwicklung unserer Modellbank richtungweisende Grundsatzentscheidung, der sowohl im Geschäftsbereich als auch im Betriebsbereich zahlreiche weitere Entscheidungen folgen müssen, ohne daß dazwischen eine andere Beziehung als die über die erwartete Gesamtleistungsabnahme und das zu realisierende Anspruchsniveau hergestellt werden kann. Bei dieser Ausrichtung der Teilplanungen auf das Planungsziel der Gesamtunternehmung ergibt sich allerdings - wie ebenfalls eingehend dargelegt worden ist - als weiteres schwieriges Problem das der Nicht-Operationalität der Zielvariablen

---

1) Vgl. S. 421
2) Vgl. hierzu insbesondere S. 259 ff.
3) Vgl. S. 261 f. und 335 f.
4) Vgl. insbesondere S. 339

Gewinn, Marktanteil und Eigenkapitalanteil, so daß die Masse der Teil-entscheidungen daran nicht unmittelbar orientiert werden kann (1). Für die einzelnen Teilplanungsbereiche müssen daher Unterziele gesucht werden, die nicht nur mit den Endzielen unserer Modellbank überein-stimmen, sondern zugleich rechnerisch erfaßbar und damit überprüf-bar sind.

In diesem Zusammenhang ist deshalb auch nochmals auf die Verwendung von Entscheidungsmodellen in den einzelnen Teilbereichen der Planung einer Universalbank zurückzukommen. Wenn ein Gesamtplanungsmodell an den Arteigenheiten der Universalbanken scheitert, so bleibt zu prü-fen, ob bzw. inwieweit in den einzelnen Teilbereichen ihrer unternehme-rischen Betätigung simultane Planungen mit Hilfe von Entscheidungsmo-dellen durchgeführt werden können (2). Zwar eignet sich - wie bereits ausgeführt worden ist - die langfristige Planung infolge der größeren Ungewißheit für mathematisch formulierte Entscheidungsmodelle zwei-fellos weniger gut als die kurzfristige Planung, jedoch ist zumindest das Gebiet der Investitionsplanung davon auszunehmen (3). Die Wirt-schaftstheorie hat dafür im Laufe der Zeit eine solche Fülle von Ent-scheidungsmodellen entwickelt, daß sie kaum mehr zu überblicken sind. Sie reichen von den traditionellen Investitionsrechnungen auf der Basis der Kapitalwert- und internen Zinsfußmethode unter der Voraussetzung sicherer Erwartungen über die Berücksichtigung von Risiko- und sub-jektiv unsicheren Erwartungen bis zu spieltheoretischen und statisti-schen Lösungsmodellen unter der Annahme objektiv unsicherer Erwar-tungen (4). Alle diese Modelle wurden allerdings im Hinblick auf Pro-duktions- oder allenfalls Handelsbetriebe geschaffen, bei denen die In-vestitionen im Sachanlagevermögen einen so großen Teil des insgesamt benötigten Kapitals binden, daß sie im Prozeß der Leistungserstellung und Leistungsverwertung eine entscheidende Rolle spielen. Infolgedessen lassen sich die vorhandenen Investitionsmodelle nicht ohne weiteres auf Bankbetriebe mit ihren im Vergleich zu den finanziellen Investitionen nur verschwindend geringen Sachanlageinvestitionen (bei unserer Mo-dellbank Ende 1965 ca. 1, 2 % der Bilanzsumme (5) übertragen, ganz abgesehen davon, daß die starke Produktions- und Leistungsverbunden-heit bei den Universalbanken erhebliche Probleme aufwirft. Überdies haben neuere Arbeiten zur Investitions- und Finanzplanung auf Grund der zwischen den Bereichen der Investition und der Finanzierung bei allen Unternehmungen bestehenden Interdependenzen die Unzulänglichkeit all der Investitionsmodelle aufgedeckt, die auf bestimmten Annahmen über

---

1) Vgl. S. 262 ff.
2) Vgl. S. 262, 268 f. und 337
3) Vgl. S. 268 f. und 337
4) Vgl. hierzu insbesondere Albach, Horst: Wirtschaftlichkeitsrechnung bei unsicheren Erwartungen und die hier angegebene Literatur.
5) Vgl. hierzu die Anlagen 11 und 26

die Finanzierungsmöglichkeiten beruhen oder diese gänzlich außer acht lassen. Sie fordern daher die simultane Berücksichtigung der Finanzierungs- und Investitionsmöglichkeiten einer Unternehmung mit Hilfe der neueren Methoden der Unternehmungsforschung, wie z.B. der mathematischen Programmierung, und mit dem Ziel der Ermittlung "optimaler Kapital- und Investitionsbudgets" (1). Auch bei diesen Entscheidungsmodellen wird allerdings wieder ausdrücklich auf Industriebetriebe abgestellt. Außerdem stehen die Untersuchungen hierzu aber insofern noch ganz am Anfang, als dabei meist nur von sicheren Erwartungen ausgegangen wird. So sehr infolgedessen die Tatsache, daß alle sich im Planungszeitraum einer Unternehmung bietenden Finanzierungs- und Investitionsmöglichkeiten in einem derartigen Modell Berücksichtigung finden können, die sich hier anbahnende Entwicklung auch für Bankbetriebe wertvoll erscheinen läßt, dürfen doch die Erwartungen in dieser Hinsicht wohl nicht zu hoch gespannt werden. Zu groß erscheint bei den Universalbanken auf der einen Seite der dauernde Wechsel der Finanzierungen und Investitionen, bezogen auf den einzelnen Geschäftspartner, während sich auf der anderen Seite die Nachfrage nach Bankleistungen in weiten Teilen als nicht oder nur sehr schwer beeinflußbar erweist und daher insoweit als unveränderliches Datum in die Planung einzugehen hat. Trotz dieser Schwierigkeiten wäre jedoch u.E. ein entsprechender Versuch durchaus wünschens- und lohnenswert. Sollte dabei das Problem der Ungewißheit nicht mehr unberücksichtigt gelassen werden, was für die praktische Verwendungsmöglichkeit der entwickelten Modelle zwangsläufig die Voraussetzung wäre, würde sich dies allerdings nicht nur auf die anzuwendende mathematische Methode, sondern vor allem auch auf das anzustrebende Planungsziel, das in allen auf sicheren Erwartungen basierenden Entscheidungsmodellen die Maximierungshypothese bildet, auswirken müssen. In diesem Rahmen sind daher die speziell für das Teilgebiet der Planung von Finanzanlagen entwickelten Methoden der "Choice of Assets" und der "Portfolio Selection" von besonderem Interesse (2). Es handelt sich dabei um die Übertragung und konsequente Weiterführung der für die Investition von Sachanlagen geschaffenen Entscheidungsmodelle auf die finanzielle Sphäre, wobei das Problem der Ungewißheit überwiegend die ihm gebührende Beachtung findet, die Finanzierungsseite jedoch grundsätzlich unberücksichtigt bleibt. Diese finanziellen Entscheidungsmodelle eignen sich infolgedessen nur für die Planung der Mittelverwendung nach bereits erfolgter Feststellung eines

1) Vgl. hierzu insbesondere Albach, Horst: Investition und Liquidität sowie: Das optimale Investitionsbudget bei Unsicherheit, in: Zeitschrift für Betriebswirtschaft 1967, S. 503 ff., und Hax, Herbert: Investitions- und Finanzplanung mit Hilfe der linearen Programmierung.

2) Vgl. hierzu insbesondere Orth, Ludwig: Die kurzfristige Finanzplanung industrieller Unternehmungen, S. 111 ff. sowie die hier angegebene Literatur; ferner die interessante Arbeit von Clarkson, Geoffrey P. and Meltzer, Allan H.: Portfolio Selection: A Heuristic Approach, in: The Journal of Finance, Vol. XV 1960, S. 465 - 480.

zu erwartenden Finanzüberschusses. Sie haben daher zwar den gleichen
Nachteil wie die meisten Modelle für Sachinvestitionen, jedoch läßt ihre
Ausrichtung auf Finanzanlagen sie für Banken von vornherein als brauchbarer erscheinen als die speziell für Produktionsbetriebe entwickelten
Investitionsmodelle. Dazu kommt, daß die Planungsmodelle für die Mittelverwendung bei konstanter Mittelbeschaffung ohne weiteres auch auf
die Planung der Mittelbeschaffung bei konstanter Mittelverwendung übertragen werden können (1). Hingewiesen sei dazu allerdings noch darauf,
daß die Methoden der Portfolio Selection in der Literatur vorwiegend
innerhalb der kurzfristigen Planung erörtert werden, was auf die Bedeutung der Ungewißheit in diesen Modellen schließen läßt. Zwei spezielle
Probleme der langfristigen Planung bei den Universalbanken, für welche die Anwendung mathematischer Entscheidungsmodelle ebenfalls in
Frage kommen könnte, bilden schließlich die Planung des Geschäftsstellennetzes und die Planung von Rechenzentren. Die Grundlage dafür sind
der traditionellen betriebswirtschaftlichen Standortlehre in Verbindung
mit den modernen Methoden der Unternehmungsforschung zu entnehmen,
die freilich bisher ebenfalls ausschließlich von Industrie- und Handelsbetrieben ausgehen (2).

Damit seien unsere Ausführungen über die Stufe der Entscheidung im
Planungsprozeß unserer Modellbank abgeschlossen. Sie haben gezeigt,
daß grundsätzlich erst die Beurteilung aller in Frage kommenden Alternativen im Hinblick auf das damit erreichbar erscheinende Anspruchsniveau die Auswahl der zu realisierenden Alternative ermöglicht, und
daß die Entscheidung zugunsten derjenigen Alternative zu treffen ist,
die das unter den gegenwärtigen Verhältnissen für erstrebenswert erachtete Anspruchsniveau voraussichtlich zu verwirklichen erlaubt. Die
Entscheidung ist damit ebenso wie das Anspruchsniveau zeitveränderlich. Da unter diesen Aspekten die zu realisierende Alternative nicht
bereits das Ergebnis des Eventualplanungsprozesses bilden kann, sondern sich erst auf Grund weiterer im Hinblick auf die Zielsetzung an-
zustellender Überlegungen fällen läßt, muß die Stufe der Entscheidung
als die bedeutsamste Stufe im Planungsprozeß unserer Modellbank bezeichnet werden, die einen durchaus eigenen Problemkreis besitzt (3).

---

1) Vgl. Orth, Ludwig: Die kurzfristige Finanzplanung industrieller Unternehmungen, S. 162 ff.
2) Vgl. hierzu insbesondere Weber, Alfred: Über den Standort der Industrien, I. Teil, Reine Theorie des Standorts, 2. Aufl., Tübingen
   1922 und Behrens, K. Chr. Allgemeine Standortbestimmungslehre,
   Köln und Opladen 1961, sowie die hier angegebene Literatur; ferner
   Churchman-Ackoff-Arnoff: Operations Research. Eine Einführung
   in die Unternehmensforschung, Wien und München 1961; Angermann,
   Adolf: Entscheidungsmodelle und Brusberg, Helmut: Der Entwick -
   lungsstand der Unternehmensforschung.
3) Vgl. hierzu die sich aus der Wahl der Maximierungshypothese als

Das trifft nicht nur für alle das Unternehmungsganze erfassenden Grundsatzentscheidungen zu, sondern auch für die im Anschluß daran evtl. erforderlichen Teilentscheidungen, wenn die hierbei zu lösenden Probleme auch insofern anders geartet sind, als es dafür operationale Planungsziele zu finden gilt, mit deren Hilfe die zu planenden Teilbereiche auf das Planungsziel der Gesamtunternehmung ausgerichtet werden können.

d) Die Vorgabe der Planungsgrößen

Der Entscheidung für die zu realisierende Alternative muß im konkreten Fall die Anweisung zur Durchführung der Entscheidung folgen, wenn sie nicht ohne praktische Bedeutung für die Unternehmung bleiben soll. Im Anschluß an Hax sehen wir daher in der Anordnung die vierte und letzte Stufe eines jeden Planungsprozesses (1). Damit wandelt sich - wie Hax es ausdrückt -"auch der Charakter des Planes. Bisher war es ein Abwägen von Möglichkeiten auf Grund irgendwelcher Zukunftserwartungen. Nunmehr wird der Plan zum gesetzten oder vorgegebenen Soll..." (2), so daß man auch von einer Sollplanung sprechen kann (3).

Um die Durchführung einer getroffenen Entscheidung zu ermöglichen, genügt grundsätzlich die Erteilung einer generellen Anweisung, durch welche die in der ausgewählten Alternative enthaltenen und bisher Eventualgrößen darstellenden Planungswerte nunmehr als zu realisierende Sollgrößen deklariert werden. Damit ist jedoch die Aufgabe der Sollplanung im allgemeinen noch nicht erfüllt. Der Grund dafür liegt darin, daß an der Realisierung der durch eine bestimmte Entscheidung festgelegten Sollgrößen meist mehrere betriebliche Teilbereiche mitzuwirken haben, und zwar in der Regel eine um so größere Zahl, je grundsätzlicher und weittragender die Entscheidung ist. Es bedarf infolgedessen innerhalb der Stufe der Sollplanung im allgemeinen zunächst einmal einer genaueren Ausarbeitung des durchzuführenden Planes, um allen davon berührten betrieblichen Teilbereichen sodann die von ihnen jeweils zu realisierenden Planungsgrößen vorgeben zu können. In dieser Hinsicht ist nun allerdings - wegen der c. p. im umgekehrten Verhältnis zur Länge des Planungszeitraumes stehenden Güte der Informationen (4) - ein erheblicher Unterschied zwischen Planungen, die für einen Zeitraum

---

Planungszielsetzung ergebende andere Auffassung bei Orth, Ludwig: Die kurzfristige Finanzplanung industrieller Unternehmungen, S. 169 f.
1) Vgl. S. 20 und 23 f.
2) Vgl. Hax, Karl: Planung und Organisation als Instrumente der Unternehmungsführung, S. 607
3) Vgl. Hax, Karl: Planung und Organisation als Instrumente der Unternehmungsführung, S. 613
4) Vgl. S. 147 f.

von mehreren Jahren und Planungen die kurzfristig oder höchstens für
ein Jahr durchgeführt werden, festzustellen. Während erstere sich im
allgemeinen darauf beschränken müssen, den Rahmen für die Entwicklung eines Unternehmens abzustecken und die einzuschlagende Strategie
festzulegen, so daß man auch von Grob-, Global- oder Umrißplanungen
spricht, können letztere in wesentlich stärkerem Maße in Einzelheiten
gehen, was zu den Begriffen Fein- oder Detailplanungen führt (1). Auf
der Stufe der Sollplanung wirkt sich dies bei den Universalbanken so aus,
daß die Vorgabe von Planungsgrößen bei der langfristigen Mehrjahresplanung zumeist nur für die Hauptplanungsbereiche sinnvoll erscheint.
Sollgrößen sind demnach bei der langfristigen Mehrjahresplanung der
Universalbanken im allgemeinen nur den oberen und möglicherweise den
mittleren Stufen der betrieblichen Hierarchie vorzugeben, während die
unteren Instanzen grundsätzlich keine diesbezüglichen Anweisungen zu
erhalten brauchen, mit denen sie vermutlich auch kaum etwas anzufan-
gen wüßten. Ausnahmen hiervon sind selbstverständlich unter bestimmten Voraussetzungen denkbar, sollen jedoch nicht näher erörtert werden.

Betrachten wir unter diesen Aspekten nunmehr die im hier gewählten
Beispiel einer Fünfjahresplanung für unsere Modellbank zur Realisierung ausgewählte Alternative 3 (verstärkte Bemühung um Kundschaftseinlagen durch Errichtung neuer Geschäftsstellen)(2). Es handelt sich
dabei zweifellos um eine Grundsatzentscheidung von sehr weittragender
Bedeutung, die praktisch alle Teilbereiche unserer Modellbank tangiert.
So werden im Geschäftsbereich mit Sicherheit davon nicht nur die unmittelbar durch die beabsichtigte Ausweitung des Kredit- und Einlagen-
geschäftes betroffenen Abteilungen berührt, sondern auch alle anderen
Geschäftsabteilungen. Im Betriebsbereich führt die Alternative 3 zweifellos nicht nur zur Schaffung neuer bzw. zur Vergrößerung bereits be-
stehender Geschäftsstellen, sondern auch in der Zentrale zu Erweiterungen, die mit technischen und organisatorischen Umstellungen verbunden sind. Die Realisierung der Alternative 3 erfordert daher neben der
generellen Anweisung die Vorgabe von Sollgrößen zunächst für die Hauptplanungsbereiche Geschäfts- und Betriebsbereich und innerhalb dieser
sodann an diejenigen großen Teilplanungsbereiche, für die in dem zur
Realisierung ausgewählten Plan bereits entsprechende Werte enthalten
oder im Anschluß an die Grundsatzentscheidung weitere Entscheidungen
auf Grund neuer Eventualplanungen für erforderlich erachtet worden
sind (3). In Frage kommen dafür insbesondere die einzelnen Geschäftsabteilungen (4). Schwierigkeiten ergeben sich hier bei der Aufteilung
der Planungsgrößen auf die einzelnen Geschäftsstellen und die Zentrale,
falls diese - wie in unserem Beispiel - nur global ermittelt, also nicht

---

1) Vgl. S. 208 ff.
2) Vgl. S. 408 f. und 423 f.
3) Vgl. hierzu unsere Ausführungen S. 427
4) Vgl. hierzu Anlage 1

bereits bei der Prognose, Eventualplanung und Entscheidung getrennt erfaßt worden sind. Es kann jedoch im Rahmen einer Fünfjahresplanung durchaus sinnvoll sein, auf eine solche Aufteilung ganz zu verzichten oder sie zumindest nur für evtl. Kopffilialen vorzunehmen. Im Betriebsbereich wird man die Vorgabe von Planungsgrößen im allgemeinen auf diejenigen Abteilungen beschränken, die sich unmittelbar mit der Ausstattung der einzelnen betrieblichen Einheiten mit Geschäftsräumen, maschinellen Hilfsmitteln und Personal zu befassen haben, wie z. B. die Organisationsabteilung, die Personal- und die Betriebsmittelabteilung (1). Daß bei der Vorgabe der Planungsgrößen sowohl in den Hauptplanungsbereichen als auch in den jeweils ausgewählten Teilplanungsbereichen die Planungsziele immer so gesetzt werden müssen, daß sie nicht nur rechnerisch erfaßbar und damit überprüfbar sind, sondern auch - wenngleich vielleicht nur mit mehr oder weniger großen Anstrengungen - grundsätzlich realisierbar erscheinen, braucht nach den Ausführungen in den vorhergehenden Abschnitten nur nochmals erwähnt zu werden. Das gleiche gilt im Hinblick auf die Notwendigkeit, die operationalen Teilplanungsziele immer auf das Planungsziel der Gesamtunternehmung auszurichten. Die dabei auftauchenden Probleme sind indessen in der Regel um so weniger gravierend, je weniger weit man sich bei der Vorgabe der Planungsgrößen - wie hier im Fall der langfristigen Mehrjahresplanung - den unteren Bereichen der betrieblichen Hierarchie zu nähern genötigt ist (2). Die Grenzen dafür festzustellen, muß allerdings jeweils den Umständen und Gegebenheiten des konkreten Falles, insbesondere der Güte der Informationen und der Stetigkeit der Entwicklung, überlassen bleiben, so daß weitere Ausführungen hierzu nicht erforderlich erscheinen.

2. Die kurzfristige Planung im Anschluß an die langfristige Planung

Nachdem die langfristige Planung der Universalbanken mit ihren Stufen Prognose, Eventualplanung, Entscheidung und Sollplanung am Beispiel unserer Modellbank dargestellt worden ist, verbleibt nunmehr noch die Aufgabe, von der langfristigen die Verbindung zur kurzfristigen Planung einer Universalbank herzustellen (3). Sie erfolgt - wie schon ausgeführt worden ist - zweckmäßigerweise über die Einjahresplanung, mit deren Hilfe zugleich eine Kontrolle der Mehrjahresplanung durchgeführt werden kann (4).

Die Untergliederung eines mehrjährigen Planungszeitraumes in Teilplanungsperioden von einem Jahr erweist sich für die Planung einer Universalbank insofern als besonders bedeutungsvoll, als auf diese Wei-

---

1) Vgl. hierzu Anlage 2
2) Vgl. hierzu die Ausführungen S. 432
3) Vgl. S. 339
4) Vgl. S. 199 ff.

se den konjunkturellen Schwankungen Rechnung getragen werden kann,
die bei einer Mehrjahresplanung gerade außer acht bleiben sollen, um
die langfristige Entwicklungsrichtung nicht zu verfälschen. Dazu kommt,
daß zur Verwirklichung der langfristigen Mehrjahresplanung Detaillierungen erforderlich sind, die wegen der hierfür fehlenden oder mangel-
haften Informationen nur für einen wesentlich kürzeren Zeitraum vorgenommen werden können. Schließlich bedarf die Mehrjahresplanung einer
regelmäßigen Kontrolle, um evtl. erforderliche Änderungen rechtzeitig
in die Wege leiten zu können, wobei die Kontrolle als solche allerdings
nicht Bestandteil des Planungsprozesses ist (1). Auch dafür erweist sich
der Zeitraum von einem Jahr als besonders geeignet. Die Einjahresplanung bildet infolgedessen eine innerhalb der langfristigen Mehrjahresplanung stehende und von ihr ausgehende Teilperiodenplanung,
deren Aufgabe es ist, den auf sie entfallenden Periodenanteil der langfristigen Mehrjahresplanung im Detail durchzuplanen. Man könnte insofern geneigt sein, die Einjahresplanung lediglich als eine Art Sollplanung
zu betrachten, die den längerfristigen Rahmenplan in einen für die Verwirklichung besser geeigneten kürzerfristigen Detailplan zu transfor-
mieren hat. Dies würde dem Charakter der Einjahresplanung jedoch insofern nicht gerecht, als ihr die zusätzliche Aufgabe der Berücksichtigung
konjunktureller Schwankungen obliegt. Die in die Einjahresplanung eingehenden Größen können infolgedessen nicht etwa als der entsprechende
Bruchteil der Mehrjahresplanung ermittelt werden. Vielmehr bedarf es
hierzu eines eigenständigen Planungsprozesses, der wiederum aus den
Stufen Prognose, Eventualplanung, Entscheidung und Sollplanung bestehen muß, wenngleich er sich zwangsläufig an den Werten der langfristigen Mehrjahresplanung zu orientieren hat (2). Die besondere Schwierigkeit der einjährigen Planung liegt dabei darin, zu erkennen, ob und in
welchem Maße infolge konjunktureller Schwankungen oder sonstiger für
das zu planende Jahr erkennbarer besonderer Vorgänge von den Durch-
schnittsgrößen der Mehrjahresplanung nach oben oder unten abgewichen
werden muß. Sofern dies der Fall ist, handelt es sich dabei selbstverständlich nicht um eine grundsätzliche Änderung der langfristigen Mehrjahresplanung, sondern lediglich um die Anpassung einer Teilplanungsperiode an die für das jeweilige Planungsjahr erwartete stärkere oder
schwächere als die langfristig geplante Entwicklung. Nachdem die hierzu erforderlichen Entscheidungen getroffen worden sind, gilt es sodann
(mittels der für ein Jahr im allgemeinen doch wesentlich besseren Informationen als für fünf Jahre), an Hand möglichst genauer Ausarbeitungen
Planungsgrößen nicht nur für die Hauptplanungsbereiche sondern auch
für die Teilplanungsbereiche vorzugeben, die innerhalb unseres Planungsrahmens für Universalbanken in den Gruppen 1 - 3, 5 - 7 und 9
aufgeführt worden sind (3). Die Sollplanung für den Zeitraum von einem

---

1) Vgl. S. 24 f.
2) Vgl. hierzu unsere Ausführungen S. 200 f.
3) Vgl. hierzu die Anlagen 1, 2 und 3

Jahr muß demnach bis zu den untersten Instanzen einer Universalbank vorzudringen versuchen. Daß dabei in stärkerem Maße als bei der langfristigen Rahmenplanung die Probleme der Abstimmung der einzelnen Teilplanungsbereiche untereinander und ihre Ausstattung mit operationalen, auf das Planungsziel der Gesamtunternehmung ausgerichteten, Teilplanungszielen auftreten, steht außer Frage, doch müssen sie bestmöglich zu bewältigen versucht werden. Ob mit bestimmten operationalen Teilplanungszielen das angestrebte Unternehmungsziel tatsächlich erreicht werden kann, läßt sich eben - wie ausführlich erörtert worden ist - infolge der starken Produktions- und Leistungsverbundenheit der Universalbanken auch bei sehr genauer Durchforschung der Gesamtunternehmung im Hinblick auf gegenseitige Abhängigkeiten nur schwer feststellen (1). Für praktische Zwecke wird man sich daher oft mit der Annahme begnügen müssen, daß die angesetzten operationalen Teilplanungsziele das Planungsziel der Gesamtunternehmung in der gewünschten Richtung zu beeinflussen imstande sind. In diesem Zusammenhang ist von besonderer Bedeutung, daß die Festlegung operationaler Teilplanungsziele, die rechnerisch erfaßbar und damit überprüfbar sind, als um so wichtiger angesehen werden muß, je weiter man sich den unteren Instanzen nähert, damit möglichst jeder Mitarbeiter zu erkennen in der Lage ist, ob bzw. inwieweit er das ihm gestellte Planungssoll zu erfüllen vermag. Weichen nach Ablauf des jeweiligen Planungsjahres die tatsächlich erreichten Werte von den geplanten Werten ab, so bedarf es zwangsläufig einer genauen Erforschung der hierfür in Frage kommenden Ursachen. Zu unterscheiden ist dabei insbesondere zwischen Abweichungen auf Grund irgendwelcher Mißstände innerhalb der Unternehmung und Abweichungen auf Grund eines anderen als des prognostizierten Verlaufs der wirtschaftlichen Entwicklung. Während ersteres unter allen Umständen eine Beseitigung der erkannten Mängel erfordert, bedarf letzteres zunächst einer eingehenden Prüfung im Hinblick darauf, ob es sich um vorübergehende oder um dauerhafte Änderungen der wirtschaftlichen Entwicklung handelt, was allerdings im Zeitpunkt der Plankontrolle möglicherweise noch gar nicht oder nur mit geringer Wahrscheinlichkeit feststellbar ist (2). Die sich im Anschluß an die Kontrolle der Einjahresplanung erhebende Frage, ob die gesamte langfristige Planung grundlegender Änderungen wegen struktureller Wandlungen bedarf oder nicht, ist infolgedessen, worauf ebenfalls bereits hingewiesen worden ist, zwar häufig nur mit erheblichen Schwierigkeiten zu beantworten, muß aber doch spätestens bei der nächsten - die vorhergehende um ein Jahr überlappenden - Fünfjahresplanung in der einen oder anderen Weise Berücksichtigung finden (3).

Betrachten wir nunmehr wieder die im hier gewählten Beispiel einer

---

1) Vgl. S. 137 ff. und 262 ff.
2) Vgl. hierzu unsere Ausführungen S. 200
3) Vgl. hierzu S. 199 ff.

Fünfjahresplanung für unsere Modellbank zur Realisierung ausgewählte Alternative 3 (verstärkte Bemühung um Kundschaftseinlagen durch Errichtung neuer Geschäftsstellen) (1). Da es zu weit führen würde, die für den Zeitraum von fünf Jahren ermittelten Planungsgrößen im einzelnen vom Standpunkt der Einjahresplanung aus zu betrachten, soll nur an zwei Problemen gezeigt werden, worauf es ankommt. So wird sich unsere Bank z. B. die Frage vorlegen müssen, ob die geplante Neuerrichtung von Geschäftsstellen in Anbetracht der gegen Ende des Planungszeitraumes möglichen Sättigung des Marktes (2) nicht bereits in der ersten Teilplanungsperiode in vollem Umfang zu realisieren versucht werden sollte. Auch könnte es auf Grund der gegenwärtigen Konstellation der Nachfrage nach Krediten der Bank zweckmäßig erscheinen, bereits im ersten Planungsjahr eine erhöhte Kreditgewährung zu betreiben und sich die dafür erforderlichen Mittel bis zum stärkeren Fluß von Kundschaftseinlagen (im Gefolge der Neuerrichtung von Geschäftsstellen) am Geldmarkt zu beschaffen. Alle derartigen Entscheidungen bedürfen selbstverständlich eines vollständigen Planungsprozesses, wie er am Beispiel der Fünfjahresplanung ausführlich dargestellt worden ist. Seine vierte Stufe muß in diesem Falle allerdings eine Sollplanung bilden, in der genaue Anweisungen in Form von Sollgrößen über die Durchführung der beschlossenen Entscheidungen an alle betroffenen Teilplanungsbereiche erteilt werden, damit deren Realisierung am Ende der ersten Teilplanungsperiode in der angegebenen Weise und mit den erwähnten Auswirkungen für den nächsten Planungszeitraum kontrolliert werden kann.

Für die kurzfristige Planung der Universalbanken haben wir den Zeitraum von drei Monaten mit Teilplanungsperioden von einem Monat für zweckmäßig erachtet, darüberhinaus aber noch tägliche Planungen als erforderlich angesehen (3). Anders als die langfristige dient die kurzfristige Planung nicht der Lenkung der Gesamtunternehmung in die erwartete langfristige Entwicklungsrichtung, sondern hat die Aufgabe, mit Hilfe des jeweils vorhandenen finanziellen und technischen Potentials die Realisierung des langfristigen Unternehmungszieles dadurch zu gewährleisten, daß der laufende Geschäftsbetrieb möglichst reibungslos und störungsfrei abgewickelt wird (4). Die kurzfristige Planung der Universalbanken hat jedoch nicht nur eine völlig andere Aufgabe als die langfristige Planung, sondern bedient sich auch ganz anderer Planungsgrößen. Dies zeigt sich am deutlichsten darin, daß die kurzfristige Planung grundsätzlich nicht auf den Bestands-, sondern auf den Strömungsgrößen aufbaut (5). So sind innerhalb des Geschäftsbereichs im wesent-

---

1) Vgl. S. 408 f. und 423 f.
2) Vgl. S. 408 f. und 423
3) Vgl. S. 201 ff. und 207 ff.
4) Vgl. S. 202 f.
5) Vgl. S. 238 ff. und 250 ff.

lichen die Zahlungsströme, innerhalb des Betriebsbereichs vorwiegend die Arbeitsabläufe Gegenstand der kurzfristigen Planung. Bei der Bedeutung, die der jederzeitigen Aufrechterhaltung der Zahlungsbereitschaft auf der einen Seite und der schnellen und sicheren Abwicklung des Arbeitsablaufs auf der anderen Seite bei den Universalbanken beigemessen werden muß, obliegt ihrer kurzfristigen Planung damit zweifellos eine Aufgabe, deren Lösung eine Existenzfrage für sie darstellt. In Anbetracht dieser Tatsache und unter Berücksichtigung der enormen täglichen, monatlichen und saisonalen Schwankungen der Zahlungsströme spielt die kurzfristige Planung in der Form der täglichen Gelddisposition und der Termindisposition bei den Universalbanken von jeher eine gewichtige Rolle, während die kurzfristige Planung im Betriebsbereich von ihnen bisher fast völlig vernachlässigt worden ist (1). Zur Bewältigung ihrer Aufgabe ist die kurzfristige Planung nur in der Lage, wenn sie als Feinplanung bis in die kleinsten Einzelheiten einzudringen vermag. Auch insofern unterscheidet sie sich infolgedessen deutlich von der langfristigen Rahmenplanung. Kein Unterschied besteht hingegen darin, daß hier wie dort Entscheidungen immer nur auf Grund einer sorgfältigen Eventualplanung im Anschluß an eine möglichst gute Prognose zu treffen sind (wenngleich in der kurzfristigen Planung in stärkerem Maße als in der langfristigen Planung mathematisch formulierte Entscheidungsmodelle verwendbar sein dürften)(2), und daß der Stufe der Entscheidung in der Stufe der Sollplanung die Vorgabe von Planungsgrößen an alle beteiligten betrieblichen Instanzen folgen muß. Bei der kurzfristigen Planung handelt es sich dabei im wesentlichen um die in den Gruppen 4, 8 und 9 unseres Planungsrahmens für Universalbanken enthaltenen Teilplanungsbereiche (3). Daß in diesem Zusammenhang wiederum die Probleme der Abstimmung der einzelnen Teilplanungsbereiche untereinander und der Ausstattung der Teilplanungsbereiche mit operationalen Teilplanungszielen zu bewältigen sind, versteht sich von selbst, daß jedoch auch bei der kurzfristigen Planung die Teilplanungsziele auf die langfristige Zielsetzung der Gesamtunternehmung auszurichten sind, bedarf insofern einer besonderen Erwähnung, als die Herstellung dieser Beziehungen zweifellos oft noch größere Schwierigkeiten bereitet als bei der Einjahresplanung (4). Dennoch kann darauf nicht verzichtet werden, erscheint doch - wie eingehend dargelegt worden ist - weder im Geschäfts- noch im Betriebsbereich der Universalbanken eine sinnvolle kurzfristige Planung möglich, ohne ihre langfristige Entwicklungsrichtung beständig vor Augen zu haben (5). Schließlich darf nicht außer acht gelassen werden,

---

1) Vgl. hierzu insbesondere die Ausführungen S. 290 ff. und 334
2) Vgl. hierzu insbesondere die Ausführungen S. 268 f., 315 ff. und 337
3) Vgl. hierzu die Anlagen 1, 2 und 3
4) Vgl. S. 435
5) Vgl. hierzu insbesondere die Ausführungen S. 207 f., 285, 291 und 334

daß z. B.. die tägliche Gelddisposition zwar den kürzestmöglichen Planungszeitraum beeinhaltet, daß hier jedoch häufig Entscheidungen über Geldanlagen oder Geldaufnahmen getroffen werden müssen, die einen sehr viel längeren Zeitraum betreffen (1). Diese Entscheidungen erfordern, daß nicht nur die längerfristigen Erwartungen über die Entwicklung am Geld- und Kapitalmarkt sowie über die voraussichtlichen eigenen Liquiditätsverhältnisse, sondern auch die der langfristigen Planung der Bank zugrunde gelegten Ansprüche an die Zielvariablen berücksichtigt werden. Auch die kurzfristige Planung der Universalbanken steht damit letztlich innerhalb ihrer langfristigen Planung, gleich ob es sich dabei um die dreimonatige, die einmonatige oder die Tagesplanung handelt, und nur wenn in dieser Weise die kurzfristige Planung auf die langfristige Entwicklung der Universalbanken ausgerichtet wird, kann verhindert werden, daß sie lediglich eine Kette nachträglicher Anpassungsmaßnahmen an bereits eingetretene Umweltveränderungen mit all ihren Unzulänglichkeiten darstellt, nicht aber das, was sie eigentlich sein soll, nämlich Planung im Sinne gedanklicher Vorbereitung zukünftigen Geschehens im Hinblick auf die jeweilige Zielsetzung der Unternehmung (2). Hierin liegt u. E. ein erheblicher Mangel der bisher in der Praxis üblichen Geld- und Termindispositionen als der einzigen Vertreter einer kurzfristigen Planung, der indessen in dem völligen Fehlen einer langfristigen Planung seine Erklärung findet. Die Behebung dieses Mangels der kurzfristigen Planung steht und fällt infolgedessen mit der Einführung der langfristigen Planung bei den Universalbanken. Dies gilt sowohl für die kurzfristige Planung im Geschäftsbereich als auch für die bisher nicht nur in der bankbetrieblichen Praxis, sondern auch in der Theorie sehr stark vernachlässigte kurzfristige Planung im Betriebsbereich (3).

Betrachten wir in diesem Zusammenhang nochmals die im hier gewählten Beispiel einer Fünfjahresplanung von unserer Modellbank zur Realisierung ausgewählte Alternative 3 (verstärkte Bemühung um Kundschaftseinlagen durch Errichtung neuer Geschäftsstellen) (4), so erscheint für die kurzfristige Planung unserer Modellbank insbesondere die voraussichtliche Entwicklung ihrer Liquidität von Bedeutung. Gehen wir diesbezüglich davon aus, daß die Bank im ersten Jahr des fünfjährigen Planungszeitraumes die vorhandene Kreditnachfrage dadurch zu befriedigen sucht, daß sie die hierfür erforderlichen Mittel bis zum stärkeren Fließen von Kundschaftseinlagen am Geldmarkt beschafft (5), so muß sie zweifellos für längere Zeit mit einer angespannten Liquiditätslage infol-

1) Vgl. S. 207 f.
2) Vgl. S. 19 f.
3) Vgl. S. 334
4) Vgl. S. 408 f. und 423 f.
5) Vgl. S. 436

ge eines ständigen Auszahlungsüberschusses in ihrem "Haupttätigkeitsbereich" (1) rechnen und voraussichtlich über Wochen und Monate einen größeren Geldbedarf durch Ausgleichsdispositionen decken, was
nicht ohne Einfluß auf ihre kurzfristige Planung bleiben kann.

Damit ist unsere Aufgabe in diesem letzten Teil der Arbeit erfüllt. Wir
haben versucht, an Hand eines Beispiels zumindest in großen Zügen darzulegen, welchen Weg die Planung einer Universalbank gehen muß, um
zu einem geschlossenen Gesamtplanungssystem zu gelangen. Da das
Schwergewicht dabei auf die langfristige Planung gelegt worden ist, weil
hierfür bisher so gut wie keine Ansätze vorliegen (2), sei jedoch nochmals ausdrücklich darauf hingewiesen, daß die Bedeutung der kurzfristigen Planung für die Universalbanken von uns keineswegs unterschätzt
wird.

---

1) Vgl. S. 284 Fußnote 3
2) Vgl. S. 339

Schlußbetrachtung

In der vorliegenden Arbeit haben wir mit Hilfe eines die typischen Merkmale der Universalbanken tragenden Modells versucht, die Möglichkeiten und Grenzen ihrer Planung aufzuzeigen, wobei die Planung als gedankliche Vorbereitung zukünftigen Geschehens im Hinblick auf die allgemeine unternehmerische Zielsetzung durch einen aus Prognose, Eventualplanung, Entscheidung und Sollplanung bestehenden Auswahlprozeß definiert worden ist. Als Ergebnis unserer Untersuchungen läßt sich zunächst ganz allgemein feststellen, daß eine Planung bei den Universalbanken nicht an ihren Arteigenheiten zu scheitern braucht, wie in der bankbetrieblichen Praxis und Literatur bisweilen angenommen wird, sondern grundsätzlich möglich erscheint und die Universalbanken damit - wie andere Unternehmungen auch - der unbestreitbaren Vorteile der Planung teilhaft werden können, sofern sie die damit verbundenen Probleme ebenso konsequent wie diese in Angriff nehmen. Voraussetzung für eine erfolgreiche Planung bei den Universalbanken ist nach unseren Ausführungen allerdings, daß sie ihren Arteigenheiten entsprechend gestaltet wird. Diese Aufgabe beginnt bereits mit der Bestimmung der Zielsetzung, die als Leitmaxime der Planung bei den Universalbanken dienen soll, und setzt sich über die Festlegung der Planungszeiträume, der Planungsarten und der Planungsbereiche bis zu den einzelnen Grundsätzen der Planung fort.

Bei der Formulierung einer allgemeinen Zielsetzung für die Universalbanken haben wir uns von den in der Wirtschaftstheorie gegen die Unterstellung der Gewinnmaximierung als allgemeiner unternehmerischer Zielsetzung erhobenen Einwänden leiten lassen und aus der Erkenntnis heraus, daß die Voraussetzungen für eine Gewinnmaximierung in Gestalt absoluter Rationalität und vollkommener Information bei den Universalbanken nicht als gegeben angesehen werden können, im Anschluß an neuere Untersuchungen über menschliches Entscheidungsverhalten eine Planungsmaxime gewählt, die als realistischer gelten kann. Ihre Grundlage ist die Anspruchsanpassungstheorie und ihr Inhalt das Streben nach einem erreichbar erscheinenden und zugleich für erstrebenswert erachteten Anspruchsniveau, das bei den Universalbanken nach unseren Überlegungen aus den Zielvariablen Gewinn, Marktanteil und Eigenkapitalanteil zu bilden ist und den jeweiligen Umweltverhältnissen entsprechend variiert werden kann. Diese Zielsetzung ist nicht nur multivariabel und anpassungsfähig, sondern zugleich auch praktikabel, indem sie wesentlich geringere Ansprüche an die Informationen sowie die Gedächtnisfähigkeiten und Rechenmöglichkeiten der Unternehmer stellt als die Gewinnmaximierungshypothese. Sie erfüllt damit die an eine Planungsmaxime bei den Universalbanken zu stellenden Anforderungen.

Bezüglich der Arteigenheiten der Universalbanken läßt sich einmal feststellen, daß sie als unmittelbarer Ausdruck ihres Geschäftsprogramms und seiner Abwicklung die universalbankbetriebliche Planung bestimmen. Als Folge davon ist z. B. bei den Universalbanken - wie sich aus

dem für sie entworfenen Gesamtplanungsschema ersehen läßt - eine ganz
andere Unterteilung ihrer Planungsbereiche notwendig als bei den Industriebetrieben. Ausdruck ihrer Arteigenheiten sind aber auch die bei
den Universalbanken in relativ hohem Maße vorhandenen Möglichkeiten
der Schaffung "immanenter Elastizität", die ihnen eine verhältnismäßig
gute Anpassungsfähigkeit an Änderungen der Umweltverhältnisse ver-
leihen und damit ihre Planung wesentlich zu erleichtern imstande sind.
Zum anderen wirken sich die Arteigenheiten der Universalbanken über
die Beschaffungsmöglichkeiten der erforderlichen Planungsinformationen mittelbar in starkem Maße auf die universalbankbetriebliche Planung aus. Dabei sind sowohl positive als auch negative Einflüsse zu
beobachten. Letztere resultieren vor allem aus dem starken Produk-
tions- und Leistungsverbund der Universalbanken und ihrer arteigenen
Kosten- und Erlösstruktur, die ihnen nicht nur die Ermittlung von Stückkosten und Stückerlösen, sondern auch die von Grenzkosten und Grenzerlösen sehr erschwert. Dagegen liegen für die Beschaffung von Planungsinformationen bei den Universalbanken im Vergleich zu anderen
Unternehmen insofern günstigere Voraussetzungen vor, als sie von einem relativ konstanten Geschäftsprogramm ausgehen können, dessen
Inanspruchnahme seitens der Kundschaft keinen erheblichen Verhaltens-
wandlungen unterliegt. Dazu kommt, daß die Universalbanken in den
Statistiken der Deutschen Bundesbank und des Statistischen Bundesamtes ausgezeichnete Orientierungsmöglichkeiten über die Entwicklung
einer Fülle für ihre Planung relevanter außerbetrieblicher - vor allem
gesamtwirtschaftlicher und branchenwirtschaftlicher - Größen besitzen,
die ihnen verhältnismäßig kurzfristig zur Verfügung stehen, und mit
Hilfe ihres in der Regel sehr leistungsfähigen Rechnungswesens auch
in der Lage sind, sich wertvolle innerbetriebliche Planungsinformationen zu beschaffen. Aus diesen Gründen können die Universalbanken
vor allem auf lange Sicht relativ gute Anhaltspunkte über die Nachfrage
nach Bankgeschäften gewinnen, von der letztlich jede universalbankbetriebliche Planung ihren Ausgang zu nehmen hat. Auf kurze Sicht allerdings müssen die Universalbanken mit so erheblichen und teilweise nicht
vorherzusehenden Schwankungen der Nachfrage nach ihren Geschäften
rechnen, daß ihrer kurzfristigen Planung daraus tatsächlich sehr große
Schwierigkeiten erwachsen können. Die Beschaffung geeigneter Planungsinformationen zur Verbesserung des jeweiligen Informationsstandes und die auf dem jeweiligen Informationsstand erfolgende Konzipie-
rung eines Planungssystems bilden daher Aufgaben, die in engstem Zusammenhang miteinander stehen und deren Bewältigung für den Erfolg
der universalbankbetrieblichen Planung als entscheidend anzusehen ist.
Dessen ungeachtet muß allerdings darauf hingewiesen werden, daß die
Beschaffung zusätzlicher Planungsinformationen - ebenso wie alle anderen Planungsbemühungen auch - niemals Selbstzweck werden darf,
sondern stets unter dem Grundsatz der Wirtschaftlichkeit zu erfolgen
hat.

Von besonderer Bedeutung für die Planung der Universalbanken sind weiterhin die Grundsätze der Vollständigkeit und der gegenseitigen Planabstimmung. Sie fordern, daß immer alle Bereiche der unternehmerischen Betätigung einer Universalbank unter Berücksichtigung der vorhandenen Interdependenzen planend zu erfassen sind. Auf Grund der universalbankbetrieblichen Arteigenheiten können diese Grundsätze zwar nicht bis zu ihrer letzten Konsequenz verwirklicht werden, weil dazu ein simultan zu lösendes Gesamtplanungsmodell erforderlich wäre, das für die Universalbanken nicht entwickelt werden kann, doch muß wenigstens innerhalb der beiden großen Planungskreise Geschäfts- und Betriebsbereich den genannten Planungsgrundsätzen Rechnung zu tragen versucht werden. Inwieweit dabei - zumindest für einzelne Teilplanungsbereiche - exakte Planungsmodelle Verwendung finden können, läßt sich allgemein nicht sagen. Fest steht, daß derartigen Modellen im Interesse der Interdependenz des betrieblichen Geschehens in den Universalbanken eine erhebliche Bedeutung zukommt und infolgedessen ihre Entwicklung gefördert werden muß. Indessen darf der Wert exakter Planungsmodelle aber weder unter- noch überschätzt werden. So gilt es insbesondere, den Eindruck zu vermeiden, als ließe sich mit ihrer Hilfe die grundsätzlich ungewisse Zukunft berechenbar machen. Selbst wenn jedoch Informationen mit einem hohen Wahrscheinlichkeitsgrad vorhanden wären, könnten exakten Planungsmodellen niemals unmittelbar die zu realisierenden Werte entnommen werden. Vielmehr bedürfen diese in jedem Fall erst einer Beurteilung unter Berücksichtigung evtl. vorhandener Imponderabilien, die als qualitative Faktoren nicht in ein quantitatives Modell eingehen können.

Als sehr wesentlich für die Planung der Universalbanken erachten wir auch den Grundsatz ihrer Einfügung in den organisatorischen Zusammenhang. Der Grund dafür liegt darin, daß andernfalls die Gefahr einer Vernachlässigung der Planungsaufgaben zugunsten der jeweiligen Tagesaufgaben besteht. Der Planungsprozeß muß infolgedessen institutionell verankert und straff geregelt werden. Wir haben zu diesem Zweck nicht nur die Bildung einer Planungsabteilung innerhalb der Stabsabteilungen einer Universalbank vorgeschlagen, die u. a. eine zentrale Dokumentationsstelle für die Beschaffung und Speicherung von Informationen enthält, sondern auch einen Planungsrahmen konstruiert, der alle Teilbereiche der Planung einer Universalbank mit den dafür jeweils relevanten Größen zu umfassen vermag und im konkreten Fall zu einem Planungssystem ausgearbeitet werden kann, in dem sich die gesamte Planungskonzeption in zeitlicher, artmäßiger und sachlicher Hinsicht niederschlägt.

Schließlich halten wir den Grundsatz der Kontinuität und Regelmäßigkeit der Planung bei den Universalbanken für außerordentlich wichtig. Da die Planung eine immerwährende Aufgabe der Unternehmungsführung darstellt, kann sie nur dann erfolgreich sein, wenn sie regelmäßig und kontinuierlich durchgeführt wird. Dies gilt besonders im Hinblick auf die Verknüpfung von langfristiger und kurzfristiger Planung. So haben wir ausführlich dargelegt, daß von einer Gesamtplanung bei den Universalbanken nur dann gesprochen werden kann, wenn nicht nur alle Bereiche ihrer unternehmerischen Betätigung unter Berücksichtigung der vorhandenen Interdependenzen erfaßt, sondern auch kurzfristige Planungen stets auf der Basis von langfristigen Planungen durchgeführt werden. Bei der Gesamtplanung einer Universalbank ist daher immer mit einer langfristigen Planung der Gesamtunternehmung zu beginnen und unter Verwendung ihrer Ergebnisse stufenweise zu kürzerfristigen Planungen überzugehen.

Die in der universalbankbetrieblichen Praxis bisher zu findenden Planungsansätze lassen - wie wir ausführlich erörtert haben - mit Ausnahme der kurzfristigen Planung noch viel zu wünschen übrig. Das gleiche gilt auch - wiederum mit einer Ausnahme für die kurzfristige Planung im Geschäftsbereich - für die theoretischen Ansätze. Es bedarf infolgedessen noch erheblicher Anstrengungen, um die Planung auch bei den Universalbanken zu einem so leistungsfähigen Instrument der Unternehmungsführung zu machen, wie das bei vielen Industriebetrieben bereits der Fall ist. Im letzten Teil unserer Arbeit haben wir deshalb einen Beitrag hierzu zu leisten versucht, indem wir für eine den tatsächlichen Verhältnissen nachgebildete Modellbank mit Hilfe eines Zahlenbeispiels einen aus Prognose, Eventualplanung, Entscheidung und Sollplanung bestehenden Planungsprozeß entwickelt haben. Dabei kam es uns einmal darauf an zu zeigen, daß die für einen solchen Planungsprozeß erforderlichen Informationen sogar mit relativ einfachen Hilfsmitteln beschafft werden können. Zum anderen sollte die den Universalbanken von uns unterstellte Zielsetzung auf ihre Brauchbarkeit als Planungsmaxime hin überprüft werden. Letztlich aber ging es uns auch darum, den Universalbanken einen Weg zu zeigen, der sie vielleicht zu eigener praktischer Planungsarbeit ermutigt.

So stark wir nun allerdings die Planung bei den Universalbanken befürworten, bleibt doch abschließend darauf hinzuweisen, daß auch die beste und sich aller modernen Hilfsmittel bedienende Planung in die Zukunft gerichtet und infolgedessen mit dem Mangel der Ungewißheit behaftet ist. Dies zu beachten, ohne die in der Planung liegenden Möglichkeiten zu verkennen, ist daher u. E. als der richtige Weg für die Beschäftigung mit den Planungsproblemen der Universalbanken anzusehen. Sowohl die universalbankbetriebliche Praxis als auch die bankbetriebliche Theorie sollten sich deshalb bei ihren Bemühungen um die Weiterentwicklung der Planung im Bankbetrieb grundsätzlich von dieser Einstellung leiten lassen.

Anlagenverzeichnis

Literaturverzeichnis

Adamowsky, Siegmar: Langfristige und kurzfristige Planung, in: Unternehmensplanung, Baden-Baden 1963, S. 23 - 46

AGPLAN (Hrsg.):   Unternehmensplanung als Instrument der Unternehmensführung (Schriftenreihe der Arbeitsgemeinschaft Planungsrechnung e. V., Band 9), Wiesbaden 1965

Agthe, Klaus: Das Problem der unsicheren Erwartungen bei unternehmerischen Planungen und Entscheidungen, in: Unternehmensplanung, hrsg. von K. Agthe und E. Schnaufer, Baden-Baden 1963, S. 83 - 120

Agthe, Klaus: Langfristige Unternehmensplanung, in: Unternehmensplanung, Baden-Baden 1963, S. 47 - 81

Agthe, Klaus und Schnaufer, Erich (Hrsg.):   Unternehmensplanung. Handbücher für Führungskräfte, Baden-Baden 1963

Akermann, Johann: Die Zeitsymmetrie der Erfahrungen und der Erwartungen, in: Archiv für mathematische Wirtschafts- und Sozialforschung, Band 8 1942, S. 20 - 24

Albach, Horst: Die Prognose im Rahmen unternehmerischer Entscheidungen, in: Diagnose und Prognose als wirtschaftswissenschaftliche Methodenprobleme, Berlin 1962, S. 211 - 214

Albach, Horst: Entscheidungsprozeß und Informationsfluß in der Unternehmensorganisation, in: Organisation, Berlin und Baden-Baden 1961, S. 355 ff.

Albach, Horst: Investition und Liquidität, Wiesbaden 1962

Albach, Horst: Wirtschaftlichkeitsrechnung bei unsicheren Erwartungen, Köln und Opladen 1959 (Beiträge zur betriebswirtschaftlichen Forschung, Band 7)

Albach, Horst: Zur Theorie der Unternehmensorganisation, in: Zeitschrift für handelswissenschaftliche Forschung, Neue Folge, 11. Jg. 1959, S. 238 - 259

Albach, Horst: Das optimale Investitionsbudget bei Unsicherheit, in: Zeitschrift für Betriebswirtschaft, 37. Jg. 1967, S. 503 - 518

Albach, Horst: Zur Theorie des wachsenden Unternehmens,
                              in: Theorien des einzelwirtschaftlichen und
                              des gesamtwirtschaftlichen Wachstums, Ber-
                              lin 1965, S. 9 - 97

Albach, Horst,   Theorien des einzelwirtschaftlichen und des
Beckmann, Martin,   gesamtwirtschaftlichen Wachstums, Berlin
Borchardt, Knut,   1965 (Schriften des Vereins für Socialpolitik,
Krelle, Wilhelm   Gesellschaft für Wirtschafts- und Sozialwis-
(Hrsg.):   senschaften, Neue Folge, Band 34)

Allen, Louis A.:   Management und Organisation, London 1958

Alsheimer, Herbert: Die Einkommens- und Körperschaftsbesteu-
                             erung der Kreditinstitute und Sonderfragen ih-
                             rer Steuerbilanz, Frankfurt am Main 1957

Alsheimer, Herbert: Zusammenstellung der für Kreditinstitute gel-
                             tenden Steuergesetze, in: Der Bankkaufmann,
                             1961, S. 165 f.

Angermann, Adolf   Betriebsführung und Operations Research,
(Hrsg.):   Frankfurt am Main 1963

Angermann, Adolf: Entscheidungsmodelle, Frankfurt am Main
                             1963

Angermann, Adolf: Unternehmerische Entscheidungen und Ope-
                             rations Research, in: Betriebsführung und
                             Operations Research, Frankfurt am Main
                             1963, S. 9 - 23

Arbeitskreis Hax   Wesen und Arten unternehmerischer Entschei-
der Schmalenbach   dungen, in: Zeitschrift für betriebswirtschaft-
Gesellschaft: liche Forschung, 16. Jg. 1964, S. 685 - 715

Arbeitskreis Krähe   Die Ressortaufteilung im Bankgewerbe, in:
der Schmalenbach   Zeitschrift für handelswissenschaftliche For-
Gesellschaft: schung, Neue Folge, 7. Jg. 1955, S. 218 - 225

Arrow, Kenneth J.:   Alternative Approaches to the Theory of Choi-
                             ce in Risk-Taking Situations, in: Econometri-
                             ca, Vol. XIX 1951, S. 404 - 437

Aust, Eberhard: Der Wettbewerb in der Bankwirtschaft, Frank-
                             furt am Main 1963 (Institut für das Kreditwe-
                             sen, Prof. Dr. Veit, Neue Schriftenfolge)

Banse, Karl: Organisation und Methoden der betriebswirt-
                             schaftlichen Statistik, Berlin-Wien 1929

Banse, Karl: Vertriebs- (Absatz-) Politik, in: Handwör-
                             terbuch der Betriebswirtschaft, 3. Auflage,
                             4. Band, Sp. 5983 - 5994

Barnard, Chester I. : The Functions of the Executive, Tenth Printing, Cambridge Mass. 1953 (1. Auflage 1938)

Bayer, Hans (Hrsg.): Wirtschaftsprognose und Wirtschaftsgestaltung, Berlin 1960 (Internationale Tagung der Sozialakademie Dortmund)

Beckerle, Herbert: Die Arbeitsbewertung als Hilfsmittel der Personalpolitik in Bankbetrieben, Dissertation, Frankfurt am Main 1964

Beckerle, Herbert: Die Arbeitsbewertung in Kreditinstituten, Wiesbaden 1966

Behrens, Karl Chr. : Allgemeine Standortbestimmungslehre, Köln und Opladen 1961

Behrens, Karl Chr. : Marktforschung, Wiesbaden 1959 (Die Wirtschaftswissenschaften)

Bender, Kurt: Die Führungsentscheidung im Betrieb, Stuttgart 1957

Bernicken, H. : Bankbetriebslehre, Stuttgart 1926

Beste, Theodor: Planung in der Unternehmung, in: Kongress-Archiv 1938 des V. Internationalen Prüfungs- und Treuhand-Kongresses, Band B, Thema 2, Nationalbericht Deutschland, S. 63 - 106

Birck, Heinrich: Die Bankbilanz, 2. Auflage, Wiesbaden 1961

Bleicher, Knut: Der Planrahmen. Ein Mittel zur Steuerung von Unternehmungen, in: Zeitschrift für Betriebswirtschaft, 30. Jg. 1960, S. 612 - 625

Bleicher, Knut: Die Organisation der Planung in industriellen Unternehmungen, Dissertation, Freie Universität Berlin 1955

Blind, Adolf (Hrsg.): Umrisse einer Wirtschaftsstatistik, Festgabe für Paul Flaskämper zur 80. Wiederkehr seines Geburtstages, Hamburg 1966

Böhm, Hans Hermann: Was soll maximiert werden: Gewinn, Rentabilitätskoeffizient oder kalkulatorischer Betriebserfolg? In: Zeitschrift für Betriebswirtschaft, 32. Jg. 1962, S. 669 - 674

Böhm, Hans Jürgen: Die Maximierung der Kapitalrentabilität, in: Zeitschrift für Betriebswirtschaft, 32. Jg. 1962, S. 489 - 512

Böhm, Hans-Jürgen: Schlußwort zum Thema Rentabilitätsmaximierung, in: Zeitschrift für Betriebswirtschaft, 32. Jg. 1962, S. 674 - 675

Böhme, Rosemarie: Die Verhaltensweise der Kreditbanken. Dissertation Frankfurt am Main 1955

Böhrs, Hermann: Planen, Organisieren und Improvisieren. Eine Studie zur Abgrenzung der Begriffe, in: Betriebswirtschaftliche Forschung und Praxis, 2. Jg. 1950, S. 322 - 336

Bott, Dietrich: Allgemeine und historische Betrachtungen zum Entscheidungsbegriff, in: Statistische Hefte, 3. Jg. 1962, S. 1 - 38

Boulding, Kenneth E.: Implications for General Economics of More Realistic Theories of the Firm, in: The American Economic Review, Vol. XLII 1952, Papers and Proceedings

Bross, Irwing D. J.: Design for Decision, New York 1953

Brusberg, Helmut: Der Entwicklungsstand der Unternehmungsforschung mit besonderer Berücksichtigung der Bundesrepublik Deutschland, Wiesbaden 1965

Busse von Colbe, Walther: Entwicklungstendenzen in der Theorie der Unternehmung, in: Zeitschrift für Betriebswirtschaft, 34. Jg. 1964, S. 615 - 627

Churchman, C. West: Prediction and Optimal Decision. Philosophical Issues of a Science of Values, New York 1961

Churchman, Ackoff, Arnoff: Operations Research. Eine Einführung in die Unternehmensforschung, Wien und München 1961

Clarkson, Geoffrey P. and Meltzer, Allan H.: Portfolio Selection: A Heuristic Approach, in: The Journal of Finance, Vol. XV 1960, S. 465 - 480

Cleland, S.: A Short Essay on an Managerial Theory of the Firm, in: Linear Programming and the Theory of the Firm (Eds.: K. E. Boulding and W. A. Spivey) New York 1960

Cohan, Avary B.: The Theory of the Firm: A View on Methodology, in: The Journal of Business, Vol. XXXVI 1963, S. 316 - 324

Cyert, R. M. and March, James G.: A Behavioral Theory of Organizational Objectives, in: Modern Organization Theory, New York 1959 (ed. by Mason Haire)

Dale, Ernest: New Perspectives in Managerial Decision-Making, in: The Journal of Business of the University of Chicago, Vol. XXVI 1953, S. 1 - 8

Dean, Joel: Capital Budgeting, New York 1951

Deppe, Hans-Dieter: Beiträge zur Theorie der Wirtschaftsplanung der Kreditbank, Dissertation Kiel 1959

Deppe, Hans-Dieter: Zur Rentabilitäts- und Liquiditätsplanung von Kreditinstituten, in: Weltwirtschaftliches Archiv, Band 86 1961, S. 303 - 351

Deppe, Hans-Dieter: Der Bankbetrieb als Gegenstand von Wachstumsanalysen, in: Zeitschrift für Betriebswirtschaft, 34. Jg. 1964, S. 353 - 381

Deppe, Hans-Dieter: Die Ausdehnung des Zweigstellennetzes von Kreditinstituten als bankbetriebliches Führungsproblem, in: Gegenwartsfragen der Unternehmensführung (Festschrift zum 65. Geburtstag von W. Hasenack), Herne/Berlin 1966, S. 395 ff.

Dinkelbach, Werner: Unternehmerische Entscheidungen bei mehrfacher Zielsetzung, in: Zeitschrift für Betriebswirtschaft, 32. Jg. 1962, S. 739 - 747

Ellinger, Theodor: Ablaufplanung, Stuttgart 1959

Esenwein-Rothe, Ingeborg: Die Struktur des Bankwesens als Gegenstand wirtschaftsstatistischer Analysen, Hamburg-Berlin-München 1959 (Untersuchungen über das Spar-, Giro- und Kreditwesen, Band 9)

Esenwein-Rothe, Ingeborg: Wirtschaftsstatistik, Wiesbaden 1962 (Die Wirtschaftswissenschaften)

Fischer, Otfrid: Bankbilanzanalyse, Meisenheim/Glan 1956 (Bankbetriebliche Schriftenreihe, Band II)

Fischer, Otfrid: Die Finanzdisposition der Geschäftsbanken, Habilitationsschrift, Frankfurt am Main 1964

Fischer, Otto Chr.: Die fehlerhafte Kreditpolitik, in: Untersuchung des Bankwesens 1933, I. Teil, 1. Band, Berlin 1933, S. 493 - 538

Flaskämper, Paul: Allgemeine Statistik, 2. Auflage, Hamburg 1949

Frank, Robert: Volkswirtschaftliche Prognose 1964 - 1968 und 1965 - 1969, im Auftrage der Alkor GmbH, München-Solln, erarbeitet

Frenckner, T. Paulsson: Betriebswirtschaftslehre und Verfahrensforschung - Operations Research, in: Zeitschrift für handelswissenschaftliche Forschung, 9. Jg. 1957, S. 65 - 102

Förstner, Karl und Henn, Rudolf: Die Anwendung ökonometrischer Verfahren in der Unternehmensplanung, in: Zeitschrift für Betriebswirtschaft, 26. Jg. 1956, S. 700 - 710

Gäfgen, Gerard: Theorie der wirtschaftlichen Entscheidung, Tübingen 1963

Gail, Winfried: Der Kapazitätsausnutzungsgrad bei Bankbetrieben und sein Einfluß auf den Kostenverlauf, in: Zeitschrift für Betriebswirtschaft, 30. Jg. 1960, S. 546 - 555

Giersch, Herbert: Allgemeine Wirtschaftspolitik - Grundlagen, Wiesbaden 1960 (Die Wirtschaftswissenschaften)

Giersch, Herbert und Borchardt, Knut (Hrsg.): Diagnose und Prognose als wirtschaftswissenschaftliche Methodenprobleme, Berlin 1962 (Schriften des Vereins für Socialpolitik, Gesellschaft für Wirtschafts- und Sozialwissenschaften, Neue Folge, Band 25)

Giese, Robert W.: Aufbau und Kritik einer Sparkassenkalkulation, dargestellt am Beispiel der Kreissparkasse Saarbrücken, Dissertation, Frankfurt am Main 1961

Giese, Robert W. Die Bankkalkulation in der Praxis, Wiesbaden 1962

Grau, H.: Organisation und Arbeitsweise amerikanischer Banken, in: Betriebswirtschaftliche Blätter für die Praxis der Sparkassen und Girozentralen, 14. Jg. 1965, S. 13 - 18

Greshake, Kurt: Planung der Mindestreserven durch den Gelddisponenten, in: Zeitschrift für das gesamte Kreditwesen, 17. Jg. 1964, S. 871 - 874

Grochla, Erwin: Betrieb und Wirtschaftsordnung, Berlin 1954 (Wirtschaftswissenschaftliche Abhandlungen. Volks- und betriebswirtschaftliche Schriftenreihe der Wirtschafts- und Sozialwissenschaftlichen Fakultät der Freien Universität Berlin, Heft 3)

Grochla, Erwin: Die Träger der Betriebsplanung, in: Zeitschrift für handelswissenschaftliche Forschung, 10. Jg. 1958, S. 511 - 529

Grochla, Erwin: Planung, betriebliche, in: Handwörterbuch der Sozialwissenschaften, 8. Band, Tübingen 1964, S. 314 - 325

Güde, Udo: Die Bank- und Sparkassenkalkulation, Meisenheim am Glan 1967

Gümbel, Rudolf: Nebenbedingungen und Varianten der Gewinnmaximierung, in: Zeitschrift für handelswissenschaftliche Forschung, Neue Folge, 15. Jg. 1963, S. 12 - 21

Günther, Hans:	Die Kapazitätsbestimmung bei Kreditbanken, in: Zeitschrift für Betriebswirtschaft, 29. Jg. 1959, S. 542 - 555
Gutenberg, Erich (Hrsg.):	Absatzplanung in der Praxis, Wiesbaden 1962
Gutenberg, Erich:	Die gegenwärtige Situation der Betriebswirt - schaftslehre, in: Zeitschrift für handelswissenschaftliche Forschung, Neue Folge, 12. Jg. 1960, S. 118 - 129
Gutenberg, Erich:	Einführung in die Betriebswirtschaftslehre, Wiesbaden 1958 (Die Wirtschaftswissenschaften)
Gutenberg, Erich:	Grundlagen der Betriebswirtschaftslehre 1. Band: Die Produktion, 11. Auflage, Berlin-Heidelberg-New York 1965 2. Band: Der Absatz, 8. Auflage, Berlin-Heidelberg-New York 1965
Gutenberg, Erich:	Planung im Betrieb, in: Zeitschrift für Betriebswirtschaft, 22. Jg. 1952, S. 669 - 684
Gutenberg, Erich:	Unternehmensführung, Organisation u. Entscheidungen, Wiesbaden 1962 (Die Wirtschaftswissenschaften)
Gutenberg, Erich:	Zur Frage des Wachstums und der Entwicklung von Unternehmungen, in: Festschrift für Fritz Schmidt, Berlin-Wien 1942, S. 148 - 158
Hagenmüller, Karl Friedrich:	Bankbetrieb und Bankpolitik, Wiesbaden 1959
Hagenmüller, Karl Friedrich:	Der Bankbetrieb, Wiesbaden 1964 Band I: Strukturlehre - Kapitalbeschaffung der Kreditinstitute Band II: Aktivgeschäfte und Dienstleistungsgeschäfte Band III: Rechnungswesen - Bankpolitik
Hagenmüller, Karl Friedrich:	Der Trend zum langfristigen Bankkredit, in: Zeitschrift für das gesamte Kreditwesen, 15. Jg. 1962, S. 75 - 80
Hagenmüller, Karl Friedrich:	Längerfristiger Bankkredit und Liquiditätsrichtsatz, in: Zeitschrift für das gesamte Kreditwesen, 15. Jg. 1962, S. 344-346 und 397-399

Hagenmüller, Karl Friedrich:	Die Bedeutung von Krediteinweisungen und Kontoüberziehungen für Geldschöpfung und Gelddisposition, in: Zeitschrift für handelswissenschaftliche Forschung, Neue Folge, 8. Jg. 1956, S. 509 - 526
Hagenmüller, Karl Friedrich:	Die Betriebserhaltung, Habilitationsschrift München 1949
Hagenmüller, Karl Friedrich:	Personalorganisation als Führungsinstrument im Bankbetrieb, in: Der Volkswirt, Beiheft zu Nr. 39 v. 30. 9. 1966, S. 4 - 8
Hammer/Montag:	Bilanzen der Kreditinstitute mit amtlichen Richtlinien 1968 sowie einer Einleitung und Erläuterungen, Frankfurt am Main 1968
Hartmann, Bernhard:	Bankbetriebsanalyse, Freiburg im Breisgau 1962
Hatzold O. und Helmschrott H.:	Analyse unternehmerischer Verhaltensweisen. Untersuchungen an Hand von Konjunkturtestdaten, Berlin 1961 (Schriftenreihe des Ifo-Instituts für Wirtschaftsforschung, Nr. 44)
Hax, Herbert:	Investitions- und Finanzplanung mit Hilfe der linearen Programmierung, in: Zeitschrift für betriebswirtschaftliche Forschung, 16. Jg. 1964, S. 430 - 446
Hax, Herbert:	Lineare Planungsrechnung und Simplex-Methode als Instrumente betriebswirtschaftlicher Planung, in: Zeitschrift für handelswissenschaftliche Forschung, Neue Folge, 12. Jg. 1960, S. 578 - 605
Hax, Herbert:	Rentabilitätsmaximierung als unternehmerische Zielsetzung, in: Zeitschrift für handelswissenschaftliche Forschung, Neue Folge, 15. Jg. 1963, S. 337 - 344
Hax, Karl:	Die Bedeutung der betriebswirtschaftlichen Abschreibungs- und Investitionspolitik für das wirtschaftliche Wachstum der modernen Industriestaaten, in: Zeitschrift für handelswissenschaftliche Forschung, Neue Folge, 10. Jg. 1958, S. 247 - 257
Hax, Karl:	Die Bedeutung der Unternehmungsspiele für die Unternehmensplanung, in: Unternehmensplanung als Instrument der Unternehmensführung, Wiesbaden 1965, S. 127 - 133

Hax, Karl:	Die Betriebsunterbrechungsversicherung, Köln und Opladen 1949
Hax, Karl:	Die Kapitalwirtschaft des wachsenden Industrieunternehmens, in: Zeitschrift für betriebswirtschaftliche Forschung, 16. Jg. 1964, S. 252-279
Hax, Karl:	Die langfristigen Finanzdispositionen, in: Handbuch der Wirtschaftswissenschaften, Band I, Betriebswirtschaft, Köln und Opladen 1958, S. 453-542; 2. Aufl. ,Köln und Opladen 1966,S. 399- 489
Hax, Karl:	Planung und Organisation als Instrumente der Unternehmungsführung, in: Zeitschrift für handelswissenschaftliche Forschung, Neue Folge, 11. Jg. 1959, S. 605 - 615
Hax, Karl:	Stand und Aufgaben der Betriebswirtschaftslehre, in: Zeitschrift für handelswissenschaftliche Forschung, Neue Folge, 8. Jg. 1956, S. 133-149
Heinen, Edmund:	Die Zielfunktion der Unternehmung, in: Zur Theorie der Unternehmung, Wiesbaden 1962 (Festschrift zum 65. Geburtstag von Erich Gutenberg, hrsg. von H. Koch) S. 9 - 71
Heiser, Herman C.:	Budgetierung, Berlin 1964
Hennig, Karl W.:	Betriebswirtschaftliche Organisationslehre, 3. Auflage, Berlin-Göttingen-Heidelberg 1957
Henze - Schmidt:	Grundzüge der Geschichte des Sparkassenwesens, bearbeitet von Werner Henze, Hamburg-Stuttgart 1959 (Grundriß für die Sparkassenarbeit, Teil I)
Henzel, Fritz:	Betriebsplanung, Wiesbaden o. J. (1950) (Die Handelshochschule - Die Wirtschaftshochschule)
Henzler, Reinhold:	Genossenschaftswesen, 2. Auflage, Wiesbaden 1953
Hicks, J. R.:	Value and Capital, 2. Auflage, Oxford 1946
Hocke, G.:	Wirtschaftlicher Personaleinsatz in Bankbetrieben, Dissertation, Frankfurt am Main 1961
Höfermann, Friedhelm:	Geldmarkt und Geldmarktgeschäfte, Frankfurt am Main 1959 (Veröffentlichungen des Bank- und Börsenseminars der Universität Köln, Band IV)
Hoffmeister, Johannes (Hrsg.):	Wörterbuch der philosophischen Begriffe, 2. Auflage, Hamburg 1955, S. 171

Hook, W. :	Die wirtschaftliche Entwicklung der ehemaligen Deutschen Bank im Spiegel ihrer Bilanzen, Heidelberg 1954
Hundhausen, C. :	Industrielle Publizität als Public Relations, Essen 1957
Jöhr, W. A. :	Theoretische Grundlagen der Wirtschaftspolitik, Band II, Konjunkturschwankungen, Tübingen und Zürich 1952
Jordan, Claus:	Abgrenzung und Anwendung des Umsatzbegriffes im Bankbetrieb, Dissertation, Frankfurt am Main 1958
Kalveram, Wilhelm/ Günther, Hans:	Bankbetriebslehre, 3. Auflage, Wiesbaden 1961
Kaminsky, Stefan:	Die Kosten- und Erfolgsrechnung der Kreditinstitute, Meisenheim/Glan 1955 (Bankbetriebliche Schriftenreihe, Band I)
Katona, George:	Das Verhalten der Verbraucher und Unternehmer, Tübingen 1960
Kellerer, Hans:	Theorie und Technik des Stichprobenverfahrens, 2. Auflage, München 1953
Kern, Werner:	Gestaltungsmöglichkeit und Anwendungsbereich betriebswirtschaftlicher Planungsmodelle, in : Zeitschrift für handelswissenschaftliche Forschung, Neue Folge, 14. Jg. 1962, S. 167-179
Kern, Werner:	Operations Research als Optimierungskunde, in: Zeitschrift für handelswissenschaftliche Forschung, Neue Folge, 15. Jg. 1963, S. 345 - 349
Kilger, Wolfgang:	Planungsrechnung und Entscheidungsmodelle des Operations Research, in: Unternehmensplanung als Instrument der Unternehmensführung, Wiesbaden 1965, S. 55 - 75
Kloidt, Heinrich, Dubberke, Achim u. Göldner, Jürgen:	Zur Problematik des Entscheidungsprozesses, in: Organisation des Entscheidungsprozesses, Berlin 1959 (Veröffentlichungen des Instituts für Industrieforschung der Freien Universität Berlin, Band 4) S. 9 - 22
Knight, F. H. :	Risk, Uncertainty, and Profit, Boston 1921, 8th ed., London 1957
Koch, Helmut:	Absatzplanung, in: Handwörterbuch der Sozialwissenschaften, 1. Band, Stuttgart-Tübingen-Göttingen 1956, S. 15 - 20

Koch, Helmut:	Betriebliche Planung. Grundlagen und Grundfragen der Unternehmungspolitik, Wiesbaden 1961 (Die Wirtschaftswissenschaften)
Koch, Helmut:	Das Wirtschaftlichkeitsprinzip als betriebswirtschaftliche Maxime, in: Zeitschrift für handelswissenschaftliche Forschung, Neue Folge, 3. Jg. 1951, S. 160 - 170
Koch, Helmut:	Finanzplanung, in: Handwörterbuch der Betriebswirtschaft, 3. Auflage, Band II, Stuttgart 1958, Spalte 1910 - 1925
Koch, Helmut:	Planung, in: Handwörterbuch der Betriebswirtschaft, Band III, 3. Auflage, Stuttgart 1959, Spalte 4340 - 4352
Koch, Helmut:	Zur Diskussion in der Ungewißheitstheorie, in: Zeitschrift für handelswissenschaftliche Forschung, Neue Folge, 12. Jg. 1960, S. 49 - 75
Kolbeck, Heinrich:	Der Betriebsvergleich bei Sparkassen, Dissertation, Frankfurt am Main 1955
Kolbeck, Heinrich:	Die theoretischen Grundlagen des Betriebsvergleichs bei Sparkassen, in: Der Betriebsvergleich bei Sparkassen, Berlin 1959 (Untersuchungen über das Spar-, Giro- und Kreditwesen, Band 7) S. 85 - 244
v. Kortzfleisch, Gert:	Die Grundlagen der Finanzplanung, Berlin 1957
v. Kortzfleisch, Gert:	Zum Wesen der betriebswirtschaftlichen Planung, in: Betriebswirtschaftliche Planung in industriellen Unternehmungen, Festgabe für Theodor Beste, Berlin 1959 (Abhandlungen aus dem Industrieseminar der Universität zu Köln, Heft 10) S. 9 - 19
Kosiol, Erich:	Modellanalyse als Grundlage unternehmerischer Entscheidungen, in: Zeitschrift für handelswissenschaftliche Forschung, Neue Folge, 13. Jg. 1961, S. 321 - 334
Kosiol, Erich (Hrsg.):	Organisation des Entscheidungsprozesses, Berlin 1959 (Veröffentlichungen des Instituts für Industrieforschung der Freien Universität Berlin, Band 4)
Kosiol, Erich:	Organisation der Unternehmung, Wiesbaden 1962 (Die Wirtschaftswissenschaften)

Kosiol, Erich: Typologische Gegenüberstellung von standardisie-
                        render (technisch orientierter) und prognosti-
                        zierender (ökonomisch ausgerichteter) Planko -
                        stenrechnung, in: Plankostenrechnung als In-
                        strument moderner Unternehmungsführung, Ber-
                        lin 1956 (Veröffentlichungen des betriebswirt-
                        schaftlichen Instituts für Industrieforschung (In-
                        dustrie-Institut) der Freien Universität Berlin),
                        S. 49 - 76

Kossmann, Bern-   Leistungskontrolle in Bankbetrieben, Disserta-
hard: tion Köln 1948

Krähe, Walter: Über die Budgetierung von Aufwand und Ausga-
                        ben im Verwaltungssektor, in: Zeitschrift für
                        handelswissenschaftliche Forschung, Neue Folge,
                        12. Jg. 1960, S. 76 - 81

Krelle, Wilhelm: Möglichkeiten und Grenzen der Konjunkturdiagno-
                        se, in: Diagnose und Prognose als wirtschafts-
                        wissenschaftliche Methodenprobleme, Berlin 1962,
                        S. 30 - 81

Kromphardt, Wilh.   Lineare Entscheidungsmodelle, Berlin-Göttingen-
Henn, Rudolf und   Heidelberg 1962
Förstner, Karl:

Krümmel, Hans-   Bankzinsen, Köln-Berlin-Bonn-München 1964
Jacob: Schriftenreihe Annales Universitatis Saraviensis,
                        Rechts- und Wirtschaftswissenschaftliche Abtei-
                        lung, Heft 11)

Krümmel, Hans-   Liquiditätssicherung im Bankwesen, in: Kredit
Jacob: und Kapital 1968, S. 247 - 307 und 1969, S.
                        60 - 110

Kuhlo, Karl Chr. :   Die Wachstumsprognose, insbesondere auch die
                        Prognose der Produktivitätsentwicklung, in: Dia-
                        gnose und Prognose als wirtschaftswissenschaft-
                        liche Methodenprobleme, Berlin 1962, S. 215-268

Lange, Oscar: Price Flexibility and Employment, Bloomington
                        1944 (Wiederabdruck 1952)

Lehmann, Fritz: Die Disposition der Banken, in: Zeitschrift für
                        Handelswissenschaft und Handelspraxis, 22. Jg.
                        1929, S. 267 - 273

Lehmann, Max R. :   Allgemeine Betriebswirtschaftslehre, 3. Aufla-
                        ge, Wiesbaden 1956

Leibenstein, Harvey:	Economic Theory and Organisational Analysis, New York 1960
Lewin, K., Dembo, R., Festinger, L. and Sears, P. S.:	Level of Aspiration, in: Hunt, J. Mc V. (ed.): Personality and the Behavior Disorders, New York 1944, S. 333 - 378
Lintner, John:	Diskussionsbeitrag zum Vortrag von Herbert A. Simon: New Developments in the Theory of the Firm, in: The American Economic Review, Vol. XII 1961, S. 23 - 27
Lipfert, Helmut:	Nationaler und internationaler Zahlungsverkehr, Wiesbaden 1960 (Die Wirtschaftswissenschaften)
Lipfert, Helmut: .	System einer theoretischen Bankbetriebspolitik, in: Zeitschrift für das gesamte Kreditwesen, 16. Jg. 1963, S. 374 - 376
Lohmann, Martin:	Einführung in die Betriebswirtschaftslehre, 4. Auflage, Tübingen 1964
Loitlsberger, Erich:	Zum Informationsbegriff und zur Frage der Auswahlkriterien von Informationsprozessen, in: Empirische Betriebswirtschaftslehre, Wiesbaden 1963 (Festschrift zum 60. Geburtstag von Leopold L. Illetschko), S. 115 - 135
Luce, R. Duncan and Raiffa, Howard:	Games and Decisions, New York - London 1957
Ludwig, Heinz:	Budgetkontrolle in industriellen Unternehmungen, Berlin-Leipzig-Wien 1930
March, James G. and Simon, Herbert A.:	Organizations, New York-London 1959
Margolis, Julius:	The Analysis of the Firm. Rationalism, Conventionalism and Behaviorism, in: The Journal of Business, Vol. XXXI 1958, S. 187 - 199
Markowitz, Harry:	Portfolio Selection, in: The Journal of Finance, Vol. VII 1952, S. 77 - 91
Marshall, Alfred:	Principles of Economics, 8. ed., London 1925
Meier, Werner:	Von Prognosen leben. Deutschland 1980 - ein Report der Prognos AG, in: Der Volkswirt, 20. Jg. 1966, S. 389 - 390
Mellerowicz, Konrad:	Planung und Plankostenrechnung, Band I, Betriebliche Planung, Freiburg im Breisgau 1961

Mellerowicz, Konrad/Jonas, Heinrich:	Bestimmungsfaktoren der Kreditwürdigkeit, Berlin 1954
Menges, Günter:	Das Entscheidungsproblem in der Statistik, in: Allgemeines Statistisches Archiv, 42. Band 1958, S. 101 - 107
Menges, Günter:	Kriterien optimaler Entscheidungen unter Ungewißheit, in: Statistische Hefte, 4. Jg. 1963, S. 151 - 171
Menges, Günter:	Ökonometrie, Wiesbaden 1961 (Die Wirtschafts - wissenschaften)
Menges, Günter:	Statistik und Wirtschaftsprognose, in: Umrisse einer Wirtschaftsstatistik (Festgabe für Paul Flaskämper zur 80. Wiederkehr seines Geburtstages, hrsg. von A. Blind), Hamburg 1966
Mertin, Klaus:	Die Neuordnung der Sammelwertberichtigungen, in: Bank-Betrieb, 5. Jg. 1965, S. 293 ff.
Motschmann, G.:	Das Depositengeschäft der Berliner Großbanken, München und Leipzig 1915
Moxter, Adolf:	Das optimale Investitionsbudget - Stellungnahme, in: Zeitschrift für betriebswirtschaftliche Forschung, 16. Jg. 1964, S. 470 - 473
Moxter, Adolf:	Die Bestimmung des Kalkulationszinsfußes bei Investitionsentscheidungen, in: Zeitschrift für handelswissenschaftliche Forschung, 13. Jg. 1961, S. 186 - 200
Moxter, Adolf:	Lineares Programmieren und betriebswirtschaftliche Kapitaltheorie, in: Zeitschrift für handelswissenschaftliche Forschung, Neue Folge, 15. Jg. 1963, S. 285 - 309
Moxter, Adolf:	Methodologische Grundfragen der Betriebswirtschaftslehre, Dissertation Frankfurt am Main 1957
Moxter, Adolf:	Offene Probleme der Investitions- und Finanzierungstheorie, in: Zeitschrift für betriebswirtschaftliche Forschung, 17. Jg. 1965, S. 1 - 10
Moxter, Adolf:	Präferenzstruktur und Aktivitätsfunktion des Unternehmers, in: Zeitschrift für betriebswirtschaftliche Forschung, 16. Jg. 1964, S. 6 - 35

Mülhaupt, Ludwig:	Ansatzpunkte für eine Theorie der Kreditbank, in: Jahrbuch für Sozialwissenschaften, Band 12 1961, S. 132 - 143
Mülhaupt, Ludwig:	Umsatz-, Kosten und Gewinnplanung einer Kreditbank, in: Zeitschrift für handelswissenschaftliche Forschung, Neue Folge, 8. Jg. 1956, S. 7 - 74
Mülhaupt, Ludwig und Deppe, Hans-Dieter:	Gedanken zu Problemen der Liquiditätsplanung von Kreditinstituten, in: Sparkasse, 80. Jg. 1963, S. 83 - 88
Müller, Gerhard und Löffelholz, Josef:	Banklexikon. Handwörterbuch für das Bank- und Sparkassenwesen, 2. Auflage, Wiesbaden 1959
Müller, Walter:	Die Gelddisposition der Banken, in: Bankwissenschaft, 3. Jg. 1926, S. 475 - 488
Müller-Merbach, H(einer):	Operations Research als Optimalplanung, in: Zeitschrift für handelswissenschaftliche Forschung, Neue Folge, 15. Jg. 1963, S. 191 - 206
Nash, J. F. jr.:	The Bargaining Problem, in: Economica Vol. XVII 1950, S. 155 - 162
Neumann, Bruno:	Die Gelddispositionsstelle, in: Die Bank (hrsg. von K. Theissinger und J. Löffelholz), 3. Band: Betriebsorganisation und Rechnungswesen, Wiesbaden 1952, S. 203 - 208
Newbury, Frank D.:	Business Forecasting. Principles and Practice, New York-Toronto-London 1952
Newman, W. H.:	Administrative Action. The Techniques of Organization and Management, 6 th printing, New York 1955
Nicklisch, Heinrich:	Budgetierung und Rechnungswesen, in: Zeitschrift für Handelswissenschaft und Handelspraxis, 22. Jg. 1929, S. 50 - 55
Nicklisch, Heinrich:	Die Betriebswirtschaft, 7. Auflage, Stuttgart 1932
Nordsieck, Fritz:	Betriebsorganisation, Stuttgart 1961 (Sammlung Poeschel, Studienbücher, Reihe I: Grundlagen, Band 8 a)
Nordsieck, Fritz:	Organisation, in: Handwörterbuch der Betriebswirtschaft, 3. Band, 3. Auflage, Stuttgart 1960, Spalte 4235 - 4242

Nordsieck, Fritz: Organisationspläne , in: Handwörterbuch der
                       Betriebswirtschaft, 3. Band, 3. Auflage, Stutt-
                       gart 1960, Spalte 4248 - 4252

Nordsieck, Fritz: Organisationsprinzipien, in: Handwörterbuch der
                       Betriebswirtschaft, 3. Band, 3. Auflage, Stutt-
                       gart 1960, Spalte 4253 - 4256

Nürck, Robert: Von der langfristigen Planung zur linearen Pla-
                       nungsrechnung, in: Betriebswirtschaftliche For-
                       schung und Praxis, 11. Jg. 1959, S. 641 - 647

Orth, Ludwig: Die kurzfristige Finanzplanung industrieller Un-
                       ternehmungen, Köln und Opladen 1961 (Beiträge
                       zur betriebswirtschaftlichen Forschung, Band 13)

Osthues, Heinz: Betrachtungen zur Rentabilitätsentwicklung der
                       Sparkassen, in: Sparkasse, 82. Jg. 1965, S. 169
                       - 172

Ottel, Fritz: Eigenkapital und Liquidität im Kreditwesen, in:
                       Zeitschrift für Betriebswirtschaft, 32. Jg. 1962,
                       S. 90 - 99

o. V.:   Zinsfreiheit für Termingelder gefordert, in Han-
                       delsblatt v. 16. 3. 1965

o. V.:   Zwischen Preissteigerung und Unterbeschäftigung.
                       Die Projektionen des BWM zur Wirtschaftsent-
                       wicklung bis 1970, in: Handelsblatt vom 27./28.
                       5. 1966

Pack, Ludwig: Maximierung der Rentabilität als preispolitisches
                       Ziel, in: Zur Theorie der Unternehmung, Wies-
                       baden 1962 (Festschrift zum 65. Geburtstag von
                       Erich Gutenberg, hrsg. von H. Koch), S. 73 -
                       135

Pack, Ludwig: Rationalprinzip und Gewinnmaximierungsprinzip,
                       in: Zeitschrift für Betriebswirtschaft, 31. Jg.
                       1961, S. 207 - 220 und 281 - 290

Papandreou, A. G.:   Some Basic Problems in the Theory of the Firm,
                       in: A Survey of Contemporary Economics (Ed.:
                       B. F. Haley), Vol. II, Homewood Ill. 1952, S. 183
                       - 222

Potratz, Erich: Die Praxis der Bankkostenrechnung, Wiesbaden
                       1960

Poullain (Ludwig):   Arbeitszeit- und Arbeitsablaufuntersuchungen im
                       Sparkassenbetrieb, in: Vorträge für Sparkassen-
                       prüfer, Heidelberg 17.-20. Sept. 1957, Stuttgart
                       o. J., S. 259 - 263

Prion, Wilhelm: Die Lehre vom Bankbetrieb, in: Handwörterbuch der Staatswissenschaften, 4. Auflage, Jena 1924

Riebel, Paul: Das Rechnen mit Einzelkosten und Deckungsbeiträgen, in: Zeitschrift für handelswissenschaftliche Forschung, Neue Folge, 11. Jg. 1959, S. 213 - 238

Riebel, Paul: Die Elastizität des Betriebes, Köln und Opladen 1954

Ries, Josef und v. Kortzfleisch, Gert: Betriebswirtschaftliche Planung in industriellen Unternehmungen (Abhandlungen aus dem Industrieseminar der Universität zu Köln, Heft 10)

Rießer, J. : Die deutschen Großbanken und ihre Konzentration im Zusammenhang mit der Entwicklung der Gesamtwirtschaft in Deutschland, 4. Auflage, Jena 1912

Rittershausen, Heinrich: Die kurzfristigen Finanzdispositionen, in: Handbuch der Wirtschaftswissenschaften, Band I, Betriebswirtschaft, Köln und Opladen 1958, S. 381 - 452; 2. Aufl. ,Köln und Opladen 1966, S. 342 - 397

Rößle, Karl: Allgemeine Betriebswirtschaftslehre, 5. Auflage, Stuttgart 1956

Sadleder (Walter): Aufgabenbewußtes und betriebswirtschaftliches Denken in der Geschäftspolitik der Sparkassen, in: Vorträge für Sparkassenprüfer, Kiel 8. -11. 9. 1959, Stuttgart o. J. , S. 70 - 85

Sauermann, Heinz: Einführung in die Volkswirtschaftslehre
Band I, Wiesbaden 1960
Band II, Wiesbaden 1963
(Die Wirtschaftswissenschaften)

Sauermann, Heinz und Selten, Reinhard: Anspruchsanpassungstheorie der Unternehmung, in: Zeitschrift für die gesamte Staatswissenschaft, 118. Jg. 1962, S. 577 - 597

Scitovsky, Tibor de: A Note on Profit Maximization and Its Implications, in: Review of Economic Studies, Vol. XI 1943/44, S. 57 - 60, wiederabgedruckt in:Readings in Price Theory, London 1960 (hrsg. von der American Economic Association), S. 352 - 358

Scitovsky, Tibor de: Welfare and Competition. The Economics of a Fully Employed Economy, London 1952

Simon, Herbert A. : A Behavioral Model of Rational Choice, in: The Quarterly Journal of Economics,Vol. LXIX 1955, S. 99 - 118

Simon, Herbert A.:   A Comparison of Organization Theory, in: Review of Economic Studies, Vol. XX 1952/53, S. 44 ff.

Simon, Herbert A.:   Administrative Behavior. A Study of Decision-Making Processes in Administrative Organizations, 2. Auflage, New York 1957, 1. Auflage 1945

Simon, Herbert A.:   Das Verwaltungshandeln. Eine Untersuchung der Entscheidungsvorgänge in Behörden und privaten Unternehmungen, Stuttgart 1955 (Verwaltung und Wirtschaft, Schriftenreihe der westfälischen Verwaltungs- und Wirtschaftsakademien, Heft 12)

Simon, Herbert A.:   Models of Man, New York 1957

Simon, Herbert A.:   New Developments in the Theory of the Firm, in: The American Economic Review, Vol. LII 1962, Papers and Proceedings, S. 1 - 15

Simon, Herbert A.:   The New Science of Management Decision, New York 1960

Simon, Herbert A.:   Theories of Decision-Making in Economics and Behavioral Science, in: The American Economic Review, Vol. XLIX 1959, S. 253 - 283

Süchting, Joachim: Bestimmungsfaktoren des Kreditangebots - Ein Beitrag zum Faktorsystem der Bank, in: Blätter für Genossenschaftswesen 1968, S. 441 - 446

Süchting, Joachim: Kalkulation und Preisbildung der Kreditinstitute, Frankfurt am Main 1963 (Veröffentlichungen des Instituts für Bankwirtschaft und Bankrecht an der Universität Köln, Band XIV)

Svenson: Diskussionsbeitrag über Planungsprobleme des Finanzbereichs, in: Dynamische Betriebsplanung zur Anpassung an wirtschaftliche Wechsellagen. Vorträge und Diskussionen der 6. Plankosten-Tagung, Wiesbaden 1959 (AGPLAN, Schriftenreihe der Arbeitsgemeinschaft Planungsrechnung, e. V. Band 2)

Schäfer, Erich: Die Unternehmung, 4. Auflage, Köln und Opladen 1961

Schelling, T. C.:   An Essay on Bargaining, in: The American Economic Review, Vol. XLVI 1956, S. 281 - 306

Schlierbach, Helmut: Kommentar zum Hessischen Sparkassengesetz, Stuttgart 1958; 2. Aufl., Stuttgart 1969

Schmidt, Ralf-Bodo: Die Delegation der Unternehmerleistung, in: Zeitschrift für handelswissenschaftliche Forschung, Neue Folge, 15. Jg. 1963, S. 65 - 72

Schnaufer, Erich und Agthe, Klaus (Hrsg.):	Organisation. TFB-Handbuchreihe, 1. Band, Berlin und Baden-Baden 1961
Schneider, Erich:	Einführung in die Wirtschaftstheorie Teil I : Theorie des Wirtschaftskreislaufs, 12. Auflage, Tübingen 1965 Teil II : Wirtschaftspläne und wirtschaftliches Gleichgewicht in der Verkehrswirtschaft, 10. Auflage, Tübingen 1965 Teil III: Geld, Kredit, Volkseinkommen und Beschäftigung, 9. Auflage, Tübingen 1965
Schork, Ludwig	Gesetz über das Kreditwesen mit Begründung und Anmerkung, Stuttgart 1961
Schumpeter, Joseph:	Theorie der wirtschaftlichen Entwicklung, 5. Auflage, Berlin 1952
Stratoudakis, Pan.:	Das Kommunikationssystem als organisatorisches Problem, in: Zeitschrift für Betriebswirtschaft 1962, S. 204 - 216
Stucken, Rudolf:	Geld und Kredit, 2. Auflage, Tübingen 1957
Stützel, Wolfgang:	Bankpolitik - heute und morgen, Frankfurt am Main 1964
Stützel, Wolfgang:	Liquidität, in: Handwörterbuch der Sozialwissenschaften, Band 6, Tübingen, 1959
Tannenbaum, Robert:	Managerial Decision-Making, in: The Journal of Business of the University of Chicago, Vol. XXIII 1950, S. 23 - 39
Terborgh, George:	Dynamic Equipment Policy, New York 1949
Terborgh, George:	Leitfaden der betrieblichen Investitionspolitik, Wiesbaden 1962
Tinbergen, Jan:	The Notions of Horizon and Expectancy in Dynamik Economics, in: Econometrica, Band 1, S. 247 - 264
Ulrich, Hans:	Grundsätze organisatorischer Planung, in: Planung in der Unternehmung, Zürich 1947, S. 69-93
Urwick, Lyndall:	Grundlagen und Methoden der Unternehmensführung, Essen 1961 (Schriften der Gesellschaft zur Förderung des Unternehmernachwuchses)
Veit, Otto:	Volkswirtschaftliche Theorie der Liquidität, Frankfurt am Main 1948

Vormbaum, Herbert:
Die Zielsetzung der beschäftigungsbezogenen Absatzpolitik erwerbswirtschaftlich orientierter Betriebe, in: Zeitschrift für handelswissenschaftliche Forschung, Neue Folge, 11. Jg. 1959, S. 624-636

Walb, Ernst:
Übersetzung und Konkurrenz im deutschen Kreditapparat, in: Untersuchung des Bankwesens 1933, I. Teil, 1. Band, Berlin 1933, S. 115 - 195

Weber,
Depositenbanken und Spekulationsbanken, 4. Auflage, München und Leipzig 1938

Weber, Alfred:
Über den Standort der Industrien, I. Teil, Reine Theorie des Standorts, 2. Auflage, Tübingen 1922

Weber, Helmut:
Die Planung in der Unternehmung, Berlin 1963 (Nürnberger Abhandlungen zu den Wirtschafts- und Sozialwissenschaften, Heft 19)

Weiss, Ulrich:
Marktforschung der Kreditinstitute, Berlin 1966 (Untersuchungen über das Spar-, Giro- und Kreditwesen, Band 30)

White, M.:
Multiple Goals in the Theory of the Firm, in: Linear Programming and the Theory of the Firm, (Eds.: K. E. Boulding and W. A. Spivey) New York 1960, S. 181 - 201

Wissmann, Bernhard:
Die Zinsempfindlichkeit der deutschen Sparer, Berlin 1960 (Schriften des Instituts für das Spar-, Giro- und Kreditwesen an der Universität Hamburg, Band 15)

Wittgen, Robert:
Die Geldpolitik der Geschäftsbanken, Frankfurt am Main 1965

Wittmann, Waldemar:
Betriebswirtschaftslehre und Operations Research, in: Zeitschrift für handelswissenschaftliche Forschung, Neue Folge, 10. Jg. 1958, S. 285 - 297

Wittmann, Waldemar:
Entwicklungsweg und Gegenwartsauftrag der Betriebswirtschaftslehre, in: Zeitschrift für handelswissenschaftliche Forschung, Neue Folge, 15. Jg. 1963, S. 1 - 12

Wittmann, Waldemar:
Überlegungen zu einer Theorie des Unternehmungswachstums, in: Zeitschrift für handelswissenschaftliche Forschung, Neue Folge, 13. Jg. 1961, S. 493 - 519

Wittmann, Waldemar:
Ungewißheit und Planung, in: Zeitschrift für handelswissenschaftliche Forschung, Neue Folge, 10. Jg. 1958, S. 499 - 510

Wittmann, Waldemar:	Unternehmung und unvollkommene Information, Köln und Opladen 1959
Wöhe, Günter:	Einführung in die Allgemeine Betriebswirtschaftslehre, 6. Auflage, Berlin und Frankfurt am Main 1964
van Wyk, Wolfgang:	Die Gelddisposition der Kreditbanken (Veröffentlichungen des Instituts für Bankwirtschaft und Bankrecht an der Universität Köln, Band VIII) Frankfurt am Main 1960
Ziegler, J. und Meithner, K.:	Der Umsatzbegriff im Kreditbankbetrieb, Berlin 1931 (Betriebswirtschaft. Eine Schriftenreihe, 3. Heft)

Geschäftsberichte, Jahresberichte und Jahrbücher:

Deutsche Bundesbank (bis 1956 Bank deutscher Länder)

Deutsche Effecten- und Wechsel-Bank, Frankfurt am Main

Dresdner Bank AG

Frankfurter Sparkasse von 1822

Frankfurter Volksbank eGmbH

Handels- und Gewerbebank Heilbronn A. G.

Schleswig-Holsteinische Westbank (seit 1968: Westbank)

Bundesverband des privaten Bankgewerbes (E. V.) Köln
(seit 1968: Bundesverband Deutscher Banken)

Deutscher Genossenschaftsverband (Schulze–Delitzsch e. V.),
Bonn

Deutscher Sparkassen- und Giroverband e. V.,Bonn

Verband der Deutschen Freien Öffentlichen Sparkassen e. V.,
Frankfurt am Main

Monatsberichte der Deutschen Bundesbank (bis 1956 Bank deutscher Länder)

Statistisches Jahrbuch für die Bundesrepublik Deutschland
(Statistisches Bundesamt)

P l a n u n g s r a h m e n

I Geschäftsbereich

1 Aktiv- u.Dienstleist.Gesch.	3 Finanzielle Kapazität	4 Aktuelle Liquidität	2 Passivgeschäfte
11 Aktivgeschäfte	31 Aktiva	41 Barreserve	21 Fremdkap.Beschaffung
111 Kreditgeschäfte	311 Liquide Mittel	411 Kasse	211 Einlagengeschäft
1111 Geldleihgeschäfte	3111 Barreserve	412 Landeszentr.bankguth.	2111 Sichteinlagen
11111 Kontokorrentkredite	3112 Nostroguthaben	4121 Mindestreserve	21111 v.Kred.Instituten
11112 Diskontkredite	3113 Schecks, Fäll.Schuld-	4122 Überschußreserve	21112 v.sonst.Einlegern
11113 Lombardkredite	verschr.,Zins-u.Div.-	413 Postscheckguthaben	2112 Befristete Einlagen
11114 Kleinkredite	Scheine		21121 v.Kred.Institute
11115 Konsortialkredite	3114 Wechsel	42 Einnahmen	21122 v.sonst.Einlegern
11116 Langfrist.Ausleih.	3115 Schatzwechsel u.unver-	421 Einnahm.a.Kred.Rückzahl.	2113 Spareinlagen
11117 Durchlaufende Kredite	zinsl.Schatzanweisg.	422 Einnahm.a.Dienstleist.	21131 m.gesetz.Künd.Fr.
1112 Kreditleihgeschäfte	312 Wertpapiere u.Konsort.	4221 Inkasso v.Wechs.u.Sche.	21132 m.vereinb.Künd.Fr.
11121 Akzeptkredite	313 Kredite	4222 Effektenverk.f.Kunden	2114 Auslandseinlagen
11122 Avalkredite	3131 Debitoren	4223 Dev.-u.Sort.Verk.f.Kund.	
1113 Auslandskredite	3132 Langfrist.Ausleih.u.	423 Einnahm.a.Einlagengesch.	212 Kreditaufnahmegesch.
	Durchlaufende Kredite	4231 Sichteinlagen	2121 Aufgenommene Gelder
112 Geld- u.Kapitalanl.Gesch.	314 Beteiligungen	4232 Befristete Einlagen	21211 Nostroverpflichtg.
1121 Nostroguthaben	315 Grundstücke, Gebäude u.	4233 Spareinlagen	21212 Refinanzierungen
1122 Geldmarkttitel	Geschäftsausstattung	424 Einnahm.a.Auflösung v.	2122 Aufgen.langfr.Darl.
11221 Privatdiskonten	316 Ausgl.- u.Deckungsford.	Geld-u.Kapitalanl.Gesch.	2123 Durchlaufende Kredite
11222 Schatzwechsel	317 Sonstige Aktiva	4241 Nostroguthaben	2124 Auslandskreditaufnahm.
11223 Unverzins.Schatzanw.		4242 Privatdiskonten	
1123 Effekten	32 Passiva	4243 Schatzw.u.unverz.-Anw.	22 Eigenkap.Beschaffung
11231 Aktien	321 Einlagen	4244 Effekten	221 Gewinnberecht.Eig.Kap.
11232 Festverzins. Papiere	3211 Sichteinlagen	425 Einnahm.a.Kreditaufn.	222 Rücklagen
1124 Beteiligungen	32111 v.Kreditinstituten	4251 Nostroverpflichtg.	2221 gesetzliche Rücklagen
11241 mittels Effekten	32112 v.sonst.Einlegern	4252 Refinanzierungen	2222 freie Rücklagen
11242 ohne Effekten	3212 Befristete Einlagen	4253 Aufg.langfr.Darlehen	223 Gewinnvortrag
1125 Auslandsanlagen	32121 v.Kreditinstituten	4254 Durchlaufende Kredite	
	32122 v.sonst.Einlegern	426 Erträge	
12 Dienstleistungsgesch.	3213 Spareinlagen	4261 Zinserträge	
121 Zahl.Verk.u.Ink.Gesch.	32131 m.gesetz.Künd.Fr.	4262 Prov.-u.Gebührenertr.	
1211 Barverkehr	32132 m.vereinb.Künd.Fr.	4263 Gewinnanteile	
1212 Überweisungsverkehr	322 Kreditaufnahmen	4264 Mieterträge	
1213 Inkassoverkehr	3221 Aufgenommene Gelder	427 Einnahmen a.Verkäufen v.	
12131 Schecks	3222 Eigene Akzepte u.Sola-	Anlagevermögen	
12132 Wechsel	wechsel im Umlauf	428 Sonstige Einnahmen	
12133 Sonstige	3223 Aufgen.langfr.Darl.u.		
1214 Reisezahlungsmittel	Durchlaufende Kredite	43 Ausgaben	
122 Effektengeschäfte	323 Rückstellungen	431 Ausgaben f.Kreditinanspr.	
1221 Kommissionsgeschäfte	324 Wertberichtigungen	432 Ausgaben f.Dienstleist.	
1222 Emissionsgeschäfte	325 Eigenkapital	4321 Einl.v.Wechs.u.Schecks	
123 Wertaufbew.und Wertverw.	3251 Gewinnberecht.Eig.Kap.	4322 Effektenkäufe f.Kunden	
1231 Depotgeschäfte	3252 Rücklagen	4323 Dev.-u-Sortenk.f.Kund.	
1232 Schließfachgeschäfte	32521 gesetzliche Rücklagen	433 Ausgaben f.Einlagenabz.	
1233 Vermögensverwaltungen	32522 freie Rücklagen	4331 Sichteinlagen	
124 Auslandsgeschäfte	32523 (stille Rücklagen)	4332 Befristete Einlagen	
	326 Sonstige Passiva	4333 Spareinlagen	
		434 Ausgaben f.Geld- u.Kap.-	
	33 Bilanzsumme	Anlagegeschäfte	
		4341 Nostroguthaben	
	34 Positionen unter dem	4342 Privatdiskonten	
	Strich	4343 Schatzw.u.unv.Schatzanw.	
	341 Eventualverbindlichk.	4344 Effekten	
	3411 Indossamentsverbindl.	435 Ausgaben f.Rückzahlung	
	3412 Avale	aufgenommener Kredite	
	342 Sonstige Positionen	4351 Nostroverpflichtungen	
	unter dem Strich	4352 Refinanzierungen	
		4353 Aufg.langfrist.Darl.	
		4354 Durchlaufende Kredite	
		436 Ausgaben f.Aufwendungen	
		4361 Zinsaufwendungen	
		4362 Prov.-u.Geb.Aufw.	
		4363 Personalaufwendungen	
		4364 Betriebsmittelaufw.	
		4365 Steuern und Abgaben	
		437 Ausgaben f.Käufe v.Be-	
		triebsmitteln	
		438 Sonstige Ausgaben	

5 Führungsspitze, Stabs-, Verwaltungs-u.Hilfsabt.	6 Geschäftsabteilungen und Geschäftsstellensystem	7 Techn.-organis.Kapazität d.Zentrale u.d.Filialen	8 Arbeitsablauf für Abteilungen und Geschäftsarten
51 Vorstand	61 Kreditabteilungen	71 Betriebsmittel	81 Stabsabteilungen
511 Vorstandsmitglied A	611 Kurzfristige Kredite	711 Grundstücke u.Gebäude	811 Direktionssekretariat
512 Vorstandsmitglied B	612 Langfristige Kredite	7111 Zentrale	812 Planungsabteilung
513 Vorstandsmitglied C	613 Kleinkredite	7112 Filialen	813 Organisationsabteilung
514 usw.		712 Geschäftsräume m.Einr.	814 Revisionsabteilung
	62 Zahlungsverk.u.Ink.Abt.	7121 Zentrale	815 Rechtsabteilung
52 Stabsabteilungen	621 Kassenabteilung	71211 Vorstand	816 Werbeabteilung
521 Direktionssekretariat	622 Überweisungsabteilung	71212 Stabsabteilungen	
5211 Korrespond.d.Vorst.	623 Wechselabteilung	71213 Verwaltungsabteil.	82 Verwaltungsabteilungen
5212 Personalangelegenheit.	624 Scheckabteilung	71214 Hilfsabteilungen	821 Personalabteilung
leit.Angestellter		71215 Gesch.Abt.m.Filialb.	822 Betriebsmittelabteilung
5213 Bilanzbüro	63 Effektenabteilungen	7122 Filialen	823 Buchhaltung
522 Planungsabteilung	631 Börsenabteilung	71221 Filiale 1 usw.	824 Registratur
5221 Langfristige Planung	632 Depotabteilung	713 Maschinelle Hilfsm.	
5222 Kurzfristige Planung	633 Tresorabteilung	7131 Zentrale	83 Hilfsabteilungen
5223 Dokumentationsstelle		71311 Vorstand	831 Poststelle
52231 Betriebswirtsch.Abt.	64 Konsortialabteilung	71312 Stabsabteilungen	832 Nachrichtenabteilung
52232 Volkswirtschaftl.Abt.	65 Auslandsabteilungen	71313 Verwaltungsabteil.	833 Reproduktionsabteilung
52233 Statistische Abt.	651 Auslandskredite	71314 Hilfsabteilungen	834 Transportabteilung
52234 Auskunftsabt.	652 Auslandsanlagen	71315 Gesch.Abt.m.Filialb.	835 Soziale Einrichtungen
52235 Archiv	653 Auslandsdienstleistungen	7132 Filialen	
52236 Bibliothek	654 Auslandseinlagen	71321 Filiale 1 usw.	84 Geschäftsabteilungen
523 Organisationsabt.	655 Auslandskreditaufn.	714 Material	841 Kreditabteilung
5231 Personalanforderung		7141 Zentrale	842 Zahlungsverkehrs- und
5232 Betriebsmittelanford.	66 Sparabteilung	7142 Filialen	Inkassoabteilung
5233 Programmierung	67 Kontokorrentabteilung		843 Effektenabteilung
524 Revisionsabteilung	671 Sichteinlagen	72 Personal	844 Konsortialabteilung
525 Rechtsabteilung	672 Befristete Einlagen	721 Kaufmännische Arb.Kr.	845 Auslandsabteilung
526 Werbeabteilung		7211 Leitende Arbeitskr.	846 Sparabteilung
	68 Geldstelle	72111 Zentrale	847 Kontokorrentabteilung
53 Verwaltungsabteilung	69 Geschäftsstellensystem	721111 Vorstand	848 Gelddisposition
531 Personalabteilungen	691 Filialbüro	721112 Stabsabteilungen	
5311 Kaufmännische Arb.Kr.	692 Filialen	721113 Verwaltungsabt.	85 Geschäftsstellensystem
5312 Technische Arb.Kr.	6921 Filiale 1	721114 Hilfsabteilungen	851 Filialbüro
532 Betriebsmittelabt.	69211 Zweigstelle 1	721115 Gesch.Abt.m.Filialb.	852 Filialen
5321 Bauabteilung	69212 usw.	72112 Filialen	8521 Filiale 1
5322 Grundstücks-u.Gebäude-	6922 Filiale 2	721121 Filiale 1 usw.	8522 Filiale 2
abteilung	6923 usw.	7212 Sachbearbeiter	8523 usw.
5323 Abt.f.Geschäftsraum-		72121 Zentrale	
einrichtung		721211 Stabsabteilungen	
5324 Abt.f.maschinelle		721212 Verwaltungsabt.	
Hilfsmittel		721213 Hilfsabteilungen	
5325 Materialabteilung		721214 Gesch.Abt.m.Filialb.	
533 Buchhaltung		72122 Filialen	
5331 Geschäftsbuchhaltung		721221 Filiale 1 usw.	
5332 Kundenbuchhaltung		7213 Hilfskräfte	
5333 Hauptbuchhaltung		72131 Zentrale	
5334 Rechenzentrum		721311 Vorstand	
534 Registratur		721312 Stabsabteilungen	
		721313 Verwaltungsabt.	
54 Hilfsabteilungen		721314 Hilfsabteilungen	
541 Nachrichtenabteilung		721315 Gesch.Abt.m.Filialb.	
5411 Poststelle		72132 Filialen	
5412 Telefonzentrale		721321 Filiale 1 usw.	
5413 Fernschreibzentrale		722 Technische Arbeitskr.	
5414 Fernsehzentrale		7221 Zentrale	
5415 Rufanlage		72211 Vorstand	
543 Reproduktionsabteilung		72212 Stabsabteilungen	
5431 Druckerei		72213 Verwaltungsabt.	
5432 Fotokopiererei		72214 Hilfsabteilungen	
5433 Mikrofilmabteilung		72215 Gesch.Abt.m.Filialb.	
5434 Buchbinderei		7222 Filialen	
544 Transportabteilung		72221 Filiale 1 usw.	
5441 Fuhrpark		723 Lehrlinge	
5442 Fahrstühle		7231 Zentrale	
5443 Rolltreppen		72311 Stabsabteilungen	
5444 Rohrpost		72312 Verwaltungsabt.	
545 Soziale Einrichtungen		72313 Hilfsabteilungen	
5451 Kantine		72314 Geschäftsabteilungen	
5452 Sport- u.Spielanlagen		7232 Filialen	
5453 Soziale Betreuung		72321 Filiale 1 usw.	
5454 Ärztliche Betreuung			

P l a n u n g s r a h m e n
III Erfolgsbereich
9 Aufwendungen und Erträge

91 Aufwendungen	92 Erträge	93 Gewinn und Gewinnverteilung
911 Zinsen und Diskont	921 Zinsen und Diskont	931 Gewinnausschüttung
9111 Spareinlagen	9211 Kreditgeschäft	
9112 Befristete Einlagen	92111 Kontokorrentkredite	932 Bildung offener Rücklagen
91121 von Kreditinstituten	92112 Diskontkredite	933 Bildung stiller Rücklagen
91122 von sonstigen Einlegern	92113 Lombardkredite	934 Gewinnsteuern
9113 Sichteinlagen	92114 Kleinkredite	
91131 von Kreditinstituten	92115 Konsortialkredite	935 Gewinnbeteiligung der Arbeitn.
91132 von sonstigen Einlegern	92116 Langfristige Ausleihungen	936 Gewinnvortrag
9114 Aufgenommene Gelder	92117 Durchlaufende Kredite	937 Verlustvortrag
9115 Aufgenommene langfristige Darl.	92118 Auslandskredite	
9116 Durchlaufende Kredite	9212 Geld- und Kapitalanlagegeschäfte	
9117 Auslandseinlagen und -kredite	92121 Nostroguthaben	
912 Provisionen und Gebühren	92122 Privatdiskonten	
913 Realisierte Verluste	92123 Festverzinsliche Effekten	
9131 Beteiligungsverluste	92124 Auslandsanlagen	
9132 Kursverluste	922 Provisionen und Gebühren	
91321 Effekten	9221 Kreditgeschäft	
91322 Schatzwechsel u.unverzinsl. Schatzanweisungen	9222 Zahlungsverkehr- u.Inkassogesch.	
91323 Devisen und Sorten	9223 Effektenkommissionsgeschäft	
9133 Verluste aus der Veräußerung von Betriebsmitteln	9224 Effektenemissionsgeschäft	
	9225 Depotgeschäft	
914 Wertberichtigungen auf Forderungen und Wertpapiere	9226 Schließfachgeschäft	
	9227 Auslandsgeschäft	
915 Personalaufwendungen	923 Realisierte Gewinne	
9151 Löhne und Gehälter	9231 Dividenden aus Aktienbeständen	
9152 Soziale Aufwendungen	9232 Beteiligungsgewinne	
9153 Pensionen	9233 Kursgewinne	
9154 Reisekosten	92331 Effekten	
916 Sachaufwendungen	92332 Schatzwechsel u.unverzinsliche Schatzanweisungen	
9161 Abschreibungen auf Anlageverm.	92333 Devisen und Sorten	
9162 Mietaufwendungen	9234 Gewinne aus der Veräußerung von Betriebsmitteln	
9163 Aufwendungen f. kurzleb.Wirt-schaftsgüter	924 Mieterträge	
9164 Materialaufwendungen	925 Sonstige Erträge	
9165 Fremdleistungsaufwendungen		
9166 Werbeaufwendungen		
917 Aufwendungen f.Steuer u.Abgaben		
918 Sonstige Aufwendungen		

Entwicklung des Bruttosozialprodukts, seiner Verwendung in der Bundesrepublik Deutschland und die Prognose des Bundeswirtschaftsministeriums für 1970

Verwendung des Bruttosozialprodukts	Brutto-sozialprodukt nom.	real	Privater-verbrauch nom.	real	Staats-verbrauch nom.	real	Brutto-investitionen nom.	real	Anlage-investitionen nom.	real	Ausrüstungen nom.	real	Bauten nom.	real	Vorrats-veränderung nom.	real	Außen-beitrag nom.	real
in Mrd. DM																		
1950	97,9	112,9	63,4	69,0	14,0	17,0	21,8	25,7	18,1	21,8	9,3	11,2	8,9	10,6	+ 3,7	+ 3,9	− 1,3	+ 0,8
1955	180,4	176,9	106,2	104,5	23,8	23,0	46,3	45,0	40,7	39,5	21,6	21,3	19,1	18,1	+ 5,6	+ 5,5	+ 4,1	+ 4,4
1960	279,8	240,4	158,9	142,3	37,7	30,7	75,0	64,6	67,0	56,9	33,9	31,3	33,0	25,6	+ 8,0	+ 7,7	+ 8,2	+ 2,8
1960*	296,8	254,9	170,0	152,4	40,4	32,8	79,2	68,2	70,6	60,0	35,6	32,9	35,0	27,1	+ 8,6	+ 8,2	+ 7,2	+ 1,5
1965	448,6	322,1	255,6	199,1	69,2	45,3	124,3	90,1	118,8	85,1	57,9	48,5	60,9	36,5	+ 5,5	+ 5,0	− 0,5	−12,4
1970 u. in Preisen v. 1965		508,7		287,1		79,3		136,8		132,4		63,9		68,5		4,4		+ 5,5
1970 m.		533,8		303,0		80,5		145,1		140,5		70,6		69,9		4,6		+ 5,0
1970 o.		546,8		310,3		82,8		149,7		145,0		73,7		71,3		4,7		− 4,0
Zuwachs in % für 5 Jahre																		
1950																		
1955	84,3	56,7	67,5	51,4	70,0	32,2	112,4	75,1	124,9	81,2	132,3	90,2	114,6	70,3				
1960	55,1	35,9	49,6	36,2	58,4	33,5	62,0	43,6	64,6	44,1	56,9	46,9	73,3	41,4				
1965	51,1	26,4	50,4	30,6	71,3	38,1	56,9	32,1	68,3	41,8	62,6	47,4	74,0	35,1				
1970 u.		13		12		15		10		12		10		13				
1970 m.		19		19		16		17		18		22		15				
1970 o.		22		21		20		20		22		27		17				
jährlicher Zuwachs in %																		
1950																		
1955	13,0	9,4	10,9	8,6	11,2	5,7	16,3	11,8	17,6	12,6	18,4	13,7	16,5	11,3				
1960	9,2	6,3	8,4	6,4	9,6	5,9	10,1	7,5	10,5	7,6	9,4	8,0	11,6	7,3				
1965	8,6	4,8	8,5	5,5	11,4	6,7	9,4	5,7	11,0	7,2	10,2	8,1	11,7	6,2				
1970 u.		2,5		2,4		2,8		1,9		2,2		2,0		2,4				
1970 m.		3,5		3,5		3,1		3,1		3,4		4,1		2,8				
1970 o.		4,0		4,0		3,7		3,8		4,1		5,0		3,2				

real: in Preisen von 1954
ab 1960: einschließlich Saarland und Westberlin (*)
1965: vorläufige Ergebnisse

Quellen:
Statistisches Jahrbuch 1965, S. 552 und 560
Wirtschaft und Statistik, Jg. 1963, S. 587 und 588, 1965, S. 15 und 16
Handelsblatt v. 27/28. Mai 1966, S. 5: Zwischen Preissteigerung und Unterbeschäftigung. Die Projektionen des BWM zur Wirtschaftsentwicklung bis 1970

Entwicklung des Bruttosozialprodukts und seiner Verwendung in der Bundesrepublik Deutschland

	Bruttosozialprodukt				Privater Verbrauch				Staatsverbrauch			
	nominal		real		nominal		real		nominal		real	
	Mrd.DM	%	Mrd.DM	%	Mrd.DM	%	Mrd.DM	%	Mrd.DM	%	Mrd.DM	%
1950	97,9		112,9		63,4		69,0		14,0		17,4	
1951	119,5	22,1	125,2	10,9	73,7	16,3	74,4	7,9	17,5	25,0	19,4	11,4
1952	136,6	14,3	136,5	9,9	81,8	11,0	81,2	9,1	20,9	18,9	21,6	11,1
1953	147,1	7,7	147,3	7,9	89,6	9,5	90,1	10,9	21,2	1,8	21,4	-0,6
1954	157,9	7,3	157,9	7,2	95,1	6,2	95,1	5,6	22,0	4,1	22,0	2,8
1955	180,4	14,2	176,9	12,0	106,2	11,6	104,5	9,9	23,8	8,1	23,0	4,3
1956	198,8	10,2	189,3	7,0	117,8	10,9	113,5	8,5	23,4	6,4	23,2	0,8
1957	216,3	8,8	200,2	5,8	128,2	8,8	120,5	6,2	27,3	7,7	24,2	4,3
1958	231,5	7,0	206,8	3,3	137,7	7,5	126,2	4,8	30,6	12,1	26,2	8,3
1959	250,9	8,4	221,0	6,9	146,5	6,4	133,0	5,4	33,5	9,6	28,5	8,8
1960 1960	279,8 296,8	11,5	240,4 254,9	8,8	158,9 170,0	8,5	142,3 152,4	7,0	37,7 40,4	12,5	30,7 32,8	8,0
1961	326,2	9,9	268,6	5,4	186,8	9,8	163,0	6,9	35,5	14,0	35,5	8,2
1962	354,5	8,7	279,6	4,1	204,0	9,2	172,8	6,0	39,8	15,3	39,8	12,1
1963	377,6	6,5	289,3	3,5	215,9	5,8	177,9	3,0	43,1	11,5	43,1	8,3
1964	413,8	9,6	308,5	6,6	232,8	7,8	187,5	5,4	42,8	4,5	42,8	-0,6
1965	448,6	8,4	322,1	4,4	255,6	9,8	199,1	6,2	45,3	11,9	45,3	4,7

	Anlageinvestitionen				Vorratsveränderung				Außenbeitrag			
	nominal		real		nominal		real		nominal		real	
	Mrd.DM	%	Mrd.DM	%	Mrd.DM	%	Mrd.DM	%	Mrd.DM	%	Mrd.DM	%
1950	18,1		21,8		3,7		3,9		-1,3		0,8	
1951	22,3	23,0	23,2	6,2	3,7	.	3,3	.	2,3	.	4,9	.
1952	25,6	14,6	24,6	6,3	5,1	.	4,8	.	3,3	.	4,3	.
1953	29,1	13,8	28,8	17,0	1,9	.	1,8	.	5,4	.	5,2	.
1954	32,8	12,6	32,8	13,8	2,8	.	2,8	.	5,2	.	5,2	.
1955	40,7	24,1	39,5	20,5	5,6	.	5,5	.	4,1	.	4,4	.
1956	44,8	10,3	42,4	7,4	4,0	.	3,9	.	6,9	.	6,4	.
1957	46,5	3,7	42,6	0,5	5,3	.	5,1	.	9,0	.	7,9	.
1958	50,4	8,5	45,2	6,2	3,7	.	3,5	.	9,1	.	5,8	.
1959	58,0	14,9	51,0	12,8	4,2	.	4,1	.	8,7	.	4,5	.
1960 1960	67,0 70,6	15,6	56,9 60,0	11,5	8,0 8,6	.	7,7 8,2	.	8,2 7,2	.	2,8 1,5	.
1961	80,7	14,3	65,6	9,4	5,9	.	5,5	.	6,8	.	-1,0	.
1962	90,2	11,8	69,4	5,8	3,5	.	3,1	.	3,7	.	-5,5	.
1963	95,3	5,7	71,4	2,8	2,1	.	2,0	.	5,0	.	-5,1	.
1964	109,1	14,5	79,9	11,9	4,7	.	4,4	.	5,3	.	-6,0	.
1965	118,8	8,8	85,1	6,6	5,5	.	5,0	.	-0,5	.	-12,4	.

real: in Preisen von 1954
ab 1960: einschließlich Saarland und Westberlin
1964 und 1965 vorläufige Ergebnisse

Quellen:
Statistisches Jahrbuch 1965, S. 552 und 560
Wirtschaft und Statistik, Jg. 1963, S. 587 und 588, Jg. 1966, S. 15 und 16

Entwicklung der Bilanzsummen der Kreditinstitute insgesamt, der Universalbankgruppen und einzelner Universalbanken in der Bundesrepublik Deutschland

Bilanz-summen [1]	insgesamt [1]	Kredit-banken [2]	Großbanken	Staats-,Reg. u.Lokalbk.	Sparkassen	Kredit-genossensch.	Dresdner Bank	Schlesw.-Hol u.Westbank	Dt.Effekten u.Wechs.Bk.	Hand.-u.Gew. Bk.Heilbronn	Frankfurter Spark.v.1822	Frankfurter Volksbank
in Mrd. DM												
1950	35,5	-	6,5	3,9	7,7	2,3	-	0,10	0,07	0,05	0,07	0,02
1955	113,8	31,7	15,8	13,0	25,1	6,4	4,49	0,22	0,10	0,10	0,29	0,05
1960[3]	233,1	60,0	28,1	25,9	56,0	14,0	7,99	0,41	0,21	0,17	0,57	0,10
1965[4]	425,3	95,7	41,7	44,7	105,8	29,6	12,29	0,67	0,32		1,14	0,20
Zuwachs in %												
1950	-	-	-	-	-	-	-	-	-	-	-	-
1955	220,4	-	142,2	234,5	226,7	176,1	-	110,9	41,8	76,9	285,0	196,1
1960[3]	104,8	89,1	78,5	99,5	123,5	117,2	78,1	85,7	116,4	75,8	97,4	120,0
1965[4]	82,5	59,6	48,3	72,8	88,8	111,3	53,8	64,0	52,3		101,4	103,0
durchschnittlicher jährlicher Zuwachs in %												
1950	-	-	-	-	-	-	-	-	-	-	-	-
1955	26,2	-	19,3	27,3	26,7	22,5	-	16,1	7,2	12,1	30,9	24,3
1960[3]	15,4	13,6	12,3	14,8	17,4	16,8	12,2	13,2	16,7	11,9	14,6	17,1
1965[4]	12,8	9,8	8,2	11,6	13,6	16,1	9,0	10,4	8,8		15,0	15,2

1) Einschließlich Postscheck- und Postsparkassenämter
2) Ohne Spezial-, Haus- und Branchebanken
3) Ab 1959 einschließlich Saarland
4) Ab 1962 Änd. der Berichtspflicht bei Kreditgen.

Quellen:
Monatsberichte der Deutschen Bundesbank, Zwischenbilanzen der Kreditinstitute

Entwicklung der Bilanzsummen der Universalbanken in der Bundesrepublik Deutschland

	Alle Kreditinstitute[1]		Kreditbanken[2]		Großbanken	
	Mio DM	%	Mio DM	%	Mio DM	%
1950	35.515,5		-		6.507,1	
1951	45.377,1	27,8	-	-	7.839,2	20,5
1952	59.010,7	30,6	-	-	9.617,1	22,7
1953	74.701,0	26,6	-	-	11.765,5	22,3
1954	95.760,3	28,2	28.094,4	-	14.438,3	22,7
1955	113.791,0	18,8	31.699,9	12,8	15.761,5	9,2
1956	130.289,7	14,5	36.166,5	14,1	18.103,7	14,9
1957	154.714,8	18,7	41.938,0	16,0	21.035,0	16,2
1958	177.289,1	14,6	46.317,4	10,4	22.705,7	7,9
1959[3] 1959	204.052,9 207.425,4	15,1	53.359,7 54.018,4	15,2	26.078,5	14,9
1960	233.071,9	12,4	59.930,9	10,9	28.128,7	7,9
1961	271.199,4	16,4	68.305,2	14,0	31.648,3	12,5
1962[4] 1962	302.040,3 302.289,4	11,4	73.663,9	7,8	33.958,7	7,3
1963	341.682,0	13,0	81.298,1	10,4	36.929,8	8,7
1964	380.754,0	11,4	88.611,7	9,0	39.308,6	6,4
1965	425.262,5	11,7	95.670,0	8,0	41.726,0	6,1

	Staats-, Regional- u.Lokalbk.		Sparkassen		Kreditgenossenschaften	
	Mio DM	%	Mio DM	%	Mio DM	%
1950	3.873,7		7.674,0		2.334,1	
1951	5.007,6	29,3	9.426,0	22,8	2.787,3	19,4
1952	6.372,3	27,3	12.187,8	29,3	3.488,2	25,1
1953	7.982,0	25,3	15.890,1	30,4	4.384,5	25,7
1954	11.001,9	37,8	21.010,6	32,2	5.575,1	27,2
1955	12.956,5	17,8	25.072,3	19,3	6.445,0	15,6
1956	14.720,5	13,6	28.349,8	13,1	7.340,1	13,9
1957	17.004,8	15,5	33.881,0	19,5	8.652,9	17,9
1958	19.349,0	13,8	40.236,3	18,8	10.209,9	18,0
1959[3] 1959	22.275,0	15,1	47.246,0 48.566,3	17,4	11.897,9 12.172,8	16,5
1960	25.850,2	16,1	56.031,1	15,4	13.999,1	15,0
1961	29.875,3	15,6	63.519,6	13,4	16.186,9	15,6
1962[4] 1962	32.549,6	9,0	72.419,6	14,0	18.563,8 18.812,9	14,7
1963	36.617,3	12,5	82.064,8	13,3	21.800,2	15,9
1964	40.883,6	11,7	92.721,3	13,0	25.298,5	16,0
1965	44.664,7	9,2	105.787,7	14,1	29.577,4	16,9

1) Einschließlich Postscheck- und Postsparkassenämter
2) Ohne Spezial-, Haus- und Branchebanken
3) Ab 1959 einschließlich Saarland
4) Ab 1962 Änd. der Berichtspflicht bei Kreditgen.

Quellen:
Monatsberichte der Deutschen Bundesbank, Zwischenbilanzen der Kreditinstitute

Entwicklung der Bilanzsummen einzelner Universalbanken in der Bundesrepublik Deutschland

	Handels- u.Gewerbe Bk.Heilbr.		Schleswig-Holst.u.Westbank		Dresdner Bank	
	Mio DM	%	Mio DM	%	Mio DM	%
1950	54,5		104,2		-	
1951	57,9	6,2	129,4	24,2	2.520,7	-
1952	63,8	10,2	135,8	4,9	3.075,4	22,0
1953	77,0	20,7	162,5	19,7	3.652,9	18,8
1954	88,5	14,9	199,8	23,0	4.130,9	13,1
1955	96,4	8,9	219,8	10,0	4.485,2	8,6
1956	103,7	7,6	251,1	14,3	5.005,2	11,6
1957	123,2	18,8	298,9	19,0	5.943,0	18,7
1958	126,8	2,9	327,0	9,4	6.516,7	9,7
1959	160,9	26,9	358,2	9,5	7.566,0	16,1
1960	169,5	5,3	407,9	13,9	7.988,6	5,6
1961	185,6	9,5	452,3	10,9	9.260,4	15,9
1962	199,7	7,6	484,3	7,1	9.960,3	7,6
1963	221,4	10,9	549,4	13,4	10.914,2	9,6
1964	235,4	6,3	596,8	8,6	11.747,9	7,6
1965	258,4		668,8	12,1	12.288,7	4,6

	Deutsche Effekten u.Wechs.Bk.		Franfurter Spark.von 1822		Frankfurter Volksbank	
	Mio DM	%	Mio DM	%	Mio DM	%
1950	68,2		74,5		15,2	
1951	67,3	-1,3	94,7	27,1	19,2	26,3
1952	67,6	0,4	150,7	15,9	24,6	28,1
1953	83,0	22,8	190,2	26,2	30,0	22,0
1954	90,4	8,9	255,6	34,4	37,8	26.0
1955	96,7	7,0	286,8	12,2	45,0	19,0
1956	126,1	30,4	317,5	10,7	51,8	15,1
1957	150,4	19,3	366,8	15,5	60,7	17,2
1958	170,9	13,6	414,1	12,9	71,6	18,0
1959	189,8	11,1	520,2	25,6	85,0	18,7
1960	209,3	10,3	566,2	8,8	99,0	16,5
1961	260,4	24,4	649,2	14,7	115,7	16,9
1962	260,6	0,1	753,9	16,1	133,6	15,5
1963	278,8	7,0	880,0	16,7	147,4	10,3
1964	297,2	6,6	1.011,0	14,9	169,1	14,7
1965	318,8	7,3	1.140,5	12,8	201,0	18,9

Quellen:
Geschäftsberichte der einzelnen Institute

Entwicklung der Modell-Kreditbank

Modell-Kreditbank	Absolute Zahlen in Mill. DM				Bilanzsummenanteile in Prozent				Marktanteile in Prozent				Zuwachsraten (5 Jahre) in Prozent			
Passiva	1950	1955	1960	1965	1950	1955	1960	1965	1950	1955	1960	1965	1950	1955	1960	1965
Spareinlagen	17,33	65,95	146,70	304,08	11,2	20,3	24,2	30,4	0,422	0,309	0,276	0,275	.	280,6	122,4	107,3
Sichteinlg. Nichtbanken	53,06	97,79	171,55	262,07	34,3	30,1	28,3	26,2	0,549	0,550	0,549	0,523	.	84,3	75,4	52,8
Termineinl. Nichtbanken	35,74	55,88	102,75	155,04	23,1	17,2	16,9	15,5	0,848	0,550	0,522	0,582	.	36,4	83,9	50,9
Sichteinlg. Kreditinst.	8,04	19,49	35,16	50,01	5,2	6,0	5,8	5,0	0,610	0,446	0,355	0,303	.	142,4	80,4	42,2
Termineinl. Kreditinst.	10,83	20,47	31,21	45,01	7,0	6,3	5,2	4,5	1,812	0,385	0,244	0,179	.	89,0	52,5	44,2
Aufgenommene Gelder	1,86	7,79	14,24	23,01	1,2	2,4	2,3	2,3	0,861	0,204	0,208	0,222	.	318,8	82,8	61,6
Eigene Akzepte	16,09	-	-	-	10,4	-	-	-	0,869	-	-	-	.	-100,0	-	-
Aufgen. langfr. Darlehen u. durchlauf. Kredite	4,95	25,99	46,97	71,02	3,20	8,00	7,80	7,10	0,842	0,092	0,098	0,090	.	425,1	80,7	51,2
Sonstige Passiva	4,80	17,86	30,55	41,81	3,10	5,50	5,04	4,18	0,174	0,275	0,257	0,252	.	272,1	71,1	36,9
Grundkapital	2,00	6,50	13,00	20,00	1,30	2,00	2,14	2,00	0,174	0,342	0,259	0,233	.	225,0	100,0	53,8
Rücklagen	0,00	6,50	12,00	25,00	0,00	2,00	1,98	2,50	-	Dividende 10 %	16 %	16 %	.	(550,0)	84,6 (92,3)	108,3 (80,0)
Gewinn	0,00	0,65	2,08	3,20	0,00	0,20	0,34	0,32	-				.		220,0	53,8
Bilanzsumme	154,70	324,87	606,21	1000,25	100,00	100,00	100,00	100,00	0,436	0,285	0,260	0,235	.	110,0	86,6	65,0
Aktiva																
Kasse, LZB, Postscheck	20,58	29,89	67,29	100,03	13,3	9,2	11,1	10,0	0,912	0,558	0,451	0,507	.	45,2	125,1	48,7
Nostroguthaben	13,15	26,96	59,41	90,02	8,5	8,3	9,8	9,0	0,566	0,309	0,295	0,230	.	105,0	126,0	51,5
Schecks usw.	1,08	4,87	7,88	10,00	0,7	1,5	1,3	1,0	0,434	0,734	0,733	0,623	.	350,9	61,8	26,9
Wechsel	18,72	65,95	112,76	168,04	12,1	20,3	18,6	16,8	0,699	0,673	0,704	0,757	.	252,3	71,0	49,0
Schatzwechsel usw.	-	-	14,55	8,00	-	-	2,4	0,8	-	-	0,205	0,116	.	-	-	-45,0
Wertpapiere/Konsortialbet.	3,09	23,39	65,47	117,03	2,0	7,2	10,8	11,7	0,587	0,357	0,372	0,331	.	657,0	179,9	78,8
Debitoren Nichtbanken	66,84	102,01	177,62	345,09	43,2	31,4	29,3	34,5	0,688	0,498	0,488	0,507	.	52,6	74,1	94,3
Debitoren Kreditinst.	1,70	3,57	10,30	13,00	1,1	1,1	1,7	1,3	0,195	0,178	0,324	0,255	.	110,0	188,5	26,2
Langfristige Ausleihungen u. durchlaufende Kredite	3,56	27,61	43,65	96,03	2,3	8,5	7,2	9,6	0,406	0,059	0,043	0,047	.	675,6	58,1	120,0
Beteilig. / Grundstücke	3,09	11,37	16,97	20,00	2,0	3,5	2,8	2,0	0,586	0,604	0,496	0,335	.	268,0	49,3	17,9
Ausgleichsforderungen	21,81	27,62	27,89	28,01	14,1	8,5	4,6	2,8	0,364	0,339	0,339	0,325	.	26,6	1,0	0,4
Sonstige Aktiva	1,08	1,63	2,42	5,00	0,7	0,5	0,4	0,5	0,105	0,081	0,069	0,074	.	50,9	48,5	106,6
Bilanzsumme	154,70	324,87	606,21	1000,25	100,0	100,0	100,0	100,0	0,436	0,285	0,260	0,235	.	110,0	86,6	65,0

Passiva in Mrd. DM	insgesamt			Kreditbanken			Großbanken			Staats-,Reg.u.Lok.Bn.			Sparkassen			Kreditgenossensch.		
	1955	1960	1965	1955	1960	1965	1955	1960	1965	1955	1960	1965	1955	1960	1965	1955	1960	1965
Spareinlagen	21,37	53,11	110,67	3,51	8,38	17,92	1,96	4,83	10,29	1,33	3,03	6,55	13,50	33,72	69,30	2,94	7,45	17,08
Sichteinlag. Nichtbanken	17,77	31,24	50,15	8,69	14,57	21,42	5,17	8,50	12,20	2,75	4,72	7,29	4,65	9,02	16,05	1,68	3,27	6,04
Termineinlg. Nichtbanken	10,16	19,69	26,65	6,02	12,51	15,97	3,13	6,73	8,03	2,31	4,62	6,52	1,76	3,58	3,76	0,20	0,53	0,97
Sichteinlag. Kreditinst.	4,37	9,41	16,51	2,01	4,54	7,33	1,28	2,47	3,46	0,55	1,58	2,94	0,07	0,11	0,18	0,02	0,04	0,08
Termineinlg. Kreditinst.	5,32	12,77	25,12	2,63	3,60	5,91	1,31	1,24	1,77	1,12	1,73	3,18	0,26	0,20	0,36	0,03	0,06	0,11
Aufgenommene Gelder	3,82	6,83	10,34	0,85	1,88	2,52	0,30	0,18	0,11	0,37	1,17	1,51	0,21	0,22	0,23	0,25	0,21	0,29
Eigene Akzepte	0,58	0,64	1,45	0,39	0,28	1,16	0,04	0,05	0,17	0,21	0,13	0,58	0,02	0,00	0,00	0,03	0,01	0,03
Aufgen. langfr. Darlehen u. durchlauf. Kredite	28,33	47,71	78,65	2,84	4,44	6,98	1,04	1,12	1,39	1,58	3,01	5,00	2,82	5,50	8,23	0,59	1,00	2,29
Sonstige Passiva	6,50	11,88	16,56	2,11	3,64	4,71	0,96	1,67	2,28	0,85	1,56	2,03	1,21	1,95	3,73	0,30	0,58	1,06
Grundkapital) Rücklagen) Gewinn	3,81	9,65	19,30	1,25	2,95	4,73	0,58	1,35	2,02	0,48	1,17	2,03	0,51	1,72	3,87	0,41	0,85	1,65
Bilanzsumme	113,79	253,07	425,26	31,70	59,93	95,67	15,76	28,13	41,73	12,96	25,85	44,66	25,07	56,03	105,79	6,45	14,00	29,58

Passiva in Mrd. DM	Hand-u. Gewerbebank Heilbronn			Schleswig-Holst. und Westbank			Dresdner Bank			Dt. Effekten- und Wechsel-Bank			Frankfurter Sparkasse von 1822			Frankfurter Volksbank		
	1955	1960	1965	1955	1960	1965	1955	1960	1965	1955	1960	1965	1955	1960	1965	1955	1960	1965
Spareinlagen	0,016	0,037	0,076	0,066	0,155	0,289	0,363	1,452	3,069	0,012	0,028	0,073	0,165	0,401	0,861	0,018	0,051	0,121
Sichteinlag. Nichtbanken	0,020	0,031	0,057	0,069	0,112	0,163	1,492	2,482	3,655	0,027	0,053	0,069	0,025	0,053	0,101	0,014	0,030	0,044
Termineinlg. Nichtbanken	0,024	0,033	0,038	0,018	0,057	0,090	1,109	2,027	2,486	0,014	0,043	0,047	0,044	0,035	0,067	0,003	0,004	0,007
Sichteinlag. Kreditinst.	0,007	0,011	0,014	0,007	0,024	0,016	0,383	0,734	1,080	0,009	0,023	0,030	0,000	0,001	0,002	0,000	0,001	0,001
Termineinlg. Kreditinst.	0,005	0,014	0,017	0,020	0,004	0,014	0,206	0,273	0,635	0,023	0,023	0,036	0,025	0,016	0,010	-	-	0,000
Aufgenommene Gelder	0,004	0,010	0,010	0,000	0,000	0,000	0,075	0,010	0,008	0,002	0,002	0,006	0,007	0,016	0,008	0,000	0,000	0,005
Eigene Akzepte	0,004	0,003	0,007	-	-	-	-	0,000	0,012	0,004	0,005	0,010	-	-	-	-	-	-
Aufgen. langfr. Darlehen u. durchlauf. Kredite	0,007	0,016	0,021	0,020	0,025	0,052	0,273	0,174	0,325	0,003	0,004	0,015	0,007	0,011	0,027	0,005	0,004	0,006
Sonstige Passiva	0,004	0,006	0,006	0,010	0,013	0,018	0,189	0,311	0,330	0,008	0,011	0,011	0,005	0,009	0,016	0,002	0,003	0,007
Grundkapital	0,004	0,004	0,006	0,004	0,009	0,011	0,093	0,220	0,245	0,005	0,008	0,010	-	0,021	0,044	0,002	0,003	0,006
Rücklagen	0,002	0,004	0,007	0,004	0,009	0,014	0,093	0,270	0,405	0,002	0,007	0,010	0,006	-	-	0,001	0,002	0,005
Gewinn	0,00	0,001	0,001	0,001	0,002	0,002	0,009	0,035	0,039	0,001	0,001	0,002	0,002	0,002	0,004	0,000	0,001	0,001
Bilanzsumme	0,096	0,170	0,258	0,220	0,408	0,669	4,485	7,989	12,289	0,097	0,209	0,318	0,287	0,565	1,141	0,045	0,099	0,201

1) Der fehlende Anteil an der Bilanzsumme geht auf die Schuldverschreibungen der in den Staats-, Regional- und Lokalbanken enthaltenen zur Pfandbriefausgabe berechtigten Institute zurück.

Quellen:
Monatsberichte der Deutschen Bundesbank und Geschäftsberichte der Institute

Passiva	insgesamt 1955	insgesamt 1960	insgesamt 1965	Kreditbanken 1955	Kreditbanken 1960	Kreditbanken 1965	Großbanken 1955	Großbanken 1960	Großbanken 1965	Staats-, Regional- und Lokalbanken 1955	Staats-, Regional- und Lokalbanken 1960	Staats-, Regional- und Lokalbanken 1965	Sparkassen 1955	Sparkassen 1960	Sparkassen 1965	Kreditgenossenschaften 1955	Kreditgenossenschaften 1960	Kreditgenossenschaften 1965
Bilanzsummenanteile																		
Spareinlagen	18,8	22,8	26,0	11,1	14,0	18,7	12,5	17,2	24,7	10,2	11,7	14,7	54,1	60,2	65,6	45,7	53,2	57,7
Sichteinl. Nichtbanken	15,6	13,4	11,8	27,4	24,3	22,4	32,7	30,2	29,2	21,2	18,3	16,3	18,6	16,1	15,2	26,0	23,4	20,4
Termineinl. Nichtbanken	8,9	8,4	6,3	19,0	20,9	16,7	19,9	23,9	19,2	17,9	17,9	14,6	7,0	6,4	3,6	3,1	3,8	3,3
Sichteinl. Kreditinst.	3,8	4,3	3,9	6,3	7,6	7,7	8,1	8,8	8,3	4,3	6,1	6,6	0,3	0,2	0,2	0,3	0,3	0,3
Termineinl. Kreditinst.	4,7	5,5	5,9	8,3	6,0	6,2	8,3	4,4	4,3	8,7	6,7	7,1	1,0	0,4	0,3	0,5	0,4	0,4
Aufgenommene Gelder	3,4	2,9	2,4	2,7	3,1	2,6	1,9	0,6	0,3	2,9	4,5	3,4	0,8	0,4	0,2	3,9	1,5	1,0
Eigene Akzepte	0,5	0,3	0,3	1,2	0,5	1,2	0,3	0,2	0,4	1,6	0,5	1,3	0,1	0,0	0,0	0,5	0,1	0,1
Aufgen. langfr. Darlehen u. durchlauf. Kredite	24,9	20,5	18,5	9,0	7,4	7,3	6,6	4,0	3,3	12,2	11,6	11,2	11,3	9,8	7,8	9,1	7,2	7,7
Sonstige Passiva	5,7	5,1	3,9	6,7	6,1	4,9	6,1	5,9	5,5	6,5	6,0	4,6	4,8	3,5	3,5	4,6	4,1	3,6
Grundkapital Rücklagen Gewinn	3,34	4,14	4,54	3,95	4,93	4,94	3,67	4,79	4,83	3,72	4,53	4,55	2,04	3,07	3,66	6,34	6,04	5,57
Bilanzsumme	89,6[1]	87,3	83,5	94,7[1]	95,8	92,7	100,1	100,0	100,0	89,2[1]	87,8	84,8	100,0	100,1	100,1	100,0	100,0	100,1
Indossamentsverbindlichk.	5,37	1,23	1,95	10,3	2,45	4,16	11,24	1,45	2,43	6,64	0,91	3,72	1,20	0,22	0,50	4,48	1,06	0,66

Passiva	Hand- u. Gewerbebank Heilbronn 1955	1960	1965	Schleswig-Holst. und Westbank 1955	1960	1965	Dresdner Bank 1955	1960	1965	Dt. Effekten- und Wechsel-Bank 1955	1960	1965	Frankfurter Sparkasse von 1822 1955	1960	1965	Frankfurter Volksbank 1955	1960	1965
Spareinlagen	16,6	21,9	29,3	30,1	37,9	43,1	12,6	18,2	25,0	11,9	13,4	23,0	57,5	70,7	75,5	40,7	51,8	60,2
Sichteinl. Nichtbanken	20,7	18,5	21,9	31,5	27,4	24,3	33,3	31,1	29,7	27,9	25,4	21,6	8,7	9,4	8,9	31,1	29,8	21,6
Termineinl. Nichtbanken	24,5	19,2	14,6	8,0	14,0	13,4	24,7	25,4	20,2	14,6	20,7	14,8	15,5	6,2	5,9	5,8	4,3	3,3
Sichteinl. Kreditinst.	6,8	6,5	5,4	3,2	5,8	2,4	8,5	9,2	8,8	9,3	11,0	9,4	0,1	0,2	0,1	0,7	1,0	0,2
Termineinl. Kreditinst.	5,0	8,1	6,5	8,9	0,9	2,1	4,6	3,4	5,2	11,6	11,1	11,3	8,8	2,8	0,9	-	-	0,0
Aufgenommene Gelder	4,4	6,1	3,9	0,3	0,1	-	1,7	0,1	0,1	2,5	0,8	1,9	2,0	2,9	0,7	0,9	-	2,2
Eigene Akzepte	4,6	1,6	2,8	-	-	-	-	-	0,1	4,0	2,6	3,1	-	-	-	-	-	-
Aufgen. langfr. Darlehen u. durchlauf. Kredite	6,8	9,5	8,0	9,3	6,1	7,7	6,1	2,2	2,6	2,7	1,9	4,5	2,7	2,1	2,4	10,7	3,7	2,9
Sonstige Passiva	4,0	3,4	2,3	4,7	3,2	2,7	4,2	3,9	2,7	8,2	5,4	3,6	1,9	1,7	1,4	4,2	3,1	3,3
Grundkapital	4,15	2,36	2,32	1,91	2,08	1,70	2,07	2,75	1,99	5,17	3,82	3,15	7,09	3,67	3,89	3,56	3,33	3,18
Rücklagen	1,87	2,42	2,71	1,91	2,08	2,05	2,07	3,38	3,30	1,65	3,34	3,14	0,70	0,41	0,32	1,77	2,22	2,29
Gewinn	0,41	0,35	0,35	0,23	0,47	0,36	0,21	0,44	0,32	0,52	0,62	0,50				0,70	0,61	0,50
Bilanzsumme	100,03	99,93	100,08	100,05	100,03	99,81	100,05	100,07	100,01	100,04	100,08	99,98	99,99	100,08	100,01	100,13	99,86	99,67
Indossamentsverbindlichk.	28,01	7,61	5,46	7,83	0,51	0,00	11,19	1,64	2,44	10,03	2,77	4,49	0,07	0,16	1,65	1,56	1,11	4,38

1) Der fehlende Anteil an der Bilanzsumme geht auf die Schuldverschreibungen der in den Staats-, Regional- und Lokalbanken enthaltenen zur Pfandbriefausgabe berechtigten Institute zurück

Passiva / Marktanteile	insgesamt			Kreditbanken			Großbanken			Staats-, Regional- und Lokalbanken			Sparkassen			Kreditgenossenschaften		
	1955	1960	1965	1955	1960	1965	1955	1960	1965	1955	1960	1965	1955	1960	1965	1955	1960	1965
Spareinlagen	100,0	100,0	100,0	16,4	15,8	16,2	9,2	9,1	9,3	6,2	5,7	5,9	63,4	63,5	62,7	13,8	14,0	15,4
Sichteinlag. Nichtbanken	100,0	100,0	100,0	48,9	46,6	42,7	29,1	27,2	24,3	15,5	15,1	14,5	26,2	28,9	32,0	9,4	10,5	12,0
Termineinlg. Nichtbanken	100,0	100,0	100,0	59,2	63,5	59,9	30,8	34,2	30,1	22,8	23,5	24,5	17,3	18,2	14,1	2,0	2,7	3,6
Sichteinlag. Kreditinst.	100,0	100,0	100,0	45,9	45,8	44,4	29,1	24,9	21,0	12,7	16,0	17,8	1,7	1,10	1,09	0,4	0,38	0,5
Termineinlg. Kreditinst.	100,0	100,0	100,0	49,5	28,2	23,5	24,6	9,7	7,1	21,1	13,5	12,7	4,88	1,57	1,45	0,61	0,46	0,46
Aufgenommene Gelder	100,0	100,0	100,0	22,3	27,5	24,4	7,9	2,6	1,0	9,7	17,1	14,6	5,4	3,2	2,2	6,6	3,1	2,8
Eigene Akzepte	100,0	100,0	100,0	66,2	44,3	80,0	7,2	8,5	14,5	35,4	20,1	40,3	2,8	0,35	0,09	5,1	1,9	1,7
Aufgen. langfr. Darlehen u. durchlauf. Kredite	100,0	100,0	100,0	10,0	9,3	8,9	3,7	2,4	1,8	5,6	6,3	6,3	10,0	11,5	10,4	2,1	2,1	2,9
Sonstige Passiva	100,0	100,0	100,0	32,5	30,6	28,4	14,7	14,1	13,7	13,0	13,1	12,3	18,6	16,5	22,5	4,6	4,9	6,4
Grundkapital / Rücklagen / Gewinn	100,0	100,0	100,0	32,9	30,6	24,5	15,2	13,9	10,4	12,7	12,1	10,5	13,4	17,8	20,1	10,7	8,8	8,5
Bilanzsumme	100,0	100,0	100,0	27,9	25,7	22,5	13,9	12,1	9,8	11,4	11,1	10,5	22,0	24,0	24,9	5,7	6,0	7,0
Indossamentsverbindlich.	100,0	100,0	100,0	53,5	51,1	48,0	29,0	14,2	12,2	14,1	8,2	20,1	4,9	4,2	6,3	4,7	5,2	2,4

Passiva / Marktanteile	Dt. Effekten- und Wechsel-Bank			Dresdner Bank			Schleswig-Holst. und Westbank			Hand- u. Gewerbebank Heilbronn			Frankfurter Spar-kasse von 1822			Frankfurter Volks-bank		
	1955	1960	1965	1955	1960	1965	1955	1960	1965	1955	1960	1965	1955	1960	1965	1955	1960	1965
Spareinlagen	0,054	0,053	0,066	2,6	2,7	2,8	0,31	0,29	0,26	0,075	0,070	0,064	0,77	0,76	0,78	0,086	0,097	0,109
Sichteinlag. Nichtbanken	0,152	0,170	0,138	8,4	7,9	7,3	0,39	0,36	0,32	0,113	0,100	0,113	0,14	0,17	0,20	0,078	0,094	0,087
Termineinlg. Nichtbanken	0,139	0,220	0,177	10,9	10,3	9,3	0,17	0,29	0,34	0,232	0,165	0,141	0,44	0,18	0,25	0,026	0,022	0,025
Sichteinlag. Kreditinst.	0,21	0,23	0,18	8,8	7,4	6,5	0,16	0,24	0,10	0,15	0,11	0,08	0,009	0,010	0,009	0,007	0,010	0,003
Termineinlg. Kreditinst.	0,21	0,18	0,14	3,9	2,1	2,5	0,37	0,03	0,06	0,09	0,11	0,07	0,48	0,13	0,04	0,04	-	0,000
Aufgenommene Gelder	0,063	0,023	0,058	1,97	0,15	0,07	0,016	0,006	-	0,110	0,152	0,099	0,152	0,239	0,077	0,010	-	0,044
Eigene Akzepte	0,69	0,85	0,69	-	-	0,81	-	-	-	0,76	0,43	0,50	-	-	-	-	-	-
Aufgen. langfr. Darlehen u. durchlauf. Kredite	0,009	0,008	0,018	0,96	0,36	0,41	0,07	0,05	0,07	0,023	0,034	0,026	0,027	0,025	0,035	0,0169	0,0078	0,0075
Sonstige Passiva	0,121	0,096	0,069	2,9	2,6	2,0	0,158	0,109	0,110	0,060	0,049	0,036	0,081	0,079	0,099	0,029	0,026	0,040
Grundkapital / Rücklagen / Gewinn	0,173	0,155	0,104	4,9	5,1	3,4	0,22	0,176	0,130	0,152	0,084	0,067	0,157	0,215	0,230	0,063	0,056	0,057
Bilanzsumme	0,085	0,090	0,075	3,9	3,4	2,9	0,193	0,175	0,157	0,035	0,073	0,061	0,25	0,24	0,27	0,040	0,042	0,047
Indossamentsverbindlich.	0,159	0,202	0,173	8,2	4,6	3,6	0,28	0,073	-	0,442	0,449	0,170	0,003	0,031	0,227	0,011	0,038	0,106

Passiva / Zuwachsraten (5 Jahre)

Passiva	insgesamt			Kreditbanken			Großbanken			Staats-, Regional- und Lokalbanken			Sparkassen			Kreditgenossenschaften		
Zuwachsraten (5 Jahre)	1955	1960	1965	1955	1960	1965	1955	1960	1965	1955	1960	1965	1955	1960	1965	1955	1960	1965
Spareinlagen	419,9	148,5	108,4		138,8	113,9		145,9	113,3		128,1	116,3		148,8	105,7		153,2	129,2
Sichteinlag. Nichtbanken	84,0	75,8	60,5		67,7	47,0		64,5	43,6		71,7	54,4		93,8	78,0		95,0	84,4
Termineinlg. Nichtbanken	141,0	93,9	35,3		107,9	27,7		114,9	19,3		99,7	41,0		103,4	5,0		167,2	82,7
Sichteinlg. Kreditinst.	231,8	126,5	66,7		126,1	61,4		93,8	40,1		185,7	85,6		47,7	64,8		125,1	119,9
Termineinlg. Kreditinst.	790,4	140,1	96,6		36,7	64,2		-5,6	43,6		54,1	83,8		-22,7	81,0		79,2	95,2
Aufgenommene Gelder	76,6	79,1	51,4		120,9	34,2		-42,0	-39,1		215,4	29,7		4,5	4,6		-16,6	-58,6
Eigene Akzepte	-68,6	9,1	128,1		-26,9	311,8		28,7	209,8		-38,2	357,7		-86,4	-40,9		39,6	104,1
Aufgen. langfr. Darlehen u. durchlauf. Kredite	381,8	68,4	65,3		56,1	57,2		8,1	24,0		89,8	66,2		95,0	49,5		71,1	128,3
Sonstige Passiva	135,1	82,6	39,5		72,1	29,4		74,5	36,4		83,6	30,8		61,3	91,2		92,4	84,2
Grundkapital / Rücklagen / Gewinn	231,5	153,6	100,0		135,6	60,2		132,8	49,8		143,0	73,6		236,0	125,4		107,1	94,8
Bilanzsumme	220,4	104,8	82,5	-	89,1	59,6	142,2	78,5	48,3	234,5	99,5	72,8	226,7	123,5	88,8	176,1	117,2	111,3
Indossamentsverbindlichk.	74,8	-53,0	188,4		-55,0	170,9		-77,0	149,3	56,5	-72,7	605,9		-59,6	330,9		-48,6	32,2

Passiva	Handw. u. Gewerbebank Heilbronn			Schleswig-Holst. und Westbank			Dresdner Bank			Dt. Effekten- und Wechsel-Bank			Frankfurter Sparkasse von 1822			Frankfurter Volksbank		
	1955	1960	1965	1955	1960	1965	1955	1960	1965	1955	1960	1965	1955	1960	1965	1955	1960	1965
Spareinlagen	300,0	132,5	103,8	394,0	133,4	86,7		157,9	111,4	576,5	143,5	161,8		142,7	115,1	408,3	180,3	136,1
Sichteinlag. Nichtbanken	34,2	57,0	79,9	32,5	61,3	45,5		66,4	47,3	16,4	96,7	29,9		113,2	89,9	75,0	110,7	47,5
Termineinlg. Nichtbanken	103,4	37,7	15,7	224,1	225,7	57,5		82,8	22,7	-37,6	207,1	8,8		-21,6	91,7	420,0	65,4	55,8
Sichteinlg. Kreditinst.	1000,0	66,7	26,4	483,3	238,6	-31,6		91,6	47,0	200,0	156,7	29,9		150,0	50,0	200,0	233,3	-50,0
Termineinlg. Kreditinst.	220,0	187,5	21,7		-81,5	294,4		32,5	132,3	160,5	107,1	54,7		-36,8	-37,5			
Aufgenommene Gelder	2000,0	147,6	-1,9	100,0	-33,3	-100,0		-86,2	-26,2	166,7	-33,3	275,0		181,0	-50,9	100,0	-100,0	
Eigene Akzepte	-74,4	-38,6	166,7							-43,5	38,5	85,2						
Aufgen. langfr. Darlehen u. durchlauf. Kredite	266,7	143,9	28,0	684,6	22,1	106,8		-36,4	87,3	1200,0	50,0	271,8	1440,0	54,5	130,3	860,0	-22,9	59,5
Sonstige Passiva	178,6	48,7	3,4	83,9	26,2	40,8		64,5	5,8	243,5	44,3		253,3	77,4	74,5	72,7	63,2	116,1
Grundkapital / Rücklagen / Gewinn	383,3	39,7	60,5	100,0	102,4	47,6		163,4	32,7	120,0	127,3	33,3	130,8	246,7	113,5	200,0	125,0	80,3
Bilanzsumme	76,9	75,8	52,4	110,9	85,7	64,0		78,1	53,8	41,8	116,4	52,3	285,0	97,4	101,4	196,1	120,0	104,0
Indossamentsverbindlichk.	233,3	-52,2	9,3	32,3	-87,8	-100,0		-73,9	129,2	56,5	-40,2	146,6	0,0	350,0	1988,9	-53,3	57,1	700,0

Aktiva in Mrd. DM	insgesamt			Kreditbanken			Großbanken			Staats-, Regional- und Lokalbanken			Sparkassen			Kreditgenossenschaften		
	1955	1960	1965	1955	1960	1965	1955	1960	1965	1955	1960	1965	1955	1960	1965	1955	1960	1965
Kasse, LZB, Postscheck	5,36	14,91	19,74	2,46	6,30	7,82	1,33	3,56	4,29	0,92	2,19	2,87	1,41	4,85	6,34	0,41	1,12	1,57
Nostroguthaben	8,72	20,11	39,20	2,18	4,04	8,36	0,85	1,21	2,38	1,11	2,28	4,61	1,95	5,57	9,54	0,55	1,69	3,90
Schecks usw.	0,66	1,08	1,61	0,43	0,60	0,92	0,27	0,33	0,50	0,13	0,21	0,33	0,10	0,15	0,22	0,06	0,09	0,15
Wechsel	9,79	16,02	22,20	6,27	9,97	13,47	3,74	5,42	7,11	2,03	3,52	4,98	1,11	1,77	2,52	0,43	0,84	1,33
Schatzwechsel- anweisung	1,20	7,10	6,88	0,08	2,00	1,77	0,01	1,39	1,34	0,06	0,56	0,39	0,07	0,12	0,34	0,00	0,02	0,03
Wertpapier/Konsortialbet.	6,56	17,61	35,37	2,37	5,45	9,07	1,26	2,85	4,19	0,83	1,84	3,68	1,41	6,06	14,30	0,10	0,77	1,99
Debitoren Nichtbanken	20,50	36,40	68,12	9,70	17,68	30,93	5,11	9,07	15,40	3,52	6,59	12,31	4,63	6,83	13,71	2,65	5,04	9,12
Debitoren Kreditinstitute	2,01	3,18	5,11	0,88	2,08	2,84	0,50	1,15	1,57	0,33	0,84	1,12	0,06	0,11	0,20	0,01	0,01	0,02
Langfristige Ausleihung. u. durchlaufende Kredite	46,76	101,17	204,81	4,23	7,13	15,03	1,26	1,36	2,50	2,68	6,01	11,90	9,59	25,06	50,67	0,91	2,74	8,38
Beteilig. / Grundstücke	1,88	3,42	5,96	0,75	1,23	2,04	0,37	0,54	0,83	0,27	0,47	0,90	0,58	1,17	2,03	0,22	0,48	0,94
Ausgleichsforderungen	8,15	8,22	8,62	1,71	1,91	1,98	0,88	1,00	1,07	0,83	0,83	0,85	3,73	3,55	3,97	0,90	0,84	0,87
Sonstige Aktiva	2,02	3,51	6,78	0,54	0,91	1,36	0,18	0,25	0,55	0,21	0,48	0,65	0,43	0,81	1,93	0,21	0,36	0,68
Bilanzsumme	113,79	233,07	425,26	31,70	59,93	95,67	15,76	28,13	41,73	12,96	25,85	44,66	25,07	56,03	105,79	6,45	14,00	29,58

Aktiva in Mrd. DM	Hand.-u. Gewerbebank Heilbronn			Schleswig-Holst. und Westbank			Dresdner Bank			Dt. Effekten- und Wechselbank			Frankfurter Sparkasse von 1822			Frankfurter Volks-Bank		
	1955	1960	1965	1955	1960	1965	1955	1960	1965	1955	1960	1965	1955	1960	1965	1955	1960	1965
Kasse, LZB, Postscheck	0,008	0,020	0,031	0,021	0,040	0,058	0,426	1,243	1,406	0,013	0,025	0,024	0,014	0,042	0,079	0,004	0,012	0,018
Nostroguthaben	0,005	0,014	0,024	0,006	0,033	0,080	0,193	0,265	0,680	0,008	0,024	0,054	0,046	0,088	0,126	0,003	0,008	0,026
Schecks usw.	0,000	0,000	0,001	0,004	0,006	0,007	0,074	0,038	0,057	0,002	0,004	0,005	0,001	0,001	0,002	0,001	0,001	0,002
Wechsel	0,016	0,038	0,038	0,046	0,076	0,109	1,159	1,585	2,324	0,020	0,055	0,069	0,009	0,024	0,036	0,007	0,011	0,010
Schatzwechsel, -anweisung	-	0,003	0,001	-	0,008	0,003	0,002	0,604	0,664	-	0,003	0,001	0,007	0,001	0,007	-	0,001	0,005
Wertpapier/Konsortialbet.	0,011	0,019	0,029	0,012	0,046	0,066	0,313	0,837	1,314	0,007	0,023	0,035	0,033	0,076	0,139	0,001	0,010	0,018
Debitoren Nichtbanken	0,035	0,040	0,093	0,070	0,127	0,237	1,475	2,436	4,290	0,028	0,056	0,087	0,030	0,048	0,142	0,015	0,029	0,053
Debitoren Kreditinstitute	0,003	0,003	0,003	0,001	0,004	0,002	0,123	0,324	0,438	0,005	0,005	0,016	0,001	0,019	0,015	-	0,000	0,000
Langfristige Ausleihung. u. durchlaufende Kredite	0,008	0,021	0,025	0,021	0,030	0,063	0,338	0,235	0,527	0,003	0,005	0,015	0,103	0,220	0,534	0,005	0,017	0,056
Beteilig. / Grundstücke	0,004	0,004	0,008	0,006	0,006	0,008	0,129	0,149	0,271	0,004	0,004	0,006	0,013	0,017	0,023	0,002	0,004	0,008
Ausgleichsforderungen	0,007	0,006	0,007	0,032	0,031	0,030	0,248	0,258	0,279	0,008	0,006	0,006	0,027	0,028	0,031	0,004	0,004	0,005
Sonstige Aktiva	0,000	0,000	0,001	0,000	0,001	0,006	0,006	0,006	0,039	0,001	0,001	0,002	0,002	0,005	0,005	0,02	0,001	0,001
Bilanzsumme	0,096	0,170	0,258	0,220	0,408	0,669	4,485	7,989	12,289	0,097	0,209	0,319	0,287	0,566	1,141	0,045	0,099	0,201

Quellen:
Monatsberichte der Deutschen Bundesbank und Geschäftsberichte der Institute

Aktiva Bilanzsummenanteile	insgesamt			Kreditbanken			Großbanken			Staats-, Regional- und Lokalbanken			Sparkassen			Kreditgenossen- schaften		
	1955	1960	1965	1955	1960	1965	1955	1960	1965	1955	1960	1965	1955	1960	1965	1955	1960	1965
Kasse, LZB, Postscheck	4,71	6,40	4,64	7,76	10,51	8,18	8,45	12,66	10,29	7,07	8,46	6,43	5,62	8,65	5,99	6,33	8,02	5,29
Nostroguthaben	7,66	8,63	9,22	6,89	6,75	8,74	5,40	4,29	5,70	8,54	8,82	10,33	7,76	9,94	9,02	8,54	12,05	13,18
Schecks usw.	0,58	0,46	0,38	1,36	1,00	0,96	1,70	1,19	1,20	1,04	0,80	0,73	0,38	0,26	0,21	0,85	0,67	0,51
Wechsel	8,61	6,87	5,22	19,79	16,64	14,08	23,70	19,26	17,03	15,68	13,62	11,15	4,44	3,15	2,38	6,64	5,98	4,51
Schatzwechsel usw.	1,05	3,04	1,62	0,24	3,33	1,85	0,04	4,93	3,22	0,50	2,15	0,87	0,27	0,21	0,33	0,01	0,13	0,09
Wertpapiere/Konsortialbet.	5,76	7,56	8,32	7,49	9,10	9,48	8,04	10,14	10,04	6,43	7,10	8,23	5,62	10,81	13,51	1,51	5,52	6,72
Debitoren Nichtbanken	18,01	15,62	16,02	30,59	29,49	32,32	32,42	32,24	36,89	27,19	25,50	27,55	18,46	12,18	12,96	41,07	35,99	32,86
Debitoren Kreditinstitute	1,77	1,37	1,20	2,77	3,48	2,96	3,19	4,08	3,76	2,55	3,24	2,52	0,23	0,19	0,19	0,11	0,09	0,07
Langfristige Ausleihungen u.durchlaufende Kredite	41,10	43,41	48,16	13,33	12,89	15,71	7,98	4,84	6,00	20,70	23,24	26,64	38,27	44,73	47,90	14,17	19,55	28,32
Beteilig. / Grundstücke	1,65	1,47	1,40	2,36	2,05	2,13	2,35	1,90	1,98	2,10	1,84	2,00	2,33	2,09	1,92	3,50	3,45	3,18
Ausgleichsforderungen	7,16	3,53	2,03	5,65	3,18	2,07	5,61	3,56	2,57	6,43	3,22	1,90	14,90	6,34	3,76	14,01	5,96	2,95
Sonstige Aktiva	1,78	1,51	1,59	1,70	1,51	1,43	1,12	0,88	1,32	1,64	1,85	1,46	1,73	1,45	1,83	3,24	2,58	2,32
Bilanzsumme	99,84	99,87	99,80	99,93	99,93	99,91	100,00	99,97	100,00	99,87	99,84	99,81	100,01	100,00	100,00	99,98	99,99	100,00

Aktiva Bilanzsummenanteile	Hand.-u. Gewerbebank Heilbronn			Schleswig-Holst. und Westbank			Dresdner Bank			Dt. Effekten- und Wechsel-Bank			Frankfurter Spar- kasse von 1822			Frankfurter Volks- bank		
	1955	1960	1965	1955	1960	1965	1955	1960	1965	1955	1960	1965	1955	1960	1965	1955	1960	1965
Kasse, LZB, Postscheck	8,40	11,68	11,88	9,37	9,71	8,70	9,50	15,56	11,44	12,93	12,04	7,53	4,81	7,42	6,96	9,33	12,42	8,76
Nostroguthaben	5,60	8,20	9,13	2,82	8,07	11,99	4,29	3,31	5,33	7,86	11,47	16,97	15,86	15,54	11,06	5,56	8,38	12,89
Schecks usw.	0,21	0,24	0,27	1,91	1,57	0,97	1,66	0,47	0,47	2,07	1,72	1,60	0,24	0,12	0,18	1,11	1,01	1,04
Wechsel	16,70	22,54	14,67	20,93	18,71	16,24	25,84	19,84	18,91	20,48	26,04	21,58	3,07	4,19	3,12	16,44	11,11	4,93
Schatzwechsel usw.	0,00	1,95	0,39	0,00	2,06	0,46	0,04	7,56	5,40	0,00	1,19	0,31	2,37	0,18	0,60	-	0,61	2,24
Wertpapiere/Konsortialbet.	10,89	11,39	11,22	5,51	11,38	9,93	6,97	10,48	10,69	6,83	10,99	10,85	11,65	13,35	12,21	3,11	10,00	9,10
Debitoren Nichtbanken	36,41	23,54	36,03	31,94	31,06	35,38	32,88	30,50	34,91	29,37	26,56	27,38	10,53	8,41	12,49	33,78	29,39	26,31
Debitoren Kreditinstitute	3,01	1,71	1,04	0,64	0,86	0,25	2,75	4,05	3,56	4,96	2,58	4,89	0,49	3,29	1,32	-	0,51	0,25
Langfristige Ausleihungen u.durchlaufende Kredite	7,78	12,57	9,48	9,46	7,35	9,46	7,54	2,94	4,29	2,90	2,34	4,80	36,02	38,87	46,85	11,33	17,27	27,81
Beteilig. / Grundstücke	3,84	2,36	3,06	2,73	1,50	1,23	2,87	1,87	2,20	3,83	1,82	1,73	4,57	3,06	2,00	4,67	4,24	3,78
Ausgleichsforderungen	6,74	3,72	2,63	14,56	7,50	4,50	5,52	3,22	2,27	7,76	2,91	1,91	9,55	4,89	2,74	9,56	4,14	2,29
Sonstige Aktiva	0,41	0,18	0,19	0,18	0,29	0,88	0,14	0,20	0,31	1,14	0,43	0,50	0,84	0,79	0,47	5,11	1,01	0,55
Bilanzsumme	99,99	100,08	99,99	100,05	100,06	99,99	100,00	100,00	99,98	100,13	100,09	100,05	100,00	100,11	100,00	100,00	100,09	99,95

Marktanteile – Aktiva

Aktiva / Marktanteile	insgesamt 1955	1960	1965	Kreditbanken 1955	1960	1965	Großbanken 1955	1960	1965	Staats-, Regional- und Lokalbanken 1955	1960	1965	Sparkassen 1955	1960	1965	Kreditgenossenschaften 1955	1960	1965
Kasse, LZB, Postscheck	100,0	100,0	100,0	45,9	42,2	39,6	24,9	23,9	21,7	11,1	14,7	14,5	26,3	32,5	32,1	7,6	7,5	7,9
Nostroguthaben	100,0	100,0	100,0	25,0	20,1	21,3	9,8	6,0	6,1	12,7	11,3	11,8	22,3	27,7	24,3	6,3	8,4	9,9
Schecks usw.	100,0	100,0	100,0	65,2	55,7	57,4	40,3	31,0	31,3	20,2	19,3	20,4	14,5	13,5	14,0	8,3	8,7	9,4
Wechsel	100,0	100,0	100,0	64,1	62,3	60,7	38,1	33,8	32,0	20,7	22,0	22,4	11,4	11,0	11,3	4,4	5,2	6,0
Schatzwechsel usw.	100,0	100,0	100,0	6,3	28,1	25,8	0,47	19,5	19,5	5,4	7,8	5,6	5,6	1,67	5,03	0,075	0,249	0,375
Wertpapiere/Konsortialbet.	100,0	100,0	100,0	36,2	31,0	25,6	19,3	16,2	11,8	12,7	10,4	10,4	21,5	34,4	40,4	1,48	4,39	5,62
Debitoren Nichtbanken	100,0	100,0	100,0	47,3	48,6	45,4	24,9	24,9	22,6	17,2	18,1	18,1	22,6	18,7	20,1	12,9	13,8	14,3
Debitoren Kreditinstitute	100,0	100,0	100,0	43,7	65,4	55,5	25,0	36,1	30,7	16,4	26,3	22,0	2,8	3,4	3,9	0,35	0,40	0,42
Langfristige Ausleihungen u. durchlaufende Kredite	100,0	100,0	100,0	9,0	7,6	7,3	2,69	1,34	1,22	5,7	5,9	5,8	20,5	24,8	24,4	1,95	2,71	4,02
Beteilig./Grundstücke	100,0	100,0	100,0	39,8	35,9	34,1	19,7	15,6	13,9	14,5	13,9	15,0	31,0	34,2	34,1	12,0	14,1	15,8
Ausgleichsforderungen	100,0	100,0	100,0	22,0	23,2	23,0	10,8	12,2	12,4	10,2	10,1	9,9	45,8	43,2	46,1	11,1	10,2	10,1
Sonstige Aktiva	100,0	100,0	100,0	26,7	25,8	20,1	8,7	7,0	8,1	10,5	13,6	9,6	21,4	23,1	28,5	10,3	10,3	10,1
Bilanzsumme	100,0	100,0	100,0	27,9	25,7	22,5	13,9	21,1	9,8	11,4	11,1	10,5	22,0	24,0	24,9	5,7	6,0	7,0

Aktiva / Marktanteile	Hand.- u. Gewerbebank Heilbronn 1955	1960	1965	Schleswig-Holst. und Westbank 1955	1960	1965	Dresdner Bank 1955	1960	1965	Dt. Effekten- und Wechsel-Bank 1955	1960	1965	Frankfurter Sparkasse von 1822 1955	1960	1965	Frankfurter Volksbank 1955	1960	1965
Kasse, LZB, Postscheck	0,151	0,133	0,155	0,38	0,27	0,29	7,9	8,3	7,1	0,23	0,169	0,122	0,26	0,28	0,40	0,078	0,082	0,089
Nostroguthaben	0,062	0,069	0,060	0,071	0,164	0,205	2,21	1,32	1,73	0,087	0,119	0,138	0,52	0,44	0,32	0,029	0,041	0,066
Schecks usw.	0,030	0,037	0,044	0,63	0,60	0,40	11,2	3,5	3,6	0,30	0,33	0,32	0,106	0,065	0,131	0,075	0,093	0,131
Wechsel	0,164	0,238	0,171	0,47	0,48	0,49	11,8	9,9	10,5	0,202	0,340	0,310	0,090	0,148	0,160	0,076	0,069	0,045
Schatzwechsel usw.	-	0,047	0,015	-	0,118	0,045	0,2	8,5	9,7	-	0,035	0,015	0,57	0,014	0,100	-	0,008	0,065
Wertpapiere/Konsortialbet.	0,160	0,110	0,082	0,184	0,263	0,188	4,8	4,8	3,7	0,101	0,131	0,098	0,51	0,43	0,39	0,021	0,056	0,052
Debitoren Nichtbanken	0,171	0,110	0,137	0,34	0,35	0,35	7,2	6,7	6,3	0,139	0,153	0,128	0,15	0,13	0,21	0,074	0,080	0,078
Debitoren Kreditinstitute	0,144	0,091	0,053	0,070	0,110	0,033	6,1	10,2	8,6	0,24	0,17	0,31	0,070	0,584	0,294	-	0,016	0,010
Langfristige Ausleihungen u. durchlaufende Kredite	0,016	0,021	0,012	0,044	0,030	0,030	0,72	0,23	0,25	0,006	0,005	0,007	0,221	0,218	0,257	0,011	0,017	0,027
Beteilig./Grundstücke	0,197	0,117	0,132	0,32	0,18	0,14	6,84	4,35	4,54	0,197	0,111	0,092	0,70	0,51	0,38	0,112	0,123	0,127
Ausgleichsforderungen	0,080	0,077	0,079	0,39	0,37	0,35	3,0	3,1	3,2	0,092	0,074	0,071	0,34	0,34	0,36	0,053	0,050	0,053
Sonstige Aktiva	0,020	0,009	0,007	0,020	0,034	0,087	0,30	0,45	0,57	0,054	0,026	0,024	0,118	0,128	0,080	0,114	0,028	0,016
Bilanzsumme	0,085	0,073	0,061	0,193	0,175	0,157	3,9	3,4	2,9	0,085	0,090	0,075	0,25	0,24	0,27	0,040	0,042	0,047

Aktiva Zuwachsraten (5 Jahre)	insgesamt			Kreditbanken			Großbanken			Staats-, Regional- und Lokalbanken			Sparkassen			Kreditgenossenschaften		
	1955	1960	1965	1955	1960	1965	1955	1960	1965	1955	1960	1965	1955	1960	1965	1955	1960	1965
Kasse, LZB, Postscheck	137,3	178,3	32,4		156,0	24,2		167,4	20,5		138,9	31,2		243,9	30,8		175,2	39,3
Nostroguthaben	275,1	130,6	94,9		85,2	106,8		41,9	97,1		105,9	102,3		186,2	71,2		206,5	131,1
Schecks usw.	166,4	62,1	49,3		38,5	54,0		24,8	50,5		54,4	57,8		51,2	54,8		70,9	60,2
Wechsel	266,0	63,6	38,6		58,9	35,1		45,0	31,1		73,3	41,4		58,6	52,5		95,5	59,4
Schatzwechsel usw.	126,5	492,4	./. 4,1		2562,3	./. 11,1		24650,0	./. 3,1		760,5	./. 30,2		77,9	192,3		1886,7	45,8
Wertpapiere/Konsortialbet.	1145,1	168,5	100,8		129,6	66,3		125,0	46,9		120,3	100,4		329,8	./. 76,4		895,0	157,3
Debitoren Nichtbanken	110,8	77,6	87,1		82,3	75,0		77,5	69,7		87,1	86,7		47,4	101,0		90,3	92,9
Debitoren Kreditinstitute	130,7	59,3	60,5		137,0	36,2		128,3	36,8		153,4	34,3		88,8	85,1		78,9	69,3
Langfristige Ausleihungen u. durchlaufende Kredite	433,8	116,3	102,4		82,8	94,5		8,1	84,1		124,0	98,1		161,2	102,2		199,7	206,0
Beteilig. / Grundstücke	256,5	81,9	74,2		63,9	65,8		44,2	54,9		74,4	88,6		100,5	73,9		114,1	94,4
Ausgleichsforderungen	36,0	0,9	4,9		6,4	3,9		13,2	7,2		./. 0,2	2,2		./. 4,9	11,9		./. 7,5	4,4
Sonstige Aktiva	97,3	73,6	92,9		67,8	50,8		39,2	124,1		124,4	36,8		87,6	137,8		72,8	89,9
Bilanzsumme	220,4	104,8	82,5	-	89,1	59,6	142,2	78,5	48,3	234,5	99,5	72,8	226,7	123,5	88,8	176,1	117,2	111,3

Aktiva Zuwachsraten (5 Jahre)	Hand-u. Gewerbebank Heilbronn			Schleswig-Holst. und Westbank			Dresdner Bank			Dt. Effekten- und Wechsel-Bank			Frankfurter Sparkasse von 1822			Frankfurter Volksbank		
	1955	1960	1965	1955	1960	1965	1955	1960	1965	1955	1960	1965	1955	1960	1965	1955	1960	1965
Kasse, LZB, Postscheck	./. 5,8	144,4	55,1	79,1	92,2	47,0	38,9	191,9	13,1	38,9	101,6	./. 4,8	170,6	204,3	89,0	133,3	192,9	43,1
Nostroguthaben	12,5	157,4	69,8	675,0	430,6	143,8	55,1	37,5	157,1	55,1	215,8	125,4	139,5	93,4	43,3	177,8	232,0	212,0
Schecks usw.	100,0	100,0	75,0	180,0	52,4	1,6	122,2	./. 49,5	52,4	122,2	80,0	41,7	40,0	0,0	200,0	150,0	100,0	110,0
Wechsel	496,3	137,3	./. 0,8	360,0	65,9	42,3	200,0	36,7	46,6	200,0	175,3	26,2	340,0	169,3	50,2	155,2	48,6	./. 10,0
Schatzwechsel usw.			./. 69,7			./. 63,1		31673,6	10,2			./. 60,0	36,0	./. 85,3	590,0			650,0
Wertpapiere/Konsortialbet.	288,9	83,8	50,3	2925,0	284,3	43,1	./. 1,4	167,8	57,0	./. 1,4	248,5	50,4	2469,2	126,3	84,1	1300,0	607,1	84,8
Debitoren Nichtbanken	35,0	13,7	133,3	49,4	80,5	86,7	./. 13,4	65,2	162,7	./. 13,4	95,8	57,0		57,6	199,2	230,4	91,4	81,8
Debitoren Kreditinstitute	386,3	0,0	./. 4,9	150,0	150,0	./. 51,4	860,0	76,1	35,3	860,0	12,5	188,9		1228,6	./. 19,4			0,0
Langfristige Ausleihungen u. durchlaufende Kredite	316,7	184,0	15,0	593,3	44,2	111,0	833,3	./. 30,6	124,3	833,3	75,0	212,2	865,4	113,1	142,8	750,0	235,3	226,9
Beteilig. / Grundstücke	208,3	8,1	97,5	53,8	1,7	34,4	./. 2,6	15,9	81,8	./. 2,6	2,6	44,7	367,9	32,1	31,8	320,0	100,0	81,0
Ausgleichsforderungen	35,4	./. 3,1	7,9	33,9	./. 4,4	./. 1,6	175,0	4,0	8,3	175,0	0,0	0,0	59,3	1,1	12,6	26,5	./. 4,7	12,2
Sonstige Aktiva	./. 20,0	./. 25,0	66,7	./. 83,3	200,0	391,7		159,0	144,3		./. 18,2	77,8	242,9	87,5	20,0	2200,0	./. 56,5	10,0
Bilanzsumme	76,9	75,8	103,8	110,9	85,7	64,0	41,8	78,1	53,8	41,8	116,4	52,3	285,0	97,4	101,4	196,1	120,0	103,0

Prognose der Aktiva und Passiva der Modell-Kreditbank

Gruppe 1 — Passiva

	Spareinlagen Modellbank	Spareinlagen Kreditinst. (insgesamt)	Sichteinlagen Nichtbanken Modellbank	Sichteinlagen Nichtbanken Kreditinst. (insgesamt)	Termineinlagen Nichtbanken Modellbank	Termineinlagen Nichtbanken Kreditinst. (insgesamt)	Aufgen. Langfristige Darlehen Modellbank	Aufgen. Langfristige Darlehen Kreditinst. (insgesamt)	Durchlaufende Kredite Modellbank	Durchlaufende Kredite Kreditinst. (insgesamt)	Schuldverschreibungen im Umlauf Modellbank	Schuldverschreibungen im Umlauf Kreditinst. (insgesamt)
1955-1960 (a)	122,4	148,5	75,4	75,8	83,9	93,9	133,8	60,4	8,4	83,6	-	152,0
1960-1965 (b)	107,3	108,4	52,8	60,5	50,9	35,3	64,4	59,2	12,6	75,4	-	135,1
1. Hilfswert	94,1	79,1	37,0	48,3	30,9	13,3	31,0	58,0	18,9	68,0	-	120,1
1960 absolut		53113,5		31244,3		16693,5		29806,1		17905,0		29627,2
1964 absolut		94212,0		46272,4		25934,8		44592,6		28577,0		60497,2
1960-1964		77,4		48,1		31,7		49,4		59,6		104,2
1961 absolut		60424,4		36489,4		21430,3		35003,9		20329,0		35591,9
1965 absolut		110677,6		50150,3		26647,4		47452,3		31399,6		69646,0
1961-1965		83,2		37,4		24,3		35,6		54,5		95,7
2. Hilfswert	79,5	80,3	37,4	42,8	40,4	28,0	46,2	42,5	9,5	57,1	-	100,0
Prognosewert (X)	86,8	79,7	37,2	45,6	35,7	20,7	38,6	50,3	14,2	62,6	-	110,1

Aktiva

	Wechsel Modellbank	Wechsel Kreditinst. (insgesamt)	Debitoren Nichtbanken Modellbank	Debitoren Nichtbanken Kreditinst. (insgesamt)	Langfristige Ausleihungen Modellbank	Langfristige Ausleihungen Kreditinst. (insgesamt)	Durchlaufende Kredite Modellbank	Durchlaufende Kredite Kreditinst. (insgesamt)	Ausgleichs- und Deckungsforderg. Modellbank	Ausgleichs- und Deckungsforderg. Kreditinst. (insgesamt)
1955-1960 (a)	71,0	63,6	74,1	77,6	91,0	125,0	8,4	83,6	1,0	0,9
1960-1965 (b)	49,0	38,6	94,3	87,1	160,5	108,3	12,6	75,4	0,4	4,9
1. Hilfswert	33,8	23,4	120,0	97,8	283,1	93,8	18,9	68,0	0,2	26,7
1960 absolut		16018,9		36404,6		83263,7		17905,0		8222,5
1964 absolut		21642,7		59459,3		152573,6		28577,0		8460,9
1960-1964		35,1		63,3		83,2		59,6		2,9
1961 absolut		17927,7		42649,5		98435,2		20329,0		8100,0
1965 absolut		22201,7		68117,8		173410,6		31399,6		8622,1
1961-1965		23,8		59,7		76,2		54,5		6,4
2. Hilfswert	37,4	29,5	66,6	61,5	118,1	79,7	9,5	57,1	0,4	4,7
Prognosewert (X)	35,6	26,5	93,3	79,7	206,6	86,8	14,2	62,6	0,3	15,7

Prognose der Aktiva und Passiva der Modell-Kreditbank

Gruppe 2 Passiva

	Kreditinstitute Sichteinlagen		Kreditinstitute Termineinlagen		Aufgenommene Gelder		Eigene Akzepte und Solawechsel		insgesamt		Indossaments-verbindlichkeiten	
	Modellbank	Kreditinst. (insgesamt)	Modellbank	Kreditinst. (insgesamt)	Modellbank	Kreditinst. (insgesamt)	Modellbank	Kreditinst. (insgesamt)	Modellbank	Kreditinst. (insgesamt)	Modellbank	Kreditinst. (insgesamt)
1955-1960 (a)	80,4	126,5	52,5	140,1	82,8	79,1	-	9,1	68,8	113,9	- 54,4	- 53,0
1960-1965 (b)	42,2	65,7	44,2	96,6	61,6	51,4	-	128,1	46,4	77,2	115,9	188,4
1. Hilfswert	22,1	35,2	37,2	66,6	45,8	33,4	.	1803,3	31,3	52,3		.
1960 absolut		9906,1		12777,2		6834,1		635,0		30152,4		2872,7
1964 absolut		16266,9		21397,4		9583,6		1006,7		48254,6		5289,8
1960-1964		64,2		67,5		40,2		58,5		60,0		84,1
1961 absolut		12544,4	- 45,0	16605,8		8008,8		585,6		37744,6		3310,0
1965 absolut		16508,7		25121,1		10344,3		1448,3		53422,4		8286,0
1961-1965		31,6		51,3		29,2		147,3		41,5		150,3
2. Hilfswert	29,0	45,9	27,2	59,4	41,6	34,7		102,9	30,5	50,8		117,2
Prognosenwert (X)	25,6	40,6	32,2	63,0	43,7	34,1		964,2	30,9	51,6	.	.

Aktiva

	Nostroguthaben		Schatzwechsel usw. Kassenobligationen		Wertpapiere und Konsortialbeteilig.		Debitoren Kreditinstitute		insgesamt	
	Modellbank	Kreditinst. (insgesamt)	Modellbank	Kreditinst. (insgesamt)	Modellbank	Kreditinst. (insgesamt)	Modellbank	Kreditinst. (insgesamt)	Modellbank	Kreditinst. (insgesamt)
1955-1960 (a)	126,0	130,6	.	492,4	179,9	168,5	188,5	59,3	177,7	159,6
1960-1965 (b)	51,5	94,9	- 45,0	- 4,1	78,8	100,8	26,2	60,5	52,3	80,3
1. Hilfswert	21,0	69,0	.	.	34,5	60,3	3,6	61,7	15,4	40,4
1960 absolut		20109,4		7095,7		17609,9		3182,3		47998,3
1964 absolut		34467,6		7435,3		31613,5		5213,3		78730,7
1960-1964		71,4		4,8		79,5		63,8		64,0
1961 absolut		26007,6		8098,8		20793,9		3552,5		58452,8
1965 absolut		39200,1		6876,5		35366,7		5106,6		86549,9
1961-1965		50,7		-15,1		70,1		43,7		48,1
2. Hilfswert	33,2	61,1	.	- 5,2	58,5	74,8	23,3	53,8	36,5	56,1
Prognosewert (X)	27,1	65,1	.	.	46,5	67,6	13,5	57,8	26,0	48,3

P r o g n o s e   d e r   A k t i v a   u n d   P a s s i v a   d e r   M o d e l l - K r e d i t b a n k

Gruppe 3 / Passiva

Passiva	Sonst. Passiva einschl. Gewinn		Gründkapital und Rücklagen		insgesamt	
	Modellbank	Kreditinst. (insgesamt)	Modellbank	Kreditinst. (insgesamt)	Modellbank	Kreditinst. (insgesamt)
1955-1960 (a)	76,3	82,6	92,3	153,6	82,9	108,8
1960-1965 (b)	37,9	39,5	80,0	100,0	56,2	66,6
1. Hilfswert	18,8	18,9	69,3	65,1	38,1	40,8
1960 absolut		11877,3		9652,6		21529,9
1964 absolut		15114,6		17298,8		32413,4
1960-1964		27,3		79,2		50,6
1961 absolut		11999,4		12186,5		24185,9
1965 absolut		16562,9		19304,0		35866,9
1961-1965		38,0		58,4		48,3
2. Hilfswert	31,4	32,7	55,0	68,8	41,8	49,5
Prognosewert (X)	25,1	25,8	62,2	67,0	40,0	45,2

Aktiva

Aktiva	Kasse, LZB, Post-scheckguthaben		Schecks usw.		Beteiligungen Grundstücke usw.		Sonstige Aktiva		insgesamt	
	Modellbank	Kreditinst. (insgesamt)	Modellbank	Kreditinst. (insgesamt)	Modellbank	Kreditinst. (insgesamt)	Modellbank	Kreditinst. (insgesamt)	Modellbank	Kreditinst. (insgesamt)
1955-1960 (a)	125,1	178,3	61,8	62,1	49,3	81,9	48,5	73,6	98,0	130,9
1960-1965 (b)	48,7	32,4	26,9	49,3	17,9	74,2	106,6	92,9	42,8	48,7
1. Hilfswert	19,0	5,9	11,7	39,1	6,5	67,2	234,3	117,3	18,7	18,1
1960 absolut		14911,2		1075,6		3423,2		3513,5		22923,5
1964 absolut		18112,6		1546,0		5353,0		5854,7		30866,3
1960-1964		21,7		43,7		56,4		66,6		34,6
1961 absolut		14334,3		1819,7		3987,5		4829,6		24981,1
1965 absolut		19744,1		1605,4		5662,4		6777,2		34089,1
1961-1965		37,6		-11,8		49,5		40,3		36,5
2. Hilfswert	44,6	29,7	8,7	16,0	12,8	53,0	61,4	53,5	31,3	35,6
Prognosewert (X)	31,8	17,8	10,2	27,6	9,7	60,1	147,9	85,4	25,0	26,9

Ermittlung von Hilfswerten zur Prognose der Aktiva und Passiva der Modell-Kreditbank

	Modellbank						alle Kreditinstitute						1.Hilfswert	
	1955	1960	Zuw.	1960	1965	Zuw.	1955	1960	Zuw.	1960	1965	Zuw.	M	K I
Passiva														
2. Gruppe														
Sichteinl.Kred.Inst.	19,49	35,16		35,16	50,01		4.374,2	9.906,1		9.906,1	16.508,7			
Term.Einl.Kred.Inst.	20,47	31,21		31,21	45,01		5.321,3	12.777,2		12.777,2	25.121,1			
Aufgen. Gelder	7,79	14,24		14,24	23,01		3.815,8	6.834,1		6.834,1	10.344,3			
Eigene Akzepte	-	-		-	-		582,3	635,0		635,0	1.448,3			
	47,75	80,61	68,8	80,61	118,03	46,4	14.093,6	30.152,4	113,9	30.152,4	53.422,4	77,2	31,3	52,3
3. Gruppe														
Sonstige Passiva (einschl.Gewinn)	18,51	32,63		32,63	45,01		6.504,3	11.877,3		11.877,3	16.562,9			
Grundkapital	6,50	13,00		13,00	20,00		3.806,1	9.652,6		9.652,6	19.304,0			
Rücklagen	6,50	12,00		12,00	25,00									
	31,51	57,63	82,9	57,63	90,01	56,2	10.310,4	21.529,9	108,8	21.529,9	35.866,9	66,6	38,1	40,8
Aktiva														
2. Gruppe														
Nostroguthaben	26,96	59,41		59,41	90,02		8.720,2	20.109,4		20.109,4	39.200,1			
Schatzwechs./-anw.	-	14,55		14,55	8,00		1.197,9	7.096,7		7.096,7	6.876,5			
Wertpap./Konsort.	23,39	65,47		65,47	117,03		6.559,2	17.609,9		17.609,9	35.366,7			
Debitoren Kred.Inst.	3,57	10,30		10,30	13,00		2.010,6	3.182,3		3.182,3	5.106,6			
	53,92	149,73	177,7	149,73	228,05	52,3	18.487,9	47.998,3	159,6	47.998,3	86.549,9	80,3	15,4	40,4
3. Gruppe														
Kasse, LZB, Postsch.	29,89	67,29		67,29	100,03		5.357,4	14.911,2		14.911,2	19.744,1			
Schecks usw.	4,87	7,88		7,88	10,00		663,4	1.075,6		1.075,6	1.605,4			
Beteil./Grundst.	11,37	16,97		16,97	20,00		1.881,4	3.423,2		3.423,2	5.962,4			
Sonstige Aktiva	1,63	2,42		2,42	5,00		2.024,0	3.513,5		3.513,5	6.777,2			
	47,76	94,56	98,0	94,56	135,03	42,8	9.926,2	22.923,5	130,9	22.923,5	34.089,1	48,7	18,7	18,1
1. Gruppe														
Langfr.aufg.Darl.	14,98	35,03	133,8	35,03	57,58	64,4	18.584,0	29.806,1	60,4	29.806,1	47.452,3	59,2	31,0	58,0
Langfr.Ausleih.	16,60	31,71	91,0	31,71	82,59	160,5	37.012,9	83.263,7	125,0	83.263,7	173.410,6	108,3	283,1	93,8
Durchlfde. Kred.	11,01	11,94	8,4	11,94	13,44	12,6	9.749,8	17.905,0	83,6	17.905,0	31.399,6	75,4	18,9	68,0

Prognosebilanz der Kreditinstitute insgesamt

		1965 absolut in Mrd.DM	Prognostiz. Zuwachs für 5 Jahre in %	1970 absolut in Mrd.DM
P a s s i v a	Gruppe 1			
	Spareinlagen	110,67	79,7	198,87
	Sichteinl.Nichtbanken	50,15	45,6	73,02
	Termineinl.Nichtbanken	26,65	20,7	32,17
	Aufgen.langfr.Darlehen	47,45	50,3	71,32
	Durchlaufende Kredite	31,40	62,6	51,06
		266,32		426,44
	Gruppe 2	53,42	51,6	80,98
	Gruppe 3	35,86	45,2	52,07
		355,60		559,49
	Schuldverschr.i.U.	69,66	110,1	146,36
		425,26	66,0	705,85
A k t i v a	Gruppe 1			
	Wechsel	22,20	26,5	28,08
	Debitoren Nichtbanken	68,12	79,7	122,41
	Langfristige Ausleihungen	173,41	86,8	323,93
	Durchlaufende Kredite	31,40	62,6	51,06
	Ausgleichs- u.Deckungsforderg.	8,62	15,7	9,97
		203,75		535,45
	Gruppe 2	86,56	48,3	128,37
	Gruppe 3	34,09	26,9	43,26
		424,40	66,6	707,08
	Kürzung d.langfr.Ausl.		- 0,7	- 1,23
	Differenzposten	0,86		
		425,26	66,0	705,85

Prognosewerte der Bilanzsumme aller Kreditinstitute:

a) bei Anwendung der Globalmethode: 62,5 %

b) bei Prognostizierung der einz. Passivposit.   66,0 %

c) bei Prognostizierung der einz. Aktivposit.   66,6 %

Prognostizierte Entwicklung des Grundsatzes I der Modell-Kreditbank

	Prozent-satz des Grundsatz.	1965 absolut in Mio DM	1965 Anteil für d.Grunds.	Progno-stizier. Zuw. in%	1. Alternative 1970 absolut in Mio DM	1. Alternative 1970 Anteil für d. Grunds.	2. Alternative 1970 absolut in Mio DM	2. Alternative 1970 Anteil für d.Grunds.	3. Alternative 1970 absolut in Mio DM	3. Alternative 1970 Anteil für d.Grunds.
Grundsatz I										
Debitoren Nichtbanken	(ohne öff. Hand)	345,09	345,09	81,4	626,08	626,08	667,06	667,06	667,06	667,06
Debitoren Kreditinst.		13,00	13,00	26,0	16,38	16,38	16,38	16,38	16,38	16,38
Wechsel		168,04	168,04	35,6	227,86	227,86	227,86	227,86	227,86	227,86
Indossam.-Verbindlichk.		30,01	30,01	30,9	39,28	39,28	39,28	39,28	39,28	39,28
Langfr.Aus-leihungen	(ohne Re-alkred.)	82,59	82,59	93,9	160,13	160,13	248,27	248,27	248,27	248,27
Realkredite	50	-	-	-	-	-	-	-	-	-
Beteiligung.		8,00	8,00	25,0	10,00	10,00	10,00	10,00	10,00	10,00
Sammel Wert-berichtigung		-6,63	-6,63		-11,44	-11,44	-12,45	-12,45	-12,45	-12,45
			640,10			1068,29		1196,40		1196,40
Haftendes Ei-genkapital	18-fach	45,00	810,00	40,0	63,00	1134,00		1134,00		1134,00
			+169,90			+65,71		-62,40		-62,40
Inanspruchnahme des Grundsatz I	= 14,2-fach				=17,0-fach		=18,99-fach		=18,99-fach	

Berechnung der Sammelwertberichtigungen [1]

	Prozent-satz	1965 absolut in Mio DM	1965 Sammel-Wertber.		1. Alternative 1970 absolut in Mio DM	1. Alternative 1970 Sammel-Wertber.	2. Alternative 1970 absolut in Mio DM	2. Alternative 1970 Sammel-Wertber.	3. Alternative 1970 absolut in Mio DM	3. Alternative 1970 Sammel-Wertber.
Debitoren Nichtbanken	1,4	345,09	4,83		626,08	8,77	667,06	9,34	667,06	9,34
Wechsel	0,7	168,04	1,18		227,86	1,50	227,86	1,60	227,86	1,60
Indossam.-Verbindlichk.	0,7	30,01	0,21		39,28	0,27	39,28	0,27	39,28	0,27
Langfr.Aus-leihungen	0,5	82,59	0,41		160,13	0,80	160,13	0,80	160,13	0,80
			6,63			11,44		12,45		12,45

Zur Berechnung der Grundsätze werden folgende vereinfachende Annahmen gemacht:

1. Konsortialbeteiligungen sind nicht vorhanden.

2. Die Wertpapiere bestehen zu 50 % aus börsengängigen Dividendenwerten, zu 50 % aus festverzinslichen Wertpapieren. Nicht börsengängige Wertpapiere sind nicht vorhanden.

3. Kredite an die öffentliche Hand sind nicht vorhanden.

4. Alle langfristigen Ausleihungen sind keine Realkredite.

5. Eigene Wechselziehungen sind nicht vorhanden.

6. Alle Wechsel sind Kundenwechsel.

7. Für die Indossamentsverbindlichkeiten wird die Zuwachsrate der Gruppe 2 Passiva eingesetzt.

8. Kredite der Kundschaft bei Kreditinstituten im Ausland sind in den aufgenommenen Geldern nicht enthalten.

---

1) Vgl. hierzu: Mertin, Klaus: Die Neuordnung der Sammelwertberichtigungen, in: Der Bankbetrieb, Jg. 5 1965, S. 293 ff.

Prognostizierte Entwicklung der Grundsätze II und III der Modell-Kreditbank

	Prozent-satz des Grundsatz	1965 absolut in Mio DM	1965 Anteil für d.Grunds.	Progno-stizier. Zuw. in %	1. Alternative 1970 absolut in Mio DM	1. Alternative 1970 Anteil für d.Grunds.	2. Alternative 1970 absolut in Mio DM	2. Alternative 1970 Anteil für d.Grunds.	3. Alternative 1970 absolut in Mio DM	3. Alternative 1970 Anteil für d.Grunds.
Grundsatz II										
Langfr.Ausl.		82,59	82,59	93,9	160,13	160,13	248,27	248,27	248,27	248,27
Kons.Beteilg.		-	-	-	-	-	-	-	-	-
Nicht börsen-gäng.Wertpap.		-	-	-	-	-	-	-	-	-
Beteiligungen		8,00	8,00	25,0	10,00	10,00	10,00	10,00	10,00	10,00
Grundstücke u. Gebäude		12,00	12,00	25,0	15,00	15,00	15,00	15,00	15,00	15,00
			102,59			185,13		273,27		273,27
Eigenkapital		45,00	45,00	40,0	63,00	63,00	63,00	63,00	63,00	63,00
Eig.Schuld-verschreibg.		-	-	-	-	-	-	-	-	-
Vorverkaufte Schuldverschr.		-	-	-	-	-	-	-	-	-
Aufgen.langfr. Darlehen		57,58	57,58	38,6	79,81	79,81	79,81	79,81	79,81	79,81
Spareinlagen	60	304,08	182,45	86,8	568,02	340,81	568,02	340,81	649,79	389,87
Sichteinlag. Nichtbanken	10	262,07	26,21	37,2	359,56	35,96	359,56	35,96	389,76	38,98
Termineinlag. Nichtbanken	10	155,04	15,50	35,7	210,39	21,04	210,39	21,04	227,54	22,75
			326,74			540,62		540,62		594,41
			-102,59			-185,13		-273,27		-273,27
			+224,15			+355,49		+267,35		+321,14
Ausnutzung v.Grundsatz II			- 31,4 %			- 34,2 %		- 50,5 %		- 46,0 %
Grundsatz III		1965		Zuw.i.%	1. Alternative		2. Alternative		3. Alternative	
Debitoren Nichtbanken		345,09	345,09	81,4	626,08	626,08	667,06	667,06	667,06	667,06
Debitoren Kreditinst.		13,00	13,00	26,0	16,38	16,38	16,38	16,38	16,38	16,38
Börsengängige Dividentenw.		58,52	58,52	26,0	73,74	73,74	73,74	73,74	73,74	73,74
Sonst.Aktiva		5,00	5,00	25,0	6,25	6,25	6,25	6,25	6,25	6,25
			421,61			722,45		763,43		763,43
Sichteinlag. Nichtbanken	60	262,07	157,24	37,2	359,56	215,74	359,56	215,74	389,76	233,86
Termineinlag. Nichtbanken	60	155,04	92,02	35,7	210,39	126,23	210,39	126,23	227,54	136,52
Sichteinlag. Kreditinst.	35	50,01	17,50	30,9	65,46	22,91	120,17	42,06	65,46	22,91
Termineinlag. Kreditinst.	35	45,01	15,75	30,9	58,92	20,62	108,16	37,86	58,92	20,62
Spareinlagen	20	304,08	60,82	86,8	568,02	113,60	568,02	113,60	649,79	129,96
Aufgen.Gelder	35	23,01	8,05	30,9	30,12	10,54	55,29	19,35	30,12	10,54
Uml.eig.Akzep.	80	-	-	-	-	-	-	-	-	-
Seitens d.Kund-schaft b.Kred.-Inst.i.Ausland benutzte Kred.	80	-	-	-	-	-	-	-	-	-
			352,38			509,64		554,84		554,41
Überschuß aus Grundsatz II			+224,15			+355,49		+257,35		+321,14
			576,53			865,13		822,19		875,55
			-421,61			-722,45		-763,43		-763,43
			+154,92			+142,68		+ 58,76		+112,12
Ausnutzung von Grundsatz III			- 73,1 %			- 83,5 %		- 92,9 %		- 87,2 %

Zweigstellenentwicklung der Universalbanken 2)

	Großbanken			Staats-, Regional- und Lokalbanken			Privatbankiers			Kreditbanken			Sparkassen			gewerbl. Kreditgenossenschaften			ländl. Kreditgenossenschaften			Kreditgenossenschaften		
	Zweig-stell.	Kredit-inst.	Bank-stell.	Zweig-stell.	Kredit-inst.	Bank-stell.	Zweig-stell.	Kredit-inst.	Bank-stell.	Zweig-stell.	Kredit-inst.	Bank-stell.	Zweig-stell.	Kredit-inst.	Bank-stell.	Zweig-stell.	Kredit-inst.	Bank-stell.	Zweig-stell.	Kredit-inst.	Bank-stell.	Zweig-stell.	Kredit-inst.	Bank-stell.
1957[1]										2125	371	2496	8192	871	9063	871	735	1606	1395	11030	12425	2266	11765	14031
1958[1]										2186	358	2544	8510	870	9380	936	753	1689	1532	10973	12505	2468	11726	14194
1959[1]										2418	356	2774	9208	867	10075	1130	740	1870	1858	10937	12795	2988	11677	14665
1960	1080	6	1086	1412	73	1485	141	232	373	2633	311	2944	10112	867	10979	1332	742	2074	2169	10858	13027	3501	11600	15101
1961	1231	6	1237	1481	74	1555	156	230	386	2871	310	3181	10777	867	11644	1530	743	2273	2413	10743	13156	3943	11486	15429
1962	1362	6	1368	1539	78	1617	163	218	381	3064	302	3366	11226	868	12094	1691	739	2430	2705	10559	13264	4396	11298	15694
1963	1433	6	1439	1603	77	1680	170	219	389	3206	302	3508	11620	867	12487	1817	739	2556	3024	10336	13360	4841	11075	15916
1964	1539	6	1545	1659	80	1739	176	212	388	3374	298	3672	12077	864	12941	1993	736	2729	3470	9981	13451	5463	10717	16180
1965	1701	6	1707	1735	81	1816	189	204	393	3625	291	3916	12541	864	13405	2164	732	2896	4077	9492	13569	6241	10224	16465

1) Die Zahlen der Kreditbanken für 1957, 1958 und 1959 sind mit den Zahlen für 1960 - 1964 nicht vergleichbar, da nicht ersichtlich ist, welche Bankengruppen hier zusammengefaßt wurden.
2) In den Zweigstellenzahlen sind auch die Umwandlungen von Kreditinstituten in Zweigstellen, vor allem bei den Kreditgenossenschaften, enthalten.

Quellen:
Monatsberichte der Deutschen Bundesbank, Okt. 1959, S. 59 f.; Febr. 1961, S. 13 f.; April 1962, S. 50 f.; Febr. 1963, S. 29 f.; März 1964, S. 20 f.; April 1966, S. 41

Zusammenstellung aller prognostizierten Werte der Modell-Kreditbank

	1965	1. Alternative 1970		2. Alternative 1970				3. Alternative 1970			
		+ 10,00	+ 15,00	+ 1,5	+ 11,5	+ 15,9	+ 23,4	+ 1,3	+ 11,3	+ 18,4	+ 27,4
Bilanzsumme (Mio DM)	1.000,25	1.513,64		1.642,76				1.642,76			
Indoss.Verb.(Mio DM)	30,01	30,01		39,28				39,28			
Bil.Su.+ Ind.Verb.	1.030,26	1.543,65		1.682,04				1.682,04			
Risikotrag.Akt. in Mio DM	640,10	1.068,29		1.196,40				1.196,40			
in % d.Bil.Su.+ Ind. Verbindlichkeiten	62,1	68,8		71,5				71,5			
Grundsatz II	31,4 %	34,2 %		50,5 %				46,0 %			
Grundsatz III	73,2 %	83,5 %		92,9 %				87,2 %			
Gewinn in Mio DM	20,01	30,27		31,56				32,21			
in % der Bilanzsumme	2,0	2,0		2,0 bzw. 1,0 (f.zus.Gev.)				2,0 bzw. 1,5 (f.zus.Gev.)			
Grundkapital (Mio DM)	20,00	20,00	30,00	20,00	30,00	35,00	35,00	20,00	30,00	38,00	38,00
Offene Rück. (Mio DM)	25,00	43,00	48,00	43,00	44,50	43,90	51,40	43,00	44,30	43,40	52,40
Eigenkapital (Mio DM)	45,00	63,00	78,00	63,00	74,50	78,90	86,40	63,00	74,30	81,40	90,40
Grundsatz I	14,2-f.	17,0-f.	13,7-f.	19,0-f.	16,1 f.	15,2 f.	13,8 f.	19,0-f.	16,1 f.	14,7 f.	13,2 f.
Eigenkap. in % d.Bil. Summe (=Eig.Kap.Ant.)	4,50	4,16	5,10	3,92	4,50	4,76	5,19	3,84	4,49	4,79	5,41
Grundkap.in % d.Ei-genkapitals	44,4	31,7	38,5	31,0	40,3	44,4	40,5	31,1	40,4	46,7	42,0
Marktanteil											
Bilanzsumme	0,235 %	0,214 %		0,233%				0,233%			
Spareinlagen	0,275 %	0,286 %		0,286%				0,327%			
Sichteinl.Nichtbanken	0,523 %	0,492 %		0,492%				0,534%			
Termineinl.Nichtbanken	0,582 %	0,654 %		0,654%				0,707%			
Gruppe 2 Passiva	0,221 %	0,191 %		0,350%				0,191%			
Debitoren Nichtbanken	0,507 %	0,511 %		0,545%				0,545%			
Langfr.Ausl.(einschl. durchlfder.Kred.)	0,047 %	0,047 %		0,070%				0,070%			